高等法律职业教育系列教材
GAODENGFALUZHIYEJIAOYUXILIEJIAOCAI

违法心理矫治

WEIFA XINLI JIAOZHI

主　编◎范辉清　李伟兰
副主编◎钟伟芳　沈家宏

暨南大学出版社
JINAN UNIVERSITY PRESS
中国·广州

本书编委会

主　　编　范辉清　李伟兰

副 主 编　钟伟芳　沈家宏

参编人员　（按姓氏笔画排序）

马　洁　马英辉　王冰路　公维华　宁　可

朱训明　刘　静　刘旭辉　李　岚　李　凌

李伟兰　李小英　杨育峰　沈家宏　范辉清

钟伟芳　顾　伟　郭　敏　赖立梅

目　录
CONTENTS

任务五 吸毒违法心理矫治

任务六 赌博违法心理矫治

任务七 卖淫嫖娼违法心理矫治

任务八 具有人身危险性违法心理矫治

任务九 家庭暴力违法心理矫治

总 序

高等法律教育职业化已成为社会的广泛共识。2008 年，由中央政法委等 15 部委联合启动的全国政法干警招录体制改革试点工作，更成为中国法律职业化教育发展的里程碑。这也必将带来高等法律职业教育人才培养机制的深层次变革。顺应时代法治发展需要，培养高素质、技能型的法律职业人才，是高等法律职业教育亟待破解的重大实践课题。

目前，受高等职业教育大趋势的牵引、拉动，我国高等法律职业教育开始了教育观念和人才培养模式的重塑。改革传统的理论灌输型学科教学模式，吸收、内化“校企合作、工学结合”的高等职业教育办学理念，从办学“基因”——专业建设、课程设置上“颠覆”教学模式：“校警合作”办专业，以“工作过程导向”为基点，设计开发课程，探索出了富有成效的法律职业化教学之路。为积累教学经验、深化教学改革、凝塑教育成果，我们着手推出“基于工作过程导向系统化”的法律职业系列教材。

《国家（2010—2020 年）中长期教育改革和发展规划纲要》明确指出，高等教育要注重知行统一，坚持教育教学与生产劳动、社会实践相结合。该系列教材的一个重要出发点就是尝试为高等法律职业教育在“知”与“行”之间搭建平台，努力对法律教育如何职业化这一教育课题进行研究、破解。在编排形式上，打破了传统篇、章、节的体例，以司法行政工作的法律应用过程为学习单元设计体例，以职业岗位的真实任务为基础，突出职业核心技能的培养；在内容设计上，改变传统历史、原则、概念的理论型解读，采取“教、学、练、训”一体化的编写模式。以案例等导出问题，根据内容设计相应的情境训练，将相关原理与实操训练有机地结合，围绕关键知识点引入相关实例，归纳总结理论、分析判断解决问题的途径，充分展现法律职业活动的演进过程和应用法律的流程。

法律的生命不在于逻辑，而在于实践。法律职业化教育之舟只有融入法律实践的海洋当中，才能激发出勃勃生机。在以高等职业教育实践性教学改革为平台进行法律职业化教育改革的路径探索过程中，有一个不容忽视的现实问题，高等职业教育人才培养模式主要适用于机械工程制造等以“物”作为工作对象的职业领域，而法律职业教育主要针对的是司法机关、行政机关等以“人”作为工作对象的职业领域，这就要求在法律职业教育中要对高等职业教育人才培养模式进行“辩证”地吸纳与深化，而不是简单、盲目地照搬照抄。我们所培养的人才不应是“无生命”的执法机器，而是有法律智慧、正义良知、训练有素的有生命的法律职业人员。但愿这套系列教材能为我国高等法律职业化教育改革作出有益的探索，为法律职业人才的培养提供宝贵的经验、借鉴。

2010年11月15日

前言

进入21世纪，人们特别关注精神卫生。与精神卫生相关的职业之一——心理咨询师越来越专业化、规范化。与世界上一些国家相比，我国心理咨询师职业化起步比较晚，直至2001年8月，国家劳动和社会保障部才制定了《心理咨询师国家职业资格标准》；2002年，开始进行试点培训、考试，包括与违法心理矫治有关的心理咨询在内的工作领域陆续开始出现职业化要求。

通常把违反国家现行法律规定，危害法律所保护的社会关系的行为称为“违法行为”。违法行为所涉及的范围非常广泛，如违宪行为、民事违法行为、行政违法行为、刑事违法行为（违反刑事法规，应受刑罚处罚的行为，又称犯罪行为），等等。本教材使用的“违法行为”包括上述范畴，但更多是指以下四类：① 多次违反《中华人民共和国治安管理处罚条例》屡教不改的行为；② 有犯罪证据，但犯罪情节轻微，免予刑事处分或免予起诉的轻微犯罪行为；③ 现行《刑法》第十七条规定的免于追究刑事责任，且应受收容教养的未成年人犯罪行为；④ 按照现行法律应予矫治的其他行为。

此外，放归社会又具有现实危害性的人具体包括：

（1）现行劳动教养制度的适用对象，包括吸毒、赌博等具有不良瘾癖的人，卖淫嫖娼违法行为人（不应包括轻微违法行为者）等。

（2）具有人身危险性的违法行为人也应纳入违法行为矫治范围内，包括：① 公安机关强制戒毒[①]和收容教育对象；②《刑法》第十七条规定的收容教养对象[②]；③《刑法》第十八条规定的强制治疗对象[③]。

违法行为通常是在违法心理的驱使下所产生的，违法心理（illegal mind）是影响、支配行为人产生违法行为的一系列心理因素的总和。个人在某些“利益”的驱使下，作出了与社会期待不相符的违法行为，但是通过此行为个人获得的不

---

① 现在有关法律法规对吸毒成瘾者的强制戒除有两种形式，其一是公安机关对初次发现的吸毒成瘾者进行的强制戒除，由公安机关主管的强制戒毒所进行治疗、教育；其二是对吸毒成瘾者经强制戒除后又吸食、注射毒品的，实行劳动教养。这两类戒毒人员应一并归入违法行为矫治对象。

② 收容教养的对象是不满16周岁但实施了严重危害社会行为的人。

③ 强制治疗的对象是不能辨认或者不能控制自己实施严重危害社会行为的精神病人。

仅是其想要的东西，还有很多不想要的东西，比如家人的伤心、周围人的责备，甚至是法律的制裁，人生无法抹去的污点……因此，引导行为人认识到行为的实质及行为所带来的后果，进行违法心理矫治就成为必然。

违法心理矫治是系统地运用心理学理论、技术和方法，改变违法行为人心理偏离常态的认知、情绪、性格、态度和行为，帮助其消除心理障碍，调节不良情绪，改变错误认知，预防、改善和解决违法心理问题，促进其心理健康的工作手段和方法。

近些年来，司法部、劳教局等法律实践部门对有关“心理矫治”工作给予了高度重视。1996 年 5 月 1 日印发《司法部创建现代化文明劳教所试行办法》，2001 年 3 月 21 日印发《司法部劳动教养场所所政设施建设标准（试行）》，司法部劳教局 1999 年 12 月 1 日印发《少年教养工作管理办法（试行）》，1999 年 12 月 6 日印发《劳动教养戒毒工作管理办法（试行）》，1999 年 12 月 8 日印发《部级现代化文明劳教所考评细则（试行）》，上述规范性文件从劳动教养教育矫治工作的设施指标、人员机构和设置方面规定了心理咨询机构、兼专职人员、心理治疗室、心理咨询室、大中队心理咨询机构建设的相关内容。有关教育矫治工作形式和内容的规定有心理测试、心理咨询、心理治疗、心理与行为矫治、心理测试资料，这些都涉及与心理矫治相关的内容和方法。2003 年 6 月 2 日颁布的中华人民共和国司法部令第 78 号《司法部劳动教养戒毒工作规定》明确提到“心理矫治”，其中第二十九条规定：“戒毒劳动教养管理所、戒毒大（中）队应当针对戒毒劳动教养人员的不同情况，加强个别教育，开展心理矫治工作，促使其改变吸毒恶习，矫正其对毒品的依赖心理”；司法部 2003 年 12 月 22 日下发的《司法部未成年劳动教养人员管理教育工作规定（试行）》第二十五条规定：“针对未成年劳动教养人员的心理特点，开展心理矫治；针对未成年劳动教养人员的生理特点，开展健康教育。”

本教材注重知行统一，坚持心理教育教学与法律心理社会实践相结合，将心理教育理论融入违法心理矫治社会实践。目的在于培养有关从业人员助人自助、积极关注、热情、真诚、尊重、无条件接纳和共情等职业品质。为帮助其熟练掌握谈话、倾听、诊断评估、咨询矫治等职业能力，本教材从司法应用心理社会实践任务出发设计总体框架，分为三大部分，第一部分是违法心理基础技能，该部分包括四大任务：违法心理诊断、违法心理治疗、违法心理辅导、违法心理教育；第二部分是违法心理实用技能，该部分包括吸毒违法心理矫治、赌博违法心理矫治、卖淫嫖娼违法心理矫治、具有人身危险性违法心理矫治、家庭暴力违法心理矫治、网络成瘾心理矫治；第三部分是违法心理危机干预。每项任务都以经典名言开篇，引导学员从心理学的视角观察本任务的核心职业品质，然后以“重点技能”、“案例”、“操作步骤”、“实训设计”等培养学员，使其掌握本任务要求的职业技能。理论知识更多的是通过“知识链接”来体现，以“够用”为度。

本书编写的过程中借鉴了目前违法心理学研究的最新成果，附在书后的“参考文献”对其进行了一一列举，在此谨向作者表示由衷的感谢。

希望本教材能为违法心理矫治理论与实践提供一点启示，也能为应用心理职业化教育作出有益的探索，并为应用心理特别是法律应用心理职业人才的培养提供经验、借鉴。

任务一
违法心理诊断

他在工作中从来没有尝试去改变他人，而是对他人永远保持着理解与尊重，并且接受他人一切的感情，这些都体现出一种对世界、对他人的独特且深深的爱。①

——罗杰斯

我从不以群众的观点来思考，而是着重个人。如果我思考的是群众，我的工作无法开始。我只相信个别接触。②

——特雷莎

许多用心良苦的心理咨询之所以未能成功，是因为在咨询中，从未能建立起一种令人满意的关系。

——罗杰斯

【重点技能】

- 接待技能
- 关系建立
- 初步诊断
- 评估档案

项目一　对违法行为人的初诊接待与谈话③

【操作步骤】

（1）做好接待前的准备。接待前的准备主要包括对违法行为人的认知预备、心理咨询师自身的预备等两方面。

① 熊哲宏. 对罗杰斯历史性的评价. 西方心理学大师的故事. 桂林：广西师范大学出版社，2006. 227

② 特雷莎. 爱的纯全. 上智文化事业编译. 哈尔滨：北方文艺出版社，2009. 25

③ 郭念锋. 心理咨询师（三级）. 北京：民族出版社，2005

（2）初诊接待。初诊接待时需对来访的违法行为人作几项关于心理矫治的专业说明，以及注意接待时的一些技巧。

（3）进行摄入性谈话。先确定谈话的目标、内容与范围，与来访违法行为人进行摄入性谈话，获得其背景材料、咨询目的和对咨询的期望等。谈话过程中，注意提问技术、倾听技术合理、有效的运用。

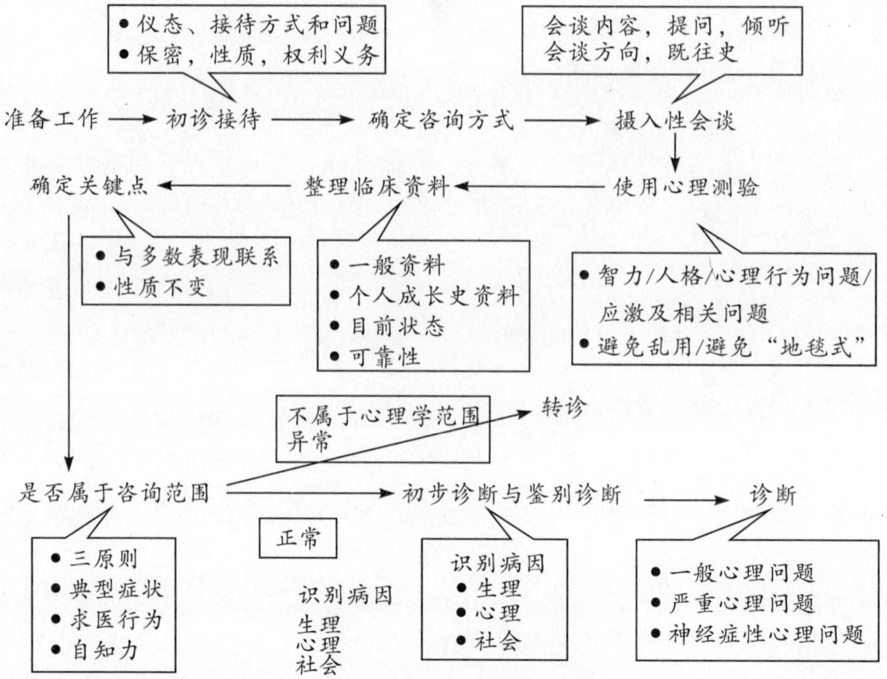

图1－1　诊断的基本流程

单元一　对违法行为人的接待

一、做好接待前的准备工作

（一）对违法行为人的认知预备

1．认识违法行为人的人身危险性

违法行为人具有人身危险性，即具有再犯（包括违法行为和犯罪行为）的可能性。在违法行为矫治的对象中，违法行为人的人身危险性表现为行为人在屡次实施违法行为过程中，形成了固定的心理反应习惯，只要有适宜的条件和环境就条件反射般地从事违法行为，同时这种习惯又随着违法行为的反复而不断地得到强化和发展；吸毒、赌博等不良瘾癖者则是在毒瘾或赌瘾的驱使下无法控制自己的行为，恶习难断，且极易引发其他违法甚至犯罪行为。

2．认识违法行为人的人性假设

人是理性的，具有意志自由和趋利避害的特性。人的行动都是由动机结构中最强的主导动机所决定的。由于动机结构中同时有一些性质和强度非常相似或相互矛盾的动机，使违法行为人常常难以确立主导动机。根据理性的人性假设，将违法行为人的内心冲突分为双避冲突、趋避冲突、双趋冲突以及双重或多重趋避冲突四种类型。

（1）双避冲突——左右两难。双避冲突，是指个体同时面临可能具有威胁性的两个目标，但又无法同时回避，要回避其中一个就必然遭遇另一个，即两难之中必须接受其一时内心产生的冲突。

（2）趋避冲突——进退两难。趋避冲突，是指个体遇到单一目标同时怀有两个矛盾动机（吸毒者不得不戒毒）时，一方面好而趋之，另一方面又恶而避之，既向往（喜欢）又拒绝（厌恶）时内心产生的冲突。

（3）双趋冲突——鱼与熊掌不可兼得。双趋冲突，是指在个体的面前同时有两个具有同样吸引力的目标，这两个目标产生同样程度的动机，但无法同时得到时内心产生的冲突。

（4）双重或多重趋避冲突。双重或多重趋避冲突指必须在两个或两个以上各有优缺点的事物或目标间进行抉择时内心产生的冲突。

3. 认识违法心理是一个动态的连续体

与一般人心理发展相同，违法行为人的心理发展也是一个连续的过程；人的心理健康状况本身就是一个连续体，在正常与异常之间没有绝对界限，连续体的一端是最佳心理健康行为，另一端是最差心理健康行为，即心理疾病或心理障碍。

（二）心理咨询师自身的预备

社会交往中第一印象非常重要。咨询师在初诊时留给违法行为人的第一印象，对确立咨询关系起着关键作用。如果第一印象不好，很可能行为人就不会把自己的内心世界向一个不信任的人敞开，因而就难以达成咨询关系。为了建立咨询关系，保证良好的第一印象，心理咨询师要在仪态、语言、方式等方面做好准备。

1. 咨询师应有的仪表

（1）服装整齐；

（2）坐姿端正规范；

（3）距离适当。谈话时，保持正常的社交距离（1.5 米左右），保持正常的咨询位置。

知识链接

社交距离

当人们进行交际的时候，交际双方所处位置的空间距离具有重要的意义，它不仅告诉我们交际双方的关系、心理状态，而且也反映出民族和文化特点。心理学家发现，每个人在自己的周围都需要一个能够把握的自我空间，这个空间的大小会因文化背景、环境、行业、个性等的不同而不同。

1. 密切距离——接近型：0.15 米以下

这是为了爱抚、格斗、安慰、保护而保持的距离，是交际双方关系最接近时所保持的距离。这时语言的作用很小。

2. 密切距离——较近型：0.15 ~ 0.45 米

这是伸手能够触及对方的距离，是关系比较密切的同伴之间的距离，也是在拥挤的电车中人与人之间不即不离的距离。

3. 个体距离——接近型：0.45~0.75 米

这是能够拥抱或抓住对方或对对方的表情一目了然的距离。夫妻双方处于这个位置是自然的，而与其他异性处在这个距离内则易产生误解。

4. 个体距离——稍近型：0.75~1.20 米

这是双方同时伸手才能触及的距离，这是对人有所要求时应有的一种距离。

5. 社会距离——接近型：1.20~2.10 米

这个距离超过身体能接触的界限，是办事时相关人员之间所处的一种距离。保持这种距离，使交往双方具有一种高雅、庄严的气质。

6. 社会距离——远离型：2.10~3.60 米

这是为便于工作保持的距离，工作时既可以不受他人影响，又不会给别人增添麻烦。夫妻在家时，保持这种距离，可以互不干扰。

7. 公众距离——接近型：3.6~7.5 米

如果保持 4 米左右的距离，说明说话人与听话人之间有许多问题或思想待解决与交流。

8. 公众距离——远离型：7.5 米以上

这适用于非正式的聚会、讲演时采用的一种距离，彼此互不干扰。

影响人际距离的因素有文化、民族、社会地位、性别等。不同民族与文化构成人们之间不同的空间区域，在对个人空间的要求方面，西方人要求的距离与空间大，而中国人、日本人以及大多数亚洲人要比西方人小得多。

---

2. 咨询师应有的接待语言

（1）使用礼貌语言。“请坐”、“我很愿意向您提供心理方面的帮助”、“如果您同意的话，请您填写这张表格”等。

（2）间接询问行为人希望得到哪方面的帮助，要用委婉的语气，如“我希望知道，我在哪些方面能向您提供帮助”。

（3）电话接待开始语：“您好！心理咨询中心！请问我们有什么可以帮助您的?”电话咨询的结束语：“今天就聊到这里，感谢您对我的信任。如果以后还有什么问题的话，我愿意继续倾听，当然如果您愿意的话，请到心理咨询中心进行面谈，面谈效果要比电话咨询好得多。”

3. 咨询师应有的接待方式

礼貌接待：态度平和、诚恳。起立迎接违法行为人，单手示意指定座位。朴实庄重：朴素踏实、端庄持重、不奢华、不轻浮、不随便。温和亲切：具有亲和力、宽宏大量、语言和动作适度得体、不古板。干练利索：灵活敏捷、周到严谨、办事利落。表情平和（既不能板着面孔，又不能喜笑颜开）。与行为人进行协商，确定使用哪种咨询方式。询问结束后，明确表明态度。向行为人说明能否向其提供帮助。

二、初诊接待时的四项说明

（一）说明保密原则

（1）反复向行为人说明保密原则，行为人对于咨询师泄密有诉诸法律的权利。

（2）心理咨询的保密原则的重要性：咨询师受职业道德中的保密原则制约，未经行为人同意，绝不可将有关行为人的个人资料泄露给别人，如个人生活、思想状况、成长过程、恋爱、婚姻、交友、工作等。保密原则不仅涉及咨询内容，也涉及心理诊断结果。

(3) 保密原则的绝对性与相对性。保密原则的绝对性：① 不能在任何场合谈论行为人的隐私，包括与专业或非专业人员谈话。② 不能向行为人的亲属、朋友、同事、领导等谈及违法行为人的隐私，除非征得行为人本人的同意。③ 在报刊上不能全文报告行为人在心理咨询中的隐私，需要报告典型案例者应注意隐私部分的文字处理技巧。④ 除本部门确定的专业人员外，不允许任何人查阅心理咨询档案，包括心理咨询人员自身所在的行政部门和行为人所在的行政部门。⑤ 除非行为人触犯刑律，经公检法机关认定并出具证明外，任何机构和个人不得借阅心理咨询档案。

保密原则的相对性：咨询过程中，当发现行为人有危害自身或他人的情况时，必须立即采取必要措施，防止意外发生（必要时应通知有关部门或行为人的家属，但应将保密信息的暴露程度控制在最小范围内）。心理咨询师接受卫生、司法或公安机关询问时，不得作虚假的陈述或报告。

（二）说明心理咨询的性质

让违法行为人明白心理咨询是心理咨询师协助违法行为人解决各类心理问题的过程，咨询能否成功在很大程度上取决于违法行为人是否有主动参与的态度和行动；要告诉违法行为人，咨询是一个过程，有些问题不是一次两次就能解决的，有时会有迂回曲折甚至反复，也有些问题甚至是难以圆满解决的。为此违法行为人应该有充分的思想准备。

（三）说明心理测量的有限性

心理测量、心理咨询的功能都是有限的，咨询人员不可为了获取行为人的信任而随意夸大它们的功能，咨询师不能在咨询范围以外向行为人提供帮助和作出任何承诺。

（四）说明违法行为人的权利和义务

(1) 权利：① 违法行为人有权选择心理咨询师以及确认他的执业资格；② 有权知道收费标准；③ 有权终止咨询。

(2) 义务：① 违法行为人有义务如实向咨询师说明情况，提供与自己心理问题有关的真实信息；② 要按时完成家庭作业；③ 不要试图与咨询师建立咨询以外的任何关系；④ 按规定交费。

可以给违法行为人呈递一份写明相关权利义务内容的协议书。

知识链接

心理咨询协议

尊敬的__________（姓名），请您在来访前详细阅读此协议，为了保密原则和检索档案方便，您可以选择签署网名或笔名。

“××心理咨询中心”（简称甲方）与求助者（简称乙方）本着平等原则，就甲方为乙方有偿提供心理咨询进行协商，达成如下协议：

一、甲方按《中华人民共和国心理咨询师职业标准》以及服务行业的通用法规为乙方提供心理咨询服务。

二、甲方向乙方收取一定的咨询费作为报酬，资费标准双方可在国家规定的收费范围内约定；现经双方协定咨询费：__________每咨询时（50 分钟）。经乙方要求出诊，乙方承担交通、食宿费用，咨询费协定为__________每天。在每次咨询后，乙方须交清所有咨询费用。

三、咨询时，乙方有责任向甲方如实提供与咨询问题相关的资料。

四、甲方严格遵守心理咨询行业的保密原则，对乙方的来访内容、诊断、资料和测量结果未经乙方允许，不得泄露。

五、心理咨询服务开始后，乙方须遵守双方在心理咨询时的口头或者书面约定。

六、双方中的任何一方在提前退出咨询时，须向另一方提前通知。

七、心理咨询服务的方式、地点、时间、条件等由双方口头或书面约定。未尽事宜双方在今后协商补充。

八、本协议由“××心理咨询中心”提出，凡与本中心建立咨询关系的求助者，中心须向求助者主动提供并解释本协议，并征得求助者同意后方能进行心理咨询服务。

××心理咨询中心（公章）　　　　　　　　　　求助者签字：

心理咨询师（名章）

年　月　日　　　　　　　　　　　　　　　　　年　月　日

三、初诊接待违法行为人的注意事项

（1）避免紧张情绪。主要在出诊前对操作步骤多加练习，增加实训时间。

（2）语言表达。语速适中，吐字清楚，避免使用方言，必须使行为人听清楚每句话。

（3）反复说明心理咨询中的保密原则。

（4）咨询时的仪态。不吸烟，不做多余的“下意识”动作。接待违法行为人之前，绝对不能饮酒或服用兴奋剂、镇静剂等药物。交谈中不能东张西望，应集中注意力，认真倾听或提问。杜绝不恰当的身势语，如叼着香烟、跷着二郎腿、东张西望、漫不经心、边交谈边翻阅报纸、打电话、玩弄铅笔、轻敲桌子等。

单元二　对违法行为人的摄入性谈话

摄入性谈话即通过谈话了解病史，了解健康状况、工作状况和家庭状况等。最常使用的“摄入法”是病史采集法，这种方法通过以问题为中心的谈话，能获得行为人个人背景材料、咨询目的和对咨询的期望，等等。常选用的是桑德伯格（Sundberg）、马隆和沃德（Malone & Ward）制定的谈话提纲。

知识链接

心理谈话的提纲（一）

采集行为人病史的桑德伯格提纲。

1. 身份资料
2. 来就诊的原因和对治疗服务的期望
3. 现在及近期的状况
4. 对家庭的看法
5. 早年回忆：对能记清的最早发生的事情以及周围情节的回忆

6. 出生和成长：包括会走路和会说话的时间、与其他多数儿童相比较曾出现过什么问题、对早期经验的态度

7. 健康及身体状况

8. 教育及培训

9. 工作记录：对工作的态度、是否改变过职业、理由如何

10. 娱乐

11. 性欲的发展：第一次意识到性问题、各种性活动、对自己近期性生活的看法

12. 婚姻及家庭资料：家庭中发生的重要事件与原因、家庭过去的情况与现状比较、道德和文化因素

13. 社会基础：交际网和社交的兴趣所在，与自己交谈次数最多的人

14. 自我描述：包括长处或优点、短处或弱点、想象力、创造性、价值观、理想

15. 生活的转折点和选择：生活中曾有过什么变化和你作出的最重要的决定、现在对它们的回忆（以一件事为例）和评价

16. 对未来的看法：在未来五至十年里，期待事情发生的必要条件

17. 行为人附加的任何材料

心理谈话的提纲（二）

了解行为人的精神状态和行为特点的马隆和沃德提纲。

1. 外表和行为

2. 交谈过程中的言语特点

3. 思维内容

4. 认知过程及功能

5. 情绪

6. 灵感和判断

一、确定谈话的目标、内容与范围

心理咨询师确定谈话的目标、内容和范围，可以参照以下四点：

（1）行为人主动提出的求助内容。

（2）心理咨询师在初诊时观察到的疑点。

（3）心理咨询师可以依据心理测评结果的初步分析发现问题，如明尼苏达多相人格测验（Minnesota Multiphasic Pesonality Inventory，MMPI）的测评结果中抑郁分很高，就可以把摸清引发抑郁情绪的原因定为谈话目标，然后去了解与此有关的各类问题。

（4）上级心理咨询师为进一步诊断而下达的谈话目标。

谈话中若有一个以上内容，应分别处理，分清前后主次，再依次提问，进入摄入性谈话。

二、提问技术

提问是澄清行为人自身所存在问题的最直接的方法，有封闭式提问和开放式提问两类。一般根据谈话目的和准备搜集的资料性质与内容来确定提问方式。

（一）封闭式提问

咨询师事先对行为人的情况有一个固定的假设，而期望得到的回答，只是为了验证假设的是与否。

例如，“你和其他学员相处得好吗？”的问题中有一个假设：他和其他学员可能相处不太好，而违法行为人除了回答好与不好之外似乎其他没什么好谈。

1. 形式

是不是，对不对，有没有，喜不喜欢。

2. 作用

（1）搜集资料，把问题加以条理化：“你说的问题大概有……是吗？”

（2）澄清事实：“你说的是……问题吗？”（有时明知故问）

（3）获取重点：“你是为了……问题而来吗？”

（4）缩小讨论问题的范围：“我们先谈……问题好不好？”

（5）当违法行为人偏离正题时，把话题引回正题：“现在我想听听……问题好吗？”

例 1：逐步缩小问题的范围——封闭式提问。如对亲子关系的询问如下：

- 你小时候与父母相处得怎么样？
- 你和父亲的关系怎么样？
- 你觉得你和父亲的关系有什么地方没处理好？

例 2：逐步提问。如果要问一个卖淫嫖娼的违法行为人的有关性经验时，可以采用下列的提问顺序：

- 每周你有几次约会？
- 每次约会都会去什么地方？
- 你喜欢与哪种类型的异性约会？
- 你约会过的异性中，有反对你做出亲热举动的人吗？
- 你是否担心过因为与对方的性接触而染上性病？
- 你为什么会有（或没有）这种担心？

3. 封闭式提问的不足

（1）使违法行为人处于被动地位，压制了其愿望和积极性，使之产生被讯问感；

（2）不让违法行为人发表意见，往往花费了时间还抓不住问题的要点；

（3）让违法行为人总是处在被动的地位，降低了求助的动机；

（4）咨询师会想当然地猜测其心理问题的成因，引起违法行为人的不信任，甚至反感，有时会对咨询关系产生破坏性的影响；

（5）会误导违法行为人，容易使之接受暗示，对自己的问题把握不准，很容易顺着咨询师的话，说出一些不符合实际的内容，给咨询活动带来麻烦。

（二）开放式提问

心理咨询师让行为人从自己的参考框架出发，自主确定回答问题的方向和内容，用自己的话表达内心所想，给行为人回答问题留有充分的余地，通常不能用一两字就能回答，以下是常用的提问形式：

1. 形式

（1）“什么？”“如何？”“能不能？”“要不要？”“为什么？”“愿意……吗？”行为

人可以自由发表意见，没有固定的答案，可以就认识、行为、态度、人际关系等随意谈论，从而带来更多的信息。

（2）“怎么?”“如何?”“你怎么看待这件事?”“你是如何知道别人的这些看法的?”这类询问可以反映出行为人对这些问题的思想和情绪反应，找出违法行为人对事情经过的描述。

（3）“为什么?”“你当时为什么没那么做?”“你为什么觉得那样不公平?”“你为什么觉得别人都看不起你?”这类提问可以引出行为人对于与事件原因有关内容的探讨，从中看出行为人情绪和对事件的看法。

（4）“能不能?”“愿不愿意?”“能不能告诉我是什么让你生那么大的气?”“愿不愿意告诉我你是怎么想的?”这类问题能促进行为人自我探索，自我剖析，以便得到满意的答复。

2. 运用不同的发问词

灵活运用不同的发问词，可以导致不同的询问结果。

用“什么”获得事实材料；用“如何”牵涉事件的经过；用“为什么”引出对原因的探讨；用“能不能”促使违法行为人自我剖析，自我探索。

使用开放式提问在咨询过程中的不同阶段：开始时用“什么”较多，了解事实；多次后用“怎样”较多；咨询中用“你的意思是……”，澄清或集中问题主题，可与封闭式谈话交替使用。

3. 作用

（1）可以让行为人自由发挥，便于搜集更多的材料，甚至会有意外的新发现；

（2）让行为人用自己喜欢的方式详细回答问题，便于他们深入地分析自我，充分展现出他们的人格心理特征；

（3）推动咨询向纵深方面发展。

【案　例】

行为人：对不起，我上次表现不好。

咨询师：为什么？上次谈话有什么需要补充的吗？

行为人：不是，我不应该那么脆弱，我表现还不是最差……

咨询师：不，我不认为那是脆弱，我觉得你可以用任何方式表达任何情感，我认为很合适（无条件开放、鼓励、积极关注）。

行为人：谢谢老师！

咨询师：我想在你十几年的生活中，大概还有不少不愉快的事情吧？

行为人：是的，很多，我觉得现在的我很不好，自己不满意，我应该很坚强，但……我应该很有信心，但……

咨询师：我已理解，你还能说出很多这种“应该……，不应该”，是不是？（这个行为人的问题就是过于追求完美，过分要求导致紧张）

行为人：每次从你这儿回去，表现就很好。

咨询师：这是否和你的紧张和轻松有关呢？

行为人：嗯……

4. 注意的事项

（1）在良好关系的基础上，注意询问方式，礼貌、真诚、语气平和，不能使行为人产生被审问或剖析的感觉。

（2）询问的目的是为了满足咨询的需要，而不是为了满足咨询师的好奇心或窥私欲。

（3）对特别敏感的隐私性问题的询问，语调要适中，语气要平和，和一般情况下一样，不应有轻浮的表现，不应表现出异常的兴趣，也不应咄咄逼人，随意指责。

（4）咨询师应了解自己询问的问题必须和咨询目标有关，思路清楚，不允许背离咨询主旨的不着边际的提问。

（5）咨询师应不断提高咨询水平，注意同一句话用不同的语调、神态、语气表达出来的效果是不同的。

（6）一次最好只提一个问题，否则会增加违法行为人的压力，破坏咨询气氛。

摄入性谈话中一般采用开放式的提问方法，较少使用封闭式提问。根据违法行为人的需要灵活使用两种询问方式，帮助违法行为人找出心理症结。

知识链接

怎样提问题

提问题太多产生多种消极后果，具体列举如下：

（1）造成依赖。行为人叙述自己的情况时问就说，不问就不说。

（2）责任转移。解决问题的关键在于行为人，询问过多会造成行为人把解决问题的责任转移到咨询师身上，从而减少了行为人参与解决心理障碍的机会。

（3）减少行为人的自我探索。行为人觉得咨询师能够解决他们的心理问题，往往等着心理咨询师来挖掘自身的问题，便不去主动挖掘自己的内心世界，从而影响问题的最后解决。

（4）产生不准确的信息。过多的询问容易增加咨询师的主观性，又通过心理暗示转达给行为人，使其有意无意按咨询师的理解去回答问题，从而掩盖事实的真相。另外，遇到不好判断的事情却非要行为人作出回答时，行为人就难免会主观臆断。

（5）容易使行为人产生防卫心理，使其可能处在被“审问”地位而产生防卫心理和行为。

（6）影响交谈中的必要概括和说明。

凯利曾经把临床交谈不恰当的提问进行了归类，并指出了这些提问方式的消极作用以及解决的方法，如下表所示：

不恰当的方式	消极作用	改变问法
为什么	暗示行为人是错误的	怎样？什么？
多重选择性提问	获得的信息受限制	去掉选择部分
多重提问	使行为人不知所措	只提一个问题
修饰性反问	使会谈陷入僵局	不使用
责备性问题	产生威胁感引起防卫	严加杜绝
解释性问题	限制行为人探索	不使用

三、倾听技术

（一）倾听

（1）倾听行为人的声音，了解其苦恼和问题，直至知道行为人的难处在哪里。倾听可使行为人把他们的思想和情感具体化，通过咨询师对其问题的倾听和理解，使行为人对问题产生新的认识和理解，从而更愿意敞开心扉，展现真实的自我，更容易与咨询师产生共鸣，便于建立良好的咨询关系，将来访者的思路引向预定方向。

（2）通过倾听，教会行为人也学会倾听，让行为人复述咨询师的谈话时就会发现行为人经常把咨询师的话理解错，实际生活中来访者就是经常误解别人的话才引发心理问题，听“懂”别人的话，才能使人际关系顺畅，减少心理问题。

（3）倾听是咨询师职业的基本功，俗话说：“会干的不如会看的，会说的不如会听的。”从行为人走近咨询师，在整个咨询过程中都必须认真倾听，不掌握这种倾听的技能，就不能成为一名合格的咨询师。

（二）怎样倾听

（1）不仅要用耳，还要用心，设身处地、全心全意地去听，要听懂行为人的语言中反映的问题，还要听懂其省略的、没直接表达的东西。

完全的倾听包括：① 要觉察行为人的非言语行为，如表情、下意识动作；② 要倾听和理解行为人的言语信息；③ 倾听行为人的各个方面的状况，包括言语、工作、生活、社会环境等；④ 倾听那些不友好的带有挑战性的言语，如“不，我不在乎！”

（2）善于倾听，不但要听还要参与，要有适当的回应，可以是言语的，也可以是非言语的，如微笑、点头、目光。

（3）真正理解行为人所表达的思想、情感和行为，把自己放在行为人的位置上思考问题，鼓励行为人宣泄，帮助其澄清想法。

倾听的要领在于听出问题的关键点在哪里，听出行为人的真实想法和内心体验。

（三）倾听的注意事项

（1）不要急于下结论，对行为人应进行充分的倾听，否则就容易出现以下的情况：① 咨询师不积极思考怎样回答行为人的问题。不但要听，而且要注意思考，要及时而迅速地判断行为人的谈话是否合乎常理，是否符合逻辑；② 咨询师的头脑中装着自己和自己的需要，无法充分倾听；③ 咨询师被行为人的外表所吸引，没有集中精力倾听；④ 在听的过程中，没能及时把握“关键点”；⑤ 由于咨询师与行为人在文化背景、社会背景方面差异很大，咨询师没有完全听懂行为人的意思，又想尽快为其提供帮助。

（2）不要轻视行为人的问题，不要认为行为人是大惊小怪、无事生非，轻视其问题或表现出不耐烦，或有意无意地暗示行为人把谈话引到自己的强项。在倾听过程中不能随便打断行为人的话，不能插入自己对谈话的评价。

（3）不要轻易作出道德、善恶和认识上的是非判断，要客观，在提出“忠告”之前应考虑其能发挥的作用。

四、控制谈话的内容与方向

谈话的方向、所涉及的问题及谈话时间，都必须有计划、有目的。另外谈话的内容一定要控制，才能让行为人得到所需要的帮助。

控制谈话和转换话题的技巧很多，常用的方法有以下四种：

（1）释义。释义就是征得行为人同意后，把行为人的话重复一遍并作解释，解释完以后，立即提出另一个问题。

（2）中断。就是在谈话中暂时休止。这个技巧要灵活掌握，一般不能随意使用，特别是对方因情绪激动或思维混乱而喋喋不休时，但可以替来访者倒杯水，递纸巾等。如果时间有限可以让行为人下次再来。

（3）利用情感反射作用。心理咨询师有意识地刺激一下行为人，使之把谈话的方向转向某类问题，但初次谈话时应慎用。

（4）引导。由当前的话题引向另外一个话题。方式要自然，不是直接转换话题，而是由原来的话题引出新话题。

五、对谈话内容归类

在一般情况下，咨询时不能做笔录，更不能录音录像，除非行为人同意。大部分信息要靠咨询师的临场记忆，以及事后的回忆。为了不丢失信息，在交谈过程中，可以按以下题目做简单笔记或者谈话后对谈话问题进行归类：

（1）个人成长、发展中的问题（经受的挫折或自身存在的不良行为）；

（2）现实生活状况；

（3）婚姻状况；

（4）人际关系；

（5）身体方面的主观感受（主观症状）；

（6）情绪体验、生活态度；

（7）其他。

六、结束谈话

（1）重申和承诺保密原则；

（2）如果谈话还要继续，应征求行为人的意见；

（3）如果已作出诊断，而且没有时间讨论矫治方案，应以如下话语结束咨询："通过今天的讨论，我们已经得出初步结论，希望您回去后再认真想想这个结论，您是否同意或者还需要补充内容，我也再想想这个结论还有哪些不妥之处，我们就按今天的诊断回去考虑一下矫治方案，您觉得如何？"

（4）如果经摄入性谈话后，发现行为人有其他疾病（躯体或精神疾病）应向行为人说明："就您谈的情况来看，恐怕您应该先到××科做个检查，我将会根据××科的检查结果来考虑您目前是否存在心理问题。"

结束语："谢谢您的来访和对我们的信任，以后有什么问题，希望再联系。"

七、注意事项

（1）态度必须保持中立。

（2）提问中避免失误。

（3）咨询人员在摄入性谈话中，除提问和引导性语言外，不能讲任何题外话。

（4）不能用指责、批判性语言阻止或改变行为人的谈话内容。

（5）在摄入性谈话后不应作出绝对性的结论。

（6）结束语要诚恳、客气，不能生硬地结束谈话，以免引起行为人的误解。

单元三 对违法行为人资料的整理分析

通过摄入性谈话所获取的临床资料，只有经过整理后，才能进行逻辑分析，并对各种与临床表现有关的资料加以综合，最后才可以作为诊断依据。

一、整理归纳一般资料

按以下提纲整理归纳一般资料：

（1）人口学资料：性别、年龄、出生地、出生日期；职业、收入、经济状况、受教育状况；宗教、民族、婚姻状况；现住址、邻里关系、社区文化状况、联系方式。

（2）生活状况：居住条件；日常活动内容、活动场所；生活方式和习惯；近期生活方式有无重大改变。

（3）婚姻家庭：婚姻状况，对婚姻关系是否满意；婚姻中有无重大事件发生；家庭成员，对家庭各成员的看法，家庭成员在日常生活中的分工，自己在家庭中所起的作用；家庭中发生的重要事件及其原因。

（4）工作记录：对工作的态度、兴趣、满意程度；是否改变过职业，理由何在。

（5）社会交往：社交网、社交兴趣和社交活动的主要内容；与自己交往最多、最密切的人的数量；能给予行为人帮助的人和行为人帮助过的人的数量；举例说明社交中的相互影响；社交中互相在道德和法律方面的责任感；参加集体活动的兴趣。

（6）娱乐活动：最令行为人感到愉快的活动；行为人对愉快情绪体验的描述是否恰当。

（7）自我描述：描述自己优点及缺点时的表情、语言、语调是否夸大或贬低。

（8）行为人个人内心世界的重要特点：想象力、创造性、价值观、理想、对未来的看法。

（9）另外列出行为人谈及或调查了解到的其他资料。

二、整理个人成长史的材料

按以下提纲，整理个人成长史资料：

（1）婴幼儿期：是否顺产、母亲身体状况、服药状况。

（2）童年期：开始走路、说话的时间，有无重大特殊事件，身体状况，家庭是否和谐，家庭教育方式，学校教育情况，有无退缩或攻击行为。

（3）少年期：有无挫折，最值得骄傲和深感羞耻的事，性萌动时的体验和处理方式，有无严重疾病，有无不愉快事件，兴趣、游戏及同伴关系。

（4）青年期：最崇拜的人，最喜欢的书籍，学习、就业、感情生活状况，婚姻有无挫折，朋友状况。

（5）个人成长中的重大变化以及现在对它的评价。

三、整理行为人目前的精神、身体和社会工作与社会交往状态方面的资料

按以下提纲整理行为人目前的精神、身体和社会工作与社会交往状态方面的资料：

(1) 精神状态（知、情、意、人格完整性及相对稳定性）：感知觉、注意品质、记忆、思维状态，情绪、情感表现，意志行为，人格完整性、相对稳定性。

(2) 身体状态：有无躯体异常感觉，行为人近期体检报告；饮食、睡眠情况；与异性接触情况。

(3) 社会工作与社会交往：学习、工作动机与考勤状态，社会交往状况。

四、说明资料来源的可靠性

(一) 资料可靠性的验证方法

对不同提供者提供的资料，要认真整理鉴别，判断其真实程度并附加说明。对一些其他心理咨询师转介来的资料，也要进一步核实。不管从哪方面入手去归纳和解释资料，都有一个先决条件——资料的可靠性。

对临床上得到的资料，有些行为人会因回避问题而说谎，有的亲友由于不甚了解真相而用自己的想象代替事实，这些都需要经过验证。验证的方法有如下三种：

(1) 使用补充提问。如你是怎样被别人发觉的？你怎样发觉别人对你有这种印象？

(2) 使用问卷和心理测验的办法来验证。

(3) 比较同一资料的不同来源，以互相印证该资料的可靠性。

(二) 可能影响资料可靠性的因素

(1) 过分随意的交谈。咨询师的倾向性很可能给行为人形成暗示，造成行为人的自我评价和环境判断的失真，这对所获资料的可靠性有重大影响。

(2) 同一咨询机构中，收集资料者如果也是后来决策者，早期印象可能影响最终诊断和决策，因而造成首因效应和对资料的理解错误。

(3) 行为人出现阻抗或言不由衷的情况。收集资料本身是有难度的，常会遭遇行为人在交谈时有阻抗或言不由衷的情况，咨询师要考虑到这个因素。

(4) 对初期印象和新资料之间的矛盾处理不当，会影响诊断和咨询。

五、对资料进行分类整理分析

(一) 资料分类整理

(1) 不同性质临床资料的时间顺序分类表。

(2) 按照哈得莱（Hadley）与心理问题有关的三方面进行整理：

① 行为人个体方面的情况（生物特性的、心理与行为的、自我意识及其表现的）。

② 有关行为人的环境条件（人际关系、工作环境、生活的物质条件）。

③ 他人及临床专业对行为人的初步评价（对行为人的印象及治疗情况评价）。

(二) 资料分析方法

资料或数据本身并不包含太多的意义，它们的意义是医生或心理学家赋予的。

1. 资料分析常用方法

(1) 就事论事：事情所包含的含义。它不能揭示事件的全部含义。

（2）寻找相关：从相关的角度去分析事情。它带有猜测的性质。

（3）迹象分析：把事实作为一种结果而进一步去寻找原因。

2. 归纳解释方法

（1）行为的观察。临床心理咨询师比较注重行为的观察，比如看到行为人精神抑郁、行动缓慢，这时便可能把这些表现和他的性格联系起来。

（2）心理咨询师会在所有的资料中找出哪些东西是偏离正常标准的，然后抓住偏离标准的行为表现去考虑问题。

（3）根据心理咨询师的个人看法，抓住那些“显眼和突出”的事件，首先给予解释，并按这种解释去归纳其他事件。

（三）职业倾向对理解资料的影响

（1）非专业的观察者，依据日常生活的概念，从自然的角度看问题。

（2）从医疗或病理学的角度看问题，倾向于行为人患病。

（3）行为主义心理学或教育工作者倾向于从行为人行为模式的角度看问题。

（4）生物学家倾向于从成长角度搜集资料。

（5）生态学家或持生态学观点的人倾向于将问题归结于环境失衡。

六、注意事项

（1）一定要仔细、严格和按技术要求去搜集和评价各类资料的内容。

（2）咨询师提出的评估有错误或把握不大时，应进行集体讨论，以保证意见的正确性。

单元四　对违法行为人既往求助史的探究

一、询问行为人以往是否去过医疗机构

行为人曾去过医疗机构，咨询师需仔细阅读就诊行为人病历和有关资料。

二、询问行为人是否去过其他心理咨询机构

如果行为人曾去过其他心理咨询机构，咨询师需询问其咨询（或治疗）过程：

（1）了解当时咨询师的诊断以及以往进行过何种治疗，疗效如何。

（2）分析当时去医院就诊的原因中哪些是躯体方面的，哪些是心理方面的，以及两者之间的关系。

（3）行为人过去曾经历过心理咨询，很可能由于咨询（或治疗）效果不好而来。而效果不好的原因可能就是诊断不正确。应详细了解以往的诊断或咨询过程，找出效果不好的原因。

（4）有的行为人原来患过某种心理疾病，但这次咨询的问题可能并不是原来那种疾病，而是另外的问题。这些都要仔细加以区分。

（5）还有的经过咨询师咨询后，原有的问题不但没有解决或减轻，还有加重或出现其他问题的趋势。这就要求咨询师必须详细了解其咨询过程，澄清问题的性质，以

免对行为人继续造成伤害。

三、注意事项

(1) 对那些曾经有过咨询经历的行为人要说明详细了解既往史的重要性，以免行为人主观上认为哪些重要、哪些不重要而忽略有价值的细节。

(2) 在咨询过程中，失误是难免的。正是前人失误的教训，才使后来者能够避免再走弯路，建立新思路。不可在行为人面前对以往的失误进行挑剔和嘲讽，这也是良好职业道德的体现，同时也避免加大对行为人的伤害。

项目二　建立良好的咨访关系

【操作步骤】

良好咨访关系的建立无明确的操作步骤，需要矫治人员在矫治过程的各个阶段，尤其是初期的接待与摄入性谈话过程中，充分利用尊重、热情、真诚、通情达理、积极关注等技术。

单元一　尊　重

心理咨询过程中，尊重可以给行为人创造一个安全、温暖的氛围，使其最大限度地表达自己的想法。可使行为人感到自己受尊重、被接纳，从而获得一种自我价值感。尊重具有明显的助人效果，是咨询成功的基础。

那么，在心理咨询过程中，如何恰当地表达尊重呢？

1. 尊重意味着完整接纳

咨询人员应把行为人看做是有人权、有价值、有情感和有独立人格的人，这是互相尊重与平等的前提。尊重意味着接纳一个人的优点和缺点，也意味着接纳一个价值观和自己不同甚至差距很大的行为人，并与之平等交流。

2. 尊重意味着一视同仁

在咨询过程中，无论行为人相貌美丑、地位高低、经济状况好坏、脾气好坏、年龄大小、性别为何，咨询师都应一视同仁，予以尊重，不能厚此薄彼，轻视或奉承行为人。

3. 尊重意味着以礼待人

在咨询过程中，咨询师对行为人要不嘲笑、不动怒、不贬抑、不惩罚。

4. 尊重意味着信任行为人

信任是尊重的基础，缺乏信任就很难尊重行为人。有时行为人在涉及某些敏感问题时会有所顾虑，回答问题时会掩饰或犹豫，咨询人员应予以理解，并借助尊重、理解、温暖来消除顾虑。

5. 尊重意味着保护隐私

在没有涉及法律的问题上，咨询人员应该保护、尊重行为人的秘密和隐私，不应该随意外传。

6. 尊重应以真诚为基础

尊重并不是一味地迁就行为人，不讲原则，不讲是非。在咨询过程中，可能会遇到不同意行为人言行的情况，咨询人员应在掌握行为人资料的基础上，视咨询关系建立的深入程度及咨询进展的情况来表明自己的观点和意见。

若咨询师发现自己实在难以接纳行为人，可以考虑把行为人转介给其他合适的咨询师，这也是对行为人的尊重和负责。

咨询师对行为人的接纳、尊重程度，往往与他对人的看法即人性观有关。而且，即使同样对人抱积极看法的，也会有层次差异。它会影响到咨询方式的选择。

咨询师对来访者的常见看法：

（1）咨询师深信行为人有面对挑战和成长的潜力，因而会很尊重行为人个人的决定和意向，对行为人的言行不加半点评论和干涉。

（2）咨询师虽相信行为人有能力改变，但认为能力有限，需要包括咨询师在内的外界帮助，因而，他虽尊重行为人的意见和选择，但同时也认为有必要对其加以指导和提醒。

（3）咨询师相信行为人有能力应付日常琐事，但在面临人生抉择时（无法独立），则依赖于专业人员的指导与帮助。

（4）咨询师不那么相信人的内在潜力，有的则认为人的自然倾向是消极堕落的，人自身存在许多原始、野蛮、罪恶的倾向，存在某些劣根性、原罪，趋向于自我毁灭，等等。

咨询师的人性观会影响咨询师在咨询中的态度和行为，也会影响其对咨询理论和方法的选择，而选择的理论和方法反过来又会影响他的人性观。咨询师积极、乐观的人性观和人生观，应当成为咨询氛围的基调。

此外，咨询师在说话时，要注意避免使用批评性的语言，因为批评性的语言表现出对行为人不接纳的态度。有时，批评性的语言还会令咨询师只在意表达自己的不满情绪，而没有关注行为人的关键问题。

【案　例】

一未成年违法行为人被带入咨询室，因为他偷了别人的东西。下面是他与咨询师的咨询过程：

咨询师：听说你偷了别人的东西？

行为人：……

咨询师：你偷了什么？

行为人：我偷了一部手机和一部 MP3。

咨询师：为什么偷这些东西？

行为人：我要送给同学啊。

咨询师：为什么要送给同学？

行为人：他们都不跟我玩，我想送他们东西，看他们会不会跟我玩。

咨询师：要送他们东西也应该用钱买呀！怎么能偷呢？

行为人：我没有那么多的钱。

咨询师：没有钱就不要送人家东西呀！偷东西是犯法的呀！年纪这么小就不学好，

将来还得了？以后再偷东西，就要重罚你了，知道吗？

行为人：知道了。

咨询师：好了，赶快回去吧，以后千万不要再偷别人的东西了！

很显然，这个咨询是失败的，咨询犯了不接纳当事人的错误。由于不接纳，咨询师只顾批评行为人，而漏掉了发现行为人犯错误的重要线索："他们都不跟我玩，我想送他们东西，看他们会不会跟我玩。"

称职的咨询师应该抓住这一点，进一步了解，找到求助者孤单、无伙伴的原因，然后帮助求助者明白找朋友的正确途径，继而让他自觉杜绝偷东西的行为。

单元二　热　情

热情体现在咨询的全过程，从行为人进门到离去，咨询师都应热情、周到，要让行为人感到自己得到了最热情的接待。

一、热情的功能

（1）化解来访者潜在的敌意，消除和减少不安心理，使双方在心理上更加接近。

（2）激发来访者的合作愿望，当遇到不合作或态度勉强的来访者，温暖可以加强双方的互动。

（3）温暖本身具有助人的功能，只有让来访者充满了热情温暖，才能对咨询工作充满热情，把咨询工作做好。

二、咨询师的温暖和热情体现

（1）整个咨询过程都应体现咨询师的温暖。来访者刚到时应该让其相信咨询师是出色的，咨询是会有成效的，以消除或减弱来访者的不安、紧张、自卑、犹豫。

（2）双方落座后，咨询师应从行为人熟悉的生活、工作、学习谈起，逐步进入正题，轻松自然，多由咨询师发问，咨询师还应全神贯注，用心倾听，留意行为人的一言一行，目光、表情、动作都应表现热情、温暖；在咨询过程中咨询师应耐心、认真；不厌其烦、循循善诱。有的行为人思维不清、语无伦次，咨询师应善于归纳，从其模糊的表达中澄清问题；有的行为人神经紧张，害怕陌生人或觉得自己的问题"太丢人"，咨询师应让其放松，不必害怕；有的行为人顾虑重重，不愿讲出问题，咨询师应用温暖和真诚建立起良好的咨访关系，消除他们的顾虑；有的行为人把客观事实和对客观事实的评价混在一起，理不清头绪，咨询人员应帮助其分辨哪些是事实，哪些是对事实的评价，进一步把咨询进行下去；有的行为人分不清大事、小事，咨询人员更应耐心倾听，细致分析，抓住关键解决问题。

（3）咨询师向行为人解释，对其进行指导、训练时应更加耐心、热情。当行为人似懂非懂或根本不懂时应反复讲述，不断指导，直到澄清问题，找到解决方案，才算完成咨询过程，如"松弛训练"。

（4）咨询结束时应该礼貌送别。咨询师应礼貌送别行为人，告知有关注意事项，感谢行为人的密切配合，等等。

热情是咨询师真情实感和爱心的流露，要将热情贯穿咨询的全过程，但热情的使用要因人而异，因事而异，因咨访关系的深入程度而异，过分热情，会使求助者不自在。

单元三 真 诚

真诚是不伪装、不掩饰、不做作。不藏在专业角色后面，而是开诚布公、表里如一、真实可信地投入咨访关系中，以真实的自我出现在行为人面前。真诚的咨访关系能让行为人获得很深的感受和体验，从而起到促进其改变的积极作用。

一、真诚的意义

（1）咨询师的真诚可以使行为人感到无所顾忌、安全自由，感到自己被接纳、被信任，从而可以完全表露自己的软弱、失败、过错、隐私等。

（2）咨询师的真诚给行为人提供了一个榜样，鼓励行为人以真诚的态度与咨询师交往，宣泄情感，表露喜怒哀乐，进而去发现自我、认识自我、面对自我、改进自我，这样就能减少咨询过程中的模糊与混淆，使双方沟通的内容更加准确与清晰。

二、真诚的表达

（1）避免言语过程中不真诚行为的使用，如躯体行为（姿势、手势、躯体移动），面部表情（目光、微笑、皱眉、扬眉），声音（音调、强弱、快慢、间歇、流畅、停顿）。

（2）咨询师的言语、情感和行为应该一致，对不良反应不必强加掩饰，有时真实的情感流露恰恰能打动行为人，收到意想不到的效果。

（3）不能过分强调专业角色，否则就会使行为人有所顾虑，产生不满、害怕的心理，拉大双方的心理距离，真正的咨询师与行为人应进行各个层面的交流，这是咨询师生活的一部分，不应用咨询师的面具保护自己，去愚弄行为人。

（4）自发性是在没有刻意行为的情况下自然流露出的机智和情感，但自发性不允许咨询师表现出任何负性情感，只有在不利的情况下或干扰共情和积极关注的时候，咨询师才能表现出负性情绪。

（5）适当的自我流露是在一定的情境下咨询师用言语或非言语的方式表达自己的情况，这样可以提高行为人暴露自己的程度，缩短双方的距离，帮助行为人形成新视角，从而让行为人发现真正的自我。

例如，一位年轻的男性违法行为人前来咨询，因为在恋爱过程中他“脚踏两只船”，不知该如何取舍。下面是他与咨询人员的谈话。

行为人：我觉得我很爱晓莉，但也很爱红梅，你问我到底爱哪一个多些，我就很难决定了。我的确很爱她们。但是，自从晓莉堕胎之后，就把我逼得很紧，要我只能两者选其一，否则她就会不再理我了。说实在的，晓莉实在很可爱，十分温柔，而且比红梅听话。至于红梅，人的确生得很美，好些男生都追她！咦，你好像有点不大高兴的样子，是吗？

咨询师：对！我的感受很复杂，我为你们感到不安和惋惜，同时我也感到愤怒，因为你口口声声在讲“爱”，但却完全不知道什么是爱！……对不起，我的确很激动。我关心你们，不愿意你们陷入感情纠葛之中而不能好好地成长。

这位咨询师并没有隐藏自己的愤怒和恨铁不成钢的复杂情感，他的真诚表达让行为人明白自己的所作所为是令人气愤的。

三、表达真诚的注意事项

（1）真诚不等于实话实说。面对行为人，咨询师的言行必须是有助于行为人成长的，不能把真诚简单地理解为实话实说，以免伤害行为人。

（2）真诚不是自我感情的随意发泄。不允许咨询师在行为人的诱导下不顾行为人的情感需要和问题，无所顾忌地大谈自己的酸甜苦辣，忘记了行为人；咨询师也不能只顾宣传自己的观点、立场，忘记帮助行为人是自己真正的目的；咨询师的真诚不能使行为人感到的话，会对咨询师产生不好的影响。

（3）真诚应实事求是。咨询师在许多方面也不是完美的，都有缺点，应该勇敢地承认，对行为人、对自己都应实事求是，不能掩饰夸大，不懂装懂。

（4）真诚应适度。情感表达、说话都要适度，真诚建立在接纳自己、自信与谦和的基础上，同时对行为人有基本的信任和乐观的态度。

总的来说，真诚是成功咨询的关键因素之一，但真诚不能强求，而应是咨询过程中的一种自然表现。同时，真诚也不是用一些手段或计策来操纵行为人，而是对行为人的一种发自内心的关心和爱护。

单元四　通情达理

通情达理，也叫共情、同感、同理心，被人本主义心理学家认为是影响咨询进程和效果的最关键的咨询特质。所谓同感，是指在咨询过程中，咨询师不但要有能力正确地了解行为人的感受和那些感受的意义，同时还要将这种了解传达给对方，从而促使行为人对自己的感受和经验有更深的自觉和认识。

同感的态度，就是咨询师“用来访者的眼睛看世界”，站在对方的立场，深入对方的内心，从对方的角度去体察、感受和思考一切的一种心理倾向，达到近乎“感同身受”的理解境界。其关键是站在对方的立场上，去除咨询师本人的偏见和主观判断。同感与单纯的理解不同，理解是咨询师根据其参考系数对某个对象形成认识，同感则不光有认识，更有对行为人感受的体察和体会。同感也不同于同情，同情是对对方遭遇的怜悯和关切，同感并无怜悯成分，而是去体察对方的心情，将心比心。只有与来访者“感同身受”，才能让行为人感受到咨询师的建议和指导是善意的，才会接受咨询师的帮助。

一、通情达理的层次

对行为人的充分理解，不仅体现在咨询师要理解行为人说话的内容，还要理解行为人言语中所隐含的情感和内心的矛盾冲突。卡可夫（Carkhuff）把通情达理分为五个层次，从有害的反应（第一层次）到交换式的反应（第三层次）再到累积的通情达理

（第四、第五层次）。

【案　例】

行为人：我觉得很难过、很难过，因为我从来没担心过高考，就算担心，也只是估计自己能不能取得优异成绩。唉！想不到居然名落孙山，真是越想越不服气，今年的高考其实并不难，班上成绩中等的人都考入了大学，没想到一向是佼佼者的我……我觉得考试根本就不能正确评估一个人的成绩，况且读书也不是为了考试，这样我也就想开了，于是决定工作，但我的父母却骂了我一顿。坚持说考上大学才有出息，一定要我参加补习班，然后再考。和他们争了几天，都没结果，我都烦死了。

达到第五层次的咨询师，做到了最准确的“通情达理”。无论在表面上还是深层次上，都很准确。咨询师不但明白行为人很失望、难过这样的表面感受，甚至连很深入的情感，如气愤、不甘心和矛盾等，也作出了准确的反应。此时咨询师已能对行为人作全面而准确的“通情达理”了。

卡可夫和皮尔斯（Carkhuff & Pierce）还建构了一个区分调查表，用来确定咨询师通情达理反应的五种水平。其中水平 3 是可接受的最低水平反应；水平 4 相当于附加共情或高级共情；水平 5 代表着促进性的行动。具体如下：

水平 1——没有理解，没有指导。咨询师的反应仅是一个问题或否认、安慰及建议。

水平 2——没有理解，有些指导。咨询师的反应是只注重信息内容，而忽略了情感。

水平 3——理解存在，没有指导。咨询师对内容，同时也对意义或情感都作出了反应。

水平 4——既有理解，又有指导。咨询师对行为人作出了情感反应，并指出对方的不足。

水平 5——理解、指导和行动都有。咨询师对水平 4 的内容均作出了反应，并提供了行动措施。

下面的例子显示了使用卡可夫和皮尔斯的区分调查表是如何区分言语通情达理反应水平的。

【案　例】

行为人：我已尝试同我父亲和谐相处，但的确行不通。他对我太严厉了。

水平 1 的咨询师：我相信将来总会行得通的。[安慰和否认]

或者：你应该努力去理解他的观点。[建议]

或者：为什么你们两个不能相处？[问题]

（水平 1 的反应包括问题、安慰、否认或建议。）

水平 2 的咨询师：你与父亲的关系正处于困难时期。

（水平 2 的反应只针对行为人信息中的内容或认知成分，而忽视了其中的情感成分。）

水平 3 的咨询师：你尝试与父亲相处，但又不成功，因而感到沮丧。

（水平 3 的反应中包含理解，但没有指导。它是针对行为人明确信息中的情感和意义作出的反应。）

水平 4 的咨询师：你似乎无法接近父亲，所以感到沮丧。你想让他对你宽容些。

（水平 4 的反应既有理解，也有指导。不仅辨明了行为人的情感，也指出了信息中所隐含行为人的不足之处。“无法接近”隐含着行为人应负的没有接近父亲的责任。）

水平 5 的咨询师：你似乎不能接近父亲，所以感到沮丧。你需要他对你宽容些。你可以采取这样一个步骤，即向父亲表达出你的这种情感。

（水平 5 的反应包含了水平 4 的所有反应，另外至少还包括了行为人能够采取的措施，以克服自己的不足，并达到所希望的目的，如“向父亲表达出你的这种情感”。）

通情达理五层次分析：

咨询师 1：你为什么感到如此悲伤呢？

咨询师 1 的回答似乎根本没有留意行为人所说的话，而他问行为人为何这样悲伤，是个很不妥当的问题，反映了他不但没有倾听，而且还完全忽略了行为人表达出的重要感受，属第一层次。

咨询师 2：你一向成绩很好，但想不到高考却失败了。

咨询师 2 的回答虽然在内容上和行人为所说的一致，但他只注意了行为人表面的感受，故在反应中只有内容上的复述，缺乏感情上的响应。从他的反应中，可看出他对倾听内容把握不是很准确，以致了解得不够全面。属第二层次。

咨询师 3：因为高考落榜，所以你感到很失望、很难过。

咨询师 3 的反应与行为人所表达的意义和感受比较一致，但未能对行为人较深的感受作出反应，即没有对隐藏于语言背后的感受作出“通情达理”的反应，属第三层次。心理咨询专家卡可夫认为，若要在咨询过程中产生效果，咨询师最起码要具有第三层次的“通情达理”。

咨询师 4：因为高考落榜，所以你感到很失望、很难过，也不清楚前面的路该如何走，心中很混乱。

第四层次中，“通情达理”的程度较高，在咨询师的反应中，他所表达的感受比行为人所能表达的更深，即咨询师把行为人深藏于言语背后的感受也表达了出来，因此行为人可由此来体验和表达起初未察觉和未能表达的感受，同时也因此可以掌握到这些感受背后的含义。

咨询师 5：你一向成绩很好，从没想到高考会失败，因此你感到特别失望与难过，也有点气愤。与父母商量后，似乎非读书不可，但自己实在有点不甘心，因而内心很矛盾。

二、通情达理的注意事项

（1）咨询师应走出自己的参考框架，不以自我为中心而是走进行为人的参考框架，进入行为人的世界，使自己处在行为人的位置和处境，去尝试感受行为人的喜怒哀乐，越深入越能达到通情达理的高层次。

（2）咨询师不能肯定自己是否达到通情达理时，可使用试探语气。

（3）表达通情达理时应因人因时因事因地而异，要灵活运用，否则会适得其反，尤其不能忽略行为人的文化背景、成长的地理区域、接触的人物。

（4）要使用言语方式表达，还要使用非言语行为方式，比如目光、表情、身势语等。

（5）咨询师要使用自己的语言在通情达理的角色状态中出入自由，恰到好处。能设身处地地体验行为人的内心世界（进得去），咨询师在使用通情达理时没有忘记自己的身份（出得来），没有丧失客观的立场，做到客观性与主观性的统一。

（6）符合文化传统和具体的特点。同性之间或年龄差异较大的异性之间可以有亲近的动作。

三、运用通情达理必须掌握的要素

（1）把咨询师的理解转化成对行为人的应答，通过应答达到双方的共同理解。

（2）咨询师必须抓住行为人的核心信息。在咨询的过程中咨询师要不断提醒自己：什么是核心信息？是情感发出的信息还是情感背后隐藏的信息，还是从行为方面发出的信息？一旦咨询师自己感觉到已确定了核心信息，就可以向行为人核实这种感觉的准确性，常用的是“你感到……是因为……”，咨询师可利用这一部分来区分行为人不同的情感，如：“你感到轻松了”、“你受到伤害了”、“你感到压力很大”，等等。

可利用“强度”这一点区分行为人情感的不同程度，如“你感到气愤”，“你感到愤怒”，“你感到肺都气炸了（不同程度），是因为……”表示隐藏在行为人背后的经验和行为，如“你感到气愤，是因为他偷看了你的日记”，“你感到悲伤，是因为他搬家离开了所有的朋友。”

（3）通情达理应保持准确性。如果准确，来访者会有言语或非言语的表示，或接着咨询师的回答引出更多的问题，将咨询深入下去。如果不准确，行为人常用不同的方式来否定咨询师的回答。如停止述说、沉默或语言不连贯、情绪改变、转移话题、行为人直言相告“你没有完全理解我的心思”或者行为人反而向咨询师表达通情达理的手段，把咨询师拉进行为人的思想轨道。

单元五　积极关注

积极关注涉及对人的基本认识和基本情感。凡是助人的工作，首先必须抱有一种信念，即受助者是可以改变的。他们身上总会有这样那样的长处，每个人的身上都有潜力，都有一种积极向上的成长动力，通过自己的努力、外界的帮助，每个人都可以比现在更好。这一观点对于心理咨询师来说非常重要。所有有效的咨询框架都被认为可以使行为人发生积极、正向的改变。

一、影响咨询师积极关注的因素

（1）认为行为人是能够改变的；

（2）行为人已具有某些优点，存在着积极向上的潜力；

（3）咨询师认为通过自己的努力和外界的帮助，行为人能够变得比现在更好；

（4）各派理论都认为人是可以发生积极变化的。

二、积极关注的原则

（1）关注行为人的积极面、光明面，并对此加以肯定。

（2）多鼓励不自信或情绪低落的行为人，使其明白能否取得好效果，既与咨询师有关，也与自身有关，应调整心态，增强自助意识，积极行动起来，配合咨询师，否则再高明的咨询师也会束手无策。

（3）帮助行为人多处效果不大的来访者，让他们重新树立信心。

（4）帮助心理问题比较复杂、自己无能为力的行为人，但应避免使行为人产生依赖，故应调动行为人的积极性。

三、从哪些方面鼓励行为人？

（1）在咨询过程中鼓励行为人表现好的方面。如“你的态度很诚恳，我很高兴”，“谢谢你的信任……”

（2）肯定行为人自己没发现、不重视、不肯定的某些优点。如“我觉得你说话思路很清晰，并不像你所说的那样……”

（3）鼓励行为人在本次咨询中的进步。如“你通过思考，找到了深层次原因，我很高兴……”

（4）鼓励行为人以往的表现和潜力。如“你以前那么困难都过来了，说明你是很有潜力的……”

四、积极关注的注意事项

（1）态度要真诚，不可胡乱吹捧，不可言不由衷，也不可赞美与咨询关系不大的问题，如“你的衣服很好看”。

（2）对行为人的优点和长处应实事求是，不能有意夸大，不能盲目赞扬，不能无中生有，不能对闪光点过分乐观。

（3）积极关注应该有针对性，符合行为人的需要，符合咨询目标，不然就会泛泛而谈。

（4）积极关注应是雪中送炭，咨询师应振作精神，不可消极悲观，发现行为人的长处应加以鼓励，使得行为人逐渐发现自己，不断进步。

（5）避免行为人故意迎合，采取逃避的态度。

（6）应启发行为人学会发现自己的长处和潜力，学会自己鼓励自己的效果更好。

项目三　违法心理初步诊断

【操作步骤】

（1）了解心理咨询的工作范围，并掌握对超出心理咨询工作范围问题的处理方法。

（2）掌握各种心理问题的诊断标准与相关技术。

（3）在获得各种相关临床资料的基础上，形成对违法行为人的初步印象。

对违法行为人员的初步诊断是指心理咨询师在进行初诊后，在对所搜集的资料进行分析综合的基础上，确定其问题是否属于心理咨询的工作范围，即能否对违法行为人提供心理学方面的帮助，解决其心理问题。

单元一　形成初步印象

一、确定造成违法行为人心理与行为问题的关键点

对心理咨询工作者来说，寻找造成违法行为人心理与行为问题的关键点是最基本也是最重要的技能。心理咨询师在初诊后，在良好咨访关系的基础上，获得了各种相关临床资料。咨询师应学会对所获得的各种资料进行印证和比较，以确定造成违法行为人心理与行为问题的关键点。

（一）操作步骤①

（1）分类整理搜集到的全部临床资料。整理不同途径获得的临床资料：主诉、家属报告、管教干警报告、摄入性谈话、临床观察、心理测验等。然后进行资料纵向比较，验证可靠性。对资料来源可靠性予以说明，不是咨询师本人提供的资料，要对其可靠性进行认真整理和鉴别；对一些其他心理咨询师转介而来的资料，也要进一步核实。最后分析临床症状与相关因素的联系：主症状、主因。

（2）按先后次序列出临床表现，再列出各类与临床表现有关的资料，进行对比和分析。

（3）找到引起心理问题的关键点。所找到的关键点应具备以下两点内涵：① 与多数临床表现相关。② 在个体发展过程中持久地存在着，虽然形式有所变化，但本身性质不变。

【案　例】

张某，女，25 岁。自述十分在意他人对自己的看法，常常因为别人的只言片语而好几天心里都不舒服。近几天，由于和某个同区行为人之间发生了一点小摩擦，所以向好几位朋友倾诉。结果，有一位对她说："受了点委屈就像祥林嫂一样，见谁都说一遍。"她听了更加苦闷，感到周围人都不理解她，不想出工，对工作和生活没兴趣。感觉别人和她关系都不好，总受人歧视，受人欺负。因此觉得活着没意思，前来咨询。

心理测量：EPQ，内向不稳定型个性倾向。

管教干警和同犯报告：均与主诉一致。

上述是一个十分简单的案例，可将上述介绍的内容按照临床表现的相关资料进行归类比较和分析，以找出行为人全部心理问题的关键所在。

（二）注意事项

（1）必须认真对待资料来源的可靠性和真实性。未经验证的资料不能作为分析问题的依据。

（2）资料的分析不能有主观随意性，要符合客观逻辑。

二、对违法行为人形成初步印象，对一般心理健康水平进行分析

初步印象是指心理咨询人员对所获得的资料进行整理分析后，对违法行为人的心

① 郭念锋. 心理咨询师（三级）. 北京：民族出版社，2005

理问题和行为问题就严重程度和归类诊断方面形成的大致判断。

（1）使用“心理健康水平评估的十项指标”对违法行为人的心理健康水平进行衡量。

知识链接

心理健康水平评估的十项指标

郭念锋于1986年在《临床心理学概论》一书中提出评估心理健康水平的十个标准①。

（1）心理活动强度：在遭遇精神打击时，不同的人对于同一类精神刺激，反应各不相同。这表明，不同的人对于精神刺激的抵抗力不同，抵抗力差的人往往反应强烈，并容易留下后遗症，可以因为一次精神刺激而导致反应性精神病或癔病；而抵抗力强的人，虽有反应，但不强烈，不会致病。

（2）心理活动耐受力：慢性的、长期的精神刺激，可以使耐受力差的人处在痛苦之中，在经历一段时间后，便在这种慢性精神折磨下出现心理异常、个性改变、精神不振，甚至产生严重的躯体疾病；但是，虽然也有人被这些不良刺激缠绕，日常也体验到某种程度的痛苦，但最终不会在精神上出现严重问题，有的人甚至把不断克服这种精神苦恼当做强者的象征，作为检验自身生存价值的指标。

（3）周期节律性：人的心理活动在形式和效率上都有着自己内在的节律性。

（4）意识水平：意识水平的高低，往往以注意力品质的好坏为客观指标。

（5）暗示性：易受暗示的人，往往容易受到周围环境的无关因素的影响，从而引起情绪的波动和思维的动摇，有时表现为意志力薄弱。他们的情绪和思维很容易随环境变化，所以精神活动具有不太稳定的特点。当然，受暗示这种特点在每个人身上都多少存在着，但水平和程度差别较大，女性比男性较易受暗示。

（6）心理康复能力：在人的一生中，谁也不可避免遭受精神创伤，在精神创伤之后，情绪会产生极大波动，行为也会暂时改变，甚至某些躯体症状都是可能出现的。但是，由于人们各自的认识能力和经验不同，从一次打击中恢复过来所需的时间也会有所不同，恢复程度也有差别。这种从创伤刺激中恢复到往常水平的能力，称为心理康复能力。

（7）心理自控力：情绪的强度、情感的表达、思维的方向和思维的过程都是在人的自觉控制下实现的，即所谓不随意的情绪。情感和思维，只是相对的。它们都具有随意性，只是水平不高时难以察觉罢了。情绪、思维和行为的自控程度与人的心理健康水平密切相关。

（8）自信心：当一个人面对生活事件或者工作任务时，首先是估计自己的应付能力。有些人进行这种自我评估时，有两种倾向，一种是评估过高，一种是评估过低。前者是盲目的自信，后者是盲目的不自信。这种自信心的偏差所导致的后果都是不好的。前者由于过高的自我评估，在实际操作中因掉以轻心而导致失败，从而产生失落感或者抑郁情绪；后者由于过低评估自己的能力而畏首畏尾，因害怕失败而产生焦虑不安的情绪。

（9）社会交往：人类的精神活动得以产生和维持，其重要的支柱是充分的社会交往。社会交往的剥夺，必然导致精神崩溃，出现种种异常心理。因此，一个人能否正常与他人交往，也标志着一个人的心理健康水平。

当一个人毫无理由地与亲友和社会中其他成员断绝来往，或者变得十分冷漠时，就构成了精神病症状，这种症状叫做“接触不良”。如果过度进行社会交往，与任何素不相识的人都可以“一见如故”，也可能是一种躁狂状态。在现实生活中，比较多见的是心情抑郁，人处在抑郁状态下，社会交往受阻较为常见。

（10）环境适应能力：从某种意义上说，心理是适应环境的工具，为了个体保存和种族延续，为

① 郭念锋．心理咨询师（三级）．北京：民族出版社，2005．285

了自我发展和完善，就必须适应环境。当生活环境条件突然变化时，一个人能否很快地采取各种办法去适应，并保持心理平衡，往往标志着一个人心理活动的健康水平。

(2) 选择有效的测评工具对行为人的问题进行量化的系统评估。

依据行为人的心理问题选择恰当的心理测验量表。心理测验量表的选择一般有以下四个原则：① 应有指向性。比如，行为人有明显的焦虑情绪，可选用与情绪有关的量表。② 为了确定非情景性症状的性质，应启用人格问卷，以便探索症状的人格因素。③ 为寻找早期原因，可选用病因性探索性量表（如 SCL-90），可以查找两年以来是否有重大生活事件发生，或是否有应激的叠加效应发生，等等。④ 为排除疾病而使用量表。当临床表现超出心理问题常规表现时，若怀疑有精神疾病，可使用 MMPI；若觉得智力有问题时，可用智力量表；若怀疑是神经系统疾病时，可选用神经心理学测评手段，等等。

总之，在心理诊断中使用心理测量工具，应当有一定的针对性，应围绕已形成的初步印象或行为人的某些特殊表现来选用。

使用心理测验的注意事项。[①] ① 不得乱用心理测量：目的不明确、依据不充分的随意使用；单纯依据心理测验结果，不与临床表现相对照，片面给出诊断结果和制定矫治措施；未查明某种心理测验自身可靠性（信度和效度）以及常模的时限便在临床上使用；在诊断目的以外使用心理测验；不按心理测验的程序要求和操作规定实施心理测验；超出某种心理测验自身功能，对数据和结果进行主观解释；使用盗版软件实施心理测验；将直接翻译而未经修订的测验工具用于临床。② 不得使用"地毯式轰炸"实施心理测验：不理解各种心理测验本身独有的功能，抛弃摄入性会谈、调查和观察法，将各种测验工具一齐实施，以求从中寻找可能的临床线索；只为了经济利益而大量地、目的性不强地使用心理测验，是职业道德所不允许的。

(3) 完成上述工作后，再对某些含混的临床表现进行鉴别诊断，初步区分出一般心理问题、严重心理问题和神经症性心理问题（详见单元三）。

三、注意事项

(1) 心理诊断中，避免"贴标签"，应以现实的临床表现为依据。

(2) 对难以确定诊断的案例，力争通过会诊解决问题。

单元二　了解心理咨询的工作范围

一、心理咨询工作范围的界定

目前，我国从事违法行为人心理矫治工作的人员多是具备了专业资格的心理咨询师，因此有必要明确咨询师的工作范围。

首先，我们要了解心理症状的诊断分类。心理症状是一个连续体，两端是心理健

① 郭念锋．心理咨询师（三级）．北京：民族出版社，2005．14

康与严重的精神障碍，各种不同的心理症状分处连续体的不同位置。如图 1－2 所示：

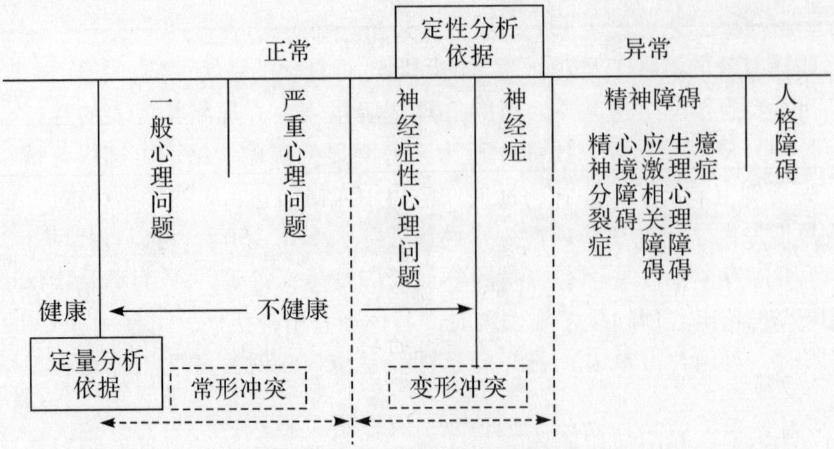

图 1－2　心理症状的诊断分类

一般来说，心理咨询师的工作对象主要是心理正常，包括健康、有一般心理问题、严重心理问题及神经症性心理问题的人群。

心理咨询师主要的工作包括：

（1）从行为人及家属等信息源获取有关行为人的心理问题、心理障碍的资料。

（2）对行为人的心理成长、人格发展、智力、社会化及家庭、婚姻生活事件等进行全面评估，概括心理和生理测查。

（3）根据心理发展史和心理生理测查的结果，对行为人作出心理诊断，制定心理治疗计划，并指导实施。

二、使用“病与非病”的三条原则判断违法行为人心理活动的正常与异常

判断行为人心理活动的正常与异常的“三原则”如下：

1．主观世界与客观世界的统一性原则

幻觉、妄想、无自知力或自知力不完整，均可认为背离此原则，判断为心理异常。这是因为心理是客观世界的反映，任何正常的心理活动和行为，必须在形式和内容上都与客观环境保持一致，即同一性（统一性）。在精神病学临床上，把这个标准运用为“无自知力”或“自知力不完整”，是一种违法行为人员对自身状态的错误反映或自我认知同一性原则的丧失。

2．精神活动的内在协调一致性原则

人的精神活动包括知、情、意等部分，自身是一个完整的体系，各种心理过程之间具有协调性，如果失去了，就说明有问题，比如说一个人遇到痛苦的事，却有快乐的反应。

3．个性的相对稳定性原则

人在成长道路上形成的独特的个性心理特征具有相对的稳定性，如果出现了很大的偏差，也说明有问题。比如说一个用钱很节省的人突然挥金如土。

一般情况下，违法行为人背离三原则中的任何一条均可判断为该行为人精神异常。

三、根据行为人具有典型意义的某些特异行为表现定性

有些异常心理行为很典型，因而具有诊断和鉴别诊断意义。

【案　例】

“典型症状诊断”案例

李某，女，34岁，广东佛山人，小学文化。

李某讲述，自吸毒后，无所事事，经常留在家中做家务，只要看到家中有脏的地方都要马上擦拭，床单三四天换一次，洗澡也花费较长时间。自入监以来，情况更加严重，每次洗澡都要洗一个小时以上，并且每次都要按照自己定下的顺序和次数，才能认为已洗干净。因此常影响到小组其他人的作息，有时候自己想洗快点，结果总觉得自己洗不干净，全身不舒服，这种感觉甚至影响到正常的休息和劳动，为此只好选择放弃。同时，李某的贴身衣物特别是床，只要有人接触过，都觉得脏，过后都是用毛巾擦拭几次才罢休。尽管如此，李某每天晚上睡觉前还是要用毛巾擦几遍床席才能安然入睡，不然就会认为每天有很多脏的东西，如灰尘等，会粘到床上，很不舒服，整晚难以入睡。

这是一例强迫症。

四、从行为人的求医行为判断其为神经症或重性精神病

患有“神经症”的行为人常常表现出强烈的求治愿望，因此会主动求医，而患有重性精神病的求助者很少主动求医。

【案　例】

“辨识求医行为诊断”案例①

2008年4月23日，一名黑龙江女子在桂林市中山南路街头突然出现“被害妄想症”，她闯进一家航空售票处多次拨打110和120求救。警察和医生来到现场后，她也不停下来，现场的警察和医生只好将其送往桂林市福利医院。

记者看见，医护人员问该女子哪里不舒服。见有人靠近，她神色紧张地问医生是干什么的。医生对她说：“我们是医生。”而该女子却瞪大眼睛说：“医生穿白衣服，你们怎么穿着蓝衣服？”医生和护士越靠近她，她的情绪就越激动，怎么都不肯跟医生走。僵持10多分钟后，她又拿起售票处的电话报警。短短半小时，该女子拨打了十多次120和110。

上午10时20分，辖区南门派出所两名民警赶到了现场，该女子还是不停地拨打报警电话。为了制止她的行为，民警和医生协商后，叫售票处员工悄悄扯掉电话线，不料，该女子大喊：“你们拔了我的电话线，你们都是坏人。”说完，提起旅行包就往外冲。

民警、医生和航空售票处的员工担心该女子发生意外，一起将其紧紧抓住，而后送上去桂林市福利医院的车。据该院潘医生介绍，该女子姓尹，今年25岁，黑龙江人。从她模糊不清的描述中了解到，她可能是来桂林打工的。经检查发现，她患有“被害妄想症”。

---

① http://www.hnjkw.net/Html/Mental/1184242008070311000.html

本例中行为人的表现属严重被害妄想症，是重性精神病的典型症状，但本人对于自己的症状毫无“自知力”，不主动求医，这样的问题显然不是通过心理咨询能解决的，应该请精神科专家处理。

五、从行为人对症状的自知程度对症状进行定性分析

（1）心理问题：有自知力；

（2）神经症：有自知力；

（3）重性精神病：无自知力。

【案　例】

甄别求助者对症状是否“自知”案例

罗玉凤[1]，80后，重庆人，身高1.46米，大专学历，在上海某超市工作，月收入千余元。2009年11月，罗玉凤在上海陆家嘴发放1 300份征婚传单，列了七个征婚条件征婚。要求对方必须为北大或清华经济学专业硕士毕业生，身高1.76米到1.83米。

关于罗玉凤自称“9岁博览群书”的说法，其母王云（化名）说孩子“在吹牛”，王云自己对女儿征婚的事情实在不理解：“她之前没有受过啥刺激，咋就变成这样了呢?”

罗玉凤雷人语录：

爱因斯坦绝对没我聪明，他发明电灯的嘛！

以我的智商和以我的能力的话，往前推三百年，往后推三百年，总共六百年之内不会有第二个人超过我。

我经常看的都是社会经济学和一些文学类的著作！比如说《知音》，还有《故事会》。

很多人都说我漂亮。我也知道我漂亮。

如此征婚，“凤姐”自知力可能有问题。

因为发征婚传单，罗玉凤成了红人，甚至被网友们称为“凤姐”。在搜索引擎里输入她的名字，按一下回车键，就会搜索到网友们整理的“凤姐”雷人语录。

六、超出范围问题的处理

在心理咨询中发现行为人有精神障碍或躯体疾病时应及时请求会诊或转往其他专科。

具体来说，心理咨询的工作内容主要包括以下五点：

1. 心理危机干预

违法行为人遇到沉重的心理创伤和打击，如环境的巨大变化，人际关系的恶化，理想、目标和事业的丧失，亲人的意外死亡等导致急剧的精神崩溃时采取的心理咨询。

2. 生活问题咨询

包括适应不良，学习困难，恋爱、婚姻、家庭及性问题，人际关系问题，以及酒和药物依赖等各种心理卫生问题。

3. 身心疾病咨询

许多躯体疾病，如高血压、冠心病、肿瘤等，其疾病的发生，发展与转归也均与

---

① 新民晚报，2010－03－04，http：//www. xinmin. news. com. cn

心理因素有一定关系，可以及时进行心理咨询，从而解除心理压力，以防止行为人躯体疾病加剧。

4. 精神障碍咨询

如患神经症、人格改变及其他精神障碍者，可就有关药物治疗、社会功能康复、婚姻与生育等问题征求医生的意见。

5. 其他心理卫生问题咨询

一般而言，诊断为心理异常的个案已超出了心理咨询的工作范围，一般的作法是将其转介至医院精神科进行治疗。心理咨询不是万能的，心理咨询师必须清楚地知道有些违法行为人的问题即使与心理有关，但也不是心理咨询所能解决的，对此要有自知之明，不能包揽一切。

单元三　心理问题的诊断

一、一般心理问题的诊断

（一）把握一般心理问题的主导症状

行为人感到痛苦而迫切需要解决的问题，有些主导症状可能具有诊断或鉴别诊断的意义。

（二）一般心理问题的特点

诊断为心理问题，必须满足以下三个条件[①]：

（1）由于现实生活、工作压力、处事失误等因素而产生内心冲突，并因此而体验到不良情绪（如厌烦、后悔、懊丧、自责等）；

（2）不良情绪不间断地持续一个月或两个月仍不能自行化解；

（3）不良情绪反应仍在相当程度的理智控制下，始终能保持行为不失常态，基本维持正常生活、学习、社会交往，但效率有所下降。

自始至终，不良情绪的激发因素仅仅局限于最初事件。即使是与最初事件有联系的其他事件，也不引起此类不良情绪。

综合描述“心理问题”，可概括为如下几点，并可定义为：“心理问题”是由现实因素激发，持续时间较短，情绪反应能在理智控制之下，不严重破坏社会功能，情绪反应尚未泛化的心理不健康状态。

【案　例】[②]

一般资料：陈××，男，21岁，初中毕业，兄弟姐妹四人，自己排行老三，上有一兄一姐，下有一妹。陈××自幼身体很好，无重大疾病史，身高约1.6米，体形偏瘦小，但精神很好，入所前和父亲同住。家庭教育方式为父亲粗暴且缺乏母爱。家族无精神病史。

---

① 郭念锋. 心理咨询师（三级）. 北京：民族出版社，2005. 299

② http：//www. xinli110. com/xysxpd/yxlw/200706/33085. html

违法行为人主诉：幼时因父亲是退伍军人，在外地上班，父母长期两地分居，而我则和母亲同住在乡下，父母感情不是很好。在刚记事时，母亲就和别人出走再也没有回来，后和父亲离婚，而我也随父亲到了扬州上学。父亲脾气不是很好，经常发火，与我几乎没有交流。上小学时我的成绩一直很好，而且是个很讨人喜欢的好孩子。但到初二时，成绩开始下降，并开始与人打架。当时也有几个要好的朋友，但自己从不和他们讲家里的事，认为这是很丢人的事，即家丑不可外扬。即使有什么不愉快的事，不是自己忍着就是在自己住的地方狠狠地写字，借以排解，从不和任何人说，心里觉得特别压抑。后来玩了摩托车，感觉特别过瘾。初中毕业后，待业在家，当时曾和哥哥一起做过一件事，但当时不知是犯法的事，知道时已经太晚了。当时我才16岁，还没有成年，所以被判了缓刑。后来去学做厨师，感觉很好，收入也很高，自己很是满意，和父亲的关系也有所改善。但在一次酒后，由于自己的好奇而犯了罪，才导致如今的状况。

其实我也很想好好学习，但因当时的情况，心里总是想着家里的事，感觉压力很大，当时父亲也没有很好地与我交流，他有什么不如意的就骂我，自己老是想着母亲能否回来，一家人能否团团圆圆的。入所后很担心父亲，他一直没来探视过我，没有他的任何消息，不知他现在怎么样了，他的身体不是很好（眼中噙着泪水）。最近十几天来总有种看到小动物就想把它杀死的感觉，我知道这样不好，但有时还会去想，感觉这样不好，是不是有心理上的毛病了？

咨询师观察：

由于行为人是正劳动教养的违法行为人，因而神情严肃，坐姿拘谨，语音低沉，对自己以往的言行甚感后悔，特别是提到对父亲的担忧时，两眼充满了泪水。对家的团聚温馨充满了向往，话语中尽是对母爱的渴望。对解除劳动教养后的生活虽说已有了一定的心理准备，但依然是顾虑重重，对未来的生活处于一种矛盾的状态。但对这次的咨询充满了希望，眼神中尽是热切的渴望。目前他急于想了解父亲的情况，主诉结束后，对咨询师充满期待，求助愿望强烈。

评估与诊断：

(1) 根据病与非病三原则，该违法行为人的主客观统一，知情意协调一致，个性稳定，有自知力，主动求治，没有幻觉、妄想等症状，因而可排除精神病。

(2) 对照症状学标准，该违法行为人出现后悔、悲观、失望、忧郁等的情绪症状，体验着不同的痛苦；从严重程度上看，该违法行为人的反应较重，但没有泛化，并未严重影响其在狱中生活的功能；从病程标准来看，只是最近十几天；从除外标准来看，该求助者的问题不是十分严重，且时间不是很长，心理冲突也是由现实引起的，因此可以排除严重心理问题和神经症性心理问题。

(3) 根据以上判断，可初步诊断为一般心理问题。属于心理咨询的范畴。

一般心理问题是心理咨询的主要工作对象，心理咨询针对这些对象时也有较好的效果。

二、严重心理问题的诊断

（一）操作步骤

(1) 分析行为人是否经历过强烈的现实刺激。

（2）分析行为人的内心冲突所具有的道德性质或现实意义，是否有求治的愿望。

（3）分析行为人的心理、生理及社会功能各方面是否受到影响。

（4）分析行为人的心理问题是否有气质性的病变作基础。

（5）与神经衰弱、神经症或其他精神病相区别。

（二）严重心理问题的特点

诊断为严重心理问题，需满足如下条件①：

（1）引起“严重心理问题”的原因，是较为强烈的、对个体威胁较大的现实刺激。不同原因引起的心理障碍会使行为人分别体验着不同的痛苦情绪（如悔恨、冤屈、失落、愤怒、悲哀，等等）。

（2）从产生痛苦情绪开始，痛苦情绪间断或不间断地持续在两个月以上半年以下。

（3）遭受的刺激强度越大，反应越强烈。多数情况下，会短暂地失去理性控制；在后来的持续时段里，痛苦可逐渐减弱，但是，单纯地依靠“自然发展”或“非专业性的干预”，却难以解脱；对生活、工作和社会交往有一定程度的影响。

（4）痛苦情绪不但能被最初的刺激引起，而且与最初刺激相类似、相关联的刺激，也可以引起此类痛苦，即反应对象被泛化。

综上，“严重心理问题”是由相对强烈的现实因素激发，初始情绪反应剧烈、持续时间长、内容充分泛化的心理不健康状态。严重心理问题有时伴有某一方面的人格缺陷。

【案　例】

一、一般资料：

（一）人口学资料

违法行为人王某，男，33岁，初中文化，已婚。父亲患肺癌去世，母亲健在，家庭贫困，其妻在娘家居住。

（二）个人成长资料

行为人的父亲脾气暴躁，稍不顺心，便拿孩子出气，因此行为人幼年时经常挨父亲的打，母亲性格柔弱，对父亲的行为不敢制止。小学期间，行为人学习成绩一直很好，喜欢参加学校的各种活动，因此养成了争强好胜追求完美的个性。升初中后，学习成绩优异，担任班干部，但是父亲从不因此表扬或鼓励行为人，而是觉得读书没有用处，初中毕业后因家庭困难，行为人辍学在家，只有弟弟妹妹仍在念书。行为人对父亲很不理解，甚至有怨言，认为自己不能继续读书，是父亲的责任，是父亲无能的表现。有一次与父亲发生争吵后，赌气离家出走，因为没有经济来源，过了半个月不得不回家，在父母的打骂声中，行为人对父亲的怨恨升级。

行为人在社会上混了几年后，结交了一个女朋友，两人关系很好，准备谈论婚事。女方父母反对女儿与其交往，认为他家庭条件不好，学历不高，又没有一技之长。行为人深受打击，认为是父亲反对他读书，才落到被人看不起的地步。爱情的力量是巨大的，其女友也不顾家庭的反对，毅然与其继续交往，恋爱一年后结婚。为养家糊口，行为人决心南下打工。由于文化程度不高，钱赚得少且非常辛苦，因不想一事无成，更不想被女方家看不起，在金钱的诱惑下，与几个老乡多次参与团伙诈骗。案发后接

① 郭念锋．心理咨询师（三级）．北京：民族出版社，2005．301

受劳动教养。

（三）精神状态

行为人五官端正，衣着整洁，面带愁容，能言语清晰地回答咨询师的问题，行为人感到悔恨、焦虑、紧张、忧心忡忡。没有出现幻觉、妄想等症状。

（四）身体状况

行为人无精神病家族史及相关躯体疾病病史。最近一段时间食欲下降，入睡困难，在劳教所医院检查，无任何器质性病变。

（五）社会功能

行为人学习兴趣减退，“三课”学习精力不集中，劳动质量差、效率低。完不成生产任务，觉得其他学员和警官都看不起他，影响了改造生活。行为人做了SCL—90、SAS、SDS心理测验，结果显示有焦虑症状、抑郁症状和人际关系敏感。

二、主诉与个人陈述

（一）主诉

近三个多月，心情烦躁，不愿与人交往，对学习劳动没有兴趣。

（二）个人陈述

刚入所的时候，父母都来看我了，但是此后过了好久都没有来过了，后来有一次，弟弟带母亲来看我时，说父亲是被我气死的，母亲也一直哭，我才知道父亲得了肺癌去世了。我虽然恨父亲没有让我读书，但并不愿他死，想到父亲劳碌一生，都没有享过福，肯定是我不争气。如果我在家，如果我有钱，父亲就不会死，如果我没有进来，就能看到父亲最后一面，想到这里我就特别难受（哭泣）。

自己也是命苦，小时候家里穷，没钱让我读到高中，我那时成绩很好，考大学应该没有问题；就是因为没有上过大学，后来女方家里嫌弃我，不让我们交往；好不容易结婚了，不想她在村里抬不起头，我想多赚点钱，结果出了这事；现在都三十多岁了也没有一儿半女的，妻子一个人在家里，都不知道她怎么过的。出事以后，她就没有来过，上次给我写过一封信，说是回娘家去住了，我感觉她没有以前那么关心我了，信连一页纸都没有写满，不知道是不是还生我的气，肯定是她娘家人不让她来，我们肯定要离婚了。我是想让她过上好日子，才这样的，她却不理我。早知道这样就不出去打工了，现在说不定孩子都有了，父亲也许就不会死了。

白天劳动，时间还过得快些，到了晚上想到这些就觉得很累，晚上很难睡着，也不想和别人说这些，谁会真的愿意听我唠叨呢，警官也忙，根本不会管我的家事。只是劳动任务完成不了，老是出错，警官批评我，其实他们根本不了解我，还有很长时间才能出去，一切都完了。我越想越难受，你能帮帮我吗?

三、资料可靠性认证

（一）管教民警反映

入所以来，行为人能够认罪服法，服从管理，接受教育，完成各项劳动任务。自从上次其家人来接见时，告知父亲去世的消息就出现目前的状况，妻子也从来没有看过他，现在他整天胡思乱想，情绪低落，常哭，白天精力差，完不成劳动任务，这种情况估计有三个多月了。据她母亲反映，他父亲查出病情到去世不到一个月的时间，是急性发作，错过了治疗的机会。

（二）同管区学员反映

行为人睡不好觉，不喜欢与人接触，问他什么总说我们不懂，说我们时间短，他时间长。上次说到一个学员的妻子和该学员闹离婚，他听后很敏感，总说他的妻子也要和他离婚，整天唉声叹气，晚上睡觉还哭。

（三）咨询师观察

交谈时，行为人情绪低落，说到伤心处会哭，反复诉说自己对不起家人，痛恨自己。其自知力完整，内心体验与现实一致，无感知觉异常，无逻辑思维混乱。

咨询师观察、管教民警介绍、同管区学员介绍和心理测验结果，与行为人自己陈述的情况十分相符，证明以上资料具有可靠性。

四、评估与诊断

（一）心理状态的评估

该行为人因父亲去世和担心妻子提出离婚而产生焦虑、抑郁情绪，不良情绪表现为学习、劳动兴趣减退，效率下降，说明知、情、意是协调一致的，有良好的自知力和求医愿望，其表现也符合个性特点。根据郭念锋正常与异常心理“三原则”判断，属于心理咨询范畴。

（二）病因分析

1. 生物性原因

行为人为男性，33 岁，经劳教所医院检查未发现异常。

2. 社会性原因

（1）家庭经济状况不佳，因经济原因不能上高中。

（2）负性生活事件：辍学、父亲过世、妻子不来接见。

（3）行为人在劳教所人际关系不佳，因其太敏感，周围其他学员都不愿与之交往。

（4）缺乏社会支持系统的帮助，未得到理解与关注，缺乏正确引导。

3. 心理性原因

（1）行为人存在错误认知，认为自己没用，是自己毁了整个家庭，害死父亲，没能孝敬父母，不能照顾妻子，内心充满了后悔感和内疚感（过分概括化）。且头脑中产武断的不良后果的假设（觉得妻子不来看他肯定是与他要离婚），进一步给自己带来巨大压力（糟糕至极）。

（2）对现实问题的错误理解和评价，认为自己的违法行为都是为了妻子，而妻子没来接见，对她有怨言（绝对化要求）。

（3）持久的负性情绪记忆，自己对家中所发生的困难无能为力而产生痛苦，一直无法摆脱。

（三）诊断与诊断依据

1. 诊断结果

严重心理问题。

2. 诊断依据

（1）主要心理症状：有内心的冲突、焦虑、抑郁、烦躁、痛苦、后悔、担心、注意力不集中、情绪低落、兴趣下降、自我评价低等。

（2）主要躯体症状：入睡难，食欲下降。

（3）从严重程度标准看，引起心理问题的原因，是较为强烈的现实刺激。如劳动教养，且时间较长；父亲在其劳动教养期间去世，兄弟责怪他父亲是被他气死的；妻子长期不来接见，等等。

（4）精神痛苦程度：内心十分痛苦，都由于现实性冲突引起。

（5）病程：症状持续3个月不到半年。

（6）社会功能损害程度：行为人的症状影响了社会功能，出现泛化和回避。学习注意力不能集中，劳动总是出错，不愿和他人交往。

（7）症状不是由躯体疾病所致。

（8）心理测试结果支持本诊断。

三、神经症性心理问题的诊断

神经症性心理问题的特点：

（1）心理冲突开始变形：冲突与现实处境无关，冲突无道德性质。

（2）持续时间较长。

（3）泛化严重：无关、类似的刺激开始引起症状反应。

（4）社会功能中度受损。

（5）许又新评分4～5分。

表1－1　许又新区分神经症与正常心理的临床评分标准

评分三要点	1分	2分	3分
病　程	<3个月	3～12个月	>12个月
精神痛苦程度	主动设法摆脱	需别人帮助或处境的改变	几乎完全无法设法摆脱
社会功能	正常工作学习人际交往微损	工作学习效率下降交往效率下降有回避	完全不能工作学习社交完全回避

项目四　违法心理评估及建档

单元一　违法行为人智能状况评估

【操作步骤】

（1）临床面谈与观察。一般来说，心理诊断相关面谈可以帮助心理学工作者了解违法行为人四方面的情况：严重精神疾病、监禁适应情况、发展性障碍和人格障碍、反社会倾向。

（2）审查档案。一般来说，临床面谈与观察包括心理测验了解到的更多的是违法行为人当前的心理状况，而审查档案则可以获得违法行为人过去的资料。

（3）心理测验。对违法行为人的智能状况评估一般使用智力量表。对违法行为人智能状况评估中使用的智力量表，主要分为团体智力测验量表和个体测验量表。目前，国际上对违法犯罪人的智力评估常使用的团体智力量表有β智力测验和希普利生活研究所量表。常用的个体智力测验量表有比奈—西蒙智力测验、韦氏智力量表和瑞文非文字推理测验这三种。

(4) 案件会诊。由不同人员在一起磋商案件信息的活动，以更全面、更准确地对违法行为人智能状况进行评估。

(5) 撰写评估报告。根据各种方法了解到的所有信息，完成一份违法行为人智能评估报告，供矫正心理学家和案件管理人员参考。

一、违法行为人心理评估的常用方法①

(一) 犯罪事实判断法

犯罪事实判断法是依据犯罪人的犯罪事实对其犯罪人格与心理状况进行评估的一种方法。犯罪事实是在特殊或危机情况下的行为，在一定程度上最能真实反映出犯罪人人格的真面目，因此这种评估方法有一定的有效性。

分析犯罪事实，应着重以下三个方面：① 分析犯罪性质；② 分析犯罪方法、对象及心理；③ 分析犯罪后的表现。犯罪性质在一定程度上能反映犯罪人的人格特点，如杀人犯、故意伤害犯人格往往有暴力倾向，诈骗犯则具有不诚信的品质。犯罪方法、对象及犯罪心理可以更深刻地反映出犯罪人的人格特征。如强奸孕妇和虐待子女的犯罪人人格中极可能具有残忍、良心淡漠的成分。犯罪后的表现也可以在一定程度上反映出犯罪人的心理特征。如行为人犯罪后积极救治被害人、积极退赃等行为，则可透视出其有悔改之意，良心尚未泯灭。

(二) 观察法

观察法是通过对违法者行为表现直接或间接（通过单向玻璃或摄影录像设备等）的观察或观测而进行心理评估的一种方法。观察法可分为自然观察法与控制观察法两种形式。

自然观察法指在自然情境中，违法行为人的行为不受观察者干扰，按照其本来方式和目标进行活动所得到的观察。自然观察法被广泛应用于违法行为人心理评估，专业心理评估人员通过有计划的自然观察，按照其要求与步骤，能获得一般测量所难以搜集到的资料与数据。控制观察法指在经过预先设置的情境中所进行的观察，如让一个曾犯盗窃罪的违法行为人进入一个无人看管的仓库，观察其在此情境下是否会出现盗窃行为。这种方法适合于观察一些在自然环境中难以观察到的低概率行为。

观察法的优点是材料比较真实和客观。不足之处是，观察法得到的只是外显行为，不易重复，观察结果的有效性还取决于观察者的洞察力、分析综合能力等。

(三) 会谈法

会谈法是矫治心理工作者通过与违法行为人进行口头交谈的方式来搜集其有关心理特征和行为数据资料的一种评估方法。会谈是一种常用但较难掌握的评估手段。会

① 阮浩．罪犯心理矫治．北京：金城出版社，2003；郑日昌，蔡永红，周益群．心理测量学．北京：人民教育出版社，1998；汪向东．心理卫生评定量表手册．郑州：中国心理卫生杂志社，1999；郭念锋．心理咨询师（三级）．北京：民族出版社，2005

谈评估的具体方式可分为非结构式会谈、结构式会谈和计算机辅助的会谈。

非结构式会谈是一种非指导性的、非正式的自由提问和作出回答的会谈形式。在非结构式会谈过程中，允许会谈评估者自由地重复问题、引入新问题、改变问题顺序等，并且随会谈者自发的思维系列而变化。由于这种会谈方式具有很高的灵活性，因此要求会谈者有足够的经验和较高水平的技能。

结构式会谈是一种有指导性的、正式的、事先决定了问题项目和反应可能性的访谈形式。由于结构式会谈标准化程度较高，因此可以减少会谈者不同会谈风格、会谈范围等因素的影响。

计算机辅助的会谈由约翰·H·格瑞斯特（John H. Greist）最早提出。他的研究表明，计算机辅助的会谈在会谈的完整性和准确性方面均优于临床心理学家。计算机辅助会谈的优势在于它有模仿人类会谈者智力的能力，能像一位人类会谈者一样针对反应者报告的问题进行一系列提问，对不存在问题的领域可以跳过去。而且计算机还可以用来访者自己的话进行一系列提问，从不同角度比较这些反应等。目前出版的计算机辅助会谈的软件有许多，其中使用最为广泛的是“诊断性会谈时间表”（Diagnostic Interview Schedule，DIS）。DIS是一个完全结构式的会谈方案，这种方案能使临床心理学家作出一致的、精确的*DSM*-Ⅴ［《精神病诊断分类手册》（第五版）］的精神病诊断。

（四）生活史调查法

生活历程是了解违法行为人人格特征的基础，评估违法行为人心理不能脱离对其生活史的了解。调查生活史的方式，既可以直接接触其本人及有关人员，也可以查阅历史形成的多种记录资料，如书信、日记、人事档案或前科案卷材料等。对违法行为人生活史的调查，可主要侧重于违法犯罪史、受教育史和从业史等三个方面。

（五）测验法

心理测验是根据一定的法则用数字对人的行为加以确定，即根据一定的心理学理论，使用一定的操作程序，给人的行为确定出一种数量化的价值。测验法是违法行为人心理评估最常用的一种方法。

心理测验可以从不同的角度分为几种类型。按测验的功能可分为智力测验、特殊能力测验和人格测验。智力测验的功能是测量人的一般智力水平。如比奈—西蒙智力量表、斯坦福—比奈智力量表（The Stanford-Binet Intelligence Scale）、韦克斯勒儿童和成人智力量表等，都是现代常用的著名智力测量工具。特殊能力测验偏重测量个人的特殊潜能，常用的如音乐、绘画、机械技巧，以及文书才能测验。这类测验在临床上应用得较少。人格测验主要用于个性中除能力以外的部分，即性格、气质、兴趣、态度、品德、情绪、动机、信念等方面的个性心理特征。一般有两类：一类是问卷法，一类是投射法。前者如COPA-Ⅰ、MMPI、卡特尔16种人格因素测验（Cattle Sixteen Personality Factors Questionaire，16PF）、艾森克人格问卷（EPQ），后者如罗夏测验、主题统觉测验（TAT）。

按测验材料的性质可分为文字测验、操作测验。文字测验所用的是文字材料，它以言语来提示刺激，被试以言语作出反应。MMPI、EPQ、16PF及韦克斯勒儿童和成人智力量表中的言语量表部分均属于文字测验。操作测验也称非文字测验。测验题目多属于对图形、实物、工具、模型的辨认和操作，无须使用言语作答，所以不受文化因素的限制，可用于学前儿童和不识字的成人。如罗夏测验、TAT、Raven 测验及韦克斯勒儿童和成人智力量表中的操作量表部分均属于非文字测验。

按测验材料的严谨程度可分为客观测验和投射测验。在客观测验中，所呈现的刺激词句、图形等意义明确，只需被试直接理解，无须发挥想象力来猜测或遐想，故称客观测验。绝大多数心理测验都属于这类测验。在投射测验中，刺激没有明确意义，问题模糊，对被试的反应也没有明确规定。被试作出反应时，一定要凭自己的想象力加以填补，使之有意义。在这个过程中，恰好投射出被试的思想、情感和经验，所以称投射测验。投射测验种类较少，具有代表性的有罗夏测验、主题统觉测验、自由联想测验和句子完成测验。

按测验的方式分为个别测验和团体测验。个别测验每次测验过程中是以一对一的形式来进行的，即一次测试一个被试。这是临床上最常用的心理测验形式，如比奈—西蒙智力量表、韦克斯勒儿童和成人智力量表。团体测验指每次测验过程中由一个或几个主试对较多的被试同时实施测验。团体测验材料，也可以个别方式实施，如 MMPI、EPQ、16PF 等。

二、常用的个别智力测验量表①

（一）比奈—西蒙智力测验

比奈—西蒙量表是世界上第一个标准化的智力测验，由比奈和西蒙于 1905 年编制而成。1916 年美国斯坦福大学的推孟（L. M. Terman）教授修订了斯坦福—比奈智力量表，第一次将智商（IQ）概念运用到智力测验中。

中国比奈测验由吴天敏于 1981 年修订，该修订版对 1936 年版的部分项目进行了增删，测试对象扩大到 2 ~ 18 岁，每岁 3 个项目，共 51 个项目，见表 1 – 2。在结果解释上，采用了将个人成绩和同年龄组平均成绩相比较的离差智商。

表 1 – 2　中国比奈测验量表

1. 比圆形	11. 找寻失物	21. 造词句
2. 说出物名	12. 倒数二十至一	22. 正确答案
3. 比长短线	13. 心算（一）	23. 对答问句
4. 拼长方形	14. 说反义词	24. 描画图样
5. 辨别图形	15. 推断结果	25. 剪纸
6. 数组扣十三个	16. 指出缺点	26. 指出谬误
7. 问手指数	17. 心算（二）	27. 数学巧术
8. 问上午和下午	18. 找寻数目	28. 方形分析（一）
9. 简单迷津	19. 找寻图样	29. 心算（三）
10. 解说图物	20. 对比	30. 迷津

① 汪向东. 心理卫生评定量表手册. 郑州：中国心理卫生杂志社，1999；郭念锋. 心理咨询师（三级）. 北京：民族出版社，2005

（续上表）

31. 时间计算	38. 语句重组（一）	45. 说明含义
32. 填字	39. 倒背数目	46. 填数
33. 盒子计算	40. 说反义词	47. 语句重组（二）
34. 对比关系	41. 拼字	48. 核正错数
35. 方形分析（二）	42. 评判语句	49. 解释成语
36. 记故事	43. 数立方体	50. 明确对比关系
37. 说出共同点	44. 几何形分析	51. 区别词义

1. 测验的记分

中国比奈量表在施测时应当首先计算被试的实足年龄，然后根据实足年龄从测验指导书附表中查寻开始的题目。例如，实足年龄为10岁，就应当直接从18题开始，并严格按照指导书的记分标准记分。答对一题得一分，连续五题未通过即停止。计算测验总分时，除了累加答对的题目分外，还要补加一定的分数。

中国比奈量表记分有按照规则计分：

（1）通过一题记一分。各试题有的是唯一的答案，有的是代表性答案，凡符合该答案含义的答案，都可以记作通过。

（2）将受测者答对若干试题的分数加上承认他能通过的试题分，即选择开始答题之前题目的分数，得到测验的总分。

（3）根据受测者的实足年龄和总分，从指导手册的智商表中即可查到相应的智商。

2. 结果的解释

中国比奈量表现在也采用离差智商的计分法，但也与下面介绍的韦氏量表不一样，其智商的平均数为100，标准差为16。见表1－3。

表1－3　中国比奈智力等级分布表

智力等级	IQ的范围	人群中的理论分布比率（%）
非常优秀	≥140	1.6
优秀	120～139	11.3
中上	110～119	18.1
中等	90～109	46.5
中下	80～89	14.5
边缘状态	70～79	5.6
智力缺陷	≤69	2.9

（二）韦氏智力量表

韦氏智力量表（Wechsler Intelligence Scale）由美国心理学家韦克斯勒所制编，是继比奈—西蒙智力量表后又一套国际通用的智力量表。

韦氏成人智力量表中国版包括言语量表和操作量表两个部分。11个分测验中，常识、数字广度、词汇、算术、理解、类同6个分测验构成言语量表，填图、图片排列、积木图案、物体拼凑、数字符号五个分测验构成操作量表。

1. 言语量表

（1）常识。该部分包括29个涉及知识面广度的题目，要求被试用几句话或几个数字回答，问题由易到难排列。常识反映了被试知识的广度、一般学习能力，并可以此评价被试的文化背景。题目的形式如下："埃及在哪个洲？""一年有多少个月？"

（2）数字广度。该部分包括顺背和倒背两部分。顺背时从3位数字开始，主试以每秒1个数字的速度念出数字，要求被试按顺序重复。每种位数有一试和二试。如两试皆未通过或能正确复述9位数时即全部顺背成功，顺背便结束。倒背则要求在主试念出顺序后，由被试倒背出来。倒背从2位数开始，直至8位数，如连续不能在同一位数的两试中倒背成功或所有8位数皆倒背成功，即停止该测验。数字广度总分为顺背和倒背分数总和，该分测验主要用来测量短时记忆能力和注意力。

（3）词汇。该部分将35个难度逐渐加大的词，以文字形式呈现给被试，要求被试说出每个词的意思。该量表考查言语理解能力，与抽象概括能力有关，能在一定程度上指出被试的知识范围和文化背景。

（4）算术。该部分包括14个小学程度的算术文字题，由易到难排列，主试口头提问，被试心算并口头回答。该测验主要测量顺序推理能力、计算和解决问题的能力以及集中注意力的能力。该能力随着年龄的增长而发展，故能考查智力的发展。该测验测试简便，但易导致被试紧张。

（5）理解。该部分包括16个按难易程度排列的问题，要求被试说明在某种情形下的最佳活动方式，为什么要遵守社会规则以及解释常用成语。例如，"为什么要交税？""过河拆桥比喻什么？"该测验主要考查普通常识、判断能力、运用实际知识解决问题的能力、对伦理道德和价值观念的理解能力。

（6）类同。该部分包括14对名词，要求被试说出每对事物的相同点。例如："高兴和悲伤有何相似之处？"主要测量逻辑思维能力、抽象概括能力、分析能力。

2. 操作量表

（1）填图。该测验包括20张图片，每张图片皆有意缺少某些部分，让被试指出图中缺失的部分。该测验主要考查视觉记忆、视觉辨认能力以及区分主要特征与不重要细节的能力。

（2）图片排列。该测验包括10组图片，每组画面均有一定的情节，以打乱的顺序呈现给被试，要求被试按适当顺序重新排列，组成一个有意义的故事。图片排列可以测量被试的知觉组织能力、分析综合能力以及观察因果关系、社会计划性、预期力和幽默感等方面的特征。

（3）积木图案。主试呈现9张红白相间的几何图案卡片，让被试用提供的9块积木拼成卡片中的图案。这9块积木完全相同，皆为长、宽、高各1英寸的立方体，每块各面分别涂有红、白及半红半白的颜色，积木图案测验考查分析综合能力、知觉组织以及视觉—运动综合协调能力，被认为是最好的个别操作测验。该测验对于诊断知觉障碍、分心、老年衰退具有很高的效度，操作有趣味性，易评分。缺点是手指技巧会影响测验分数。

（4）物体拼凑。该测验要求被试把一套切割成几块的零散拼板，组合成一个熟悉物体的完整画面，例如人或汽车。总共4套拼板。主要考查概括思维能力与知觉组织能力、辨别部分与整体关系的能力。该测验与其他分测验关联度低，具有临床意义，可了解被试的知觉类型，但施测比较费时。

（5）数字符号。让被试依据事先提供的数字—符号关系，在给出的数字下面填写相对应的符号。属于速度性测验，有时间限制，主要考查被试的一般学习能力、知觉辨别速度和灵活性、简单感觉运动的持久力、建立新联系的能力和反应速度等。

3. 测验的记分

（1）原始分的获得。在每个测验中，题目都是按难度顺序排列的。算术、图片排列、木块图案、物体拼凑、数字符号和图画填充有时间限制，其他的测验不限制时间，但也应让被试有适当时间来回答。对于有时间限制的项目，以反应的速度和正确率作为评分标准，超过规定时间即使通过也记0分。不限时间的项目则按反应的质量记分，有的项目通过记1分，未通过记0分，如知识测验；有的项目则按回答质量记0、1、2分，如领悟、相似性和词汇测验。

在测验指导手册中对每一个分测验的评分均有详细说明，主试需要熟练掌握。

（2）原始分换算量表分。每个分测验中各项目得分相加，获得分测验的原始分。

原始分按手册上相应量表可转化成平均分为10，标准差为3的量表分。分别得到言语量表分和操作量表分，言语量表分和操作量表分相加得到全量表分。

根据相应用表换算成言语智商、操作智商和总智商。确定不同年龄被试的智商要查相应的年龄组，同时要将城市和农村的被试分开。

4. 结果的解释

按智商的高低，智力水平可分为若干等级，可作为临床诊断的依据。见表1-4。

表1-4 韦氏智力测验智力等级分布表

智力等级		IQ的范围	人群中的理论分布比率（%）
极超常		≥130	2.2
超常		120~129	6.7
高于平常		110~119	16.1
平常		90~109	50
低于平常		80~89	16.1
边界		70~79	6.7
智力缺陷等级	轻度	50~69	2.2
	中度	35~49	
	重度	20~34	
	极重	0~19	

（三）瑞文标准推理测验

瑞文标准推理测验（Raven's Standard Progressive Matrices）由英国心理学家瑞文（Raven，J. C.）于1938年编成。由于该测验是非文字的，测验的结果较少受到特殊文化背景因素的影响。

瑞文测验由60个矩阵图组成，按难度逐步增加的顺序分成A、B、C、D、E五组，每组都有一定的主题，题目的类型略有不同。A组主要测知觉辨别力、图形比较、图形想象力等；B组主要测类同、比较、图形组合等；C组主要测比较、推理和图形组合；D组主要测系列关系、图形套合、比拟等；E组主要测互换、交错等抽象推理能力。可见，各组要求的思维操作水平也是不同的。测验通过评价被试的这些思维活动来研究其智力活动能力。每一组中包含12个题目，也按难度逐渐增加的方式排列，分别编号为A1、A2……A12；B1、B2……B12等。每个题目由一幅缺少一小部分的大图案和作为选项的6~8张小图片组成（A组和B组有6张，C组以后有8张），小图片分别标号为1、2……8。测验中要求被试根据大图案内图形间的某种关系——这正是需要被试去思考、去发现的，看小图片中的哪一张填入（在头脑中想象）大图案中缺失的部分最合适。（见图1-3）

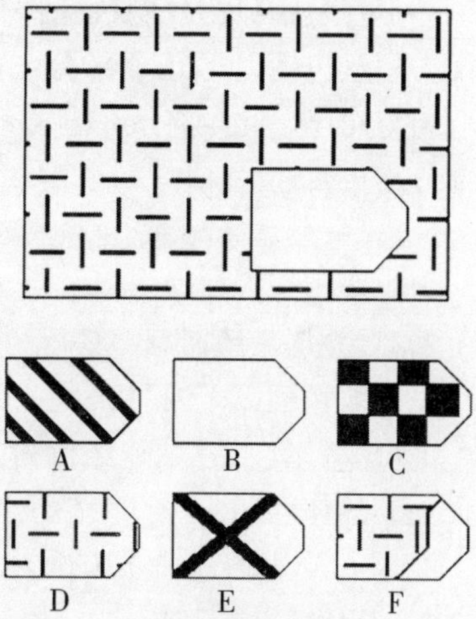

图1-3　瑞文标准推理测验例图

瑞文测验既可以用于个别测验，也可以用作团体施测。施测很简单，给每一位被试发一张量表和一张答卷纸即可。指导语也十分简单。开头说明后，主试即可自己进行下去。测验一般限时40分钟。

1. 测验的记分

瑞文测验采用二级评分，答对得1分，答错0分。被试的总得分就是其通过的题数，即测验的原始分数。本测验的量表分数是先将受测者的原始分数换算为相应的百分等级，再将百分等级转化为IQ分数。

2. 分数的解释

瑞文测验采用离差智商计算方法，智商分级标准见表1-5。

表1-5　瑞文智商分级标准

<table>
<tr><th colspan="2">智力等级</th><th>IQ的范围</th><th>人群中的理论分布比率（%）</th></tr>
<tr><td colspan="2">极优</td><td>≥130</td><td>2.2</td></tr>
<tr><td colspan="2">优秀</td><td>120~129</td><td>6.7</td></tr>
<tr><td colspan="2">中上（聪明）</td><td>110~119</td><td>16.1</td></tr>
<tr><td colspan="2">中等（一般）</td><td>90~109</td><td>50</td></tr>
<tr><td colspan="2">中下（迟钝）</td><td>80~89</td><td>16.1</td></tr>
<tr><td colspan="2">边缘</td><td>70~79</td><td>6.7</td></tr>
<tr><td rowspan="4">智力缺陷等级</td><td>轻度</td><td>55~69</td><td rowspan="4">2.2</td></tr>
<tr><td>中度</td><td>40~54</td></tr>
<tr><td>重度</td><td>25~39</td></tr>
<tr><td>极重</td><td>≤24</td></tr>
</table>

三、违法行为人心理评估报告的撰写

不管是单独的智能状况评估、个性特征评估，还是综合的心理评估等，心理评估报告一般包括以下几个部分：一般信息、要解决的问题、实施测验及对结果的解释、总结与建议。此处将从综合心理评估层面阐述评估报告的内容，本节其他单元的相同部分不再赘述。

1．一般信息

主要包括人口学资料、个人成长史、精神状态与行为表现、身体状况等。

2．要解决的问题

一般包括以下内容：

（1）确定被评估违法行为人有认知（包括智能状况）、情绪、意志、行为及个性特征上的具体问题。

（2）确定被评估违法行为人是否有器质性损伤。如果有，其损伤程度如何及由此引起的机能障碍如何。

（3）区分被评估违法行为人的心理障碍属于机能障碍还是器质性障碍。

（4）根据有关心理或行为障碍的统计信息，对被评估违法行为人存在的病态过程的范围、程度进行评估。

（5）被评估违法行为人对自己存在的障碍的反应。

（6）被评估违法行为人心理问题的病因。

（7）鉴别诊断。

（8）为治疗方式的选择提供依据（例如，对某一违法行为人来说应该选择的最有效心理治疗类型）。

（9）被评估违法行为人是否有存在危险及危险程度。

3．实施测验及对结果的解释

问题提出后，评估专家需要列出收集有关信息需用到的测验，根据不同评估目的选择不同的测验。一般来说，测验量表选择有以下四个原则：

（1）选择直接与临床表现有关的量表量化问题的严重程度。如判断违法行为人的焦虑障碍程度，可选用 SAS 等。

（2）选用与临床表现有密切关系的量表探求引发临床表现的内在因素。如探索违法行为人焦虑的人格因素，可选用 EPQ。

（3）选用病因探索性量表探究远期影响因素。如选用“生活事件量表”了解两年以内的重大事件等。

（4）为排除其他疾病而使用量表。临床表现超出心理问题范畴，鉴定其是否存在精神疾病、智力障碍或神经系统疾病，可选用 MMPI、智力测验、神经心理测验等量表。

对测验结果的解释是违法行为人心理评估过程中最重要的内容之一。对测验分数的解释，一方面要求主试对所作的具体测验要熟悉了解，包括它的作用、适用人群、信效度、计分方法和常模等；另一方面要依靠主试的临床经验和心理测量学方面的知识与素养，充分考虑到被试的实际情况和测验的具体情况，避免对测验分数作出千篇一律的解释。

4. 总结与建议

评估的总结与建议主要有以下内容：

（1）小结。对评估情况作概括，要求明确、具体，让读者对前面的内容能有一个总体了解。

（2）诊断。根据评估结果对违法行为人的心理问题作出诊断。在作出诊断时要特别慎重，要做到诊断无误，不能作出似是而非的诊断。正确的诊断是有效矫治的前提。

（3）建议。为给后续的心理矫治提供更多的帮助，评估过程中有必要提出一些指导性的建议，包括改善性的或补救性的措施，以及应接受何种形式的心理治疗等。对有危险性的违法行为人，如有暴力倾向的，应提出相应的防范、隔离等建议，供矫治时参考。

单元二　违法行为人个性特征评估

【操作步骤】

操作步骤与违法行为人智能状况评估相同。

与违法行为人个性评估有关的测验主要包括属于客观测验的 MMPI、16PF、EPQ，以及属于投射测验的罗夏墨迹测验和主题统觉测验等。

一、客观测验[①]

（一）明尼苏达多相人格测验（MMPI）

明尼苏达多相人格测验由美国明尼苏达大学教授哈萨威（Hathaway，S. R.）和麦克金里（Mckinley，J. Z.）于 1943 年编制而成。该量表既可以用于正常人的人格类型测试，也可以用于区分正常人和精神疾病患者，可鉴别强迫症、偏执狂、精神分裂症、抑郁性精神病等。

MMPI 包括 566 个自我报告形式的题目，实际上为 550 题，其中有 16 题为重复题。分为基础量表、内容量表和附加量表三大类，其中基础量表包括 10 个临床量表和 7 个效度量表。如果只为了精神病临床诊断使用，可做前 399 题。MMPI 于 20 世纪 80 年代引进中国，经过几十年的修正和完善，MMPI 在中国得到了广泛应用。一般而言，在结果计分解释中主要使用 4 个效度量表、10 个临床量表和 5 个附加量表。

1. 4 个效度量表

（1）疑问量表（Q）。此量表反映被试回避问题的倾向，如果在前面 400 题中原始分数大于 30，则说明被试对问卷的回答不可信。

（2）谎言量表（L）。此量表用于检测被试是否在过分夸大自己的优点，企图给人一个好印象。

（3）伪装坏量表（F）。此量表由一些不经常遇到的问题组成。分数高表示被试回答问题不认真或者理解错误，表现出一组相互无关的症状，或在伪装疾病。

---

① 阮浩. 罪犯心理矫治. 北京：金城出版社，2003

（4）修正量表（K）。此量表用于测验被试是否愿意议论个人的事情，它与智力、教育以及社会地位有关。分数过高，可能是被试不愿合作。

2. 10个临床量表

（1）疑病量表（Hs）。此量表原来是为了鉴定疑病患者而制定的。其特征是对自己身体健康的一种过度关心，担心自己有病或不健康。

（2）抑郁量表（D）。此量表最初是为评价抑郁症候而制定的。抑郁的特征是缺乏干劲，对未来没有希望，一般对自己的生活状况极其不满。

（3）癔病量表（Hy）。此量表原来是为了区别对紧张状况产生歇斯底里反应的患者而制定的。癔病的特征是心因性的，不随肌体机能丧失和机能障碍的改变而改变。

（4）精神病态量表（Pd）。此量表原来是为区别那些被诊断为非社会性类型和非道德类型的精神病态人格的患者而制定的。这种病态的特征是说谎、偷盗、性异常、酗酒等，但不包括重大犯罪行为。

（5）性度量表（Mf）。此量表也叫男性—女性量表，它原来是为了鉴别男性同性恋而制定的。反映被试男性化或女性化的程度。

（6）妄想量表（Pa）。此量表是为了区分那些被判断为具有关系妄想、被害妄想、夸大自我概念、猜疑心过重、过度敏感、意见和态度生硬等特征的偏执型人格而制定的。

（7）精神衰弱量表（Pt）。此量表是为了测定精神衰弱的一般性症候类型而制定的。精神衰弱的特征为焦虑、强迫动作、强迫观念、无原因的恐怖等。

（8）精神分裂症量表（Sc）。此量表原来是为了区别精神分裂症的患者而制定的。其特征包括思维、感情和行为混乱。

（9）轻躁狂量表（Ma）。此量表原来是为了区别有躁狂性症候的精神科患者而制定的。其特征包括气质昂扬、爱说、精力充沛、易怒、思维奔逸、抑郁气短等。

（10）社会内向量表（Si）。此量表是为了鉴别对社会性接触和社会责任有退缩回避倾向者。

3. 5个附加量表

（1）外显性焦虑量表（MAS）。此量表是为了研究不同焦虑水平对任务完成情况的影响。焦虑水平高的被试对简单任务完成得好，对复杂任务完成较差。

（2）依赖性量表（Dy）。此量表用于评估被试的依赖性水平。

（3）支配性量表（Do）。此量表用于判别被试在人际关系中支配能力的强弱。

（4）社会责任感量表（Re）。此量表是评估被试对自己的行为负责任和对社会团体尽义务的程度。

（5）控制力（Cn）。此量表是测定被试对其行为，特别是其病理性表现的控制能力。

4. MMPI的记分方法

MMPI有两种记分方法：微电脑记分和模板记分。前者将特制的回答放入光电阅读器中就可自动计算结果；后者借助14张模板，每张模板上均有一定数量的与记分键相应的记分圆洞。用模板记分有如下步骤：

（1）将男女被试分形记分。

（2）将答卷上被试对同一题目上作出的两种答案的题号画去，与“无法回答”的题数相加，作为Q量表原始分。如566题版本中此项得分超过30分，或399题版本此项得分超过22分，答卷可评作无效。

（3）将每个量表的记分模板依次覆盖在答题卷上，模板上画了记号的圆洞数即为此量表的原始分数。

（4）在五个量表的原始分数的基础上按一定规则加上 K 分。Hs + 0.5K；Pd + 0.4K；Pt + 1.0K；Sc + 1.0K；Ma + 0.2K。

（5）将各量表原始分换算为标准 T 分数，换算公式为：$T=50+\frac{10\ (x-\bar{x})}{SD}$。也可以按照指导书上的换算表进行换算。

（6）将各量表的 T 分数登记在剖析图上，各点相连即为被试的人格特征剖析图。

5. MMPI的结果分析

（1）单因素分析法：以中国常模标准分超过60分为高分，低于30分为低分，按各量表诊断意义分析。分数越高或越低，变态的可能性越大。但也不尽然，有时文化水平比较高的被试，某些分数也高，因此绝不能望文生义，而要结合临床症状分析。

（2）两点分析法：10个临床量表和“社会内向”SI量表，按1到0的顺序编码，抓住剖面图的最高两点和最低两点进行分析诊断。如Hs和D量表分数都超过60分，形成12/21型剖面图，具有这种模式的人，临床上多表现为疑病、焦虑、抑郁，这类人没有器质性病变，但有躯体不适。两点分析法在临床诊断中具有较高的参考价值。

6. MMPI的适用范围

一般适用年满16岁，具有小学以上文化水平者。合作、阅读水平高的13～15岁少年也可完成此测验，但结果不能与成人相比。

（二）卡特尔16种人格因素测验

卡特尔16种人格因素测验是由美国伊利诺伊州立大学人格及能力测验研究所（Institute of Personality and Ability Testing）的卡特尔教授（Cattell，R. B.）采用因素分析统计法编制的人格测量问卷。

卡特尔认为，人格由16种根源特质，即人格因素组成，通过对每一种因素的测量能认识被试某一方面的人格特征，整个问卷能对被试的16种个性因素进行综合了解，从而全面地评价被试的个性。16种人格因素的名称及高、低分的人格特征如下：

因素A（乐群性）　低分特征：缄默、孤独、冷漠。高分特征：外向、热情、乐群。

因素B（聪慧性）　低分特征：知识面比较窄、抽象思考能力比较弱。高分特征：富有才识、善于抽象思考、学习能力强、思考敏捷。

因素C（稳定性）　低分特征：情绪激动、易生烦恼、心神动摇不定、易受环境支配。高分特征：情绪稳定而成熟、能面对现实。

因素E（恃强性）　低分特征：谦逊、顺从、通融、恭顺。高分特征：好强固执、独立积极。

因素F（兴奋性）　低分特征：严肃、审慎、冷静、寡言。高分特征：轻松兴奋、随遇而安。

因素G（有恒性）　低分特征：苟且敷衍、缺乏奉公守法的精神。高分特征：有恒负责、做事尽职。

因素H（敢为性）　低分特征：畏怯退缩、缺乏自信心。高分特征：冒险敢为、少有顾忌。

因素 I（敏感性）　低分特征：理智、着重现实、自恃其力。高分特征：敏感、感情用事。

因素 L（怀疑性）　低分特征：依赖随和、易与人相处。高分特征：怀疑、刚愎、固执己见。

因素 M（幻想性）　低分特征：现实、合乎成规、力求妥善合理。高分特征：幻想、狂放不羁。

因素 N（世故性）　低分特征：坦白、直率、天真。高分特征：精明强干、世故。

因素 O（忧虑性）　低分特征：安详、沉着、有自信心。高分特征：忧虑抑郁、烦恼自扰。

因素 Q1（实验性）　低分特征：保守、尊重传统观念与行为标准。高分特征：自由、批评激进、不拘泥于现实。

因素 Q2（独立性）　低分特征：依赖、随群附众。高分特征：自立自强、当机立断。

因素 Q3（自律性）　低分特征：矛盾冲突、不顾大体。高分特征：知己知彼、自律谨严。

因素 Q4（紧张性）　低分特征：心平气和、闲散宁静。高分特征：紧张困扰、激动挣扎。

1988 年，我国学者戴忠恒和祝蓓里修改了中文版 16PF。该测验共有 187 个题目，问题都是围绕个人的兴趣和态度展开的，要求受测者选择适合的一个选项。例如：我喜欢看球赛（a. 是的；b. 偶尔；c. 不是的）。

1. 测验的记分

原始分的获得。每个项目都有 a、b、c 三个选项，根据被试对每一项的回答，分别记为 0，1，2 分或 2，1，0 分。实际操作时，要用预先制作的两张有机玻璃计分套板，每张套板记八个因素的分数。方法是：将套板套在答卷纸上，分别计算出每一因素上的原始分数，将此分数登记在剖面图左侧的原始分数栏内。

原始分数的转换。16PF 的常模采用标准 10 分制。根据被试的文化程度或职业种类将被试各因素的原始分数对照常模表分别转化成标准分数，并登记在剖面图左侧的标准分数栏内。然后在剖面图上找到各因素的标准分数点，将各点相连，即成为一条表示受测者人格特征的曲线图。

2. 测量结果的解释

在本测验的 16 种人格因素中，1～3 分为低分，8～10 分为高分。根据各因素高分特征和低分特征的描述，可以了解受测者的人格概貌。

二、投射测验[①]

投射测验是以精神分析的人格理论为依据的。该理论认为人的行为由无意识的内驱力推动，这些内驱力受到压抑，不为人们觉察，却决定着人们的行为。根据这种理解，人们难以通过问题直接了解一个人的情感和欲望，进而对他的人格作出评定，但

① 郑雪．人格心理学．广州：暨南大学出版社，2001；郑日昌，蔡永红，周益群．心理测量学．北京：人民教育出版社，1998

如果给被试一些模棱两可的问题，那么他的无意识欲望与观念就有可能通过这些问题投射出来。

投射测验一般由若干个模棱两可的刺激所组成，被试可任意解释。在解释的过程中，被试会将自己的动机、态度、感情以及性格等投射出来，主试将其反应加以分析，就可以推出若干人格特性。以下介绍两种著名的投射测验：罗夏墨迹测验和主题统觉测验。

（一）罗夏墨迹迹验

罗夏墨迹测验由瑞士精神医学家罗夏（Rorschach，H. 1884—1922）于1921年编制而成，共包括10枚墨迹图版，如图1-4。其中5枚呈黑灰色，2枚是黑灰色中加红色，另外3枚是彩色的。

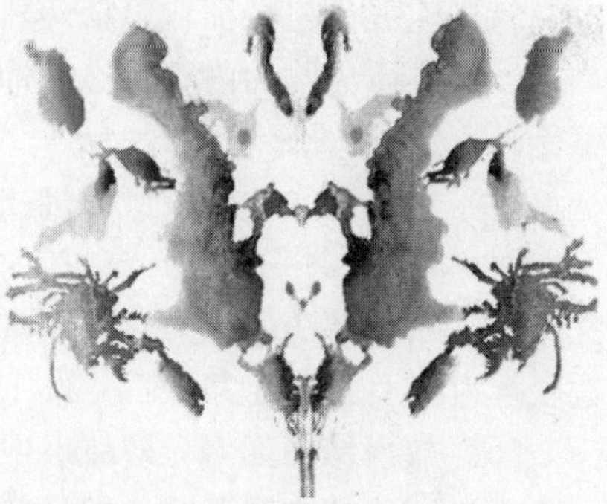

图1-4　罗夏墨迹测验的图片之一

罗夏墨迹测验的技术高度复杂，需要主试具有相当丰富的专业技术知识并接受过一定的训练。测验时每次按顺序给被试呈现1张卡片，同时问被试："你看到了什么?""这可能是什么东西?"或"这使你想到了什么?"等。允许被试从任何位置看图片，被试的回答无正确与错误之分，要求其把看到的、想到的全部报告出来。测验时主试一方面要记录被试的语言反映，另一方面要注意被试的情绪表现及伴随的动作。

罗夏墨迹测定结果的分析与解释方法主要有三种。一是"形式分析"，即对各种反应形式用"记号化"的方式进行数量统计，然后根据规定的指标对各种数量的比率进行分析。这些指标包括反应数量、反应时间和反应领域，决定因素和反应的形态水平，反应内容中的公共性、独创性、情感性，思考、语言的表现形式，然后施测者将这些指标归纳为智力侧面、情绪控制侧面和人际关系侧面等三个范畴并进行解释。二是"内容分析"，即根据个人对图版的自由反应内容，对个体人格特征的固有意义进行分析。三是"系列分析"，即根据个体对10枚图版的不同反应内容，从第一枚图版到第十枚图版按顺序分析、解释。近年来，罗夏墨渍测定结果也利用计算机作信息系统分析，这样可以大大缩短分析过程。

（二）主题统觉测验

主题统觉测验（Thematie Apperception Test，TAT）由美国心理学家莫瑞（Murray，H. A. 1938）编制。这种测验的性质与看图说故事的形式很相似。全套测验由30张模棱两可的图片构成，另有1张空白图片，图片内容多为人物，也有部分景物，不过每张图片中至少有一个人物在内，如图1-5所示。

图1-5　主题统觉测验的图片之一

主题统觉测验的主要假设是，被试在面对图片情境时所编出的故事，常会与其生活经验有联系。被试在编故事时，常常会不自觉地把自己隐藏或压抑的动机、欲望以及矛盾"投射"在所编造的故事中。因此，通过分析被试编的故事，有可能分析出其需要和动机。

1. TAT的基本测定步骤

（1）主试出示图版；

（2）被试观察图版中的画面；

（3）被试展开联想，并结合个人生活经历，编造故事；

（4）主试根据故事内容分析被测者的人格和经历。

2. TAT的心理测定结果分析方法

主试根据被试编造的故事内容，进行心理分析，其中包括内容分析和形式分析。在分析时注意把握以下八点：

（1）主要人格特征，包括性别、身份、年龄、性格属性等；

（2）主要人物的内心状态，即此时人物内心感受如何，有无紧张、不安、矛盾等感受；

（3）主要人物的要求、动机、现实性和欲望等；

（4）主要人物的压力，包括内在压力和外在环境压力；

（5）有无解决的行为，例如对欲求与压力的相互作用如何解决，解决过程中有无适应行为或不适应行为，解决的行为是否具有现实性与建设性；

（6）故事结局如何，即故事中人物成功与否、幸福与否；

（7）故事的主题基调，即是低沉还是明朗的、是悲剧还是喜剧的；

（8）人物之间的关系。

单元三　违法行为人心理与行为问题评估

【操作步骤】

违法行为人心理与行为问题评估步骤与智能状况评估相同。违法行为人心理与行为问题评估常用的测验包括SCL－90、SAS、SDS等，以及用于违法行为人与犯罪评估的特殊测验，如违法犯罪人危险性评估。

一、90项症状清单（SCL－90）[①]

90项症状清单（Symptom Checklist 90，SCL－90），又名症状自评量表（Self-reporting Inventory）。此量表包含广泛的精神病症状学内容，如思维、情感、行为、人际关系以及生活习惯，等等。SCL－90的使用范围颇广。主要为成年的神经症、适应障碍及其他轻性精神障碍患者。

1. SCL－90项目与内容

SCL－90量表共包括10个因子，每一因子反映被试一方面的情况，这些因子是躯体化、强迫症状、人际关系敏感、抑郁、焦虑、敌对、恐怖、偏执、精神病性及其他项目。

（1）躯体化。该因子主要反映被试的主观身体不适感，包括心血管、胃肠道、呼吸等系统的不适，以及头痛、背痛、肌肉酸痛及焦虑等其他躯体表现。

---

① 郭念锋．心理咨询师（三级）．北京：民族出版社，2005

（2）强迫症状。该症状主要指那种明知没有必要，但又无法摆脱的无意义的思想、冲动、行为等表现，反映临床上的强迫症状群。

（3）人际关系敏感。该因子主要反映人际交往障碍，如个人不自在感、自卑感，尤其是在与他人相比较时更突出。

（4）抑郁。该因子主要指忧郁苦闷的感情和心境，反映与临床上抑郁症状群相联系的广泛的概念。

（5）焦虑。该因子主要指游离不定的焦虑及惊恐发作，反映临床上明显与焦虑症状相联系的精神症状及体验。

（6）敌对。该因子主要指恼怒，发脾气和冲动的特征，从思维、情感及行为三个方面来反映病人的敌对表现。

（7）恐怖。该因子与传统的恐怖状态或广场恐怖所反映的内容基本一致，也包括社交恐怖的项目。主要反映对孤独和公共场合的惧怕。

（8）偏执。该因子主要指对他人不满和无中生有的程度，反映猜疑和关系妄想。

（9）精神病性。该因子主要反映神经质的强烈程度，其中有幻听、思维播撒、被洞悉感等精神分裂样症状项目。

（10）其他项目。该因子主要反映睡眠及饮食等情况。

2. 测验的记分

该量表一般采取 5 级评分标准。从 1 分代表无症状到 5 分代表症状严重，依次递进。主要分析以下指标：

总分和总均分：总分是 90 个项目各项得分总和。总均分 = 总分 ÷ 90，所得结果表示总体上被试的自我感觉介于 1 ~ 5 的某一个范围。

阴性项目数：“无症状”，即≤2 的项目数。

阳性项目数：“有症状”，即≥2 的项目数。

阳性项目均分：表示“有症状”项目的平均得分。

因子分：每个因子所含项目的平均分。

3. 测验的解释

一般按以下标准分析量表分数：

（1）总分超过 160 分的，提示阳性症状，说明被试可能存在着某种心理障碍。

（2）阳性项目数超过 43 分的，提示被试心理有问题。

（3）任一因子分≥2 分，说明可能存在着该因子所代表的心理障碍。

按全国常模结果，满足以上任一标准，可考虑筛查阳性，需进一步检查。

二、抑郁自评量表[①]

抑郁自评量表（Self-rating Depression Scale，SDS）是美国杜克大学教授 W. W. K. Zung 于 1965 年编制的，用以评估抑郁患者的负性情绪，如焦虑和抑郁的主观感受。本量表含 20 个反映抑郁主观感受的项目，测试项目按症状出现的频率分为 4 级评分，其中“1”代表没有或很少时间，“2”代表小部分时间，“3”代表相当多时间，“4”代表绝大部分或全部时间。

---

① 郭念锋. 心理咨询师（三级）. 北京：民族出版社，2005

SDS 中有 20 项由反映抑郁状态的四组症状组成：

（1）精神性—情感性症状，包括抑郁心境和哭泣两个项目；

（2）躯体性障碍，包括日间差异、睡眠障碍、食欲减退、性欲减退、体重减轻、便秘、心悸、易疲劳等 8 项；

（3）精神运动性障碍，包含思考困难和能力减退 2 项；

（4）抑郁的心理障碍，包含思维混乱、无望感、易激惹、决断困难、无用感、空虚感、无价值感（反复思考自杀）和不满足等项，共 8 项。

测评的记分：施测时，要求被试根据其在最近一星期内的实际情况，选择一个最相符的回答。SDS 的主要统计指标为总分。将 20 个项目的各项得分相加，即得到粗分（X）。将粗分乘以 1.25 以后取整数部分，得到标准分（Y）。

结果的解释：按照中国常模，SDS 的标准分的分界值为 53 分，53 ~ 62 分为轻度焦虑，63 ~ 72 分为中度焦虑，72 分以上为重度焦虑。

适用对象：主要适用于具有抑郁症状的成年人。

三、焦虑自评量表[①]

焦虑自评量表（Self-rating Anxiety Scale，SAS）是美国杜克大学教授 W. W. K. Zung 于 1971 年编制的，用于评定被试的焦虑主观感受。SAS 由 20 个反映焦虑主观感受的项目组成，主要评定症状出现的频度，每个项目用 4 级评定。其中“1”代表没有或很少发生，“2”代表小部分时间发生，“3”代表相当多时间发生，“4”代表绝大部分或全部时间发生。

测评的记分：施测时，要求主试根据其在最近一周内的实际情况，选择一个最相符的回答。SAS 的主要统计指标为总分。将 20 个项目的各项得分相加，即得到粗分（X）。将粗分乘以 1.25 以后取整数部分，得到标准分（Y）。

结果的解释：按照中国常模，SAS 的标准分的分界值为 50 分，50 ~ 59 分为轻度焦虑，60 ~ 69 分为中度焦虑，69 分以上为重度焦虑。

适用对象：主要适用于具有焦虑症状的成年人。

四、违法犯罪人危险性诊断

为了更好地监禁、看管违法犯罪人员，矫治机构必须明确违法犯罪行为人是否具有危险性，因为危险的违法犯罪人可能会逃跑、侵害他人、毁坏财物等。美国精神病学家哈里·科泽尔（Harry Kozol）等经过 10 年的研究，提出了诊断和确定危险违法犯罪人时应当考虑的因素。这些因素包括：

（1）严重伤害别人或者具有这种企图；

（2）怀有愤怒、敌意和怨恨情绪；

（3）喜欢目睹或者进行使他人遭受痛苦的行为；

（4）对别人缺乏利他精神和同情心；

（5）把自己看成是被害人，而不是加害人；

---

① 郭念锋. 心理咨询师（三级）. 北京：民族出版社，2005

（6）不满或者抵制权威；
（7）首先在意自己是否舒适；
（8）是否具有挫折耐受力或者是否能够延迟满足；
（9）对自己的冲动缺乏控制；
（10）对社会责任有不成熟的态度；
（11）对自己的心理结构缺乏认识；
（12）根据自己的意愿和需要曲解对现实的认识。
科泽尔等也认为，具有下列因素的人是没有危险的人：
（1）一般来说对社会责任有成熟的态度；
（2）对他人的生活福利和利益有同情心；
（3）抛弃了自己的敌意和怨恨情绪；
（4）相对来说没有严重曲解现实；
（5）对自己的性格有较高的洞察力；
（6）人格中具有有助于处理危险状态的因素；
（7）对初次进行的犯罪行为具有很强的条件作用；
（8）能够对自己过去的行为承担责任；
（9）尤其能够认识到在社会中既包含责任，也包含满足自己需要的自由。
根据科泽尔的研究，上述因素对违法犯罪人的危险性作出的预测有很高的准确性。

单元四　建立心理档案

【操作步骤】
（1）收集与违法行为人心理相关的各种信息。
（2）依据一定的方法与技术建立与管理违法行为人心理档案。
（3）合理使用违法行为人心理档案。

一、信息收集

搜集违法行为人心理问题相关信息是建立心理档案的前提，这些信息的收集有利于各种评估方法的正确使用。一般来说，违法行为人心理档案的内容包括以下几个方面：

（一）心理诊断阶段的相关资料

（1）违法行为人简要履历。该项主要包括姓名、性别、出生年月、民族、籍贯、职业、职务、职称、文化程度、婚姻状况等。

（2）身体状况。该项主要包括血型、一般健康状况、身体发育状况、生理缺陷、既往病史、家族病史（注意可能有遗传或相互影响的精神、神经系统症状或心身反应特征类的疾病）等。

（3）家庭环境、人际环境、个人成长经历和社会支持体系。如家庭环境主要包括家庭成员的工作性质及职务、文化程度、家庭的组织结构、家庭的居住环境、家庭的经济状况、家庭气氛、家长的教育方式与态度、亲子关系、是否独生子女、家中排行等。

（4）个性特征。

（5）目前主要症状。主要包括认知问题（如智力状况和认知方式）、情绪问题、意志行为问题、个性问题和心理健康问题，以及这些问题或症状的程度、频率、发生时间及起因。

（6）心理测验结果和评估结论。根据需要所做的智力、情绪、人格、适应性、心理健康状况、神经心理等测试结果。

（7）症状诊断与评价。对违法行为人目前症状的诊断。

（二）心理矫治阶段相关资料

（1）矫治方案。矫治方案包括拟采取的矫治方法，实施矫治的阶段及人员分工，矫治目标等。

（2）心理矫治实施情况。该项包括违法行为人心理辅导、咨询治疗的记录，针对违法原因所采取的某些生化实验研究和医疗措施及其效果等。

（3）对各阶段矫治效果的心理学评估及分析。

（4）对释放人员进行再违法犯罪预测及行为倾向判断。

（5）释放后的帮教、监督建议。

二、心理档案的建立与管理①

建立违法行为人心理档案是一项技术性强，又需要耗费一定时间、精力与物力的工作。因此，在违法行为人心理档案建立与管理过程中，要注意以下三点：

（1）要选择责任心强，心理学知识扎实，具备心理学从业人员素质的干警承担违法行为人档案管理工作，并要对他们进行专门训练。

（2）要注意违法行为人心理档案在内容上的完整性。

（3）违法行为人心理档案的建立和不断充实完善是一个动态的过程，应把这项工作贯穿于违法行为人心理矫治的始终。

三、心理档案的使用

违法行为人心理档案的建立，目的是为了提高心理矫治的有效性，实现违法行为人心理矫治的科学化及制度化管理，因此在心理档案的使用上要做到合情、合理、合法。总体来说，违法行为人心理档案的使用，应注意以下几点：

（1）违法行为人心理档案一般只供心理医生和专业矫治人员查阅；

（2）在使用违法行为人心理档案的资料时，要全面考虑问题，档案中的项目或结论应与其他方面联系起来思考和运用，切不可断章取义，孤立地看问题。

（3）要遵守心理测量和心理咨询的基本原则，对不宜公布的事项，不能在日常生活工作中加以引用，以免降低心理矫治工作水平。

---

① 阮浩．罪犯心理矫治．北京：金城出版社，2003．

【咨询常用文书】

心理咨询接待登记表

*以下个人资料我们将严格为你保密！

接待咨询师：　　　　　　　　　　　　　　　　　　　　　年　　月　　日

<table>
<tr><td>姓　名</td><td></td><td colspan="2">性别：男　　女</td><td colspan="4">出生日期：</td></tr>
<tr><td>系　别</td><td></td><td colspan="6">年级：</td></tr>
<tr><td>宿　舍</td><td></td><td colspan="2">联系电话：</td><td colspan="4">家庭住址：　　省　　市/县</td></tr>
<tr><td>咨询经历</td><td colspan="7">①无　②有（时间：　　地点：　　咨询师姓名：　　）</td></tr>
<tr><td colspan="4">父亲年龄：（　　）健在/去世　职业：　　学历：</td><td colspan="4">父母婚姻状况</td></tr>
<tr><td colspan="4">母亲年龄：（　　）健在/去世　职业：　　学历：</td><td>良好</td><td>一般</td><td>离婚</td><td>再婚</td></tr>
<tr><td>来询问题</td><td>你困惑或难以摆脱的问题是什么</td><td colspan="6">□学习困难　□人际关系　□适应　□人格
□自我认知　□恋爱问题　□强迫　□抑郁
□情绪困扰　□睡眠　□焦虑
□经济问题　□个人发展　□其他</td></tr>
<tr><td colspan="8">以下为选填（帮助你更有效地进行咨询）</td></tr>
<tr><td>家庭影响</td><td>你认为家庭关系的哪些方面和成长经历影响到了你或使你困惑</td><td colspan="6"></td></tr>
<tr><td>近期影响</td><td>近三个月是否发生了对你有重大意义的事件</td><td colspan="6"></td></tr>
<tr><td>咨询目的</td><td>你期待从咨询中得到什么样的帮助</td><td colspan="6"></td></tr>
<tr><td>咨询历史</td><td>以前有没有做过咨询，结果怎样</td><td colspan="6"></td></tr>
<tr><td>心理测试</td><td>以前有没有做过心理测试，结果怎样</td><td colspan="6"></td></tr>
</table>

××心理咨询室

【实训设计】

实训项目一：人格测验

实训目的：学会使用 MMPI、16PF、EPQ 等人格量表，进一步掌握人格测验的各种相关技能。

实训内容：使用 MMPI、16PF、EPQ 等人格量表对选定的某一团体，最好是违法行为人团体进行测验，分析每一个受测个体及团体的人格状况。

实训步骤：

（1）做好测验前的准备工作。包括准备好测验量表，布置好测验场所、人员等。

（2）施测。注意按照量表的使用说明进行施测。

（3）结果分析。按照量表的计分方法，分析每一个受测人员及团体的得分情况，并做好分数的解释。

（4）针对某一受施个体和/或总体撰写评估报告。

实训项目二：心理诊断

实训目的：通过对实际案例进行心理诊断，进一步掌握各种心理诊断的标准。

实训内容：给出一个心理咨询和治疗的案例，学生根据相关的资料对个案心理问题进行诊断。

实训步骤：

（1）认真分析给出的案例。

（2）对案例的心理问题进行诊断。

（3）报告与讨论作出诊断的依据。

【案　例】①：

1. 一般资料

（1）家庭主要情况及成长史。刘民出生于1973年12月5日，江西省余干县人，从小生活在农村，小学文化程度，入狱前对法律知识知之甚少。现已离婚，家中有两个小孩，大的16岁、小的14岁，小孩较听话，是他目前改造的主要动力。

（2）主要犯罪事实及改造表现。利用被害人陈×年幼无知，以谈恋爱为名，在其出租房里多次与陈×发生性关系。因陈×未满14周岁，判刘民奸淫幼女罪，处以有期徒刑10年。

刘民从投入改造以来表现较差。该犯先后呆过一监区、十四监区和八监区。在十四监区曾与人斗殴致他人卵袋皮破两道口子缝六针，因而受记过处分一次。2006年刘民以生病为由近一年未参加正常劳动。2008年8月16日中午与带班民警发生严重冲突后称心脏不舒服卧床不起，分监区干部和监区干部对其人品评价极差。

（3）身心状态。违法行为人因将近三个月的时间卧床不起而面部略有浮肿，但精神状态正常。无家族精神病史。

2. 违法行为人主诉

自从与民警发生冲突后我心情非常难过，我觉得民警不该总是为难我，我觉得我到哪里都有民警为难我，想着这些我心里就更难过，我现在什么都不想干了，只想睡觉，但又总睡不着。

3. 咨询师观察、他人反映及心理测试结果

（1）咨询师观察。刘民身着囚服，衣着整洁，面部略有浮肿，谈话正常；意识清楚，无妄想和幻觉，情绪明显烦恼和焦虑。

（2）民警反映。近来情绪波动较大，不能与民警进行很好的交流，对干部有明显的抵触情绪，不到车间正常劳动已有近一百天了。

（3）同监号服刑人员反映。刘民因白天大多数时间都在睡觉，晚上睡眠时间短，总是在床上翻身，影响本监号其他人员的休息，他与同监号的人员也很少交谈。

（4）心理测试结果。SAS：标准分62分，说明存在中度焦虑；SDS：标准分51分，说明抑郁症状不明显；EPQ：N分65分，P分41分，L分41分，E分32分。人格特征为内向不稳定型。

请根据上述资料初步诊断违法行为人的心理问题。

---

① 严振生．一例应用认知疗法对服刑人员心理咨询的报告．社会心理科学，2009，103（24）：76～79

任务二

违法心理治疗

治疗不是使个人有所作为，而是使他自己能自主地有所作为。[①]

——罗杰斯

据我所知，极少有咨询工作者和心理治疗专家对已有的在咨询与治疗之间的明确区分感到满意……意见最一致的几点是：① 咨询与心理治疗是不能完全区别开的；② 咨询者的实践在心理治疗专家看来是心理治疗；③ 心理治疗家的实践又被咨询者看作是咨询；④ 尽管如此，咨询和心理治疗还是不同的。

——哈恩（M. E. Hahn）

【重点技能】

- 参与性技术
- 影响性技术
- 心理治疗方法
- 结束巩固治疗

【案　例】

重庆一劳教所设哭吧供学员流泪悔过[②]

在重庆市涪陵劳教戒毒所劳教学员心理咨询中心，设有一个特殊的心理疏导场所——“哭吧”，供学员们在此流泪悔过。

记者昨日从涪陵劳教戒毒所劳教学员心理咨询中心了解到，该中心于去年12月建成，“哭吧”位于该中心二楼左边。推门而进，整个小屋布置得很温馨，有沙发，另有一桌一椅，桌上摆着用来擦泪的纸巾。

涪陵劳教戒毒所民警李波（化名）说，有时民警还会摆上水果。当劳教学员流下悔恨的泪水之后，往往就轻松了许多。

李波说，从去年12月至今，已有50余名劳教学员自愿走进哭吧，流下悔恨的眼泪。劳教场所通过这种方式，让劳教学员从内心深处充分认识到自己所犯下的过错，

① 罗杰斯．咨询和心理治疗．刘焜辉译．台北：天马文化事业公司，1986

② 华龙网，http：//news. eastday. com/s/20090819/u1a4592775. html

从而使他们能够积极配合管教民警的教育帮助，早日改过自新，重新做人。

在二楼另一头，还有一个沙盘治疗室。在一个长约3米的沙盘上，摆有坦克、武士、蛇、孩子、花园、小桥、树木等上万种塑料玩具。

该中心的心理咨询师王永超说，不少学员初进沙盘治疗室时将一个个玩具放在沙堆上，他们挑选的玩具与摆放的形状能反映出他们的心理问题：有的学员将蛇放在武士的颈上，其摆放方式反映了恐惧。他便会与那名学员聊天，并亲手将蛇埋在沙堆里；摆的玩具少显示孤僻，有的显示出烦躁不安的倾向，但经过沙盘治疗，绝大多数都摆出小桥流水人家，这意味着他们已走出孤僻，消除烦躁，逐渐恢复到正常的心理状态。

重庆市劳教局负责人说，涪陵劳教戒毒所的探索，有利于矫正劳教学员的心理，以达到解教后不再重新违法犯罪的效果。去年至今，重庆市劳教所已建成6个心理咨询中心和5个心理咨询室，对劳教学员进行了2 682人次心理咨询和疏导，其中162名难矫治的学员通过沙盘治疗等方式实现了转变。

项目一　心理治疗方法选择与应用

单元一　行为疗法①

一、行为疗法简介

行为疗法（Behavior Therapy）是基于行为科学的一种非常通用的心理治疗方法。行为疗法把治疗的着眼点放在可观察的外在行为或可以具体描述的心理状态上。

行为疗法对人的行为有两点基本假设：第一，如同适应性行为一样，非适应性行为也是习得的，即个体是通过学习获得了不适应的行为。但要注意，并非所有的行为变化都是学习得来的。第二，个体可以通过学习获得所缺少的适应性行为。

行为疗法主要包括系统脱敏疗法、厌恶疗法、满灌或冲击疗法、阳性强化疗法、发泄疗法、逆转意图疗法、阴性强化疗法、模仿疗法、生物反馈疗法等。

各种行为疗法具有以下四个共同特点：

（1）治疗只能针对当前来访者的有关问题而进行，至于揭示问题的历史根源、自知力或领悟，通常被认为是无关紧要的。

（2）治疗以特殊行为为目标，这种行为可以是外显的，也可以是内在的。那些要改变的行为常被看做是心理症状的表现。

（3）治疗的技术通常都是从实验中发展而来，即以实验为基础。

（4）对于每个来访者，咨询师根据其问题和本人的有关情况，采用适当的行为治疗技术。

---

① 郑希付. 心理咨询原理. 广州：广东高等教育出版社，2003；高觉敷. 西方近代心理学史. 北京：人民教育出版社，1982

二、行为疗法的理论基础

（一）经典条件反射理论

伊凡·巴甫洛夫（Ivan Pavlov，1849—1936）是苏联著名的生理学家，他通过对狗的实验研究，首先报告了条件反射现象。

他与助手在研究中发现，当狗吃食物时会引起唾液的分泌，这是无条件反射。如果给狗喂食以前出现铃声，如此结合多次后，只要铃声一响，狗就会出现唾液分泌。铃声本来与食物无关，是无关刺激，由于多次与食物结合，已具备引起唾液分泌的作用，即铃声已成为进食的信号了。这时，铃声已转化为信号刺激，即条件刺激，这种反射就是条件反射。可见，形成条件反射的基本条件是无关刺激与无条件刺激在时间上的结合，这个过程也称作强化。但如果条件刺激多次出现，而没有无条件刺激的强化，这个条件反射就会消退。

巴甫洛夫的研究为华生（Watson，J. B. 1887—1958）的行为主义立场提供指导。如上所述，华生认为除某些基本情绪是通过遗传而具备之外，个体的其他各种行为模式都要从与环境相适应的经验中习得。而这种行为模式的习得方式就是经典条件反射的刺激—反射（S－R）的联结。

1920 年，华生用小阿尔伯特与小白鼠的实验揭示了环境刺激是如何通过经典条件反射机制使个体学会某种行为反应模式的。华生让 11 个月大的小阿尔伯特与一只小白鼠一起玩。开始时，小阿尔伯特并不害怕小白鼠，但是以后每一次小白鼠出现时，都同时传入一声巨响。如此反复几次后，小阿尔伯特一见到小白鼠就出现害怕的反应，甚至于后来看见白色的毛茸茸的东西都会害怕。可见，这种恐怖是可以从特定的环境刺激经由学习而获得的，并不一定是某种本能或焦虑扭曲的结果。

（二）操作性条件反射理论

1．行为的习得方式——操作性条件反射

操作性条件反射理论由美国新行为主义心理学家伯尔赫斯·弗雷德里克·斯金纳（Burrhus Frederic Skinner，1904—1990）提出。

斯金纳的操作性条件反射理论是在动物实验的基础上提出的。他把一只饥饿的小白鼠或鸽子放在一个叫“斯金纳箱”的装置中，箱内设一杠杆或键。动物在箱内可自由活动，当它压杠杆或啄键时，就会有一块食物掉进箱子下方的盘中，动物就能吃到食物。斯金纳发现，一开始动物围着箱子乱转，胡乱地啄，偶尔压到杠杆或啄到按键后获得食物。如果重复多次后，动物学会了通过压杠杆或啄键获取食物，行为不再是随意的和无目的的。

斯金纳认为，有机体的反应分为两类：一类是应答性反应，另一类是操作性反应。前者是巴甫洛夫发现的经典条件反射，由条件刺激引起反应的过程，可以用 S－R 表示，重点在刺激。操作性条件反射则是首先出现操作反应，然后反应得到强化的过程，可以用 R－S（操作反应—刺激）表示，重点在操作反应。如在上述实验中，小动物学会了压杠杆或啄键获取食物，是由于其偶然的动作（压杠杆或啄键）得到了良好结果强化（获取食物）。

2．强化理论

斯金纳认为，人类的一切行为，包括适应性与非适应性的行为，几乎都是操作性强化的结果，人们可以通过强化作用的影响去改变别人的反应。他把强化分为正强化和负强化两种：正强化是给予有机体希望得到的某些东西，如饥饿的白鼠在压杠杆后给予其食物；负强化是撤销有机体努力消除或回避的东西，如白鼠按压杠杆后撤销对其电击。正强化与负强化都会使有机体相应的行为概率增加，而能带来强化效果的事件就是强化物。

与强化相对应的是惩罚。惩罚是在有机体做出某一行为后，撤销有机体希望得到的某些东西，或给予有机体厌恶的东西。惩罚的结果是相应行为的减少。如一小孩做出偷窃行为后，父母给予批评，其再次做出偷窃行为的概率就会减少。

（三）观察学习理论

观察学习，又称模仿学习，由美国心理学家阿尔伯特·班杜拉（Albert Bandura）于1977年提出。

班杜拉认为，人的行为主要是后天习得的。他认为人的行为习得有两种过程：一种是通过直接经验获得行为反应模式的过程，即“通过反应的结果所进行的学习”。巴甫洛夫的条件反射式学习和斯金纳的操作性条件反射式学习均属此类。另一种是通过观察示范者的行为而习得行为的过程，是“通过示范所进行的学习”，即我们所说的间接经验的学习。班杜拉关注的是后一种行为习得过程，认为这种间接习得行为的方式效率高、错误率低，相对于直接学习，它是人类行为学习的主要方式。

班杜拉的一个经典实验可以让我们更好地理解观察学习。他将3～6岁的儿童分成三个等组，先让他们观看一个成年男子（榜样人物）对一个如成人大小的洋娃娃做出种种攻击性行为。之后，让一组儿童看到这个“榜样人物”受到另一成年人的表扬和奖励（给予果汁与糖果）；让另一组儿童看到这个“榜样人物”受到另一成年人的惩罚（打一耳光）和训斥；第三组为控制组，只看到“榜样人物”的攻击性行为。然后，他把这些儿童单独领到一个房间里去。房间里放着各种玩具，其中包括洋娃娃。在10分钟里，观察并记录他们的行为。结果发现，与控制组儿童相比，看到“榜样人物”受惩罚的一组儿童攻击性行为显著较少；相反，看到“榜样人物”受到奖励的一组儿童，在玩洋娃娃时模仿攻击性行为显著增多。

与传统行为主义者的观点不一样，班杜拉反对环境决定论，也反对个人决定论。他提出了“交互决定论”，强调在社会学习过程中行为、认知和环境三者的交互作用，认为行为是个体变量与环境变量的函数，即 $B=f(P, E)$。

三、行为疗法的主要治疗技术

（一）系统脱敏疗法

系统脱敏疗法（Systematic Desensitization Therapy）又称交互抑制疗法，该疗法主要是诱导来访者缓慢地、逐步地暴露出导致神经症焦虑的情境，并通过心理放松状态来对抗这种焦虑情绪，从而达到消除神经症焦虑习惯目的的一种行为疗法。系统脱敏疗法的理论基础是经典的条件反射与操作性条件反射。

系统脱敏疗法的实施一般包括三个过程：放松训练——建立焦虑（或恐怖）等级——实施系统脱敏。

1. 放松训练

放松训练的目的是让来访者学会肌肉放松的方法，使其能在焦虑与恐惧的状态下以放松肌肉对抗焦虑与恐惧，从而达到对引起焦虑与恐惧刺激的适应。

放松的基本方法是先让肌肉紧张一段时间，如十几秒，然后放松，体验紧张后的放松感。放松训练时，让来访者坐在舒适的椅子上，先深呼吸后闭眼，并想象可令人轻松的情境，然后让其依次练习放松前臂、头、面部、颈、肩、背、胸、腹及下肢等，此过程亦可借助肌电反馈仪来增强训练效果。如此反复训练，直至来访者达到能在实际生活中运用自如的程度。

2. 建立焦虑（或恐怖）等级

首先，根据来访者的病史及会谈资料找出所有使来访者感到焦虑（或恐怖）的事件。将这些事件进行相互比较，根据致病作用的大小分成若干等级。建立焦虑（或恐怖）等级通常的做法是将刺激按其引发来访者的主观焦虑（或恐惧）程度，分为五个等级，或采用百分制（0～100）评分，然后将这些刺激按其等级依次排列成“焦虑（或恐怖）等级表”。

需指出的是，最低焦虑（或恐怖）等级的刺激应能引起来访者的焦虑（或恐怖）反应，同时也要小到足以被全身松弛所抵消的程度。此外，理想的等级设计应是各等级之间的级差均匀，是一个循序渐进的系列层次。因此，建立焦虑（或恐怖）等级需要来访者参与共同完成。

3. 实施系统脱敏

首先让来访者在放松的情况下进行脱敏学习，然后按照建立的焦虑（或恐怖）等级表由小到大依次逐级脱敏。

治疗中，先给来访者呈现最低等级的刺激物或事件，通常从想象刺激物或事件开始。此时，他会感到较低程度的焦虑（或恐怖），治疗者要指导其进行全身放松。这一过程需重复进行，直至来访者对这一刺激不再感到焦虑（或恐怖）为止。之后，再对下一个等级的刺激物或事件进行同样的脱敏训练，直至适应最高等级的刺激物或事件。

（二）满灌疗法

满灌疗法（Flooding Therapy），又称暴露疗法、冲击疗法或快速脱敏疗法。它是鼓励来访者直接接触引致恐怖焦虑的情景，坚持到紧张感觉消失的一种快速行为治疗法。

著名行为治疗专家马克斯指出：“对患者冲击越突然，时间持续得越长，患者的情绪反应越强烈的疗法才能称之为满灌。迅速向患者呈现让他害怕的刺激，并坚持到他对此刺激习以为常为止，是不同形式的满灌技术的共同特征。”运用满灌疗法治疗，一开始时就应让来访者进入最使他恐怖的情境中，同时不允许来访者采取闭眼睛、哭喊、塞耳等逃避行为。在反复的恐怖刺激下，即使来访者因焦虑紧张而出现心跳加快、呼吸困难、面色发白、四肢发冷等植物性神经系统异常的反应，但来访者最担心的可怕灾难却并没有发生，这样焦虑反应也就相应地消退了。

冲击疗法的治疗程序一般如下：

（1）明确治疗目标。找出引起来访者焦虑或恐怖的事物、人物或场景，以安排系统的主攻方向。

（2）向来访者详细介绍有关情况、签署治疗协议。在实施冲击疗法之前，治疗者要向患者仔细介绍该疗法的原理、过程、疗效和可能出现的各种情况，尤其要让来访者了解在治疗中可能需承受的痛苦，从而使其慎重考虑是否选择该疗法。

（3）进行身体及精神科检查。由于满灌疗法会使来访者产生强烈的焦虑或恐惧，因此在实验治疗之前必须对来访者进行严格、详细的体检和精神科检查，以免出现危险。此外，老人、儿童、孕妇及各种原因所致的身体虚弱者不宜采用此疗法。

（4）放松训练。放松训练的目的、方法与系统脱敏疗法相似。

（5）治疗场地及其他条件的准备。首先要确定刺激物和治疗场地。刺激物应是来访者最害怕和忌讳的事物。如果刺激物不止一种，则应选择引起焦虑或恐怖反应程度最高的事物。治疗场地由刺激物的性质决定。在可能的情况下，尽量在治疗室内进行，以便对治疗过程有较多的控制。另外，治疗时要准备好安定、心得安、肾上腺素等应急药品以备不测。

（6）实施冲击。治疗前准备。来访者应正常进食、饮水，最好排空大小便。如有条件，最好在治疗中同步监测血压和心电。

做好冲击治疗准备后，治疗者要迅速向来访者呈现刺激物对其进行冲击。受冲击后，来访者可能会惊叫、失态，治疗者应不予理睬，仍持续呈现刺激物，并对来访者采取闭眼、塞耳等回避措施进行制止、劝说、鼓励。如来访者出现严重的生理反应（如晕厥、休克等），治疗者应马上终止治疗，否则治疗应尽量鼓励、劝说来访者坚持下去，以免前功尽弃。

如患者的情绪反应和生理反应均已经过高潮，开始逐渐减轻，直至精疲力竭，对刺激物听而不闻、视而不见，本次治疗就可结束了。

满灌疗法通常一次治疗要持续30～60分钟，共需进行2～4次。一日一次或隔日一次，视治疗效果而定。

使用满灌疗法时要注意以下事项：

（1）要向来访者说明满灌疗法带来的焦虑是无害的。只有来访者体验到严重紧张，面对恐怖，并且忍耐2小时以上，恐惧焦虑情绪才会逐渐消失。

（2）不允许来访者有回避行为，否则会加重恐怖，导致治疗失败。

（3）使用此疗法时，必须对来访者的身心状况有足够的了解。对体质虚弱、有心脏病、高血压和承受力低的来访者，不能应用此法，以免发生意外。

（三）厌恶疗法

厌恶疗法，又叫对抗性条件反射疗法。厌恶疗法的理论基础主要是操作性条件反射理论，其利用的是给予来访者惩罚性干预以消除其行为的原理。

治疗时，治疗者要把令人厌恶的刺激，如电击、催吐、语言责备、想象等与来访者的不良行为相结合，形成一种新的条件反射，以对抗原有的不良行为，进而消除这种不良行为。例如，在对暴力型罪犯进行情绪管理训练时，就可以运用厌恶疗法，一旦罪犯出现情绪失控情况就给予厌恶刺激，从而使其减少情绪失控的行为。

厌恶疗法的主要形式有如下三种：

（1）电击厌恶疗法。将患者习惯性的不良行为反应与电击联系在一起，一旦这一行为反应出现或在想象中出现就予以电击。

（2）药物厌恶疗法。在患者出现贪恋的刺激时，让其服用呕吐药，产生呕吐反应，从而使该行为反应逐渐消失。

（3）想象厌恶疗法。将治疗者口头描述的某些厌恶情境与来访者想象的刺激联系在一起，从而产生厌恶反应，以达到治疗的目的。

使用厌恶疗法时要注意以下事项：

（1）厌恶疗法会给来访者带来非常不愉快的体验，治疗者在决定采用此法之前，务必向来访者解释清楚，在征得来访者的同意后方可进行治疗。

（2）在使用厌恶疗法的同时，应努力帮助来访者建立辨别性条件反射。例如，对一位同性恋者使用厌恶疗法，治疗者应将呈现厌恶刺激，限制在来访者的同性间性行为表现的范围内；同时，让来访者对正常的异性间性活动形成愉快反应。

（3）厌恶疗法实质上是以一种新的条件反射替代旧的条件反射，因此需要避免新的条件反射带来的新症状。

（四）阳性强化疗法

阳性强化疗法的理论基础是操作性条件反射理论，认为行为是后天习得的，并且认为一个习得行为如果得以持续，一定是因它的结果强化而形成的。所以如果想建立或保持某种行为，必须对其施加奖励，如果要消除某种行为，就得设法给予惩罚，这种被称为“赏罚法”的行为矫正方法，完全适用于出现行为障碍的患者。

在阳性强化疗法中，作为产生行为后果的强化物具有重要作用，它能满足来访者的需要，并能使某种行为产生的概率升高。强化物种类多样，大致可分为以下五类：①消费性强化物，如食物等；②活动性强化物，如室内外的活动、看电影等；③操作性强化物，如打球等；④拥有性强化物，如奖状等；⑤社会性强化物，包括两大类：一类是肯定性的言语评价，如“真棒”、“好极了”、“干得好”、“好孩子”等；另一类是积极的动作姿态，如抱一抱、玩游戏等。

（五）模仿疗法

模仿疗法也叫示范法、观察学习法、社会学习法或替代学习法。此方法是以某人或某团体的行为作为一种刺激（示范），引起观察者近似的想法、态度与行为。通过观察学习，观察者可以学习去表现期望的行为而不需经过尝试错误的学习。例如，他认为大部分的恐惧感是通过社会性的传达形成，而不是直接体验到令人厌恶的刺激。

1．示范的效果

班杜拉曾指出示范具有三种效果，而每种效果对临床实践都具有重要的意义。

首先是学会新的反应技巧并表现出来。这种观察学习的效果是指通过观察楷模的行为形态而加以吸收，例如，学习运动技巧、语言、社会技能等。

第二个效果是抑制恐惧反应。当观察者在某些方面的行为被抑制后就会产生这种效果。例如，示范者表现出抑制恐惧的反应，而这种反应不但没产生负面结果，还产生正面结果。例如，旷工去参加罢工而未被解雇，随后其他的同事可能就会跟随。

第三种效果是促进反应。这是指示范者提供线索供人模仿。其效果在于促进个体表现更多已学会而又不被禁止的行为。例如，一位具有吸引力的年轻偶像，在商业电视上谈论某品牌的牛仔裤，其他年轻人看了这个广告后，可能跟随这种流行。

2．示范的类型

以下三种示范的类型可使用在治疗情境中。

（1）生活示范。生活的示范者可教导来访者以适当的行为行事，影响其态度与价值观，并教导其掌握各种社会技能，例如，示范者可以示范他最希望来访者具有的某种特质。

（2）象征性示范。即示范者的行为显示在影片、录影带及其他记录设备上。例如，体验到恐惧的来访者借助观察示范者成功地克服恐惧的情境并且无负面结果，从而减少或消除其恐惧。

（3）多重示范。多重示范跟团体治疗特别相关。通过观察团体中成功的同伴（或通过观察协同领导者），观察者能够改变态度及学习新技能。

班杜拉指出，示范者与观察者在年龄、性别、种族及态度上愈近似，则被模仿的可能性愈大。有声望、有地位的示范者，比那些声望低、地位低的人更可能被模仿。然而，示范者的地位也不能太高，否则观察者会认为其行为不切实际。此外，示范者如果表现干练并能散发亲和力，则有促进示范的效果。

单元二　认知疗法[①]

一、认知疗法简介

认知疗法是根据人的认知过程影响其情绪和行为的理论假设，通过认知和行为技术来改变来访者的不良认知，从而矫治或适应不良行为的心理治疗方法。认知疗法主要着眼于来访者非功能性的认知问题上，试图通过改变来访者对己、对人或对事的看法与态度来改变其所呈现出的心理问题。

“认知”是指一个人对一件事或某对象的认知和看法。认知疗法强调，一个人的非适应性或非功能性心理与行为，常常是受不正确的、扭曲的认知影响而产生的。如果修正其扭曲的认知，则可改善其心理与行为。

认知疗法常采用认知重建、心理应付、问题解决等技术进行心理辅导和治疗，其中认知重建最为关键。阿尔波特艾利斯（Ellis，A.）认为，经历某一事件的个体对此事件的解释与评价、认知与信念，是其产生情绪和行为的根源，不合理的认知和信念引起不良的情绪和行为反应。只有通过疏导来改变和重建不合理的认知与信念，才能达到治疗目的。阿伦·T. 贝克（Beck，A. T.）也指出，心理困难和障碍的根源来自于异常或歪曲的思维方式，通过发现、挖掘这些思维方式，并对其加以分析、批判，再代之以合理的、现实的思维方式，就可以解除来访者的痛苦，使之更好地适应环境。

认知疗法流派众多，其中最有代表性的是艾利斯的合理情绪疗法、贝克和雷米（Raimy，V. C. ）的认知疗法以及唐纳德·梅肯鲍姆（Donald Meichenbaum）的认知疗法。

二、合理情绪疗法

合理情绪疗法（Rational-emotive Therapy，RET）是20世纪50年代由阿尔波特·艾利斯在美国创立的。合理情绪疗法是认知心理治疗中的一种疗法，因为它也采用行为疗法中的一些方法，故被称为认知—行为疗法。

---

① 郑希付. 心理咨询原理. 广州：广东高等教育出版社，2003；［美］Barry A. Farber，Debora C. Brink & Patricia M. Raskin. 罗杰斯心理治疗——经典个案及专家点评. 北京：中国轻工业出版社，2006

（一）合理情绪疗法的基本理论

合理情绪疗法的基本理论主要为 ABC 理论。了解这一理论前需了解艾利斯及合理情绪疗法对人的基本看法。

1．对人本性的看法

艾利斯的 ABC 理论是建立在他对人的本性的看法上的，这种看法可归结如下：

（1）人既可以是理性的、合理的，也可以是非理性的、不合理的，当人们按照理性去思维，去行动时，他们就会是愉快的以及卓有成效的人。

（2）情绪是伴随着人们的思维而产生的，情绪上或心理上的困扰是由于不合理的、不合逻辑的思维所造成的。

（3）任何人都不可避免地具有或多或少的不合理的思维与信念。

（4）人是有语言的动物，思维借助于语言进行。不断地用内化语言重复某种不合理的信念就会导致无法排解的情绪困扰。

（5）情绪困扰的持续是由于那些内化语言持续的结果。艾利斯曾指出“那些我们持续不断地对我们自己所说的话经常就是，或者就会变成我们的思想和情绪”。

2．ABC 理论

在 ABC 理论的模型中，A 是指诱发性事件（Activating events）；B 是指个体在遇到诱发事件之后相应而生的信念（Beliefs），即他对这一事件的看法、解释和评价；C 是指在特定情景下，个体的情绪及行为的结果（Consequences）。

通常，人们会认为人的情绪及行为反应是直接由诱发性事件 A 引起的，即是 A 引起的。ABC 理论指出，诱发性事件 A 只是引起情绪及行为反应的间接原因，而 B——人们对诱发性事件所持的信念、看法、解释，才是引起情绪及行为反应 C 的更直接的原因。

人们的情绪及行为反应与人们对事物的想法、看法有关。在这些想法和看法的背后，有着人们对一类事物的共同看法，这就是信念。合理的信念会引起人们对事物适当、适度的情绪反应；而不合理的信念则相反，会导致不适当的情绪和行为反应。当人们坚持某些不合理的信念，长期处于不良的情绪状态之中时，会导致情绪障碍的产生。

因为情绪是由人的思维和信念所引起的，所以艾利斯认为每个人都要对自己的情绪负责。他认为当人们陷入情绪障碍之中时，是他们自己使自己感到不快的，是他们自己选择了这样的情绪取向的。不过有一点要强调的是，合理情绪疗法并非一般性地反对人们具有负性情绪。比如一件事失败了，感到懊恼，有受挫感是适当的情绪反应；而抑郁不堪、一蹶不振则是不适当的情绪反应。

3．不合理信念的特征

艾利斯归纳了 11 种不合理的信念：

（1）每个人绝对要获得周围环境的人，尤其是每一位生活中重要人物的喜爱和赞许。

（2）个人是否有价值，完全在于他是否是个全能的人，即能在人生中的每个环节和方面都能有所成就。

（3）世界上有些人很邪恶、很可憎，所以应该对他们进行严厉的谴责和惩罚。

（4）如果事情非己所愿，那将是一件可怕的事情。

（5）不愉快的事总是由外在环境因素引起，不是自己所能控制和支配的，因此人对自身的痛苦和困扰也无法控制和改变。

（6）面对现实中的困难和自我承担的责任是件不容易的事情，不如逃避它们。

（7）人们要对危险和可怕的事情随时加以警惕，应该非常关心并不断注意其发生的可能性。

（8）人必须依赖别人，特别是某些与自己相比更强的人，只有这样，才能生活得好些。

（9）一个人以往的经历和事件常常决定了他目前的行为，而且这种影响是永远难以改变的。

（10）一个人应该关心他人的问题，并为他人的问题而悲伤难过。

（11）对人生中的某个问题，都应有一个唯一正确的答案。如果人找不到这个答案，就会痛苦一生。

针对艾利斯提出的11条不合理的信念，韦斯勒（Wessler）等曾总结出下列三个特征，这就是绝对化的要求、过分概括化和糟糕至极。

（1）绝对化的要求。绝对化的要求指人们以自己的意愿为出发点对某一事物怀有认为其必定会发生或不会发生的信念。这种信念通常是与"必须"和"应该"这类字眼联系在一起的。比如"我必须获得成功"等。怀有这样信念的人极易陷入情绪困扰，因为客观事物的发生、发展都有一定的规律，不可能按某一个人的意志去运转。

（2）过分概括化是一种以偏概全的不合理思维方式的表现。过分概括化的一个方面是人们对其自身的不合理的评价。一些人当面对失败或是极坏的结果时，往往会认为自己"一无是处"、"一文不值"、是"废物"等。以自己做的某一件事或某几件事的结果来评价自己，评价自己作为人的价值，其结果常常会导致自责自罪、自卑自弃心理以及焦虑和抑郁情绪的产生。另一个方面是对他人的不合理评价，即别人稍有差错就认为他"很坏"、"一无是处"等，这会导致一味地责备他人以及产生敌意和愤怒等情绪。

（3）糟糕至极是一种认为如果一件不好的事发生将是非常可怕、非常糟糕的，是一场灾难的想法。这种想法会导致个体陷入极端不良的情绪体验如耻辱、自责自罪、焦虑、悲观、抑郁的恶性循环之中而难以自拔。但当一个人讲什么事情糟透了、坏极了的时候，这往往意味着对他来说这是最坏的事情，是一种灭顶之灾。

在人们不合理的信念中，往往都可以找到上述三种特征。每一个人都或多或少地具有不合理的思维与信念，而那些具有严重情绪障碍的人，这种不合理思维的倾向更为明显。情绪障碍一旦形成，就需进行治疗了。

合理情绪疗法认为，使人们难过和痛苦的不是事件本身，而是对事情的不正确解释和评价。如果某个人有正确的观念，他就可能愉快地生活；否则，错误的思想及与现实不符的看法就容易使人产生情绪困扰。因此只有通过理性分析和逻辑思辨，改变造成来访者情绪困扰的不合理观念，并建立起合理的、正确的、理性的观念，才能帮助来访者克服自身的情绪问题，以合理的人生观生活，并以此来维护心理健康，促进人格的全面发展。

（二）合理情绪疗法的方法与技术

1．合理情绪疗法的基本步骤

合理情绪疗法有以下四个基本步骤：

第一步，给来访者指出其思维方式、信念是非理性的，帮助他们搞清楚为什么会出现这个问题，怎么会造成目前的状况，同时要讲清楚非理性的信念与情绪困扰之间的关系。一般做法是直接或间接地向来访者介绍 ABC 理论的基本原理。

第二步，给来访者指出，他们的情绪困扰之所以延续至今，不是由于早年生活的影响，而是由于现在他们所具有的非理性信念。对于这一点，他们应当自己负责任。

第三步，是通过与非理性信念辩论（disputing irrational beliefs）的方法为主的治疗技术，帮助来访者认清其信念之非理性，进而放弃这些非理性的信念，帮助来访者产生某种认知层次的改变。这是治疗中最重要的一环。

第四步，不仅要帮助来访者认清并放弃某些特定的非理性信念，而且要从改变他们常见的非理性信念入手，帮助他们学会以理性的思维方式代替非理性的思维方式，以避免重做非理性信念的牺牲品。

2．合理情绪疗法的技术

（1）与非理性信念辩论。

采用辩论方法的治疗者要不断积极主动地向来访者发问，对其非理性的信念进行质疑。从提问的形式上看，可以分为以下五种：

• 质疑式：直截了当质询来访者其信念是否有足够的事实根据。如：

“你有什么证据能证明你自己的观点？”

“是否别人都可以有失败的时候，而你不能有？”

“是否别人都应该按照你的想法去做？”

“你有什么理由要求事物按你所设想的那样发生？”

“请证实你的观点！”

……

一般来说，来访者不会轻易地放弃自己的信念，治疗者需不断努力，借助这种辩论过程的不断重复，使对方感到为自己的非理性信念辩护变得理屈词穷了，使他们真正认识到：第一，他们的那些非理性的信念是不现实的、不合逻辑的东西；第二，他们的那些信念是站不住脚的；第三，分清什么是合理的信念，什么是非理性的信念；第四，以合理的信念取代那些非理性的信念。

• 夸张式：这种提问方式犹如漫画手法，故意夸大来访者的概念，使来访者看到它的非理性，甚至是可笑之处。例如，一个有社交恐怖情绪障碍的来访者说：“别人都看着我。”

可参考的夸张式提问如下：

问：是否别人不干自己的事情，都围着你看？

答：没有。

说：要不要在身上贴张纸写上“不要看我”的字样？

答：那人家都要来看我了！

问：那原来你说别人都看着你是否是真的？

答：……是我头脑中想象的……

通过这种夸张式的提问，来访者就可能很好地领悟到其认为“别人都看着我”是自己想象出来的，是非理性的，甚至是荒谬的。

• 价值式：质询来访者目前的情绪和行为反应是否确有价值。

• 极端式：质询来访者这件事最坏的结果是什么。

• 更新式：提醒来访者“从另外的角度想一想，……是否也是一件好事呢?”

(2) 合理情绪想象技术。

合理情绪想象技术（Rational-emotive Imagery）是合理情绪治疗中最常用的方法之一。其步骤如下：① 使来访者在想象中进入他产生过不适当的情绪反应或自感最受不了的情境之中，体验在这种情境下的强烈情绪反应；② 帮助来访者改变这种不适当的情绪反应并体会适度的情绪；③ 停止想象，让对方讲述他是怎么想的，就会使自己的情绪发生变化。此时治疗者要强化来访者的新的合理的信念，纠正某些非理性的信念，补充其他有关的合理信念。

合理情绪想象技术除了用于帮助来访者改变情绪体验，认清信念 B 与情绪反应 C 的关系之外，还可用于帮助来访者找出他对某事所持的非理性的信念。有时来访者谈到某一事件时，往往只记得自己当时多么气恼，却说不上自己当时的想法，想不起来为何如此气恼了。治疗者可帮助来访者想象当时的情景，重新进入那种最坏的情绪体验之中，此时再进一步探查来访者当时的想法，从而找到其所持有的非理性信念。

(3) 认知的家庭作业。

合理情绪治疗的目的是改变来访者的非理性思维方式和信念，帮助来访者减少或消除他们的情绪障碍。但要改变人的思维方式与信念是一件非常困难的事。因此，治疗不但需要治疗者的努力，同时也需要来访者本人的努力，这种努力不仅要在会谈中进行，也应持续到会谈后的时间中。认知的家庭作业正是为此而设立的。在完成作业的过程中，来访者可以更好地掌握会谈之中的内容，并且学会自己与自己非理性的信念进行辩论，从而加强治疗的效果。

认知的家庭作业主要有合理情绪治疗自助量表（RET Self-help Form）、与非理性的信念辩论和合理的自我分析（Rational Self-analysis，RSA）。

• 合理情绪治疗的自助量表

合理情绪治疗的自助量表的用法如下：先让填表者找出 A 和 C，然后再找出 B。表中列有十几种常见的非理性信念，来访者可从中找出符合自己情况的 B，若还有其他的不在此列中的非理性信念可单独列出。接下来是请来访者自己做 D，对自己所持的非理性信念，一一进行质疑式的辩论。最后是填写 E，即通过自己与自己的非理性信念辩论所达到的情绪和行为方面的效果。

• 与非理性的信念辩论

这也是一种规范化的作业形式，只需来访者回答如下具体问题：① 我打算与哪一个非理性的信念辩论并放弃这一信念？② 这个信念是否正确？③ 有什么证据能使我相信这个信念是错误的（正确的）的呢？④ 假如我没能做到自己认为必须做到的事情，可能产生的最坏的结果是什么？⑤ 假如我没能做到自己认为必须做到的事情，可能产生的最好的结果是什么?

• 合理的自我分析

合理的自我分析的目的与上述作业相同，但却是一份完全由来访者自己完成的报告。其内容即为ABCDE五项。没有什么特殊的要求与规定，但报告的重点在D上。

事实上，这种自我分析人人都可以做。按合理情绪治疗的观点来看，人人都可能存在不同程度的非理性的信念。

单元三　来访者中心疗法

一、来访者中心疗法简介

来访者中心疗法（Client-centered Therapy），也叫当事人中心疗法或个人中心疗法，是人本主义心理疗法中的主要代表。

人本主义心理疗法是20世纪60年代兴起的一种新型心理疗法，其指导思想是第二次世界大战后在美国出现的人本主义心理学。人本主义心理疗法是由一些具有相同观点的人实践得来的，其中有来访者中心疗法、存在主义疗法、完形疗法等。在各派人本主义疗法中，罗杰斯（Rogers，C. R.）开创的来访者中心疗法影响最大，是人本主义疗法中的一个主要代表。

二、罗杰斯的来访者中心疗法

（一）罗杰斯的人本主义观点①

1. 理论假设

罗杰斯认为，我们每一个人都有朝着健康、积极的方向发展、成长和变化的潜能，这种潜能是独一无二的，会引导所有人的行为。罗杰斯的理论建立在两种主要理论假设上：一是人的行为是由其独一无二的自我实现倾向引导着的；二是所有人都需要被积极看待。

（1）自我实现倾向。罗杰斯认为，机体的所有行为都受自我实现倾向的制约，“机体以保持和增强自身的方式发展其所有的潜能”。自我实现是人格结构中唯一的动机。自我实现使个体的自主性和自足感增多，增加个体的经验总量，提高个人成长的动机。

自我实现的倾向引导一个人朝普遍积极和健康的行为努力。那么，这种倾向是如何引导个体以积极的方式行动的呢？罗杰斯认为，我们根据是否能维持和提高我们自身来评价经验。他称这一过程为“机体评估过程”（organismic valuing process）。个体接近和保留那些符合自我实现倾向的经验，避免和消除那些抵触自我实现的经验。

（2）积极看待的需要。罗杰斯认为，所有人都有获得积极看待的需要。这种需要包含了要求获得他人或自己的关注、赞赏、接受、尊敬、同情、温暖与爱。相反，那些漠不关心、蔑视、讥讽、冷淡、憎恨、打骂等则是消极看待。在个体发展的过程中，积极看待起初来源于他人，特别是身边重要的人，随着自我的发展，积极看待则逐渐转向自己。积极看待的需要有天生的，也有后天习得的。

---

① 郑雪．人格心理学．广州：暨南大学出版社，2001；郑希付．心理咨询原理．广州：广东高等教育出版社，2003；黄希庭．人格心理学．杭州：浙江教育出版社，2002；［美］Barry A. Farber，Debora C. Brink & Patricia M. Raskin．罗杰斯心理治疗——经典个案及专家点评．北京：中国轻工业出版社，2006

一般来说，我们获得或给予别人积极看待是因为某种好的行为，是一种有条件的积极看待。也就是，积极看待的提供者根据一定的评价标准来评判对象的品行和成就，达到了标准才给予积极看待，否则就有可能给予消极看待。但是，给予某个人积极看待与我们对这个人某一具体行为的评价也可能是无关的，因为我们把这个人作为一个整体来接受、尊敬，认为他值得积极看待。这种无条件积极看待意味着一个人所做的所有事情都能一样积极看待，即使有些事情是消极的，因为这些事情是这个人的一部分。从自我实现的角度来看，无条件积极看待有助于自我实现，而有条件积极看待则可能干扰个体自我实现的倾向与健康发展。

（3）价值的条件化。罗杰斯认为，积极看待需要强大的力量，甚至能取代机体评价过程。此时，机体会不管自己的经验是否能维持或加强自己，只要它能带来积极看待就会被评价为好的。他人或自己对具体行为的评价就称为价值条件。

价值条件化发生在对自己有重要意义的他人有条件地给予自己积极看待的时候，此时个体往往一方面感到被人称赞，另一方面又觉得与自己的机体评价过程不协调。在生活中，因为任何人都很难做到对自己或别人的所有行为都同样看待，因此价值条件化是不可避免的。价值条件化能广泛地影响一个人的人格发展，它会替代或干扰机体评价过程，从而阻挠一个人自我实现的过程，影响其健康成长。当价值条件的作用超过了机体评价过程时，个体的人格就会受损伤。

2. 自我是组织心理活动的中心

罗杰斯把自我与人格看成一个整体，认为自我是个体对自己心理现象的全部经验，是一套有组织的、个体能意识到的、与个体有关的知觉整体。

自我可分为两个子系统：自我概念与理想自我。前者指个体知觉到的自我形象，后者是个体最希望拥有的自我形象。这两个系统的和谐统一就是自我实现，是人格健康发展的一个重要指标。只要人与人之间能无条件地、真诚地关怀，个体就能调节自己的经验，朝向自我实现，使自我更趋向于理想自我。如果一个人认识到真实的自我与理想的自我的样子，并且设法使两者趋于统一，那么他在成长的过程中会调节得越来越好，并使潜能最终得到充分发挥。

罗杰斯认为人的自我概念是随着个人与环境的交互作用，逐渐把自我从现象场中分化出来而形成的。自我概念形成后，便出现了对积极关注的需要。在他人关注的基础上，个体形成了自我关注的需要，即个人需要对自己的行为持肯定态度。当价值条件建立后，个体意识到如不满足价值条件，就得不到积极关注，于是产生焦虑。为避免焦虑，个体可能采取歪曲或回避自己真实自我的各种防御机制，把某些经验压到意识阈以下。这样，个体进行自我评价的标准就包含了内化了的他人的价值观，自我概念中就参与了许多并非建立在真实自我基础上的虚伪要素。在评价自我行为时，个体就可能背叛自我的标准，先迎合他人的标准，于是就造成了自我不协调的状态，即自我的失调。

3. 正常人格发展和活动

自我实现倾向是生命的动力，使人走向成熟、独立，成为机能完善的人。罗杰斯认为，机能完善的人是依照机体内部评价过程而不是外在价值条件生活的人。机能完善者具有以下五点特征：经验的开放、协调的自我、机体评价过程、无条件的积极看待、与别人和睦相处。

如何才能成为机能完善的人呢？罗杰斯认为关键在于自我结构与经验的协调一致，而这就要求有一个无条件积极看待的成长环境。按照罗杰斯的观点，儿童的自我很大程度上是从感知父母对自己的评价的基础上发展而来的。儿童的自我评价发展起来后，如果伴随着父母的赞同和支持，儿童就能把它们整合到自我意识中，那么此时儿童的自我和经验是和谐的，但如果父母将条件强加于儿童，那么儿童就会体验到受威胁的感觉，就可能拒绝这些体验，从而导致自我经验偏差。如何避免这种情况的发生呢？关键在于父母对儿童的错误行为采取的态度。如果孩子做错了一件事，父母一方面表明批评态度，指出孩子行为的错误，另一方面又让孩子感到父母并不会为此而贬低他们、冷落他们、不再爱他们，让他们体会到是自己的行为错误，而不是他们自身。这样，儿童既克制了自己的不良行为，又保持了自我的协调一致性。

罗杰斯认为，在走向自我实现的过程中，人具有以下特点：① 对经验日益开放。过去他们认为有威胁性而扭曲或否认了一些经验，现在他体验着以前不能觉察到、不肯承认是自我一部分的这些东西。② 越来越重视存在的经验。走向自我实现的人会有越来越强烈的感觉，想在每一分钟都充分体验生活。③ 对自己机体的信赖感不断增强。

4. 自我实现的障碍

罗杰斯认为，当自我处于机体评价过程的完全控制下，自我实现就会自动发生。当无条件积极看待存在时，一个人能准确感知所有经验，不把任何经验排除在意识之外，这样个体就保持了一致感和整体感。而当意识中的自我与实际经验产生分歧时，选择性知觉可能拒绝或歪曲某些对正常成长有指导作用的经验，从而引起自我与个体经历的不协调状态，导致适应不良，个体变得焦虑和恐惧，自我实现就受到阻碍。

自我实现从受阻碍到恢复正常需经历以下五个阶段：

（1）威胁的经验。个体由于过分追求积极看待，外在的价值条件作用变得比内在的机体评价过程更重要时，其自我概念和经验之间就不可避免地要发生冲突，从而威胁到自我的某些部分。当个体体验到了威胁，其在情感上就会产生焦虑。焦虑引起的防御过程会试图减少非整合感，不断降低焦虑带来的不愉快感觉。

（2）防御过程。防御过程维护自我和经验之间的一致。达到这一目标的基本方式是感知歪曲和否认。通过感知歪曲，人们改变（歪曲）感知经验的方式来使其与自我概念相符。

（3）心理调整。心理调整需要主观经验与外部现实的紧密结合。当这种紧密结合存在时，一个人不会感到经验是一种威胁，能够对经验开放，从而使经验与自我概念一致。当一个人体会到经验的威胁，他可以采用歪曲或否认的策略来防御，也可以通过调整自己不合理的自我概念来顺应现实经验。

（4）过程的瓦解和崩溃。一般情况下一个人的心理防御机制和心理调节调整能力足以应对经验与自我概念的不一致，但如果两者高度不一致时，个体的防御过程会过分歪曲和否认经验，结果会使得原本一致的、整体化的自我解体，从而产生紊乱行为。

（5）重新整合。自我概念与经验之间的不一致能通过人格的重新整合过程来减少。人格的重新整合只有在个体价值条件减少，无条件积极看待增加的情况下才有可能发生。如果个体置身于无条件积极看待的情景中，价值条件失去了其意义和指向行为的力量，所有经验都与自我概念一致，个体就会变得对经验更加开放，能准确感知并正视所有经验，把它们当作自我的一部分。罗杰斯认为，无条件积极看待是人格重新整合产生的唯一条件，而这一条件在日常生活中难以达到，因此需要一些专业的心理治疗帮助。

（二）来访者中心疗法

在此理论基础上，罗杰斯提出了来访者中心疗法。罗杰斯认为，每个人都具有生存、成长和促进自身发展的自我实现倾向，每个人都有自主权和发展自身人格的能力，治疗是为了解决来访者独一无二的问题，包括情感、知觉、态度与目标等。他相信来访者完全能对自己的行为负责，要促进个体心理成长，只需做到使一个受到伤害或被焦虑困扰的来访者与一位能够真诚相待的治疗师接近，使来访者能够看到一种无条件的积极关注或认可，一种设身处地替他人着想的气氛，就能产生治疗效果。

来访者中心疗法认为，治疗师在治疗过程中不必采用什么治疗技术，更不应采取直接指导的态度对待来访者，关键是建立合适的治疗关系。在这样的关系中，治疗师不是以专家、医生或科学家的身份去理解来访者的情感，促进其成长，不是以自己的理论去影响来访者甚至将理论强加给他们。

在人格治疗过程中，治疗师要努力表达以下三种态度：第一，真诚一致（congruence）。要做到真诚一致就要真实或诚恳，要全心全意和表里如一。第二，无条件积极关注（unconditional positive regard）。不管来访者是什么人，治疗师都需要抱有一种热忱的、积极的和接纳的态度，始终对其表现出无条件积极关注。第三，设身处地地理解、通情达理或共情。这是指治疗师能正确地体验到来访者的感情而且能够把这些感受和来访者交流，使来访者知道有另外一个人不带成见、偏见和评价地进入其感情世界中。

来访者中心疗法的治疗过程一般分为七个阶段，治疗结果是使来访者变成一个较少防御性和更多对经验抱开放态度、协调一致的人。

第一阶段：由于来访者已形成了对自身和外界的固定看法，因而对内心的直接体验十分生疏，甚至完全觉察不到，且没有任何改变和进步的愿望，对存在的问题缺乏认识。于是，来访者有一种求治似乎不是出于自愿，对治疗也不抱希望的心态。

第二阶段：来访者能够对与自己无关的问题发表意见，有时把感情说成是不属于自己或是过去的事情。例如说“这个症状让人感到十分烦恼”，而不是说“我感到烦恼”。

第三阶段：来访者感到已被治疗师完全接受，逐渐消除顾虑，更自由地谈论自己，甚至谈论与自己有关的体验，有了求治愿望。只是谈的更多的并非是当前的感情和意图，而是被说成是过去的或与自己相距甚远的体验。

第四阶段：对自身问题及症状的描述减少，对自己的体验开始产生疑问，并初步认识到自己对问题负有责任，自信心也开始增强。

第五阶段：来访者能够自由地表达自己当时的感情，不仅希望拥有自己的感情，而且希望找到“真正的我”，并开始意识到自己的自我应做调整以适应现实，而不应按内心冲动行事。

第六阶段：是转变的关键阶段。来访者接受过去的体验，使其成为当前的体验，往往被这种体验所打动，同时伴有生理上的变化，如叹气、流泪等。这时，曾被来访者奉为生活准则的信条开始动摇，来访者因而出现一种失落感，心灵受到震动，从而起到治疗的作用。

第七阶段：在这一阶段，来访者对自身理解和认识逐渐深入，消除了一些不恰当的想法，不再为自身的不良情绪所困扰，对外界的看法也变得现实和成熟。来访者对自己抱有悦纳态度，不仅在理性上能自我理解，而且也相信自己的感情，建立起了健康的自我实现态度。

来访者中心疗法除门诊个别治疗以外，还可扩大到来访者的配偶，也可采用集体方式治疗。适应症除神经症和反应性心理障碍，还对心身疾病及某些精神疾病有效。

单元四　精神分析疗法①

弗洛伊德是精神分析学派的创始人。他以潜意识为研究中心，把心理学的研究带进了人的深层精神世界，为现代心理学开创出一个全新的领域。

一、精神分析基本理论

（一）心理结构说

潜意识理论是弗洛伊德精神分析理论的基础。他把人的心理活动分为三部分，即潜意识、意识和前意识。

潜意识（unconscious），也叫无意识，是人格结构最深层的部分，包括人的原始冲动和各种本能、通过种族遗传得到的人类早期经验以及个人遗忘了的童年经验和创伤性经验、不合伦理的各种欲望和感情。这些冲动和欲望与风俗习惯、伦理道德和宗教法律不相容，被排斥或压抑在意识之外，但并没有被消灭，仍在不自觉地积极活动，寻求满足。潜意识不仅是心理的深层基础和人类活动的内驱力，它决定着人全部有意识的生活，而且也是一切心理疾患产生的深层基础。

意识（conscious）是人清醒知觉的思想和情绪等，是随时可以观察到的心理现象。它负责调节进入意识的各种印象，压抑心理中那些先天的本能和欲望。

前意识（preconscious）处于潜意识和意识之间，由没有浮现出意识表面，但通过努力能够回忆起来的主观经验组成。前意识担负着“检查员”的任务，不让潜意识的本能和欲望随便侵入意识之中。但是，当“检查员”丧失警惕时（如做梦），被压抑的本能或欲望就会通过伪装而迂回地渗入意识中。

弗洛伊德认为意识仅仅是人的整个精神活动中位于表层的很小的一部分，只代表人格的外表方面，无意识才是人的精神主体，处于心理深层。无意识是个体力量的源头，也是性冲动和感情经验的起源。这些潜意识虽然受到压制，但它们不断地为得到自我满足而斗争。

（二）人格结构论

本我（id）是原始的、与生俱来的，它是人出生时人格的唯一成分，也是建立人格的基础。本我是无意识的，是人格中最原始、最模糊和最不易把握的部分，它是由

① 郑雪．人格心理学．广州：暨南大学出版社，2001；黄希庭．人格心理学．杭州：浙江教育出版社，2002；郑希付．心理咨询原理．广州：广东高等教育出版社，2003；高觉敷．西方近代心理学史．北京：人民教育出版社，1982

一切与生俱来的本能冲动所组成的。本我是非道德的，是本能和欲望的体现者，为人的整个精神和人格活动提供能量，强烈地要求发泄的机会。本我的活动遵循着“快乐原则”，追求快乐，逃避痛苦。

自我（ego）是意识结构部分，通过后天学习和接触环境而发展起来。本我不能直接接触现实世界，必须通过自我促进个体与现实世界的交互。个体随着年龄的增长，逐渐学会了不能凭冲动随心所欲，逐步考虑后果，考虑现实的作用，这就是自我。自我的活动遵循“现实原则”，它既是从本我中发展而来，又是本我与外部世界的中介。自我与本我的关系如骑士和马的关系，马提供能量，而骑士则指导马朝着他想去的方向前进。也就是说，自我不能脱离本我而独立存在，然而由于自我联系现实、知觉和操纵现实，于是能参考现实来调节本我。这样，自我按照现实原则进行操作，现实地解除个体的紧张状态以满足其欲望。

超我（superego）是人格中专管道德的部分，是道德化了的自我。它是从儿童早期体验的奖赏和惩罚的内化模式中产生的，即根据父母的价值观，儿童的某些行为因受到奖赏而得到促进，而另一些行为却因惩罚而被阻止。这些经验逐渐被儿童内化，当自我控制取代了环境和父母的控制时，超我得到了充分的发展。充分发展的超我有“良心”和“自我理想”两部分。超我的活动遵循“道德原则”，主要功能是控制行为，使其符合社会规范的要求。

弗洛伊德认为自我就像是在外界现实、超我和本我三个暴君统治下的臣民，要满足专横本我的无限欲求，要应付严酷的现实环境，还要遵循神圣超我的规范。自我在三个暴君之间周旋，力求服侍好它们，而且要使它们的要求和需要相互协调。通常情况下，本我、自我和超我是处于协调和平衡状态的，从而保证了人格的正常发展，如果三者失调，就会产生神经症，危及人格的发展。

（三）自我防御机制论

自我在处理本我欲望的冲动，超我的严密监督和现实限制的矛盾冲突中，逐渐发生并发展了一种机能。它可以使个体在不知不觉中，用一定方式调整冲突双方的关系，使超我不会引起个体严重的焦虑和痛苦，同时可使本我的欲望以各种形式得到满足。这就是自我的精神防御机制。

每个人都在无意识地运用精神防御机制。在一般情况下，使用得当，可免除内心痛苦以适应现实。但在特殊情况下运用过分或运用不当，虽然由于冲突或挫折引起的焦虑未被感知或感知不强烈，但却以症状的形式表现出来，形成心理疾病。

心理分析家们提出的精神防御机制的表现形式主要有以下 14 种：

（1）压抑：一些超我不能允许的愿望或冲动，在不知不觉中就被压抑到无意识精神活动中，使人自己意识不到自己有这种愿望和冲动。儿童早期被压抑的、没有得到正常解决的情绪冲突，可能会成为以后形成神经症症状的根源。

（2）否认：把引起焦虑痛苦的事件加以“否认”，似乎它根本没有发生。如“鸵鸟心理”、“掩耳盗铃”。

（3）外投射：把自己的动机和愿望投射到别人身上，断言别人有这种动机和愿望。而这些愿望都是自己的超我所不能允许的。而且自己也不能意识到这些动机和愿望，这是一种比较幼稚、不成熟的防御机制。

（4）内投射和仿同：把别人的欲望、个性特点不自觉地吸收或内化为自己的一部分并表现出来，称为内投射。吸收别人某些特点叫做仿同。内投射或仿同的对象，常常是所爱、所崇拜、所恨和所怕的人，尤其是父母。父母对子女的态度不良，也会通过内投射或仿同机制使儿女性格发展出现偏向。

（5）抵消：抵消指以象征性的行动来抵消已经发生的痛苦事件。例如，儿童玩耍不小心摔倒了，用脚踩地面，责备地面“坏”。

（6）分离：把一件事情的感情和观念分离开，不愉快的感情被分离而使人意识不到。

（7）置换：把对某事物的强烈感情不自觉地转移到另一事物上，以减轻精神上的负担，这种机制叫做置换。

（8）退行：当人的欲望遇到挫折时，即放弃已经习得的成熟的态度和行为模式，而使用以往较幼稚的方式来满足自己的欲望，叫做退行。

（9）幻想：遇到现实难以解决的困难，用幻想的方式达到内心的满足。如儿童受欺侮或被大人批评了就幻想自己变成了大力士，使别人都怕他，因而感到心安。

（10）反向形成：内心里有一种欲望或冲动要求表现，但表现出来可能引起不良后果或被惩罚或引起内心不安。于是转而表现出相反的欲望或冲动，称为反向形成。

（11）合理化：当人的需要遇到挫折时，为了使自己心理平衡，而否认了自己原来的要求，找其他理由来辩护以消除内心的不安。

（12）躯体化：把精神上的痛苦、焦虑转化为躯体症状从而避开焦虑和痛苦。

（13）代偿：身体或心理上的缺陷借助这个机制使缺陷得到代偿，解除了这些缺陷引起的内心痛苦。代偿是一种较为成熟的防御机制。

（14）升华：被压抑的欲望或冲动不直接以社会所反对的形式来表现，而成为推动崇高目的产生的动力。

（四）人格发展理论

1. 人格发展的动力

弗洛伊德认为，人体是一个能量系统，其中操纵人格三部结构运转和作用的叫心理能。人格获得的能量是一定的，能量可以在人格系统中转移。人格的动力状态是由能量在本我、自我和超我整个人格中的不同分布决定的，而一个人的行为则取决于其所具有的动力状态。人格所拥有的一切能量都来自本我。

本我所拥有的能量有多大呢？弗洛伊德认为有多少种本能就有多大能量。他认为各种本能归根结底可分为两类：生的本能和死的本能。一切与生命保存有关的本能都称为生的本能，与生的本能相对应的一切心理能量称为“力比多”（libido），它主要包括性、饥饿、渴等所有与生命延续有关的本能能量。死是毁灭他人也是毁灭自我的原始冲动。死亡本能派生出攻击、被破坏、战争等一切毁灭行为。当死的本能指向机体内部时，会导致个体的自责，甚至自伤、自杀，而当它指向外部世界时，则会导致对他人的攻击、仇恨、谋杀等违法犯罪行为。

2. 人格的发展

弗洛伊德认为人格发展和性心理发展是同一过程。性欲的发展，根源在于身体的紧张状态，多集中在身体的某些部位，称为动欲区。动欲区在发展早期是不断变化的，据此他将人格发展分为五个时期。

在人格发展的每个阶段都有与性有关的特殊的矛盾冲突，人格的差异与个人早期发展中性冲突解决的方式有关。如果某一时期的矛盾没有顺利解决，性的需求没有满足或过度满足，儿童就会在以后保持这个时期的某些行为，即停滞现象。停滞与退行紧密联系，退行是指当个人受到挫折或焦虑时，他就会返回到早期发展阶段，出现幼稚行为。一个人一旦发生退行现象，他总是倒退到他曾停滞的那个发展阶段。

（1）口唇期（oral stage，0~1岁）：动欲区是口唇的时期。在口唇阶段的初期（0~8个月）快感主要来自唇与舌的吮吸活动，吮吸本身可产生快感。“停滞”在口唇阶段初期的人可能会从事大量的口唇活动，诸如沉溺于吃、喝、抽烟与接吻等，形成口欲综合型人格。在口唇期的晚期（8个月~1岁），体验的感受部位主要是牙齿、牙床和腭部，快感来自撕咬活动，“停滞”在口唇阶段晚期的人会从事那些与撕咬行为相等同的活动，如挖苦、讽刺与仇视，形成口欲施虐型人格。

（2）肛门期（anal stage，1~3岁）：动欲区在肛门区域的时期。在这一时期，儿童必须学会控制生理排泄，使之符合社会要求。在肛门期，快感主要来自对粪便的排出与克制，如果这一时期出现停滞现象，可使人格朝着慷慨、放纵、生活秩序混乱、不拘小节或循规蹈矩、谨小慎微、吝啬、整洁两个方向发展，形成肛门排泄型或肛门滞留型人格。

（3）性蕾期（phallic stage，3~6岁）：动欲区在生殖器区域的时期。它是弗洛伊德发展阶段理论中最复杂和争议最大的阶段。在这个阶段里，最显著的两个行为现象是“恋亲情结”和“认同作用”。恋亲情结因儿童性别的不同有“恋母情结”和“恋父情结”之分。男孩子到了这个年龄，开始对自己的母亲产生一种爱恋的心理和欲求，同时又有消灭父亲以便独占母亲的心理倾向。在另一方面，男孩子因为上面所说的一些想法而产生“阉割恐惧”，害怕自己的性器会被父亲割掉。为了应付由此产生的冲突和焦虑，男孩子终于抑制了自己对母亲的占有欲，同时与父亲产生认同作用，学习男性的行为方式，这对个人的成长和社会化极为重要。弗洛伊德认为，与此类似的心理过程和行为反应也在女孩子身上发生，这就是所谓的“恋父情结”。女孩子最后也与母亲发生认同作用，开始习得女性的行为方式。

（4）潜伏期（latent stage，6岁~青春期）：这个时期，儿童对性器的兴趣消失。这种情形的发生可能与儿童因年龄增大其生活圈也随之扩大有关。儿童到了这个年龄，他们的兴趣不再局限于自己的身体，对于外界环境，也逐渐有了探索的倾向。

（5）生殖期（genital stage，青春期以后）：到了青春期，随着生理发育的成熟，个体进入人格发展的最后时期——生殖期。在这个时期，个体的兴趣逐渐地从自己的身体刺激的满足转变为异性关系的建立与满足，所以又称两性期。儿童这时已从一个自私的、追求快感的孩子转变成具有异性爱权利的、社会化的成人。弗洛伊德认为这一时期如果不能顺利发展，儿童就可能产生性犯罪、性倒错，甚至患神经症。

弗洛伊德认为成人人格的基本组成部分在前三个发展阶段已基本形成，所以儿童的早年环境、早期经历对其成年后的人格形成起着重要的作用，许多成人的变态心理、心理冲突都可追溯到早年创伤性经历和压抑的情结。当成人的变态心理和心理冲突外化并与社会规则发生冲突的时候，就容易产生违法犯罪行为。

（五）神经症的心理病理学说

1．症状的意义

弗洛伊德研究的主要心理障碍是神经症。他认为，神经症的症状都有各自的意义，都与患者的内心生活有一定关系。“神经症的症状是性满足的代替物。症状既可以达到性欲满足的目的，也可以达到禁欲的目的。”

弗洛伊德用一个患有强迫症状的少女的案例说明了这一观点。这位少女有许多强迫性动作，如每天睡前要让自己的卧室和父母的卧室的门半开着，并在门口放上障碍物，让床上的长枕头不能与床背碰到一起等。这些强迫性动作在睡觉前可重复达1～2小时。在治疗过程中，这位少女忽然了解到了她之所以不让长枕头与床背接触，是因为她认为长枕像一个妇人，而直挺挺的床背像一个男人。弗洛伊德分析认为，少女强迫性动作的目的在于阻止父母性交，并想借此使自己代替母亲。

2．神经症的心理病理学说

精神分析理论认为，焦虑是理解神经症的关键所在。

根据人格结构理论，本我中的本能欲望和冲动每时每刻都在寻求满足和表现，而自我同时要协调本我、超我及现实这三方的利益，必然要对寻求满足的本能欲望与冲动加以压制。当自我足够强大时，心理防御机制中的压抑机制能够获得成功；但当自我力量不足以压抑强大的本能冲动时，就会产生神经症性的心理冲突。为解决这一冲突，自我会采用心理防御机制对本能冲动予以化装或扭曲，使之以神经症症状的形式表现出来，从而使力比多得以宣泄暴露，也使自我避免了焦虑。例如，在上述例子中，如果该少女不重复强迫性的动作，就会感到极度焦虑。也就是说，少女所出现的症状，即一系列强迫性的动作，目的只是为了避免自我产生焦虑。

由于自我所恐惧的本能冲动处于潜意识领域，其难以察觉到正处于潜意识领域中的意识，并知悉其恐惧的真实对象，因此自我所体验到的焦虑是一种“莫名的恐惧”，而这种焦虑又被神经症的症状所取代，因此患者是无法意识到症状的原因所在的。通过精神分析的治疗，患者找到病症的真正原因，才有消除症状的可能。

3．早期经验的影响

精神分析认为，个体的心理问题都有其童年期发展的根源。尤其是个体0～6岁的经历被视作是个体后来心理冲突的源头。具体来说，精神分析治疗者认为患者不能自然地给予和接受爱，在认知和处理自己的情感如生气、怨恨、愤怒、仇恨、敌对等存在困难，不能把握自己的生活、解决独立与依赖之间的矛盾，难以脱离父母成为一个独立的人，既需要亲密感又害怕和他们亲密，在自我性别认同上存在困难，在性方面有罪恶感等，这些问题都有着早期经历方面的根源。

二、精神分析的方法与技术

根据神经症的心理病理学说，潜意识的心理冲突是神经症的根本原因。神经症患者的自我都不够强大，因而不能有效协调与解决冲突，采用各种心理防御机制而形成各种心理症状。

精神分析理论认为，心理治疗的焦点不应放在消除症状上，而应放在帮助患者揭示内在冲突的原因和过程之上。不知道原因，患者的症状就无法消除。而由于参与冲突的各方，包括自我、本我、超我和外界现实处于不同的意识层面，而心理冲突本身又是无意识的，因此患者虽知道自己的症状，却不知道症状的意义以及造成症状的原因。精神分析治疗需要做的是把这一系列的无意识过程和材料经过分析、解释，让患者在意识层面得以了解和领悟，了解症状的原因。一旦患者了解了自己得病的原因和过程，症状便有了一个合理的解释，于是自然就消失了。因此，精神分析治疗工作的要旨就是使无意识过程向意识转化。

无意识过程向意识转化是精神分析治疗的关键，但这一转化又是异常艰难的。一方面，由于致病冲突的无意识，心理内容不能通过有意回忆揭示出来，而治疗者也无法知晓患者已经忘却的那些经验；另一方面，由于所谓的“两级获益”，患者对分析会产生抵抗。两种原因的存在，注定了这一转化过程往往是一场“持久战”。

所谓“两级获益”，是指患者借助生病可以获得的两方面的好处。一级获益，又叫内部获益，指症状满足了患者的无意识欲望，使无意识冲突可以得到变相的、虚幻的解决。通过症状，力比多可以以一种超我不干涉的方式得到满足和表现。二级获益是指患者借助生病，从家人、朋友和其他人身上获得支持、同情、安慰，从而降低应激压力。

由于两级获益的存在，患者会对治疗有矛盾的态度。一方面，他希望摆脱症状的折磨和环境的压力，表现出积极求医；另一方面，又有意无意地希望“停留在病症中”，从而消极对待治疗，如出现不积极配合检查，不愿采取实际行动练习新行为，纠正强迫动作，借故耽误治疗等行为。

弗洛伊德把这种消极对待治疗的现象称作“阻抗”（resistance）。在治疗中，出现明显、强烈的阻抗是接近问题症结的一个信号，因此克服阻抗是治疗的中心任务之一。阻抗的力量与压抑的力量同源，都由于自我或自我与超自我的联合活动。要克服压抑和抵抗，需要借助患者自己的两种积极力量：一是患者要求康复的动机；二是患者的理智。要克服阻抗，治疗者可采取以下两种策略：第一，向患者表明旧的解决方式（实行压抑，以症状为替代性满足）足以致病，新的解决方式（在意识水平认识、接受自己的力比多欲望）可以恢复健康；第二，告诉患者他的自我已不是幼年时的自我，现在的自我已足够强大，有能力在意识水平上清醒地认识、处理矛盾冲突。

与阻抗具有重要作用的另一种现象是“移情”（transference）。在治疗过程中，会出现一种特殊的表现，即不再关注自己的病，而对治疗者越来越有兴趣，可能对治疗者表现出好感、顺从、崇拜，变得极易相信治疗者的话等现象。这就是患者对治疗者发生了移情。移情实际上是患者过去（多为幼年时期）对父母或他人的情感经历的重演，只是以治疗者替代了儿时的情感对象。

如果移情发展到了相当强烈的程度，治疗工作的重心便发生转变。分析新出现的“移情神经症”将替代分析回忆过去，成为分析治疗的主体。“既然移情神经症是原来神经症的翻版，假如治愈了这个新的神经症，就等于治好了原来的神经症。患者如果能重新与治疗者维持正常的关系，摆脱了被压抑的本能倾向的影响，那么患者在离开治疗者之后，也仍然能够保持健康。”因此，移情的产生和处理，是治疗过程中治疗者工作的重心所在。

单元五　森田疗法

森田疗法（Morita Therapy）由日本慈惠医科大学森田正马教授于1920年创立，是一种顺其自然、为所当为的心理治疗方法。

一、理论基础

森田对神经症的发生机制有独特的见解，他认为神经症发生的基础是神经质，其表现是精神内向，内省力很强，有疑病倾向，对自己心身的活动状态及异常都很敏感，且过分注意、担心自己的心身健康。生存欲强，求全欲也强。他们经常把人们司空见惯了的正常生理反应或轻度不适感视为病态，精神过度紧张、忧心忡忡，久而久之导致疾病，并于身心之间造成恶性循环，使病症愈演愈烈。森田正马认为，“神经质”症状纯属主观问题，而非客观产物。它由患者的疑病素质所引发的精神活动过程中的精神交互作用所致。换言之，疑病素质是神经衰弱、强迫观念症、焦虑发作、各种恐怖症等神经症发病的基础。具有疑病素质的人自下而上的欲望强，希望健康、幸福，努力向上，但内省力也强，常为自己的健康状况、生命安全、精神安宁担心。他们常把一般人在某些场合可能产生的感觉，如过度用脑时的头晕、紧张时的心悸等，误认为是因病而导致的恐惧、紧张。注意力越是集中在这些“症状”上，感觉越敏锐，“症状”也就越严重，形成恶性循环，森田称之为精神交互作用。在其影响下，患者陷入内心冲突状态，形成神经衰弱和神经症发作。

二、治疗原则

具有神经质倾向的人求生欲望强烈，内省力强，将专注力指向自己的生命安全，当专注力过分集中在某种内感不适上，这些不适就会愈演愈烈，形成恶性循环。森田疗法就是要打破这种精神交互作用，同时协调欲望和压抑之间的相互对抗关系，主张顺其自然、为所当为。

森田疗法是治疗强迫症比较好的方法，“顺其自然，为所当为”是森田疗法的精髓所在，而如何正确地理解“顺其自然”这四个字则是有效治疗的前提条件。

在现实生活中，很多患者对“顺其自然”的理解都是不够深的或是错误的，因而造成森田疗法对他们的治疗毫无效果，甚至使他们对森田疗法本身是否有效都产生了怀疑。究其原因，是他们只从字面上去理解其含义，以为“顺其自然”就是“任其自然”，就是对自己的问题不加控制，一直让症状下去所造成的。如强迫观念的患者可能就会错误地认为“顺其自然”就是让自己一直强迫下去。

要正确地理解“顺其自然”，首先我们要弄明白什么是“自然”，即要知道什么是“自然规律”。比如白天与黑夜的轮回、天气有晴也有雨，这些都是大自然的规律，它是人为不能控制的，人必须遵循、接受这些规律才会过得快乐。倘若人整天抱怨为什么会有黑夜，或者认为下雨是不应该的，那么就违背了“自然规律”，结果肯定是自找苦吃。

而我们人本身也是存在一定的自然规律的，比如情绪，就是人为不能控制的，它本身有一套从发生到消退的机制。你接受它，遵循它，它很快就会走完自己的程序而结束，反之则不然。举例来说，比如你马上要参加一个重要的考试，这时你感到焦虑、紧张，其实这是非常正常的心理反应，如果你不去管你的情绪，它很快就会消失或者转化为你努力复习的动力，倘若你认为自己不应该出现紧张或焦虑，那么你就违背了情绪的“自然规律”，焦虑、紧张就会越来越严重。又比如，一个社交恐怖症的患者，性格内向，他和陌生人说话时感到紧张和不自在。他觉得不应该如此，非要在陌生人面前故意表现得不紧张，其结果是他越来越紧张，以至于看到熟人也开始紧张了。他的这种症状之所以会发展到现在的地步，其原因是他违背了自己的“自然规律”。他的性格是内向的，而内向的人的特点就是腼腆和害羞，和陌生人谈话，肯定会出现紧张、不自在的心理反应。而他自己却不接受自己的“自然规律”，和“自然规律”对抗，结果必然适得其反。

人还有一个自然现象就是一些古怪的、可怕的、肮脏的、无聊的念头会不可避免地出现，在这里我们暂且把它称作杂念，而杂念也和情绪一样，它也有自己的一套从发生到消失的机制。倘若你接受它的存在，并知道它是毫无意义的“杂念”，不理会它，那么它将不会影响你，很快就会自行消失。反之，如果你去注意它，试图控制它，赶跑它，去和它辩论等，那么你就会被它束缚。例如一个品学兼优的学生，上课的时候，他的头脑里突然出现了一个杂念——我要把老师杀了。这个念头使他非常害怕，他觉得自己不应该出现这样的念头，他觉得自己太可怕了，所以就不停地自责和思考为什么自己会出现这样的想法，从而对这一念头形成了强迫。这个学生之所以会出现这个念头，原因其实很简单，就是因为这位老师平时要求非常严格，以至于给学生造成了很大的心理压力。这个念头的出现其实是这个学生的潜意识对压力的一种发泄。在这里，让学生本身明白其潜意识过程是不太现实的，倘若这个学生事前就明白杂念出现是不可避免的道理，那么他有可能就不会那么在意这个杂念了，从而避免了强迫观念的形成。

上面讲的是“顺其自然”中“自然”这两个字的含义。那么怎样才能正确理解“顺其自然”呢？其实也很简单，那就是在认识“自然”的前提下，不去在意那些有“自然规律”的情绪或杂念。举一个形象的比喻，比如我们把平静的湖水比作我们的思想，而把向湖水里投石所激起的涟漪比喻成影响我们的情绪或杂念。那么你说我们要怎么样才能制止涟漪不断地产生呢？是继续向湖水投石头还是根本不用去管能否制止涟漪呢？答案当然是不再投石，根本就不去管它。这“根本就不去管它”就是“顺其自然”。

当然为了能让“顺其自然”对你的问题产生效果，就得结合“为所当为”。也就是说，你在“顺其自然”的同时，得把自己的注意力放在客观的现实中，该工作时就去工作，该学习时就去学习，该聊天时就去聊天。做自己应该去做的事情。当然也许刚开始的时候，那些困扰你的观念、杂念仍旧让你感到痛苦，但只要你相信它们迟早会自然消失，并努力地做好你该去做的事情。那么，那些杂念、情绪就会在你认真做事的过程中不知不觉消失了。

三、森田疗法特点

1. 不问过去，注重现在

森田疗法认为，患者发病的原因是有神经质倾向的人在现实生活中遇到某种偶然的诱因而形成的。治疗采用“现实原则”，不去追究过去的生活经历，而是引导患者把注意力放在当前，鼓励患者从现在开始，让现实生活充满活力。

2. 不问症状，重视行动

森田疗法认为，患者的症状不过是情绪变化的一种表现形式，是主观性的感受。治疗注重引导患者积极地去行动，“行动转变性格”、“按照健康人那样行动，就能成为健康人”。

3. 生活中治疗，生活中改变

森田疗法不使用任何器具，也不需要特殊设施，主张在实际生活中像正常人一样生活，同时改变患者不良的认知和行为模式。在生活中治疗，在生活中改变。

4. 陶冶性格，扬长避短

森田疗法认为，性格不是固定不变的，也不会随着主观意志而改变。无论什么性格都有积极面和消极面。神经质性格特征亦如此。神经质性格有许多长处，如反省心强、做事认真、踏实、勤奋、责任感强；但也有许多不足，如过于细心谨慎、自卑、夸大自己的弱点，追求完美等。应该通过积极的社会生活磨炼，发挥性格中的优点，抑制性格中的缺点。

项目二　参与性技术的选择与应用

在对违法行为人进行心理咨询和治疗的过程中，心理咨询技术的合理运用体现出极为重要的作用。这些技术分为参与性技术和影响性技术。而心理治疗的方法则是多种多样的，依据心理学的主要理论和治疗实施的要点，可分为分析型心理治疗、认知型心理治疗、支持型心理治疗、行为型心理治疗、人际关系型心理治疗等。

参与性技术是一种咨询人员通过与违法行为人的交流，收集行为人心理问题相关资料，并试探性地探索问题根源的技术。在操作上强调对来访者的无条件接纳和共情，要求咨询人员完全放弃自己既有的价值体系，进入行为人的价值体系中去理解行为人的态度和行为。在通过与行为人共同参与的心理探索中，去发现行为人心理问题的根源，为其后续的心理咨询与治疗打下坚实的基础。

参与性技术主要包括倾听、开放式询问与封闭式询问、鼓励和重复、内容反应、情感反应、具体化、非言语行为的理解与把握等。运用这些技术，澄清问题和启发、引导来访者探索自我。

单元一　倾听技术

一、倾听技术

倾听指咨询人员对来访者的谈话不仅仅只是听听而已，还要借助各种技巧，真正听出对方所讲的事实，所体验的情感，所持有的观念等。

倾听是心理咨询活动的开始，也是咨询人员必须具备的基本功。只有善于倾听，才能了解来访者的情况，明确来访者的目的。同时，鼓励来访者多讲话，多作自我分析，有助于增强来访者的独立性与自主性。善于倾听的意义还在于，对于某些来访者而言，他们需要通过咨询人员的倾听来宣泄自己的情感，并从中得到肯定。他们的烦恼因此也得以排解。

二、理解倾听的几点要求

要做到正确倾听，首先要求咨询人员学会关注，即用目光、表情、手势等非语言形式来表达对来访者的关切，以共情的态度深入来访者的烦恼中。关注的技巧根据美国心理学家 G. 艾根（Gerard Egan）的总结，可用缩写词 SOLER 来概括。

S（squarely）：面对来访者，即以一种投入姿态，让来访者感受到你正与他同在。

O（open）：开放姿态，即显示你接纳来访者的态度。

L（lean）：倾向，即让来访者感受到你不仅在听，而且是在用心听。

E（eye）：目光，保持良好的目光接触，若内容属个人隐私则例外。

R（relaxed）：放松，尽量做到相对的放松。其一是不要表现出局促不安或不自然的面部表情；其二是在利用躯体作为交流和表达工具时应显得轻松自如。

其次，要求咨询人员要注意把握来访者的谈话要领。如来访者如何表达自己对问题的看法和认识；来访者对问题的反应，包括内部行为和外部行为；来访者在叙述时的犹豫、停顿、语调变化、表情等。

最后，倾听时有适当的反应。最常用、最简便的动作是点头。但点头时应认真专注，充满兴趣，并且常配合目光的注视，同时点头要适时适度。

三、提问技术

在咨询中，不能过多地使用封闭式提问，这会让来访者陷入被动回答之中，其自我表达的愿望和积极性就会受到压制，使之沉默甚至产生压抑感和被审讯的感觉。

例如一位心理咨询初学者与来访者有这样的一段对话：

咨询师：有什么事需要帮忙吗？

来访者：唉，我心里很烦。

咨询师：能告诉我有什么事令你烦恼吗？

来访者：唉，一言难尽。（沉默）

咨询师：是不是工作上遇到困难了？

来访者：（摇头）

咨询师：是家人关系不好吗？

来访者：不是。

咨询师：是不是恋爱遇到了挫折？

来访者：也不是。

咨询师（生气地）：那究竟是什么事让你烦恼？

在这段对话中，咨询人员刚开始还采用了开放式提问，但后来却不自觉地过早采用了封闭式语句，结果不仅没有找到来访者的问题所在，反而因为咨询师的生气而令咨访关系陷入紧张状态。所以，封闭式提问要适当。

在咨询中，通常把封闭式提问与开放式提问结合起来，效果更好。所以咨询人员要应该灵活使用封闭式与开放式提问：

（1）根据来访者的需要灵活使用两种询问方式，帮助来访者找出心底深处的问题。

（2）尽管是开放式提问，也不能提问太多，否则容易产生弊端：① 使来访者产生依赖性，问就说，不问就不说，形成自我封闭。② 造成责任转移，解决问题的关键在于来访者，询问过多的结果是减少了来访者参与解决问题的机会，把解决问题的责任转移到咨询人员身上。③ 减少来访者的自我探索：来访者觉得咨询人员能够解决他的心理问题，便不去挖掘自己的内心世界，从而影响问题的最后解决。④ 产生不准确信息：因为过多的询问容易增加咨询人员的主观性，又通过心理暗示转达给来访者，使其有意无意按咨询人员的理解去回答问题，从而掩盖事实的真相。⑤ 容易使来访者产生阻抗心理，尤其是咨询人员向来访者提出一些质问性的问题，很容易使其产生阻抗心理，造成咨询的中断。⑥ 造成问题无法集中。

单元二　鼓励和重复技术

鼓励（encouragement）是指对行为人所说的话进行简短重复或仅以某些词语，如“嗯……嗯”、“噢”、“是这样”、“后来呢”、“还有吗”等来鼓励对方进一步讲下去或强调对方所讲的某部分内容。

【案　例】

行为人：我和男友相爱一年了，父母有不同意见，我父亲喜欢我男朋友，但是我母亲反对我谈恋爱，我为此感到很烦恼，书也看不进，饭也吃不下，睡也睡不着，不知该怎么办？

咨询师：

（1）相爱一年了？——恋爱

（2）父亲喜欢你男友？——男友的优点

（3）母亲不赞成你谈恋爱？——母亲的为人和对其看法

（4）烦？失眠？——你的感受、痛苦

（5）说说该怎么办？——困扰

不同的重复内容，会将问题导向不同方向，影响咨询方向。

一、重复技术的作用

（1）可以促使咨询人员进一步了解行为人，也促进行为人进一步了解自己。

（2）鼓励行为人讲下去，促进会谈向深入发展。

（3）咨询人员选择与行为人叙述的不同主题进行关注，可以使其进一步展开、深入。

二、重复（restatement）技术使用

（1）根据行为人的言谈和思想，选择恰当的主题加以鼓励（重复）。

（2）据咨询人员的经验掌握咨访双方的需要，选择行为人某个侧面，引导行为人深入地谈下去。

(3) 行显人漫长的叙述中最后一个问题往往是比较重要的，应选择这一点加以鼓励。

三、使用重复技术的注意事项

(1) 咨询人员重复的部分必须是关键的、值得探讨的部分，这部分解决好了，其他问题便迎刃而解了。

(2) 使用行为人说的话而不是咨询人员的语言来重复。

(3) 用行为人此时此刻的感受和想法而不是以过去的经验将问题进行下去（抓住现在）。

(4) 重复的是行为人本人的感受和想法。

(5) 一般情况下，最后提出的问题是最重要的，可重复提问该问题。

(6) 过多地使用重复技术，会对行为人造成影响（适度性）。

单元三　反应技术

一、内容反应

内容反应（paraphrase），也称为释义或说明，是指咨询人员把行为人的主要言谈、思想加以综合整理，再反馈给来访者。

要注意选择行为人实质性的内容，用自己的语言将其表达出来，最好引用行为人言谈中最有代表性、最敏感的、最重要的词语。内容反应有助于使行为人所述内容更加明朗化。

【案　例】

行为人："我和男朋友已经相爱一年了，可我父母不赞同，反对我大学谈恋爱。我很苦恼，觉也睡不好，不知怎么办才好?"

内容反应："你认为你和男朋友彼此相爱，可父母认为大学谈恋爱不好，反对你们，是这样吗?"

（一）内容反应的作用

(1) 释义使行为人所述内容更加明朗化，让行为人有机会回顾自己的叙述。

(2) 把行为人的叙述进行归类整理，抓住重点，确定困扰的问题。

(3) 咨询人员可了解自己对行为人的理解是否正确。

(4) 可传达咨询人员认真倾听、了解行为人意思的信息，若反应不正确，行为人可进一步澄清自己的想法。

(5) 把行为人进一步引向关键事实和想法的叙述。

（二）内容反应的三个要领

(1) 咨询人员应认真听取行为人的基本信息。

(2) 咨询人员应提纲挈领式地复述行为人信息并把自己对来访者的理解反馈给来访者。

(3) 观察行为人的反应，分析行为人是否被准确理解。

(三) 内容反应的注意事项

(1) 这一技术可以用于心理咨询的任何阶段。

(2) 咨询人员就内容所作的反应，不能超过或少于行为人叙述的内容。

(3) 尽量使用自己的语言，不重复行为人的话。

(4) 语言简洁明了，口语化（行为人能接受）。

二、情感反应

情感反应（reflection of feeling）是把行为人语言或非语言中包含的情感反映给行为人，以便咨询人员证实其理解和体验（侧重于情感反馈“喜怒哀乐爱恶欲”）。

情感反应与内容反应很接近，区别是情感反应的侧重点在于行为人的情绪反应。情感反应可以用“你觉得……”“你心里感到……”等句子来表示，应用于针对行为人现在的情感而不是过去的。情感反应有助于咨询人员了解行为人的思想、情感，同时也有助于澄清事件后隐藏的情绪。

【案 例】

行为人：“我和男朋友已经相爱两个月了，可我父母都不赞同，反对我大学谈恋爱。我很苦恼，觉也睡不好，不知怎么办才好?”

情感反应：“你父母不同意你大学谈恋爱，你很痛苦，也很茫然，是这样吗?”

如果包含了一种以上的情感，咨询师应该把不同的情感反映出来。比如，咨询师对来访者说：“你刚才的言行似乎表明，一方面你对相识不久的男孩颇有好感，另一方面，似乎还有些不满，是这样吗?”

(一) 情感反应的作用

(1) 协助行为人觉察、接纳自己的感觉。

(2) 促使行为人重新拥有自己的感觉。

(3) 使咨询人员进一步正确地了解行为人，或使行为人更了解自己。

(4) 有助于建立良好的咨访关系。

(二) 情感反应的注意事项

(1) 这一技术可以使用在心理咨询的任何阶段。

(2) 咨询人员的情感反应，要准确反映出行为人的感受，不能超过或少于行为人所表达的。

(3) 不仅要反应行为人言语所表达的情感，更要反应非言语行为所传达的情感。

(4) 所用语言尽量不要重复行为人的。

(5) 焦点放在此时此刻的情感上。

(6) 反应行为人多种情感。

反应技术所反应的是行为人言语和非言语行为表达的主要思想和情感。内容反应和情感反应往往结合起来使用。点头、微笑或专注地倾听、简洁的回答本身就是最好的反应。内容反应与情感反应的结合就是初级通情达理，但后者更强调理解而不仅仅是了解。

单元四　具体化技术

具体化技术（concreteness）也叫具体性技术或澄清技术，指咨询师协助行为人清楚、准确地表述他们的观点、所用的概念、所体验到的情感以及所经历的事件。

在心理咨询中，我们常会遇到一些行为人，他们所叙述的思想、情感、事件是模糊、混乱、矛盾、不合理的。这些模糊不清的东西常常是造成他们困扰的重要原因。为此，咨询人员需要使用具体化技术。以“何人、何时、何地、有何感觉、有何想法、发生了什么事、如何发生”等问题，协助行为人更清楚、更具体地描述其问题。

一、具体化技术的功能

具体化技术可以澄清行为人所表达的那些模糊不清的观念、情感以及遇到的问题，明确行为人的真实感受、真实时间；把话题引向深层次、鼓励行为人表达；让行为人弄清自己的所思所想，明白自己的真实处境，这本身就有助于改善行为人的状态；提供具体性的榜样。

二、具体化技术使用范围

（1）行为人的问题含糊不清。比如，行为人说“我很烦”，“我很自卑”，当人处于这种状态时，问题往往会被这些模糊表达所掩盖。咨询师可以说，“你能否告诉我你因为什么而自卑”。通过分解问题，就可以清楚到底什么是行为人的问题，从而把问题的范围缩小。

【案　例】

一个心烦的女劳教人员①

一个女性违法行为人前来咨询，说自己心里很烦，觉得人与人之间没有真正的信任和友谊。下面是咨询师的三种回应：

回应一：你这个想法可能太绝对了吧？

回应二：你是不是经历过不愉快的人际纠葛，因此对人失去了信任？

回应三：你能不能告诉我，你为什么会有这样的感觉呢？

在这个例子中，行为人笼统地表达自我，如果咨询师采用第一种回应，则是抽象对抽象，既不具体，也欠同感；第二种回应看似具体一些，但太过直截了当，令行为人难以马上回答；第三种回应则启发了行为人表达自己的具体感觉。

有时，行为人起初感觉烦躁不安，经咨询师具体询问后，或许会发现问题并没有想象的那么严重了。

【案　例】

一女孩感觉很自卑②

一女性违法行为人在心理咨询过程中，谈到以前在大学的学习与生活。下面是该

---

① 王玲. 心理咨询. 广州：暨南大学出版社，1998. 77～78

② 郭念锋. 心理咨询师（三级）. 北京：民族出版社，2005. 82～83

行为人与咨询师的对话。

咨询师：你总是说自己自卑感很强，你能举例告诉我什么事情让你自卑吗？

行为人：（一愣）我的父母都是工人，只有初中文化水平，而我寝室好几位同学的父母是大学毕业，我很羡慕他们有这样的父母，我感到自卑。

咨询师：还有呢？

行为人：我已经大学二年级了，还没谈恋爱。看到校园内一对对的恋人，我心里羡慕，可眼睛却不敢正视，因为我觉得惭愧。

咨询师：还有呢？

行为人：上学期我没获奖学金，觉得很难为情。我差一点就可以评上奖学金了。看到那几位获得奖学金的同学，我感到自己很没用。

咨询师：你们班上有几位获得了奖学金？共有多少同学？

行为人：有10位同学获得奖学金，共有31位同学。

咨询师：还有哪些让你自卑的？

行为人：（想了想，摇摇头）好像就这些。

咨询师：你想想，班上同学中有多少来自于农村、乡镇，多少同学的父母是小学文化水平甚至文盲，这些同学难道都要自卑？男同学中有女朋友的到底有多少，恐怕还是少数，难道个个都不行？班上多数同学没得奖学金，难道也人人都要抬不起头来？你想想看。

行为人：（点点头）我一直觉得自己这也不行那也不行，仔细罗列一下，特别是您这么一分析，觉得确实也没什么。我一直都没好好地理清原因，反而总让自卑困扰着。在这样的心境下，看什么都觉得自己不行，越这样想就越觉得自己不行。

这一事例说明，那些行为人自我感觉的判断结论起初往往来源于具体的事件，由于不合理的、歪曲的提炼或称之为简化，变成了一种抽象的观念或模糊的情绪，而它们对于人的影响往往是很大的。咨询师的具体化技术，就是要还事件本来面目，并让行为人明白真相。

（2）过分概括化。一些行为人以偏概全，容易把个别事件扩展开来，把事情复杂化。咨询师使用具体化技术还事情以本来的面目。比如，行为人说“人们都不喜欢我”，运用具体化技术，让他具体说说是谁不喜欢他，结果发现除了个别人对他有些看法外，事情远不像他所说的那样。

（3）概念不清。一些行为人一知半解，容易随便地给自己扣帽子，比如“我是同性恋”、“我有抑郁症”。使用具体化技术，让行为人具体说明这是什么意思，往往发现所谓的同性恋，只是与一位同性朋友比较好，情同手足，关系密切。所谓的抑郁症，是因为最近不太开心。与真正的同性恋和抑郁症相去甚远。

【案　例】

（紧接上页的案例）

行为人：因为在人际关系方面我经历了太多的挫折，唉，真是一言难尽啊！

咨询师：你能给我举一个具体的例子吗？

行为人：比如，中学时我有一个好友，我们非常要好。但是后来她却怀疑我偷了她的东西，我真伤心。

咨询师：你能具体说说当时的情况吗？

行为人：我们两人同住在一个宿舍，她睡在我的上铺。我们的钱都放在同一个书架上，只有我们两人知道。但是有一天她的钱不见了，就怀疑是我偷的，我真的很伤心。

咨询师：后来，查到是谁了吗？

行为人：查到了，是同宿舍的另一个同学，但我和她的好朋友关系也就断了。

咨询师：告诉我，是你不理睬她呢还是她不理睬你？

行为人：是我。我觉得她不应该怀疑好朋友，如果彼此间没有相互信任，还能算朋友吗？

咨询师：也就是说，你抱怨她不应该怀疑你，是吧？

行为人：是的。

通过具体化的会谈，找到行为人的问题关键。在这个案例中，行为人对人际关系的消极态度，不能不说与行为人看问题绝对化有关。她思维中的“应该”和“不应该”成为她不能灵活处理人际纠葛的主要障碍。

三、注意事项

（1）当行为人的叙述有多个含糊不清的地方时，咨询师可以选择最关键的一个，让行为人具体化。

（2）咨询师通过具体化技术，不仅要澄清问题，还要让行为人学习如何就事论事，如何对事不对人。让其明白自己的思维方式是如何影响自己的情绪和行为的。

（3）咨询师的回答也应该是针对行为人特殊的、此时此刻的情况，不可以随便使用一些常见的、普遍的词汇或随便贴标签，比如，“我觉得你很自卑”、“你太情绪化”等。因为咨询师的不当言语很容易对一部分行为人产生消极的暗示作用。

单元五　参与性概述

参与性概述指咨询师将行为人言语和非言语行为进行分析综合、归纳整理，将其情感、事实观点系统地整理一遍。

参与性概述可以说是会谈中咨询人员倾听活动的成果，把行为人的有关资料清理成串，分门别类，并将其主要问题反映给行为人。咨询人员可以这样说：“下面我把你讲的意思概括一下……你看是不是这样？”

一、作用

（1）使行为人有机会把自己叙述的信息再次回顾一下，通过串珠子式的整理，使其有一个重新审视自己的机会，更好地认识自己，并及时补充材料，以便确定咨询师是否正确地理解了自己。

（2）协助行为人产生新的想法，设定处理问题的目标。

（3）使面谈有一个暂停、喘息的机会，“我听懂了，我们暂时放一放好吗？”

（4）用于转移话题，进入新的主题。

二、具体运用步骤

参与性概述可用于一次面谈结束前，一个阶段完成时，一般情况下，可以按需要随时用。准确的参与性概述，短的需要几分钟，长的需要几次、几周。

（1）回忆行为人表述的信息，在头脑中复述这些信息，有时需要注意整个咨询中许多变化的信息。其中变化的信息是最困难、最关键的部分。

（2）从众多零散的信息中提炼出一个或几个主题。

（3）用咨询师自己的语言，以陈述的语调把问题总结复述给行为人。

（4）通过倾听和观察行为人的态度来评价总结的效果。

在搜集资料式会谈结束后，咨询师可以给行为人概括一下对方目前存在的几个问题。例如，“从我们前面的谈话可以看出你现在主要有这样几个问题：自己学习上感到力不从心的问题以及和男友是否继续交往的问题。除此以外，还有其他问题吗？”

单元六　非言语行为的理解与把握

非言语行为能提供许多言语不能直接提供的信息，可以获得行为人想要回避、隐藏的内容，根据行为人的非言语行为，咨询师可以更全面地了解行为人的心理活动，也可以更好地表达自己对行为人的支持和理解。

一、正确把握非言语行为的各种含义

正确把握非言语行为并妥善运用，是一个优秀咨询师的基本功。把握好行为人的非言语行为，咨询师可以更全面地了解行为人的心理活动，也可以更好地表达自己对行为人的支持和理解。然而，正确把握非言语行为并非易事，需要多观察、多比较、多思考。

二、全面观察非言语行为的含义

观察和分析非言语行为是一项复杂而微妙的技术，涉及一系列因素。比如，同一种行为在不同的文化背景下会有不同的含义，在不同个性的人身上，也会有差异。有的人低头是因为个性内向，而一个外向的人低头也许是因为羞愧。一个单一的动作有时很难判断到底是什么含义，为此，应观察一个人的动作群，即一连串相配合的动作。不把他前后、上下的动作加以综合分析，单凭某个表情就下结论，难免会断章取义，误解对方。

不仅如此，动作所表达的含义可因人因时因地因手段而异，所以应把动作群放在某种情境中来了解。一位行为人在咨询中总是把脚踝交叠，或许只是为了掩饰袜子上的破洞。一位对咨询师斜视的行为人，仅仅是因为当他表示赞同时，他就习惯这样斜视，而绝非对咨询师有所不恭。如果咨询师想当然，很可能就会判断失误。

为此，咨询师要做到看在眼里，记在心里，先保留看法，看看是否确实如此，而不宜马上表现出来。在这里，过于灵敏的反应有害无益。

有些咨询师为了显示自己观察敏锐、判断准确而轻率地表达自己的看法，这是不妥当的。即使判断正确了，也不应该随便表露，可以在自己的态度、言行上有所调整，因为让行为人发现咨询师时时在注意自己的一言一行，会给他带来压力和不安。

三、如何看待言语内容与非言语内容的不一致

一般情况下，一个人的非言语行为所暴露的信息应该和言语表达的意义是一致的。然而，两者有时也会出现不一致。例如，行为人说他多么热爱他的集体，然而与此同时却下意识地摇摇头，露出一丝嘲笑，从而否定了自己的言语；一个母亲诉说她的儿子是如何不听话、打架、尽给自己添麻烦，然而她的脸上一直带着一种欣赏般的微笑。咨询师需要分析为什么会出现言行不一致？行为人的真实意图是什么？是有意识的隐藏，还是无意识的？抓住这种不一致，有时会发现心理问题的根源。

【案 例】

一位被诊断为神经衰弱的女性行为人，对心理咨询师诉说自己总是入睡困难，总感到心神不定，怕这怕那，其实并没有什么危险。当了解她的人际环境时，她谈到了她的男朋友，谈到她对男朋友是如何爱慕、倾心，而男朋友亦是多么喜欢、疼爱她。讲到他们不久以后将结婚，她还说男朋友已在联系出国，等等。她叙述时，脸上常带着激动的神情，不时露出笑容。然而细心的咨询师却发现有几次她的眉头紧皱了一下，尤其是谈到男朋友对她怎么好时。当她谈到不久以后就要结婚时，眉头快速地抖动了几下。这一不协调引起了咨询师的重视，觉得这皱眉背后可能有文章。

咨询师细细询问她与男朋友各自的情况，后来又了解了她的家庭背景，事情才逐渐开始明朗起来。她从小就和母亲相依为命，因为在她6岁的时候，她父亲和另外一个女人去了国外。她母亲从小就给她灌输了一些男人不可信、不可靠的思想。当她认识男友不久后，两人就进入了热恋阶段。可就在他们开始考虑结婚事宜时，她开始失眠，感到不安，她也说不清为什么。之后这种情况愈演愈烈，等到她男朋友开始联系出国，并且颇有进展时，她的这一系列症状就表现得非常明显了。

本案例中，行为人的症结是因为怕自己被男朋友抛弃，就如同当年她母亲被父亲抛弃那样。然而，另一方面内心又不愿承认，因为她不愿相信男友会不爱她，可又无法摆脱男子不可信、自己被抛弃的阴影。正是这种内心尖锐的矛盾和冲突，导致了她的失眠、不安、紧张、害怕。她的症状是内心冲突的外在表现。

经层层分析，行为人领悟到了问题的实质，并清楚了自己之所以会害怕被男友抛弃，根源在父母的经历以及母亲长期灌输的思想上，而不是事实上存在这样的危险。找到根源后，行为人如释重负，很快就得到了调整。

在上例中，行为人的言语表达了她愿意面对的、她希望出现的、她可接受的内容，而她的非言语行为则暴露了她想隐藏的、她想回避的、她不希望出现的、不愿接受的内容。借助于这种不一致，往往可捕捉到不少有用的信息。咨询师应善于发现并找出这种不一致，因为在这背后有可能就是一个冲突源。

咨询中，咨询师对行为人的关注是综合性的，言语的或非言语的，公开的或隐秘的，瞬间的或经常的，都应加以关注，以形成综合印象。

项目三　影响性技术的选择与应用

在心理咨询过程中需要对行为人实施干预，这时常用到影响性技术。影响性技术与参与性技术的不同之处在于参与性技术多用于了解行为人的问题，多在摄入性会谈中采用；而影响性技术则是在咨询实施过程中对行为人进行咨询干预时采用。影响性技术包括面质、解释、指导、内容表达、情感表达、自我开放、影响性概述与非言语行为的运用。

单元一　面质技术

面质，也称对质、对峙、质疑或对立，是指咨询人员当面指出访者自身存在的情感、观念、行为的矛盾，促使其面对或正视这些矛盾的一种语言表达方式。

咨询人员实施面质，并不在于向行为人说明他说错什么话，做错什么事，不是“指出错误”，而是“反射矛盾”，主要促进行为人为了自身的利益向着更深刻的自我认识和更积极的行为迈进。在心理咨询中，面质技术的使用常常迫使行为人直接面对一种破坏性的方式，由此产生的冲击力可能会使行为人产生焦虑等负面情绪，因此很多咨询人员较少使用这一技术。那么我们该怎样正确看待和使用面质技术呢?

一、面质技术使用的必要性

在心理咨询中，有些行为人使用一种心理防御机制，不愿意承认自己的无能或失败，在谈及自己的问题时躲躲闪闪，不肯正视现实。这时咨询人员常常通过提问、反问与深入的讨论，面质行为人思维中那些自我偏向、自我夸张与自我挫败的倾向，一方面激励他们消除自己有意无意的防卫心理，正视自己的问题；另一方面促进行为人实现言语和行动的统一，促进对自己的感受、信念、行为及所处境况的深入了解，从而使问题得到妥善解决。而没有面质技术的参与和对心理问题的积极干预，就无法让行为人自己去面对矛盾，也就不会有揭示矛盾问题根源的机会和矫正的过程，也丧失了解决矛盾和问题的前提基础。心理咨询的最终目的是帮助行为人自我成长，而不是让行为人终身依靠咨询人员的理解、安慰。因此，通过面质技术使其自我暴露、自我认知、自我调整，最终达到自我面对和解决矛盾问题的目的。

二、面质技术使用的时机

面质技术一般在咨询人员与行为人建立了良好关系之后使用，通常在遇到下列情况时使用面质技术：

（1）言行不一致。行为人在咨询时的言行不一致，如“你说咨询对你很重要，可现在你却要取消我们原定的咨询”。比如一个女青年说她与丈夫感情极深，关系很好，对丈夫什么都满意，但她与丈夫却很久没有同床了。

【案 例】

行为人30多岁，雇员，女性，因为感情问题求助。

行为人：我跟男朋友相识5年，原本打算年底结婚。但是，在半年前，因工作的关系，认识了别单位的男同事。因为我们两个单位需要合作办理一个大案，有3个月的时间，我跟那位男同事朝夕相处，不知怎么搞的，我竟然对他有了感情，他对我也一样。这几个月来，我过得很痛苦（脸上露出笑容）。我的男朋友似乎知道些什么，最近大献殷勤。那位男同事知道我已经有谈婚论嫁的男友后，说他尊重我的选择，不过要我考虑清楚，因为他不能没有我。这几天，我为了这件事烦死了。我对他们两人都有感情，选了A，B的重要性就突然提高。同样地，选了B，A的重要性也大增。我真不知道该怎么办。

咨询师：你夹在两个你都喜欢的男人中，不知该选择谁，左右为难，觉得好痛苦。（初层次同理心技术）当你说到自己很痛苦时，我却发现你的脸上露出了笑容，似乎你的感觉并不是你所说的那样。（面质技术）

行为人：我在笑吗？我不知道，我只知道自己很痛苦（脸上再次露出笑容）。

咨询师：当你再次说到你觉得很痛苦时，你的脸上又露出笑容。（面质技术）

行为人：可是我没有感觉到我在笑。我的确觉得很痛苦，怎么可能笑呢？

咨询师：我的话似乎让你感到生气。

行为人：没错。被两个男人疼爱着、争宠着，的确是一种幸福（面露微笑），不过，也很痛苦，因为要我放弃其中一个，我会舍不得。

咨询师：夹在两个男人中，被迫作出选择固然让你感觉痛苦，可是成为两个男人争夺的对象，你的重要性突然提高了，让你觉得很得意。（高层次同理心技术）

行为人：你说的没错。被两个男人爱着、宠着，让我觉得很得意，那是我一直渴望的感觉。自从3年前我的男朋友对我很放心后，我再也没有尝过被宠爱的感觉，让我……

上述案例中，咨询师指出行为人语言与非语言行为的不一致，协助行为人觉察自己的矛盾，并探索可能的原因。

（2）叙述前后矛盾。行为人前后叙述的事实有出入，如“你上次说有两门功课不及格，可今天你怎么说都及格呢”；或者行为人前后表达的情感有矛盾，如“你刚才说你很喜欢你的上司，现在怎么又骂起他来了”。

（3）理想与现实不一致。行为人理想中的自己与现实中的自己不一致，如“你说你应该是个受人欢迎、受人尊重的人，可实际上别人常常疏远你，甚至歧视你”；又如，一个大学生坚持认为自己才华出众，将来一定能够成为科学家，但他的学习成绩并不优秀，老师也认为他读书比较死板，缺乏创造性。

（4）咨访意见不一致。咨询师对行为人的评价与行为人对自己的评价不一致。如“你说你什么都做不好，很没用，但是我觉得你有不少优点”；“你说你仇视这个社会，这个社会太黑暗，有很多的不公正，自己心中已经不再有爱了，但是我觉得你仍然很爱你的父母”。

咨询师的面质虽然不是批评、责备，但是仍然容易引起行为人的反感，因此，咨询师使用面质技术时，要先配合使用同理心技术或情感反映技术，再面质行为人。举例说明如下：

【案　例】

行为人：（当事人长期酗酒）酒这个东西真是碰不得，一碰就着迷，甩也甩不掉，这就是为什么我不让我儿子喝酒的原因。可是，他偏偏要跟我作对，三天两头喝得醉醺醺的，我实在很生气，我父亲以前就常常喝酒，害我也跟着他学，结果我一辈子都毁了。我一定要救我儿子。

咨询师：你一生被酒所误，如今你的儿子重蹈覆辙以酒为伍，你觉得很担心。（初层次同理心技术）我不解的是，既然你父亲给你做了个坏榜样，害了你一生，可是你却重蹈覆辙像你父亲一样，给了你儿子不好的示范，让你的儿子学你的模样。我不知道你有没有看到这其中的关联？（面质技术）

三、使用面质的注意事项

（1）要有事实依据，毛病确实存在于行为人身上，事实不明显，不宜使用面质，在没有掌握事实时，要耐心等待，仔细寻找，不能想当然，不能从想象出发。

（2）面质应该避免发泄和攻击，面质的目的是为了揭示行为人的矛盾，帮助行为人明白自己的事实，促进其成长，所以面质应以行为人的利益为重，不允许把面质变成咨询师发泄情绪，借机攻击行为人的工具。

（3）可以尝试着使用面质，在咨询初期和咨询内容具有比较大的震撼力时，咨询师可以使用面质，若没有把握，则不可使用面质，但不得不使用时，可以适当用一些尝试性面质，在语气中加入些不确定的询问性内容。例如，“我不知道是否误会了你的意思，你上次说……这次又说……不知哪些情况更能反映你的问题”，这样可减少冲击力，避免行为人难堪。

（4）面质应建立在良好的咨访关系基础上，因为面质所涉及的问题对行为人都具有应激性，容易造成行为人的心理压力，威胁行为人的心理安宁，甚至导致心理危机，所以咨询人员应对行为人尊重、理解、关注，在高级准确的共情基础上保证面质技术取得良好的效果，否则不仅面质无效，还可能导致咨访关系的破裂。

（5）面质应注意行为人言语和非言语行为的不一致之处。例如，“你说你很舒服，可你又不停地摆弄双手……”

单元二　解释技术

解释（interpretation）就是咨询师依据某一理论构架或个人经验，对行为人的问题、困扰作出合理化的说明，从而使得行为人能够从一个新的角度来看待自己的问题。

解释使行为人从一个新的、更全面的角度来重新面对困扰、周围环境及自己，并借助于新的观念和思想来加深了解自身的行为、思想和情感，产生领悟，提高认识，促进变化。

解释与释义（内容反应）是有区别的。释义是从行为人的参考框架来说明行为人表达的实质性内容，而解释是在咨询师的参考框架内，运用自己的理论和人生经验来为行为人提供一种认识自身的问题以及认识自己和周围关系的新思维、新理论、新方法。侧重于做理论上的分析解释。

解释与内容表达也是不同的。解释侧重于对某一问题做理论上的分析。内容表达指咨询师提供信息、建议、反馈等。

解释要注意了解情况，把握准确，凭感觉、凭经验解释，因人而异。咨询师不能把解释强加给行为人：一方面不能在行为人还没有心理准备的时候就匆忙解释，因为这往往会使行为人不知所措，难以接受；另一方面，不能把行为人不同意或有怀疑的解释加在他的身上，这是我们常说的需要“匹配”。最有效的解释应与行为人的思想基础、理论取向有某种程度的吻合。

解释多种多样，但一般来讲有两种：一种来自各种不同的心理咨询与治疗的理论，另一种来自咨询师个人的经验、实践与观察。在前一种解释中，咨询师可依据各种学派的理论对行为人的问题进行解释，或是心理分析理论的解释，或是行为主义学派的解释，或是认知学派的解释，或是人本主义思想的解释。究竟选择哪一种理论，取决于咨询师本身所信奉的理论学派。也有的咨询师根据不同问题的性质，来选择比较能为行为人接受的理论给予解释。

无论是哪种解释，在具体使用时都应该注意以下事项：①

（1）解释必须在充分了解行为人问题的基础上进行。即咨询师要了解问题的重点，再以自己的言语摘要陈述，然后再加上自己的看法或解释。据此，解释的时间不宜过早，以免因为对行为人情况的不完全了解，而出现解释错误，影响行为人对咨询师的信任，使解释起不到应有的作用。

（2）解释要深入浅出，简明扼要，避免冗长和过多地使用专业术语。

（3）解释要有真实性和合理性，不可用偏激的解释，造成对行为人的伤害。有时，咨询师对行为人的行为不接纳，于是就用一些恐吓性的言语解释。比如，对一个手淫的男性行为人说：“你这个问题太严重了，是你内心深藏的性欲望太强所引起的，如果不下决心戒掉，就可能影响你将来的婚姻”。这个解释或许可以加强行为人改正手淫过度的决心，但同时也增加了行为人的内疚和焦虑情绪，甚至令其感到更加自卑。

（4）解释尽量采取试探性的保留态度，以便行为人有思考、接受或拒绝的余地。咨询师可以采用“也许”、“可能”、“我想大概是”等来解释，这样令行为人比较容易接受。

事实上，对咨询师的解释，行为人有时会持抗拒态度，尤其是出现下列情况时，解释更要谨慎：① 行为人感到焦虑和紧张，这可能是解释与行为人的知识背景有出入，或解释不当所致。这时咨询师要暂时停顿，或以支持的方法稳定其信心；② 拒绝：可能因解释不正确或因行为人维护自尊而发生，这时咨询师要改变解释的角度；③ 漠不关心，行为人对咨询师的解释漠不关心，可能是解释不恰当，也可能是行为人正在想自己的问题。这时，咨询师必须放慢解释的速度，甚至可以以暂时的沉默来引起行为人的关注。

总之，解释是影响性技术中最为复杂的技术。咨询师要合理、灵活、富有创造性地应用解释技术，在行为人能够接受的范围内，达到帮助行为人认清自己的“庐山真面目”的作用。

---

① 王玲．心理咨询．广州：暨南大学出版社，1998．93～94

单元三　指导技术

指导是指咨询人员直接指示行为人说某些话，按某些方式做某些事或采取某些行动的技术。

一、指导类型

指导是影响力最明显的一种技巧，指导技术的类型有两种：

第一种类型是根据某种心理咨询理论进行指导，针对行为人的不同原因，不同情况采用不同理论技巧予以具体指导。

精神分析：指导行为人自由联想，寻找潜意识思想，挖掘根源。

理性情绪疗法：针对行为人非理性信念进行质疑、辩驳，指导其改变不合理信念，调整认知结构，用合理代替不合理。

人本主义完形学派：采用角色扮演指导行为人体验不同角色的思想、情感和行动。

森田疗法：指导行为人不要排斥对抗症状，带着症状生活，顺其自然，为所当为。

行为主义：指导行为人做各种训练，如系统脱敏法、满灌疗法、放松训练、自信训练等。

第二种类型是根据个人经验进行指导。

二、指导技巧

下面具体介绍几种常用的指导技巧：指导言语的改变、角色扮演的指导、训练性指导、特殊建议或指示等。

1. 指导言语的改变

这种技巧的心理学原理是认知理论。该理论认为人的情绪和行为与其认知模式密切相关，如果行为人有不合理的思维模式，或绝对化，或极端化，都会导致其不良的情绪和行为。据此，通过改变行为人的言语，可达到改变行为人不良情绪和行为的目的。在心理咨询中，行为人最多见的绝对化语句是“我应该怎样”或“一定要怎样”，因此，咨询师就要帮助行为人把“应该”改为“希望”；把“一定”改为“争取”。

言语改变的指导除了在咨询过程中进行之外，也可以以布置作业的形式，让行为人在日常的生活、工作和学习中，随时发现言语中的绝对化或极端化思想，以及时改变自我用语，减轻压力，保持情绪的平静与稳定。

2. 角色扮演的指导

角色扮演的心理学原理是社会模仿学习理论，属于行为主义理论，其主要的技巧有下列三种：

（1）空椅子技术：这种技术常常运用两张椅子，要求行为人坐其中的一张，扮演一个“胜利者”，然后再换坐到另一张椅子上，扮演一个“失败者”，以此让行为人所扮演的双方持续进行对话。

通过这种方法，可使行为人充分体验冲突。由于行为人在角色扮演中能从不同的角度接纳和整合“胜利者”与“失败者”，因此冲突可得到解决。通过双方的对话，使人们内在的对立与冲突获得解决。通过双方的对话，使人们内在的对立与冲突获得较高层次的整合，即学习去接纳这种对立的存在并使之并存，而不是要去消除一个人的某些人格特质。心理学上，将空椅子技术分为下列三种形式：

第一种是“倾诉宣泄式”。这种形式一般只需要一张椅子，把这张椅子放在行为人的面前，假定某人坐在这张椅子上。行为人把自己想要对他说却没来得及说的话表达出来，从而使内心趋于平和。

第二种是“自我对话式”。就是在自我存在冲突的两个部分之间展开对话。假如行为人内心有很大的冲突，又不知道如何解决时，放两张空椅子在行为人面前，坐在一张椅子上，就扮演自己的某一部分，坐在另外一张椅子上，就扮演自己的另一部分，依次进行对话，从而达到内心的整合。

第三种是“他人对话式”。用于自己与他人之间的对话，操作时可放两张椅子在行为人面前，坐到一张椅子上面时，就扮演自己；坐在另一张椅子上时，就扮演别人，两者展开对话，从而可以站在别人的角度考虑问题，然后去理解别人。

（2）角色扮演：一旦角色扮演进入情景后，咨询师可找另一行为人替换主要表演者，以帮助他对自己的情景有更多的观察，也让他有机会以旁观者的立场看看自己，促进对其问题症结的了解。

（3）间歇刺激技巧：此法是用来测量和训练行为人扮演某一角色，扩充其角色能力范围的方法。比如，让行为人扮演一个正在准备考试的学生，咨询师每隔一段时间就安排另一个角色，如父亲来责骂他不用功，弟弟来打扰他，等等。通过不断改变刺激，可以了解行为人应付各种干扰刺激的能力，也有助于行为人应付干扰能力的提高。

角色扮演可以减轻行为人的心理压力，帮助其学习各种与人交往或应付情景的技能。但应该注意在使用角色扮演技术时，应该以充分的同感去了解行为人所扮演角色的反应，并随时随地加以指导和调节。

3. 训练性指导

这种指导多以行为学习理论为依据，对行为人的各种行为训练提出具体的指导。咨询中常用的行为训练有放松训练、决断训练、生物反馈训练和系统脱敏训练等。在训练之前和训练之中，咨询师都会对行为人提出具体的要求，指导他们做什么，不做什么。

4. 特殊建议或指示

指针对行为人的一些具体情况和要求，咨询师想为其提供特别的建议或指示。如学生会有考试焦虑、学习方式方法不当、人际关系不融洽、做事拖拉、不知如何处理恋爱关系等问题。这些问题的产生与行为人的行为方式不恰当或社会经验不够有关。因此，咨询师可以提供帮助其处理这些问题的特别建议，比如改变对考试结果的认知、改进学习方法、改进人际交往的技巧、改变做事作风和提供处理恋爱关系的技巧等。

三、注意事项

（1）咨询师应该让行为人真正理解指导内容，咨询师应知道自己对行为人指导些什么，会收到什么效果。

（2）咨询师不能以权威的身份出现，强迫行为人接受指导，对教育工作者，思虑深、自尊心过强者更应注意方式。

（3）可充分利用非言语指导方式配合言语指导，共同收到良好的效果。例如，让行为人反复默念："我能行，我能行，我能行……""恢复健康，恢复健康……"等积极的自我暗示。

单元四　内容表达和情感表达技术

一、内容表达

内容表达是指咨询师表达自己的意见以直接影响行为人，常常用于咨询师传递信息、提出建议、给予忠告，作出保证，进行褒贬和反馈。

在咨询过程中，各种影响性技术都离不开内容表达，都通过内容表达起作用。广而言之，指导、解释、影响性概述、自我开放等都是一种内容表达。

咨询人员借助于内容表达给行为人提供有指导意义的思维和行动。比如，咨询师说，"我希望你认真地思考一下刚才我的解释，如果你能那样去做，我想会有效果的"。

内容表达和内容反应有何不同？内容表达是咨询师表达自己的意见，而内容反应是咨询师反映行为人的意见（叙述观点思想等）。反馈是一种内容表达，反映出咨询师对行为人的看法，尤其是作为内容表达的反馈，可帮助行为人开阔眼界，看看别人是怎样看待和处理他的问题的，通过这种客观的认知和行为模式，给行为人提供一种积极的影响。

提出忠告和建议也是内容表达的一种形式，但应该注意措辞和缓、尊重。例如，"我希望你……""如果你能……或许会更好"，切不可"你必须……""你一定要……""只有……才能……"，有强迫意味。

但是，要注意在提出忠告和建议时，咨询人员千万不要以为自己的忠告是最好的。不要提供过多的忠告，不管提什么都应语气缓和，尊重行为人，不可措辞生硬。

内容表达的注意事项：

（1）咨询师不能认为自己的意见是最好的、唯一正确的、必须实行的，应该平等对待行为人。

（2）内容表达的措辞应委婉、温和、尊重对方、不可生硬。

（3）只有在行为人询问意见时，咨询师才可以提出建议、忠告、意见等（内容表达），若没有要求，给予忠告会因行为人不予理睬而变得毫无意义。

二、情感表达

情感表达是指咨询师把自己的情绪、情感活动状况告诉行为人，让其明白。

情感表达和情感反应是不同的。情感表达是咨询师表达自己的喜怒哀乐等情感，可针对行为人叙述的内容表达出来，也可以针对咨询师自己或事件表达；而情感反应是咨询师对行为人叙述中的情感内容的反应。例如：

（1）我觉得你很坦然。（情感表达）

（2）你刚才说你很讨厌你的同桌。（情感反应）

（3）我很抱歉没有听清楚你刚才说的话。（情感表达）

(4) 我喜欢与人交朋友。(情感表达)

(5) 你好像很难过。(情感反应)

情感表达的注意事项:

(1) 咨询师“情感表达”的形式应有利于行为人的叙述,而不是宣泄自己的情感。

(2) 咨询师“情感表达”的目的是为了咨询服务,而不是为了表达而表达。

(3) 情感表达应该有助于咨询活动的进行,而不是为了满足自己的需要。

三、小 结

(1) 内容/情感反应是反应行为人所言所行。

(2) 内容/情感表达是表达咨询师的所思所感。

(3) 作为内容/情感表达的影响力更主动、更直接、更公开、也更大。

(4) 作为内容/情感反应,其影响力均小一些。

举例:

(1) 我觉得你很坦率。(情感表达)

(2) 如果你能说得更明白、更具体一点或许会更好,你说呢。(内容表达)

(3) 你好像很羡慕你的班主任。(情感反应)

(4) 我希望你敞开心扉、毫无顾忌地把自己的想法说出来。(内容表达)

(5) 你说你这次没有拿到奖学金,感到很难过。(内容反应、情感反应)

(6) 你说班里同学经常说你的坏话。(内容反应)

【案 例】

1. 用内容反应和情感反应来控制谈话的方向

咨询师:刚才你提到你的爱人总不回家,整天在外面和一些不三不四的人鬼混,是这样吗?(封闭式提问,内容反应技术)

行为人:是的。

咨询师:你对他这种不顾家的做法感到十分愤怒。(情感反应)

行为人:是啊!

咨询师:他还有其他方面的问题吗?(意思是说,除了这个问题以外,还有没有其他的问题。从而避免了行为人在“鬼混”问题上赘述)。

在这个案例中,告诉行为人,我已经明白了事情的经过及你的感觉。内容反应和情感反应可以使咨询的过程更加流畅并保证整个谈话的过程按照自己的意愿进行。

2. 用内容表达和情感表达来转换话语权(或进行阶段性小结)

咨询师:刚才听了你的诉说,我感到尽管遇到了这么多的问题,你依然表现得很坚强。(情感表达,暗示我已经完全明白了你的意思并对你现在的精神状况有所了解)

行为人:是的。

咨询师:我觉得,如果你能够就这件事情和你爱人好好谈谈的话,效果可能更好些(内容表达,给出具体的建议并和行为人探讨建议的可行性),你说是吗?

行为人:是。

单元五　自我开放技术

自我开放（self-disclosure）亦称自我暴露、自我表达，是咨询人员把自己的情感、思想、经验等方面的信息告诉行为人，与行为人共同分享。它与情感/内容表达十分相似，是两者的特殊组合。

咨询师的目光、表情、动作、声音、话语都在向行为人表达自己的性格特征，无法隐瞒，也无须隐瞒。双方的互相开放、双向作用，起到神入的特殊作用。

自我开放一般有两种形式，一种是咨询师把自己对行为人的体验感受告诉行为人。若感受是积极、正面、赞扬性的，则为正信息，如“对于你刚才的坦率，我非常高兴”。一般地说，正信息能使行为人得到正强化，使行为人感到愉悦和受到鼓励，但传达的正信息须是实际的、真诚的，不然会适得其反。若感受是消极的、反面的、批评性的，则为负信息，如“你上次咨询没有如约而来，我觉得有些不愉快。或许你有什么原因，你能告诉我吗？”传达负信息的自我开放时，应注意到它可能会产生的负作用，也就是说，自己表达情绪而忽视了行为人的心情。第二种形式的自我开放是咨询师暴露与行为人所谈内容有关的个人经验。例如，“你所提到的考试前紧张，我以前也有体验。每到大考前，我就开始烦躁不安，晚上睡不好……但不知这时候你看书的效率怎么样？”一般来说，这种自我开放应比较简洁，因为目的不在于谈论自己，而在于借自我开放来表明自己理解并愿意分担行为人的情绪，促使其更多地自我开放。为此，咨询师的自我开放不是目的而是手段，应始终把重点放在行为人身上。

一、自我开放的功能

（1）增进彼此的信任感。咨询师应带动自我开放，通过自我开放让行为人在亲密的情感反应和自我开放的信心上产生信任感。例如，毒瘾康复者成为咨询师后帮助他人摆脱毒瘾，“我很理解你，因为我也有过类似的经历”。

（2）鼓励行为人进一步吐露探求问题的欲望（想说又不愿）。例如，“你在与我交谈时，我能感觉到你小心翼翼地选字眼，我还发现你也在拖延交谈的时间，也许是我的想象，你看我想的对吗？”

（3）对行为人产生示范作用。“你这时的感觉让我想起自己……时候，那时感觉……这种感觉与……”

（4）协助行为人集中探讨问题的关键部分（可抓住重点问题开放）。

（5）协调行为人获得一些启示。

（6）让行为人领悟到咨询师的平凡，消除神秘感。如：

咨询师：我在高中时偷东西被开除……一切都完了……我家因此搬了……

行为人：对你有影响吗？

咨询师：当然，不过我想知道你的事对你有什么影响？

二、自我开放的四个层次

一般而言，根据自我开放的层次不同，可以分为四个等级：

第一等级：咨询师主动疏远，闭口不谈，不暴露。若咨询师提到自己的一些事时也只是想达到发泄的目的。

第二等级：咨询师不主动谈到自己的事，只是直接回答行为人的问题，却显得急躁和简单。

第三等级：咨询师的表露仅限于和行为人有关的表面的和一般的情感，而未将他的独特处表露出来。

第四等级：咨询师自由地、无拘无束地适当表露个人观念、经验和情感，而且也符合行为人的兴趣、需要和当时的情境。

【案　例】

某违法行为人在咨询时说道："在班上的任何活动或比赛里，我总是他们最后一个想到的对象，他们都知道我笨手笨脚的，成事不足，败事有余。我也喜欢参加各种活动，但他们都比我行，我始终没有机会，该怎么办呢？"

在这个案例中，咨询的自我开放层次是第一级：在我的人生里，我也常常是被忽略的人，人们不喜欢我，那正合我的意，谁又会稀罕朋友呢？

第二级：你要多磨炼，才能玩得更好，或许你爸爸能帮你改善些。

第三级：以前在学校时，我也曾被忽略过。我不确定我解决的方式能否适合你。你能不能多谈点整个事情的经过？

第四级：当我读书时，没有人愿意让我加入他们的体育活动，我花了很长一段时间才克服这种困扰。你现在似乎正经历我在你这个年龄时的那种失望的感觉，或许我们可以一道来谈谈。

从上述例子可见，不同层次的自我开放会产生不同的影响。

咨询师在使用自我开放技术时，必须把握下列原则：第一，咨询师必须在认定自己的经验对行为人有所帮助的情况下才做自我开放。自我开放不是咨询的目的，而是一种促进行为人自我探索、自我认识、自我改善的手段。第二，咨询师自我开放的次数与量不宜太多，否则会使行为人怀疑咨询师的真诚，或者加重行为人的心理负担。第三，咨询师的自我开放必须适可而止，避免长篇大论，反客为主。咨询的历程是以咨询师帮助行为人为前提，不可让重点转移到咨询师的情感发泄上。

单元六　影响性概述

影响性概述是咨询人员将自己所述的主题、意见等，经过组织整理后以简明扼要的形式表达出来。

影响性概述可以在面谈中间使用，也可以在会谈即将结束时进行，咨询师可以先总结一下本次会谈发现行为人的问题，然后讲一下此次咨询的重点，第三步可以概括一下本次会谈的要点。影响性概述有助于会谈双方对此次会谈情况有更为清楚的了解，更重要的是有利于行为人抓住会谈的要点，加深其在会谈中所学到的东西的印象。

影响性概述可以通过咨询师提问、行为人回答的形式进行，这样效果会更好。比如问对方："让我们回头看看，这次会谈对你有什么帮助？""试试把你对此次会谈的感受说出来。"通过这样的总结概述，有助于行为人弄清楚自己的行动方向。

参与性概述与影响性概述是有区别的：参与性概述是指咨询人员将行为人的言语和非言语行为进行分析综合归纳整理，将其情感、事实观点系统地整理一遍；影响性概述是咨询人员表达的意见，属影响性、干预性技术。参与性概述是行为人叙述的内容，属参与/倾听技能；影响性概述对行为人的作用更加积极、主动、深广，参与性概述对行为人的作用比影响性概述要小些。

影响性概述可在一小段谈话结束后使用，会谈中间转入另一个主题时使用："我们刚才谈过了，你所说的……我想听听……"；某次会谈结束前使用影响性概述。归纳内容，做了什么，总结自己的主要观点反馈给行为人："我们刚才说过了……以后……该怎么办"；在每次开始咨询前，咨询师先把上次咨询的目的重复一下，紧接着就可以提出咨询师的主导意见，再结合行为人的反应把咨询进行下去；如果咨询师认为有必要把内容进行一次回顾，加深行为人印象，就可以做一次影响性概述。

单元七 非言语行为的运用

言语表达是咨询双方交流信息、沟通感情、建立关系的基本条件之一，也是咨询师帮助行为人的主要工具之一，因而言语行为在咨询中占有主要地位。然而，咨询过程中会出现大量的非言语行为，其或伴随言语内容一起出现，对言语内容作补充、修正，或独立地出现，代表独立的意义，在咨询活动中起着非常重要的作用。

一、目光注视

眼睛可以传递最细微的感情。一般来说，讲者比听者更少注视对方，人开始说话时，会先把目光从对方身上移开，说话结束后，则一般又会重新看着对方。如果行为人停顿了，但并不看咨询师，说明他的思路还没有断。如果听者对讲者扫视一下，可能表示对讲者内容的不同意或怀疑；如果讲者在讲某词句时将目光移开，可能表示没有把握；如果听者在讲者表述时看着讲者，则表示同意、理解、关注；如果讲者在表述时看着听者，表示很有把握；如果咨询师问行为人某些问题时，行为人有不舒服感、厌恶感、羞怯感时，行为人不愿注视咨询师，表示逃避和隐瞒。

眼睛应注视对方的哪些部位好呢？一般来说，目光大体在对方的嘴、头顶和脸颊两侧这个范围活动为好，给对方一种舒适的、很有礼貌的感觉，并且表情要轻松自然。目光范围过小会使对方有压迫感，而目光范围过大则会显得太散漫、随便。

二、面部表情

面部表情与人的情绪息息相关，一个人内心的喜怒哀乐无不在脸上透露出来。观察一个人的非言语行为首先而且主要应该集中在面部表情上，目光注视其实也是面部表情的一部分。

关注面部表情能了解情绪信息，举例如下：眼睛和嘴张大，眉毛上扬表示惊愕；皱眉头、昂首挺胸、握拳表示愤慨、挑衅；皱眉头、眯眼表示沉思、有疑惑；一眉上扬表示怀疑；双眉上扬表示惊讶；双眉下垂表示沮丧、伤心；斜眼瞪视、下颚肌肉紧绷表示冲突、敌对；嘴唇紧绷表示防御。

在理解面部表情时，需要注意的是，有些人体动作在某种情况下可能根本没意义，而在另一种情况下却有意义，但意义可能很不一样。比如，皱眉可以简单地理解为一句话的中间停顿，在另一种情况下也可能是“心里冒火”或“讨厌”的信号，或者是思想集中的表现。如果仅仅研究皱眉或面部表情，就难以确切把握其含义，还要知道这位皱眉者在干什么，这就要联系其他一系列的非言语行为所表达出来的含义。

三、身体语言

除了面部表情外，人的全身动作也起着传递感情的作用。以下列出一些身体语言所表达的信息：行为人移动身体，把脚和整个身体对着门口表示想结束交谈、离开；坐立不安、在座位上不时地扭动表示对话题不感兴趣、想结束交谈；交叉双脚晃动、拿纸乱涂鸦表示不感兴趣、希望早些结束会谈；手指敲弹发出声响表示不感兴趣、希望早些结束会谈；双手交叉在胸前表示防卫、否定、拒绝、疏远；双手紧绞在一起，坐立不安表示情绪紧张、难以思考；搓手表示有所期待；摊开双手、脱掉外套、解外衣扣表示真诚、坦白；移坐到椅子前端表示关注、期待、信任；握拳表示下决心、气愤、强调。

在咨询过程中，咨询师要重视行为人的每一个身体动作，有时这些动作似乎是不经意的，却反映了行为人无意识的内心活动。比如，某行为人开始可能以某种自然的姿势坐在椅子上，但是没有任何明显的原因他就改变了姿势：双手交叉在腋下，向后靠在椅子上，或跷起一条腿等。有时这些貌似无关的变动可能反映了对方内心的冲突与斗争，此时他嘴上所说的和他心里所想的往往不是一回事。实际上，行为人无意间的身体动作变化所反映的信息常常比语言更多，尤其是在两种系统信息不一致时更是如此。

四、声音特质

声音通常包括音质、音量、音调、语速。声音被看做非言语传播，可以表现人的情感状态。比如音调提高表明对所谈内容的强调，也表明情绪，比如惊喜、激动、愤怒。音调降低也可表示强调，为引人注意，也可表示怀疑、回避、痛苦、伤心。停顿可以表示强调，引起重视，也可以表示询问，观察反应、提供行为人思考时间；表示咨询师想更清楚、更准确表达；也可表示思维受干扰。

如果对伴随着言语一起出现的声音现象进行分析，可以发现声音在反映人的情感时有以下六个方面的特征：

（1）声音的强度。声音强度的改变可能会给某个词、整个句子或某段话带来影响。说话声音很大，常常表达了警告或烦恼之意；而声音变小变弱可能说明心情不快或表示失望。

（2）音调的分布，或提高、降低音调。音调的提高常常表示烦恼或警告，而音调的降低则可能表示强调或怀疑。

（3）扩大或压缩音域。这是发言中的音调现象，通常具有非常明显的夸大或缩小现象。

（4）摩擦音和开朗的声音。这种声音成分与生理上咽喉器官肌肉紧张的程度有关。人越紧张，摩擦音就越多、越明显。而人们轻松地讲话时，声音就会变得完全、流畅和可靠。

（5）慢声慢气和快速的表达方式，是每个人语言节奏的特征性反应。

（6）节奏的加快和减慢，与上述快慢速度的说话方式不同，这种节奏的快速和慢速特征用于描述人们较长的发言。在许多情景下，说话节奏快表明人烦恼和焦虑的心情，而节奏变慢则可能与不同的情况有关，不像节奏快那么容易确定。

咨询师对于这些声音成分的分析既要结合谈话的内容，又要联系整个会谈内容的前因后果。

五、空间距离

咨询时咨访双方的空间距离也具有非言语行为的特征。每个人都拥有自己的空间，以满足保持自己独立、安全和隐私的需要。如果他人不适宜地闯入，就可能引起不满、愤怒、反抗。咨访双方之间亦是如此，双方距离是彼此关系的反映。

一般来说，在专用咨询室里，座位可能相对固定，咨访双方按各自位置就座即可。但座位的布置应符合有助于良好咨询关系建立、彼此感到适宜的原则，距离以1米左右为好。有些喜欢面对面交谈，觉得这样有更多的目光和面部表情交流，使沟通比较直接。有些则喜欢成直角而坐，觉得可以避免太多的目光接触。

若在室外，双方的距离常因环境而异，若是比较空旷的场地，相互距离会大于在公共场所中的距离，后者会因人群的密度高以及噪音大而缩短彼此的距离，从而使交谈容易进行。

不仅因地而异，双方距离其实也因人因时因事而异。比如，一般来说，若双方同性别时，其间的距离会小于异性间的空间距离，而且两女性间的距离会小于两男性间的距离；青年或成年男性咨询师在面对年轻的女性行为人时距离会大于面对儿童、少年时的距离；有些对此敏感、防御性强的行为人希望距离大些；有些希望寻求依靠、帮助的行为人则希望距离小些，以得到安慰。

咨询的不同阶段，其间的距离也会变化。一般来说，初次见面，彼此不了解，距离会大些；随着咨访关系的建立，间距会小些；若行为人对咨询师不那么信任，或对效果不那么满意，行为人会自觉不自觉地加大彼此的距离。然而另一方面，适当地缩短距离是一种希望加强关系的表示。若使用得当，有助于咨询。但无论如何，咨询师不可忘记彼此是咨访关系，而不是一般的朋友关系。

如果面对的是危机咨询或寻求感情支持的行为人，缩短距离则可以在最大限度上表示咨询师的关切，咨询师微微前倾的身姿能使行为人感到咨询师愿意接纳他、帮助他。

六、衣着与步态

衣着也可以视为非言语交流的一部分，因为衣饰能反映一个人的个性、经济地位、文化修养、审美情趣，等等，尤其是较能体现出行为人来访时的某种心情。

比如，一位大学生穿着一件好些天没洗的衣服，且衣冠不整。这或许可以反映出该行为人心中的困扰已经干扰了他的正常生活，致使他没有时间和精力去料理自己的生活，而且他对此也不在乎。或者反映了他的一贯生活风格，即随随便便，缺乏照顾自己、管理自己的能力。这样的人在集体生活中可能被一些人看不惯，因而可能会发生矛盾。

像衣着之类的，与其说提供了一种真实的信息，不如说是提供了一系列可能的信息。但这类信息是有参考价值的，它可以为咨询师对行为人作综合判断提供依据，有经验的咨询师往往能借助行为人的某些特征作出一系列有价值的判断。

同样，行为人进咨询室的步态、动作、神情，对于咨询师把握行为人亦是有价值的。那些垂头丧气、表情痛苦不堪的行为人从他们进门的一刹那就将其问题暴露无遗。

一位行为人进门之后又退出去，之后又进来，可进来后又出去，这样反复了五六次之后，才坐下来。这个人进门的举动显示了他有强迫症状。

有些行为人见到咨询师后，手足无措，坐立不安，支支吾吾，脸涨得通红，反映了其内心的紧张不安。这样的行为人可能出现人际交往上的困难，给人以缺乏自信、胆小的感觉。这样的人也可能面临着难以自我调节的冲突和紧张情绪。

一个人的个性、心理健康状况以及当时的情绪，往往可以通过其一言一行、一举一动表现出来，咨询师只要善于观察，就往往能窥探到行为人内心的活动，这对于咨询非常重要。

项目四　结束巩固治疗

心理治疗结束阶段的工作不容忽视，这一阶段的工作对治疗工作的质量亦有很大影响。在这一阶段中，咨询师要向行为人指出他在治疗中已取得的成绩和进步，并向其指出还有哪些应注意的问题。咨询师传递给行为人的信息更可能是这样的："你现在做得越来越好了，你自己也可以做好它了。"

心理治疗的结束巩固阶段是治疗的总结、提高阶段。该阶段包括两种形式：一种是一次咨询的结束，另外一种是整个治疗的结束。对于第一种，要做好此次治疗的小结和下次治疗的准备，包括布置家庭作业，商定下次治疗的时间和主题。对于第二种，治疗师要帮助来访者重新回顾治疗要点，检查治疗目标实现的情况，进一步巩固治疗所取得的成果。如果有可能，还可将行为人在治疗中提高的对某一事物的认识扩展到其他事物，帮助行为人真正掌握治疗中习得的新东西，以便在日后脱离了治疗师的帮助仍可自己应付周围环境，自己做自己的治疗者。

单元一　阶段小结与巩固

一、操作步骤

（一）做治疗小结

心理治疗的过程不是一次就能完成的，是由不同的步骤、阶段形成的。各阶段之间相互交叉衔接、相互关联，形成一个完整的统一体。因此，应及时小结每一次、每一段治疗的状况及效果，以总结经验，并作出必要的调整。

心理治疗的小结包括咨询师的小结、来访者的小结和来自双方共同的小结。咨询师的小结主要包括：第一，治疗过程中所言所行是否得当？第二，对来访者及其问题的把握是否确切？第三，所采取的步骤是否合理和有效？来访者的小结包括：第一，自己是否积极与咨询师配合？第二，自己是否把相关信息告诉了咨询师？第三，自己是否很好地理解并接受了咨询师提供的帮助？第四，通过咨询，哪些方面有新变化？引起变化的原因是什么？双方共同的小结包括：交流心理治疗的感受，总结得失并商议下一次咨询的有关内容。

小结时需注意要充分地、实事求是地肯定来访者在治疗中的良好表现，并且围绕治疗目标来进行。

【案　例】

咨询师：你在害怕你丈夫会做出你父亲对母亲所做出的那些事？

行为人：（哭泣）太可怕了，我有时坚持不了。

咨询师：坚持他离开你或他有外遇的事实？

行为人：如果他能停止……

咨询师：你会忘记发生过的事情吗？

行为人：（停顿）

咨询师：你如何处理将决定发生什么，你意识到你现在的不安，并想到来寻求心理咨询的帮助，这很好。但你的不安很可能与你是小孩时家中发生的事情有关。我们下一次谈论你与丈夫的恋爱过程，好吗？

第一次会见后，根据了解到的信息形成初步假设，对行为人以非特殊方式呈现假设，以维持行为人对咨询师的信任感。

（二）商讨下次治疗任务①

一次治疗结束后，特别是一段时间的治疗后，咨询师和行为人应该商讨一下前一阶段的治疗过程中尚未达到的目标、还未解决的问题。对照治疗实施方案，看是否已经取得了阶段性的成效。如果没有，则分析一下原因，是否目标有误，误在何处？还是遇到了阻力，阻力来自哪里？找到原因后，就采取相应的对策。

每次治疗结束时，咨询师不妨与行为人探讨下一次（段）治疗的任务及需解决的问题："我们已经详细地交流了引起你不良情绪的事件，基本理清了事情的发展过程，但为什么这件事会对你产生如此重要的影响？你回去好好想想，下一次我们再具体分析，你看怎么样？"

（三）布置家庭作业

不少心理治疗流派都强调要给行为人布置"作业"，如记家庭日记，并把这视为进一步巩固和扩大治疗效果的重要措施。

家庭作业形式一般有记日记、制订计划、与某些特殊的个体谈话交流、奖励自己的某些行为、考虑某个特殊问题、读一本书或一篇文章、写信给某人，等等。

作业内容可以多样。比如，治疗后的体会与收获，对治疗意见的思考，对心理问题的进一步剖析，平时自己的实践体会与问题，前一阶段治疗效果的自我评估，有哪

① 郭念锋．心理咨询师（三级）．北京：民族出版社，2005．130

些进步，还存在哪些问题存在，下一阶段治疗工作的建议，等等。完成作业的过程，其作用既是行为人自我分析、自我领悟、自我提高的过程，也是咨询师深入了解行为人及其心理问题和治疗效果的过程。做作业，使治疗由特定的治疗时间和场所延续到更广阔的时空中。

布置家庭作业时需注意：对作业要认真阅读，了解行为人的变化动态，对行为人要尊重，并及时调整咨询方案。

（四）处理治疗过程中的反复现象

心理治疗是一个过程，其间行为人有反复是很正常的，咨询师和行为人都应该有心理准备。有时，在咨询室里行为人感觉好多了，可一回到现实中就不行了；或者前一阵子症状减轻了，可后一阵子症状又严重了。咨询师要有信心和耐心，不可表现出不耐烦、冷漠，不可横加批评、指责，咨询师还要让行为人树立起信心："如同任何事物的发展都呈螺旋式上升一样，心理问题的解决也是如此。你的问题看起来好像又回到了起点，但你仔细想想，就会发现你已经不是刚接受咨询时的你了，你已经有了比较大的进步，比如……现在遇到的这种反复是咨询过程中的正常现象，它预示着更大的突破将要来临"。此时，帮助行为人辨别什么可以改变，什么不能改变，要多分析，特别是让其认识到自己的成长，了解治疗的反复性，以维持和巩固治疗动机，增强信心。

遇到反复甚至倒退，咨询师也要分析具体原因，是咨询中出现了失误，还是行为人遇到了新的困难，或者是改变过程中的阵痛或暂时的倒退。搞清楚后，就可有的放矢。咨询经验告诉我们，越是出现反复或倒退的时候，越是有希望突破的时候。

（五）处理治疗中的失误

行为人通过心理治疗，一般会有以下四种治疗结果：

第一，治疗效果显著，行为人存在的问题已顺利解决，行为人的适应能力明显提高；第二，治疗效果较好，心理问题基本解决；第三，治疗有一定效果，但问题依然存在；第四，治疗效果不明显，问题基本上没有解决。

针对上述第三、第四种情况，咨询应认真分析收效不大的原因。是否是咨询师诊断有误或处置方法不当，或者是行为人没有积极配合，努力不够，未听取咨询师的意见，未按咨询师的要求去做，于是出现反复或出现新的问题。

如果问题出在咨询师身上，咨询师就该认真地反思治疗的每一个环节，找出失误之处，必要时可请教有关专家，制定新的治疗目标和方案；如果主要是行为人的问题，也要搞清具体原因，并采取针对性的咨询策略。有时看起来问题出在来访者身上，但咨询师也是有责任的，咨询师要仔细思考自己是否及时注意到了行为人的反应，并作了必要的调整，是否促使行为人好好思考和实践了，等等。如果是由于反复所致，那么需要再咨询，巩固原有的成果；如果是因为遇到新的问题而使效果减弱，则要分析行为人的进步是否还不牢固，是否未能把学到的东西举一反三，没有实现咨询效果的迁移。对此，咨询师要有的放矢地帮助行为人提高分析问题、解决问题的能力。

有时，咨询师可能发现自己的经验和能力不能满足某项咨询工作的要求，这时，咨询师应及时终止咨访关系，并在行为人同意的情况下，将其转诊至其他合适的咨询师或相关机构。

二、阶段小结与巩固的注意事项

（1）完整的治疗是由若干次谈话组成的，每次治疗既独立又连续，每次治疗都有相对完整的过程（目标—进入—高潮—收尾），每次治疗都希望有一定的效果。

（2）许多心理治疗并不是一次就能完成的，而是连续性的。

（3）每一次的治疗都为本次治疗画上句号，为下次治疗留有余地，下一次是上一次治疗的深入和发展。

单元二　结束治疗关系

治疗过程结束后，治疗关系也不复存在，这充分体现了治疗关系的明确性。

一、操作步骤

（一）确定治疗结束的时间

治疗进行一段时间，治疗目标逐步达到以后，便可进入结束阶段。何时结束治疗，可以按照治疗方案商定的时间结束，也可以根据行为人的感觉及要求和咨询师的经验来决定。一般来说，应该是在达到基本治疗目标后，双方都认为可以结束为宜。通常，如果是预定十余次的治疗，那么在结束前的最后两次时就可开始进入结束阶段。那么如何结束治疗关系呢？这要分四种情况来谈：第一种是在心理治疗过程中，行为人对咨询师产生依赖感，一旦离开咨询师，症状又重新出现，从而阻碍了治疗关系的结束，这时，咨询师应该鼓励行为人自助，相信自己能够解决问题；第二种是逐渐结束法；第三种是明确治疗停止日期；第四种是提前通知行为人。

【案　例】

咨询师：你知道，我们还有三次就要终止了。

行为人：我知道，我总感到离开很困难。

咨询师：是的，那正是我们要避免的一种依赖。如果在这个过程中你有任何不良反应，我们可以谈谈。重要的是不把治疗作为一种生活方式。三次以后，我们的治疗应该能够结束。

行为人：如果我不能做到呢？

咨询师：你看你来了，这是坚持的信号。

行为人：好，医生，我知道了，我会继续的。

以上的例子属于第一种情况，这就需要提醒行为人终止日期。终止时，有些症状会反复，此时治疗中要作出处理。

（二）结束前的全面回顾和总结

咨询结束前，咨询师要综合所有资料，结合咨询目标和实施方案，给行为人做一次全面的总结，帮助行为人回顾整个会谈的基本情况，强调咨询要点，使行为人对自己有一个更清醒的认识，进一步了解自己的问题的前因后果，明确今后努力的方向。同时还可要求行为人复述咨询中的要点，使来访者开动脑筋，加深理解和印象。

作总结性回顾时，咨询师不仅要强调咨询要点，而且要总结咨询成果，充分肯定行为人取得的进步、成功，分析变化的原因，强化来访者的正确思维和积极行动，帮助行为人获得独立返回社会生活的自信与能力。必要时，还可以讨论行为人应注意的事项。

（三）帮助来访者运用所学的方法和经验

心理治疗的本质是“助人自助”，通过心理咨询与治疗，提高行为人自知、自控、自我行动的能力，把治疗中习得的知识、方法、体验运用到日常生活中，实现知识与能力的迁移，举一反三，自己学会如何有效地去解决所遇到的各种心理问题和人生课题，逐渐走向成熟。

在结束阶段，咨询师要渐渐采取相对被动的姿态，让行为人处于主动的角色，引导行为人以独立、自主、积极的角色和方式，运用咨询中习得的知识和态度来分析、处理自己的问题。其实，这一点应该贯穿于咨询的全过程，咨询师应把启发行为人的积极性、主动性和独立性放在重要的位置上。咨询师还要启发行为人：“通过这件事，你是不是可以从中体会到很多东西，像如何思考问题才更合理，如何面对挫折才不会被挫折压倒，如何待人才能更受欢迎，等等。你要好好想了，并在今后的生活中运用，一定会使你受益匪浅的。”当行为人能运用习得的新东西去独立应对周围的环境时，那就说明心理咨询成功了。

（四）让违法行为人接受离别

有些行为人经过较长时间的咨询，可能形成依赖感，不太愿意结束咨询。依赖性强的还可能使原来的症状重新出现，借此阻碍结束。咨询师应使行为人明白：什么时候不再需要咨询师的搀扶，什么时候就走向健康和成熟了。

咨询师可视行为人的情况和咨询进展，可采取逐渐结束的方法，渐渐缩短咨询时间，加长咨询间隔，在不知不觉中慢慢地减少行为人的依赖感；也可以明确停止期，但必须提前通知对方，使其心理上有所准备。

二、注意事项

（1）治疗目的是“助人自助”，帮助行为人在现实生活中运用所学方法、经验，提高行为人自知、自控、自我行动能力。

（2）在治疗过程中，咨询师相对被动，而行为人相对主动。这种主被动关系应该贯穿治疗过程的始终，把启发行为人的积极性、主动性、独立性放在重要位置。

三、小　结

在国外，结束阶段的工作可能要占据一次或几次会谈的时间。而对于我国的心理咨询与治疗工作来说，这一阶段往往并不能占满一次会谈的时间，因为治疗时间短，次数少。但即使是一次性治疗，结束阶段也是必不可少的。咨询师可以总结回顾一下本次会谈的基本情况，强调治疗要点，并允许对方提出某些疑问，还可进一步要求对方复述治疗中的要点和所应完成的作业。这一条很重要，因为有时仅仅以咨询师说、行为人听的方式进行治疗时，行为人由于未开动脑筋，对咨询师所讲的要点，一出治疗室就忘记了。让对方复述可加深他对要点的印象。除此之外，咨询师还可检查一下对方是否正确地接收到对方发出的信息。若有出入，可以及时纠正。

鉴于一些对方可能仅来访一次，或在一次来访之后就自行停止来访的情况，许又新曾提出开放性一次性治疗的观点。开放性一次性治疗是指每一次治疗既为本次治疗画一个句号，又为下一次治疗留有余地。这样，每一次治疗会谈都可以看做是一个相对独立的单元，而许多这样相对独立的单元在治疗的全过程中，又可成为一个完整的治疗整体。

总之，治疗是一个过程，是由不同的步骤、阶段形成的。各阶段之间相互重叠、相互关联，形成一个完整的统一体。每一阶段各有各的侧重点，但它们又在治疗的目标下统一起来，形成和谐的奏鸣曲。咨询师正是这奏鸣曲的指挥，当他掌握了更多的治疗技术和方法，更深刻地理解了行为人及治疗过程之后，就获得了更大的自由，就能挥洒自如了。

单元三 违法行为人心理治疗效果评估

一、进行效果评估的目的

目前心理治疗的方法已经超过了400种，仅从可操作性的角度来看，我们必须了解对于某种特殊心理问题或者心理障碍的治疗对象，哪一种预防或治疗措施最有效。从职业道德的角度来看，临床心理学家有责任和义务采用有效的治疗方法给行为人进行治疗。对心理治疗疗效的评估可以促进临床心理学领域的发展，由此确定针对各种不同心理障碍的有效预防措施。心理治疗的疗效评估可以为该治疗方法的基础理论提供效度资料。最为重要的是，如果临床心理学家要说服政府和保险公司为心理治疗支付费用，关于成本和效益的疗效评估是必不可少的。

二、效果评估的时间点

在不同的时候评估心理治疗的效果可能得出不同的结论，行为疗法当时的效果是不错的，但是远期效果未必就好，针对人格结构的治疗办法则往往相反。用系统脱敏疗法治疗强迫症，当时效果好，但是随访的结果就未必乐观。随着保险业的发展，支付心理治疗费用的部门往往要求心理治疗师提供关于心理治疗疗效评估的量效报告。早期评估心理治疗的效果只是在治疗结束的时候评估，现在一般是在治疗期间，治疗结束时和治疗结束一段时间后评估，把数据综合到一起可以得出一个整体治疗效果印象。

三、对违法行为人心理治疗效果评估的标准

在心理治疗领域中，疗效评估的客观性是一个有争议的问题，因各种心理治疗的目标不同，疗效的评估标准也不同。例如，行为治疗的目标是消除症状或改变行为模式，所以只要症状改善就认为治疗有效，而精神分析则认为症状改善是表面的、暂时的，不能认为治疗有效，只有从根本上改变患者的态度或人格的治疗才是有效的。正因为如此，所以在疗效评估研究中出现一些矛盾的结果，在临床实践中也存在类似的问题。

近年来，在疗效评估中出现一种倾向：无论采用何种心理治疗方法，在评估治疗效果时必须采用多种客观的、可靠的、有效的评估工具，评估多方面功能的改变，包括外显的症状、情绪和行为，内在的认知模式、自我强度和人格特征以及总体的社会功能和生活质量。这就是所谓的“疗效评估的客观化”趋势。由于对疗效采用客观的评估方法，所以疗效研究结果具有较强的可比性，结果更一致、更令人信服。

除了用客观的评估工具外，治疗师对疗效的主观评价和患者对治疗效果的自我评价也是必要的，因为有些心理功能是难以直接测量的。另一个问题是有些评估工具缺乏信度和效度；有些评估工具虽然有较高的信度，但对治疗性改变不敏感；有时观察到的改变有统计学意义，但不一定有临床意义。这些问题有待今后解决和完善。治疗师对疗效的主观评价和患者对治疗效果的自我评价，再辅助症状、情绪、行为、认知模式、人格特征等，成为疗效评估客观化的重要标志。

值得注意的是，不同的文化背景有着不同的价值取向，对如何评估心理治疗的效果未必有统一的看法。笔者的经验是中国人往往比较务实，侧重于消除精神痛苦和改善社会功能，对完善人格结构这样的治疗目标似乎缺乏兴趣，因此欧洲流行的长程精神分析在中国未必有很大的市场。

四、谁来进行评估

心理治疗师自己来评估心理治疗的效果如何？由于评估的结果与治疗师的切身利益有关，如果患者获得的帮助不大，治疗师会出现认知的不协调，所以治疗师可能有意无意夸大心理治疗的效果，这样的评估违反科研设计的盲法原则。

由患者自己来评估心理治疗的效果好不好？由于患者在治疗过程中可能出现各种复杂的移情，有正移情的时候可能夸大心理治疗的效果，有负移情的时候可能贬低心理治疗的效果，因此未必能客观评估心理治疗的效果。在开始治疗前，患者为了获取治疗师的同情，可能会夸大病情；在治疗结束后，为了说服自己花钱花得值，患者也可能夸大心理治疗的效果。

如果由患者的熟人来评估心理治疗的效果可能要客观一些，但是他们未必是专业人士，而且可能与患者有一定的利害关系，这也可能影响评估的效度。从科研的角度来看，其他的治疗师来评估心理治疗的效果是比较可取的，既客观又专业。由于心理治疗可能涉及复杂的经济和法律问题，所以在提倡其他专业人士评估效果的同时也要考虑治疗师本人、患者、患者熟人的评估。

五、心理测验结果的解释

（一）解释分数要注意的几个问题

（1）我们应该把测验分数看成对患者目前状况的测量，至于他是如何达到这一状况的，则受许多因素影响。为了能对分数作出有意义的解释，必须将个人在测验前的经历或背景因素考虑在内。

（2）由于测验不是完全可靠的，应该永远把测验分数视为一个范围而不是一些确定的点，也就是要对测验分数提供带形的解释。

（3）对于不同测验的分数不能直接加以比较。即使两个测验名称相同，由于所包含的具体内容不同，因而分数也不能加以比较。

（二）如何向患者报告分数

（1）使用患者所理解的语言。

（2）要保证患者知道这个测验测量或预测什么。

（3）要使患者知道如何运用他的分数。

（4）要考虑测验分数将给患者带来的心理影响。

（5）要让患者积极参与测验分数的解释。

六、治疗效果的评估方法及其展望

对于绝大多数心理疾病患者来说，心理治疗是有效的，那么患者的病情好转与其接受的治疗剂量有什么关系？传统的精神分析治疗要求患者接受数年的分析，精神分析师自然会认为接受的治疗时间越长效果越好；认知行为疗法的治疗师则认为 20 个会期已经足够了。1986 年 Howard K. I. 与 Kopta，S. M. 等人研究了 2 400 名患者后得出结论：在接受 8 次心理治疗后有 40% 的患者病情有所改善，而在坚持了 6 个月后 75% 的病人情况有所改善，如果治疗持续半年以上，患者的收获就会大大减少。Howard 在 1996 年重复了这一研究，结论与 1986 年的研究一致。不过这样的研究并没有仔细区别究竟是用何种技术来治疗哪类患者，所以结论未必精确。一般来讲，这类研究更着眼于症状的减轻或者消失，对人格结构的改变关注不够，所以得出的结论更有利于认知行为学派，不利于精神分析学派。传统的评估心理治疗疗效的办法是在治疗前和治疗后评估，目前的量效评估把注意力集中到了心理治疗的过程上，标志着研究的进一步深入。

总之，心理治疗疗效评估经历了一个从主观评估到客观评估，从不精确评估到精确评估的发展过程，目前仍然在发展中。不过，也有人对现有的研究方法提出了质疑，主要的理由是临床患者的情况是千差万别的，每个患者想要解决的问题也是千差万别的。目前的研究方法对关注症状的认知行为疗法较为有利，对强调患者个体差异的精神分析和存在人本疗法不利。无论如何，心理治疗疗效评估的客观化是大势所趋，如果研究方法存在着一些问题，我们应该做的也只能是完善它，而不是抛弃它。

【实训设计】

实训项目一：心理治疗技术实务演练。

实训目的：通过实务演练，进一步掌握具体化技术。

活动设计：

（1）假设你是一位咨询师，请使用具体化技术，回应以下行为人的叙述：

① 行为人：我的主任是个精神不正常的人，行事霸道、思想扭曲，常常强迫我跟其他同事做一些莫名其妙的事，我们真有说不出的气愤。糟糕的是，办公室中有一位女同事也精神不正常，除了过度自大、脾气暴躁、谎话连篇外，还喜欢向主任打小报告，跟主任同流合污。有一天，我在办公室骂主任，不知道她躲在暗处偷听。她走出去办公室没几分钟，主任就来找我算账。

② 行为人：这个社会上竟然有这种没有道德良心的人，他能进公司都是我一手帮忙，从小职员晋升到公司主管，都是我罩着他。没想到他跟我平起平坐后，除了对我摆出一副嘴脸外，为了排挤我，竟然四处造谣生事，存心陷害我。这种人不被打入十八层地狱的话，世界哪还有公理存在。

③ 行为人：我们公司有只小老鼠，有利可图时，跑得比谁都快。有了责任，闪得比谁都快。好笑的是，明明就是贪图好处的人，还要忸捏作态，欲迎还拒，绕了一大圈，表示自己清高，得到好处是不得已的事。这种掩耳盗铃的事实际上大家心知肚明。因为他没有自知之明，让旧戏不断重演。

④ 行为人：对于婚姻，我是既爱又怕。一般人认为一个人孤独久了，就会习惯那种孤独的感觉。事实并非如此。逢年过节，看到人家出双入对，嬉笑玩乐，而自己却一个人窝在冷清的家中，对着电视发呆，那种感受真是难挨。可是，一想到进入婚姻，如枷锁加身，自我尽失，恐怕呼天喊地，也无人解救。这也不是，那也不是，真不知道该怎么做才对。

⑤ 行为人：最近从镜中看到自己白发丛生，满脸皱纹，连自己看了都讨厌。虽然说要别人爱你之前必须先自己爱自己，可是这副德行，连自己都觉得厌恶，怎么可能让别人喜欢。我很担心别人对我的印象会有所改变。

(2) 两人一组，准备一台录音机，一人扮演咨询师，另一人扮演行为人，咨询师对行为人咨询时，请使用具体化技术与前几章所学的技术，并且全程录音。15分钟后，两人听录音过程，讨论咨询师的具体化技术与其他技术的使用是否正确。然后角色互换，重复以上步骤。

实训项目二：倾听反应。

实训目标：能够有效识别在咨询师与行为人交谈中的释义、情感反应和总结，并在角色扮演会谈中至少能演示倾听技术中的两个。

活动设计：

活动一：

在这个实践活动中，呈现给你两条行为人的实际信息，请给出每条信息的释义、情感反应，并使用认知学习策略。

在这个学习活动中，呈现给你三条行为人的实际信息。对于每条信息请使用释义和情感反应。你可以先大声自我提问，然后以隐蔽的谈话方式来内化这些学习策略。

例：行为人（一个语调平板、单调的中年违法人员）：对我来说这段时间安排实在是太紧，要工作，要坚持研究生学习，还要花时间和家人在一起，我不断告诉自己，这种紧张的生活节奏有一天会慢下来的。

自问1：行为人对我说了些什么？

同时做很多事对我来讲有些困难。

自问2：信息的内容是什么——行为人讨论的是什么人，或者事、物、思想或者情景？

试图同时工作、学习和家人相聚。

自问3：合适的释义句是什么？

“听起来像，或者你好像是在说……”

实际的释义反映：听起来好像你很难平衡你的责任，或者有许多事情需要你花时间去做。

练习：

(1) 行为人（30岁的妇女，语调平板，音调和节奏没有多少变化）：我和我丈夫总是就如何管教孩子发生争吵。他说我总是干扰他的纪律，我认为他对孩子们太严厉了。

(2) 来访者（一名大学生，语调平缓，节奏缓慢）：我曾经对我的家人说过，我不能与其他眼睛好的学生竞争。我不能克服我的眼盲残疾。我告诉他们，落后和表现差是很自然的事情。

活动二：

设定情境进行角色扮演，在15分钟内至少表现出倾听技术的两种。

任务三

违法心理辅导

人皆有洞悉人奥秘的基本需要，我通过爱而与人相融，由此领悟了奥秘。……心理学的最终归宿必然是爱。①

——弗洛姆

我对我自身的生活、幸福、发展、自由的肯定，建立在我的能力上，也就是说，建立在关切、尊重、责任、知识之上。

——弗洛伊德

【重点技能】

- 搜集违法行为人资料
- 分析违法行为人资料
- 违法行为人个体心理辅导

【案　例】

湖北省沙洋劳教所开展“心理防暑”团体心理辅导活动②

近日，为帮助劳教人员树立心理健康意识，学会自我调节情绪，保持平常心，湖北省沙洋劳教所精心策划，组织开展了“心理防暑”团体对劳教人员进行心理辅导活动。

心理健康讲座　培养积极的情绪

7 月上旬，教育矫治中心利用“周教学日”时间，安排六名心理咨询师赴全所八个劳教大队为劳教人员讲解《放飞心灵》心理健康知识。心理咨询师从“三个打鱼人的故事”导入新课，让劳教人员明白“什么是心理学”。

……

劳教人员王某兴奋地说：“原来上课也可以这样有趣！心理探索、心理导航、心理感悟、心理成长、心理寄语，老师像带着我们搞心理旅游似的！”

---

① 弗洛姆．爱的艺术．陈维刚等译．成都：四川大学出版社，1986

② 中国普法网，http：//www.legalinfo.gov.cn

情绪心理测试　卸下心灵的包袱

"你的情绪稳定吗?"许多劳教人员对自己的情绪状态并不了解。教育矫治中心的心理咨询师主动钻研部局编发的教材《放飞心灵》，熟练掌握测试量表《你的情绪稳定吗》的操作使用，并在全所劳教人员中进行情绪心理测试。30道通俗易懂、简单易行的心理测试题，深受劳教人员欢迎，许多劳教人员答完题目就迫不及待向心理咨询师了解测试结果。

……

劳教人员邓某得知自己的测试结果为"不大稳定"后，主动向心理咨询师咨询，终于解开了不晓得自己为什么很冲动的心结，他心有余悸地说："两次因寻衅滋事被劳动教养，幸亏心理咨询师帮我找出了症结，不然我还要在一条道上走到黑!"

心理互助小组　点亮你我的心灯

"降级的劳教人员大多对民警的教育抱有成见，而我们是'自己人'，有共同语言，好交流。"劳教人员心理互助组成员李某曾成功帮助三名降级劳教人员解除了心理困扰，他深有感触地谈了自己对心理互助组的看法。

……

教育矫治中心通过课堂化教育的形式为劳教人员心理互助组成员讲授了心理与心理健康、异常心理、人性解剖、心理咨询等心理健康知识，提高了心理互助组骨干成员的心理观察能力以及矛盾处理能力。

……

心理咨询　让生命之舟渡过险滩

"警官你好，和你谈了之后，心情好多了！谢谢你的帮助!""要知道心理咨询是这样的，我早就应该申请心理咨询了!"……劳教人员在接受了教育矫治中心组织的心理咨询后，纷纷敞开心扉，感激之情溢于言表。

由于劳教人员大多对心理咨询有怕被笑话、丢面子，怕没作用、被知道隐私等顾虑，主动申请心理咨询的并不多，为了提高劳教人员的心理素质，消除劳教人员的心理问题或心理障碍，提高教育矫治工作质量，教育矫治中心采取主动出击、主动干预的方法，积极引导他们接受心理咨询和心理治疗。

项目一　收集与分析违法行为人资料

【操作步骤】

(1) 收集并分析与违法行为人生物学因素相关的资料。

(2) 收集并分析与违法行为人社会性因素相关的资料。

(3) 收集并分析与违法行为人心理因素相关的资料。

对违法行为人进行心理辅导，需要全面了解他们的情况，主要从生物、社会和心理因素三方面全面收集他们的相关资料，从深层次查找与分析产生心理行为问题的原因。

单元一　收集并分析与生物学因素相关的资料

引发违法行为人心理与行为问题的生物学因素大致有四个方面：

一、常见的躯体疾病对心理的影响

首先应该咨询或检查行为人是否有躯体疾病，有没有家族病史，出生情况如何，有无病史。对有躯体疾病的行为人，确定疾病与心理行为问题之间有无因果关系。常见躯体疾病所致的心理行为异常有下列九种：

（1）感染所致的心理行为异常。可见于流感、肺炎、疟疾、流行性出血热等的严重感染者，多表现为程度不同的意识障碍，或虽然没有意识障碍但有躁狂、抑郁、幻觉、妄想等表现。妄想多为片段的被害妄想或关系妄想，内容接近现实。但少数人出现感染后的人格和行为异常。

（2）肺性脑病。慢性肺气肿、慢性支气管炎、肺结核等。早期有头昏、头痛、耳鸣、不安等症状。

（3）肝性脑病。爆发性肝炎、亚急性肝炎、肝硬化、肝癌后期，症状表现为迟钝、少动、寡言、躁动不安、兴奋或嗜睡。

（4）心源性脑病。由多种心脏疾病引起的血流量减少及脑缺氧所导致的心理行为问题，表现为易疲劳、易激惹、情绪不稳、注意力涣散、健忘、失眠、噩梦、失神、晕厥等症状。

（5）肾性脑病。表现为迟钝、无欲、精神萎靡、记忆力减退等。

（6）内分泌系统疾病所致的心理行为问题。甲状腺机能亢进者表现为精神兴奋性增高，情绪不稳定、过敏、急躁、易激惹、失眠、注意力不集中等。甲状腺机能减退者则表现为淡漠、无欲、呆滞、言语行为迟钝等。脑垂体前叶功能减退者，有淡漠、呆滞、言语减少等症状。肾上腺皮质机能亢进者会出现焦虑、抑郁、情绪不稳、易激惹、伤感、哭泣等症状。

（7）代谢疾病所引起的心理行为问题。表现为烦躁不安、头晕、眼花、恐惧、焦虑、易激惹。

（8）手术后精神障碍。

（9）艾滋病所引起的心理行为问题。注射毒品和同性恋行为与艾滋病密切相关。

【案　例】

某男子，21岁，大学生，因嫖娼染上性病，十分害怕，后悔不已，已经进行过两次系统治疗，两次化验结果均正常，性病专家再三保证不是艾滋病，也未留下原来所患性病的后遗症，但就是终日担心害怕，不敢在宿舍洗衣服，害怕“传染”给舍友，周末把脏衣服带回家洗，而且全部消毒。自己所有洗漱用品都与舍友隔离开。不敢与同学一起吃饭，自己用饭盒打饭吃。不敢跟同学聊天，玩耍。严重影响正常的学习生活。

二、生理功能的改变对心理的影响

生理功能的改变会引起心理活动的改变。违法行为人对自己生理活动的改变未加陈述或只是轻描淡写。原因可能是违法行为人没有这方面的知识而无意忽略，或是由于涉及某些隐私而有意回避。这个主要体现在青春期。青春期的孩子出现心理问题也是很常见的，大多是由生理的变化带来的不适应。

三、生理年龄对心理行为的影响

从发展心理学得角度看，人从出生到死亡是一个精神活动的连续体，在这个连续体的不同发展阶段上，心理活动有各自的特征。美国著名精神病学家，新精神分析派的代表人物埃里克森（Erikson, E. H.，1902—1994）认为，人的自我意识发展持续一生，他把自我意识的形成和发展过程划分为如下八个阶段：

（1）婴儿期（0～1.5岁）：基本信任和不信任的心理冲突

（2）儿童期（1.5～3岁）：自主与害羞和怀疑的冲突

（3）学龄初期（3～5岁）：主动对内疚的冲突

（4）学龄期（6～12岁）：勤奋对自卑的冲突

（5）青春期（12～18岁）：自我同一性和角色混乱的冲突

这八个阶段的顺序是由遗传决定的，但是每一阶段能否顺利度过却是由环境决定的，所以这个理论可称为心理社会阶段理论。每一个阶段都是不可忽视的。

一方面青少年本能冲动的高涨会带来问题，另一方面更重要的是青少年面临新的社会要求和社会冲突而感到困扰和混乱。所以，青少年期的主要任务是建立一个新的同一感或自己在别人眼中的形象，以及他在社会集体中所占的情感位置。这一阶段的危机是角色混乱。

（6）成年早期（18～25岁）：亲密对孤独的冲突

（7）成年期（25～65岁）：生育对自我专注的冲突

（8）成熟期（65岁以上）：自我调整与绝望期的冲突

老年人对死亡的态度直接影响下一代儿童时期信任感的形成。因此，第八阶段和第一阶段首尾相联，构成一个循环或生命的周期。

埃里克森认为，在每一个心理社会发展阶段中，解决了核心问题之后所产生的人格特质，都包括了积极与消极两方面的品质，如果各个阶段都向积极品质发展，就算完成了这阶段的任务，逐渐实现了健全的人格，否则就会产生心理社会危机，出现情绪障碍，形成不健全的人格。

四、性别因素对心理行为的影响

对于性行为，男性可能并不在意，但是女性可能因“失贞”而引起较大的焦虑并导致较重的心灵创伤。

在更年期，由于性激素改变的幅度有较大的性别差异，对男女心理行为的影响不同，男性的更年期综合征远没有女性那么明显与严重。

单元二　收集并分析与社会性因素相关的资料

任何一个人从出生到死亡，都不可能与社会隔离开来而独立生存。社会环境对人的心理影响是深刻的，环境对人的成长起着重要的作用。

一、家庭与学校因素

家庭、学校是个体生活的具体环境，这些小社会环境因素，会直接影响违法犯罪心理的产生。

（一）家庭因素

个体的违法犯罪，特别是青少年违法犯罪，与不良的家庭影响有着密切的关系。主要表现在以下六个方面：一是家庭结构的缺陷，即因死亡、离婚、分居、遗弃或入狱等原因，造成单亲、父母双亡或者重组家庭（即有继父、继母）；二是家庭状况，包括多子女、独生子女、非婚生子女等家庭成员状况，生活贫困和生活富裕等家庭经济状况，夫妻之间、父母之间及父母与子女之间的社会态度、经济利益的矛盾状况等；三是家庭人际关系，包括父母间、夫妻间、父母与子女间的人际关系的障碍造成的不和睦家庭、情感淡漠的家庭，也包括与邻里关系不和受到孤立的家庭；四是不轨家庭，包括家庭成员中有不道德或违法犯罪行为的家庭；五是教养方法的缺陷，包括溺爱、纵容、护短、歧视、虐待、专横或管教不严、管教过严、期望不当等教养方法有缺陷的家庭；六是有精神障碍者的家庭。这六个方面中的任何一项若处理不当，都会对家庭中的成员，尤其是青少年产生负面影响。

（二）学校因素

学校因素主要表现在四个方面：一是教育内容的缺陷，如重智育，轻德育，缺少必要的性知识和性道德教育；二是教育态度与方法上的偏差，重视重点学校、重点班，忽视一般学校、普通班，对品德不佳、学习差的学生歧视冷淡，管教粗暴，滥加惩罚等；三是师生之间、同学之间、班级之间的恶劣关系，造成矛盾激化，导致一些人产生违法心理；四是学校管理的缺陷，如放任不管，赏罚不明，致使纪律松散，秩序混乱，不正之风盛行。这种学校环境容易使一些人，特别是使人们眼中的不良少年滋生违法心理。

二、人际交往及居住环境

（一）人际交往因素

不良的人际交往大多在越轨的小群体中进行，主要的影响作用表现在三个方面：一是模仿，群体成员之间相互模仿越轨的行为方式甚至是犯罪技能和手段；二是竞争，越轨群体的成员在群体活动中竞相表现自己，向他人展示自己的功绩；三是传习教唆，违法群体中的核心人物向一般成员、老成员向新成员进行违法意识和行为方式的教唆和传习。

（二）居住环境因素

邻里环境因素也会影响个体违法心理的形成。如不良的居住环境对邻里成员尤其是青少年的个性形成会产生不良的影响，促使他们在外界环境的刺激下逐渐形成违法心理；邻里矛盾的激化，容易导致打架、斗殴、放火、投毒等违法犯罪行为；邻里关系疏远，常会使邻里成员之间互不关心，对其中的不良行为不予以谴责制止，等等。

三、工作场所和职业因素

（一）工作场所因素

工作场所是人们工作的环境和场地，与违法犯罪心理形成的关系主要表现在以下四个方面：一是领导只重视生产业务，不重视对员工进行思想教育，致使一些员工缺乏正确的道德和法纪观念，歪风邪气盛行；二是领导与职工之间、职工与职工之间的人际关系恶劣，如处理不当，容易激化双方的矛盾，以致某些人产生报复性的违法犯罪心理；三是管理存在缺陷，无序混乱，容易诱发利己主义，从而产生盗窃、贪污等犯罪动机；四是职工内部存在不良的小群体和非正式群体，如果这些群体是消极的，迫使或引诱别人依附于它，则容易结成共犯集团。

（二）职业因素

从事不同职业的人因为职业的不同特点而可能形成不同的违法犯罪心理。主要表现在以下两方面：一是无职业的人员，他们不仅生活困难，无法养活自己和家人，而且感到自己的正当权益无法维护，容易对社会产生不满情绪；同时感到前途渺茫，产生悲观失望的情绪，无所事事而精神空虚，颓废消极，这样的心理状态极容易接受外界的不良刺激，从而产生报复性违法犯罪心理。二是在职人员，例如国家工作人员利用执行公务之便以权谋私；经济工作人员利用职务之便，产生贪污、受贿等违法犯罪心理；如医生利用职务之便故意多开一些对治疗疾病没有多大效果的药品等；雕刻工人可能产生伪造印章、证件的违法心理；印刷工人可能产生伪造文书、票证的违法心理。

四、文化环境因素

习俗、风尚、道德、文艺、大众传播等方面存在的不良因素，对个体违法犯罪心理的形成有重要的影响。例如，买卖婚姻、包办婚姻、重男轻女等封建习俗，可能导致干涉婚姻自由、重婚、虐待、遗弃等违法心理的产生；社会风气不正，可以滋生多种违法心理，如赌博、挥霍等；卖淫嫖娼、暴力等反道德文化，最容易刺激青少年萌生性犯罪和暴力等违法心理。

【案　例】

15 岁的阿兵（化名）是强制戒毒所里年龄最小的一个，别看他个子矮小，但双眼却滴溜溜转个不停，一眼就可看出是个“老江湖”。阿兵因年幼时其母病亡，其父忙于生计无暇照管他，自 7 岁起，他便模仿大人们抽烟，并以之为荣。阿兵说，每天放学后燃起一根香烟吞云吐雾，走在同学们中间感觉特有面子。14 岁那年，勉勉强强读至初一的阿兵干脆辍学了，终日跟在乡里几位“大哥”身后当起了小弟。去年初，他结识了乡里一个做餐饮生意的“大哥”，几次来往后，阿兵很得大哥欢心。慢慢地，阿兵发现大哥原来是“白粉仔”，但他也不以之为忤，相反还认为这是“酷”的表现。去年，趁大哥不在家，阿兵偷了一点白粉终于“开禁”尝了新，并从此成了一名“小道友”。吸上白粉后，因无钱买毒品，阿兵便在一“道友教授”下当起了“鱼虾蟹”庄家，以赌钱为生。据称，那些“鱼虾蟹”的骰子都是用磁铁做了手脚，因此聚赌时基本都是赢钱，有时一天纯收入达三四百元。阿兵称每天下午都会在陈厝合、辛厝寮一带“开局”，赚了“工资”后便买粉过瘾。今年初，阿兵被警方抓获，在审讯时因毒瘾发作口吐白沫，结果被强制戒毒。

单元三 收集并分析与心理因素相关的资料

引起个体心理与行为问题的心理因素主要有以下四个方面的原因。

一、认知因素

认知是人对外部刺激、自身状况及其相互关系的一种反映或意识的心理活动。认知方面存在的不良因素与犯罪心理形成的关系体现在以下两方面：

（1）认知水平低。有些人文化程度较低，没有受过很好的学校教育和家庭教育，道德观念、法制观念淡薄，不能以此来正确调节自己的行为，由此导致的违法犯罪行为时有发生。

（2）认知内容的偏差。如有的违法犯罪行为人存有“人为财死，鸟为食亡”、“人不为己，天诛地灭”等错误认识，导致一些物欲型违法犯罪心理的产生。

二、情绪、情感因素

人的情绪、情感对人的行为起着重要的影响作用，有时甚至直接推动人们采取行动。情绪、情感与违法心理形成的关系体现在以下两方面：一是消极的情绪、情感积累到一定程度会转化成违法心理，通过实施违法行为宣泄出来；二是由于违法行为人不能克制不良激情的产生而导致激情违法行为的出现。

三、意志品质因素

违法行为人心理的形成与其不良的意志品质有着密切的联系。违法心理的形成一方面与其意志薄弱，抵制不住外在不良因素的诱惑密切相关；另一方面，违法犯罪经历较长的违法行为人还会出现意志特征的病态化发展，表现为为达到违法犯罪目的能够克服各种困难，任违法心理恶性发展。

四、个性因素

1．不良的个性心理

个性倾向性是指人对社会环境的态度和行为的积极特征，包括需要、动机、兴趣、理想、信念、世界观等，是人的基本动力，制约着人所有的心理活动。不符合社会要求的个人需要、利己主义动机、不正确的兴趣、错误的理想以及信念和世界观等，都与违法心理的形成有关。如果个体的需要十分强烈且与社会要求相抵触，那么当个体的需要受到社会的限制时，就可能对社会持抵触或敌对态度，从而产生反社会心理，或者萌生选择以非正常方式来满足个人需要的违法心理。如果个体只关注个人利益，凡事追求利己，那么他在满足动机需要时常选择违法行为模式。如果个体极其愿意寻求感官刺激，并对此有浓厚的兴趣，那么他很容易形成违法犯罪心理。如果个体所持有的理想、观念和世界观是错误的，那么他往往会形成反社会心理。

2. 气质因素

在违法行为活动中，气质不能起发动或制止的作用。但是，当一个人在接受不良因素的作用下，走上违法道路之后，气质可能影响他们选择的违法行为类型、手段和方式。同样是品德不良，具备了违法条件的主体，胆汁质的人常表现为逞强好胜，容易进行暴力违法犯罪，如报复杀人等激情性犯罪；多血质的人容易受他人诱惑而违法犯罪。

另外，不同气质的人在违法行为过程中也具有不同的特点，即使在同一种违法犯罪行为中，行为过程也有可能不同。

例如，同样是报复违法行为，胆汁质或多血质的人由于情绪发生得快而强烈、快而多变、易躁、易冲动，因而这类人作案时的行为通常呈现出下列特点：

（1）发生较快，有时因对方几句话便怒从心起，一瞬间作出反应性行为。

（2）固执反应，即在情绪爆发时难于自制或改变这种冲动状态。

（3）伴有明显的情绪过程，当情绪平缓下来，事情过后回想时常常感到后悔。

相反，黏液质的人如果起意报复，大多不动声色，计划周密，不轻易改变自己的决定，事后也不后悔，具有明显的意志特征。而在报复型违法类型中，抑郁质的人较少。这种人受到某种打击后，内心虽然感受强烈，但不轻易外露，并多以自残的方式来解决问题。由此可见，对待同一种不良刺激，不同气质的人反应方式也各不相同。

气质是每个人最早出现，并比较稳定的一种人格特征，但它并不决定人的行为性质，只影响人的行为方式。因此，研究气质与违法行为的关系，重点在于研究不同气质的违法行为人在不同类型的违法行为中具有的不同行为特点。了解违法行为人的气质差异对于改造违法行为人的工作也具有十分重要的意义，可以使他们在工作中针对违法行为人的气质特点“有的放矢”，从而提高工作效率。

项目二　违法行为人的心理辅导

【操作步骤】

（1）对违法行为人的心理问题认识。

（2）对违法行为人的心理状态与心理障碍提出辅导方案。

（3）对违法行为人进行人格分析。

（4）对违法行为人实施改变与矫正辅导干预。

（5）对违法行为人的团体心理辅导。

辅导者的任务是协助违法行为人放松心情，创造各种新方法，改掉旧的思想和行为模式，形成新的意识和行为的心理倾向，减少其抉择的困难，并寻找能解决问题的可行方案，在成功感的支持下逐步改变，形成心理健康状态。

单元一　给违法行为人的心理问题下定义

违法行为人在起初若干次面谈时总会抱有复杂的情绪及矛盾的意识，以致他们自己都不清楚心理障碍的原因，所提供的内容，在他们看来，都非常重要，但在心理辅导者一方看来，就有必要将违法行为人的表述进行分析，从中找出问题的焦点，或是心理障碍的原因，建立一种因果逻辑关系。

对违法行为人的心理问题下定义并非一定是心理学定义，还有事件的定义及从科学或经验角度下的定义。下定义时要从多方面、多层次、多角度提出问题。例如，违法行为人说自己这一段时间经常失眠，心里烦躁，干什么都不能专心。为什么会这样呢？因人际关系不好而烦恼？男（女）朋友提出分手，心情郁闷？环境？从多方面分析以供违法行为人选择。选择一个合适的定义时注意下列问题：

（1）讨论目标（定义）大概都可能指向三个方面：① 行为方式不当；② 情感反映不正确；③ 逻辑判断的前提错误。

（2）不要被违法行为人的初述所迷惑和控制，被违法行为人牵着鼻子走。

（3）是扩大还是缩小讨论的范围，取决于违法行为人是否能接受某一定义。拒绝时，违法行为人易发生思想上的对抗，此时循环讨论，并非心理辅导者选择不当，而是违法行为人不能接受。

（4）注意排除一种心理倾向，心理辅导者对问题的定义想当然，并且用各种方法强迫违法行为人接受。

任何谈话首先要做的事便是与违法行为人共同做决定，到底谈话的主题是什么。违法行为人往往只能对其问题作粗略的描述，于是心理辅导者与当事人便共同对问题提出各种不同的定义，然后再决定谈话初期他们将采取何种定义，也就是他们需要讨论什么问题。在最初的 3 ~ 20 个提示中（由心理辅导者所说的提示）我们可以做个抉择，然后谈话便可往下进行。对问题的各种定义做抉择可能是在意识层面，也可能是在潜意识层面。心理辅导者成功的谈话资料记录中，都一再提到此种抉择。

心理辅导者可以选用有关理论对问题进行阐述，从中选出一个基本操作模式，和违法行为人共同检讨问题，建立一种看法，发展出一个新的主题（此时多涉及个性心理的人格、特征）。

单元二　对违法行为人提出辅导方案

当事人所说的问题仅仅是表面的问题，要从更深的心理层次看待这些问题。心理辅导者若只看到违法行为人的表面问题，只是和违法行为人站在同一水平线上，往往会跟着违法行为人走，可能违法行为人说出自己哪方面不舒服不合适，就会帮助其解决哪方面的问题，当事人说到另一方面时候，就赶紧提供另一方面的帮助，这是一种“头痛医头，脚痛医脚”的工作方式。心理辅导者一定要站得比违法行为人高，对违法行为人一个或多个零散问题作综合分析，整体地看待这些问题，特别是要考虑心理状态的成因。

这个阶段主要的工作是更深入地探讨第一阶段确定了的问题，并提出各种解决的方案。这个过程通常包括对这个问题的研讨以便获得更多关于此问题的明确的事实，包括对所发生事情的想法及感觉。然而以不同理论为依据的人在这个探讨阶段中的做法也会有相当大的差异。

第二阶段的工作理论和操作模式，可能是心理学的，也可能是非心理学的。心理辅导者需要用某种理论、观点去分析违法行为人的问题，并使违法行为人明白并接受这个分析。如“成功是必然，失败是偶然”，从正态分布看“不是你不行，而是有人比你行”。

许多心理辅导者会在到达这个阶段后感到满意，对心理辅导下个总结论。就心理辅导本身而言，对一个人生活历程和思想进行探讨已经足够了。所以当违法行为人觉得或认为一切都已经逐渐好转之后，心理辅导过程便可终止了。辅导效果便停留在含蓄的程度上。在心理辅导的过程中，又有新的问题被发现时，辅导者与违法行为人又重新回到第一阶段，并开始考虑其他的问题。而当他们发觉他们重新探讨的问题并无什么重要性可言的时候，便可以再度决定终止谈话。

单元三　对违法行为人进行人格分析

如前所述，心理辅导不仅关心违法行为人的事件，而且更主要的是关心其心理健康和心理成长，除此之外，作为心理治疗最关心的还是人格构成。

心理辅导者在调查清楚心理障碍后，就应该转移到对违法行为人人格结构的分析上，找出相应的人格缺陷并反馈给违法行为人，促使他明白自己心理不健康的根本原因，从而达到人格重塑的目的。一般来说，分析人格结构应注意以下四个方面：

（1）自我意识的完整性。与此有关的另一个概念是“理想自我”，即人们期望中的自我特点或表现。从这个意义上，可以认为理想自我是个人对自己的期望或理想，是个人的成长目标。美国人本主义心理学家罗杰斯的很多研究结果都表明，理想自我与现实自我的过分失调往往是产生神经症等心理障碍的主要原因。理想自我与现实自我的差距越大，其抑郁方面的得分越高。

（2）对世界整体的价值观。教育的目标，不论是当前的，还是长远的，对于年幼的儿童都显得比较单纯，但是对于年长的儿童，尤其是少年和青年，颇受价值观的影响。一种思想表现为看重学习，努力求知，追求真理，希望将来造福人类，这当然是合乎教育目标的高尚价值观念。然而另一种思想则趋向享乐，认为人生就是一场游戏，应当尽可能寻找乐趣、爱好、友谊，轻视智慧，追求愉快的感受，放弃成就功业的愿望。缺乏思考，随俗沉浮，抱着这种态度的青少年颇多。

价值观念影响个人的思想与行动，对于事态的看法，对于问题的处理，以及对待别人的态度都包括在内。在教育方面所谓社会化的目标，虽然不是让受教育者都采取完全一致的态度，然而不应有精神颓废的少年和青年。中国正处于改革开放时期，各种各样的价值观交织在一起，青少年不可避免地受到这些不相容的价值观的影响。这是中国教育事业上的一个严重问题，值得教育工作者特别关注。

(3) 对人际关系价值观及尊重的需要。作为一个社会人，都有自尊、自重、自信的需要，希望他人尊重自己的人格，希望自己的能力和才华得到他人的承认和赞赏，要求在团体中确立自己的地位。这种需要可分为两方面：一是要求和希望得到他人的重视、关心和高度评价，希望自己的工作得到社会的肯定与认可，要求有名誉、威望和地位；二是在生活工作的环境中，希望自己有实力、有成就和有信心。这些需要的满足可以增强人们的自信，觉得自己生活在这个世界上有价值、有用处，可对周围环境产生影响力。这些需要一旦受挫，就会使人产生自卑、软弱、无能等情感，从而失去信心。当这些需要得到满足时，就会产生强大动力，表现出持久的干劲。但这种需要很少能够得到充分的满足。

(4) 生命价值观。"真不知为何要活着"，这是青春期少年很常见的心理。其实青春期的少年，在本能上都会逃避"死亡"这两个字眼，却口是心非地大谈"想死"，难怪人们一提及他们就摇头叹气了。这些青少年很明白，他们想要的还很多，生存的愿望也很强烈，却厌倦了生活，甚至想一死了之！这种矛盾的心理就是兼具神经质和自我封闭性格的表现。换言之，就是心中的互相冲突的不平衡状态，即兼具敏感迟钝的两种特征。

单元四　对违法行为人实施改变与矫正辅导

改变与矫正阶段的方法步骤有如下三方面的内容：

(1) 为当事人的问题制订出进一步的解决方案。

(2) 将这些可能方案加以研究并探讨这些方案的优缺点。

(3) 决定哪些方案最为合适，并在实际中对这些方案加以测试。

在制订行动方案的时候应注意下列三个问题：

(1) 越多越好。根据决策论的原则，决策方案的制订，前提必须是有多个可供选择的行动方案，如果仅有一个方案的话，这个方案可能是一个失败的方案。越多越好同时还意味着，处理心理问题需要多方面多角度地考虑问题，解决问题不可限于一种古板的思维模式，同时要提供多种方案，也可以适应违法行为人不同的思维模式和行为习惯。

(2) 多种方案的评判。根据决策论的原则，在众多的可供选择行动方案之中，必定有一个方案，对于环境和行动主体来说，是最合适的。因此，辅导者要和违法行为人共同对可供选择方案逐条进行评价，并按可接受性进行登记排列，最后选择一个最合适的行动方案。特别要注意选择和评价标准，只有最满意的而无最好的方案。也就是说，对于已有方案来说，只要违法行为人满意，就是最好的。切记不是心理辅导者满意的！

(3) 方案是双方认定的。双方认定是满意和选择的一个前提，如果有一方有疑问的话，那就应该继续讨论，但是要特别注意心理辅导者不要强加于违法行为人。界定的选择过程是一个心理辅导和心理康复的过程，这个过程也是一个创造和发展的过程。

单元五 对违法行为人的团体心理辅导

一、什么是团体心理辅导

团体心理辅导（Group Counseling/Guidance）又称团体心理咨询、团体心理咨商，是一种在团体情境下提供心理援助与指导的一种咨询形式，由团体领导者根据成员问题的相似性组成小组或由成员自发组成小组，通过领导与小组成员共同商讨、训练、引导等方式，处理并解决成员共同的发展问题及心理问题。

二、团体心理辅导的特征

卡普其与柯里（Capuzzi & Corey）在《20世纪90年代心理咨询展望》一书中，描述了团体心理辅导的主要特征，表现在以下八个方面：

（1）团体中发展信任气氛以促进彼此的态度和情感分享，能将这种信任应用到日常生活中。

（2）增进自我接纳和自我尊重。

（3）澄清声明的价值并探索人生哲学。

（4）能容忍他人，并能接受和尊重不同的个体。

（5）学会解决问题和正确决策的技巧，并坦然接受这些决策的后果。

（6）能敏锐地感知他人的需要。

（7）增加关心他人的能力。

（8）学会将团体中学习到的经验运用到自己的日常生活之中。

三、团体心理辅导的优点

据道宁（Downing，L. N. 1968）指出学校的团体心理辅导具有12个优点：

（1）让行为人了解、体验到自己是被其他行为人支持的，以获得公德心并增强自信心。

（2）让每个行为人能够从与别人的相互关系中找出自己的利益，行为人可以得到单独与咨询师接触所不能得到的利益。

（3）鉴别需要特别予以援助的行为人。

（4）促进个体咨询的效果，团体的经验可以提高辅导的需求，使行为人更好地达到成熟。

（5）有益于发展社会性，团体中所获得的社会化经验可以促进学习与改进行为。

（6）可以提供治疗效果、洞察以及更好的适应。

（7）使咨询师可以与更多的行为人接触，这种接触可以帮助行为人克服胆怯、减轻压迫感，改善自己的态度。

（8）使行为人获得安全感，提升自尊心。

（9）为行为人提供接近咨询师的机会，促进求助动机的强化。

（10）综合各种教育经验以获得最大利益，经过团体讨论可以使方法明确化，有助于行为人认识学校各项活动的意义，能够建构更和谐的人际关系。

(11) 消除行为人的紧张和不安。

(12) 咨询师和其他管理者的工作将更加有效。

【实训设计】

实训项目：心理健康教育辅导方案的设计及实施。

实训目标：通过设计与实施心理辅导方案，进一步掌握开展心理健康辅导活动的技能。

实训的条件设计：心理咨询室或合适的活动场所。

实训的操作程序：(参考)

活动最好以小组为单位开展。

(1) 选择一个关注的心理辅导课题。课题的选择最好从实际需要出发，针对违法行为人存在的心理问题，有的放矢地设计辅导方案。

(2) 设计活动方案。设计方案时需注意针对辅导对象的特点，选择合适的活动时间、地点、形式、内容等，并对活动方案的可行性、有效性等作出评估。

(3) 修订辅导方案。通过小组讨论，集小组之力量进一步完善方案。

(4) 方案实施演练。最好先在课堂上，以同学作为受众实施方案，并根据同学的反馈进一步完善方案。

(5) 针对违法行为人开展心理辅导。

(6) 对辅导活动进行总结。注意总结活动的成功与不足之处，从实训中提升技能。

任务四

违法心理教育

个体所具有的一系列动态的、有组织的独特人格特征，影响了个体在不同情境中的认知、动机和行为。

我的人生是一场革命，一场自内向外的革命——或者说是一出喜剧！如果我能够找到拥有正确判断能力的人该多好。

——Reich

【重点技能】

- 违法心理人格教育
- 违法心理健康教育

【案　例】

大连山劳教所开展系列心理疏导教育活动①

2011年春节前夕，南京市大连山劳教所针对新入所人员、三无人员、即将回归人员等不同类型的劳教人员，通过心理课堂、团体辅导、拓展训练、趣味运动等形式，开展了以“欢乐新春、快乐自我”为主题的系列心理疏导教育活动，让劳教人员度过了一个欢乐祥和的新春佳节。

开设心理课堂，帮助新入所人员适应矫治新环境。劳教人员由于违法的性质、情节、教期以及家庭状况、社会经历、劳教前职业等情况迥异，因此他们入所初期的心理状态更为复杂，特别是初次违法的劳教人员，第一次在陌生的环境里过春节，不能和家人团聚，他们的焦虑情绪、思家情绪会更强。

……

活动课中通过自画像，引导劳教人员正确面对矫治和正确进行角色定位；通过“导盲游戏”，让参与活动的劳教人员直接体会通过重重险阻之后的内心感受，进而唤起他们灵魂深处的忏悔及感恩。活动课中还通过教《走向光明》、《从头再来》等励志歌曲，让刚入所的劳教人员看到矫治的前途和希望，激发他们追求新生活的勇气和热情。

---

① 江苏法制网，http：//www. legaldaily. com. cn/dfjzz/content/2011 -02/16/content_ 2474022. htm？node =7097

举办团体辅导，帮助三无人员克服思亲恋家心理。在劳教人员群体中，三无人员是一个特殊的群体，节日期间他们的思亲恋家之情加深，期望家人来探视，打亲情电话的心情比平时更迫切。

……

开展拓展训练，帮助回归人员树立竞争合作意识。回归人员常因担心家庭是否接纳自己，担心亲情关系的疏远，担心找不到工作，担心社会的冷遇和歧视而变得顾虑重重。

……

举行趣味运动赛，帮助劳教人员欢度和谐新春佳节。大年初二，一场以“欢乐新春、快乐自我”为主题的趣味心理运动会在操场上举行。活动旨在通过一系列有趣的团体协作游戏比赛，锻炼劳教人员的协作能力，让大家在愉快的比赛中展示自我，树立健康成长的观念，同时丰富劳教人员的节日生活，营造和谐的节日氛围。

项目一　违法心理人格教育

单元一　基于精神分析的违法行为人人格教育

【操作步骤】

（1）关于精神分析人格观的知识准备。

（2）违法行为人人格症状分析。精神分析认为，各种心理、精神障碍均源自人格的不协调。在分析过程中，要着重发掘违法行为人人格的不协调成分。

（3）违法行为人人格障碍原因分析。弗洛伊德认为，隐藏于无意识中的本能欲望与冲突，是心理症状产生的根本原因。因此，深入了解引致患者当前心理症状的无意识层面的冲突，是有效治疗与教育的重要前提。弗洛伊德相信，患者只有在通过治疗师的解释后，对其心理症状及其成因有了了解及领悟后，症状才有可能减轻，并最后消除。

（4）违法行为人人格教育。精神分析人格教育的基本原理在于由治疗者的解释使患者压抑的欲望、隐蔽的动机或不能解除的情结意识化，协助患者对自己的心理症状及其根本原因有所了解与领悟，进而改善自己的心理行为及处理问题的方式，从而能解除神经症状，促进人格成熟。因此，弗洛伊德精神分析人格教育有两个主要方向：维护平衡的人格结构，修复失衡的人格结构。从根本上说，弗洛伊德精神分析的人格教育等同于心理治疗。

一、弗洛伊德精神分析的人格观

关于弗洛伊德精神分析的人格观的详细阐述请参见本书任务二项目一单元四“精神分析疗法”部分。此处仅作简单的介绍。

（一）心理结构观

早期，弗洛伊德将意识分为三部分：意识、前意识和潜意识。

他认为潜意识的重要性远超过意识和前意识。意识仅仅是人整个精神活动中位于表层的很小的一部分，只代表人格的外表方面，潜意识才是人的精神主体，处于心理深层。潜意识是个体力量的源头。

（二）人格结构观

弗洛伊德把人格分为本我、自我和超我三部分。

自我就像是在本我、外部世界和超我三个暴君统治下的臣民，要满足专横本我的无限欲求，要应付严酷的现实环境，还要遵循神圣超我的规范。通常情况下，本我、自我和超我是处于协调和平衡状态的，保证了人格的正常发展，但如果三者失调或平衡状态被破坏，就会产生神经症，危及人格的发展。

（三）人格的发展

弗洛伊德认为人格发展和性心理发展是同一过程。认为人格发展经过五个顺序固定的阶段，每一阶段有其特点和特殊问题。这五个阶段分别是口唇期、肛门期、性蕾期、潜伏期和生殖期。成人人格的基本组成部分在前三个发展阶段已基本形成，所以儿童的早年环境、早期经历对其成年后的人格形成起着至关重要的作用。

（四）人格的障碍与调整

自我是调解者，通过调解，使得人格内部各种力量之间、人与环境之间达到平衡，实现人格的整合与统一。但这种平衡是暂时的、相对的，人格内部冲突、人与环境的冲突不可避免。随着冲突的加剧，人就会产生焦虑心理。

根据焦虑的可能来源，焦虑可分为三种：现实性焦虑、神经质焦虑和道德性焦虑。现实性焦虑是由于害怕客观世界的危险造成的。神经质焦虑根源在于本我的软弱，它来自于担心失去对本我的控制。道德性焦虑是自我对罪恶感和羞耻感的体验，原因是人们害怕因为自己的行为、思想不符合自我理想的标准而受到良心的惩罚。

焦虑反映了人格系统的不平衡状态，是人格系统不平衡的信号，提醒自我需要采取措施以应对危险。焦虑对人有积极的一面，但如果焦虑水平过高，持续时间过长，人无法忍受，则会导致神经症和人格分裂。因此，自我发展了许多“自我防御机制”以避免或减轻焦虑。

（五）人格障碍的治疗

1. 人格障碍治疗的原理、实质与目的

精神分析治疗的基本原理在于由治疗者的解释使患者压抑的欲望、隐蔽的动机或不能解除的情结意识化，协助患者对自己的心理症状及其根本原因有所领悟与了解，特别是通过自知力的获得，了解自己的内心，洞察自己适应困难的反应模式，进而改善自己的心理行为及处理困难的方式，从而解除精神症状，促进人格的成熟。

按照弗洛伊德的理论，出现神经症的根本原因是人格内部各种力量之间、人与环境之间不平衡，自我无法通过调整实现人格的整合与统一。因此，治疗的实质就是重塑正常人格与减轻焦虑。其中，重塑人格是治疗的最终目的，只要重塑了正常、平衡的人格，精神病症才会完全消除；而减轻焦虑则是次之目标，重塑人格可以消除焦虑，但是消除焦虑并非意味着病症的完全消失，可能只达到了人格的暂时平衡，但这种平衡可能只是通过压抑本能的冲动而达到的，而非达到了本能的正常发展，使人格缺陷得以修复。

2. 治疗的过程和措施

精神分析治疗，首先要帮助患者领悟到病症与潜意识中受挫经验的联系。一旦患者了解到这种联系，病症就会消除或减轻。其次要帮助患者重塑正常的人格。患者领悟到了病症与潜意识的联系后，病症就会减轻，要完全消除，必须在治疗者的指导下，修复人格发展中的缺陷，重新塑造正常的人格。通常，这两个过程是交叉、重复进行的。

精神分析疗法的技术有自由联想法、梦的解析法、移情分析法解释等。

二、精神分析关于人格障碍原因分析的方向与方法

（一）人格障碍成因分析的方向

1. 追溯幼儿时期的经验

弗洛伊德认为成人人格的组成部分在人格发展的前三个发展阶段已基本形成，个体的性格、人格等强烈地受到幼儿期体验的影响。一切人格问题均是由被压在潜意识中的那些幼儿期的精神创伤和痛苦体验所引致的。人格问题形成的根源，是那些未能得到解决而被压抑在潜意识中的欲望，幼儿期所形成的症结往往会在其人生的不同时间以神经症或精神疾病的形式反映出来。因此，弗洛伊德非常重视对个体早期经验的分析，以寻找引致当前心理问题的根源，进而“对症下药”。这些早期经验包括幼儿期的各种体验、亲子关系和家庭环境的状况、生活的地区情况及幼儿时所受到的对待等。事实上精神分析对心理问题原因的分析往往追溯到个体5～6岁之前，甚至是胎儿期的体验。

2. 探索潜意识中的冲突

弗洛伊德认为，潜意识对人格的发展起着关键的作用，是人格发展的力量源泉。压抑到潜意识中的心理冲突是产生心理疾病和精神障碍的根本原因。要解决这些心理冲突，关键在于将这些潜意识中的“症结”意识化。弗洛伊德相信如果使这些潜意识冲突上升到意识层面，并为患者所理解与接受，其心理症状就能得以减轻，直至消除。

潜意识是我们无法直接觉察到的部分。那么，如何准确寻找对个体人格障碍与精神疾病起决定作用的潜意识的本能欲望与冲突，使这些潜意识上升到意识层面，是精神分析治疗的最中心的环节。

（二）探索无意识的方法

探索潜意识的方法主要有自由联想、梦的解析、移情分析、催眠和日常生活心理分析等方法。详细阐述请参见本书任务二项目一单元四“精神分析疗法”部分。

单元二　基于行为主义的违法行为人人格教育

【操作步骤】

（1）关于行为主义人格观的知识准备。

（2）违法行为人人格现状分析。按照行为主义心理学的人格观，违法行为人的人格问题即是行为概率问题。分析违法行为人的人格问题，也就是找出其不良行为模式。

（3）违法行为人人格成因分析。行为主义的三种典型代表，分别阐述了人类行为模式获得的不同联结方式：经典条件反射、操作条件反射和观察学习。根据这三种不同的观点，寻找当前问题行为模式形成的原因。

（4）违法行为人人格教育。按照行为主义人格理论，人格教育的目的有两个：一是消除当前的不良行为模式；二是塑造良好行为模式。与行为主义相关的各种理论对于如何解决这两种问题提出了各自的方法。

一、消除不良行为模式的方法

行为主义认为，人格是各种行为模式的集合，因此要改变违法行为人的人格，实质上就是改变其行为模式。

改变违法行为人的行为模式，可以从两个方向进行：消除当前的不良行为模式和塑造期望的良好行为模式。其中，消除当前的不良行为模式，可以运用系统脱敏疗法、满灌疗法、生物反馈疗法、厌恶疗法、模仿疗法等。

系统脱敏疗法又称交互抑制法，利用这种方法主要是诱导违法行为人缓慢地暴露出导致神经症焦虑的情境，并通过心理放松状态来对抗这种焦虑情绪，从而达到消除神经症焦虑的目的。系统脱敏疗法的理论基础是经典的条件反射与操作条件反射。由于在系统脱敏治疗过程中，咨询师的鼓励、赞许对违法行为人的操作训练起着强化作用，使其在恐怖情境下仍保持放松，不再引起焦虑，这样恐怖行为心理就会自然消退。

满灌疗法又称暴露疗法、冲击疗法和快速脱敏疗法。它是鼓励违法行为人直接接触引致恐怖焦虑的情景，坚持到紧张感觉消失的一种快速行为治疗法。运用满灌疗法，治疗一开始时就应让违法行为人进入使他最恐惧的情境中，同时不允许违法行为人采取闭眼、哭喊、塞耳等逃避行为。在反复的恐惧刺激下，违法行为人因焦虑紧张而出现心跳加快、呼吸困难、面色发白、四肢发冷等植物性神经系统反应，但违法行为人最担心的可怕灾难却并没有发生，这样焦虑反应也就相应地消退了。

生物反馈疗法利用现代生理科学仪器，通过人体内生理或病理信息的自身反馈，使违法行为人经过特殊训练后，进行有意识的“意念”控制和心理训练，通过内脏学习达到随意调节自身躯体机能，从而消除病理过程、恢复身心健康。运用生物反馈疗法，就是把违法行为人体内生理机能用现代电子仪器予以描记，并转换为声、光等反馈信号，因而使其根据反馈信号，学习调节自己的内脏机能及其他躯体机能，从而达到防治身心疾病的目的。

厌恶疗法将欲戒除的目标行为（或症状）与某种不愉快的或惩罚性的刺激结合起来，通过厌恶性条件作用，达到使违法行为人最终因感到厌恶而戒除或减少目标行为的目的。它是应用惩罚的厌恶性刺激，即通过直接或间接想象，以消除或减少某种适应不良行为的方法。

二、塑造良好行为模式的方法

塑造期望的良好行为模式，可以采用阳性强化法、模仿疗法等。

通过某种强化系统，阳性强化法在违法行为人表现出预期的良好行为时，马上就能获得强化，从而使其所表现的良好行为得以形成和巩固，同时使其不良行为得以控制或停止。在正强化法中，作为产生行为后果的强化物具有重要作用，它能满足违法行为人的需要，并能使某种行为产生的概率提高。强化物种类多样，大致可分为以下几类：消费性强化物、活动性强化物、操作性强化物、拥有性强化物、社会性强化物。

模仿法也叫示范法、观察学习法，以某人或某团体的行为作为一种刺激（示范），使违法行为人产生近似的想法、态度与行为。通过观察学习，违法行为人可以学习去表现期望的行为而不需经过尝试错误的学习。示范者与违法行为人在年龄、性别、种族及态度上愈近似，则被模仿的可能性愈大。有声望、有地位的示范者，比那些低声望的人更可能被模仿。然而，示范者的地位也不能太高，否则违法行为人会认为其行为不切实际。此外，示范者如果表现干练并能散发亲和力，则会促进示范的效果。

单元三　基于人本主义违法心理的人格教育

【操作步骤】

（1）关于人本主义人格观的知识准备。掌握人本主义心理学的人格观，主要包括马斯洛和罗杰斯的人本主义理论。

（2）违法行为人人格现状分析。参照心理诊断相关方法评定违法行为人的人格现状。

（3）违法行为人人格成因分析。人本主义心理学对人格教育最有指导意义的是罗杰斯的理论。根据罗杰斯的理论，人格问题产生的根本原因是价值条件的作用超过了机体评价过程的作用。也就是个体过分追求积极看待的需要而引致了自我的受损。因此，对违法行为人人格问题的分析要着重分析其排除在意识之外的经验，以及否定的自我部分。

（4）违法行为人人格教育。罗杰斯提出了患者中心疗法对人格教育有重要的指导作用。罗杰斯认为，每个人都具有生存、成长和促进自身发展的自我实现倾向，每个人都有自主权和发展自身人格的能力，治疗是为了解决患者独一无二的问题，包括情感、知觉、态度与目标等。他相信患者完全能对自己的行为负责，要促进个体心理成长，只需做到使一个受到伤害的人或焦虑患者与一位能够对其以诚相待的治疗者接近，使患者能够看到一种无条件的积极关注或认可，一种设身处地替他人着想的气氛，就能产生治疗效果。

一、马斯洛的人本主义人格观[①]

亚伯拉罕·哈罗德·马斯洛（Abraham Harold Maslow，1908—1970）是美国社会心理学家，人本主义心理学的主要发起者和理论家，心理学第三势力的领导人。

（一）需要层次论

马斯洛认为，个体成长发展的内在力量是动机，而动机是由多种不同性质的需要

---

① 郑雪. 人格心理学. 广州：暨南大学出版社，2001

所组成的。各种需要之间有先后顺序与高低层次之分。每一层次的需要与满足，将决定个体人格发展的境界或程度。马斯洛把人类多种多样的需要归纳为五种基本需要，并按其重要性从低级生理性需要到高级心理性需要排列成五个层次，如图4－1所示：

生理需要（physiological need）：生存所必须的基本生理需要，如对食物、睡眠的需要。

安全需要（safety need）：包括一个安全和可预测的环境，它相对地可以免除生理和心理焦虑。

爱与归属的需要（love and belongingness need）：包括被别人接纳、爱护、关注、鼓励、支持等，如结交朋友、追求爱情、参加团体等。

尊重的需要（esteem need）：包括尊重别人和自我尊重两个方面。

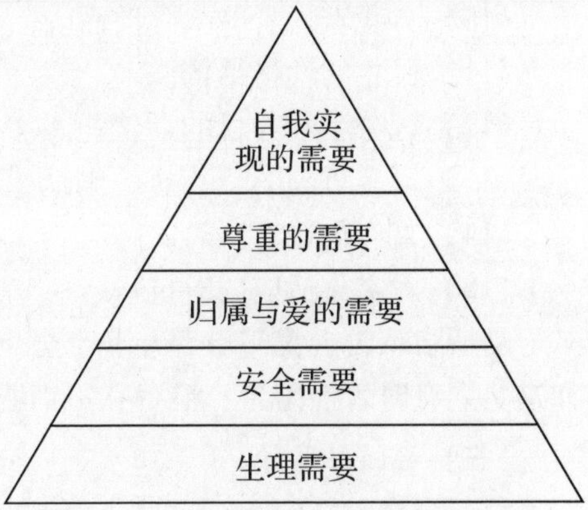

图4－1　马斯洛需求层次理论示意图

自我实现的需要（self-actualization need）：包括实现自身潜能。

马斯洛认为，各种需要存在以下关系：

（1）五种需要像阶梯一样从低到高，按层次逐级提升，但这种次序不是完全固定的，可以变化，但也有例外。

（2）一般来说，某一层次的需要相对满足了，就会向高一层次发展，追求更高一层次的需要就成为动力。相应地，基本需要获得满足就不再是一股激励力量。

（3）五种需要可以分为高低两级，其中生理需要、安全需要和爱与归属的需要都属于低一级的需要，这些需要通过外部条件就可以满足；而尊重的需要和自我实现的需要是高级需要，他们通过内部因素才能满足，而且一个人对尊重和自我实现的需要是无止境的。同一时期，一个人可能有几种需要，但每一时期总有一种需要占支配地位，对其行为起决定作用。任何一种需要都不会因为更高层次需要的发展而消失。各层次的需要相互依赖和重叠，高层次的需要发展后，低层次的需要仍然存在，只是对行为影响的程度大大减小。

（二）自我实现论

自我实现是马斯洛人格理论的中心。他认为自我实现可以定义为“不断实现潜能、智能和天资……在个人内部不断趋向统一、整合或协同动作的过程”。也就是说，个体存在的意义就是为了达到自我实现。

自我实现的人有什么特征呢？马斯洛通过抽样调查和对历史上及当时仍然健在的著名人物，如斯宾诺莎、贝多芬、歌德、爱因斯坦、林肯、杰弗逊、罗斯福等人进行个案研究，概括出了自我实现的人所共同具有的15种人格特征。

（1）对现实更有效的洞察力和更适宜的关系。

（2）对自我、他人和自然的接受。

（3）行为的自然流露。

（4）以问题为中心。

（5）超然的独立性：离僻独居的需要。

（6）自主性：对文化与环境的独立性；意志；积极的行动者。

(7) 对日常生活有欣赏力和审美体验，并不断更新。

(8) 神秘体验：海洋感情。

(9) 社会感情。

(10) 自我实现者的人际关系。

(11) 民主的性格结构。

(12) 区分手段与目的、善与恶。

(13) 富有哲理的、善意的幽默感。

(14) 富有创造力。

(15) 对文化适应的对抗。

马斯洛认为自我实现者并非十全十美的完人，在他们身上也存在不少人类的缺点。如这些人有时笨拙糊涂、浪费和不细心，以及厌烦、激动和固执己见等。

(三) 高峰体验论

马斯洛认为，高峰体验是自我实现者的重要途径，自我实现者能更多地产生高峰体验。自我实现时刻在一定意义上就是高峰体验。

什么是高峰体验呢？高峰体验是自我实现的短暂时刻。“这种体验是瞬间产生的、压倒一切的敬畏情绪，也可能是转瞬即逝的极度强烈的幸福感，或者甚至是欣喜若狂、如痴如醉、欢乐至极的感觉。”许多人都声称自己仿佛在这种体验中窥见了终极真理、人生的意义和世界的奥秘。人们好像是经过长期的艰苦努力和紧张奋斗而到达了自己的目的地。

马斯洛特别重视高峰体验对自我实现的重要意义。首先，他认为高峰体验是自我实现的短暂片刻。他说：“在这些高峰时刻，他更真实地成为他自己，更完全地实现了他的潜能，更接近于他存在的核心，更充分地具有人性。”其次，他认为自我实现不是一种终止状态，而是一个连续不断的发展过程，趋向自我实现必须经历无数自我实现的片刻。

二、罗杰斯的人本主义人格观①

(一) 罗杰斯的人本主义人格观

人本主义理论详细介绍请参见本书任务二项目一单元三“来访者中心疗法”部分。

(二) 基于来访者中心疗法的人格教育

来访者中心疗法认为，在人格教育过程中治疗者不必采用什么治疗技术，更不应以直接指导的态度对待来访者，关键是建立合适的治疗关系。在这样的关系中，治疗者不是以专家、医生或科学家的身份去理解来访者的情感，促进来访者的成长，不是以治疗者自己的理论去影响来访者甚至强加给他们。

在人格治疗过程中，治疗者要努力表现出以下三种态度：

(1) 真诚一致（congruence）。要做到真诚一致就要真实、诚恳，要全心全意和表里如一。

(2) 无条件的积极关注（unconditional positive regard）。不管来访者是什么人，治

---

① 郑雪. 人格心理学. 广州：暨南大学出版社，2001

疗者都需要抱有一种热情的、积极的和接纳的态度，始终对其表现出无条件的积极关注。

(3) 设身处地地理解或通情达理或共情。是指治疗者正确地体验到来访者的感情而且能够把这些感受和来访者交流。使来访者知道有另外一个人不带偏见和主观评价地进入他的感情世界中来。

单元四　基于认知心理学违法行为人的人格教育

【操作步骤】

(1) 关于认知主义人格观的知识准备。

(2) 违法行为人人格现状分析。

(3) 违法行为人人格成因分析。人格的认知理论认为人格的差异是由人们信息加工方式的差异造成的，人们的思维方式决定其人格。运用认知主义人格理论分析违法行为人人格问题的成因，关键是找出造成其问题的不良信息加工方式。

(4) 违法行为人人格教育。人格认知论有许多不同的观点，如凯利的个人建构论、艾利斯的ABC理论等，都可以为违法行为人人格教育提供理论与方法上的支持。例如，凯利认为，心理疾病患者就是拙劣的科学家。心理教育的目的就是帮助患者建立新的建构，高速建构层次，完善原有的建构，以便能够更好地预料事件，把患者训练成为更好的科学家。要训练患者成为更好的科学家需要经过两步：第一步是采用角色建构测验法弄清楚患者眼中的世界建构是怎样的；第二步是固定角色治疗。

一、乔治·凯利的个人建构人格论①

乔治·凯利（Gorge Kelly，1905—1966）是美国心理学家，人格心理学中认知理论的杰出倡导者。凯利强调个人的行为表现乃至整个人格的形成，都取决于他对周围环境（包括人、事、物等）的认知和评价及在此基础上所建立的观念。凯利认为，无论是心理正常还是异常的人，他的行为都是其对环境中人、事、物的认识、期望、评价、思维的结果。

（一）人是科学家

凯利认为人即科学家，能不断地把关于经验的复杂信息纳入个人建构之中。他把人们解释和预期事件的主要工具称为“个人建构”，它被个人用来解释或说明经验，赋予经验以意义，或者对经验作出预言。他声称人人都拥有自己独特的个人建构。

凯利认为，每个人都像科学家一样，总是试图认识世界。人一来到这个世界，就要接受各种刺激，且必须去理解这些刺激，理解这个世界，进而预测和控制有关的事物。如果我们不理解这个世界上所发生的事，不理解自己和身边的人的所作所为，不能预料未来会发生什么，对事件的发生发展无能为力，也就是生活在不确定的世界中，我们就会感到不安。

---

① 陈少华. 新编人格心理学. 广州：暨南大学出版社，2004

② 黄希庭. 人格心理学，杭州：浙江教育出版社，2002

（二）个人构念理论

凯利认为，处在同样的情境中，不同的人有不同的行为，经历了同样的事件，不同的人有不同的感受或观点，对以后生活的影响也不同，这些人格的差异都是由于不同的人建构世界的方式不同。

建构是凯利人格理论的核心。一个建构就是一种思想、一种观点或是一种假设，人们用它来解释个人的经验。一个建构就像一种微型的科学理论，人们用这个理论来预测现实，个人与外界的任何接触都在不断地创造和验证个人构念。

凯利将个人在其生活中对环境中人、事、物的认识、期望、评价、思维所形成的观念称为个人构念（personal construct）。每个人的生活经验不同，个人构念也有所不同，因此个人构念就代表他的人格特征。个人构念就像一种微型科学理论，是一个人用以预期事件的主要工具。凯利形象地描述了个人构念。他说："人类通过由他创造的各种半透明的模式或样板去观察世界，然后试图去适应构成这一世界的现实……让我们把这些供人们试用的大小模式取名为不同的构念吧。"如果由某种构念产生的预测为经验所证实，那么这种构念就是有用的，如果这种预测没有得到证实，这种构念就必须修正或抛弃。

（三）行动的三个周期：CPC 循环

凯利认为当人遇到新的情境时，产生的行动具有 CPC 循环的特征。CPC 是循环过程的三个周期，由三个字的第一个字母来代表：周视（circumspection）、先取（preemption）、控制（control）。

周视期：在接触事物的最初时，人们会小心谨慎地尝试多种构念，提出各种命题构念或陈述构念。这些构念只是对情境的可能的解释，而不能说明更多的东西。

先取期：在此阶段，个体从前一阶段所衡量过的所有构念中暂时先选择一种。

控制期：在此阶段，选择已经决定，行动也已做出。

按照凯利的观点，人们并不寻找强化或回避疼痛。人们在积极寻找自己构念系统的有效性。假如一个人预料某些不愉快的事情将要发生，并且这种不愉快真的来临了，他的构念系统被证明是有效的。至于他得到的经验是积极的还是消极的，这对个体来说则是次要的问题。

由此可见，人的主要目标是在自己生活中缩减不确定性。通过 CPC 周期的循环，人们可以逐渐形成人格和获得良好的适应能力。

（四）构念与精神病理现象及心理治疗

1. 凯利对神经症的看法

凯利认为，人们之所以有心理障碍是因为建构系统存在缺陷，而非过去的创伤经验。经验只能用来解释人们为什么会这样建构世界，却不是造成其心理障碍的原因。

在凯利看来，心理疾病患者就是拙劣的科学家。他们在缺乏实证经验的情况下，不断作出相同的预言。因为他们的建构系统不能正确地预言各种未来事件，因此焦虑便不可避免。为什么人们的建构有时不能准确预期未来的事件呢？一个重要的原因是一些建构不具备可参透性。这样，人们就不能从新的经历中学习新的知识。

凯利认为心理治疗的目的就是帮助患者建立新的建构，高速建构层次，完善原有的建构，以便能够更好地预期事件。换句话说，也就是训练患者成为更好的科学家。

2. 治疗的步骤

第一步要采用角色建构测验法弄清楚患者眼中的世界建构是怎样的。在此阶段，治疗者可以鼓励患者进行自我测验，以便获得有关自己建构系统的信息，也可以用多种方法帮助患者形成有用的建构。

第二步是固定角色治疗。在治疗过程中，给患者一种人格模式，要求患者把它表演出来，即要求患者去扮演与其人格有显著差异的另一个人的人格。凯利鼓励患者像试穿一件新衣服一样试用一种新人格，促使患者用一种新的方式来行动，以新的方式来看待自己，并从此变成一个新的人。

凯利特别强调，心理障碍最好用理性的方法来治疗，即告诉患者如何去面对他的困难，并用新方法去重建自己的生活。用他的话来说就是："心理治疗的目的是要让人们重新回到生活应该在的方向上。"因此，个人在创立自己的建构系统时是自由的，他可以自由地选择自己的建构，但已经确立的建构就会成为个人预期事件的方式，从而决定个人对待世界和人生的方式。

二、威特金的认知方式论①

威特金（Witkin，H. A.）是美国心理学家。他在研究知觉时发现，有些人很难从视野中离析出知觉单元，有些人较易从视野中离析出知觉单元。他根据场的理论，将人划分为场依存性和场独立性两种类型。

（一）场依存—场独立性

场依存—场独立性的认知方式最初是为解释知觉过程中的个体差异而提出来的，主要指人在知觉外物的空间位置时是以外在的视野还是身体本身作为参照的对比倾向。

场依存性和场独立性是认知方式的一个主要方面，也是研究得最多的方面。威特金指出，场依存性的人和场独立性的人，各自是按照两种对立的信息加工方式工作的。场依存性的人，倾向于以外在参照（客观事物）作为信息加工的依据；场独立性的人，更多地倾向于利用内在参照（主体感觉）作为信息加工的依据。

场依存—场独立性认知方式具有以下特征：

第一，它们是过程变量，而非内容变量。它们表示的是一个人在认知过程中选择信息加工依据的参照的不同倾向。

第二，普遍性。认知方式的场依存性和场独立性维度不仅存在于知觉过程中，而且普遍存在于思维和性格等领域中。

第三，稳定性。个人在场依存性和场独立性连续维度上的相对位置是相对稳定的。

（二）心理分化理论

为说明认知方式上的差异并指导进一步的研究，威特金提出了心理分化理论。该理论的基本假设是分化，这是有机体系统发展的一个主要形态特征。分化较小的系统处于比较同质的状态，分化大的系统处于比较异质的状态。分化大的系统表现出较大的自我与非我的分裂，而分化小的系统在自我与他人之间表现出较大的连续性。

---

① 郑雪. 人格心理学. 广州：暨南大学出版社，2001

威特金的心理分化模式由三个层次的概念组成。最高层次的概念是分化。在分化概念之下是三个主要的分化指标或表现，自我—非我的分裂、心理机能分裂以及神经生理机能的分裂。在第二层次的概念下，又分化为若干级的概念。

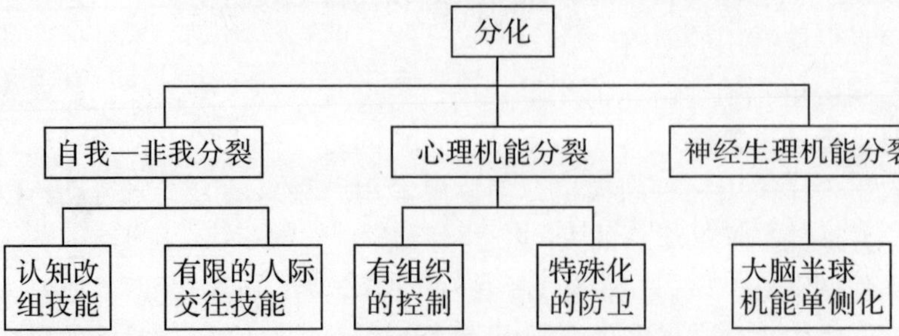

图4－2　威特金后期的心理分化理论模式

心理分化首先表现为自我与非我的分裂，即将自我与外界环境及他人分离开来，自我有了一定的自主性，其行为活动较少受环境和他人的影响与支配。在认知方面，自我与非我分裂程度的高低体现为场依存—场独立性的认知方式。自我与非我分化程度高的人为场独立性的认知方式，而分化程度低的为场依存性的认知方式。自我—非我分裂及场依存—场独立性认知方式可以通过认知技能和人际交往技能两种技能来测定。场独立性认知方式的人有较强的认知改组技能，擅于改组刺激模式或问题情境以符合当前任务的要求，而场依存性认知方式的人则缺乏这一技能，倾向于不加任何改造地接受现存的刺激模式或问题情境。但这意味着个体与环境有更多的连接性，这利于培养和发展人际定向和交往技能。

心理机能的分裂是分化的第二个主要标志。心理机能分裂的程度可以通过对冲动有组织的控制和特殊化的防卫这两个方面表现出来。在生命早期，个体的认知、情感和意志等心理机能是未分化的，因此行为易于冲动，缺乏控制。随着个体的成长，发展了有组织的控制系统，从而逐步减少了观念、情感和意志等机能间的相互干扰。个体对危险经验的防卫机制有两种类型：泛化或非特殊性的和特殊化的。特殊化的防卫针对特殊的经验成分，并使之消失或减弱，其反映了个体心理机能分化程度的高低。

神经生理分化是分化的第三个标志。如特殊化作为心理分化的指标，威特金认为大脑半球机能的特殊化也可以作为神经生理特殊化的指标。大脑两半脑机能的不对称性和特殊性发展，反映着神经生理分化程度的高低。

项目二　违法心理健康教育

【操作步骤】

1. 了解心理健康的含义与标准。

2. 了解常见的常形及异常心理。

3. 评估违法行为人的心理健康状况。

4. 针对违法行为人的主要心理健康问题开展心理健康教育。心理健康过程中注重违法行为人的心理自我调适能力的提高，以及心理压力的疏导与释放。

5．评估心理健康教育的效果。

单元一　心理健康的含义与标准

一、什么是健康

随着社会文化的发展，健康（Health）的内涵和外延也发生了重大的变化，健康不再局限于躯体不生病，还包含心理健康和良好的社会适应能力。

世界卫生组织（WHO）曾对健康作出下述定义："健康不但是身体没有残疾，还要有完整的生理、心理状态和社会适应力。具体地说，健康包括躯体、器官等生理方面的正常发育，也包括认识、情感、意志与人格特征以及社会适应等心理方面的正常发展。"

二、如何正确理解心理健康

心理健康①（Mental Health），是相对于生理健康而言的，表现为心理和社会方面的适应与完好的一种状态。美国心理学家马斯洛和密特尔蔓（Mittelman）提出过10条被认为是经典的心理健康标准：

（1）有充分的自我安全感。

（2）能充分了解自己，并能恰当评估自己的能力。

（3）生活理想切合实际。

（4）不脱离周围现实环境。

（5）能保持人格的完整与和谐。

（6）善于从经验中学习。

（7）能保持良好的人际关系。

（8）能适度宣泄情绪和控制情绪。

（9）在符合团体要求的前提下，能有限度地发挥个性。

（10）在不违背社会规范的前提下，能适当地满足个人的基本需要。

近年来，国内也有一些学者［如王效道（1990）；马建青（1990）］提出过心理健康的标准。但是，我们需要注意理解以下四点：

（1）健康是一段时间内持续的心理状态，不能简单地根据一时一事下结论。

（2）健康状态是动态的、变化的。

（3）健康状况是程度上的差异。

（4）健康标准是一个发展的、文化的概念；不同的国家、同一国家的不同地区、同一地区的不同阶层（如年龄、文化、职业、性别）需要不同的心理健康常模。

那么怎样才算是心理健康呢？

---

① 1946年第三届国际心理卫生大会上，心理健康的概念被界定为在身体、智能以及情感上与他人的心理健康不相矛盾的范围内，将个人心境发展到最佳的状态。

（一）青年人的心理健康标准

综合国内外专家的观点，根据我国青年人的年龄特征、心理特征和社会角色特征，其心理健康的标准应包括以下八个方面：

1. 智力正常

智力正常是青年人学习、生活、工作的最基本的心理条件，是胜任学习任务、适应周围环境变化所需要的心理保证，因而也是衡量青年人心理健康的首要标准。

青年人智力正常且充分发挥的标准是：有强烈的求知欲和浓厚的探索兴趣；智力结构中各要素在其认识活动和实践活动中都能积极协调地参与，并能正常地发挥作用；乐于学习。

2. 情绪健康

情绪健康的主要标志是情绪稳定和情绪愉快。主要包括以下内容：

（1）愉快情绪多于不愉快情绪，一般表现为乐观开朗、充满热情、富有朝气、满怀自信、自得其乐、对生活充满希望。

（2）情绪稳定性好，善于控制和调节自己的情绪，既能克制约束，又能适度宣泄，不过分压抑，使情绪的表达既符合社会的要求，也符合自身的需要，在不同的时间和场合恰如其分地表达情绪。

3. 意志健全

意志是人在完成一种有目标的活动时，所进行的选择、决定与执行的心理过程。意志健全者在行动的自觉性、果断性、顽强性和自制力等方面都表现出较高的水平。

4. 人格完整

人格，在心理学上指个体比较稳定的心理特征的总和。人格完整，就是指有健全统一的人格，即个人的所想、所说、所做都是协调一致的。判断青年人人格是否完整的主要标准如下：

（1）人格结构的各要素完整统一。

（2）具有正确的自我意识，不产生自我同一性混乱。

（3）以积极进取的人生观作为人格的核心，并以此为中心把自己的需要、愿望、目标和行为统一起来。

5. 自我评价正确

一个心理健康的青年人对自己的认识，应该比较接近现实，有“自知之明”。对自己的优点感到欣慰，但是又不会狂妄自大；对自己的弱点既不回避，也不自暴自弃，而是善于正确地“自我接纳”。

6. 人际关系和谐

人际关系和谐的主要标准有以下六条：

（1）乐于与人交往，既有稳定而广泛的人际关系，又有知心朋友。

（2）在交往中保持独立而完整的人格，有自知之明，不卑不亢。

（3）能客观评价别人和自己，善于取别人之长补自己之短。

（4）宽以待人，乐于助人。

（5）积极的交往态度多于消极态度。

（6）交往动机端正。

7. 适应能力强

心理健康的青年人应该能够与社会保持良好的接触，对社会现状和未来有较清晰、较正确的认识，思想和行动都能跟上时代发展的步伐，与社会的要求相符合。

8. 心理行为符合青年人的年龄特征

青年人是处于特定年龄阶段的群体，他们应具有与年龄和角色相应的心理行为特征。

（二）儿童心理健康的六大标准

根据我国儿童的心理活动特点，他们要达到心理健康则应具备以下六条心理品质：

（1）智力发育正常，即个体智力发展水平与其实际年龄相称。

（2）稳定的情绪。尽管会有悲哀、困惑、失败感、挫折感等，但不会持续很久。

（3）能正确认识自己，清楚自己存在的价值，有自己的理想，对未来充满信心。

（4）有良好的人际关系。尊重理解他人，学习他人长处，待人友善、宽容地与人相处。

（5）有稳定、协调的个性，能对自己的个性倾向和个性心理特征进行有效控制和调节。

（6）热爱生活，能充分发挥自己各方面的潜力，不因挫折和失败而对生活失去信心。

（三）老年人心理健康标准①

老年人拥有怎样的心理状态才算是健康呢？有关学者制定了10条老年人的心理健康标准。

（1）有充分的安全感。安全感需要多层次的环境条件，如社会环境、自然环境、工作环境、家庭环境等。

（2）充分地了解自己。就是指能够客观分析自己的能力，并作出恰如其分的判断。

（3）生活目标切合实际。要根据自己的经济能力、家庭条件及相应的社会环境来制定生活目标。

（4）与外界环境保持接触。这样一方面可以丰富自己的精神生活，另一方面可以及时调整自己的行为，以便更好地适应环境。

（5）保持个性的完整与和谐。个性中的能力、兴趣、性格与气质等各个心理特征必须和谐而统一，这样在生活中才能体验到幸福感和满足感。

（6）具有一定的学习能力。在现代社会中，为了适应新的生活方式，就必须不断学习。

（7）保持良好的人际关系。人际关系的协调与否，对人的心理健康有很大的影响。

（8）能适度地表达与控制自己的情绪。对不愉快的情绪必须给予释放或宣泄，但不能发泄过度。

（9）有限度地展示自己的才能与兴趣爱好。一个人的才能与兴趣爱好应该对自己有利，对家庭有利，对社会有利。

（10）在不违背社会道德规范的情况下，个人的基本需要应得到一定程度的满足。

① 老年人心理健康十条标准. 养生大世界，2005（9）：54～55

单元二 了解常形心理问题

常形（不健康的）心理问题分为一般心理问题、严重心理问题和神经症性的心理问题（即可疑神经症）。

一、心理不健康的第一类型——一般心理问题

心理问题是由现实因素激发，持续时间较短，情绪反应能在理智控制之下，不会严重破坏社会功能，情绪反应尚未泛化的心理不健康状态。

一般心理问题是心理咨询的主要工作对象，心理咨询有较好效果。其特点有以下六条：

（1）在近期发生的。

（2）内容尚未泛化。

（3）反应强度不太强烈的情绪问题。

（4）常能找到相应的原因。

（5）思维合乎逻辑。

（6）人格也无明显异常。

诊断为心理问题，必须满足以下四个条件：

（1）由于现实生活、工作压力、处事失误等因素而产生内心冲突，并因此而体验到不良情绪（如厌烦、后悔、懊丧、自责等）。

（2）不良情绪不间断地持续满一个月，或不良情绪间断性地持续两个月仍不能自行化解。

（3）不良情绪反应仍在相当程度的理智控制下，始终能保持行为不失常态，基本维持正常生活、学习、社会交往，但效率有所下降。

（4）自始至终，不良情绪的激发因素仅仅局限于最初事件，即便是与最初事件有联系的其他事件，也不引起此类不良情绪。

二、心理健康的第二类型——严重心理问题

严重心理问题是由相对强烈的现实因素激发，初始情绪反应剧烈、持续时间长久、内容充分泛化的心理不健康状态。

严重心理问题与神经症进行区别的要点是内心冲突的性质和病程。严重心理问题的心理冲突是有现实意义的或道德性的，且持续时间在一年之内；至于社会功能的破坏程度，也可以作为参考因素予以考虑。

诊断为“严重心理问题”，必须满足如下四个条件：

（1）引起严重心理问题的原因，是较为强烈的、对个体威胁较大的现实刺激。不同原因引起的心理障碍使来访者分别体验着不同的痛苦情绪（如悔恨、冤屈、失落、恼怒、悲哀，等等）。

（2）从产生痛苦情绪开始，痛苦情绪间断或不间断地持续时间在两个月以上，半年以下。

（3）遭受的刺激强度越大，反应越强烈。多数情况下，会短暂地失去理性控制；在后来的持续时间里，痛苦可逐渐减弱，但是单纯地依靠自然发展或非专业性的干预，却难以摆脱；对生活、工作和社会交往有一定程度的影响。

（4）痛苦情绪不但能被最初的刺激引起，而且与最初刺激相类似、相关联的刺激，也可以引起此类痛苦，即反应对象被泛化。

在心理咨询的临床实践上，对严重心理问题的诊断并不困难，但关键问题是与神经症进行区别。

三、心理不健康的第三种类型——神经症性的心理问题（即可疑神经症）

已接近神经衰弱或神经症，或者它本身就是神经衰弱或神经症的早期阶段。

健康心理咨询的实际工作，远远超过上述心理不健康状态的范围。它的工作对象实际上涉及神经衰弱，甚至涉及神经症。可是，我们并不能依据这一事实，断定健康心理咨询的对象就应当涵盖精神病学的内容。

表4-1　神经症性的心理问题与一般心理问题、严重心理问题及神经症的区别

	一般心理问题（心理正常）	严重心理问题（心理正常）	神经症性的心理问题（心理正常）	神经症（心理异常）
症状	现实刺激产生的冲突导致不良情绪（如厌烦、后悔、懊丧、自责等）	较强烈的现实刺激因素导致痛苦情绪（如悔恨、冤屈、失落、恼怒、悲哀等）	很小的生活事件都会引起强烈的内心冲突，产生痛苦情绪	神经症表现症状
时间	持续不超过一个月、间断不超过两个月	持续不超过两个月、间断不超过半年	达不到神经症标准	三个月以上，惊恐障碍一个月
严重程度	可理性控制，社会功能有一定影响	偶尔会失控，社会功能严重受损	失控增多，社会功能严重受损	①内心痛苦程度严重；客观：工作正常，人际关系很好，社会功能未受损。②内心很痛苦，社会功能严重受损
泛化	未泛化	有泛化	泛化严重	泛化更严重
排除标准				排除器质性疾病所致的精神障碍，严重精神障碍

单元三　常见异常心理症状

一、感知障碍

感知发生异常统称为感知障碍，感知障碍通常分为感觉障碍、知觉障碍、感知综合障碍、注意记忆和智能及自知力的障碍。

感觉障碍分为感觉过敏、感觉减退、内感性不适。所谓感觉过敏是指反应过强，多见于神经症或感染后处于虚弱状态的患者；感觉减退是指反应迟钝，多见于抑郁状态、木僵状态和意识障碍患者；内感性不适合，主要是指不明确、部位不具体的不舒适感或者是难以忍受的异常感觉，多见精神分裂症、抑郁状态神经症。知觉障碍主要是错觉、幻觉；感知综合障碍，主要分为视物变形症、非真实感、窥镜症；注意障碍主要是注意减弱、注意狭窄；记忆障碍主要分为记忆增强、记忆减退、遗忘、错构、虚构；智能障碍主要是精神发育迟滞、痴呆；自知力障碍主要是无自知能力，它是精神科用来判断患者是否有精神障碍，评估精神障碍的严重程度，以及疗效的重要指标之一。

二、思维障碍

临床亦有以二分法将思维障碍分为思维形式障碍和思维内容障碍。[①] 思维形式方面的障碍包括思维过程加快、减慢，表象和概念之间的非规律性的结合。思维内容方面的障碍主要表现为妄想、超价观念、强迫观念。

（一）思维形式障碍

思维形式障碍以联想的过程障碍为主，包括思维联想活动量和速度障碍、思维联想连贯性障碍、思维活动形式障碍和思维逻辑障碍。

1. 思维联想活动量和速度障碍

（1）思维奔逸。思维奔逸表现为思维活动量增多和转变迅速。思维联想速度异常加快，表现为明显的话多和语速快，口若悬河。严重者除了短暂睡眠外几乎一刻不停地说话，直到声音嘶哑还不停地用手比划。患者感到“舌头跟不上思想的速度”。伴随注意力和话题不集中，经常受环境中的微小刺激而转换，称为随境转移。言语内容经常表现出“音联”和“意联”。此症状是躁狂症的典型表现之一。

（2）思维迟缓。思维迟缓是一种抑制性的思维联想障碍。思维联想速度异常缓慢，明显表现为话少、语速慢，语量减少，声音低沉，严重时达到无言语的程度。有患者描述该障碍使人“脑子生了锈，舌头像石头”。思维迟缓常见于抑郁障碍。

（3）思维贫乏。思维贫乏与思维迟钝的表现较相似，但本质不同，思维贫乏的特点是思维内容空虚，概念和词汇贫乏，对一般询问往往无明确的应答反应，或仅简单地回答“不”、“是”、“对”、“有”、“没有”等。患者有时能描述自己“脑子空虚，既没有什么可想的，也没有什么可说的”。思维贫乏往往与情感淡漠、意志缺乏同时出现，构成精神分裂症的三项基本症状。思维贫乏也见于脑器质性精神病。

（4）病理性赘述。病理性赘述是以思维过程的主题转换中带有粘滞性、停留在某些枝节问题上而抓不住主要环节为主要表现。具体表现为患者在叙述事情时，在个别细节问题上，不厌其烦地作不必要的，详细冗长的描述，以致被一些繁文缛节的问题掩盖了问题的主要内容。这类症状多见于脑器质性精神病如癫痫所致的精神病等。

2. 思维联想连贯性障碍

（1）思维松弛。又称思维散漫，指患者的思维活动联想松弛，内容散漫，对问题

① 郭念锋．心理咨询师（基础知识）．北京：民族出版社，2005

的叙述不够中肯，也不切题，缺乏一定的逻辑关系，以致使人感到交谈困难，对其言语的主题及用意也难以理解。严重时可发展到破裂性思维的程度。思维松弛多见于精神分裂症早期。

（2）思维破裂。指患者在意识清醒的情况下，思维联想过程的破裂，思维内容缺乏内在意义上的连贯性和应有的逻辑性。患者的言谈或书写内容，于单独语句上，甚至语句与语句间，缺乏内在意义上的联系。因此，患者的话令人费解。

（3）思维插入。指患者感到思考过程中突然出现一些与主题无关的意外联想。多见于精神分裂症。患者在正常思考过程中，突然感到一些不属于自己的思想不受控制地插入进来。常继发妄想性解释，如外星人的思想进入自己的大脑，或别人用高科技扰乱自己的思想。

（4）思维中断。思维中断的表现是没有外界影响因素而突然中断思路与谈话，无法再回忆起刚才的思路，并伴有十分明显的思维不能自主感。思维中断指患者在无意识障碍、又无明显的外界干扰等情况下，思维过程在短暂时间内突然中断，或言语突然停顿。这种中断在患者不自主的情况下发生。多见于精神分裂症。

（5）思维云集，又称强制性思维。思维云集指患者的思潮不受患者意愿的支配，强制性地大量涌现在脑中，内容往往杂乱无章，且出乎患者意料，不受患者控制，有时甚至使患者感到非常厌恶。思维云集往往突然出现，突然消失。对此症状，患者描述“我脑子非常乱，自己怎么也控制不了，脑子里的想法太多、太杂了，像一团乱麻一样，怎么也理不出头绪来；这些想法，也不知道是怎么塞到我脑子里的，这些想法突然进来了，又在不知不觉中突然消失了”。此症状除见于精神分裂症外，还见于流行性脑炎和颅脑损伤所致的精神障碍。

3．思维活动形式障碍

（1）持续言语。持续言语与病理性赘述比较类似，但持续言语的特点不仅是粘滞，而且在某一概念上停滞不前。患者单调地重复某一概念，或对于某些不同的问题，总是用回答第一个问题的话来回答其他问题。如问一个癫痫精神病患者：“你来几天了？”患者答曰：“一天。”又问“来干什么？你今年几岁了？你家住什么样地方？”等问题时，患者均答曰：“一天。”这类症状主要见于癫痫性精神病、脑器质性疾病伴发的精神病。

（2）重复言语。重复言语指患者常常重复他所说的每句话的最末几个字或词，此时患者能意识到这样做是不必要的，但自己却不能克服，也不因当时的环境而发生变化。如有一患者说：“我是一个学生，学生、学生、学生、学生、学生……”多见于脑器质性精神病和癫痫性精神病。

（3）刻板言语。刻板言语指患者机械刻板地重复某一意义的词或句子。如一患者说：“我是学生、我是学生、我是学生……”这类症状也多常见于精神分裂症。

（4）模仿言语。模仿言语指患者模仿周围其他人的话，周围人说什么，患者就说什么。如医生问患者：“你叫什么名字？”患者就回答：“你叫什么名字？”医生又问：“你今年几岁了？”患者也答曰：“你今年几岁了？”该障碍常见于精神分裂症。

4．思维逻辑障碍

（1）病理性象征性思维。病理性象征性思维指患者以一些很普通的概念、词句或动作，来表示某些特殊的，旁人无法理解的意义。这是形象概念与抽象思维之间的联想障碍，是患者极端个人化的思维逻辑过程。此症状具有很高的原发病理性质，几乎只见于精神分裂症。

（2）语词新作。语词新作在性质上和病理性象征性思维一样。患者自创文字、语言或图画等，表达一些多数人业已熟悉的概念或意义。病理性和荒谬之处同样在于所创和所表达内容之间的逻辑推理过程不可理解。如“犭市”表示“狼心狗肺”。多见于精神分裂症。症状在精神分裂症中以青少年患者居多。

（3）逻辑倒错性思维。逻辑倒错性思维是以思维联想过程中逻辑的明显障碍为主要特征的。特点是推理过程十分荒谬，既无前提，又无逻辑根据，推理离奇古怪，不可理解，甚至因果倒置。多见于精神分裂症，其次见于偏执性精神病和某些病态人格。

（4）诡辩性思维。诡辩性思维是思维联想过程中表象和概念在逻辑论证上的联想障碍。特点是认识内容空泛，缺乏现实意义和确切的根据，所议论的课题常常是一些想入非非的事情。患者却无限制地运用一些空洞、缺乏意义的词语，长篇大论，侃侃而谈、并不接受他人的批评和建议。给人一种牵强附会，似是而非，强词诡辩的印象，但语句和文法都是正确的。这类症状多见于偏执性精神分裂症。

（二）思维内容障碍

思维内容障碍主要表现为妄想、强迫观念和超价观念。

1. 妄想

妄想是一种在病理基础上产生的歪曲的信念、病态的推理和判断。妄想是脱离现实的病理性思维。它的特点有以下两点：第一，以毫无根据的设想为前提进行推理，违背思维逻辑，得出不符合实际的结论；第二，对荒唐的结论坚信不疑，无法说服，不能通过摆事实讲道理进行知识教育或以自己的亲身经历来纠正这种荒唐结论。①

妄想的内容多种多样，有被害、关系、物理影响、夸大、罪恶、嫉妒、钟情、疑病、被控制、被洞悉或思维被播散的妄想，以及其他形式的被动性思维内容障碍，如思想被夺、思想被插入等。妄想内容常自相矛盾，荒谬离奇，不需核实即可肯定为病理性。多见于精神分裂症、偏执性精神病、情感性精神病、酒精等精神活性物质中毒所致精神病、癫痫性精神病、脑器质性精神病、反应性精神病以及癔症性精神病等多种精神疾病。

临床上根据妄想的主要内容把妄想归为以下12类：

（1）关系妄想。关系妄想患者把与实际无关的事情，认为与自己有关系。该障碍多见于精神分裂症。如患者认为电视上在演他和他们家的事，认为报纸上的内容是影射他和他们家，认为马路上陌生人之间的谈话是在谈论他，咳嗽吐痰是针对他，是蔑视他，因而拒绝走出家门。

（2）被害妄想。被害妄想患者坚信周围某人或某些团伙在对他进行跟踪监视、打击、陷害，甚至在其食物和饮水中投毒等。受妄想支配的患者有拒食、控告、逃跑或伤人、自伤等行为。多见于精神分裂症和偏执性精神病。

（3）特殊意义妄想。特殊意义妄想患者认为周围人的言行、日常的举动，不仅与他有关，而且有一种特殊的含义。

① 郭念峰．心理咨询师（基础知识）．北京：民族出版社，2005

（4）物理影响妄想。物理影响妄想患者认为自己的思维、情感、意志行为活动受到外界某种力量的支配、控制和操纵，患者不能自主。如认为这种操纵其精神活动的外力是由某种先进仪器所发出的激光、X线、红外线、紫外线等。物理影响妄想多见于精神分裂症。

（5）夸大妄想。该障碍患者夸大自己的财富、地位、能力、权力等。可见于情感性精神病、躁狂发作、精神分裂症和脑器质性精神病，例如麻痹痴呆。

（6）自罪妄想（又称罪恶妄想）。患者毫无疑问、毫无根据地认为自己犯了严重的错误和罪行，甚至自己是罪大恶极，死有余辜，应受惩罚的人，以致通过拒食或要求劳动改造以赎其罪。该障碍主要见于情感性精神障碍抑郁发作，也可见于精神分裂症等其他精神疾病。

（7）疑病妄想。疑病妄想症患者毫无根据地坚信自己患了某种严重的躯体疾病或不治之症，因而到处求医，即使通过一系列详细检查和多次反复的医学验证都不能纠正其歪曲的信念。严重的疑病妄想患者会认为自己“内脏已经腐烂了”、“本人已不存在，只剩下一个躯壳了”，又称虚无妄想。该障碍多见于精神分裂症，也可见于更年期和老年期精神病。

（8）嫉妒妄想。嫉妒妄想患者坚信配偶对其不忠，有外遇。因此，患者跟踪监视配偶的日常活动，甚至检查配偶的内裤等，想方设法寻找所谓的证据。该障碍多见于精神分裂症、酒精中毒性精神病、更年期精神病。

（9）钟情妄想。这种妄想实际是一种被钟情妄想，患者坚信某异性对自己产生了爱情，即使遭到对方严词拒绝，也认为对方是在考验自己对爱情的忠诚，该障碍多见于精神分裂症。

（10）内心被揭露（又称被洞悉感）。有该障碍的患者认为其内心的想法或者患者本人及其家人之间的隐私，未经患者语言文字的表达，别人就知道了。还有变兽妄想，患者确信自己变为某种动物，并有相应的异常行为，如吃草①、趴在地上等。

（11）被窃妄想。被窃妄想患者认为自己所收藏的东西被人偷窃了。多见脑器质性精神病、老年抑郁症。

（12）非血统妄想。非血统妄想患者认为自己的父母不是亲生父母，否认自己与父母存在血统关系，也有认为兄弟姐妹与自己没有血缘关系的。

按照妄想的起源以及妄想与其他精神症状的关系分类，可以将妄想分为原发性妄想和继发性妄想两类。

（1）原发性妄想。原发性妄想是指突然发生的、内容不可理解的，与既往经历和当前处境无关，也不是起源于其他精神异常的一种病态信念。

（2）继发性妄想。继发性妄想是指以错觉、幻觉、逻辑推理障碍、情感高涨或情绪低落等精神异常为基础所产生的妄想，或者在某些妄想的基础上产生另一种妄想。继发性妄想可见于很多种精神疾病，在诊断精神分裂症时，其临床意义不如原发性妄想。

① 当时这话就应验在尼布甲尼撒的身上，他被赶离人世，吃草如牛，身被天露滴湿，头发长长，好像鹰毛，指甲长长，如同鸟爪。见《圣经·旧约》第四章。

2. 强迫观念

强迫观念又称强迫性思维，是指某一种观念或概念反复出现在患者的脑海中。患者自己知道这种想法是不必要的、甚至是荒谬的，并力图加以摆脱。但事实常常是违背患者的意愿，想摆脱又摆脱不了，患者为此而苦恼。强迫观念可以表现为反复回忆某些事情经过（强迫性回忆）、反复思索某些毫无意义的问题（强迫性穷思竭虑）、反复对高层建筑物的层数进行计数（强迫性计数）、总是怀疑自己的行动是否正确（强迫性怀疑）、脑中总是出现一些对立的观念（强迫性对立观念）。强迫观念常伴有强迫动作。强迫观念与强制性思维虽是一字之差，但临床意义完全不同，必须注意区别。强迫观念多见于强迫症。强制性思维多见于精神分裂症。

3. 超价观念

所谓超价观念是一种在强烈情感影响下，对某些事实作出超乎寻常的评价而形成的。超价观念是一种在意识中占主导地位的错误观念。它虽然常常有一定的事实基础，但是患者的这种观念是片面的，与实际情况有出入。带有强烈的感情色彩，实际上是一种过于情感化的、片面性的判断。多见于人格障碍和心因性精神障碍患者。

三、情感性障碍

情感性障碍主要表现在激越的情感情绪异常、低弱的情感情绪异常和情感情绪错乱三个方面。

（一）激越的情感情绪异常

（1）喜悦。喜悦指情感的显著高扬，表现为自我感觉良好，心情轻松愉快，兴高采烈，洋洋自得，表情丰富、生动、喜笑颜开、眉飞色舞，对外界任何事物都感兴趣，话语与动作相应增多，常带有夸大色彩。由于与环境间的统一性保持完好，易引起周围人的共鸣，这种情感高扬具有很强的感染力。有时可表现为情绪不稳、易激惹、多不持久，很快转怒为喜。见于躁狂症。

（2）狂喜。狂喜表现为极度欢乐，常带有神秘色彩，令人难以理解，多无思维奔逸和动作增多，可有轻度意识障碍。又称销魂（Ecstasy）状态。见于癫痫、急性躁狂症及麻醉剂成瘾者。

（3）欣快。欣快表现为异常轻松、诙谐、滑稽、讲话时眉飞色舞，爱取乐于人，患者自我感觉良好，十分满意、幸福愉快，但不生动，不伴有相应的言语和动作的增多，对疾病无自知力，给人以呆傻、愚蠢、幼稚的感觉。如伴有轻度兴奋、调皮的行为、浅薄的诙谐，以玩笑的口气回答严肃的问题等表现时称诙谐性欣快（Moria）。情感活动显著增强，表情生动得喜、兴奋、乐观、易激惹，易与周围环境发生冲突。这类人是以过度欢乐轻松的状态对周围环境给予反应的，其心理活动仍然保持完整，属病理现象，多见于脑器质性精神病、躁狂症。

（4）焦虑。焦虑是一种担心发生威胁自身健康或安全及其他不良后果的心境。正常人在预期不利或执行无把握的任务时也会出现相应的焦虑现象。病态的焦虑是在缺乏客观因素或充分根据的情况下出现烦躁不安、坐立不安、紧张恐惧，认为自己的健康每况愈下，困扰的问题日趋复杂，无法解决，以致捶胸顿足、唉声叹气、惶惶不可终日，有大祸临头之感。常伴有植物神经功能紊乱症状和疑病观念。严重的急性焦虑发作又称惊恐发作（Panic Attack）。常见于焦虑性神经症、更年期抑郁状态及神经衰弱。

（5）情感爆发。情感爆发是在精神因素作用下发生的一种爆发性情感障碍。以哭笑无常、叫喊吵骂、打人毁物等为主要表现。有时表现为捶胸顿足、号啕大哭，或手舞足蹈、狂笑不止，或满地打滚，或幼稚、做作的表演性表情或动作等。发作持续时间较短，带有浓厚的情感色彩，重者可伴有轻度意识障碍。见于分离型癔症。

（6）恐怖性情感。恐怖性情感对某种境遇所产生的特殊畏惧和恐慌，常见有死亡恐怖、广场恐怖、触物恐怖、对人恐怖等。多见于强迫性神经官能症和精神分裂症早期。

（7）病理性激情。病理性激情是一种突然发生的、强烈而较短暂的情感障碍，常伴有一定程度的意识障碍与暴行，以致严重地伤害别人，事后出现遗忘症。见于癫痫、精神分裂症及脑外伤性精神病。

（8）易激惹。易激惹表现为遇到轻微刺激即可产生强烈的情感反应，极易生气、激动、愤怒、甚至大发雷霆，与人争吵不休或有冲动行为。常见于癔病、神经衰弱、躁狂状态或脑器质性精神病。

（二）低弱的情感情绪异常

（1）情感淡漠。情感淡漠指患者对外界任何刺激缺乏应有的情感反应，即使面对与自己有密切利害关系的事情也无动于衷。对周围事物漠不关心，内心体验极为贫乏。面部表情呆板、冷淡。见于精神分裂症、脑器质性精神病。

（2）情感低落。情感低落以持续数周、数月或更长时间的情绪低落为特征。对任何事物都表现出悲观苦闷、忧心忡忡、落落寡合、消极自卑。患者常常愁眉苦脸、低头落泪。对生活和事物失去原有的兴趣，说话与活动明显减少，不愿见人，自觉能力降低，对工作失去信心。重者可出现自责或罪恶感，自愧难以为人、生不如死、度日如年，严重者可出现自伤、自杀观念或行为。常见于抑郁症和各种原因所致的抑郁状态。

（3）情感衰退。情感衰退患者表现为对周围环境发生的任何事物都引不起情绪反应，丧失自己相应的态度和内心体验，呆滞、行动缓慢、生活不能自理。

（4）情感脆弱。情感脆弱表现为常为小事而伤感，严重时情感失禁，其情感活动的自制能力完全丧失。

（三）情感情绪错乱

（1）情感倒错。情感倒错表现为情感反应与内心体验不一致，这是由于认识过程与情感过程的协调丧失而引起的现象。情感倒错患者的情感反应与当时处境和思维内容不相称或相反。如亲人死亡时不悲反喜，遇高兴事时反而痛哭流涕等。多见于精神分裂症。

（2）矛盾情绪。矛盾情绪表现为对同一事物同时产生两种相反的感情，如既爱又恨，多见于精神分裂症。

（3）表情倒错。表情倒错表现为在不感到悲伤时而号啕痛哭，这是内心体验与表情动作之间不相协调的原因。多见于精神分裂症。

四、意志行为障碍

（一）意志的含义和特征

意志是指为达到一定的目的，自觉地组织自己的行为并克服困难的心理过程。它通过人的行为得到表现，受到人的思维、情感的支持并受社会文化的制约，同时也受到个体人格特征的影响。意志品质有以下特征：

1. 自觉性

对自己行动的目的和意义有明确的认识，并能主动地支配和调节自己的行动使之符合自己的行动目的，称为意志的自觉性。与自觉性相反的意志品质是懒惰、盲从和独断，属于不良的意志品质。

2. 果断性

意志的果断性是指一个人善于迅速明辨是非，合理地决断并执行决定的心理品质。果断性是以正确认识为前提，以深思熟虑和当机立断为特征，与思维敏捷性紧密相连。与果断性相反的是优柔寡断、患得患失、踌躇不前。

3. 坚韧性

意志的坚韧性是指一个人在行动中能坚持自己的决定，百折不挠地克服重重困难，达到行为目标的重要心理品质。在完成需要时间较长、困难十分巨大的任务时，最能考验一个人意志的坚韧性。与此相反的是动摇、顽固、执拗，表现为遇到困难即怀疑预定的目的，错误地放弃追求；或做事见异思迁，虎头蛇尾，对困难望而却步；或明知行为目的有错误，仍自以为是，独断专行等不良意志品质。

4. 自制性

意志的自制性是指一个人为了达到自己的目标，能够驾驭自我、克服自己的欲望和情绪干扰、支配自己的情感、约束自己言行的心理品质。与坚韧相比，意志的自制性更需要克服的是个体内部的障碍。它反映着意志的抑制功能，要坚决抵制不符合目的的内心欲望和不良情绪的干扰，调节注意力，是理智战胜欲念和情感的过程。缺乏自制性的主要表现是放纵自己、对欲念听之任之和随波逐流且对自己或他人不负责任。

意志的这些特征对于鉴别意志障碍具有重要的意义。

（二）意志障碍的表现

意志障碍是变态心理的一类特征表现，从外显的、可观察的行为来描述，常见的意志障碍主要表现在量和质两个方面的变化。①

在量方面的变化的意志障碍主要有以下两类：

1. 意志增强

意志增强是指一般意志活动的增多，表现为病态的自信和固执的行动，持续坚持某些行为，表现出超出常人的毅力和决心，多与病态情感或妄想有关。多见于躁狂症和偏执性精神分裂症。最典型的意志增强见于诉讼狂即偏执性精神病患者，几十年如一日以极大毅力孤军奋战地坚持诉讼活动，遭受无数挫折仍然保持旺盛斗志和精力。

2. 意志减退

意志减退是指意志活动显著减少，表现为缺乏主动性、进取性，对周围一切不感

---

① 张亚林. 精神病学. 北京：人民教育出版社，2005

兴趣，意志消沉，不愿参加外界活动。经常呆坐，懒于料理工作、学习甚至个人生活。多见于抑郁症、精神分裂症、各种活性物质中毒性精神病等。

在质的方面变化的意志障碍主要有以下五类：

（1）意志缺乏。意志缺乏指对任何活动都缺乏明显的动机，表现为缺乏要求或打算、生活被动、处处要别人督促，没有什么明确的企图和要求，不关心事业，也不要求工作和学习，无积极性和主动性，在个人生活方面也十分懒散，甚至个人卫生也全不顾及，不讲卫生，不洗澡，不理发，甚至吃饭也要他人督促。孤僻独处，行为退缩。对自己的状况和处境缺乏自知力，毫不在乎。主要见于晚期精神分裂症，也可见于脑器质性精神病的痴呆状态。

（2）意向倒错。意向要求和意志活动违背常理，或与常人的意向相反。如吃常人不敢吃的东西，如肥皂、泥土、大小便、脏物、草木、石头等，这些行为可能与其他症状如幻觉或妄想有关，也可能是独立存在而不受其他症状影响的结果。多见于精神分裂症。

（3）矛盾意向。原发的内在意志不统一，表现为对同一事物同时表现出对立的相互矛盾的意志活动，且患者对此毫无知觉，不能判断和纠正其病态。是精神分裂症的特征性症状。

（4）犹豫不决。犹豫不决表现为缺乏决断力、行动上举棋不定、忧虑重重，见于焦虑与强迫症。

（5）易受暗示。易受暗示表现为思想和行为易受别人言语、态度的影响，不加批判地按别人的观念行事，见于癔症。

（三）行为障碍

行为障碍是各种心理过程障碍的结果，可由各种原因产生。通常按其表现分为精神运动性抑制与精神运动性兴奋两类。

1. 精神运动性抑制

精神运动性抑制指不但有动作阻滞，还有言语抑制。精神运动性抑制是指整个精神活动降低，言语动作普遍迟缓或减少，表现出缄默、木僵和蜡样屈曲（waxy flexibility）等。缄默患者不语，也不回答问题，以手示意。木僵患者虽意识清楚，但言语和动作行为抑制，不吃不喝，保持一个固定姿势，僵住不动，对体内外任何刺激不起反应，口溢涎水，面无表情，大小便不能自理。蜡样屈曲是指严重的木僵病人，肢体随人任意摆布，像蜡塑一样，可较长时间维持一个不舒适的姿势，如“空枕”。精神运动性抑制多见于紧张型精神分裂症患者。

精神运动性抑制主要表现为以下九类：

（1）木僵。木僵指患者动作明显减少、姿势刻板固定、不言、不动、不食、不解大小便。程度较轻者为亚木僵。严重木僵见于精神分裂症紧张型、器质性病变。偶有抑郁症患者精神运动性抑制可达到近似木僵的程度。强烈的精神创伤引起的木僵，称为“心因性木僵”，一般时间不长，多伴有意识障碍。木僵状态是运动抑制的表现。轻者言语、动作、行为迟缓、笨拙，重者缄默不语，不吃不喝，完全不动，能保持一个固定的、较不舒适的姿势长时间不动（蜡样屈曲）。根据引起木僵的原因，木僵状态分为心因性木僵、抑郁性木僵、紧张性木僵和器质性木僵。蜡样屈曲常在木僵基础上发生。患者肢体、头部任人摆布成各种不舒服的姿势，仍能维持很长时间，如蜡塑成一般，故名蜡样屈曲。有时把患者的枕头抽去后，头仍悬空不动，称为“空枕”。

(2) 违拗症。违拗症指对他人提出的要求不仅不作出任何反应，甚至加以抗拒，包括主动性违拗和被动性违拗。主动性违约拗指做出与对方要求完全相反的动作；被动性违拗指对他人的要求一律拒绝，多见于紧张型精神分裂症。

(3) 模仿动作。模仿动作指对他人的言语动作进行毫无目的、毫无意义的模仿，多见于儿童、低能、器质性脑病与精神分裂症。

(4) 作态。作态指以古怪、愚蠢、幼稚、做作的动作、姿势、步态和表情表示某种意义，难以为别人了解，如作怪相、扮鬼脸、怪声怪气地与他人交谈等。多见于精神分裂症患者。

(5) 被动性服从。被动性服从指患者被动地服从他人的命令和要求，甚至一些令患者不愉快的、违背患者意愿的命令和要求，使患者很不舒适的事和动作，患者也无条件地服从和执行。多见于精神分裂症。

(6) 怪异行为。怪异行为指患者的行为离奇古怪，不可理解，常做些挤眉弄眼、装怪样、做鬼脸的动作等。多见于精神分裂症。

(7) 持续动作。持续动作当周围人向患者提出别的要求后，患者仍要重复做刚才所做的动作，它经常和持续言语同时出现。主要见于精神分裂症。

(8) 强制性动作。强制性动作指患者做不符合患者自己意愿且又不受患者自己控制、支配同时带有强制性性质的动作。对此，患者往往没有明显摆脱的愿望，同时也不感到明显的痛苦。多见于精神分裂症。

(9) 强迫动作。强迫动作一种违背患者本人意愿反复出现的动作，患者能意识到这些动作没有必要，努力摆脱，但又无法摆脱。多见于强迫症和精神分裂症，也可见于抑郁症。强迫症和抑郁症患者对强迫性动作，有反强迫表现。强迫与反强迫之矛盾会引起焦虑不安、心慌、出汗等，因此，患者对此非常痛苦；而精神分裂症患者对其强迫动作多无强迫表现，往往顺其自然，因此，他们较少或没有痛苦体验。

2. 精神运动性兴奋

精神运动性兴奋，是指整个精神活动增强，分协调性与不协调性两类。

(1) 协调性精神运动性兴奋指与患者当时的思维、情感状态协调一致的精神运动性兴奋，并和所处环境关系密切，动作和行为都有一定的目的和意义，易被人理解，即患者的整个精神活动是协调一致的。如轻躁狂症的兴奋遍及精神活动的各方面，以情感高扬最为突出，并影响和支配其他方面的活动，伴有自我感觉良好、自我评价过高、思维奔逸、夸大妄想、意志增强等，其知、情、意各个过程间相互协调，并与内心体验及周围环境一致，易引起别人的共鸣。与激动情绪相联系的心因性兴奋也属于协调性精神运动性兴奋。

(2) 不协调性精神运动性兴奋是指患者整个精神活动不协调，动作和行为的增多同当时的思维、情感状态不一致，缺乏目的和意义，单调而杂乱，令人费解。表现为言语动作紊乱，动作缺乏目的，常有突然冲动行为，不能与周围人进行适当的接触。如精神分裂症的紧张性兴奋，无诱因突然发生的冲动、攻击或破坏行为，而言语却呈现出缄默或刻板的特点，令人费解。幻觉妄想性兴奋由于不能为现实检验纠正，行为受幻觉妄想支配，也常是不协调的。意识模糊时感知、思维都出现混乱，与环境失去接触，如有兴奋通常则都是非协调性的。

五、常见精神障碍举例

（一）精神分裂症及其他妄想性障碍

1. 精神分裂症

精神分裂症起病于青壮年，病程缓慢，认知功能遭到损害。症状并不是继发于意识障碍，智能障碍，情感高涨或低落。症状标准：① 反复出现言语性幻听，幻听长期存在，出现频率非常高；② 明显的思维贫乏、脱节、思维松弛、言语不连贯、思维内容贫乏（思维松弛：所答非所问，主题不突出，内容非常凌乱，内容不易理解）；③ 思维被插入，抽走；④ 被动；⑤ 原发性妄想，妄想心境（50% 患者存在）；⑥ 思维逻辑倒错，明显的意志减退，自知力不完整。病程标准：持续 1 个月，可诊断。

2. 偏执性精神病

偏执性精神病又称为妄想性障碍，是一种以系统妄想为突出临床表现的精神性障碍。

3. 急性短暂性精神障碍

这两种精神障碍的共同的特点是：① 在两周内急性起病；② 以精神病性症状为主；③ 起病前有相应的心因；④ 在 2 ~3 个月内痊愈。

（二）心境障碍

1. 躁狂发作

躁狂发作的特点：患者情绪高涨、思维奔逸，表现出精神运动性兴奋。发作形式包括轻型躁狂、无精神病症状躁狂、有精神病症状躁狂和复发性躁狂症。

2. 抑郁发作

抑郁发作的特点为情绪低落、思维缓慢、语言动作减少和迟缓。发作形式包括轻型抑郁症、无精神病症状抑郁症、有精神病症状抑郁症、复发性抑郁症。

3. 双相障碍

双相障碍表现为情绪高涨与情绪低落交错发作。

4. 持续性心境障碍

持续性心境障碍的特点是持续性并常伴有起伏的心境障碍，每次发作极少严重到足以描述为轻躁狂的程度，甚至不足以达到轻度抑郁。其发作形式包括环性心境障碍、恶劣心境障碍、混合状态障碍。

（三）神经症

（1）恐怖症可分为场所恐怖、社交恐怖、特定恐怖。

（2）焦虑症：惊恐障碍，又称急性焦虑发作；广泛性焦虑障碍，又称慢性焦虑症。

（3）强迫症：强迫思维包括强迫性穷思竭虑、强迫性疑虑、强迫性对立观念。强迫行为包括强迫性仪式动作、强迫性洗涤、强迫性询问和强迫性计数。

（4）疑病症：以担心或相信罹患严重躯体疾病的持久性优势观念为主，各种体检的阴性结果和医生的解释，均不能消除患者对疾病的疑虑。

（5）神经衰弱：以脑和躯体功能衰弱为主要特征的神经症。

（四）应激相关障碍

（1）急性应激障碍：严重的精神打击，刺激后数分钟或数小时发病。

(2) 创伤后应激障碍：又称延迟性心因性反应。遭受强烈或灾难性精神创伤事件后，数月至半年内出现的精神障碍。

(3) 适应障碍：遇到了应激性生活事件，1个月内起病，不超过6个月。

(五) 人格障碍及性心理障碍

(1) 人格障碍可分为偏执性人格障碍、分裂样人格障碍、反社会性人格障碍、冲动性人格障碍（又称攻击性人格障碍）、表演性人格障碍（又称为癔症性人格障碍、强迫性人格障碍）、焦虑性人格障碍、依赖性人格障碍。

(2) 性心理障碍可分为性身份障碍（易性症）、性偏好障碍（恋物症、异装症、露阴症、窥阴症、摩擦症、性施虐与性受虐症）、性指向障碍（同性恋）。

(六) 心理生理障碍

(1) 进食障碍可分为神经性厌食症、神经性贪食症、神经性呕吐。

(2) 睡眠障碍可分为失眠症、嗜睡症和某些发作性睡眠异常情况，如睡行症、夜惊、梦魇等。

(3) 性功能障碍要注意区别于性心理障碍，如性欲减退、阳痿、早泄、性高潮缺乏、阴道痉挛、性交疼痛等。

(七) 癔症

(1) 分离性障碍又称癔症性精神障碍，包括癔症性意识障碍、情感暴发、癔症性假性痴呆、遗忘、身份障碍、漫游、精神病等。

(2) 转换性障碍又称癔症性躯体障碍，包括运动障碍（痉挛发作、抽动、肢体瘫痪、行走不能）和感觉障碍（感觉过敏、缺失、异常、失明、失聪）。

(3) 癔症的特殊表现形式是流行性癔症或称癔症的集体发作。

单元四　违法心理自我调适教育

在心理养生过程中，精神食粮重于食物。情绪锻炼优于体格锻炼，心态平衡大于生态平衡，所以说保持一个健康的心理状态才能真正实现身体健康。随着时代的进步，违法矫治工作在不断发展，以人为本的观念成为违法矫治工作的指导思想，越来越多的违法矫治工作者开始意识到心理健康教育在劳教工作中的重要性，培养违法行为人健康向上的心理素质已成为挽救违法行为人的重要目标。

一、当前违法行为人存在的心理问题

心理学家指出："人们存在的心理问题受社会、文化、经济等各方面因素的制约，心理健康和心理问题是可变的、可逆的和发展的。"在人的一生中，任何人都不可避免在一定时期存在着心理问题。违法行为人作为特殊人群，其心理问题表现得更为严重。

(1) 心理依赖性顽固。这个问题在吸毒违法行为人中表现得尤为突出。戒毒违法行为人入劳教所前，通过一段时间的生理脱瘾及康复治疗，其急性戒断症状基本消失，从而在生理上控制了毒瘾，心理上也获得某种程度的恢复。但由于吸食海洛因能够给人带来极大的欣快感及舒服感，情感体验非常深刻。虽然吸毒违法行为人在教育改造

过程中难以获得毒品，可一些特定因素仍会唤起他们吸食毒品的情感记忆，其对毒品的追求和向往并不会消失，并将长期存在。

（2）适应性差。部分违法行为人生活自理能力差，进入劳教所后又会面临许多新的问题，难以适应生活环境和生活方式的变化，不适应劳教所生活和民警的管理教育方法及集体活动，从而造成心理障碍。

（3）情绪不稳定。违法行为人多受到社会的歧视，得不到家人的关心，心理十分脆弱，常由于受到批评，或家人不来接见、不给其上账，造成情绪忽高忽低，甚至由于一时冲动发生打架或自伤自残事件。

（4）人际关系敏感。违法行为人与普通人一样有交往的需要，由于其特殊的身份关系，使其在交往过程中容易出现心理和行为障碍，与管理民警之间、与同教之间、与亲人之间情感不能沟通，导致性格内向、孤僻。

（5）心理不平衡性。违法行为人常常由于同教生产技术好、速度快而比自己提前收工，或某次同教的饭菜比自己的多点等小事而心生嫉妒。嫉妒是一种可怕的心理，是一种痛苦又十分有害的心理。

（6）敌对现象。违法行为人由于违法行为被强制执行劳动教养，在场所内常常抵制改造，不服从民警的管教，在受到批评时，容易产生敌对心理。

（7）偏执现象。以自我为中心，在劳教所里，思想、行为随意性强，处处都以我为中心，不服从民警管理。

二、违法行为人产生心理问题因素

违法行为人是活生生的人，他们以前生活、工作的环境非常复杂，因此，影响违法行为人的因素是多种多样的，有社会的、家庭的，生理的、心理的。概括起来主要有两大方面的因素。

（1）客观因素。大量数据显示，家庭和社会的不良因素是诱发违法行为人违法的主要因素。违法行为人中很多都是来自于单亲家庭。由于得不到父母的关心和爱护，得不到社会的认同而抑郁、自卑，养成独僻的性格，加上家庭管理出现真空，与社会上的闲杂人员长期混在一起，从而沾染上各种恶习。投入改造以后身份发生变化，环境发生变化，又得不到社会和家人、朋友的尊重和理解，使改造积极性受挫，爱走极端，以至于很难接受民警的管理和教育。

（2）主观因素。违法行为人文化素质普遍较低，通过统计得知，违法行为人中初中以下文化程度者占81%左右。他们没有树立正确的世界观、人生观、价值观、审美观，法律意识淡薄。他们没有远大理想，爱享受，怕吃苦，好逸恶劳思想严重。对事物的认识具有片面性、简单化的特点。自卑心理严重，遇事缺乏理智，喜欢寻求刺激，看问题偏激。吸毒违法行为人自控能力差，经受不住毒品的诱惑。缺乏自信心，不能正确对待困难和挫折。

三、违法行为人的心理调适策略

健康的心理应当是和谐的、有序的、平衡的。要挽救这些违法行为人，必须让他们学会心理卫生，学会心理调节，学会适应社会，适应竞争，像重视身体健康一样重视心理健康。违法行为人可以通过以下六种方法促进心理健康：

(1) 学会幽默与自嘲。幽默是一种美丽的“转化剂”，它可以使烦恼化为欢畅，能让痛苦变为愉快，将尴尬变为融洽，有利于调节情绪和消除身心疲劳。研究表明，人在欢笑时，膈、胸、腹、嘴、唇等部位的肌肉必须同时运动，而构成笑容满面的肌肉就有40多块。这就能刺激大脑产生一种儿茶酚胺类激素，促使人体内产生吗啡物质，从而减轻疲劳。

(2) 学会欣赏音乐。音乐可以增进健康，辅治疾病，使人延年益寿。经常欣赏优美动听的音乐，不仅有益于陶冶情操，舒心爽志，而且还能起到化干戈为玉帛，家人和睦相处的奇妙作用。

(3) 练习书法与绘画。有条件的话，练习书法是一种很好的修心活动。挥毫练笔，不仅能得到艺术上的高雅享受，而且能怡情养性、增进心理健康。绘画也是一种使人心情舒畅、精神焕发的艺术活动。通过绘画，使自己自然地将压抑在心头的感情发泄出来，调节精神，改善情绪。

(4) 善于读书。“常读书，乐忘忧，脑运动，气血舒，好养生，利康寿”，此话是有道理的。因为读书可以移情易性、振奋精神以增强免疫功能，颇具保健之益。

(5) 自言自语。自言自语是一种十分重要的心理行为方式。它可以发泄内心长年所遭受的思想和感情上的压抑，从而获得精神状态和心理状态的平衡协调。达到镇静宁神、陶冶情志的治病目的。这是因为自己的声音音调有一种使人镇静的作用，有一种安全感和人际接触感。大声对话可以调整头脑中紊乱的思绪，尤其是在紧张劳累时，可以改善睡眠。

(6) 学会宽恕。有人伤害了你，也许是昨天，也许是很久以前，你不能忘怀。怒气深藏在记忆里，使你总是觉得愤懑。这时只有宽恕才能抑制沉痛的回忆。

单元五　违法心理压力的疏通与释放教育

违法行为人是心理问题的高发人群，绝大部分新入所的违法行为人心理压力较大，思想消沉，对未来缺乏信心，忧心忡忡，个别人甚至对新的环境有恐惧感。[①] 大多数违法行为人环境适应能力差，表现出经常性的心理矛盾、困惑甚至心理障碍；场所康复期间是他们心理活动最复杂多变，心理矛盾和冲突最强烈的时期，如自尊与自卑的矛盾，理想与现实的矛盾，感情与理智的矛盾，知与行的矛盾，需求与满足的矛盾。这些内心矛盾使得违法行为人常处在感情的漩涡中。因此加强违法行为人心理压力的疏通与释放，有助于他们适应新环境，安心改造。那么，如何缓解违法行为人的心理压力呢?

一、宣泄法

宣泄法是一种将内心的压力排解出去，以促使身心免受打击和破坏的方法，通过宣泄内心的郁闷、愤怒和悲痛，可以减轻或消除心理压力，避免引起精神崩溃，恢复心理平衡。“喜怒不形于色”不仅会加重不良情绪的困扰，还能导致某些心身疾病。因

---

① 王清泉. 劳教场所要加强对新入所劳教人员的心理调适. 中国司法，2003 (1)：26

此，对不良情绪的疏导与宣泄是自我调节的一种好办法。

违法行为人进入拘禁场所后，通常面临个人感情问题，并产生后悔和自责、悲观厌世等情绪，这些心理问题不容忽视。给违法行为人提供宣泄情绪的“宣泄室”内悬挂一个黑色沙袋，墙边立着一个假人，两边墙上贴着“一声呐喊除郁闷，几招拳脚释悲愁；该出手时就出手，所有烦闷全赶走”这样的标语。只要有宣泄必要，违法行为人可以手戴拳击手套，独自一人在“宣泄室”痛打沙袋、猛摔假人，将心中苦闷尽情发泄出来。在与其相邻的“疏导室”里，违法行为人可以坐在沙发上，听着舒缓的音乐，将心态放松，与心理咨询人员沟通。

“如果某位违法行为人脾气暴躁，或有发泄需求，我们就请他到宣泄室排解排解。”据戒毒所民警介绍：“一位 20 岁男子因吸毒被强制送到戒毒所后，有了‘强迫症’症状，喜欢用尽力气擦地板、刷马桶。我们观察其表现后，找来心理学专家，经深入沟通，该男子突然大哭一场，然后将心中苦闷宣泄了出来，我们又让其单独在宣泄室治疗。三次之后，该男子心理问题已经好转，目前已经是个心理健康的违法行为人。”

二、面对现实

现实生活是极其复杂的，每个人都有自己的理想和抱负，都对自己有所要求。但是这种要求应该建立在现实的、力所能及的基础上。人们之所以感到工作、生活受到挫折，往往是因为自我目标难以实现，因此感到自卑失望，过高的期望只会使人误以为自己总是不走运而终日忧郁。有些人是“完美主义者”，对任何事都希望十全十美。而世界上的一切事情都不可能十全十美。所以，应该调整自己的生活目标，客观地评价事情、评价自己，得意淡然，失意泰然，在积极向上努力进取的同时，拥有一颗坦然面对成功与失败的平常心，才能使自己心情舒畅。另一方面，每个人又都有各自的性情、品格和优缺点，别人不会都迎合你的意思，就像你自己也未必符合别人的要求一样。对别人的要求越高，自己的不满情绪会越大。如果对别人的要求较低的话，那么稍微符合你的愿望，你就容易得到满足。所以，既不要苛求自己，也不要苛求别人。

三、注意转移

注意转移的原理是在大脑皮层产生一个新的兴奋中心，通过相互诱导、抵消或冲淡原来的优势兴奋中心（即原来的不良情绪中心）。当与人发生争吵时，马上离开这个环境，去打球或看电视；当悲伤、忧愁情绪产生时，先避开某种对象，不去想或忘掉，可以消忧解愁；在余怒未消时，可以通过运动、娱乐、散步等活动，使紧张情绪松弛下来；有意识地转移话题或做点别的事情来分散注意力，可使情绪得到缓解。要多接触令人愉快、使人欢笑的事物。避免和忘却一些不愉快的事。与其“不懈奋斗、孜孜以求”，最后“衣带渐宽”，面容憔悴，不如潇洒一些，干点快乐的事。

人们面对困境，情绪懊丧时，不妨从相反方向思考问题，这能使人的心理和情绪发生良性变化，得出完全相反的结论，使人战胜沮丧，从不良情绪中解脱出来。

四、放松训练法

放松训练是一种简单易行的缓解心理压力的方法。可以按照常规的方法，找一个安静的环境，闭上眼睛，逐渐放松全身肌肉，平静缓慢地呼吸，排除各种杂念，保持

"心如古井水"似的状态，体验全身心放松的感觉，默诵或朗读一个字或词，心境随和安详，静坐十几分钟后睁开眼睛，便会重新恢复旺盛的精力和体力。下面介绍一种肌肉放松法：

（1）先用三分钟左右平静呼吸，进入比较平静的心理状态。

（2）深吸一口气，尽可能忍住不呼出，握紧拳头，并使全身紧张，想象一下自己压力最大的时刻或是最恐惧的时候……（坚持10秒左右）

（3）然后再缓缓呼气，找到"如释重负"之感，使全身松弛，由手指、手臂、头皮、前额逐渐到脚掌及脚趾，逐一发布"松弛自我催眠令"，"放松……我的××，非常放松……感觉非常舒服……"等命令，体验松弛的感觉。

（4）重复以上动作三至五次。

（5）最后体验松弛后，想象一股暖流（或者说一股温暖的水流）由头顶缓缓流下，各个部位体验到了这股暖流的温度，整个心情很放松……享受着轻松与快乐。

想象结束后躺在床上休息十分钟左右，你就会觉得有种焕然一新的感觉，这种放松需要长期、习惯性地进行，效果才会更明显。

压力无所不在，我们必须学会认真对待心理压力问题，并及时地、适当地通过调节情绪来缓解心理压力，为不良情绪找个出口，它就不会给精神带来太重太大的伤害。

【实训设计】

实训项目一：愤怒情绪管理训练。

实训目标：通过演练愤怒情绪管理训练活动，进一步掌握开展违法行为人健康教育的技能。

活动设计：

（1）背景：侵犯、发怒和暴力事件是最受关注的问题之一。愤怒控制常常采用放松疗法、社会技能训练、问题解决方法和认知控制。

（2）训练对象：违法行为人。愤怒行为从辱骂、污秽的语言至对抗、损毁监舍和攻击劳教所干警。

（3）训练实施者：心理健康教育人员和劳教所干警。

（4）训练时间：每天90分钟，连练六周。

（5）训练过程：

①采用日记形式的自我监控。

②教育内容——明白愤怒的原因。

③教授在预感发怒情境，愤怒持续情境和愤怒后情境下的自我陈述方法的应用。

④教授应用放松、宣泄等方法应付身体的紧张。

实训项目二：放松训练。

实训的条件设计：心理咨询室。

实训的操作程序：（参考）

一、基本渐进放松训练

练习者要仰卧在床上或地上，身体放松，双腿自然伸直，双臂稍离体侧，掌心向下自然放松，两眼半睁或轻轻闭上。可按以下的步骤放松：

（1）右手用力握拳，体会紧张感5~8秒，然后放松，体会放松感。

（2）左手握拳，然后放松。重复动作一次。

(3) 屈右前臂，收缩肱二头肌，放松。重复动作一次。

(4) 屈左前臂，放松。重复动作一次。

(5) 蹙眉，收缩前额肌肉，放松。重复动作一次。

(6) 咬紧牙，放松。重复动作一次。

(7) 耸肩，收缩肩部肌肉，放松。重复动作一次。

(8) 深呼吸，屏气保持紧张；缓慢呼气，体会放松感。重复动作一次。

(9) 收缩腹部肌肉，放松。然再做一次。

(10) 绷脚面，伸踝关节并保持紧张，放松。重复动作一次。

(11) 腹式呼吸，吸气，使腹部鼓起；呼气，使腹部凹陷。

(12) 重复深呼吸三次，将注意力集中于整个呼吸过程。

(13) 恢复到正常状态。

二、加上暗示语的渐进放松训练

1. 将注意力集中于运用呼吸的技术

(1) 将注意力集中于呼吸，深呼吸三次。

(2) 将放松感引导至身体的每一组肌肉群。顺序是：右手用力、左手用力、弯曲右手前臂（二头肌）、弯曲左手前臂（二头肌）、前额、上下额、双肩、胸部、腹部、臂部、腿部、双足。

(3) 注意一下全身各部位，看是否还有紧张的部位。

(4) 最后查看是否还有紧张部位时，继续将注意力集中于呼吸，同时想象每一组肌群都在放松。

2. 在呼吸和放松的过程中，使用具有启发性的提示语

如在呼吸时可以想象几遍“我很放松！很舒适”，以达到提示的作用。也可以想象“放松、平静”或想象一种能够使自己感觉放松的颜色、情境等。在找到自己的提示语之后，便可以在集中注意力时想象这条提示语，同时进行呼吸。

任务五

吸毒违法心理矫治

成瘾性行为是一种逃避性行为，即逃避自己不能接受的问题。然而，这种逃避的做法，往往于己于人都是伤害。

【重点技能】

- 吸毒违法行为心理诊断技能
- 吸毒违法行为心理治疗技能
- 吸毒违法行为心理辅导技能
- 吸毒违法行为心理教育方法

【案　例】

歌手谢东2011年3月25日在湖南长沙因吸毒被警方逮捕，警方当场收缴冰毒接近10克，随后谢东被治安拘留15天。谢东此番已是三度因吸毒被拘。据长沙当地媒体报道，3月25日晚9时，长沙市望麓园派出所对辖区进行例行治安检查时，发现了正在吸毒的谢东。据民警介绍，谢东三度复吸与前两次因吸毒被抓不无关系，谢东两次因吸毒被抓后感觉在北京“混”不下去，春节前接受朋友建议到湖南散心。其在警方的供述中称：前不久，他应邀从长沙去衡阳开个人演唱会，来去的路上都有毒品相伴。他说自己十分清楚毒品的危害，但为了重新迸发出创作灵感，“迫不得已”才复吸。2007年5月，谢东与女友在住所内吸毒时被警方抓获；2008年2月29日，月坛派出所民警例行检查时发现谢东二度吸毒，并于现场搜出吸食冰毒的工具，谢东被处以行政拘留10天，随后接受强制戒毒，9月底谢东戒毒成功离开戒毒所。谢东三度复吸被抓后，警方称谢东的违法行为已符合强制戒毒的要件，警方将会在其治安拘留期满之前为其办理相关法律手续，并将其报送强制戒毒两年。①

项目一　吸毒违法心理诊断

【操作步骤】

（1）吸毒行为人心理诱因分析。获取来访者的相关资料信息，分析行为人吸毒的心理因素，包括吸毒行为人初期心理因素分析，上瘾心理因素分析以及人格特征分析。

---

① 谢东三度因吸毒被拘面临强制戒毒，复吸为找灵感. 中国日报（网络版），http：//www. chinadaily. com. cn

(2) 吸毒者的心理构成分析。作为社会特殊群体的吸毒人员，既具有一般人的常态心理，也具有吸毒人员的特殊心理。

(3) 吸毒人员心理测量评估。使用气质量表、卡特尔16种人格因素测验、健康症状自评量表等对吸毒人员的心理进行评估。

单元一　吸毒行为人心理因素分析

吸毒有生理因素和社会因素。生理上，吸毒后机体会产生过多的受体，当机体得不到毒品时就出现戒断反应。吸毒者大脑的结构也发生了改变，吸毒后人的思维能力也受到影响。同时机体的其他器官也受到毒品损害。这些都或多或少影响了吸毒人员的康复。吸毒成瘾后为了得到毒品，吸毒人员就可能违法犯罪，从而危害社会。当毒瘾发作时就可能丧失道德甚至人性，给社会也造成不良影响，公众对吸毒者的歧视也让戒毒人员很难回到正常的生活环境里，使吸毒者最后又回到吸毒的圈子里了。有些吸毒者长期吸毒，社会功能丧失，好吃懒做，难以融入社会。但心理因素仍是吸毒的主要诱因。

一、初期吸毒的心理诱因

1. 解除忧愁、空虚，逃避现实

许多人是不能忍受工作、情感、婚姻等方面的挫折，难以用积极的心态面对生活中的种种失意，因而选择用毒品来麻醉自己，以解心中的忧愁、空虚。有些吸毒者是因为不能忍受身体疾病带来的痛苦，为了解除生理上的折磨而开始吸毒。在吸毒原因调查中发现，有64.8%的吸毒行为人选择了心烦，58.6%的人选择了受挫①。

2. 逆反心理

有人内心对毒品和吸毒危害性的宣传持叛逆心理。持怀疑态度的青少年，不相信禁毒的宣传，如果这种叛逆心理没有得到妥善的处理，这些青少年就可能会通过吸毒来表现其叛逆。

3. 无知和片面心理

初次吸毒者由于没有或严重缺乏关于毒品方面的知识而使自己判断失误或盲目涉毒而导致吸毒，多数吸毒者在吸毒之前对成瘾行为持轻率、放任甚至主动追求的态度。

4. 好奇心理

有些行为人初期吸毒是因为对毒品产生了强烈的好奇心，这源于毒品本身的神秘感及吸毒场所的隐蔽性。个体吸毒行为会经历一个心理准备和心理发展过程，是个体行为决策后再决定采取的行为，在决策过程中，对毒品应具有一定的了解。“好奇”对于染毒具有推动作用，由“好奇”发展到实施吸毒的行为要经历主体内部因素与外部因素的交互作用使不良社会影响内化，并最终外化成吸毒行为的系列过程。②

---

① 季定素. 打工妹中吸毒原因的调查与分析. 浙江省强制戒毒所研讨文章选编，2005. 9~12

② 转引自杜新忠. 杜新忠戒毒网，http：//www.jhak.com

5. 交友不慎

许多吸毒行为人因为交友不慎，在吸毒朋友的影响和教唆下，开始吸毒。有些是纯粹为了交朋友而盲目顺从，开始吸毒。

6. 意志薄弱、自控力差

大部分吸毒者在社会环境中经受不住毒品的强烈诱惑，不能自我控制而吸毒。

二、上瘾心理因素

一般人在第一次吸毒时会产生头晕及恶心等不适反应，而吸毒者会复吸的原因有两方面：

一是人烦恼或反叛时产生的一种攻击性，这个攻击如果指向别人就是暴力，指向自己就是自虐。早期吸毒就是让自己痛苦，对自己的攻击。

二是吸毒的朋友会说，再吸几次就会很舒服了。克服初期的不适感后，就会体验到欣快感，就有幻觉了。长期使用后，机体就会产生过多的受体，当得不到毒品时机体就出现流泪、全身如同蚂蚁啃骨头等戒断反应了。一旦吸毒的人有了戒断反应，吸毒就主要是为了缓解戒断反应了，为了达到欣快感就要加大毒品的量，量控制不好就容易因用量过大而死亡。吸毒的人沉溺于毒品所产生的欣快和幻想中，这就会使他们逃避现实，社会功能也因此受损了。用过毒品的人戒断后如果再遇到负面的情绪就很容易想起毒品，这个负面情绪催生了他吸毒的行为方式。

三、吸毒行为人人格特征

吸毒行为人人格具有以下一种或几种特征①：

（1）依赖性。对别人要求过多，当别人对他提出要求时则感到不满，常有压抑的敌对情绪，易激惹。

（2）攻击性及反社会性。经常表现为躁狂、易怒、粗暴、外向，常有冲动攻击行为；自我中心，对个人的渴求不能推迟满足，常撒谎，甚至诈骗。

（3）偏执。敏感多疑，偏执任性，以及紧张、焦虑、缺乏自信。

（4）癔症。有明显的内感性不适或疑病观念，常夸大各种疼痛与不适感，同时伴有情绪的爆发；人际关系差。此组人格特征以女性行为人更为明显。

（5）焦虑。常紧张、焦虑、抑郁，甚至自伤、自杀。

单元二　吸毒行为人心理构成

作为社会特殊群体的戒毒人员，他们既具有一般人的常态心理，也有戒毒行为人的特殊心理。

一、吸毒违法行为人的常态心理

吸毒违法行为人也具有与我们常人一样的心理。

---

① 转引自杜新忠．杜新忠戒毒网，http：//www. jhak. com

（一）与常人相同的心理现象构成

心理现象是人脑对客观现实的反映。一般认为，人的心理现象分为心理过程、个性心理与心理状态三个相互联系的部分。心理过程是指人在认知、情感、意志活动方面表现出来的心理活动。个性心理是指一个人在心理过程的发展和进程中，经常表现出来的那些比较稳定的心理倾向和心理特点。对于吸毒违法行为人来说，其心理构成和常人一样具有一致性。吸毒违法行为人的心理现象也同样是在认识客观外界环境的过程中形成的，其心理构成也同样是由心理过程、心理状态和个性心理三部分组成。也有常人所有的认知能力，喜怒哀乐的基本情绪和自尊心。

（二）与常人相同的心理形成过程

1. 人的心理是客观现实的反映，客观现实是人的心理的源泉和内容

心理的产生和发展，要依赖于客观现实和人的社会实践活动。此外，个人的行为习惯、兴趣爱好、情感意志、能力和性格等，也都是在实践活动中形成和发展起来的。离开社会实践活动，就不会产生人的心理。违法行为心理的产生也是如此。

2. 心理反映都具有主观性、能动性

人不是消极、被动地反映客观现实，而是在实践中积极地、能动地反映现实，人的心理能动反映表现出以下三方面的特点：

（1）人的心理是客观现实的主观映象。在反映客观现实的过程中，人逐渐形成了具有丰富内容的主观世界和不同的心理状态与个性心理。反过来，这些心理内容、状态和特点又影响和调节主体对现实的反映，从而表现出人心理的主观性特点。由于每个人的知识经验、目的动机、兴趣爱好、态度体验不同，因而对现实的反映也不一样。

（2）人的心理活动（即意识）对自己的行为和实践活动有巨大的指导和调节作用。

（3）人的心理是在变革现实过程中形成和发展起来的。吸毒违法行为人的心理反映也具有主观性和能动性，只不过这种主观性是个体有选择地吸收了客观外界环境中的消极因素，并内化为自己价值体系的一部分。但这种价值体系与现实社会是对立的、格格不入的。

二、吸毒违法行为人的特殊心理

（一）对毒品的依赖

吸毒人员之所以成瘾，是因为毒品所具有的药理、毒理作用及依赖潜力、耐受性等特征。成瘾行为是一种额外的超乎寻常的嗜好和习惯性，所谓成瘾，是个体明知这样做会给自己或已经给自己带来各种不良后果，但仍不可自制地反复渴求从事某种活动或滥用某种药物。吸毒成瘾又称药物成瘾，即药物依赖，指在反复使用具有成瘾性的药物（毒品）的过程中，机体与毒品相互作用所形成的一种特殊的精神和躯体的病态状况。关于吸毒成瘾的因素，从不同的角度可以有不同的解释，行为学习理论认为，人们首次使用成瘾物质后，由于体验到毒品所带来的欣快感、缓解焦虑、去除戒断反应成为一种阳性的强化因素，通过奖励机制促使人们再次重复使用，直至成瘾；而停用成瘾物质所引起的戒断症状又是一种阴性强化因素或负性强化作用。戒断症状、痛苦体验的出现是一种惩罚，为了逃避这种惩罚，成瘾者只好继续使用成瘾物质，强迫觅药。要解决成瘾性，首先就要解决成瘾者的认知问题。

吸毒行为人因毒品特有的依赖成瘾性形成了“生理依赖”和“精神依赖”，表现为强迫性的定期用药行为和其他反应。

吸毒行为人对毒品的心理依赖性顽固。戒毒人员通过一段时间的生理脱瘾及康复治疗，其急性戒断症状或迁延性症状会逐渐减轻甚至基本消失，从而在生理上控制了毒瘾，心理上也获得某种程度的恢复。由于吸食毒品能够给人带来极大的欣快感及舒适感，情感体验非常深刻。一些特定因素仍会唤起吸毒行为人吸食毒品的情感记忆，其对毒品的追求和向往并不会消失。

所谓心理依赖，又称“心瘾”，是指吸毒行为人脱毒治疗结束，生理依赖消除后，脱毒者会出现对毒品体验的强烈心理渴求。这种希望再次吸食毒品的欲望使脱毒者不顾一切地寻求毒品。

吸毒行为人对毒品心理依赖的强烈程度常大大超过对毒品生理戒断后所产生的恐惧程度。在吸毒成瘾期间，吸毒行为人对毒品心理依赖的强烈程度甚至超过食欲、性欲等本能欲望，有着强烈的不可克制的冲动，特别是断药后，出现的生理戒断反应带来的痛苦，使吸毒者无法控制自己。在戒毒所经生理脱毒回归社会后，吸毒行为人仍然控制不住自己的吸毒欲望，对吸毒有着难以控制的不自觉的强烈冲动和向往，因而产生“强迫性觅毒行为”。因此，可以这样说，不是吸毒人员不想控制自己，而是他实在控制不住自己，他已经身不由己。吸毒者进行复吸的原因不是对毒品的生理依赖，而是吸毒者对毒品强烈的心理依赖。

吸毒行为人具有极不稳定的心理。吸毒行为人的价值观念混乱，行为缺乏准则，对社会的责任心淡薄，对人生的态度放纵而颓废；在他们看来现实是恐怖的，只有沉迷于毒品所带来的迷幻心理状态中才能“想什么有什么，想要怎样就有怎样”。

（二）吸毒成瘾后的心理

根据国内外的研究发现，大多数吸毒行为人长期吸食毒品后，在认知、情感、意志和个性等方面都会出现不同程度的异常。

1. *认知方面*

戒毒人员在多次戒毒又多次复吸的循环中，虽对毒品产生了憎恨感，但因为有数次戒毒失败的经历，对戒毒失去了信心，无法建立正确的戒毒动机，始终把吸毒这个“罪恶感”标签贴在自己的身上，致使吸毒行为人失去自我感，不能恢复正常的生活，难以接受正确观念的影响，认识问题时主观色彩浓厚，自我评价低下。从而形成错误的是非道德观念。

毒品对人的中枢神经具有强烈的刺激作用，使吸毒行为人有一种特殊的心理体验，医学上称为欣快感。随着毒品对人的躯体的毒副作用，最初的欣快感不断减弱或消失，代之以焦虑、沮丧等情绪特征。吸毒行为人的心理活动是最复杂多变的，矛盾、冲突尤为强烈，他们在认知方面表现出以下四个特征：

（1）认知方式直观片面。从实际情况来看，绝大多数吸毒人员由于文化水平较低，抽象思维能力较差，看问题简单，一般只能看到事物的表层和一些感性形象，难以上升到理性水平，且不善于分辨事物的本质特征，往往被事物的现象所迷惑，不善于揭露事物产生的内因和外因，不能分析事物的主要矛盾和矛盾的主要方面，更缺乏了解事物发展规律和准确预见事物发展进程和结果的能力。

（2）认知水平低下。吸毒行为人大多数是青少年，其思想意识尚未完全成型，文化水平低，分辨是非能力也低下，但心理和生理各方面的需要却很强烈，对新生事物反应极为敏感，易产生强烈的好奇心。他们对毒品的危害性认识不深，“好奇和尝试”极好地反映了他们轻率、主动追求的态度。他们认为自己有能力控制或将毒瘾戒断，而且由于他们不懂法律，错误地认为吸毒花的是自己的钱，即便有害身体也是自己的事，与他人、社会无关。他们否认个人错误的价值观念是导致吸毒的真正原因，总是说自己吸毒是因为上当受骗，是受了别人的唆使。

（3）认知目标消极随意。每个人都具有一定的情绪记忆能力，很多人对唤起自己某种强烈情感的事情往往是这种情感体验本身。吸毒行为人对吸食毒品时所体验到的欣快感形成了深刻、强烈的情绪记忆，研究表明，它比其他记忆的印象表现得更为持久，毒品是他们的注意指向和集中的最主要的对象。吸毒行为人对于特征明显、印象深刻的客观刺激，不论价值如何都会引起他们的高度注意并产生浓厚的兴趣，对于符合自己需要的客观事物，往往提高它们的地位，曲解它们的性质和意义，并不择手段地据为己有。而对于不符合自己需要、兴趣的事物，往往充耳不闻、视而不见。

（4）认知活动易受影响。人们的认知活动或多或少会受到外在因素的影响。同样，吸毒人员的认知也会受到外部社会环境因素的影响，毒品和吸毒行为人的客观存在是导致吸毒行为蔓延的客观因素。由于在未成年时期和成年早期，交际环境，特别是家庭成员、好朋友的观念和行为对于个体社会化往往具有最直接、最明显的影响，而他们认知水平低下，对事物不能作出全面、正确的判断，因此容易感染毒品。

吸毒人员在吸毒过程中，由于毒品的危害，其人格已经发生了不同程度的扭曲，为满足吸食毒品的需要，不惜花费大量的钱财，坑蒙拐骗、卖淫偷抢，甚至杀人越货，明显表现出自私、自卑、说谎、嫉妒、损人利己和冷酷无情的人格特征，考虑问题完全以自我为中心，以毒品是否满足为价值评判的标准。缺乏应有的法律意识和纪律意识，对社会和公益事业的义务感，对他人的责任感。

2. 情感方面

根据有关资料，吸毒行为人常以悲观、抑郁、焦虑和紧张等情绪表现为主，大都属于低稳定性和高度紧张的情绪焦虑型。

由于吸毒行为人具有特殊的心理问题，其情绪、情感也不同于正常人，不同点主要表现在以下四个方面：

（1）理智感肤浅狭隘，心理扭曲。理智感是指人认识事物和探求真理的需要得到满足后而产生的情感体验，是一种在认识和评价事物时所产生的情感体验。吸毒行为人的理智感不是以认识和探索人生价值、意义、周围环境，适应和改造环境为中心的，同时也不会因为社会作出贡献而感到快乐；相反地，他们表现为狭隘和肤浅，热衷浮夸和强词夺理，在新生事物面前无动于衷。吸毒人员的美感和幸福感是扭曲的，他们对世间一切与毒品无关的事物都熟视无睹、不屑一顾，认为“海洛因是人间最好的物品，罂粟花是世上最美的花朵”。

（2）孤僻、多疑、易抱怨。多年的吸毒、戒毒经历以及心理的变异和人格的改变，往往使吸毒行为人失去了亲人、朋友的信任和关爱，使得他们无法与他人建立良好的人际关系，从而养成多疑、孤僻的性格，对家庭和亲人情感淡漠、自卑、多疑，对他人失去信任，对事物失去信心和兴趣。

（3）精神高度紧张、恐惧、孤独、空虚、思维混乱、情绪调节能力较差、情绪波动大、易怒、喜怒无常、固执，对他人怀有敌意，喜欢从阴暗面看问题，敌对性和攻击性增强；情感脆弱、抑郁，经受不住挫折和打击。吸毒行为人因为吸毒，社会、家庭对他们的负面评价很多，加上在社会生活各方面面临巨大的阻力，引发和加剧了他们情绪、人格等多方面的不良状况，进而刺激他们对毒品的渴求，妄图借助毒品麻醉自己以暂时摆脱眼前的困境。当他们出现负面生活事件时焦虑不安，对负面情感持拒绝的态度，缺乏自我纠错的能力；吸毒行为人中大多多愁善感、性情抑郁、不堪重负、不能承受挫折、依赖性强、缺乏决断力、胸襟狭隘、嫉妒心强、易冲动、以自我为中心、灵活性差、情绪不稳定、遇到突发事件容易大喜大悲，往往因“一念之差”作出错误的决定。

3．意志方面

吸毒使吸毒行为人的意志特征呈现两极性。一方面，他们在为寻找毒品而进行的各种违法犯罪活动中往往是积极的、顽固的，甚至是偏执的。另一方面，在戒除毒瘾时，其意志力却极为薄弱、毅力差、控制和支配自己行为的能力差，甚至有时带有病理性的意志缺乏。

吸毒行为人的主要心理问题之一就是自制力差。只注意眼前的事物，注意以外界刺激因素为主的寻求快乐的方法，而对那些自我探索、自我实现、自我决定的方法却没有学会。加之吸毒行为人的性格情绪不稳定、易冲动，更加剧了他们行为的失控。吸毒行为人的意志力特征主要有以下四点：

（1）意志薄弱，改造难度大。毒品特有的戒断反应，使得吸毒人员在毒瘾发作时，理智丧失，精神崩溃，毫无人格尊严可讲，为了得到毒品，他们可以出卖自己的肉体和灵魂，甚至铤而走险，置伦理道德、法律于不顾，有相当一部分吸毒行为人因吸毒而众叛亲离，他们自感前途渺茫，生活无着落，对自己的前途根本没有信心，萌生了玩世不恭、自暴自弃的消极心理。

（2）缺乏戒断毒瘾的坚定目标。吸毒人员缺乏戒断毒瘾的坚定信心，虽然有些人也想戒断毒瘾，并且为此也付出了巨大的代价，但是对毒品的错误认识，使得许多人很难树立这一目标。吸毒行为人少坚定多动摇的意志品质，集中表现为缺乏自信，因而容易接受外界的不良影响和诱惑。

（3）缺乏戒断毒瘾的坚韧毅力。实践表明，在强制隔离戒毒期间，吸毒行为人的毒瘾是完全可以戒除的，但是，当他们离开戒毒所重返社会后，约90%的人会复吸，其中一个非常重要的原因就是缺乏戒除毒瘾的坚韧毅力。造成他们缺乏实现目标所需的坚韧毅力的主观原因就是缺乏乐观、进取的精神，对前途悲观失望，主观上夸大困难，因而也就不会有克服困难、勇往直前的决心。

（4）缺乏对自己的情感和行为的自制力。吸毒行为人比较容易受到外界不健康信息的刺激，对于不健康的刺激所引起的情感，本应当用理智来控制，但是他们容易动情，且不善于驾驭情感，不能使自己的情感服从于社会需要。其自制力的缺乏，不仅表现在不能控制自己的欲望，还表现在他们不能有效地控制自己的注意力，这也是他们不能高效率、高质量地进行学习和改造的心理原因之一。

4．个性方面

吸毒行为人个性方面的特征表现为自控力差、易受诱惑和暗示、回避矛盾、逃避现实、行动较被动、多依赖、贪图享受、丧失事业心和责任感，生活中缺少符合现实的目标，只注意内心的迫切需要而不顾客观实际，对挫折的忍耐力降低，经不起失败的打击和别人的批评，不能适当地用积极的心理去战胜挫折和烦恼，性格变得更加脆弱。

人格变异的结果导致他们不能真实地面对自我，往往以一个非自我人格活在世界上，并由此而引发吸毒的矛盾行为。

（三）复吸的心理

造成复吸的原因是多方面的，最主要的是吸毒行为人对毒品产生强烈而顽固的心理依赖和因吸毒导致的人格扭曲。

（1）吸毒者在吸毒时所获得的欣快感会长时间留在其脑海中，无法磨灭，导致吸毒行为人“心瘾”难以消除。

（2）吸毒行为人不愿承受戒断所带来的痛苦，由急性戒断期的脱毒治疗所带来的戒断反应，再加上毒品对大脑功能的损害，还会出现如焦虑、紧张、失眠等迁延性戒断症状，这些都会导致复吸。

（3）戒毒人员回到社会中去，若遇到工作不顺心，婚姻家庭不美满，社会交往不顺利，会产生自暴自弃的心理，从而复吸。

单元三　吸毒行为人心理测量评估

使用气质量表、卡特尔 16 种人格因素测验、健康症状自评量表①对吸毒行为人心理进行研究。

在气质方面，吸毒行为人中抑郁质的极少，可能是由于抑郁气质的人具有谨慎、疑虑重重的性格特点。

从卡特尔 16 种人格因素测验的结果看，吸毒行为人有较高的敢为性、低乐群性和低兴奋性，表明吸毒行为人均具有做事鲁莽、冒险敢为、主动任性、少有顾虑、喜欢探求新事物的人格特征；同时又具有孤独、冷淡、寡言的性格特点。男性实验性分值最高，说明更激进，思想更自由。吸毒行为人的恃强性、怀疑性、世故性因子数低于常模，表明吸毒行为人率直，依赖性强，易顺从或随群附和，易上当，他们聪慧性低、稳定性低，思维迟钝，学识浅薄，抽象思维能力差，易情绪激动，易烦恼，挫折耐受性差，这些都证明吸毒行为人辨别是非能力差，学习能力差，易受他人怂恿，易被教唆。在有恒性和自律性方面，吸毒行为人具有因子分数低于常模，说明吸毒行为人做事敷衍，不顾大体，缺乏奉公守法的精神，他们敢于以身试法。另外吸毒行为人具有低敏感性和低紧张性，说明吸毒行为人自持固执、冷酷、安于现状，由于过于满足而变得懒惰和效率低下。对女性吸毒行为人进行的卡特尔 16 种人格因素测验显示，女吸毒行为人的基本人格为情绪不稳定、爱依附顺从、外向敏感、狂放、爱幻想、直率、幼稚。

---

① 郑振发．吸毒人群的心理状况调查分析及禁毒建议．杜新忠戒毒网，http：//www. jhak. com

吸毒行为人在症状自评量表（SCL－90）中，各因子分如躯体化、强迫、人际关系、抑郁、焦虑、敌对、恐怖、偏执、精神病性等均与全国常模有极显著差异，远高于常模，反映了吸毒人员存在广泛的、严重的心理障碍。

用艾森克个性问卷对戒毒行为人进行调查，吸毒行为人的P量表（Psychoticism，精神质）偏高，这表明吸毒行为人可能较为倔强，难以适应环境，行为异常，喜欢做奇特的事情，不顾危险。

项目二　吸毒违法心理咨询

【操作步骤】

（1）认知疗法。通过改变戒毒者错误的认知观念来改变其不良情绪与不良行为。明确总要求；熟练掌握常用治疗技术；把握操作程序。

（2）行为疗法。根据条件反射的原理，利用厌恶性或惩罚性的刺激，改变吸毒成瘾者的不适应行为，从根本上减少和消除不良行为，塑造新行为和心理。具体包括系统脱敏法、厌恶疗法等。

（3）精神分析——沙盘游戏疗法。一盘细沙，一瓶清水，一架子各式各样造型的物件，吸毒行为人可自由表现与创造，加上治疗师的关注与投入可使吸毒行为人呈现其内心世界，唤起他们的童心，充实与发展心灵，促进心灵的回归，进而帮助他们解决身心失调、社会适应不良、人格发展障碍等问题。

单元一　认知疗法

认知疗法是一种最常用的心理治疗方法。其原理就是通过改变戒毒者错误的认知观念来改变其不良情绪与行为。因为人的任何心理过程都是在意识的支配下完成的，当人的认知产生偏差或作出错误评价与解释时，就会导致不良情绪与行为的产生。治疗的最终目的是抗复吸和纠正反社会行为及提高戒毒人员的自我控制能力。

对吸毒违法行为人而言，其对毒品的认知将影响其是否戒毒或继续毒品吸食行为。显而易见，认知疗法的主要着眼点在于吸毒行为人的非功能性认知问题。这一方法企图通过改变吸毒行为人对己（自己对毒品的依赖性）、对人（因吸毒给家人、他人带来的影响）或对事（吸毒行为的违法性）的看法和态度来改变和改善吸毒行为人呈现的（人格变异等）心理问题和吸食毒品的行为表现。

心理学告诉我们，所谓"认知"，是指个体对人或事的认识和看法，包括思想、态度、信念以及对行为的知觉等。由于周围环境背景的差异和个体文化、知识水平的不同，人们对问题往往有不同的认知和理解。如对"毒品"，有人认为"毒品猛如虎"、是"白魔"，而有人则认为它是使人欲仙欲醉的"人间极品"，也有人认为毒品是治病良药。因此，关键不在于"毒品"客观上是什么，而是被不同的人看做什么。不同的认知就会产生不同的情绪，从而影响人的行为反应。正因如此，认知疗法强调，一个人非适应或非功能性心理行为，常常是受不正确的认知影响而产生的。如果更改或修正其扭曲认知，则可改善其心理与行为。认知疗法是建立在领悟和自主基础上的，其作用正如弗洛伊德所说的“知道了症状的意义便可使症状消失”，所以认知的改变必须以吸毒行为人的内心改变为基础。故而，心理治疗的重心在于更改或修正扭曲的认知而不是适应不良行为。正如认知疗法的主要代表人物贝克所说的：“适应不良的行为与情绪，都源于适应不良的认知，因此，行为矫正疗法不如认知矫正疗法。”

在操作上，认知疗法通常采用认知重建、心理应付、问题解决等技术进行心理辅导和治疗。其中，认知重建最为关键。对于如何重建人的认知结构，从而达到治疗的目的，认知疗法的大师们提出了各自的看法。譬如艾利斯认为只有通过疏导、辩论来改善和重建不合理的认知信念，才能达到治疗的目的；而梅钦伯姆（Meychenbaum）则认为人的行为和情绪由自我指令性语言控制。如果自我指令性语言在形成过程中有误，就会产生不良的情绪和行为反应，因而治疗包括学习新的自我指令、使用想象技术来解决问题。贝克则提出应尽量发现、挖掘吸毒行为人异常或歪曲的思维方式，加以分析、批判，再代之以合理、现实的思维方式。对吸毒行为人而言，其常见的心理障碍的中心问题是某些歪曲的、错误的思维（想法和看法）。如认为吸毒是富裕的象征，是时髦的代名词；人的一生应尝尽酸甜苦辣才算完整，吸毒能增加人生经历；也有的是在好奇心和叛逆性驱使下发生吸毒行为，认为“你们说吸毒有害，我就不信”，等等。故而，认知疗法在“戒毒”中的运用主要在于向吸毒行为人提供有效的方法以克服其盲目、错误的认知。

从广义的角度看，认知疗法包括所有能改变错误认知的方法，如通过影视、电台、图片、报纸杂志等多种途径向吸毒行为人进行宣传教育，使其树立戒毒的决心和信心，以达到戒毒的目的。但作为一种特殊的治疗手段，相应地，它也有其特殊的方法、技术和程序。

一、认知疗法总要求

一是治疗师要向吸毒行为人说明一个人的看法与态度是如何影响其情绪和行为的；二是帮助吸毒行为人去检讨他所持有的对毒品和吸毒行为的看法，从中发现其不正确的认知，指出其错误认知的非功能性与病态性；三是督促吸毒行为人去练习更换这些看法和态度，重建功能性的、健康的看法与态度，以便借此看法和态度来促进健康的心理适应性行为，从而达到戒毒的目的。

二、常用的治疗技术

（1）改变吸毒行为人对毒品的认知评价。众所周知，吸毒行为人在吸食毒品后，因毒品的药物作用使吸毒行为人的生理、心理产生变化。由于毒品的种类不同，反应也不尽相同，以鸦片类毒品为例，吸食（或注射）鸦片类毒品的即时效应表现为欣快感、忧愁尽扫、白日梦、全身温暖和酥软、瞳孔小、血压低。这些反应使吸毒行为人对鸦片类毒品的感知发生歪曲，其认知评价是“吸了舒服”，殊不知长期吸食鸦片类毒品会出现急性和慢性中毒，急性中毒者表现为烦躁不安、呕吐、出现谵妄状态，进而开始昏迷、休克，体温低，呼吸慢或潮式呼吸，出现针尖样瞳孔。而慢性中毒则表现为共济失调，神经损害和并发感染，出现神经症综合征，人格改变。

因此，认知疗法要求治疗者让吸毒行为人充分认识到自己对毒品认知的局限性，尤其应使其理解毒品对人身心危害的严重性。从而改变自己对吸毒行为的归因偏差，即从“吸了舒服”的归因到“吸了有害”的归因，进而戒断“毒瘾”。

（2）改变信条的技术。心理学研究表明，人们主要根据自己的世界观、人生观和价值观来调节自己的生活方式和人际关系，解释、评价外界事物，解释、评价自我和他人，贝克称之为信条。一个人一贯坚持做某一件事，是以某种信条作为其心理动力的。盗窃、抢劫犯的信条是“人不为己，天诛地灭”、“人无横财不富、马无夜草不肥”，而以“全心全意为人民服务”为信条的人，则是那些在平凡工作岗位上作出不平凡事迹的先进模范人物。吸毒违法行为人的信条是“快乐—痛苦”信条。即吸毒行为人把快乐与痛苦绝对化，非此即彼，达到目标则快乐，达不到目标则痛苦。如“我不吸毒就没有快乐”，“只有毒品才是快乐的唯一源泉”，“有事做辛苦，没事做痛苦，只有吸毒最快乐”，等等。因此，认知疗法的治疗技术之一就是设法改变吸毒行为人的这些信条。可以运用“认知元素失调论”的理论成果使吸毒行为人对毒品的认知元素失调，产生“吸毒真有那么快乐吗?”的疑问，“我是该吸毒还是不该吸”的困惑，甚至产生“吸毒根本就是一件痛苦的事”的认知。要达到这一目的，在操作方法上可结合使用行为疗法中的厌恶疗法，使吸毒行为人不仅得不到祈求（毒品）的欣快感，反而产生令人痛苦的体验。如在大麻烟中渗入一些氨水，吸食时就会伴随恶臭感，吸食者经过多次重复使用后自然会对大麻烟产生厌恶感。再如对于那些想象力比较丰富的吸毒行为人，可让其观看大量的关于吸毒后果的录像片、图片或文章，使其从中受到感染，产生联想，从而对吸毒产生一种厌恶和恐惧的情绪等。

三、操作程序

（1）把脉。把脉即了解吸毒者的基本情况、吸毒的起因、历史、主要吸食毒品种类、吸食的方式，掌握其对毒品的看法、对解毒的认识，等等。治疗师可以通过与吸毒行为人进行认真、深入的访谈了解，也可让吸毒行为人自行书写详尽的材料，必要时还可通过体验、化验等客观检查手段为其“把脉”。

（2）治疗。治疗具体分为三个步骤：一是向吸毒行为人讲述认知对情绪、行为的影响作用，吸毒成瘾的大致阶段及毒品的危害等，帮助其初步建立戒断毒瘾的信心；二是认知重构。这一步是最关键的步骤。大多数吸毒行为人需多次、反复阐述才能重建功能性、健康的认知体系。在每次阐述之后，都应当要求吸毒行为人根据阐述，并结合自己的情况写出新的感受和认知。当下一次阐述时，应当根据吸毒行为人的反馈材料增加相应的新内容，使阐述更有针对性和说服力，最终达成共识。三是在认知重构的基础上，指导和鼓励吸毒行为人进行实际戒毒。这一步难度较大，尤其是对毒瘾较深的人来说，可谓艰难的一步。这时，治疗师不仅要在心理上循循善诱，给予鼓励，而且要从旁指导，加强督促。

（3）防止复吸。毒瘾难断，难就难在心理戒断上。一般来讲，成瘾者经过戒断症状的几个阶段后，身体上对某些毒品的依赖性就会消失。但心理上的紧张、自卑及其他渴望得到某种毒品的因素——心理上的毒品依赖性仍然存在。这种心理上对毒品的需求往往是促使吸毒行为人再次吸毒的主要原因。因而巩固戒断成果，防止复吸十分重要。主要对策一是巩固功能性、健康的认知体系；二是远离毒品，防止外界不良刺激；三是得到家庭、社会各界的支持和配合。

当然，认知疗法的运用不应该是孤立的。吸毒行为是一种复杂的社会现象，吸毒行为人染上毒瘾的原因很多，加之吸毒的复发率高，因而戒毒工作困难重重。因此，对吸毒行为人进行戒毒治疗时，应采取综合治疗措施，配合心理治疗，特别是认知治疗，以降低复发率，帮助吸毒行为人彻底戒断毒瘾。

单元二　行为疗法

行为疗法的作用是改变吸毒成瘾者的不适应行为，消除吸毒行为人的行为缺陷，使他们脱离原来滥用药物的行为习惯，学习新的技能及习惯。它是根据条件反射的原理，利用厌恶性或惩罚性的刺激，减少和消除不良行为，塑造新行为和新心理的一种心理治疗方法。该方法包括系统脱敏法、厌恶疗法、行为合同法等。

一、系统脱敏法

系统脱敏法是由沃尔普创建的，其基本思想是将一个原可以引起轻微焦虑的刺激，在处于全身松弛状态下的患者面前重复暴露，从而使它逐渐失去引起焦虑的作用。这种方法安全可靠，无禁忌。主要适用于由于毒品滥用导致的各种恐惧症、焦虑症等，能使吸毒成瘾者消除焦虑情绪。系统脱敏法需要吸毒行为人有强烈的参与意识，吸毒行为人应在治疗师的指导下主动、积极地参与治疗方案的设计，并付诸实践。因此在治疗前，吸毒行为人须了解这种疗法的原理、方法和意义，并真心实意地配合运用此法。

（一）操作步骤

1. 放松训练

在对吸毒行为人系统脱敏治疗之前，必须教会吸毒行为人如何放松肌肉。一般需要 6 ~ 10 次练习，每次历时半小时，每天 1 ~ 2 次，以达到全身肌肉能够迅速进入松弛状态为合格。

2. 建立恐怖或焦虑的等级层次

这一步包括两项内容：第一，找出让所有吸毒行为人感到恐怖或焦虑的事件，并对每一事件报告出恐怖或焦虑的主观程度，这种主观程度可用主观感觉尺度来度量。这种尺度为 0 ~ 100，一般分为 10 个等级，单位为 sud，0 代表最小的焦虑或恐怖，100 代表最大的焦虑或恐怖。如图 5 – 1 所示：

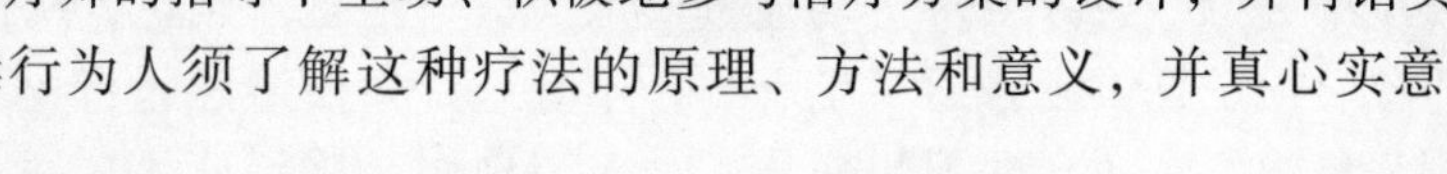

图 5 – 1　焦虑或恐怖等级

第二，将戒毒行为人报告出的恐怖或焦虑事件按等级程度由小到大排列。表 5 – 1 是某女戒毒者解教前焦虑程度的主观等级排列：

表 5－1　某女戒毒者解教前焦虑程度的主观等级排列

序列	事件	sud
1	解教前两个月想到回家时	20
2	解教前一个月想到回家时	25
3	解教前半个月想到回家时	30
4	解教前一个星期想到回家时	50
5	解教前马上见到家人时	60
6	见到家人朋友时	70
7	见到家人朋友时不得不面对他们的异样眼光时	80

以上两步工作也可以作为作业由戒毒行为人独立完成，但再次治疗时，咨询师一定要认真检查，注意等级排列的情况。

3．分级脱敏练习

在完成以上两步工作之后，即进入系统脱敏练习。系统脱敏在戒毒行为人完全放松的状态下进行，这一过程分为两个步骤进行：

（1）想象脱敏训练。由咨询师做口头描述，让戒毒行为人进行想象。从等级层次中最低的一个恐惧或焦虑事件开始，并要求对方在能清楚地想象此事件时，伸出一个手指头来表示。然后，让戒毒行为人保持这一想象中的场景30秒钟左右。想象训练一般在安静的环境中进行，想象要求生动逼真，像演员一样进入角色，从低到高逐步想象，要求在想象时出现恐惧紧张后尽量忍耐，不允许产生回避停止行为，一般忍耐一个小时左右视为有效。实在无法忍耐而出现严重恐惧时，采用放松疗法对抗，直到在最高等级的恐怖或焦虑事件的情景下再也不出现惊恐反应或反应轻微而能忍耐为止。一次想象训练不超过4个等级，如果在某一级训练中仍出现较强的情绪反应，则应降级重新训练，直到完全适应。

（2）实地适应训练。这是治疗的关键步骤，也是从最低级到最高级，逐级训练，以达到心理的适应。一般均重复多次，直到情绪反应完全消除，方进入下一等级。每周治疗1～2次，每次30分钟左右。比如某一女性吸毒违法人员患有恐惧症，对猫过分害怕。在治疗中，便让她看猫的照片，谈猫的事情；等到看惯了，不害怕了，再让她接触形象逼真的玩具猫，接着让她靠近笼子里的猫，慢慢伸手去摸，最后抱猫，逐渐除去怕猫的恐惧情绪。

（二）注意事项

（1）如果引发焦虑或恐惧的情境不是一种，可根据不同的情境建立不同的焦虑等级表，然后对每个等级表实施系统脱敏。

（2）系统脱敏时吸毒行为人想象次数的多少，依个体、情境的不同而不同。

（3）焦虑等级应合理，每个等级之间的跨度不能太大，可以将焦虑等级划分得细一些。

（4）当不能用想象和放松的方法降低焦虑水平时，可考虑改用其他方法。

二、厌恶疗法

厌恶疗法从心理学的习得理论出发，认为吸毒是一种长期的错误行为习惯和心理变异的行为障碍。该疗法是使一种令人厌恶的、惩罚性的刺激与吸毒行为人的某种不良行为联系起来，建立一种新的条件反射，即一旦出现这种适应不良行为，吸毒行为人就会重现被惩罚的体验。吸毒行为人为了避免这种痛苦的、令人厌恶的体验，从而减少或消除了原有的不良适应行为。厌恶疗法是一种医疗措施，不是医疗方法。在对行为的分析、诊断、处理及疗效评定等方面使用的是医学标准，不是社会、法律或伦理的标准。滥用厌恶疗法很可能带来一些法律纠纷。因此，使用厌恶刺激必须事先告知吸毒行为人，而且必须在法律许可的范围内，且吸毒行为人又是愿意接受的。[①]

（一）治疗步骤

1．确定靶症状

厌恶疗法具有极强的针对性，因而必须首先确定打算弃除的是什么行为，即确定靶症状。吸毒行为人或许有不止一种不良行为或习惯，但是只能选择一个最主要的或是吸毒行为人迫切要求弃除的不良行为作为靶症状。

2．选用厌恶刺激

厌恶刺激必须是强烈的。因为不适行为常常可以给吸毒行为人带来某种满足和快意，如窥阴后的快感、饮酒后的惬意、吸毒后飘飘欲仙的体验。这些满足和快意不断地强化着这些不适行为。厌恶刺激必须强烈到一定的程度，使其产生的不快要远远压倒原有的种种快感时，才有可能取而代之，从而削弱和消除不良行为。常用的厌恶刺激有：

（1）电刺激。电刺激即将吸毒行为人习惯性的不良行为反应与电击连在一起，一旦这一行为反应在想象中出现就予以电击。电击一次后休息几分钟，然后进行第二次。每次治疗时间为 20～30 分钟，反复电击多次。治疗次数可从每日 6 次到每两周 1 次，电击强度的选择应征得吸毒行为人的同意。

（2）药物刺激。药物刺激即在行为人出现贪恋的刺激时，让其服用呕吐药，产生呕吐反应，从而使该行为反应逐渐消失。药物厌恶疗法多用于矫治与吃有关的行为障碍，如酗酒、饮食过度等，其缺点是耗时太长，且易弄脏环境。

（3）想象刺激。想象刺激即将治疗师口头描述的某些厌恶情境与吸毒行为人想象中的刺激联系在一起，从而产生厌恶反应，以达到治疗目的。或者在想象中主动呈现厌恶景象，并让这一景象与某种适应不良的冲动（或行为）相结合，以达到治疗的目的。

（4）其他厌恶刺激。其他厌恶刺激如橡皮圈厌恶疗法，拉弹预先套在手腕上的橡皮圈，引起吸毒行为人的疼痛，使之成为负性刺激。

3．把握时机施加厌恶刺激

要想尽快形成条件反射，必须将厌恶体验与不适行为紧密联系起来。在实施或欲施不适行为前，即使吸毒行为人出现厌恶体验，也肯定无益于两者的条件联系。同样，

---

① 章恩友等．矫治心理学．北京：教育科学出版社，2008．494

在不适行为停止以后才出现厌恶体验，也达不到建立条件反射的目的，充其量只能算一个小小的惩罚。厌恶体验与不良行为应该是同步的。但不是每种刺激都能立即产生厌恶体验的，时间要控制准确。电刺激容易控制，可在吸毒行为人的不适行为或不适的冲动出现时立即予以电击，厌恶体验也会立即出现。不适行为停止，电刺激停止，厌恶体验也停止。较难控制的是药物，要了解药物性能和吸毒行为人的反应情况，使药物作用高峰期与不适行为紧密相连。

（二）注意事项

（1）厌恶疗法会给吸毒行为人带来非常不愉快的体验，治疗师在决定采用此法之前，务必要向吸毒行为人解释清楚，在征得吸毒行为人的同意后，方可进行治疗。并且，治疗师一般应把厌恶疗法作为最后一种选择。

（2）在使用厌恶疗法的同时，应努力帮助吸毒行为人建立辨别性条件反应。

三、行为合同法

行为合同法是指通过与戒毒者订立合同来改变其不良认知和行为的一种行为矫治法。其基本原理是矫治对象与矫治人员在自愿的基础上订立书面合同，规定如果矫治对象出现某种适宜行为时就给予相应强化，从而鼓励矫治对象减少不良行为的出现频率，增加适宜行为的出现频率，并进而养成适宜的行为习惯。

知识链接

行为疗法

行为疗法源于行为主义理论，它强调通过对环境的控制来改变人的行为表现。人的各种行为都是经过学习和训练得以调整、改造，并建立新的正常行为，这就是行为疗法的理论基础。

行为疗法的常用疗法包括系统脱敏疗法、松驰疗法、分散注意力疗法、厌恶疗法、泛滥疗法等，其核心均在于利用控制环境和实施强化使戒毒者保持良好行为，矫正不良行为，重塑个人形象。

以下七种是戒毒经常使用的行为疗法：

（1）松弛疗法。戒毒人员在戒毒医生的指导下，放松全身骨骼肌肉，调整呼吸，对焦虑、失眠有较好的治疗作用。

（2）暴露疗法。戒毒人员在戒毒过程中存在着潜在恐怖症，如害怕戒断症状的痛苦、毒品的诱惑，等等。所以，对吸毒行为人也可以用暴露疗法。暴露疗法可以在诱发焦虑、恐怖的真实环境中进行，或用一种逼真的方法使他们在治疗场所里想象这种境遇，反复进行锻炼，直到恐怖感缓解。通过这种锻炼，戒毒人员以后遇到恐怖情境时就会有承受能力，就会较少体验到恐怖、焦虑。这种方法对防止吸毒行为人复吸有一定的作用。

（3）自我控制疗法。自我控制是增强戒毒人员意志力，努力用常识改变自己行为的一种能力。治疗可分为两个阶段：自我监督阶段和自我强化阶段。自我监督是指每天坚持记录自己有问题的行为和该行为出现的环境。记录本身对自我控制就是一个强有力的刺激，戒毒人员有意回避他们所面临的问题的真实程度是使问题加重的原因。当成功地控制了自己的行为时，就已经向成功迈出一大步。戒毒人员若在此基础上，进行自我检查和自我强化，非常有利于改掉吸毒恶习。在自我控制治疗中，起主导作用的是戒毒人员自己。

（4）厌恶疗法。使用厌恶强化来帮助戒毒人员抑制自己所希望控制的不良行为。比如，当戒除毒瘾后，让其时时刻刻想象戒断时的痛苦或观看戒断时丑态的录像，以消除对毒品的依恋，防止复吸。

（5）分散注意力疗法。戒毒人员的焦虑症状，往往是由于吸毒意念一类的强迫性思维具有高度的侵入性。因此，有效分散注意力的刺激必须突然而强烈，使戒毒人员感到舒适。常用的一种方法是用橡皮条弹其腕部，也可使用推拿按摩的方法。

（6）支持性心理治疗。此种治疗方法适用于由于某种社会问题或身体疾病而产生心理危机的戒毒人员。戒毒人员可在戒毒心理医生的支持下找到自己产生心理危机的症状，从而树立坚定的戒毒信念。

（7）危机干预型治疗。危机干预是试图以危机来改变危机，以便戒毒人员能更好地应付未来危机的一种方法，它可以锻炼戒毒人员的心理防御能力。诸如许多戒毒学员害怕脱毒后抵抗不了毒品的诱惑再次复吸，可以采取让戒毒人员参观毒品实体展览等方式，以增强其抗毒能力。

单元三　精神分析——沙盘游戏疗法

精神分析法是利用精神分析学的理论和方法去矫治吸毒行为人的方法。其基本原理是人的行为受潜意识思想的支配。吸食毒品是一种行为，这种行为可能与依附吸毒行为人内心的潜意识相联系，从这个层面上理解，精神分析法可能为吸毒行为人心理矫治提供一定的帮助。本书重点介绍沙盘游戏治疗法。

沙盘游戏疗法是目前国际上很流行的心理治疗方法。一盘细沙，一瓶清水，一架子各式各样的物件造型，加上治疗师的关注与投入，吸毒行为人的自由表现与创造，这就构成了沙盘游戏的基本要素！通过呈现内心世界，唤起童心，充实与发展心灵，人们找到了回归心灵的途径，进而身心失调、社会适应不良、人格发展障碍等问题在沙盘中得以化解，治愈与转化成为可能。沙盘游戏疗法的具体操作步骤如下：

（1）向吸毒行为人介绍沙盘游戏的沙和水的使用方法，介绍各种模具的类别和摆放位置，让吸毒行为人感到安全、自由，让他明白有充分的条件可以选择任何模具来进行任何形式的创造。

（2）治疗师帮助吸毒行为人唤起“童心”，以一种自发游戏的心态来创造沙盘世界，可以自由地表达内心感受。

（3）吸毒行为人开始摆放沙盘世界，此时所奉行的是“非言语的治疗”原则，治疗师尽可能在保持一种守护性和陪伴性状态下进行观察和记录，并努力让吸毒行为人自己和沙盘交流。

（4）沙盘摆放结束后，治疗师开始陪同吸毒行为人对沙盘世界进行探索，努力对沙盘世界进行深入的体验和经历，在适当的地方给予共情。在必要的情况下进行建议性、隐喻性或提问性的诠释。

（5）对沙盘世界进行拍照记录，这样做的目的是为整个沙盘游戏治疗疗程留下记录，也是对心路历程的一种纪念。

吸毒违法行为人的心理特征是抑郁、内心封闭，缺乏对他人的信任，沙盘疗法能充分展示他们的内心世界，心理咨询师根据自己看到的“症结”，再对吸毒违法行为人进行治疗，促进他们实现自我接纳，树立戒断毒瘾的信心。

福音戒毒

福音戒毒的基本理念与模式①

福音戒毒的基本理念是“不靠药物，不靠己力，只靠上帝”，也就是说，福音戒毒是借用基督教信仰的力量摆脱毒品的控制。福音戒毒区别于药理学和心理学治疗模式的最大不同点，就在于它所强调的是内心和灵魂的改变，由内到外，最后达到身体、家庭和社会的改变。因此，福音戒毒认为首要的是戒心毒，要以圣经的教导为基础，不用药物，不靠己力，只靠耶稣清除心瘾，最终戒除毒瘾，回归家庭，重返社会，进而寻回失去的人性、尊严与自我。福音戒毒是凭借基督的信仰和救赎福音，从本质上改造或是改变吸毒者，使其成为一个新造的人，也就是一个基督徒。

云南教会福音戒毒的基本模式是在“不靠药物，不靠己力，只靠上帝”的理念指导下，分四个阶段进行，全过程为期约一年，每个阶段三个月。第一阶段为“身体戒断康复期”，最初的七天是毒瘾戒断。接着进入体质恢复期，大约三个月身体能够基本恢复正常。第二阶段为“心灵戒断期”，前三个月身体虽然恢复，但心灵还是不稳定，时常还会想起毒品。这个阶段专门针对心瘾进行心灵内在矫正辅导。在此期间，需要让戒毒人员反复阅读《圣经》，让《圣经》里圣洁的意念来取代他们以往吸毒时败坏的意念。第三阶段是“行为矫正期”，以基督爱心的原则规范他们的言行举止，要求分配给他们一些工作和职责，训练他们的责任心。第四阶段是“重返社会训练期”，多数吸毒人员长期都处在一个与主流社会相隔绝的小圈子里，对社会发展基本状况不了解，他们原有的理念和生存技能已不适应当今的社会了。这个阶段的重点是继续用基督教的信仰和《圣经》帮助他们树立正确的人生观和价值观；了解社会，了解自己，在社会中给自己进行正确的定位。

经过四个阶段为期一年的辅导后，他们可以选择适合自己的生活道路。陶城福音戒毒辅导站往往建议他们进入“中途之家”重返社会项目实践。“中途之家”重返社会项目专门为戒毒后的人群提供工作、学习和实践的场所，是从戒毒到社会的中间环节。要自然重返社会，必须要根据社会当前的需要重新学习技能，学会社交和人际关系处理，操练团队精神，以便更好地融入社会。

云南福音戒毒的效果及统计数据

“陶城福音戒毒辅导站”位于昆明市呈贡县刘家营，是一家非营利性的免费自愿戒毒辅导站，自1999年以来，共帮助了戒毒人员82人。截至2006年底，戒毒人员康复情况统计如下：至今未复吸的62人；未复吸但已死亡的4人；情况不明的8人；复吸的3人；复吸后再进强制戒毒所的5人。戒断保持无复吸率为80%。

云南教会福音戒毒项目开始至今，先后在云南昆明市呈贡县、德宏州盈江县、保山市等地建立了6处福音戒毒辅导站（呈贡陶城辅导站、盈江二昆辅导站、盈江双坡景颇族辅导站、盈江小莫空傈僳族辅导站、保山福音戒毒辅导站、昆明姐妹之家辅导站）。自1999年9月至2006年底统计，各个福音戒毒辅导站一共帮助了258位吸毒者，至今保持不复吸

① 王爱国. 福音戒毒：云南教会参与社会服务的探索与试验. 普世社会科学研究网，http://www.pacilution.com

的178位，其中有17位留下继续帮助后来的吸毒者。

为了帮助更多的吸毒者，福音戒毒辅导项目开办了五次为期三个月的“福音戒毒辅导员”培训班。接受培训的有戒了毒的人、吸毒者的家属和有心做福音戒毒辅导的教会同工，一共62人次。他们接受培训后就回到本地的福音戒毒辅导站工作，其中2007年度的“中国民族戒毒女英雄”——金木布就是培训班第一期的学员。除此之外，云南教会福音戒毒项目还协助广西田东基督教“两会”、广东惠州基督教“两会”、海南基督教“两会”建立了福音戒毒辅导项目。

项目三　戒毒人员心理辅导

【操作步骤】

（1）心理辅导四个阶段：初始阶段——了解情况，建立关系；中期阶段——诊断分析，帮助指导；巩固结束阶段——检查巩固，逐渐结束；随访阶段——步入社会，鼓励信任。

（2）13个重点具体辅导训练项目。①康复和想瘾；②危险情景；③康复过程中的家庭问题；④不沾毒品，走向幸福欢乐；⑤为应激做准备；⑥目标；⑦怎样说“不”；⑧如何应对失足（偷吸）；⑨酒精危险与限制；⑩处理与以前吸毒伙伴的关系；⑪结交新朋友；⑫面对疼痛及止痛剂；⑬评价戒毒者的社会生活。

（3）团体心理咨询方案实例。戒毒人员是一个特殊的群体，是违法者，是社会的受害者，也是反复发作的脑病行为人。戒毒人员是一个复杂的群体，是一个让社会头痛的群体，也是一个弱势群体。戒毒人员有着特殊的社会关系和人际关系，有着特殊的家庭背景，特殊的心理特征和生理特征，为此心理辅导具有一定的复杂性和特殊性。

对于戒毒人员的个案辅导分为电话干预，门诊来访咨询与治疗，住院心理干预三种形式。

单元一　戒毒人员心理辅导步骤

戒毒人员心理辅导的具体步骤如下：

一、初始阶段——了解情况，建立关系

（一）操作步骤

（1）填写病史，以了解戒毒人员的心理状态，同时使戒毒人员整理自己的思路，明确自己的救治目的。病史内容包括疾病的发生，发展时间及程度，最突出的症状，要求解决的问题，自己过去的学习、工作生活经历，家庭成员及各成员间的关系，自己的兴趣、爱好等。①基本情况：姓名、性别、年龄、民族、学历、工作单位和主要心理问题；②戒毒人员的社会文化背景：家庭背景、单位背景、社区背景；③戒毒人员的个人心理发展过程：幼年、少年、青年。

（2）进行必要的体格检查和心理测验，必须了解戒毒人员的病史所患疾病是躯体疾病、心身疾病，还是精神疾病。都要经过全面的体格检查，以及必要的心理测验，为心理治疗提供诊治依据，看戒毒人员是否在治疗范围。

（二）应注意的问题

1．建立良好的咨访关系和融洽信任的医患角色

与戒毒人员的关系是心理治疗成功与否的关键因素之一。首先给行为人一个良好的印象。其次，要细心倾听对方。仔细探索，明确主要问题。最后订立咨询与治疗的契约。

2．掌握戒毒人员的病史

对戒毒人员的病史要进一步核实，尤其是心理社会背景，以便评估吸毒引发的心理症状的严重程度。

3．适宜的治疗环境

心理治疗室内的灯光色彩宜人，环境安静，相对隔音，有3～4个软椅或沙发，并有茶具，环境布置显示出家庭氛围，给人以恬静、舒适感。心理治疗一般在咨询师与戒毒人员之间进行，精神不正常者应有一名家属陪同。如出于教学与研究目的或考虑心理咨询师的安全需要可装录音或录像装置，或单向玻璃。但一般不宜被戒毒人员所知。这样的环境可以创造一种有利于病人倾吐自己苦恼的氛围，使他有安全感、亲切感。

二、中期阶段——诊断分析，帮助指导

（一）操作步骤

（1）倾听主诉：让戒毒人员进一步诉说，消除影响其戒毒病情的消极情绪。

（2）巩固求治动机：心理咨询师向戒毒人员就心理治疗的目的、意义、方法和效果作适当的介绍和解释，并列举成功戒毒的病例以鼓励戒毒人员坚持接受治疗，强化戒毒动机。

（3）分析戒毒病情，提高认识：在了解戒毒人员心理问题和人格特征的基础上，让戒毒人员了解一些有关自身疾病的医疗知识和毒品危害健康的知识，然后心理咨询师询问戒毒病人，要求其自我解释，使他们学会分析自己的心理，发现人格的不足，找出吸毒的主要原因。心理咨询师根据制订的诊疗方案，以一种或几种治疗理论为指导，以解释、指导、训练、暗示等方式对戒毒人员进行治疗。戒毒人员则通过领悟、模仿、学习，逐渐改变认识，建立起新的健康行为模式。此阶段一般可采用支持性心理治疗，教育性心理治疗、重建性心理治疗、行为训练治疗等方法。

（二）应注意的问题

（1）心理咨询师在作出心理诊断时，必要时可以心理测验为辅助，根据临床资料结合心理测量结果作出结论性意见。

（2）心理咨询师于治疗前应选择适当的谈话方法和治疗计划，治疗的方式应因人、因事、因地、因时而异，对意识清晰或不清晰，精神正常或不正常者的治疗方法均不同。治疗中动态观察疗效，若有需要应及时修正治疗方案。

（3）详细记录各治疗阶段戒毒病人的心理和他们对其疗法的反应，以供下一阶段治疗参考。

三、巩固结束阶段——检查巩固，逐渐结束

通过治疗，戒毒人员的症状或主要症状可以消除，但人格的改造却是长期的，心理治疗和其他治疗一样，是以最终恢复或者痊愈为归宿和目的的。为此，心理咨询师应让戒毒人员树立信心，相信只要针对自己的人格不足之处不断地进行训练，改变原来的生活态度和行为方式，培养健全的人格，就可以掌握自己的命运，很好地适应社会，并强调戒毒人员应与咨询师经常保持联系并进行追踪治疗，根据需要定期来心理门诊室复诊。

四、随访阶段——步入社会，鼓励信任

这个阶段是戒毒人员步入社会的时期，根据个体的不同需求，应建立相应的随访档案，制订适应个体成长的随访计划，不断关注个体的成长，鼓励戒毒人员积极应对各种问题和挫折，巩固健康人格模式，达到个体躯体、心理、职业、家庭等各方面的成熟和完善，完成步入社会、适应社会，彻底戒毒的最终任务。

（1）根据不同个体制订不同的随访方案和随访方式，如电话、书信、门诊来访等形式。

（2）有需要应及时干预。

（3）由于戒毒人员不在咨询师身边，咨询师应注意门诊来访者主诉的信度。

单元二　戒毒辅导具体项目

以上介绍的是戒毒心理辅导的四个具体步骤。在戒毒个案辅导的过程中有哪些重点和具体项目呢？心理实践通常概括为 13 个项目重点，也是难点，当然更是戒毒个案在应对毒品过程中的具体问题。帮助吸毒违法行为人明确康复治疗全过程，即初始阶段、犹豫阶段、责任阶段、整合阶段。让他们知道成瘾者戒毒后的康复，是一个自我再塑造和重新成长的过程，需要较长时间。康复者在此期间不仅需要转变观念，也需改变生活模式，需要同心理咨询师或者戒毒社会工作者共同练习技术和应对方法。具体的训练项目如下：

（1）康复和想瘾。解释想瘾是怎样产生的，为什么它是成瘾的一个自然结果，帮助戒毒行为人找出它在康复过程中的重要意义。学习和讨论摆脱想瘾的一些原则，列举 10 种最危险的常见复吸因素。

（2）危险情景。帮助戒毒行为人鉴别对药物渴求的情景，让他们在面临或是避免这些情景时能有一些成熟的想法和方法。

（3）康复过程中的家庭问题。找到一种能帮助脱瘾者家庭的基本方法，为他们提出一些基本的策略和具体的步骤来帮助家庭成员，从而促进家庭的康复。

（4）不沾毒品，走向幸福欢乐。讨论使用毒品和不沾毒品两者之间得到的快乐的不同之处，帮助及给予戒毒行为人支持，并学习和体验从不沾毒品的生活中获得愉悦。

(5) 为应激做准备。帮助戒毒行为人通过做一些好的书面计划来面对将会出现的应激事件。

(6) 目标。帮助戒毒行为人认清自己的期望是什么，需要付出什么，想要获得什么。

(7) 怎样说“不”。帮助戒毒行为人寻找一种恰当的拒绝方式，以应对他人给戒毒行为人毒品的这类社会情况。

(8) 如何应对失足（偷吸）。讲解失足的定义，帮助戒毒行为人在失足时能采取的适当应付方法。

(9) 酒精危险与限制。让戒毒行为人明白，继续使用酒精类物质是危险的，帮助戒毒行为人学习控制酒精的使用技术和方法。

(10) 处理与以前吸毒伙伴的关系。强调与以前吸毒伙伴发生联系的危险性，认识清楚这个特殊问题，尽可能减少这种联系，支持和鼓励戒毒行为人面对和处理这种关系。

(11) 结交新朋友。帮助戒毒违法行为人制订一确实可行的计划，让其开始发展新的友谊关系。

(12) 面对疼痛及止痛剂。对脱瘾者来说，镇痛药是一个特殊问题，讨论如何处理疼痛问题及避免滥用止痛药。

(13) 评价戒毒行为人的社会生活。寻找健康的友谊，帮助戒毒违法行为人评价他当前的、潜在的支持系统和友谊的资源。

通过上面个案辅导的方式、阶段性和具体训练项目的介绍，戒毒个案干预的全过程及其重点和难点已经基本展现出来了。戒毒心理干预是一个很不容易的过程。在中国目前的心理咨询与治疗的学术专著，以及一些成功的心理咨询经验中，都是一些针对心理问题的来访者，关于社会弱势群体的吸毒群体，几乎没有任何可参考的经验和书籍，只有通过实际工作的摸索和探讨，才能找出具体可行的方法和技术，也才能起到切实可行的作用。这对一个戒毒干预的心理咨询师的要求是很高的。用笔者多年的经验可以总结四句话：关注人性，寻求差异，以爱感人，以德渡人。

当然有待更多的有志之士参与摸索和发展出适合中国人的戒毒心理治疗技术。鉴于我国吸毒问题越来越严重和复杂，需要经历一段很长的时间，才能找到一些具有普遍指导意义的心理干预办法。

单元三　团体心理咨询的实例①

根据人本主义心理学的理论，只要人与人之间无条件地、真诚地互相尊重、关怀，个体就能调节自己的经验，朝向自我实现，使自我更完善、更成熟；按照马斯洛的需求层次理论，每个人都渴望被他人接受、尊重和欣赏，团体可以满足人的社交、归属、受尊重和爱的需要，从而可以增加自信心。为能够使团体咨询取得预期效果，先使用SCL－90进行临床症状测试，与咨询对象分别进行谈话了解情况，找出咨询对象存在

① 沈振耀．杜新忠戒毒网，http：//www.jhak.com

的一些问题和需要，通过分析后进行筛选，制订针对性的团体训练方案。

一、戒毒人员团体心理咨询方案

（一）团体名称与性质

团体名称：新心伴我行

团体性质：结构式、发展性

（二）团体目标

帮助成员重新认识自我，明确人生目标、树立生活信心。

（三）团体活动时间

共四次，每周一次，每次持续 4 ~6 小时。

（四）团体领导者

团体辅导者（具有国家二级心理咨询师资格）

表 5 –2　团体活动的设计方案

阶段	阶段目标	活动主题词	活动内容	时间
初创阶段	营造团队氛围，消除紧张气氛，成员之间初步沟通与了解，创建小组	相识与接纳	① 开场白；② 热身；③ 制作海报；④ 分享	4 小时
过渡阶段	培养成员的集体参与感与责任感	参与与配合	① 游戏；② 练习；③ 分享	4 小时
工作阶段	逐步深化自我探索，珍惜生命和自由，吸取教训、树立信心	信任与探索	① 游戏；② 练习；③ 分享	4 ~6 小时
结束阶段	促进成员自我肯定，计划未来，结束活动	自信与展望	① 团体讨论；② 总结；③ 结束活动	4 小时

二、方案解释

整个团体训练分为表 5 –2 中说明的四个阶段，按照阶段目标、围绕活动主题分别进行，从营造安全、温暖、轻松的团体氛围开始，到一个信赖、开放、支持的团体，由浅入深、由易到难，这个训练涉及：人际间沟通、理解、信任、互助的重要性；树立家庭和社会责任感的意义；对如何树立自信心的认识；对生命存在的理解；对未来生活的设想等内容。

考虑到这个团体的一些特殊性，每一阶段都经过精心设计，每一个游戏和练习都是经过慎重选择的，比如在选择游戏时考虑到了年龄特征，自我探索练习考虑到了成员的人生经历等，从而使每一个游戏都能起到解决问题的作用，每一个练习都能让成员对自己所走过的人生道路产生顿悟，使其萌生在今后生活中改过自新的愿望。

比如“成长三部曲”游戏中，能够让成员充分联想到一个人的人生并不是一帆风顺的，必然会经历很多的挫折，人是在挫折中成长起来的；比如在“时光隧道”的练习中，成员不仅对自己以前所走过的路程有了一次清晰的回顾，更能让他们想象自己未来的场景，从而明白今后还有哪些事情需要自己去完成。

三、评估训练

评估分析：

表5-3　戒毒团体成员的主观评价

项目 / 成员	了解自己	理解别人	与人沟通	控制情绪	分享自己	自我中心	责任感	自信	交友	自我接纳
成员一	2	3	3	4	2	3	3	3	3	4
成员二	2.5	5	5	2.5	2	2.5	5	5	5	5
成员三	3	4	2	2	0	2	4	0	0	0
成员四	3.5	3.5	4	4	2	2	4	4	3.5	2.5
成员五	-1	2	1	3	3	2	0	-1	-4	-1
成员六	3	3	3	3	0	2	1	4	4	1
成员七	2	-2	2	-2	2	-2	1.5	-1	3	-3
成员八	4	1	2	2	1	2	3	2	0	3
均　值	2.38	2.44	2.75	2.31	1.5	1.69	2.69	2	1.81	1.44

结果分析：

整体来看，因子平均分在2.5分以上的有两项，分别为与人沟通、责任感；在2分以上的有3项，分别为理解别人、了解自己、控制情绪；1.5分以上有3项，分别为交友、自我中心、分享自己；1.0分以上有1项，为自我接纳；无1.0分以下的选项。说明成员通过团体咨询后以上的几个方面在总体上处于一个相对理想的水平，团体咨询取得了一定程度的效果，可能与以下四个原因有关：

（1）成员在团体中看到了“一般性”的问题。由于这个团体是一个同质团体，对象都是戒毒康复人员，面临的都是一个“如何戒除心瘾”的问题，因此在团体中认识到隐藏在自己内心的很多困扰，其实在别人身上也同时存在，并非是自己独有的。随着团体训练进行的深入，团体的安全、彼此信任和理解的建立，所探索的问题也随之更加深入，产生对同一问题的共鸣，获得了群体感，于是迸发出共同面对、共同解决问题的勇气，增强了戒毒动机。

（2）成员在团体中得到了情绪宣泄。戒毒人员是在一个强制封闭的环境中生活、劳动和学习的，并且大多经历了将近两年的时间，在这段时间里，内心世界也处于一个相对封闭的状态，很多的情绪（无论是正性还是负性的）都没得到很好的释放，而在团体中，通过一些活动，使得成员能够感受整个团体在支持着他、关注着他，让其把整个团体以及团体中每一位成员看成是值得信赖的对象，从而获得了袒露内心世界的勇气，增强了成员的沟通欲望，使当事人变得更为开放，缓解了心理压力。

（3）成员在团体中得到了“认知更新”。团体心理咨询是心理咨询的主要形式之一，都是“助人自助”的过程。但是团体的力量更大，因为团体中每一位成员对同样事物有着不同的看法或观点，而且团体对个体的任何观点和选择都不作评价，因此成员能够在相互分享中得到观察和学习到不同的观点，接着再来对自己的问题进行分析和反省，从而纠正一些不合理的观念和错误的认知。

（4）成员在团体中找到了“生活航标”。团体咨询最大的功能就在于它有益于正常人的健康发展，团体把每一个成员都看做具有改变自己能力的正常人。团体咨询能给予成员以启发和引导，依靠团体的力量，满足他们的一些基本需要、社会需要与自我需要，从而促进他们在自我认识、自我探索过程中，理解生命的真谛不只是贪图享受，还有更多的值得追求的东西，同时可以发现并挖掘出自己身上所存在的潜能，看到了能够改变现状的力量，从而能直面现实、规划未来。

四、问题及分析

（1）成员投入程度缓慢，在团体咨询开始时，部分成员由于对团体心理咨询的不了解，抱着怀疑的态度来参加活动，导致在做游戏时漫不经心，游戏分享时不主动，紧张情绪不能一下子放松下来。

（2）在一些自我认识、自我探索的练习过程中，大多认为造成自己现状的主要原因是吸毒，而不愿接受自己人格上的缺陷，因此越往深层次探索焦虑感越强，甚至产生愤怒的情绪，于是出现了阻抗，妨碍了训练进程。

（3）部分成员由于受到以往惯性思维的影响，虽然要求在团体中分享时不作评价，但是有个别成员还会习惯性地作出一些不必要的评价，影响了团体氛围和进程。

（4）部分成员在团体中感觉自己还有一些情绪没有释放完，一些观念还未澄清，一些自身的问题还没完全解决，觉得渴望得到的支持和理解还不够，因此产生了对团体的依赖，渴望团体活动一直进行下去，不愿接受团体活动结束的情况，这其实是一种回避现实、不自信的表现。

项目四　吸毒违法心理教育

【操作步骤】

（1）吸毒违法行为人认知教育。通过设计促进和激发他们内部过程的外部活动，采用引起注意、告知目标、刺激回忆、呈示材料、提供指导、诱引行为、及时强化、检查评价、促进迁移九个教学阶段对吸毒违法行为人进行认知教育。

（2）吸毒违法行为人情感教育。教会吸毒违法人员把握和表达自己的情绪情感，学会有效控制、调节和合理宣泄自己的消极情感，体察与理解别人的情绪情感，并进行相关技巧的训练等；围绕亲情、友情、爱情三大人际关系进行指导；指导正确认识各类关系的本质，并学会处理人际互动中各种问题的技巧与原则，包括冲突解决、合作与竞争、学会尊重、支持等交往原则。

（3）吸毒违法行为人意志教育。帮助吸毒人员建立纯正的戒毒动机和充分的戒毒决心，加强对吸毒人员的变异心理、人格的矫治，通过帮助他们确定一个目标，强化正确的动机，战胜自我，应对压力，善待失败，全力坚持，适当的鼓励，减少阻力等提高其自我控制能力，增强其意志力。

单元一　吸毒违法行为人的认知教育

人们的心理发展，虽然有些要受到环境的影响，但更主要的是独自遵循其自身特有的认知规律。认知是以思维为中心的心理活动，所谓不良认知是指歪曲的、不合理的消极信念或思想，它们往往会导致情感障碍和非适应行为。对吸毒违法人的教育要通过教育矫治进行，但学习并非是机械的、被动的刺激—反应的联结，学习要通过主体（吸毒违法行为人）的主观作用来实现。对吸毒违法行为人实施矫正教育就是要帮助他们变得有理性或促进其认知的发展。教育矫治工作者的任务就是要把正确的认知转换成一种适应戒毒人员使用、能表征系统发展的顺序并可作为教育矫治设计的模式。为此，对吸毒违法行为人的认知教育，可以通过设计促进和激发他们内部过程的外部活动，通过九个教学阶段将信息转化进入吸毒违法行为人的长时记忆中。

（1）引起注意——变化刺激、吸引兴趣，改变体态、语调、音量。对吸毒违法行为人进行认知教育前，首先要在弄清他们对毒品认知的基础上找准切入点，找出他们与不良行为有关的错误认知，分析吸毒原因，改变注意方向，鼓励他们反思自己在吸毒过程中的认识误区，帮助他们把对毒品的注意力转移到新的事物上。

（2）告知目标——激起期望。向吸毒违法行为人讲清观念（认识）、情绪和行为三者之间的关系，让他们认识到观念对行为的选择具有重要的指导作用，在明确毒品危害的基础上，帮助他们认识到吸毒行为不是普通的行为，而是一种严重的违法行为，使他们从对毒品的渴望中醒悟过来，燃起生活的新希望。

（3）刺激回忆——明确同化新知识的经验范围。在戒毒过程中，吸毒违法行为人常常出现多种同样向往的情况，也可能面对多种同样厌弃的情况，在个体被要求必须在其中作出一种选择时，就会产生心理冲突，面对冲突往往会引起个体的紧张感和持久的挫折感，只有解决了这些心理冲突，才能使他们行动顺利。在教育过程中，吸毒违法行为对欣快感的追求或戒毒产生的种种不适往往与吸毒带来的各种负面影响、家人的希望、社会的教育等产生冲突，此时的治疗就要强调动机唤起，要让吸毒违法行为人反复回忆毒品的危害，帮助他们选择正确的方向。

（4）呈示材料——注意考虑年龄、基础、学习类型等因素，以这些因素为基础安排顺序和分量。如把吸毒违法行为人与正常人的大脑横切图直观地展示，证明毒品对大脑损害的事实。

（5）提供指导——注意掌握指导的程度。运用以认知技术为主的多种技术，帮助他们向自己的非理性思维和错误认知质疑问难，证明他们的不合理之处，不断提醒吸毒违法行为人要戒毒的理由，明确 2～3 个主要理由，说明为什么应该停止使用毒品。

（6）诱引行为——促使吸毒违法行为人主动参与，积极作出反应。通过反复“诘难”，改变负性自动思维，分析错误认知的根源，放弃原有的错误认知，重建新的正确认知。

（7）及时强化——及时反馈吸毒违法行为人的行为。强化作用是塑造行为的基础，即对于所希望行为类似的行为模式进行连续强化。这里可以对同一方向的行为进行强化，而对另外的行为则不做强化而使其消退。在不断的强化过程中帮助他们的定向强化作用不断加强，经过若干次的锻炼，促进新的定向反射的形成。

（8）检查评价——独立测试、项目测试等方法。

（9）促进迁移——系统复习、及时布置新任务。

例如：

错误认知：吸毒是高层次人的享受。

咨询师问：为什么？

吸毒违法行为人答：因为吸毒是高消费，穷人是吸不起毒的，所以吸毒是高层次人的享受。

咨询师问：高消费和高层次人是不是同一概念？

吸毒违法行为人答：……

咨询师问：有许多科学家、文学家、经济学家等仁人志士都不吸毒，而大部分吸毒人员都有蹲监狱进劳教所的经历，难道这也是高层次人的享受吗？

吸毒违法行为人答：……

此时咨询师要把正确认知灌输给吸毒人员：吸毒是违法的，是低级趣味，吸毒对己、对家庭、对社会都有极大的危害，是人类社会所不容许的。

在认知教育中，首先要帮助吸毒违法行为人学会区分自己合理与不合理的认知。要让他们认识到合理的认知大都是基于一些已知的客观事实；而不合理的认知则包含更多的主观臆测成分。合理的认知能使人们保护自己，努力使自己愉快地生活；不合理的认知则会产生情绪困扰。合理的认知使人更快地达到自己的目标；不合理的认知则相反。合理的认知可使人不介入非法行为；不合理的认知则难以做到这一点。合理的认知使人较快消除情绪冲突；不合理的认知则会使情绪困扰持续相当长的时间而造成不适当的反应。[①] 其次，要帮助吸毒人员学会积极认知。向他们说明一个人的看法与态度是如何影响其心情及行为的。同样的事件作用于不同的人身上往往会引起不同的行为反应，原因就在于刺激与反应间存在着一个重要的中介因素——认知。我们所能感知的世界只是整个世界中极不完整的一小部分，而由这一小部分所得出的观念时常是不正确的，但人们容易把这些不正确的东西当做生活真理，结果使自己陷入了本不该有的苦恼之中。因此，必须学会积极认知。要帮助吸毒违法行为人自省本身所持有的对自己、对别人及对环境的不合理认知，从中挖掘与其吸毒有密切关系的一些“看法”或“态度”，并协助他们找出这些看法或态度与一般现实的差距，指出其错误认知的非功能性与病态。督促他们练习改正这些错误看法或态度，重建功能性的、健康的看法和态度，重塑健康的心理与适应性的行为。

单元二　吸毒违法行为人的情感教育

情感是人整个生命的重要组成部分，是教育矫治过程中最为活跃的因素，既是吸毒违法行为人改过自新的动力，又是教育矫正的目标和归宿。对吸毒违法行为人进行情感教育才能保证情感的积累处于一种清醒的有意识的状态。日积月累，感情便会丰

① 蔡燕强．戒毒矫治康复手册．广州：暨南大学出版社，2006．215

富、细腻，人格将会逐渐完善起来。情感体验，是教育矫正至高至美的境界，教育工作者应努力去追求和创造，使情感教育成为能够真正帮助吸毒违法行为人戒断毒瘾的重要教育。

情感教育，顾名思义，是从关爱被教育者的角度出发，摒弃道德说教，而运用情感的感召力量，使受教育者自我约束、自我完善。它可以使教育者的严格要求借助情感的影响而化为受教育者的自觉行动。其效果不仅显著，而且稳定持久。通过情感教育，可以使教育者和被教育者之间关系融洽，心灵相通，从而营造出良好的教育环境，保证教育管理工作的顺利开展。这对受教育来说，能够塑造他们健全的人格，形成科学的世界观，使他们朝着正确的方向成长；对教育者来说，则能增强他们对受教育者的热爱与尊重，从而能进一步匡正自身，强化为人师表的资格。可见，情感教育在教育矫治工作中具有十分重要的意义。

情感教育是一个动态系统，是一个变化发展的过程，是教育者用社会要求的行为规范影响受教育者，启发他们自觉接受教育，形成教育者所期望的思想品德、行为方式的过程。对吸毒违法行为人的情感教育，教育者要充分体现出宽广的胸怀和人与人之间的真正情义，把情与法融合在一起，把工作干劲与脱瘾治疗结合在一起，要真切地让吸毒违法行为人感受到教育者的工作是真心的，方法是正确的，并以此作出认同教育者、与教育者交心换心，也就是说，必须做到“知”、“情”、“意”的统一，才能收到预期的效果。

在吸毒违法行为人中进行情感教育，即教会吸毒违法行为人把握和表达自己的情绪情感，学会有效控制、调节和合理宣泄自己的消极情感，体察与理解别人的情绪情感，并进行相关技巧的训练，如敏感性训练、自我表达训练、放松训练等；人际关系指导，即围绕亲情、友情、爱情三大人际关系，指导吸毒违法行为人正确认识各类关系的本质，并学会处理人际互动中各种问题的技巧与原则，包括冲突解决、合作与竞争、学会尊重、支持等交往原则。

对吸毒违法行为人的情感教育，可以从以下五个方面进行：

(1) 明察秋毫，对症下药。《孙子兵法》上说：知己知彼，百战不殆。用在我们的情感教育活动中，便可浓缩为一个字：知。“知”是情感教育的前提和基础，只有洞悉吸毒违法行为人的内心，把握其思想动向，才能做到“想他们之所想，急他们之所急”，才能找到打开吸毒违法行为人心灵之门的钥匙，从而采取行之有效的措施，使问题顺利得到解决。要善于捕捉他们的心理情绪反应，借助心理学的转变、淡化、平衡、疏导、发泄、参与等方法适时对吸毒违法行为人进行心理调节。为吸毒违法行为人开设心理讲座，让吸毒违法行为人使用基本的心理调节方法进行自我调节，把不良心理转化为良性心理。

(2) 以知育情、以情促知。单纯地对吸毒违法行为人进行说教是不会收到良好效果的，同样，单纯地采用感化而不伴之以说理，也难以使他们产生有原则、有深度的情感。认知越丰富，明理越深刻，情感就越深厚，“知之深，爱之切”正是这个道理。因此，教育者应着力提高吸毒违法行为人的道德认知，使他们知道该怎么做，明白为什么要这样做。类似这样的以知育情、以情促知的活动，必须是有血有肉、深刻生动，能使吸毒行为人产生共鸣的教育。要加强教育引导，帮助他们深刻认识毒品。吸毒违法行为人之所以走上吸毒的道路，大多与初吸时对毒品的危害及成瘾性认识不足有关，吸毒违法行为人被强制戒毒后，要不断地对其加强毒品危害的教育，要使他们懂得吸毒不仅摧残身心，而且危害社会、家庭，害人害己，特别对吸毒违法行为人既要讲明毒瘾难戒，使他们有充分的心理准备，又要消除戒不了的悲观想法，对戒毒应持务实的态度。既不要过于乐观又不要一味悲观而对戒毒失去希望。

（3）以行育情，以情动人。情感的一个重要特点是具有感染性，也就是说，情能动情。即在一定的时间和范围内，情可以感染到其他人，使之发生同样的或与之相联系的情绪。在帮教过程中，教育者对于被教育者来说，首先要给予尊重和温暖，尊重被教育者，事实上可以使积极关注的效果增强，具有鼓励被教育者前进的作用。温暖是教育者对被教育者主观态度的体现，它不是以语言来表达的，而是以某些人类交往中最基本的成分来表现的，如语气、姿势、面部表情等。教育者只有真正关心被教育者的命运，真正达到共情的境界，才会使得被教育者感到舒适，才能让教育者把自己的感受有效地传达给对方，才会使得他们自觉不自觉地以教育者的行为作为榜样。要及时鼓励和激励戒毒人员，促使他们树立及坚定戒除毒瘾的信心，要善于运用表扬与肯定的方法。对吸毒违法行为人在戒毒过程中的各种积极表现，哪怕是微不足道的进步，都要采取一定的方式给予及时的、恰当的评价和承认，并适时地提出新的要求。例如，可以针对他们的某个小进步召开主题会议，引导他们积极发言，通过大家对他们的肯定性评价让他们看到自己身上也有许多闪光点，帮助他们坚定戒毒后重归社会的信心，激发他们改过自新的决心。特别要指出的是强戒人员的信心本身很脆弱，不能将之等同于正常人群。在批评其缺点和错误时，也要适当肯定其本身的积极方面，做到批评中有鼓励，引导他们走出误区，重新扬起生活的风帆。

（4）以情育情，以情导行。情感的另一个特点是实践性。实践是情感形成和转变的基础，也是促动情感发展的动力。所以情感教育要从实践开始，在实践中以“行”育“情”，实践越多，吸毒违法行为人的情感就越深，就越愿意实践，从而形成自觉行为。可以通过家庭帮教、社会帮教活动等方式，让他们感受到家庭和社会的温暖，感受到大家并未放弃他们，激发他们重新融入家庭和社会的决心。在帮教过程中，让戒毒成功人员现身说法或讲述戒毒成功的事例，对吸毒违法行为人克服自卑、无助心理，树立戒毒信心，重返家庭、回归社会的作用是巨大的。以情育情，以情导行，可以使他们深感社会大家庭的温暖，教育者必须做到思想上不嫌弃、感情上常沟通、态度上耐心、生活上帮助，用我们温暖的双手，帮助他们重新找回自己，重新过上美满的生活。

（5）心理支持咨询。教育者采用宣泄、倾听、指导、劝解、鼓励、安慰、疏导等方法，用带有影响力的语言帮助吸毒违法行为人分析他们心理紧张状态的前因后果、来龙去脉及治疗方法，通过心理支持咨询，增强吸毒违法行为人的心理平衡调节系统的机能，增强他们对心理紧张状态的承受力，支持他们采取正确的方法摆脱心理紧张状态；指导他们去克服那些悲观、焦虑、恐惧、失望的心理。可以通过设立情感宣泄室、开通心灵驿站、情感夜话、亲情点歌台等，给吸毒违法行为人创设一个情绪宣泄的空间，让他们或倾诉、或高歌、或摔打，尽情释放心中的不良情绪。

总之，主体需要的是内化的原动力，情感教育要收到良好的效果，就必须努力激发吸毒违法行为人的“内应力”，这就需要教育者抓住良机，寻找他们对外界教育影响的最佳接受点，以情育人。为他们排解孤寂、情感回归创造良好的环境，用诚心、耐心、关心、体贴的态度和方法，在精神上给予他们温暖，培养他们爱的情感，最终达到情感教育的目的。

单元三　吸毒违法行为人的意志教育

吸毒违法行为人并不是不知道吸毒的种种危害，只是因为他们不能排解那种急于获得快感的欲望而吸毒。他们的怯懦，令他们自己明知这样下去会毁灭自己也毁灭家庭，却一次次地放任了自己；明明是下定决心想摆脱毒品，却总是无法抵御毒品的诱惑，因此在生活的其他方面也无法适应社会而失败。

毒品使成瘾者的人格发生了深刻的变化，严重地影响了他们的思维、行为和情绪，尤其是对吸毒违法行为人的意志力、注意力、记忆力和持久力等都有明显的破坏作用。毒品的依赖性（心瘾）既是一种强烈的内心冲动，也是一种慢性症状。心理依赖可以延续相当长的时间，即便是经过戒毒治疗之后生理依赖已经不存在或不明显，但吸毒违法行为人仍然向往以前吸毒所产生的欣快感。要帮助吸毒违法行为人坚定地抵制毒品，除了要帮助他们建立纯正的戒毒动机和坚定的戒毒决心、采用药物治疗手段解决稽延性戒毒症状、提高治疗效果等外，还要大力加强对吸毒违法行为人的变异心理和人格的矫治，帮助他们提高自我控制能力，增强意志力。

对于每一个要克服的障碍，都离不开意志力；面对所需执行的每一个艰难的决定，我们所依靠的是内心的力量。事实上，意志力并非是生来就有或者是难以改变的特性，它是一种能够培养和发展的技能。

加强意志力最好的办法就是把要做的事变成习惯。当习惯养成之后，就不需要跟惰性进行斗争，身体会自动完成。培养意志力需注意以下八点：

（1）确定一个目标。在开始加强意志力之前，你必须要确定一个目标，没有目标，就没有行动方向。而这个目标，最好要符合自身条件。目标并不一定要定得很高，最好是中期目标，在不太长的时间内可以完成。找一个现实的目标，这是一个好的开始。可以让吸毒违法行为人自己列出自己最想实现的一个小目标，然后和他一起制订实施的计划。

（2）强化正确的动机。人们的行动都是受动机支配的，而动机则起源于需求的满足。什么也不需要或者说什么也不追求的人，从来没有。人，都是有各自的需要，也有各自的追求；只是由于人生观的不同，不同的人总是把不同的追求作为自己最大的满足。戒毒，只要天天强迫自己不去想吸毒，不去找毒品，习惯总会形成，毅力也就会慢慢产生。人是需要跟自己作斗争的，因为人有惰性。克服惰性需要毅力。任何惰性都是相通的，任何意志性的行动也是共生的。事物从来就是相辅相成的，此长彼消。从小事情就可以培养大毅力，其道理就在其中。

（3）战胜自我。在实现目标过程中，一定会遇到各种阻力。你会发现当你开始实施这个计划时，会遇到各种阻力，而克服这些阻力最好的办法就是战胜自我。西班牙人塞涅卡曾说过："不是因为这些事情难以做到我们才失去信心，是因为我们缺乏信心，这些事情才难以做到。"你需要克服恐惧、胆怯、畏难、退缩、犹豫等各种因素，绝不放弃。有人这么说过："只要你想做，一定会想到办法；想放弃，一定会找到借口。"

（4）尝试给自己足够的压力。实际上，很多人在足够的压力下意志力会很强。成语“背水一战”并不是指正常的战术，它是外部形势所逼，也是内部制胜需要。“背水”是让自己陷入绝境，就是不给自己退路，并非是为了磨砺，而是发挥出最大的潜力，最终取得胜利。要求吸毒违法行为人尝试，找个机会给自己足够的压力，把自己放到没有退路的环境，这时他们就会发现，自己的意志力还可以这样去锻炼。

（5）善待失败。在执行计划时，常常会失败。这个时候不要放弃，而是要坚持下去。只要你不放弃，此时的失败就会带你走向成功。就是在失败真的不可避免时，也一定要想办法，把造成的影响降到最低。当你遭遇失败时，不要着急继续或重新开始，一定要弄清失败的原因，想想下次如何避免这个问题，或再次遇到这个问题时怎样解决。比如，当第一次戒毒失败复吸后，不要一味地抱怨自己的意志力差或埋怨别人唆使自己吸者，要认真分析复吸的过程，找出复吸的真正原因。

（6）全力坚持。很多时候，你的目标并不是自己真正想要实现的，甚至会非常讨厌它。这个时候只能坚持，当你坚持到一定程度时会发现自己已经麻木了，这个时候只要再坚持一下，环境和事物就会向好的方向发展。

（7）给自己一些奖励。实施计划的过程，很可能会非常枯燥，一点意思也没有。这个时候，你可以给自己一些奖励。达到一个阶段或坚持不下去的时候，让自己放松一下，可以采用各种方法犒劳自己。奖励结束之后，再重新开始计划，会更有动力。作为戒毒机构的管理人员，可以采用代币法给予吸毒违法行为人适当的鼓励，给予他们继续努力的勇气。

（8）想办法减少阻力。把每天要完成的计划排在第一位。花些时间仔细考虑一下，是否可以利用身边的环境，减少一些阻力。比如找一个平日里比较谈得来的人，请求他作为自己的监督人、排解对象等，或求助身边的朋友帮自己完成一些麻烦或琐碎的事情。

【临床医生的手记】

从吸毒成瘾的几个深层原因与诊断看戒毒治疗①

我从事戒毒工作转眼将近十年了，和无数戒毒者及他们的家庭经历过太多的困惑和痛苦。遇到最多的问题是你费尽九牛二虎之力后，没过多久病人又复吸了，这时你用上次同样成功的办法，往往就又没有什么效果了。经过这些年以来无数的失败与成功，我试图去总结一些经验，以有效地帮助每一个戒毒者，尽可能让他们少走一些弯路。

我是一个医生，有一种思维习惯：治疗每一个病人之前，首先得给这个治疗的病人进行诊断，然后才对症下药。所以，我把病人戒毒的成与败，以及他们的特点进行总结后发现，每个病人都有不同的成瘾特点，就是同一个病人在不同的时段，都有不同的成瘾情况，总的来说有四种情况，分别是身体成瘾、心理成瘾、社会关系成瘾、心灵成瘾。

在戒毒治疗的过程中，有一部分病人是由于身体的困扰在“毒海”中痛苦地徘徊。特别是那些因为身体疾病原因而吸毒的病人，只要医生帮其脱离毒瘾，祛除身体疾患，

① 作者：李凌，广州白云区自愿戒毒中心医生。

他就能顺利走出毒品的阴影。我认为这部分病人成瘾的困扰在身体上，因此称之为“身体成瘾”。北京有一个男性病人，吸毒六年多了，46 岁时来白云戒毒。刚开始吸毒是因为胃痛得厉害，朋友介绍尝一口止痛，于是就这样上瘾了，也是这个原因让他在毒品吸食问题上痛苦和矛盾。这个病人在戒毒治疗的同时，还要治疗其胃病，经查是胃溃疡，我们把戒毒治疗作为第一目标，胃溃疡治疗为第二目标，鼓励坚持实现这两个目标为第三个目标。后来，住院 21 天，身体戒毒治疗基本完成，我们建议其去医院做胃溃疡手术治疗，等三个月康复后再回到广州做后期康复，这样不但解决了身体问题的困扰，同时留在广州手术治疗，他再痛苦时，就不会有毒品的困扰，还能及时得到戒毒医生的专业指导，一举两得。

接下来的病人就属于“心理成瘾”的类型了。心理成瘾的病人是最多的，几乎大部分病人会在不同的时期，或多或少地出现不同的心理症状，如失眠、焦虑、抑郁、强迫等。我清楚地记得一个病人，反反复复戒毒好多次，每一次在太阳下山时，看见夕阳西下的场景，他的心里涌升起一股巨大的悲伤，就这样一次次在悲伤中重新吸毒。还有就是大部分吸毒者都有心理创伤的痛苦经历，如成长在单亲家庭或家人太溺爱等，因此都有很大的心理阴影。加上在吸毒的岁月里，来自外在的压力和歧视以及内在自我指责的压力，又会形成不同的心理疾患。这一切的心理阴影，都会转化成不同的“症状”，困扰着无数的戒毒者，唯一让戒毒者有一些安慰的就是：“毒品是魔鬼。”这样，他们才会觉得心里舒服一些，不然，他们很可能因为不会马上原谅自己的“愚蠢”而“疯掉”。所以，心理医生要用不同的手段或者技术，为戒毒者走出阴影，做很多的工作，才能帮助戒毒者走向光明。

也有一些戒毒者完全可以克服身体成瘾和心理成瘾，他们可以凭借自己的意志克服身体毒瘾的痛苦，也可以凭借意志克服所有戒毒后的心理问题。身体问题和心理问题不是他们重新吸毒的原因，只要他们回到吸毒的社会交往圈子，很快就复吸了，没有办法戒掉毒品。实在想戒毒时，他们就离开自己的社会圈子，也就离开了毒品成瘾。我有一个南方病人曾经为了戒毒，买了去新疆的列车，把自己逼上绝路，希望借此让自己戒掉毒品，因为他只要回到家，不用多久就会复吸。但他根本无法摆脱他的社会圈子，他的圈子是他生存的条件，如果他离开他的圈子就意味着他要重新开始生活。他又没有重新开始的勇气，只得在一次次痛苦的戒毒与矛盾的徘徊中沉沦，始终无法走出来。这是一个典型的“社会成瘾”的例子。与其说他依赖毒品，还不如说他依赖他的社交圈子；与其说他毒品成瘾，还不如说他的病是其病态的社会交往模式所致。对于这种病人，只有鼓起他离开圈子的勇气，并且鼓励他重新做人，重新创业，走向正道。就好像白云病区中的一句话：“只要路是对的，就不怕路有多远。”这句话是很受病人欢迎的。因为它起到鼓励病人走向新的道路，并一直坚持走下去的作用。

最后还有一种病人不属于前面几种情况，或许是前面几种情况都不是他复吸的原因吧！他每一次复吸都是因为一个人独处时，时刻思考“人为何要生下来，为何要死掉”，“人活一天和人活 60 岁有什么区别”，“我吸和不吸有什么区别，吸到最后不就是死吗，反正人早晚要死的”之类的问题。这类病人的意识状态是对人的本质和真理的追求的阶段了，已经完全不是对好奇心的满足，或者对吸毒的快乐刺激之追求了。我有一个戒毒患者是这样描述他的体会：“我吸了没有感觉，不吸也没有什么感觉，似乎人变得懵了，变得麻木了，也从不怕死亡了，似乎有时在等待死亡，内心深处甚至很渴望死亡早一点来临。很多时候，感觉整个人只是一个壳在移动，感觉身体是空的，什么也没有，这种空的感觉让我难以面对，比死还难受。根本没有语言文字来描述那种感觉。每一次我都无法让这种感觉消失，从来没有消失过，实在无法时，我就吸上一些毒品睡上一会儿，有些时候也会去疯狂一阵，让自己找一些刺激的事情，或者冒险的事情做，似乎那样的话，会感觉我的内在没有那么空。干得最多就是半夜睡不着的时候，我就开车到高速公路跑到160km/h，我才可以找到我的存在，才可以感受到属于自己的一点点开心。”听了这位朋友的话，您想到了什么？这不是在思考人生的意义吗，活着的意义吗？这不是在寻找人存在的真理吗？这就是我要说的“心灵成瘾”。这类病人只有找到意义时，才能找到自己的存在，才可以克服内心的空虚。所以，我会为这类病人找一些帮助他人的事去做，比方鼓励他去做志愿者，鼓励他学宗教学，或者找一些自己感兴趣的事做做，或者鼓励他回家好好孝敬父母，或者帮助一些曾经帮助过他的人，等等。总的来说，就是让他找到属于他的信仰，这种信仰能让他心里所有的空虚得到填补，并且能够让他勇敢和有意义地活下去。在我的经验中，我会和我的病人从参拜苍天和大地开始，让天地的灵气进入自己的身体，发现属于自己的意义，效果往往还可以。甚至有些病人戒毒成功以后，他会把心理医生作为他的老师，或者心灵导师来看待。这些就是“心灵成瘾”的类型了。

以上就是我对所有服务过的戒毒病人的四个诊断性的总结，从这四种诊断上，找到一些具有特殊性和针对性的心理治疗技术和方法，对症下药，才能达成事半功倍的效果。当然随着毒品的发展，有些只是一种情况，有些几种成瘾都具典型特征，所以不能一概而论。以上几种取名和分类只是为了寻找一些方法和为我的教学总结一点经验罢了。我相信每一个戒毒者都是一个不同的个体，都是一个传奇的人。天下没有一模一样的戒毒者，也没有一模一样的治疗模式。唯有针对戒毒者的具体事实，找到灵活多变的、适合的方法和技巧，才能有效地给每一位需要帮助的戒毒者提供有效的帮助。

任务六
赌博违法心理矫治

不劳而得之财，必然消耗。勤劳积蓄的，必见加增。

——《圣经》箴言 13：11

【重点技能】

- 赌博违法行为心理诊断技能
- 赌博违法行为心理咨询技能
- 赌博违法行为心理辅导技能
- 赌博违法行为心理教育方法

【案例 1】

2001 年，贪污 4 823 万元、挪用公款 272 万元的自新中国成立以来最大的贪污案罪犯周长青被依法押赴刑场执行了死刑。周长青原为陕西省西安市机电设备股份有限公司总经理兼汽车销售公司经理。1997 年 1 月，周长青前往澳门赌博，输掉随身携带的现金后，又将公司的 32.8 万元购车款输掉。1997 年 1 月至 11 月间，周长青以单位购汽车为名，从机电公司汽车销售公司下属部门采用转账或提取现金的方式，先后 24 次将 3 982 万元公款挪出，除贴现花费 19.5 万元和个人挥霍 46.2 万元以外，其余 3 917 万余元全部用于在澳门赌场豪赌。除 1997 年 7 月 23 日归还 272 万元外，其余均输掉。假如周长青不去澳门赌博或者及时戒赌，也许不至于赌输了人生、赌丢了性命。①

狭义的赌博是指以输赢钱财为目的，参与由机会决定其结局的游戏或类似游戏的活动。直接参与此种活动者称为赌徒，参加赌博的钱财称为赌注或赌本。法律上所禁止的赌博，主要是指涉及钱财输赢的狭义赌博。周长青参与的赌博就属于法律上禁止的赌博。

【案例 2】

赌博拉他走进深渊

陈某，男，1973 年出生，1998 年结婚，2002 年儿子出生。成长顺利，家庭幸福，在某钢铁厂负责保卫工作。因赌博上瘾盗卖钢材而进监狱。

陈某看朋友赌博心动，觉得好玩又赚钱，遂决定小试牛刀。一开始赢了一点，再

① 师建国. 赌博心理透视. 医药与保健，2001（11）：22

就是只输不赢，进而是想翻本。因赌博上瘾欠了一大堆赌债，父母规劝，妻子埋怨使他更加叛逆，越赌越大，越陷越深，正苦于找钱无门时朋友提醒他偷盗厂里的钢材变卖，因此他被投进监狱。

以往陈某也曾听说过一些人因为赌博而失去家庭，毁了前程的事例，但是当他自己赌博时，却未能挣脱魔爪，越陷越深，最后输掉了自己及家人的幸福。在赌博过程中，他一直心存侥幸：小赌时，自信不会赌大；赌大后，又自信一定会赢。在朋友提出盗卖钢材时，他开始并没有答应，他觉得不应该做这样的事情，但是，当他想到翻本时就忘了一切。在赌博和偷盗过程中都心存侥幸的他终于把自己送进了监狱。

付出惨重代价的陈某终于悔悟：赌来赌去只能是一场空，在赌场上，今天你也许有几万，几十万甚至几百万，但你很快就会一无所有，最终输掉的是自己的人生！奉劝世人远离赌博，与赌博作不懈的斗争！

项目一　赌博违法心理诊断

【操作步骤】

（1）赌博成因分析：赌博动机分析、赌博个体生理心理因素分析。

（2）病态赌博的诊断与评估：临床特征、病程发展、诊断评估。

单元一　赌博成因分析

赌博是一种社会心理现象和社会文化现象，赌博心理的产生和发展有广泛的社会基础。一般认为，现代社会人们参与赌博的主要动机不外乎有以下几类：赢利、娱乐、竞争、寻求刺激和逃避现实。研究表明，赌博的主要动机是逃避家庭、社会和自己过去的经历所造成的压力，从而达到麻醉自己的目的。至现在为止，还未有一个特定的成因会引致问题/病态赌博，但如果父母为问题/病态赌徒并允许子女参与赌博的人、或者艳羡赌徒曾赢过大钱、好胜心强、自信心低、不善理财、缺乏生活目标、逃避压力的人，都有机会变成问题/病态赌徒。

一、赌博的动机

（1）赢利：赌博活动无不涉及钱财等利益，赢利是赌徒最重要的动机。

（2）娱乐：一般以娱乐为动机的赌博通常赌注很小、只在熟悉的社交圈子中进行。为了满足人追求刺激的需要。

（3）逃避现实：有些赌博者在开始赌博时，主要动机在于逃避家庭、社会和自己过去的经历所造成的压力，从而达到麻醉自己的目的。为了逃避现实中的烦恼，他们借赌消愁，最后发展为赌博成瘾。

（4）寻求刺激：人在生活中需要一定的刺激才能维持心理功能的平衡，而需要的刺激大小与个体素质和个性有关。对于以寻求刺激和冒险为动机的赌博者来说，赢钱的概率越小，赌注与回报的差额越大，赌博就越富有刺激性和冒险性。借赌消愁，越赌越愁；想“翻本”或发财，结果是越翻越输，却也毫不收敛。

二、赌博个体的生理心理因素

1. 生理因素

赌博成瘾有一定的生理因素。英国科学家格里菲恩博士，对经常参赌者和偶尔参赌者的两组人进行了测试研究。其测试项目是两组人在玩“老虎机”和电子赌博机后各自的反应。结果发现，两组人都因参赌而心率加快，在参赌完结后，经常参赌组的人心跳很快恢复正常，而偶尔参赌的人心跳要在很长一段时间之后才能恢复正常。进一步研究后发现，参赌者心跳加快时，体内会产生一种称为内啡呔的化学物质，使人获得异常兴奋和快感。由于经常参赌者对此种物质已产生很强的依赖性，故在赌博结束后，心跳会因这种物质迅速消耗而很快平衡，因此又需要重返赌场，以产生这种物质而获得新的快感。从生理上说，快感源自大脑分泌的一种奇妙化学物质内啡呔，它的结构和吗啡相似，但比吗啡的作用强得多，可以说，内啡呔就是产生快感的根源；不少病理学家也认为：人脑会分泌多巴胺，长时间赌博会使大脑分泌的多巴胺增多，这类化学物质会使人出现短暂性的调试亢奋，这种异常情况，正是好赌者之所以好赌的一个生理因素。[①] 否则，他们就会精神萎靡、坐卧不安。偶尔参赌者对这种物质比较敏感，这时他们的快感会延续相当长的时间，不一定非去赌场重新寻求快感了。当然，他们的这种快感延续期，会同参赌次数、时间、频率成反比例缩短，最后成瘾而变成赌徒。

2. 心理因素

赌博是以某种简便且带有娱乐性色彩的方式重新分配参与者财富的方式。持好奇消遣心理者、模仿和从众心理者、寻求刺激心理者、投机取巧心理者，最可能逐渐上瘾，成瘾难戒。

（1）好奇心理。许多人觉得赌博有趣好玩，于是参与以满足好奇心，逐渐地一发而不可收。

（2）模仿和从众心理。赌风盛行对人起着一种示范作用。不少人，特别是青少年的模仿心理、从众心理很强，于是就产生急欲到赌桌上一试身手的赌博心理。

（3）寻求刺激心理。精神空虚无聊者看中赌博的刺激性，借以打发时间，寻求刺激，体验各种心理感受。

（4）贪欲心理、侥幸心理和不劳而获思想。由于赌博是赢利性的，参赌者总侥幸地以为能赢，能多捞一把，借此发家致富，企图通过赌博不劳而获地占有别人的财物。于是赢了想再赢，输了想翻本，贪欲、侥幸心和不劳而获思想使他们的赌博心理恶性发展，越陷越深。

参赌者否认事物客观规律，否认事物正负性均衡的客观存在，主观上过于相信自己的判断，潜意识中总相信自己会赢多输少，或者输了肯定会赢。这种心理，是把“客观概率”消融在“主观概率”中的错觉，即判断事物时倾向于利己的低概率而否认不利己的真实概率。正是这种概率错位心理，才会使之赌红眼，赌进其身家性命。[②]

---

① 周立，陆林森．远离赌博这玩意．上海：上海教育出版社，2007．170

② 美彩票巨奖“名花有主”，《长江日报》2000 年 05 月 11 日，引自人民网，http：//www. people. com. cn

此外，社会因素也是赌博产生的因素之一，不良社会形势是其现实根源；精神生活匮乏是其直接原因；还有物质的改善与精神的需求不相适应；社会上某些带有赌博色彩的活动加剧赌风；大众传播媒介误导；客观环境不完善诱发了赌博犯罪条件，等等。其中法律意识淡薄，对赌博的危害性认识不足，法制不健全和执法机关打击不力，以及赌博活动的特殊性是其广泛存在的基础。

知识链接

赌博违法行为的界定

赌博违法行为是指违反《中华人民共和国治安管理处罚法》的行为，《中华人民共和国治安管理处罚法》第七十条规定，以赢利为目的，为赌博提供条件的，或者参与赌博赌资较大的，处五日以下拘留或者五百元以下罚款；情节严重的，处十日以上十五日以下拘留，并处五百元以上三千元以下罚款。构成赌博违法行为，需要具备下列条件：

第一，行为人在主观上必须是以赢利为目的。

第二，行为人在客观上必须实施了赌博活动或为赌博活动提供条件的行为。

第三，该行为所侵害的是社会管理秩序和社会风尚。

第四，情节比较轻微。如输赢不大，或赌博次数很少或偶尔进行赌博，或偶尔为赌博提供条件并且抽头渔利较少等。

赌博活动方式多种多样。当前赌博违法活动的方式既有对传统赌博方式的承袭，又有鲜明的时代“创新”，既有对“国际惯例”的照搬照抄，又有对其进行“本土化”的“活学活用”。过去赌博方式主要是搓麻将、打纸牌、推牌九、掷骰子等，现在发展到用台球，套圈，划拳，翻扣，押宝，电子游戏机，电脑等赌博。更有别出心裁，花样翻新的形式，如用恒生指数、六合彩、动物竞技、体育比赛等赌博形式。方式上也有由复杂趋于简单的趋势，不受时间、地点限制，立竿见影，直截了当。如猜大小、猜奇偶、猜正反等。赌技从原始化趋于智能化，手法上原来以合法掩护非法，公开掩护秘密，现在则向公开化方向发展。

单元二　病态性赌博诊断

病态性赌博是“一种因赌博成瘾而产生的冲动性障碍”[①]，又称做“赌博依赖症”。1980年病态性赌博被正式列为精神疾病。用来界定病态性赌博的标准较多参照了酗酒和吸毒的界定标准，与物质滥用者一样，病态性赌徒为赌博所困，为了维持赌瘾宁愿乞讨、借贷、欺骗和偷盗。为了达到所追求的兴奋和高潮，不断增加赌注的规模和频率，并且时常表现得十分大度。同样，当赌博行为受阻的时候，情绪和行为紊乱等畏缩症状就会变得很明显。有研究报告表明，在赌博受阻时，赌博者至少会表现出诸如失眠、头痛、胃部不适、食欲丧失、躯体虚弱、心跳加快、肌肉疼痛、呼吸困难、出汗和寒战等症状中的一种。最近几十年来有关部门对该疾病有新的了解或将该疾病归为冲动控制障碍，或视为类似强迫症之强迫性行为。

① 李维．心理健康百科全书．上海：上海教育出版社，2004

一个人如果具有病态性赌徒的心理特征，就会嗜赌如命，无心工作，断送自己的美好前程，酿成人生或家庭的不幸。整个社会呈现出“农民有田不耕，工人有工不做，干部无心上班，教师无心教学，经营者无心经营，学生无心上学”的破败景象。

一、病态性赌博的临床特征

临床上遇赌博行为须考虑鉴别，赌博行为可分为四类：

（1）社交或娱乐性赌博：多半于特殊场合与朋友赌博，有既定可接受之损失；与病态的赌博之主要差异在于，此类赌博能理解赌博是一种娱乐，不会让赌博干扰其生活。

（2）职业赌博：主要生活收入来自赌博，赌博是生意。

（3）罪犯性赌博：具反社会型人格，不择手段要赢，输了也不打算付钱。

（4）病态性赌博：病态性赌博诊断标准的重点在于沉迷（craving），愈赌愈大愈畅快，停止时则会不安。已妨害其家庭或职业等功能，视为类似成瘾赌博行为。时常参与赌博或者时常想要赌博；经常单独出入赌博场所；次数越来越多，且越来越频繁；在赌博场所逗留时间比原定的时间长；花在赌博上的时间比起参加其他娱乐活动的时间长得多；由于赌博而延误了工作或者学习；因赌博而耗尽了身边的钱财，与亲朋好友发生争吵，甚至闹翻脸，为了翻本或要赢钱而不顾一切重回赌桌；隐瞒赌博事实，包括隐瞒用在赌博上的时间和钱财。

二、病态性赌博病程发展

病态性赌博病程发展分为三个发展期：

（1）追高期：赌博中有几次赢，可能一次赢的钱为赌博者一年的收入；从此赌博者心中便时时期待，并相信赢更多也是有可能的。

（2）杀低期：相信会赢，但实际上对一连串的输钱变得愈来愈难以忍受。必须把钱赢回来，赌得更大，更频繁，同时急躁的感觉使得技巧变差，导致更多的损失。这时满脑子都是赌博，沉迷的结果是工作家人和所有社会关系的疏忽，借贷越来越多而使信用也随之动摇，隐瞒随之也愈来愈多；每当债务告急，求助亲人时，不仅谎言败露，还破坏了人际间的信任。

（3）铤而走险期：通常在几次告急后，开始在赌博上投入更多的时间与金钱，即便面临债务压力及信用破产，却仍孤注一掷，相信自己会一举赢回所有损失。如此的恶性循环，导致身心俱疲，时有绝望感，感到与他人的疏离，甚至处于社会关系破裂的边缘，因此，这期间患者更常见忧郁，有自杀念头，甚至有自杀行为。

三、病态性赌博的诊断

以美国精神病学会出版的《公理障碍诊断和统计手册》（第四版）（DSM-IV，1994）为例，病态性赌博[①]的诊断标准如下：

1. 持续而重复不合常理的赌博行为

这类赌博行为由下列10项以上得以确诊：

---

① 病态性赌博的诊治. 上海心理健康热线，http：//www. sm-line. com/chinese

（1）全心沉迷于赌博（重复想着再经历上次的赌博经历，处心积虑地想再去赌博，或想办法筹钱赌博）。

（2）愈赌愈大，才能达到畅快。

（3）曾经多次尝试控制、减少或停止赌博，均以失败告终。

（4）当企图减少或停止赌博时，会坐立不安或暴躁易怒。

（5）把赌博作为一种逃避问题或排解坏心情（如无助感、罪疚感、焦虑或忧郁）的方式。

（6）赌博输钱后，为了要赢回而再赌（翻本）。

（7）欺骗家人、治疗者或其他人，隐瞒自己赌瘾的程度。

（8）曾实施非法行为诸如伪造文书、诈欺、偷窃或挪用公款等为赌博筹资。

（9）曾因赌博危及或失去某重要关系，如工作或教育及职业。

（10）依赖他人提供金钱，才能缓解因赌博造成的财务困境。

2. 赌博行为并非由躁症发作引起

根据常用的赌博筛查问卷表［以南奥克斯斯甄别赌博问卷（The South Oaks Gambling Screen）为例］，其问题内容包括下列16项：

（1）赌博的方式及频率怎样？

（2）一天赌注花费最高时是多少？

（3）双亲是否有赌博问题？

（4）赌博时，你常常会为了翻本而改天再赌吗？

（5）你是否曾宣称要去赌博赢钱，但后来却输了？

（6）你过去曾出现过赌博上的问题吗？

（7）你曾赌得比预期得更多吗？

（8）别人曾批评你赌博吗？

（9）你曾对自己赌成这样感到内疚不安吗？

（10）你曾觉得自己想戒掉赌博，但又认为自己做不到吗？

（11）你是否曾隐藏赌票、彩券或其他与赌博相关的线索，以避免让配偶、小孩或其他重要亲人知道吗？

（12）你是否曾在处理金钱上与家人争论过？

（13）若上题答是，金钱上的争论是围绕赌博展开？

（14）你是否曾因赌博向某人借钱却未还？

（15）你是否曾因赌博溜班或逃课？

（16）如果你曾借钱做赌资或还赌债，是从哪里借的？

a. 家庭预算；b. 配偶；c. 其他家人或亲戚；d. 银行；e. 信用卡；f. 高利贷钱庄；g. 变卖股票、债券或其他有价证券；h. 变卖个人或家里的财产；i. 从不足存款的支票账户借（跳票）；j. 曾向赌马场签账；k. 曾向赌博性俱乐部借钱。

第1、2、3题及第12、16j、16k题除外，其他每项答“是”加一分；总分五分及五分以上很可能为病态性赌博患者。临床上，此类患者常见精神科并发症包括焦虑、忧郁、身心症、自杀行为、药物滥用及其他个别压力下表现出的症状；此外许多患者报告有性功能障碍。进一步的研究显示有高达76%的患者同时诊断为重性抑郁症，38%为轻躁症（hypomania）。

知识链接

不同赌徒的心态①

心生悔意的赌徒

他们自觉羞愧，感到亏欠家人，想重寻人生目标，找回自尊，重新做人。我们应引导他们反思赌博的危害：伤害家人，浪费时间，欠人债项及失去亲友的信任。劝他们觉醒，自愿下决心离开赌桌、分期还款、勤奋工作、节俭生活、保持家庭和谐、改变生活方式。

死性不改的赌徒

他们觉得赌钱合情、合理、合法，只是自己付出金钱及时间以获取大量金钱，并视之为生活乐趣，输钱则只是一时运气不佳，下次一定可以赢回来。在他们未有悔意之前，应指出他们自私自利、不理性的赚钱念头，以及只顾自己不顾家人安危的心态，提醒他们要珍惜家人，待家破人亡后再后悔就已经太迟了。

起起跌跌的赌徒

自知赌博没有益处，却又贪图赌钱带来的刺激；有决心戒赌，但又无力抵抗金钱的诱惑，所以停止一段时间后又重蹈覆辙。针对这类赌徒，我们要不断关心他们，给予鼓励，他们虽然再次涉赌，但已有明显进步，要鼓励他们逐步改善和减少投注的金额、赌博的次数，反思停止赌博带来的好处，直至他们完全改变过来。

陷入谷底的赌徒

债务缠身、无力偿还、家庭破碎、亲友厌弃、人生无意义、走投无路，唯有以死解决。这种类型的赌徒应让他们看到生命的价值，只要留下生命，绝处也可逢生。要鼓励他们分期偿还债务或申请破产，重建与家人的关系，盼望有朝一日，获得家人的原谅。他们虽然陷入谷底，但也可以重见光明，冲出谷底。

进入康复期的赌徒

已经停止赌博，认识到自己以往的赌博行为是一种借钱瘾，但需要定期偿还债务，接受辅导及走上康复的道路。针对这类赌徒，需要先由心开始教导他们，使他们厌恶赌博，改变借钱习惯，思想行为和生活习惯皆要建立起健康的模式，若有需要便转介他们接受专业治疗，如心理、精神治疗，等等。

愿意信主的赌徒

曾经用过多种方法戒赌而不成功，家人倾尽全力还清债务，但无法自救。应给他们提供新的出路，即福音戒赌，让福音辖制他们的心魔，使他们承认赌钱出自一种贪婪的动机，且为了赌钱而犯了一连串的罪行，如说谎、诈骗等。劝勉他们认罪悔改，归信主耶稣，将生命交给主耶稣掌管并为他们带路，从而重返正常人的生活。

项目二　赌博违法心理咨询

【操作步骤】

（1）戒赌心理咨询的三个阶段：

① 胡炳泉．戒赌（辅助篇）——帮助不同赌徒的方法，http：//www. cccowe. org/main

① 制定咨询目标	分析成瘾原因（性格，行为，环境）→ 制定咨询目标
② 帮助和改变阶段	帮助戒毒者改变赌博习惯，戒除赌瘾，提高戒赌认识 → 帮助改变戒瘾中的情绪和行为
③ 结束阶段	帮助戒毒者巩固疗效，克制，脱瘾 →

（2）戒赌心理治疗坚持的三个基本原则：

① 心理治疗环境良好	心理治疗的正确性 →
② 建立双方良好的关系，彼此信任、理解、交流、理智	非强制性，强化戒赌者的自主感：明确的目的性 →
③ 系统、完整的心理治疗方法	有心理问题来求助，可以帮助解决心理问题 →

（3）戒赌的心理治疗方法。戒赌者的心理咨询要消除赌徒的偏差人格，纠正其不正确的意识与行为，促其心理健康，并在此基础上戒断赌瘾。对于赌博违法行为人的心理咨询与治疗，主要采用的治疗方法有家庭治疗、精神分析治疗、认知领悟疗法、行为疗法、认知治疗等。

单元一　认知领悟疗法

认知领悟疗法是通过解释使求治者改变认识，得到领悟而使症状得以减轻或消失，从而达到治疗目的的一种心理治疗方法，为中国心理治疗专家钟友彬首创，该方法是依据心理动力学疗法的原理与中国实情及与人们的生活习惯相结合而设计的。心理动力学疗法源于心理分析，故认知领悟疗法又称为中国式心理分析，或称“钟氏领悟治疗法”。其治疗步骤如下：

（1）采取直接会面的交谈方式，如求治者同意，可有一名家属参加。每次会谈时间为 60 ~ 90 分钟，疗程和间隔时间皆不固定。由求治者或由求治者与咨询师协商决定。凡有书写能力的求治者都要求他在每次会谈后写出对咨询师解释的意见并结合自己对病情的体会提出问题。

（2）初次会见时，要求求治者及家属叙述症状产生、发展的历史和具体内容，尽可能在一小时内叙述完。经躯体和精神检查诊断为上述适应症的求治者后，即可进行初步解释，告诉他病是可以治好的，但需主动与咨询师合作。对咨询师的提示、解释要联系自己的情况认真思考。疗效的好坏取决于自己的努力程度。如时间许可，即可告诉求治者，他们的病态是幼年的恐惧体验在成人身上的再现，或用应对幼年体验的方式来应对成年人的心理困难或解决成年人的性欲。解释内容因疾病不同而略有出入。

（3）在以后的会谈中，继续询问求治者的生活史和容易回忆起的相关经验。不要求深入回忆，对于梦也不作过多的分析。主要通过会谈建立求治者与咨询师间相互信任的良好关系，并使求治者真诚地相信咨询师的解释。

（4）随后与求治者一起分析症状的性质，引导他相信这些症状大都是幼稚的、不符合成人思维逻辑规律的感情或行动，有些想法近似儿童的幻想，在健康成年人看来是完全没有意义的，不值得恐惧，甚至是可笑的。只有儿童才那么认真地对待、相信并为之感到恐惧，不自觉地用一些幼稚的手段来“消除”这些幼稚的恐惧，或用幼年取乐的方式来解决成年人的问题等。这些解释要结合求治者的具体病情来谈。

（5）当求治者对上述解释和分析有了初步认识和体会后，即向求治者进一步解释疾病的根源在于过去，甚至幼年期。对强迫症和恐怖症求治者则应指出其根源在于幼年期的精神创伤。这些创伤引起的恐惧情绪在大脑内留下痕迹，在成年期遇到挫折时会再现出来影响求治者的心理，以致用儿童的态度对待在成年人看来不值得恐惧的事物。现在已是成年人，不应当像孩子那样恐惧了。对于性变态求治者，结合他可以记忆起的儿童性游戏行为，讲明他的表现是用幼年方式来对待成年人的性欲或心理困难，是幼稚和愚蠢可笑的。上述的解释需要经过求治者与咨询师多次共同的讨论，才能使其完全理解，以取得新的认识。

单元二　行为矫正治疗

行为疗法认为人是通过学习获得了不适应行为的，正如赌博行为也是通过对外界的模仿而习得的，由此，人也就可以通过学习来消除那些习得的不良行为，赌博违法行为人的异常心理和行为也是在具体的生活环境中通过条件反射形成和巩固下来的，因此，可以针对赌博过程中的特征，设计与之相符的情景和治疗程序，根据戒赌者行为心理的改变情况，分别给予惩罚强化和行为塑造，使戒赌者通过学习和训练，消除异常行为和心理。下面就如何运用厌恶疗法戒赌进行简要介绍。

厌恶疗法的原理是设法使一个要消除的问题行为与一种厌恶反应建立联系，从而使行为人放弃或回避问题行为。

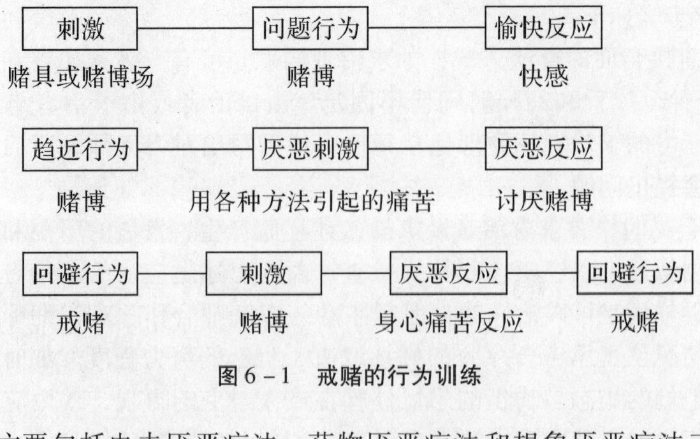

图 6－1　戒赌的行为训练

厌恶疗法主要包括电击厌恶疗法，药物厌恶疗法和想象厌恶疗法三种。治疗中，当戒赌者见到赌具或赌博场景产生愉快体验和赌博冲动时，立即实施电击，使其产生痛苦反应，或让其服用呕吐药，产生呕吐反应，或对他们加强意象训练，采用上课、电教等形式，播放、讲解因赌博而导致自杀、死亡的病例及家庭悲剧的种种痛苦，使他们在想象中把对赌博的依赖与不良刺激联系起来，从心理上产生对赌博的厌恶反应，冲淡乃至消除其留在记忆中的快感，产生对赌博丑恶行为的“触景生恨”、“睹物思过”的良性结果。

单元三　认知疗法

就赌博行为而言，大多数赌博违法行为人感到空虚、无聊或生活、工作不如意，认为自己无能，生活没有意义。在这种错误认知的引导下，逐渐走上了赌博道路，所以，矫正赌博行为就必须矫正戒赌者关于赌博原因的错误认知，并帮助其建立关于赌博的正确认知，同时矫正其不合理的思想和情感，帮助他们获得合理的情绪体验，这样才能避免戒赌者在戒赌后依然没有心灵的支撑点，在心瘾的诱惑下重蹈覆辙。

认知治疗过程中，治疗师通常用讲解说明及辨认的方式来教导赌博违法行为人与自己不合理的信念质疑问难，引导他们参与、介入自己心理上的病症情况分析，认识到他们的问题所在，承认自己的错误观念，并决心纠正。这是解决赌博违法行为人问题的关键。接下来，治疗师运用大量的实用书籍、讲座、录音、录像、讨论会、示范等教育技术，教会他们运用理性的思考模式，并以此取代非理性的思考方式。与其他疗法相比，认知疗法具有积极、直接的特点。

单元四　人格矫正治疗

人们从开始赌博到赌瘾难戒，有一个共同的因素在起作用，那就是赌徒的人格问题。对戒赌者进行心理治疗的最后一关，也是最难的一关，就是要帮助他们矫正人格偏差，恢复正常人格。

恢复正常人格通常通过改变习惯和控制情绪来达到目的，人们性格中很大一部分表现出的是一个人习惯化了的行为方式。因此，培养良好性格的关键在于培养良好的生活和工作习惯，要求针对人格特征中所表现的弱点，有意识地培养与之相反的习惯特征。通过这种新的习惯来克服和改变原有的性格弱点。如赌博违法行为人大多意志薄弱，没有恒心和毅力，而这些性格特征又是戒赌的关键。因此，可以通过让赌博违法行为人每天坚持锻炼身体，进行文体活动，每天严格按照计划来工作或生活等一些小事情，养成无论做什么事情都能坚持到底的习惯。最终性格上也会烙上坚毅的印迹，戒赌也就能坚持到底。

这种通过转变习惯，控制情绪来改变性格，又通过性格的转变来矫正人格的方法，是一种切实可行的人格治疗方法，但短时间内难以奏效，因为“江山易改，本性难移”，它要求戒赌者和治疗师都具有坚定的信心和持久的耐心，利用一系列心理治疗方法，经过长时间的心理治疗和训练，在社会各方面的配合下，方能达到目的。

项目三 赌博违法心理辅导

【操作步骤】

（1）赌博违法行为人的个别辅导。

（2）赌博违法行为人的家庭辅导。

单元一 赌博违法行为人的个别辅导

要防止赌博行为陷入失控，最佳方法是及早认知初期迹象并加以提防。治疗病态赌博的方法包括心理辅导以增强自我控制的能力。一个良好的辅导员能帮助你找出控制赌博的最佳方法。在某些情况下，医生会开出处方药物，协助赌博违法行为人控制因嗜赌而产生的不安或失落的情绪。

病理性赌博违法行为人经常在正常赌龄时间范围内出现赌博行为，这种行为有时是连续性的，这种行为有时是片断性的。在西方国家，研究病理性赌博治疗的有赌博者匿名会，它是一个秘密的组织，活动也在一个秘密的地方。赌博违法行为人以自愿匿名的形式参加，大度宽容的治疗师提供有关的讲解指导，充分尊重人格，没有压力与批判，参加者自由讨论，使他们之间相互支持和鼓励，以达到戒赌的目的。这样的措施在国内是否可行，还有待研究和讨论。

一、病态赌博违法行为人的自救方法

赌博是一种习惯性行为，戒除赌瘾也不容易，但如果拥有坚定的意志，绝对可以解决赌博问题。赌博违法行为人可以尝试以下的自我控制方法：

（1）避免出席任何赌博场合。培养其他可取代赌博的嗜好，打消赌博的念头。

（2）制定一个限额。无论你正在赢钱或输钱，只要赌款达到所定的限额，便立即停止赌博。

（3）控制现金的流转。限制现金的供应，如制定每日从银行户口提款的限额、开立一个需要两人签署的联名账户、安排电子付款或通知银行限制信用卡贷款。

（4）减轻精神压力。定时做运动（如缓步跑）及学习松弛的技巧，或进行休闲活动（如听音乐、与朋友逛街），借此驱走闷气，舒缓紧张的情绪。

（5）养成记录的习惯。写日记可帮助赌博违法行为人了解自己的赌博行为，找出赌博的倾向和模式。例如，他们可能发现，每当他们感到苦闷或失落、手上持有现金，或当他们需要用钱时，便会赌博。这些记录便可帮助他们找出抑制赌博的有效方法。他们可通过各种方法，恰当地满足不同的需要。

倘若想找人倾诉你的赌博问题，但又不习惯面对面向人倾诉，可以通过电话辅导热线服务，向一些互不相识的人剖白你的感受，或商讨赌博问题。其实，很多赌博违法行为人都曾经通过这个方法得到辅导并使问题得到解决。

二、赌博违法行为人的心理辅导步骤[①]

表 6－1　赌博违法行为人的心理辅导步骤

步　骤	辅导内容	备　注
准备阶段	了解赌博违法人的赌博习惯	督导
第 1 步	咨询面谈 1：赌博违法行为人介绍其赌博行为	
第 2 步	咨询面谈 2：赌博违法行为人尝试改变其赌博模式	督导：被督导者从他自己的玩投币机经历中学习
第 3 步	咨询面谈 3：现在和过去的赌博经历	
第 4 步	咨询面谈 4：赌博违法行为人内心不想去赌博的自我感受	
	咨询面谈 5：赌博的满足感——不只是赢钱	
第 5 步 咨询继续	咨询面谈 6：探索和赌博有关的体验	反思
第二阶段 第 6 步	咨询面谈 1：我需要帮助吗？形成咨访关系	情景设置
第 7 步	咨询面谈 2：取得一点胜利，“打赌不是问题”，还有保密性的问题	督导：被督导者对他的一致性表示质疑
第 8 步	咨询面谈 3：赌博违法行为人配偶的加入	
第 9 步	咨询面谈 4：挣扎地接受停止打赌的需要	
第 10 步	咨询面谈 5：赌博违法行为人更沉着，更爱思考	预期效果

单元二　赌博违法行为人的家庭辅导[②]

面对面的交谈，可以改变赌博违法行为人的认知能力、控制能力，使其不再受赌博的诱惑。要接受心理辅导服务，家人的支持及合作是非常重要的；如果嗜赌人员得到家人的支持和信赖，他们成功地戒除赌瘾的几率就十分高。为此，家人应做到下列事项：

（1）家人与赌博违法行为人一起接受戒赌辅导；

（2）家人应清晰、具体地对赌博违法行为人表达他们对赌博行为的态度和立场；

（3）为避免互累症的影响，家人不应以金钱帮助赌博违法行为人或让其处理财务问题；

（4）家人应在赌博违法行为人面前清楚表明不会以金钱作为帮助及支持；

（5）协助赌博违法行为人重新建立健康的家庭文化，以免赌博问题祸延下一代；

---

① ［英］理查德·布莱恩特—杰夫瑞斯. 赌博的心理治疗——以人为中心的对话系列. 田娟娟译. 北京：高等教育出版社，2008

② 专业戒赌辅导. 心想事成身心灵提升中心，http：//www. bestwish4u. com

(6) 要求赌博违法行为人不应让子女替自己购买彩票，或选择六合彩及赌马，或替自己打麻雀；

(7) 家人亦不应参与或协助赌博违法行为人赌博；

(8) 家人避免不断责怪及追究赌博违法行为人输了的金钱，以免他以此作为赌博的借口；

(9) 鼓励赌博违法行为人与家人一起建立及发展多元化的活动和兴趣；

(10) 协助赌博违法行为人发展个人兴趣或活动来取代赌博活动；

(11) 鼓励赌博违法行为人多参加社交活动，结交新朋友，远离以往的赌友；

(12) 协助赌博违法行为人做开支预算；

(13) 尽可能征得赌博违法行为人同意，让家人协助他管理家庭财政，如接管家庭收入、限制支出；

(14) 鼓励赌博违法行为人每日只携带少量现金，足够当日必需的基本开支便可，避免携带提款卡及信用卡上街，减少提取大量现金的机会；

(15) 鼓励赌博违法行为人到银行降低户头的提款限额及信用卡户头的透支额度；

(16) 鼓励赌博违法行为人通知银行及财务公司取消其借贷资格；

(17) 让赌博违法行为人学习面对输钱的后果及计划如何去偿还赌债及借贷；

(18) 要求赌博违法行为人承诺决不以日常开支的金钱用作赌本；

(19) 要求赌博违法行为人承诺决不借钱去赌博；

(20) 鼓励赌博违法行为人严格控制自己，不单独参与赌博活动；

(21) 鼓励赌博违法行为人赌博时为自己限定赌本，并承诺若输钱后，不会继续下注以追回赌本；

(22) 鼓励赌博违法行为人设定参与赌博的时限且时间一到就坚决依时离开。

项目四　赌博违法心理教育

【操作步骤】

(1) 赌博违法行为人的认知教育。

(2) 赌博违法行为人的情感教育。

(3) 赌博违法行为人的意志教育。

一些人在认知，情绪情感和意志活动上存在的缺陷，会影响到他们对客观事物全面深入的认识以及自身的情绪情感体验和意志行为活动，甚至作出一些与社会要求不相适应，违反道德规范和法律规范的行为。在认知方面，不少人对赌博的违法性认识不足；对赌博行为将给自己、他人和社会造成的严重危害缺乏应有的警惕，受到一些不良影响，因此就有可能不自觉地参与赌博活动。在情绪情感方面，有些人对社会的适应性差，往往容易沉迷于赌博，从中为自己在生活中无法满足的“成就欲”寻找一条宣泄的途径。也有些人事业有成，但总感到活得很累，长期处于一种压力状态下，想通过赌博使自己的情绪得到释放。在意志方面，有些人自制力弱，坚持性差，易受赌博气氛的感染，经不起参赌者的引诱、教唆，开始对赌博跃跃欲试或半推半就，偶尔参与，时间一长，便深陷其中，形成瘾癖，难以自拔，改恶从善的意志力便丧失殆尽。

单元一　赌博违法行为人的认知教育

俗话说：万恶赌为首。赌博的人常说："我一不偷二不抢，输了钱全由自己负责，有什么错？公安局真是多管闲事。"

赌博作为一种越轨的社会行为，不仅给个人带来危害，也给国家和社会带来危害，赌博有着极大的现实的和潜在的社会危害性，现实的危害性是指赌博可诱发抢劫、盗窃、卖淫、凶杀等违法犯罪行为，而潜在的危害性是指赌博造成的无形的、间接的、长远的危害。

一、赌博导致违法犯罪

赌博违法行为人为了过赌瘾或为了筹集赌资，不惜铤而走险，触犯法律，从而引发各种各样与劫掠钱财相关的违法犯罪行为。

赌博场所是违法犯罪的高发地点，不少赌场投靠当地政府官员，得到"红色保护伞"的庇护，当事人为所欲为，凡是聚赌的场所，总有放高利贷者、卖淫嫖娼者、吸毒贩毒者以及流氓地痞穿梭其间。有些赌博违法行为人本身就兼有多重身份，这些社会异类聚集在一起，使赌场变成了各类罪恶活动集中的黑窝，在一些人数不多的、赌注不大的赌博场所，也会经常发生为了钱财而争执、斗殴、致人伤亡的问题。

二、利用赌博进行违法犯罪活动

赌博经常被作为一种追逐功利的手段和途径。其中，利用赌博形式行贿受贿或诈骗钱财，是最为突出和最为典型的。讨好上司、调动工作、晋级提干、承包工程以及企业经营等都可以在赌台上进行。摆象棋残局、套圈、打气枪、掷骰子、弄套绳，还有许多其他不知名的玩法，使得人们驻足观看，赌徒便趁势以赌行骗。

此外，有的赌徒与黑暗势力勾结或寻找"保护伞"，以身试法，赌输了便不择手段地筹集赌资，有些通过贪污或挪用公款继续赌博，有的通过抢劫、偷盗、诈骗等恶劣手段筹集赌资，严重危害社会安定。

三、赌博危害家庭

（1）赌博影响家庭的正常生活。赌博违法行为人在做家务、教育子女等方面难尽义务；影响家庭成员特别是夫妻间的感情，败坏家风，其事业、学业亦深受其害。

（2）赌博使家庭经济陷入困境，"赌博，赌博，越赌越薄"。

（3）赌博导致家破人亡，当家庭的主要成员嗜赌成性，使家庭经济陷入困境，基本的生活都难以解决的时候，就必然会产生诸多家庭矛盾，如夫妻之间的感情破裂等，而嗜赌的主要家庭成员也会感到内疚，为了钱财铤而走险，实施违法犯罪行为，导致家破人亡。

（4）赌博危害青少年。随着赌博不良风气的蔓延，青少年必然会耳濡目染，这种风气驱使他们进行有害的尝试。青少年的知识水平，人生经验和辨别是非的能力都极为欠缺，极易受到社会上的一些不良意识和行为的影响，从而走向歧途。赌博似乎可使人快速致富，对于无经济收入或收入不高的青少年有不小的吸引力，赌博的娱乐性又直接满足了青少年好动贪玩的天性。另外，在子女涉赌这个问题上，家长的宽容或默认等错误的指引以及爱赌的旧习，都会使未成年的子女深受其害；此外，社会上一些不法商人，直接引诱和教唆青少年赌博——在游戏机室为青少年提供饮料、饮食和睡觉的长椅等，致使一些青少年夜以继日地在游戏机室中赌博。

（5）赌博侵害干部队伍。在赌风蔓延的过程中，有不少干部参与了赌博，其中有些干部甚至嗜赌成性，而且还有个别干部受赌头的拉拢，变为赌头违法赌博的保护伞，以权护赌，以权助赌，给社会造成严重的危害。

单元二　赌博违法行为人的情感教育

面对赌博违法行为人不健康的情感，应着重约束力和感化力，对其进行情感教育。

从社会心理学的视角来看，人总是处在一定的社会群体中，受到群体的氛围、风气、观念和倾向等的综合影响。要禁绝赌博，就必须认真研究社会群体的作用。社会群体可以根据不同的情况分为血缘型、情感型、相邻型和职业型等四种，其中在血缘型群体和职业型群体中，其成员的地位、职务和义务都有明确的规定。在情感型群体和相邻型群体中，其成员之间的关系以好恶、爱恨为基础，带有明显的感情色彩。

一、血缘型群体的感化和教育

血缘型群体是以血缘关系和婚姻关系结成的群体，它的群体成员有父母、夫妻与子女。血缘型群体以血缘关系为纽带，互动频率最高，感染力最强，家庭在其成员的成长和发展中所起的教育作用是不可忽视的，而且依靠爱情、血缘亲情的力量来实施感化和教育，其效果是显而易见的。为人父母都应该有责任感，从爱护孩子和培育孩子的角度出发，远离赌博，为孩子健康成长营造一个高雅、和谐、欢愉的家庭环境。父母要使用正确的方式和方法、教育和引导未成年子女远离赌博。同时，父母要和学校密切配合，不能因为工作忙就对孩子的业余时间不闻不问。发现孩子有赌钱或物的行为后，不要消极管束，一味打骂、威吓，而应通过积极的疏导教育，使孩子选择积极健康的课外活动形式，促进他们心智的健康成长。如果家庭中有成员经常参加赌博甚至嗜赌成瘾，家庭其他成员就要进行耐心劝阻、约束和感化。以血缘亲情和夫妻之情来感化赌徒，能够产生积极的影响力。

二、情感型群体的鼓励和促进

情感型群体是人们在交往中由于兴趣的接近、情感上的共鸣自然而然形成的群体，其感情色彩浓厚，也就是我们所说的“朋友圈”。这种情感型的群体内力较强，朋友间由于感情因素而产生相互影响的力量很大。作为一个有责任心的社会成员，当有朋友参与赌博，自然应该努力地劝说朋友放弃赌博，朋友之间有一种强烈的吸引力和心理上的依赖感，因此朋友对赌博违法行为人会产生一种心理上的压力，会成为其戒赌的动力之一。作为朋友，对已经染上赌博恶习的友人，不能鄙视，不能与之断绝往来，而要坚持不懈地鼓励他，作为其强大的支撑力量把他从邪路上拉回来。

三、相邻型群体的引导和约束

相邻型群体即社区群体。它在管理功能、服务功能和教育功能等方面都非常重要。社区通过广泛的舆论宣传，形成良好的禁赌氛围，如一个社区内有“赌博可耻”的舆论氛围，那么赌博违法行为人能时时感受到一种舆论压力和社会背弃感。从而被迫约束自己的行为，最终远离赌博活动。

社区能加强对赌博违法行为人的管理。社区机构如街道办事处、居民委员会等可制定居民公约，明文禁止赌博，并摸清社区内有哪些人嗜赌，发现赌博行为，立即向公安机关报告。同时，可以通过传单、橱窗、标语、居民大会等形式，向人们宣传赌博的危害以及指导人们怎样抑制赌博的心理诱惑，还可通过社区批评专栏将社区赌博犯罪违法分子予以曝光，接受社会舆论谴责和社区群众的监督。

社区还可以发动居民组织禁赌协会，制定禁赌公约。可以把有威望的民众组织起来，成立禁赌宣传组，经常上门对赌徒晓之以理，动之以情，施之以威。有一个村把戒赌写进了村规民约。严禁村人赌博，无论哪家赌博，一律停止向其供电，并勒令其进行公开检讨，直到切实改正为止。赌博行为严重者应送公安机关处理，让赌博违法行为人内外交困，不再参赌。

四、职业型群体的管理和教育

职业型群体即工作单位群体，职业型群体应将有关禁赌的内容明文写入单位的规章制度，通过规章制度明文规定严禁成员赌博，并责令科室和班组等基层组织机构严加约束和管理，保障禁赌措施的切实实施。职业型群体应对成员的赌博行为予以处罚，处罚形式可以采用纪律处分和经济制裁两种。对在上班时间赌博的成员，扣发其补助和工资；对因赌博造成生产事故的成员，不仅要追究其责任，还应责令其进行经济赔偿，同时向司法机关报告追究其刑事责任；对于赌博屡教不改者，视其情节轻重予以通报、记过甚至开除公职；对嗜赌的共产党员，还要给予党内纪律处分。职业型群体加强对赌博成员的教育，可以通过讲座讨论会、宣传栏、广播、专题学习、班组会议向成员宣传赌博的危害性；对嗜赌的成员，班组、科室领导和党组织要经常上门作深入细致的思想教育工作。

此外，加强对赌博违法行为人的情感教育，矫治机关有着不可推卸的责任。针对赌博违法行为人在接受惩罚矫治的过程中出现的孤独感，干警要善于抓住他们的情感因素同他们交往并进行个别谈话教育，对他们予以关心和帮助，进行正确的引导和规劝，帮助他们解决一些实际问题，减轻其孤独感，增加干警的亲和力。针对赌博违法行为人强烈的自卑感，管教干警要引导他们正确评价自己，善于发现自己的“闪光点”，同时对他们予以鼓励，尤其是对于他们在矫治过程中表现出来的进步，更要加以肯定，提高其做人的自尊心和自信心，逐渐削弱其自卑心理。针对赌博违法行为人强烈的依附心理，管教干警应对他们关心体贴。热情的鼓励教育和耐心劝导，都会使他们的依附心理发生转移，从而接受干警的教育感化。

赌博违法行为人的情感教育从关爱中开始，即从良心的培养、爱的教育开始，赌博违法行为人对自我良心的寻找、发现、开掘和培育是忏悔的过程，而忏悔是痛苦的情感体验。这种痛苦的体验，一方面来自于对他人的不幸和痛苦的分担和移情，因为赌博违法行为人对自己的行为给家庭其他成员造成了伤害；另一方面来自劳教惩罚所转化的内在惩罚，即羞耻心，这一“内向的愤怒”忏悔只是良心培养的途径而已，过度的忏悔痛苦不利于人格的健康发展，因此良心培育最终要导向爱的教育。我们可以把赌博违法行为人看成是个人对家庭、对社会的背离，是其社会化过程即成长过程的缺陷造成的。爱的淡漠乃至丧失，使赌博学员失去了良心的自律，爱首先体现为一个人对他人的给予，包括物质上的给予和精神上的给予，赌博违法行为人的人格多属于接受型、剥削型和交易型。爱的教育是为了把赌博违法行为人的人格从接受型、剥削型和交易型改造为创造型，即具有创造性，能发展自己的潜能，具有给予的价值观和能力。在给予的行为中，体验到自身的力量、财富、能力，这种提高生命力和潜能的体验使赌博违法行为人充满快乐，远离赌博，通过生产劳动实现创造，受尊重的尊严感，同样可以通过生产劳动，培养赌博违法行为人的责任意识和能力，教育赌博违法行为人对自己负责，具有爱父母、爱妻子、爱子女之心，对社会和他人负责，有利他之心，通过组织看专题电视、影片，参加文体活动，艺术创作等，传授、传播爱的信息、爱的知识，提高赌博人员母爱（父爱）、情爱、友爱、自爱等的能力，将爱的知识化为自身的素养，形成良好的行为能力，远离赌博。

单元三　赌博违法行为人的意志教育

外因只能通过内因起作用，赌博违法行为人真正戒掉赌习，还需通过自身的努力，将外来压力内化为自身的自觉意识和行动，这就要提高赌博违法行为人的戒赌意识，增强赌博违法行为人的意志，从而战胜赌博的诱惑，远离赌博。

一、树立戒赌意识

赌博违法行为人要正视自己的赌博行为可能造成的后果，用心理上的恐惧感来唤起自己对赌博的不亲近感和冷漠感，在心理上筑起一道拒赌的防线；同时，要充分认识到赌博即使是小赌也是一种违法行为，要受到法律的制裁和道德的谴责，要时刻牢记自己的社会和家庭责任，做一个有利于家庭，有益于社会的人。

二、战胜嗜赌的不良心理

参与赌博，都是在不健康的心理因素支配下进行的。第一种心理因素是好奇。很多赌博违法行为人参与赌博，是出于好奇，爱凑热闹。第二种是好胜心理。老是想和别人决一雌雄，分个高低，不取胜誓不罢休，非要赌个你死我活。第三种是发财心理。把赌钱当成满足金钱欲望的捷径。第四种是侥幸心理。认为自己“手气好”，“赌运亨通”，会赢个满盘满钵。第五种是自以为是的心态。总是认为自己的经验和技艺是一流的，虽然老是输，但只要偶尔赢一次，这种胜利的喜悦就可以支持他们输上十次，几十次以至于上百次，囊中渐空终不悔。第六种是翻本的心理。如果赌徒赢了，头脑中会形成阳性条件反射，促使其为继续赢钱再赌；如果输了，则形成阴性条件反射，促使其为挽回损失（翻本）再赌，这是赌徒中普遍存在的病态心理。

每个赌徒必须首先认识到自己有哪些不良心理，反省自己在参赌过程中的心理状况，认识到自己的心理症结所在并有意识地战胜自己的不健康的心理。病态人格的赌徒必须接受心理咨询和心理治疗。通过专业人员的引导和疏通，使赌徒重新认识自己，重塑健康的人格，使自己有亲近感、平和感、羞耻感、同情心和较强的行为控制协调能力。

三、抵御赌博的诱惑

意志是一种心理品质，是控制自己情绪冲动，承受压力的能力。在戒赌的过程中由于对赌博的心理依赖，赌博违法行为人肯定会有想放弃戒赌目标的否定性情绪冲动。对于意志薄弱和自控力差的人来说，要戒赌瘾，就跟戒毒瘾一样。虽然自己明白这不是个好事，可是很难戒断。

赌博之所以对赌博违法行为人有强大的吸引力，是因为它能使赌博违法行为人在赌博时产生一种生理上的特殊快感以及在未赌博时萌生一种心理上对赌博的特殊依赖性，即赌瘾。因此，培养坚强的意志是个人戒赌的关键，参赌者戒赌意志的自我培养，可以从以下四方面进行：

（1）自我心理强化。“赌场里的人够可怕的，一个个如此无耻，又如此贪婪！一切都很龌龊——道德上的卑劣与龌龊。赌台上发生的许多事简直就是最最普通的偷窥。”赌徒需要用陀思妥耶夫斯基的这句话剖析自己，在出现犹豫、动摇乃至反复时，在心理上不断地用无声的语言鼓励自己：“我必须戒赌！”“我一定能戒赌！”“坚强点，撑过去！”从而强化自己的戒赌意志，控制动摇等否定性情绪冲动，加强抵御赌博的心理防线。

（2）语言警示法。语言是一个人情绪体验的强有力的工具。通过语言警示可以抑制一些戒赌过程中的否定性情绪反应。戒赌者可将有关赌博的危害，禁赌戒赌的著名言论，如“十赌九输”，“戒赌，戒赌，坚定戒赌”，“远离赌博”，“永不再赌”等书写成条幅挂在床头或卧室的醒目地方，或写在日记本上，随时提高自己不参与赌博的意识。

（3）注意力转移法。赌博违法行为人每当看到别人赌博而自己产生强烈的参赌冲动和愿望时，就迅速进行一些有意义的公益活动和文体活动，或马上离开赌博场所，不让自己参加到赌博活动中。这样做有两重积极作用：一是避免使自己直接受到赌博场所的恶性刺激，以免经不起诱惑而重蹈覆辙；二是有助于培养戒赌者自制力和坚定性等优良的意志品质，这种意志品质对于戒赌无疑是相当重要的。具体来说，赌博违法行为人可在生活上和事业上寻找一个新的长期目标去积极追求，就可抗拒因远离赌博而导致的长期的烦躁不安。如戒赌者无职业，则可以通过参加工作或经营商铺，从中找到自己的人生价值和生活乐趣，这样就不会因为无所事事而把精力浪费在赌博之中。

（4）加强自身的修养。实践证明，只有将戒赌与加强自我修养结合起来，才能巩固戒赌的成果。只有赌博违法行为人在戒赌过程中对自己以往沉溺于赌博的行为和根源作出深刻的反省，通过内心深处的自我剖析和自我批评，认识到戒赌的必要性和迫切性，并在戒赌过程中加强自我控制、自我教育、自我监督的能力，才能彻底戒除赌瘾，专心工作。

沉迷赌博的人在赌博之前就有人格缺陷和人格障碍，在赌博上瘾之后又形成新的人格和心理变异，个性心理的构成非常复杂。如缺乏自尊、精神空虚、寻求刺激、受暗示性强、自制力弱、坚持性差；同时，对赌博心理依赖非常顽固和持久，对赌博活动有着强烈的渴求，只用法制和道德性等常规手段来戒赌远远不够，还必须对赌博违法行为人施以心理干预，以改变其人格和行为方式，才能使其回归社会。

任务七

卖淫嫖娼违法心理矫治

社会的发展给性欲的满足提供了一切可能的方便，但是这种情形却导致了一种更大、更广泛的压抑。这种压抑不是性的压抑，而是比性更强烈的、更深刻的、更广泛的精神需要的压抑。①

——罗洛·梅

你们要逃避淫行。人所犯的，无论什么罪，都在身子以外。唯有行淫的，得罪的是自己身子。②

——《圣经·新约》哥林多前书6：18

经济的动机要是闯进了性的范围，其结果多少总是有害的。性的关系应当是一种双方的愉快，只有双方出自自愿的行动才能实现。如果不是这样，则其中一切可贵的之处都没有了。在这样亲密的关系上，若只是使用别人，实在是不把人看成人；对他人人格的尊重才是一切真道德的基础。③

——伯特兰·罗素

单性的古人被剖分为两半——男人和女人，他们经由爱情，挣扎着两度融合。④

——弗洛伊德

【重点技能】

- 卖淫嫖娼违法心理诊断技能
- 卖淫嫖娼违法心理咨询技能
- 卖淫嫖娼违法心理辅导
- 卖淫嫖娼违法心理教育

① ［美］罗洛·梅．爱与意志．冯川译．北京：国际文化出版公司，1987

② 《圣经·新约》哥林多前书6：18

③ ［英］伯特兰·罗素．幸福之路．傅雷译．西安：陕西师范大学出版社，2003

④ ［奥］弗洛伊德．爱情心理学．林克明译．北京：作家出版社，1986

【案例1】

台湾卖淫门曝光淫媒选美出身[1]

据台湾“今日新闻”报道，台湾艺人萧羽桐（萧依婷）涉嫌吸毒被抓，她落网后供称，通过凌葳葳（又名凌葳威）安排参加饭局，每场饭局收费6万，警方怀疑其中可能有性交易。警方在凌葳葳的住处找到了交易名册，包括营造商和民意代表，警方的下一步行动就是要追查这些人。

萧依婷身材高挑，长相甜美，虽然没有走红演艺圈，却成了政商名流饭局里的最佳女主角。萧依婷涉嫌吸毒又被警方当场逮到，在警方的审讯中，她说出凌葳葳作为中介指使她卖淫，她向警方供称：她因不堪生活压力，于是同意作为凌葳葳的下线，被安排在远企饭店和男客进行性交易，这是她第一次“下海”，分得3万元新台币（约合人民币6 440元），之后又陆续接客10余次，并在今年初，由凌葳葳安排，独自赴上海和一男子进行性交易。

凌葳葳坚持声称自己没有参与中介性交易，而对于外界传她手中握有一本花名册，她澄清只是记录饭局中介，然后自己从中抽成。凌葳葳敢讲、敢做且作风大胆，她曾因在节目中说“十个女星有八个都在卖”而引起话题。凌葳葳从不避讳自己是酒店小姐，最常讲的是以选美出身回锅当妈妈桑，月入50万台币的往事，并出书《葳力四射：一个酒国名花力争上游的故事》，细述坠入风尘经过、酒客百态。

【案例2】

河南登封市12名官员嫖娼实录[2]

据报道，2001年初，河南省登封市警方挖出了由黄志南等人设下的一个色情陷阱。

1998年6月，黄志南开了一家美发店，他发现一些机关干部、企业老总以美发为名，行挑逗小姐之实，于是顿生邪念：对这些特别好色的机关干部，如果录下他们的丑行，那录像带岂不是可以卖个万儿八千的好价钱？况且这些干部谁不要面子？谁不想保住头上的乌纱帽？只要要价不太高，别把他们逼急了，保准出不了事儿。此计一定，黄某便伙同另外几名犯罪嫌疑人自装了录像探头、接收器、监控设备，于是，一个“地下制片厂”就这样正式开张揽客了。

1999年8月的一天下午，登封市委党校某校长成为第一个猎物。该校长被带到酒店先由小姐陪伴跳舞，然后到房间做色情之事，全过程均被秘密录下。时隔一周，黄用此录像带敲诈该校长10万元。出师得利，胃口大开！

据黄志南一伙供述，从1998年到2000年间，他们如法炮制，对登封市6名级别不一的党政干部实施了敲诈，共得赃款21.6万元。警方在黄的住处搜出6盒已录制完毕但未来得及实施敲诈的录像带，登封市纪检等部门已对涉案干部进行了严肃处理，12个淫官分别被拘留、罚款以及被开除公职和党籍。黄某等4名罪犯也分别被判处了7年、5年和3年6个月的有期徒刑。

---

① 台湾“今日新闻”报道2010年10月27日，http：//hi. baidu. com

② 《羊城晚报·新闻周刊》2001年4月19日

项目一　卖淫嫖娼违法心理诊断

【操作步骤】

（1）卖淫违法行为人心理诊断。卖淫的生理原因、社会原因和人格心理原因分析；卖淫的动机；卖淫的心理特点。

（2）嫖娼违法行为人心理诊断。嫖娼人员产生的原因。

（3）卖淫嫖娼违法行为人的心理评估。16PF；症状自评量表（SCL－90）；明尼苏达多相人格测验（MMPI）；加利福尼亚心理调查表（CPI）。

单元一　卖淫违法心理诊断

一、卖淫违法行为产生的原因

卖淫的心理原因多种多样，主要分为生理原因、社会原因和人格心理原因三个方面。

（一）生理原因

作为潜在影响因素的生理因素在较多的时候是被嫖娼者唤起的，也就是卖淫妇女并没有清醒地意识到，而是由嫖娼者通过语言、行为以及钱物等利益的诱导体现出来的。一般卖淫妇女的生理年龄界限在15～55周岁之间。卖淫妇女的身材、容貌基本上没有什么特殊之处。值得注意的是，部分卖淫妇女生理上内分泌失调，体内性激素水平过高，性欲强烈（性机能亢进者），于是进行卖淫活动。

（二）社会原因

（1）法制观念淡薄，社会化存在缺陷。多数卖淫妇女存在社会化缺陷，没有作为一般社会成员所应必备的知识和技能，却具有社会中极少数人所具有的错误思想与行为。例如，一些卖淫妇女法律观念十分淡薄，当被问及是否知道卖淫是违法活动时，大多表示不知道。有人认为"我用青春和肉体换他们的钱，是两相情愿，不犯法"。还有的人认为，卖淫是个人生活作风问题，不是违法犯罪行为，这反映出相当一部分的女性性违法行为人法律意识十分淡薄。

（2）家庭因素。家庭教育不当，家庭成员之间关系不和睦，家庭结构不健全，亲属有违法行为等，这些因素都有可能导致卖淫违法行为。也有卖淫妇女因遭受挫折、丈夫早亡、离婚或其他变故后，家庭经济陷入困境，为生活所迫而开始卖淫。

（3）"笑贫不笑娼"的社会文化。社会上黄色书刊及录像等性信息泛滥，或者被人贩子拐卖，被强暴等客观因素导致卖淫。

（三）人格心理因素

卖淫的主导因素是心理因素，即易于诱发卖淫行为的因素，包括认知、情绪情感、意志和个性心理特点等关键性因素。产生卖淫的心理因素极为复杂，概括起来主要有以下四点：

1. 性观念扭曲

调查发现，部分卖淫违法行为人认为“男女发生性关系是无所谓的事”，“性买卖是等价交换的买卖”，甚至有人以自己服务男性的多少，来炫耀自己所谓的“魅力”。一些已婚或失过身的卖淫违法行为人认为反正自己已不是处女了，或反正是结过婚的人了，一人与多人，一次与多次，没什么区别，怎么样都无所谓了。也有人认为“身体是自己的，怎样支配是自己的事情，与谁发生性关系有什么实质区别？更何况还能获得可观的收入”。在这些错误性观念的误导下，她们的性道德观念发生了严重的扭曲。

2. 情绪情感不稳定

卖淫心理往往是受恶性膨胀的个人欲望所驱使的。这种欲望有两个特点：一是个人脱离自身客观条件，无限度地追求物质享受。如追求金钱，形成拜金主义人生观。二是个人不合理的生理需要。生理需要是人的基本需要之一，但必须限制在社会规范所允许的范围内。而卖淫违法行为人的生理需要多处于低级的生物水平上，恶性发展，过度追求感官刺激和单纯的生理满足。情绪情感主要表现为冲动控制障碍以及不稳定的情绪上，情绪情感经常发生变化，对人对事缺少专一的感情，放纵情感，或者过分依赖情感。

3. 意志力脆弱

卖淫违法行为人心理因素方面的共同特点是自我控制能力弱，只要客观环境中出现适宜的刺激就可能做出相应的行为反应。自我控制能力受多种因素的制约，例如，人格方面的缺陷、法律知识的欠缺、社会心理方面的缺陷等都可能减弱自我控制能力。

4. 不良习性

由于在社会化过程中缺乏教育和受不良环境影响，形成了好逸恶劳、贪慕虚荣、唯利是图、举止轻浮等不良习性。过度追求金钱，贪图吃喝玩乐，却又懒惰怕苦，不愿付出辛勤的劳动，这样，当欲望得不到满足时，在外界不良因素的驱使下，便极有可能把卖淫作为满足其欲望的途径。

二、卖淫的动机

据调查①，在女性卖淫的直接原因中各种动机所占的百分比分别是：为得到大笔金钱的占66%，为报复男性的占15%，为满足性欲或者找刺激的占11%，为了给老板拉生意的占4%，其他占4%。这表明卖淫违法行为人的性犯罪动机是多样的。

（一）性享乐动机

受这种动机驱使的卖淫违法行为人认为性行为是人生的最大乐趣。她们简单地把“性爱”和“性关系”等同起来，追求的只是肉体上的快感，并且对女性贞操不屑一顾，性行为随意。

（二）物质享受动机

追求物质享受是卖淫违法行为人实施卖淫活动的最主要动机之一。当畸形的物质需要通过正常途径得不到满足时，就往往促使这些女性走上违法犯罪的歧途。据调查，

① 尹俊，刘旭刚，徐杏元. 我国女性性犯罪人的心理特征及矫治对策. 中国性科学，2008，17（12）：12～15

有这类动机的卖淫违法行为人的事业心、荣誉感等精神需要比一般女性低2~8倍，而物质享受欲望却比一般女性高出5~6倍。

（三）性报复动机

一些女性在遭受性侵害或恋爱、婚姻受挫后会产生强烈的性报复心理。在性犯罪女性中50%以上有性受害史，出现性心理逆变，导致她们性爱观的逆变，从而出现卖淫违法行为，经历了一个从受害人向违法犯罪人转变的过程。

三、卖淫妇女人格心理特点

人的行为是在心理的支配下产生的，卖淫外化行为的内在心理特殊性表现在以下五方面：

（一）异常性心理

女性卖淫行为的产生与异常性心理有直接关系。正常性心理是指随着性生理的成熟，以发育成熟异性为对象，并渴望其成为自己终身伴侣的强烈情感。异常性心理则以满足性欲冲动而无感情基础为特征，是一种非理性的性心理。异常性心理会使人堕落、放纵、盲目，导致性关系的混乱无度和各种性违法犯罪行为的发生。

（二）悔恨心理

有些卖淫违法行为人由于贪图享受、追求奢华生活，被逼迫诱骗卖淫，一旦发觉身心遭受严重摧残，便会产生后悔心理。悔恨自己当初的贪心，悔恨自己走上卖淫道路。

（三）报复心理

有些卖淫违法行为人，特别是曾经遭遇诱骗或者强暴的人，会对异性产生憎恨和报复的心理。以卖淫方式索取钱财，传播性病，破坏他人家庭。

（四）屈从依附心理

这是卖淫违法行为人的一个明显心理特征，一方面表现为对他人的威胁、恐吓、引诱和教唆容易屈从；另一方面表现为对男人的依附性，一些卖淫违法行为人为某些利益、享乐或金钱物质的需要，常依附于他人。

（五）自暴自弃心理

部分卖淫妇女认为自己已经失足，失去了贞操，于是产生自暴自弃的心理。

单元二　嫖娼违法心理诊断

一、嫖娼行为产生的原因

（一）生理因素

有心理学家认为嫖娼等性越轨行为的产生是由于一种“强烈性驱动力”，受生理激素和生理反射控制。还有人认为违法行为与大脑皮质的性欲中枢处于持续兴奋状态，或大脑皮质对脊髓的低级性反射中枢的兴奋作用增强有关。这说明性活动神经中枢与嫖娼违法行为有一定联系。

（二）心理因素

弗洛伊德强调性行为是避免阉割焦虑的防卫功能。他在《爱情心理学》一书中说："所尊重的女人，性行为总是受到威胁，只有在面对较低级的性对象时，男人才能行动自如，为所欲为；当然，造成这个现象的，也还有另一半成分参与，那就是，男人不愿意向他所敬重的女人要求不合礼俗的（错乱的）性满足。只有当他全心全意地纵情享受，他的性欲才能完全满足。但是，比方说，他去找一些不高贵的性对象，一个较不道德的女人，对这样的女人他才不会产生道德的焦虑，因为她对他的生活一无所知，也就无法评判他了。"社会地位高的男人，常会包养一个低阶级的女人来做永久情妇，甚至会娶来做太太，也是有可能的，这也同样只是基于需要一个低阶级的性对象，以便自己从心理学的观点上，能得到完全的满足。

（三）社会文化心理因素

（1）"饱暖思淫欲"① 的思想。使一些人一掷千金，以嫖娼显示富有、阔绰。

（2）"视女性为玩物"② 的思想。在古代的表现，一是纵欲，视女子为娱乐的器具。二是广蓄姬妾，把纵欲合法化。三是怪癖的"玩"。明清时，男性玩小脚、小鞋几成风气。四是宿娼行为在古代为名人才子所美化，为当时社会所公认。"视女性为玩物"使男人疯狂地追求感观享受。纵情是嫖娼的主要心理动因，也为男人嫖娼提供强烈的心理支持。

二、嫖娼违法行为人的心理特点

嫖娼违法行为人的心理特点表现在：

（一）满足生理需求

社会调查③发现，一些常年在外工作的人对性生活具有较为强烈的需求，试图去寻找机会满足生理需要，丧偶又未婚配的人对性生活也具有强烈的需求，一旦有合适的机会就有可能去嫖娼。

（二）喜新厌旧

心理学研究表明，性行为越轨的男性，往往是"宽于律己，严以待人"，希望自己在性生活方面越多越好。这种心理促使一些人去寻找新奇的刺激，满足自己的好奇心。

（三）享乐心理

一些违法行为人把嫖娼作为人生中最快乐的事情，挣钱的目的就是享乐。这种心理状态主要体现在具有相当数量钱财的行为人身上。

（四）性好奇心理④

许多嫖娼者嫖娼是出于对性方面的好奇心、刺激及其强烈的欲望或是自身认知的

---

① 褚宸舸．卖淫嫖娼的社会文化心理探究．法律人社区，法学空间，http：//lawsky. org

② 褚宸舸．卖淫嫖娼的社会文化心理探究．法律人社区，法学空间，http：//lawsky. org

③ 陆尔枫．上海地区男性性罪错劳教人员调查．青少年犯罪问题，1994（2）：38～41

④ 嫖娼的心理学分析．http：//www. 360doc. com/content

谬误，不了解自身的心理活动特点。男人对待性的态度与此相近，对于未知的事物，总是抱着强烈的好奇心，即使要冒一定的风险，也乐于挑战。有的行为人用嫖娼行为证明自己曾和许多女性发生过亲密关系，以确认自我存在，体现自我价值。

（五）报复心理

部分嫖娼违法行为人由于在成长过程中受到过不良事件或不喜欢的人的刺激，用嫖娼这样的方式既可以发泄心里的怨恨，也可以报复自己的不满对象，从而得到复仇快感。

（六）法制意识薄弱

许多嫖娼违法行为人认为，嫖娼违法行为人与卖淫违法行为人之间是一种你情我愿的买卖关系，与一般的商品买卖无异，不违法。还有一些嫖娼违法行为人虽然明白嫖娼行为违法，但依然抱着侥幸的心理实施嫖娼行为。这些情况都表明嫖娼者法制意识淡薄，不懂法律或存在无视法律的心态。

（七）性观念扭曲

研究指出，有一半以上的性违法行为人是在不良性观念的驱使下走向违法犯罪深渊的。在被调查的人员中，对性自由生活方式持“坚决反对”态度的仅占14.7%，持“应当提倡”及“可以提倡”态度的占43.7%，另外42.6%的人选择了“既不赞成也不希望社会干涉”。在这些不良性观念的指导下，许多人的性行为违背了人们在两性关系中应遵循的社会道德观念和法律准则，任凭个人意志自由摆布，在两性关系问题上丧失了自尊、自爱、自重，从而导致了嫖娼违法行为的发生。

（八）性知识缺乏

缺乏正确的性知识是许多嫖娼违法行为人的共同问题，这是导致他们实施嫖娼的一个重要原因。调查发现，绝大多数的性违法行为人的性知识来源于不健康的文学作品和影视作品。这些从非法途径获得的不健康的性知识，因其夸张的性描写、直观的性刺激，往往会导致青少年对性爱产生曲解，产生强烈的性体验迫切感，从而导致嫖娼等性违法犯罪行为的发生。

（九）文化水平低，辨别能力弱

许多性违法犯罪人员的社会基本知识贫乏，法制意识尤其是与性有关的法制观念差，文化水平低。调查表明，性违法犯罪人员中，文盲和半文盲占32.8%；相当于初中文化水平的占49.6%；高中（含中专）文化水平的占17.5%；大专以上文化程度的少之又少。文化水平的低下使许多人对各种社会现象尤其是两性方面的是与非、真与假、善与恶、美与丑分不清楚，对一些错误的性思想与观念无法辨别，极容易受到这些不良信息的影响，最终走上了性罪错道路。

（十）炫耀与满足虚荣心理

嫖娼违法行为人做为男性有正常的性需要，过正常的性生活无可厚非，但部分嫖娼行为人希望通过征服女性来表达自己的性特征及情绪，这就暴露了其心理上的一些障碍。

单元三　卖淫违法行为人心理评估

一、16PF

有学者用16PF对82名卖淫妇女个性心理进行评估①，评估结果表明，卖淫妇女的个性心理主要在因素A、C、E、F、L、M、Q_2和Q_4上表现明显，其他各项因素均处于居中位置，表现不明显。

因素A的平均值为7.1，说明卖淫妇女性格比较开朗，善于交际，容易与人相处，合作与适应能力强，愿意与他人共同来完成某一事项。该项得分远远高于其他人群。

因素C的平均值为3.4，说明卖淫妇女情绪多波动，容易产生烦恼，通常难以应付生活上所遇到的阻挠和挫折，容易受环境支配而心神不定。不能面对现实，常常急躁不安，身心疲惫，甚至失眠、做噩梦、恐惧等。

因素E的平均值为7.2，说明卖淫妇女通常自高自大，自以为是，非常武断，希望驾驭不如自己的人。

因素F的平均值为7.5，说明卖淫妇女通常活泼、愉快、健谈，对人对事很热心，有时过分冲动，以至于行为变化莫测。

因素L的平均值为6.9，说明卖淫妇女通常多疑，不信任别人，与人相处常斤斤计较，不顾他人的利益。

因素M的平均值为2.9，说明卖淫妇女通常重视现实条件，然后决定取舍，不鲁莽行事，为人索然寡趣。

因素Q_2的平均值为4.3，说明卖淫妇女通常不能克制自己，不尊重礼俗，更不愿考虑别人的需要，心里充满矛盾，无法解决。

因素Q_4的平均值为7.1，说明卖淫妇女容易缺乏耐心、心神不定、过度兴奋，时常感觉疲劳，又无法彻底摆脱。在集体中，对人对事缺乏信念。平日生活战战兢兢，不能控制自己。

二、症状自评量表（SCL-90）

有学者用SCL-90对采取强制措施的卖淫违法行为人的心理卫生状况进行测试和分析②，结果有以下发现：

卖淫妇女SCL-90评分显示，与国内女性常模比较，卖淫妇女抑郁及焦虑因子分均高于常模，差异显著（$P<0.05$）。

调查发现，卖淫违法行为人的抑郁和焦虑因子分高于常模。卖淫违法行为人的抑郁和焦虑可能与被采取强制措施脱离以往的现实生活有关，而与他们的人格等因素并无直接关联。当然，卖淫违法行为人往往对前途充满担忧和焦虑，缺乏实现自己目标的决心和毅力，加上存在不切实际的欲望，自我控制能力差，受到打击容易退缩和消

---

① 张振声．卖淫妇女的心理原因．四川警官高等专科学校学报，1995（2）

② 张蔚，曲洪芳，张震，李国海．83例卖淫女SCL-90测试结果分析．健康心理学杂志，2004，12（2）：145

沉，抑郁和焦虑的产生也与此类因素有关。

三、明尼苏达多相人格测验（MMPI）

知识链接

MMPI，14 个量表名称和代号

疑病（Hs）、抑郁（D）、癔症（Hy）、病态人格（Pd），男子气—女子气（Mf－M－f）、偏执狂（Pa）、精神衰弱（Pt）、精神分裂症（Sc）、躁狂症（Ma）、社会内向（Si）、疑问分数（Q）、说谎分数（L）、效度分数（F）、校正分数（K）。

应用 MMPI 对卖淫妇女和正常对照组的研究表明，研究组有明显的人格偏离倾向，反映在 MMPI 上为多个量表得分高于对照组，说明卖淫妇女的人格问题具有比较广泛而多样的特征。T 分在 70 分以上，并明显高于对照组的有 F、Hs、D、Hy、Pd、Pa、Pt、Sc、Ma 及 Si 10 个量表，其中 Pd、Pa、Pt 及 Sc 量表分升高明显（即 4、6、7、8 量表分升高）。Graham 认为具有如此剖析图的个体多缺乏自我控制能力，易出现“冲动化行为”，使其不能很好地适应社会和控制自己的行为，往往易于成为违法行为人①。

在 MMPI 所包括的 13 个量表中，与罪犯人格研究关系最为密切的是 Pd 量表（称病态人格量表）。调查中有 80.1% 的卖淫个体 Pd 量表得分高。Pd 量表得分高者被认为具有偏激或病态人格，大都长期有不良行为，如撒谎、偷盗、逃学、男女乱交、酗酒等，脱离社会规范、触犯法律者较多，这些人自我控制能力差，可表现出各种人格障碍。

另外，MMPI 剖面图结果显示多个量表分之间存在统计学差异，Pd、Pa、Sc 量表在卖淫妇女组中其分值超过 60 分，尤以 Pd 为最高，而 Re 明显低于正常人群，说明卖淫者人格偏离正常。有学者认为 MMPI 中 Pd 量表是为区别那些非社会化和非道德性类型的人格偏离或精神病态人格而设，高分者一般说明性格有问题或其行为具说谎性②，是性异常表现。研究发现卖淫妇女的 Pd 量表分 >60 分的人占 73.2%。据报道 Re 量表分明显降低是说明受测者不愿对自己的行为后果负责任，缺乏对家庭和社会的责任感。

通过 Q 型聚类分析观察，卖淫妇女 MMPI 结果可分为四类：① 以 4、6 型为最多。其剖析图以 Pd、Pa 量表分最高，是犯罪型曲线。因为这些人是不成熟、自负、任性型人格，一般阅历贫乏，往往在婚姻生活上有问题，且将自己的问题合理化，我们认为这一类人格在卖淫妇女中有一定代表性。② 68/86 型，Pa、Sc 量表分最高，属于偏执型。③ 呈现 46/64、47/74、49/94 型剖析图，以 Pd、Pa、Pt、Ma 分显著升高（$T>70$ 分），同时 Sc 分也升高（$T>60$ 分）为特征。五个量表分均升高，是一种对自己的后果很不在乎，完全不考虑社会规范的反社会行为类型，属于非道德型。④ 18/81 型测试图，是一种具有敌意和攻击性的敌意型人格。卖淫妇女是一个特殊群体，其人格明

---

① 朱昌明，马渝根，黄明生，林昭春，李绍兴，陈光明．100 例卖淫妇女 MMPI 测试结果分析．中国临床心理学杂志，1996（4）：49～50

② 赵介城．MMPI 基本量表中与高分有关的人格特征．上海精神医学，1989，6（1）：24

显偏离正常状态。聚类分析对根据结果进行分门别类并作针对性的教育矫治有一定实际意义。

四、加利福尼亚心理调查表（CPI）

CPI 20 个通俗概念量表分和三个结构量表分及结构量表中的 V_1 和 V_2 得分将被试划分为四种人格类型（Delta，Beta，Gamma，Alpha），Cm<17 或 Gi>32 则被判为无效测卷。

焦志安①等人对 131 名卖淫违法行为人用加利福尼亚心理调查表进行调查，结果发现卖淫违法行为人多具有独立性差，缺乏自我解决问题的能力，过度寻求别人帮助，缺乏责任感，不关心自己的职责和义务，贪图享受，不思进取，社会价值的内化程度明显偏低的特征。但是，卖淫这一社会现象的产生和存在除了卖淫违法行为人自身的因素外，还受其他复杂的社会环境因素的影响，这一问题也应得到重视。

在 CPI 20 个通俗概念量表及三个结构量表中，研究组在独立性（In）、通情（Em）、责任心（Re）、社会化（So）、自我控制（Sc）、好印象（Gi）、适意感（Wb）、宽容性（To）、顺从成就（Ac）、独立成就（Ai）、智力效率（Ie）、心理感受性（Py）及自我实现（V_3）13 个量表中的平均分明显低于对照组，差别显著。

按 CPI 中国常模根据 V_1 及 V_2 两个维度将每个研究对象个性特征划分为 Alpha，Beta，Delta，Gamma 四种类型，然后进行 X_2 检验，结果显示研究组及对照组在 CPI 人格类型分布上无显著差异。

按照 CPI 中国常模将两组研究对象的自我实现水平（V_3）分为 7 级。X_2 检验结果显示在自我实现水平的构成比上存在明显差异，研究对象的高级自我实现水平低。

研究发现，研究组在 CPI 20 个通俗概念量表中，有 12 个量表分明显低于对照组。这些结果说明卖淫违法行为人在诸多个性心理特征方面与正常人存在明显的差异。大多表现出独立性差，缺乏自我解决问题的能力，过多地寻求别人的支持，缺乏责任感，不关心自己的职责和义务，贪图享受，缺乏进取心，社会价值内化程度明显偏低的特征，具体表现为对周围世界的不信任感，过多地关注个人问题，对前途过度担忧和顾虑，不遵守社会道德和规范，无视别人的评价和反应，自我中心，过多地以本能的需求作为行为的动机，自我控制能力低下，容易冲动，对生活缺乏耐心，安于碌碌无为的生活。另外，在三个结构量表中除 V_1，V_2 外，研究组的 V_3 明显较低，说明卖淫违法行为人的个人整合和潜能实现能力较低，缺乏实现自己目标的决心和毅力，受到打击容易退缩和消沉。

在 CPI 的通俗概念量表研究中发现，卖淫妇女在社会价值的内化程度与社会适应相关的七个分量表中的得分明显偏低，显示其社会价值内化程度比较低。但这能否成为卖淫群体在 CPI 上的特征模式，尚有待研究和验证。

---

① 焦志安，高春霓，曾涛，张志华. 卖淫女青年 CPI 测查结果分析. 中国临床心理学杂志，1999，7（3）：181~182

项目二　卖淫嫖娼违法心理咨询

【操作步骤】

（1）行为矫正法的运用。冲动控制法；厌恶疗法；正强化法。

（2）合理情绪疗法的运用。

卖淫嫖娼活动是一种社会公害，它不仅严重破坏社会风气，诱发刑事犯罪，为滋生腐败提供温床，而且传播性病，严重地影响当事人的身心健康，祸及社会和子孙后代。针对卖淫嫖娼违法行为人的心理特征，本书提出下面两种心理咨询与矫治对策。

单元一　行为矫正法

一、冲动控制法

嫖娼违法行为的发生往往跟强烈的性冲动得不到有效控制有关。因此，在对嫖娼违法行为人进行矫治的过程中，教会他们控制性冲动是十分重要的。控制性冲动的简单方法有以下两种：

（一）思维停止法

这是让他们控制其产生违法行为冲动，从而停止违法活动的方法。

例如，一个行为人在色情酒吧看见一个卖淫违法行为人，眼睛可能盯着这个女性，对她想入非非，这时就应该让这个行为人断然停止这种思想，在内心命令自己："坚决停止这种念头"！用自己的意念和意志瓦解这种想法。

（二）思维转移法

这是指在卖淫嫖娼违法行为人可能产生违法行为的念头时，使其思维活动转向厌恶性的意想，用厌恶性的意想来消除有害念头。例如，当一个卖淫违法行为人看到某个行为人，并准备实施卖淫时，立即想象一些厌恶性的刺激，可以想象警察正在身后拍着自己的肩膀说："我知道你就要干什么事情"。并让周围的人来关注这个卖淫违法行为人。

二、厌恶疗法

运用厌恶疗法中的内隐致敏法，是指在矫治对象产生不良违法性冲动时想象不愉快的事情，从而在不良性冲动与不愉快刺激之间形成厌恶性条件反射的治疗方法。在使用这种方法时，可以指导卖淫嫖娼违法行为人在一定时间内，按照一定的程序，对非法性行为进行厌恶想象。可以利用观看材料（录像、影视作品、文字描述）、讲述性情节等方法，唤起他们的性冲动，然后让他们想象违法性行为可能招致的不良后果，从而促使他们在这两者之间形成条件反射，由此抑制违法性行为的发生。例如，当他们出现这方面的违法行为时，让他们立即闭上眼睛，想象面前站着一个高大警察，面孔冷峻，手里拿着镣铐在盯着他们。或是回忆过去被拘留、劳教、被群众愤怒严斥的场面，以达到减少和控制此种违法行为的效果。

三、正强化法

关于正强化法前面已详细介绍过。例如，通过卖淫嫖娼违法行为人的自我言语、矫治工作者的鼓励和奖赏等方法，促使他们在内心强化正面行为，积极避免违法性行为的发生。

单元二　合理情绪疗法

合理情绪疗法认为，人们的情绪障碍是由人们的不合理信念所造成的。简要地说就是以理性治疗非理性，帮助违法行为人以合理的思维方式代替不合理的思维方式，以合理的信念代替不合理的信念；通过理性分析和逻辑思辩改变造成违法行为人情绪困扰的不合理观念，并建立起合理的理性观念，从而帮助违法行为人克服自身的情绪问题，改变错误认知，减少或消除违法行为人已有的情绪障碍，以合理的人生观来创造生活，并以此来维护心理健康，促进人格的全面发展。影响违法行为人的非理性观念有三个主要特征。下面以一卖淫吸毒违法行为人的心理咨询案例介绍合理情绪疗法的运用。

【案　例】

运用合理情绪疗法治疗一女劳教人员

一、一般资料

劳教人员姚某，未婚，初中文化，卖淫吸毒型，2005 年 12 月第一次入所，2006 年 2 月转入常规教育，下队后积极参加学习，劳动，获减期 28 天，2006 年 4 月晋升为半开放式管理级别。自 2007 年 2 月得知其母亲患胃癌去世的消息，三个多月来，行为人自卑自责、极少与其他学员讲话，习艺劳动中损坏生产工具四次，注意力不集中，加工宝石产品合格率只达 8% ~12%，晚上难以入睡等。根据上述情况，该违法行为人被诊断为严重心理问题。咨询师采用合理情绪疗法，改变行为人的绝对化要求，糟糕至极的非理性观念，指导行为人与不合理信念辩论。

二、行为人自述

8 岁时父母亲离异，是母亲抚养我长大。四年前，我开始吸毒，花光了母亲买断工龄的 5 万元钱。钱花光之后，为了能够继续吸毒，我开始以卖淫换取毒资。

我从小就记得母亲有胃病，三个多月前，得知母亲患胃癌去世的消息，不禁想到母亲含辛茹苦将自己抚养长大和母亲对我的关爱。是我吸毒而花光了母亲的钱，导致母亲无钱治病，母亲死时我也没能给她送终。我对不起母亲，是一个无用的人，是个有罪的人，现在很后悔我怎么去吸毒啊！如果我不吸毒，母亲就会有钱治病，就不会这么早去世！从我吸毒这几年来，母亲就没有过过一天好日子，我想戒毒，戒毒后多挣钱让母亲过上好日子，可现在母亲不在了，我连尽孝心的机会都没有了。现在只要看到别的学员接见家人，每当这时我就会想起母亲来看我的情景，我就心慌，紧张，出汗，十分痛苦，注意力不能集中，整天胡思乱想，劳动时也老是出错，因损坏劳动工具还被惩罚。三个多月来，我紧张、痛苦、对什么事都提不起兴趣，晚上睡不着觉，白天又没有精神，不想吃饭，有时还头痛，觉得自己是活不下去了，同组的学员、老乡和大队干部不断地安慰我，当时心情会好些，可是一段时间后，我又回到痛苦之中。我想是心理出问题了，所以前来咨询（在大队民警的陪同下前来咨询）。

三、对行为人心理与行为方面的认知原因进行分析

行为人存在以下四个问题：① 错误的认知：自己因吸毒花光母亲的钱，导致母亲死亡，对不起母亲；② 错误评价：我是个无用的人，有罪的人，活不下去了。③ 情绪方面的原因：受情绪低落、焦虑、紧张、自卑自责的困扰，自己不能解决。④ 在行为模式上缺乏解决问题的策略和技巧。

合理情绪疗法要以理性治疗非理性，帮助行为人建立起合理的思维方式，克服自身的非理性观念。这些非理性观念有以下三个主要特征。

(1) 绝对化要求：是指个体以自己的意愿为出发点，认为某一事物必定会发生或不会发生的信念。如行为人说："如果我不吸毒，母亲有钱治病，就不会这么早去世"。

(2) 过分化概括：是一种以偏概全的不合理思维方式，就好像是以一本书的封面来判断书的质量好坏一样。如行为人说："我是一个无用的人，是个有罪的人。"

(3) 糟糕至极：是一种对事情的后果感到非常可怕，非常糟糕，甚至是一种灾难性的预期的非理性观念。如"我活不下去了"。

合理情绪疗法的基本人性观认为人既是理性的，也是非理性的。持非理性观念的人们一旦陷入严重的情绪困扰状态中，往往难以自拔。这就需要用合理情绪疗法的理论和技术加以治疗。

四、咨询过程

(一) 第一阶段：介绍合理情绪疗法并布置家庭作业。

咨询师直接对行为人讲解了合理情绪疗法 ABC 理论原理，指出造成行为人心理问题的症结是其思维方式、信念的不合理。咨询师具体讲解了 ABC 理论中 A 代表发生的事件，B 指人们对发生的事件所持的观念或信念，C 指观念或信念所引起的情绪及行为后果。行为人能够接受这种理论对自己问题的解释。

布置家庭作业：运用 ABC 理论，结合自己的问题予以初步分析两个问题：①具体找出自己不合理的思维方式 B 是什么？②找出这种想法有什么证据？

(二) 第二阶段：心理帮助阶段（共三次咨询）

1. 第一次咨询

(1) 目的：巩固咨询效果，分析问题产生的原因，改变不良认知，行为人应对自己的问题负责。

(2) 方法：会谈、合理情绪疗法。

(3) 过程：咨询作业反馈过程中，行为人自己找出不合理的思维方式如下："是一个无用的人，是个有罪的人，现在很后悔我怎么去吸毒啊！如果我不吸毒，母亲有钱治病，母亲就不会这么早去世！"不能找出足够的证据来否定这一信念。咨询师肯定了行为人找出的这一不合理信念并对该信念分析如下：母亲生病是疾病发生的必然结果，这是谁也不希望发生的事件；吸毒对个人、家庭、社会的危害是肯定的，因吸毒导致母亲无钱治病而产生的后悔情绪是适当的、合理的；其次，以下观念"若我不吸毒，母亲就不会患病，不会去世，我就是一个无用的人，是一个有罪的人"是不合理的观

念，是一种糟糕至极的想法和绝对化的要求。该观念使行为人陷入情绪困扰之中，产生自罪自责，焦虑不安等不适情绪及头痛失眠心慌等躯体症状，行为人领悟到其情绪问题是由自己现在所持有的不合理信念造成的，而不是诱发事件本身。她对自己的情绪和行为反应有责任。只有改变了不合理信念，建立合理思维方式，才能减轻或消除症状。咨询师为了检验行为人是否真正达到领悟，并要求行为人分析自己的问题，让行为人举例来说明问题的根源，作为家庭作业给行为人回队完成。

2. 第二次咨询

(1) 目的：进一步寻找行为人心理问题发生的认识根源。

(2) 方法：合理情绪疗法。

(3) 过程：咨询作业反馈过程中，行为人自述通过寻找问题发生根源，进行了反复自我审查，觉得心情轻松了许多，尤其是自罪自责心理明显减轻，但还是为母亲生病去世而感到遗憾惋惜。觉得自己不是一个好女儿，是一个无用的人，有罪的人，咨询师针对这一不合理的信念，告诉行为人这属于过分化概括，是一种以偏概全、以一概十的不合理思维方式的表现。这是对自身的不合理的评价，以自己做的某一件事的结果来评价自己整个人，评价自己作为人的价值，其结果就会导致自卑、自责、自弃的心理及焦虑抑郁情绪的产生。

(4) 家庭作业：① 要求姚某回忆自己吸毒前母亲患胃病的往事，分析是否自己不吸毒卖淫母亲就不会患病，自己吸毒卖淫与母亲生病去世的直接联系；② 要求姚某以自己吸毒卖淫的经历为基础，分析毒品和卖淫对个人、家庭、社会的危害。

3. 第三次咨询

(1) 目的：巩固咨询效果；使行为人认识到这些不合理的信念是不现实、不合逻辑的，是没有根据的，学会以合理的信念取代不合理的信念。

(2) 方法：会谈；与不合理的信念辩论。

选录咨询过程中的对话：

行为人：母亲从小对我很好，自己舍不得吃穿，给我最好的关爱，而我却去吸毒，花光了母亲的钱，母亲无钱治病去世了，对母亲来说我没有资格做她的女儿，我对不起母亲，我有罪，母亲生病我没有照顾她一天，现在想尽点孝心的机会都没有了，我真没用。

咨询师：作为一个女人要将女儿抚养长大，确实不容易，可以看出你母亲是一位称职的母亲。

行为人：嗯！(点头)

咨询师：作为一个称职的母亲，是否应该将儿女抚养长大?

行为人：嗯，是的 (点头)。

咨询师：你能说说判断母女关系的标准是什么吗?

行为人：嗯，是血缘关系。

咨询师：你血管里流的是母亲的血，不管你如何评价自己，你都是母亲的女儿，是吗?

行为人：(点头)

咨询师：你母亲得了胃癌，这与你吸毒用光了家里的钱有多大关系呢?

行为人：我也看过相关的书籍，癌症不是一天两天形成的，早期诊断也很困难，也可能在我被送劳教之初就形成癌症了，这好像确实与有钱无钱没有多大关系。

咨询师：受目前医疗水平的限制，癌症的早期诊断很困难，因此母亲生病与你个人的行为没有直接的联系，那你又凭什么说你是一个无用的人，有罪的人呢？（指出行为人的主观臆断）

行为人：嗯……好像是的，可是我不吸毒母亲就不会这么早去世。

咨询师：你不吸毒母亲就不会这么早去世，你有证据吗？你相信有钱就能让癌症患者生存下去吗？

行为人：嗯……我也没有什么证据。我也宁愿相信母亲在我吸毒之前就患有癌症，但我毕竟因吸毒而用光了家里的钱，让母亲无钱治病啊！

咨询师：吸毒对个人、家庭、社会的危害是肯定的，你能认识到毒品的危害，很不错，你能说说你目前处在什么环境，来这里的目的是什么吗？

行为人：我很后悔自己吸毒，我来劳教戒毒也是我母亲的意愿，她希望我能戒毒，好好地生活，她来这里接见一次就跟我讲一次，我明白了，我应该振作起来，好好改造，不应该这样消极下去。

咨询师：好极了，你能明白自己现在的处境和以后应该怎样做很不容易，那你还认为自己是一个无用的人，活不下去吗？

行为人：这……我好像自信多了，就为母亲最后一次来接见时叮嘱我好好改造，以后成一个家，好好生活的“遗言”，我也要努力改造，出去后彻底远离毒品，让母亲在九泉之下高高兴兴。

咨询师：你真棒！你已经学会了与不合理的信念辩论，学会了用理性思维取代自我责备的思维。

4. 家庭作业

让行为人回答如下具体问题：① 找一找自己曾经有过的不合理信念；② 这个信念是否正确；③ 找出使自己得出这个信念是错误结论的证据；④ 能否通过自己的辩解，改变一些对自己错误的评价和看法。

（三）第三阶段：结束与巩固阶段（共一次）

1. 目的

(1) 巩固咨询效果，学会用理性思维方式思维，使行为人在认知、思维、情绪、行为等方面重建新的反应模式。(2) 学习与不合理信念辩论，帮助行为人拥有较现实、理性、宽容的人生哲学。

2. 方法

会谈、合理情绪疗法、心理测验。

3. 过程

这次行为人前来咨询时，表情轻松、自然，行为人自述通过上次与不合理的思维方式辩论以及家庭作业的实践反思后，收获很大，心理感觉轻松了许多，觉得自己的生活还是很有希望的，已经能正常参加学习、劳动一周了。为了进一步帮助行为人摆脱旧的思维方式和非理性观念，继续探索与本症状无关的其他非理性信念，使行为人学习并逐渐养成与非理性信念进行辩论，用理性方式进行思维的习惯。

项目三　卖淫嫖娼违法心理辅导

【操作步骤】

(1) 了解卖淫嫖娼违法人的基本情况。

卖淫嫖娼违法人的基本情况包括姓名、年龄、职业、经济收入、婚姻状况、家庭及社会生活背景、自身的生活经历、兴趣爱好、生活近况等。通过对基本情况的了解，掌握卖淫嫖娼违法行为人的过去、现在各方面的活动及生活方式，有助于把握其主要心理问题及辅导方案的制订。

(2) 确定卖淫嫖娼违法人存在的心理问题。

通过观察、访谈、心理测验等方法，了解卖淫、嫖娼违法行为人实施违法行为的客观与主观心理原因，并根据心理诊断标准诊断其问题属于心理问题范畴还是异常心理问题范畴，在辅导活动中要做到有针对性地因材施教。

心理辅导主要适用于属于心理问题范畴的违法行为人，属于异常心理问题范畴的违法行为人，如有性瘾的违法行为人，则需要进行有针对性的心理治疗。

(3) 针对卖淫嫖娼违法行为人的问题制订辅导方案。

(4) 实施辅导方案。

按照制订的方案实施心理辅导活动。

(5) 辅导效果评估及方案修正。

心理辅导方案在实施过程中以及实施后，都应该做相关的效果评估工作，以确定方案的可行性、效果优劣等情况，并要对方案的不足之处及时作出修正，提高心理辅导的效果。

单元一　卖淫嫖娼违法行为人个别心理辅导

针对卖淫嫖娼违法行为人的心理特点，采取适当的心理治疗技术改善他们的病态人格，恢复心理健康。卖淫嫖娼违法行为人心理辅导的主要内容：

一、培养健康性心理

从一般情况来看，在性成熟后，由于第二性征的出现，男女之间就开始有了明显的差异。女性的生理和性激素（包括卵巢激素、黄体激素）有密切的关系。在男性方面，由于生理特点、社会因素等方面的原因，男性一般都会比女性更易受到视觉、情景、形象的刺激而出现性的反应和特征。性健康是文明社会的重要组成部分，性心理健康的内容包括关于性器官、性发育、性举止、性生殖以及性卫生等方面的基础生理知识以及相关的心理知识。罗杰斯认为健康的性心理应当包含以下具体内容：

(1) 能够正确认识自我，愉快地接纳自己的性别。一个性心理健康的人，能够正视自己性生理的发育和性心理的变化，会自觉地把自己融于社会这个大背景下来认识自我，能客观地评价自己和他人，并乐于承担相应的性别角色。

（2）性心理特点和性行为符合相应的性心理发展年龄特征。在不同年龄阶段，人的心理发展会表现出不同的特征，性心理的发展也同样呈现出阶段性的特点。如果一个人的性心理偏离常态分布，就可能是不健康的。

（3）有科学、全面、正确的性知识，包括性生理、性心理、性道德等一切有关性健康的知识。

（4）有正当健康的性行为方式，性行为目的，性满足的方式符合人性。

（5）有正常的性需要和性欲望。正常的性需要和性欲望是健康性心理的生物学基础。性欲望是能够获得性爱和性生活的前提条件。一个人如果没有性欲望，就不会有性爱和和谐的性生活，性心理健康就无从谈起。正常的性欲望的标志是性欲望的对象是指向成熟的异性而不是同性或以物品作为替代物。

（6）性观念和性行为符合社会道德和法律规范。

（7）对性抱有正确的态度和情感，能够自觉调解和克服不良情绪，如自卑、恐惧、焦虑等。

（8）健康的性心理必须同一个人健全的人格、道德伦理观、个人尊严等结合起来，重要的是，要获得健康健全的两性生活，必须要以自己的理智、情绪稳定、关怀等作为基础。

二、抵挡不良性心理

性是人类最基本的生理需求，在适当的年龄、在婚姻内美好适度的两性生活不涉及强暴的举动、单向的发泄或幻想别的性伴侣等，相爱的欢愉表达，原是洁净的，会使人获得精神上的满足而使人精力充沛，生活愉快。对性的认识和倾向的不健康动机是十分有害的。有些人存在不良的性心理，具体表现在：

（1）男性想用外遇、婚外的不正当性行为来证明自己具有诱人的男子气概和风度；而女性则图虚荣，把自己对异性的吸引视为殊荣。在这种情况下，都可能在性关系上表现出不负责任或随便的态度。这种以性行为来证明自己有吸引力的心理是不健康的。

（2）有些人不满足于生活的现实和环境中的沉闷气氛，而以非常频繁的性行为作为日常空虚生活的调剂和补偿，以致沉溺于这种性幻觉中而不能自拔，即以“性”来麻醉自己，甚至失去了改进自己生活的念头。“行为人多困于所溺”，由于沉溺和过度的性生活和性幻想的支配，必然会出现异常性心理。

（3）有些人对性爱、性行为认识方面抱有许多不合理的、过高的期望，常产生一些奢念。诸如，觉得自己应该享受世界上最伟大的性爱而追求一种不切实际的性幻想，当现实不符时，就愈发变得焦急和失望，情绪极坏，常感性生活不满足，进而影响自己的身心健康，甚至会出现“病态”、“偏离”等不良的行为倾向。

三、审视自身性爱

反观自我：

（1）我的理想爱人：请行为人用几个关键词描述一下自己心目中的理想伴侣，说出自己的要求与期许。

（2）我的爱情资本：刚才对另一半的要求也就是别人对你的要求，那我们自己目前都具备了那些资本呢？

单元二　卖淫嫖娼违法人团体心理辅导

卖淫嫖娼违法行为人团体心理辅导方案主要包括以下三方面内容：

（1）确定心理辅导的目标。卖淫嫖娼违法行为人心理辅导的目标总体上包括：改变不良的观念，矫正卖淫嫖娼的不良行为，改变对卖淫嫖娼的错误情感反应，提高抵制卖淫嫖娼的意志，改善引致卖淫嫖娼的不良人格特征等。卖淫违法行为人与嫖娼违法行为人实施违法行为的心理原因有所不同，辅导的目标也有所不同。

（2）确定心理辅导的内容。卖淫嫖娼违法行为人的心理问题可能存在于其认知、情感、意志以及人格特征各个方面，因此心理辅导也应体现在认知、情感、意志以及人格特征等诸多方面。应从多方面入手，系统地对卖淫嫖娼违法行为人开展心理辅导活动。

（3）选择合适的心理辅导方式。卖淫嫖娼违法行为人心理辅导的方法可以是个别辅导，也可以是团体辅导；可以是课堂辅导，也可以是活动辅导。具体来说，主要包括宣传辅导法、课堂讲授法、分组讨论法、角色扮演法、个别谈话法及心理训练法等。心理咨询师要结合卖淫嫖娼违法行为人的不同特点，采用不同的方法进行心理辅导。

【实训设计】健康两性关系团体心理辅导方案

一、目标

（1）认识两性的心理与行为差异。

（2）探讨对异性的角色期待。

（3）学习两性沟通的技巧。

（4）发展健康和谐的两性关系。

二、理论背景

弗洛伊德关于性压抑和神经症关系的理论等。从社会关系来看，人的本质是社会关系的总和，而男女关系是人际关系中最基本和最自然的关系。马克思说："人与人之间的直接的、自然的、必然的关系是男女之间的关系。因而，从这种关系就可以判断人的整个教养程度。"从心理健康的角度来看，一切神经症几乎都与性关系发展的受阻和性的压抑有关。因此，建立良好的两性关系对于发展健康的人格，防止心理疾病和性罪错都具有积极的意义。

三、活动的内容与方式

（1）第一个环节成员配对与相互认识。

在轻音乐中，先将所有参加人员按性别分成男女两组，再让男女成员通过抽签两两配对，并相互寒暄认识对方。在音乐停止时，让男女成员用简练的语言分别将与自己配对为一组的对方介绍给大家认识。

（2）第二个环节：认识异性角色的差别与相对性。

在黑板上画出男女两个头型。分别由参加成员在异性头像内填上自己对异性角色特征的认识，然后由配对的另一方给予评论，表示是否同意对方的意见并说出理由。

指导者对大家列出的男女特质按生理、心理和社会角色行为三个方面进行统合，并对性别角色的相对性进行说明。指出性别角色观念的刻板化，指出每一个人其实都具有男女双重特质，此外还有一些男女有中性特质。指导者画一个圆，将圆分成三等份，把上述男女特质分列在左右两边，中性特质放在中间。使成员对性别角色有一个较完整的了解。

（3）第三个环节：认识自己的性角色特质。

请每一个成员按照指导者的方法，将自己的性格特质分别填入圆的三栏中，最后请一些代表告诉大家：①自己的男性特质、女性特质和中性特质分别有哪些，其中哪一种比例较大？是否与自己的生理性别一致？②你认为这些特质是怎样来的？③令你满意的特质是什么？给你带来哪些好处？④自己不满意的特质有哪些？给你带来什么困扰？你认为自己欠缺什么特质？团体其他成员可以对其进行面质。

（4）第四个环节：性别角色的期望——爱情价值竞投游戏。

给每个成员分发一定数量的有价纸券（如上面可标价10万元）。对“什么是自己心目中理想的异性特质”（如刚强、乐观、温柔、体贴、幽默、勇敢、节俭等）进行竞投，出价最高者为该项特质得主，将结果写在黑板上。对所有列出的特质竞投结束后，分别请各得主谈谈自己为什么要竞投这项特质，并请其他成员面质，最后由指导者进行整合。

（5）第五个环节：对两性交往的认识。

①分组讨论：当异性对你有何种行为表现时，你会认为他（她）可能对你有好感？如果你对异性示爱，而对方不来电，你会如何反应？然后在团体中分享各组的经验。②用抽签决定发言或表演其中的一题：当你收到异性示爱的纸条时，你将如何反应？当你的邀请被拒绝时，你又将如何反应？当你发现对方与自己并不合适时，你将如何终止原来的关系？然后组织团体讨论，分享经验。

项目四　卖淫嫖娼违法心理教育

【操作步骤】

（1）卖淫嫖娼违法行为人的认知教育。通过矫治教育使行为人形成正确、积极的人生观、价值观、审美观、幸福观、财富观、婚姻观、贞操观、性观念，形成较强的法律意识。

（2）卖淫嫖娼违法行为人的情感教育。使违法行为人认识到情绪、情感与心理健康之间的关系，了解各种常见的不良情绪与情感的危害性，掌握调适情绪情感特别是消极情感的方法，促使卖淫嫖娼违法行为人形成积极的情感。

（3）卖淫嫖娼违法行为人的意志教育。使违法人员了解意志品质的特点，增强抵抗不良诱惑的能力，提高自控能力和挫折耐受力。

卖淫嫖娼是指男女之间以金钱财物为媒介发生的不正当性交易行为。这种不正当性交易既是一种违反社会道德，败坏社会风气的不良行为，同时也是违反我国法律的行为。

新中国成立不久，人民政府就采取了一系列措施对娼妓业进行整治，加上后来我国长期实行大一统的高度集权的计划经济体制，政治至上的无产阶级政治文化氛围，极其严格的人口管理制度，使得卖淫嫖娼现象一度销声匿迹。但20世纪70年代末以来，随着改革开放政策的实施，人口流动加速，经济高速发展，思想文化亦日益多元化，卖淫嫖娼现象在我国重又沉渣泛起、死灰复燃。从我国公安机关查获的卖淫嫖娼案件数量来看，虽有政府严厉打击，但卖淫嫖娼现象仍呈愈演愈烈之势。①

卖淫违法行为人长期从事这一违法行为，具有一定的职业性，人员相对稳定，已经形成群体，群体心理特征相对明显；相对而言，嫖娼违法行为人作为群体的特征则明显不足。

这种违法行为的产生，多与行为人认知偏差、情感不健全和意志力薄弱等因素密切相关，因此，要达到对违法行为人理想的改造效果，必须加强对违法行为人的心理教育，使违法行为人掌握基本的心理健康知识和心理保健技能，提高心理素质，进而有效预防各种心理障碍的发生，改变已经形成的错误认知，培养健康情感，增强意志力，完善人格，提高社会适应能力。

认知、情感、意志力之间有着密切的联系。如一个人的道德情感水平常受制于其道德认识水平，高级的伦理道德情感总是在个体掌握一定道德理论的基础上才能形成。认知的程度和变化影响着情感态度、意志力的强度和变化，认知偏差是造成情感畸形、意志力低下的重要原因。如果一个人接受了错误的人生观、价值观、是非观，就会很容易丧失对卖淫嫖娼等现象的判断，丧失对现象原本的憎恶和拒斥，甚至以非为是、以丑为美、以恶为善。

既然认知对人的情感、意志力影响如此之大，因此，要想有效改变卖淫嫖娼违法行为人的情感偏差，提高其意志力，必须首先改变其错误认知，打好认知之基。通过认知教育，卖淫嫖娼违法行为人对正确的道理、美好的事物就会“知之愈深，爱之愈切”；同样，对其行为的违法性和对社会、家庭、子女教育、自己身心健康的种种危害，对有关现象，认识得越充分、越深刻，即知之愈深，憎之自然愈切，悔改也就越自觉，越彻底。情感教育、意志力教育也才能收到水到渠成的效果。

加强法律常识教育、科学的性知识教育、思想品德教育，提高其法律认知水平，提高包括性知识、性道德在内的科学知识及道德的认知水平，也是促进其情感不断升华、提高意志力的重要途径。

---

① 据有关部门的不完全统计，1984年全国查处卖淫嫖娼人员1.2万人次，到1989年突破10万，1991年突破20万人次，1992年增加到25万人次。从1984年到1998年全国累计查处大约237万人次。而社会学家估计，卖淫嫖娼人员的“查处率”不到10%。他们认为我国社会实际上已形成地下“性产业”，性工作者约有400万人。据周瑞金．地下“性产业”需要阳光管理．检察风云，2006（4）

中国法院网2007年3月30日报道：全国公安机关自2002年至2006年共查获卖淫嫖娼案件83.3万余起，查获涉案人员182万余人。崔清新，张景勇．http：//www.chinacourt.org/public/detail.php？id=240266

中国新闻网2009年1月9日报道：2008年，中国公安部治安管理局强化娱乐场所管理，加大禁娼力度，共查处卖淫嫖娼等违法犯罪案件4.5万余起、涉案人员10万余人。http：//www.chinanews.com.cn/gn/news/2009/01-09/1521862.shtml

单元一　卖淫嫖娼违法行为人认知教育

卖淫嫖娼违法行为人大多法律知识贫乏，法律观念淡薄，人生观、价值观、道德观严重扭曲，对性、婚姻、贞操等有关事物和现象缺乏正确的价值标准和基本的判断能力，认知偏差严重。

因此，要努力矫正违法行为人错误的或扭曲的道德和价值认知，提高违法行为人法律和道德的认知水平，使违法行为人形成正确积极的人生观、价值观、审美观、幸福观、财富观、婚姻观、贞操观、性观念，形成较强的法律意识和道德观念。

认知教育是指促使违法行为人掌握认知与心理健康的关系，通过认知调节与改变来增进心理健康。通过认知教育，使卖淫嫖娼违法行为人掌握基本的法律知识、性科学知识，树立正确的世界观、人生观、价值观、道德观、是非观、审美观、荣辱观、幸福观、劳动观、法律观、婚姻观、性爱观、贞操观等，提高违法行为人的认知能力。

一、加强法制教育，普及法律知识

曹林英的一项调查显示，女性性违法行为人在学校期间开设过法制教育课并且效果很好的只占20.79%；开设过但是效果不好的占41.58%；根本没有开设过的占37.62%。由此可以看出，接近80%的违法行为人没有接受过系统的法制教育，这说明学校法制教育不完善。根据调查，许多学校对法制教育这一重要内容至今仍然没有真正重视起来。有的学校只是应付上级要求开设这门课，但讲课形式枯燥乏味，不为学生所接受，因此教学效果很差，造成了女性性违法行为人群体普遍不懂法律、不畏惧法律，不知道违法的严重后果。许多女性性违法行为人自我约束力很差，还有许多女性因为不懂法律而走上违法的道路，这说明学校对学生的法制教育工作亟待加强。[①]

她们走上违法道路，与其法律知识缺乏、法律意识淡薄有很大的关系。只有大力加强法律教育，让其知法懂法，形成守法意识，养成守法习惯，才能在劳教期满后真正回归社会，改邪归正，做一个守法公民，做一个对国家和人民有用的人。

要对卖淫嫖娼违法行为人进行法律常识教育，尤其应重点加强与性违法行为密切相关的法律法规教育。通过教育，使违法行为人了解什么是公民的权利和义务，什么是违法和犯罪，以及违法、犯罪应该受到何种法律制裁等法律知识，并逐步强化其法律意识，自觉用法律约束自己的行为，特别是不能因为不知法、不懂法，再度走上违法的道路，要学会用法律武器保护自己的合法权益，自觉与违法犯罪行为作斗争。

二、加强性科学教育，普及性健康知识

科学健康的性教育对女性性违法行为人是非常必要的。某劳教所的调查显示，在2001年3～9月收容的277例性罪错妇女中，其中首次性行为发生在婚前的占80.1%，最初的性知识从课堂中获得的仅占7.9%，从同学朋友处获得的占23.8%，从书刊或报

① 曹林英，论女性性违法及教育转化——中国中部某城市收容教育所的调查与思考．河南大学教育学硕士毕业论文，2007

纸上获得的占19.1%，从电影电视中获得的占17.3%。结果表明，女性性性违法行为人进入青春期后，由于没有得到正确的性知识教育，在性生理成熟之后，她们在性本能欲望的驱使下，急于进行性体验从而衍生出其他各种罪错行为。①

学校、家庭在性教育方面的严重忽视和缺失，使得女性性违法行为人缺乏得到科学性知识的正当途径，尤其是在当前社会变革的大背景下，社会上诱发性犯罪的刺激来源广、力度大、影响远，她们很容易受到不良书刊、音像制品和不良女伴的影响而走上性违法犯罪道路。

社会正规教育中不涉及性意识和性知识，导致当代绝大多数青少年在性问题上愚昧无知，导致性态度和性观念欠缺和偏差。受外界不良环境和教育的不良影响，有些青少年在性的认知和行为上常出现不健康或者不符合性科学规律的观念和行为，把性视为一种娱乐方式，将性、婚姻和家庭两者完全割裂开来，走上性违法犯罪的道路。可见，科学的性知识教育对青少年是非常重要的。②

三、加强道德教育，帮助其树立正确的性爱观、性道德观以及人生观、价值观

卖淫嫖娼既属于违法行为，也是违反我国社会道德伦理的行为。如果说法律规范主要通过他律约束人们的社会行为的话，那么伦理道德规范则主要是通过强化人们内心的自我约束能力即自律而对人们的行为发挥引导作用，因而是其他社会规范所不能代替的。

加强社会主义道德教育，帮助违法行为人树立正确的性爱观、性道德观以及人生观、价值观、审美观、幸福观、是非观、荣辱观，使性违法行为人懂得人生的目的和意义，懂得做人的准则，不断提高分清荣辱、判断是非、辨别美丑的能力，提高抵制腐朽思想侵蚀的能力，自觉遵守社会规范，摒弃拜金主义、享乐主义思想。

针对性违法行为人普遍缺乏正确的性意识和性道德的情况，应特别加强性观念的正确引导和性道德教育，使其既要摒弃封建腐朽的贞操观，又要抵御西方“性解放”的丑恶思想影响，树立社会主义道德观念。在教育、矫治过程中要使女性性违法行为人认识到性的正确含义，即性不是以享乐、放纵、谋利为目的的，而是以爱情为基础的；使女性性违法行为人逐渐形成正确的性别意识——女性既不是男人的附属品，也不能自由放纵。培养违法行为人自信、自强、自尊、自爱，自觉地遵守社会关于性的道德规范。③

单元二　卖淫嫖娼违法行为人情感教育

情感是指人在认知活动的基础上产生的对人、对己、对事、对物的态度和在内心产生的相应体验，是与人的社会性需要相联系的体验。对某一事物或肯定、认同、羡

① 陈辉．性罪错女性的知识、行为及人格特征研究．中国健康教育，2002，18（11）：709～710

② 曹林英．论女性性违法及教育转化——中国中部某城市收容教育所的调查与思考，河南大学教育学硕士学位毕业论文，2007

③ 尹俊，刘旭刚，徐杏元．我国女性性犯罪人的心理特征及矫治对策．中国性科学，2008（12）

慕、崇敬、钦佩、自豪、愉悦，或否定、排斥、憎恶、蔑视、唾弃、羞愧、痛苦皆为人们的情感表现。情感按其社会内容可将其分为道德感、理智感、美感。

情感具有明显的动力功能，即情感对人的行为活动具有增力或减力的效能。现代心理学研究表明，情感不仅是人类实践活动中所产生的一种态度体验，它还直接影响人类行为。正面情感使人积极追求、向往某种事物或行为，负性情感则使人排斥远离某种事物或行为。对卖淫嫖娼行为的不同态度，无疑也极大地影响着卖淫嫖娼违法行为人的行为取向。因此，很难想象对卖淫嫖娼现象极端蔑视和憎恶的人会轻易做出此类违法行为；同样，也很难想象卖淫嫖娼违法行为人会对这一现象疾恶如仇。

对卖淫嫖娼人员情感教育的内容包括使违法行为人认识情绪、情感与心理健康间的关系，了解各种常见的不良情绪与情感的危害性，掌握调适情绪情感特别是消极情感并培养积极情感的方法，等等。通过情感教育，鼓励其树立改造信心，激发她们的自尊心、荣誉感。对卖淫嫖娼违法行为人的情感教育主要要从以下三方面入手：

一、树立正确爱情观

情感教育应该贯穿于每个人发展过程的始终。首先应当对卖淫嫖娼违法行为人进行爱情观教育。

爱情是双方基于一定的物质条件和共同的人生理想和生活情趣，在各自内心形成的相互倾慕，并渴望对方成为自己终生伴侣的的感情。

爱情具有以下四大特征：

（1）自愿互爱，爱情是不可强求的。男女双方首先要在自觉自愿的基础上，相互尊重，相互爱慕，从而建立和发展爱情关系。

（2）忠贞专一。爱情具有排他性，男女双方应相互信任和保持依恋感，决不能三心二意，朝三暮四，见异思迁。

（3）相容互补。无论爱情双方存在什么样的个性差异，只要不是原则问题，都应该在实际生活中相互尊重，相互学习，取长补短，满足需要，共同发展。

（4）强烈持久。男女双方应保持强烈深厚的感情，从而保证爱情关系的稳定性和持久性。

爱情的三个因素是激情、亲密、承诺。不同爱情因素组合生成的八种爱情类型，都与激情、亲密和承诺三因素相关。

表7-1　爱的种类及成份①

爱的种类	爱的成分		
	亲密	激情	承诺
无爱	-	-	-
喜欢	+	-	-
迷恋	-	+	-

① “+”表示存在，“-”表示不存在

（续上表）

爱的种类	爱的成分		
	亲密	激情	承诺
空爱	-	-	+
浪漫之爱	+	+	-
友情之爱	+	-	+
荒唐之爱	-	+	+
完满之爱	+	+	+

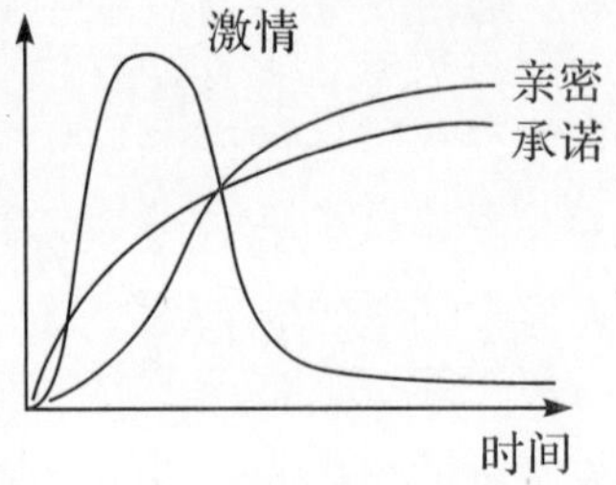

图 7-1　爱情三因素与时间的关系

二、开展伦理观辅导，完善人格意识，培养道德责任感

在对卖淫违法行为人开展情感教育的时候，既要坚持集体教育，又要结合实际进行有针对性的个别转化。如某监狱坚持每年与犯人的个别谈话都在 4 000 次以上。同时，邀请专业人员开设妇女观、道德观讲座；开展以“知罪、悔罪、认罪”为内容的主题队会活动；举办“重塑新我”征文比赛，进行“有钱是不是就幸福”，“怎么做个有道德的人”等问题的大讨论，等等。通过多种形式完善青少年女性违法行为人的人格意识，培养“四自”精神，使她们掌握道德评价的正确标准、学会用正确的道德观念认识和对待价值观多极化现象，把对道德内涵的正确理解转化到认识结构中去，在心理、思想、情感的重新组织和调整中，逐步矫治道德缺陷。

三、开展素质教育，严格行为规范，形成道德约束机制

社会主义道德风尚的形成、巩固和发展，要靠教育，也要靠法制。作为刑罚的执行机构，监狱对青少年女性违法行为人的道德重塑更是义不容辞。因此要严格按照《罪犯改造行为规范》对青少年女性违法行为人的生活、学习、改造等基本行为进行大力规范管理。通过百分考核，把改造任务量化为具体的目标，与行政奖励、减刑、假释和处遇挂钩，并通过多层次的监督，对违法行为人的行为予以有效的控制。依靠严格的制度、科学的管理、细致的教育辅导使青少年女性违法行为人逐步形成稳定的心态和合乎规范的外在表现，从而拥有良好的道德素质。

单元三　卖淫嫖娼违法行为人意志教育

一、卖淫嫖娼违法行为人意志特点

意志指的是在认知和变革现实的过程中，自觉地确定目标并根据目标去支配、调节行动，以克服困难，实现预定目的的心理过程。在同等诱因的影响下，有的妇女卖淫，而绝大多数不卖淫，关键就在于每个人自我控制能力的强弱。

卖淫心理因素方面的共同特点就是自我控制能力弱，只要客观环境中出现适宜的刺激就可能作出相应的反应。一方面，很多犯有性罪错的女性缺乏对不良文化的抵抗力，意志不坚定，且贪图享受，好逸恶劳。因而，在物欲横流的世界中，她们大都不能控制自己的贪欲、享受欲，易受外界诱因的影响，从而利用“性”来犯罪，追求奢华的生活。另一方面她们情感冲动，难以自我控制，尤其是在性欲冲动和控制之间她们存在矛盾；在接受教育矫治中缺乏自我悔恨和羞耻感，改造情绪不稳定，难以矫治。因此，提高卖淫嫖违法人的自我控制意识，提高其抵制不良诱惑的能力，是卖淫嫖娼违法行为人教育的一个重要内容。

二、意志力教育的内容和方法

违法行为人意志力的教育内容包括使违法行为人了解意志品质的特点，增强抵抗不良诱惑的能力，提高自控能力和挫折耐受力。

（一）帮助其树立正确的人生奋斗目标

如果一个人没有正确的奋斗目标，一味贪图享乐，就很难有克服诱惑的巨大意志力。所以帮助其确立正确的生活目标和认知目标，是培养其意志力的重要一步。

（二）激发卖淫嫖娼违法行为人实现奋斗目标的强烈愿望和责任感

人们无论做什么事情，只有目标是不够的，还必须有实现目标的强烈愿望和责任感。比如，运动员要打破世界纪录，不仅要目标明确，而且要有强烈实现目标——打破纪录的愿望和责任感。这种责任感和欲望不仅可以提高他们的意志力，还可以增强他们的信心和力量。鼓励卖淫嫖娼违法行为人上对养育自己的父母负责，下对子女后代的健康成长负责，中对自己的良心和名誉负责。责任感的增强必然有助于其意志力的增强。

（三）帮助卖淫嫖娼违法行为人树立自尊心和自信心

卖淫嫖娼违法行为人中之所以有很多人破罐子破摔，深陷泥潭难以自拔，在很大程度上就是因为自尊心和自信心丧失殆尽。所以，要提高其意志力，帮助其重拾自尊和自信是前提。

（四）提高卖淫嫖娼违法行为人的耐挫折能力

从一定意义上说，正是因为耐挫折能力弱，卖淫嫖娼违法行为人才走到了犯罪这一步。因此，如果不提高其耐挫折能力，解教之后很难不重走旧路。所以，要使其意志力得到锻炼并稳定下来，必须培养其较好的耐挫折能力。

任务八

具有人身危险性违法心理矫治

你回首看得越远，你向前也会看得越远。

——温斯顿·丘吉尔

意志若是屈从，不论程度如何，它都帮助了暴力。

——但丁

【重点技能】

- 具有人身危险性违法心理诊断技能
- 具有人身危险性违法心理咨询技能
- 具有人身危险性违法心理辅导技能
- 具有人身危险性违法心理教育方法

【案　例】

2010年10月20日23时许，药家鑫驾驶红色雪佛兰小轿车从西安外国语学院长安校区返回西安，当行驶至西北大学长安校区西围墙外时，撞上前方同向骑电动车的张妙，等药家鑫下车查看时，发现张妙倒地呻吟，因怕张妙看到其车牌号找麻烦，药家鑫便产生了杀人灭口的歹念，遂从随身背包中取出一把尖刀，上前对倒地的被害人张妙连捅数刀，导致张妙当场死亡。

杀人后，被告人药家鑫驾车逃离现场，途中再次将两行人撞伤，后交警大队郭杜中队长将肇事车辆暂扣待处理。2010年10月23日，药家鑫在其父母陪同下向公安机关投案自首。

项目一　具有人身危险性违法心理诊断

【操作步骤】

（1）人身危险性的概述。

（2）心理诊断的流程。介绍心理咨询的原则及心理咨询的情况；与行为人建立良好的咨访关系；收集咨询师作出诊断所需要的资料；通过倾听、提问、分析对来访者的情况作出初步的诊断。

单元一　人身危险性概述

我们所谈的人身危险性，一般是指行为人实施违法行为的可能性和再次违法的可能性。因此人身危险性的特征主要有以下四个方面：[1]

（1）再犯可能性是人身危险性的内容，初犯可能性是对人身危险性概念的补充和完善，两者都能体现人身危险性理论的存在价值。

（2）人身危险性是一种现实可能性。首先，人身危险性属于未然领域，是产生违法行为的可能性，而非现实性。其次，人身危险性不是一种抽象可能性，而是现实可能性。这种现实可能性并非凭空想象，而是有其现实基础的，是对行为人的个人情况和其他因素经过判断、分析而得出的结论。虽然人身危险性具有随机性和难预测性，但是难以预测并不等于不能预测。人身危险性也同其他事物一样，是一种客观存在，有其产生、发展、变化的规律。只要我们对行为人的个人情况给予客观、全面、科学的考察，细致、认真、仔细地分析，对其将来违法行为的可能性有无、大小，是可作出基本准确的判断的。

（3）从潜在主体上讲，人身危险性存在于有前科和虽然无前科但是具有违法倾向的人。

（4）从存在的根据上讲，人身危险性以行为人的特定人格为基础。在人格形成中，由于人具有相对自由的意志，因而自身会对其进行法律意义上的主观评价。人格形成后，会表现为对现实的稳定态度和与之相适应的习惯性的行为模式，在特定的环境下会实施特定的行为。人身危险性正是建立在行为人违法行为倾向人格的基础上。行为人反社会人格对人身危险性的形成和存在起着决定性的作用，而且两者的大小成正比关系，人格中反社会倾向越大，人身危险性就越大；反之，则越小。

从表现形式上讲，人身危险性是对违法行为倾向性人格的否定性法律评价。违法行为倾向性人格为人身危险性的法律评价奠定了基础。违法行为倾向性人格有危害社会的可能性，当然会受到社会的批判、谴责和禁止。对人身危险给予法律上的否定评价，实质上是通过社会环境影响自由意志的过程，也就是削弱甚至是消灭违法行为倾向人格的过程。

从发展过程来看，人身危险性具有稳定性、连续性和可变性。一方面，人身危险性一经形成，一般会长期存在，这是人格具有稳定性的原因。另一方面，人身危险性又具有可变性。违法行为倾向性人格的形成原因是复杂的、多方面的，既有内在的主观原因，也有外在的客观原因。这些因素的削弱、消失或者增强，都会在一定程度上影响人的相对自由意志，继而使人身危险性发生一定的改变。一般说来，人身危险性的改变会出现三种情形：一是加强，如累犯、惯犯；二是减弱；三是消灭。

① 李宇先．人身危险性的特征和现实表征．人民法院报，2007－01－01

单元二　心理诊断的流程

初诊主要指咨询师运用心理诊断的各种技术与行为人第一次接触后所形成的初步诊断，有时是心理问题的性质判断，有时是心理问题类型的判断，有时是心理问题的大概印象。

一般来说，初诊都是安排在心理咨询或心理治疗的初始阶段的。但是，咨询师不能简单地把与行为人的初次会谈就定义为初诊，也就是说，不能把与行为人的初次接触就认为是初诊。与行为人的初次会谈一般包括几个步骤：第一，介绍心理咨询的原则及心理咨询的情况；第二，与行为人建立良好的咨访关系；第三，收集咨询师作出诊断所需要的资料；第四，通过倾听、提问、分析行为人的情况并作出初步的诊断。咨询师需要注意，第四点是建立在咨询师对行为人有一定了解，而且有比较充足的信息支持的基础上的。如果在初次会谈之后，对行为人的了解还没有完成，没有获得相对充分的资料，这时就不能称为初诊，咨询师对行为人的初诊可以推迟进行，直至对行为人的问题有大致的了解。对初诊的理解也不要单纯从初次与行为人的接触时间来看，因为时间也只是参考指标。

因为初诊是对行为人的问题所形成的一个初步诊断，是对其心理问题的一个判断，所以，初诊也容易受到以下三个因素的影响：①

（1）初诊容易迅速地对问题作出选择和判断，缺乏深入论证。这是由初诊本身的特点所造成的。由于心理咨询或心理治疗的需要，咨询师必须在掌握一定的信息资料后，迅速对行为人的问题进行分析判断，所以一般来说初诊会缺乏深层次的论证和探讨。也可以说，这就是初诊本身的一个特性。

（2）初诊经常在信息不充分和不全面的情况下进行。在以50分钟为一个单位的会谈时间里，要完成几个部分的内容，包括对行为人资料的收集。因此，要在有限的时间内深入了解行为人的信息资料是很困难的，所以，初诊也就只能是在有限的时间内最大限度地掌握行为人的有关信息，并根据这些资料作出初步诊断。

（3）第一印象的影响，也就是首因效应。在短时间的接触中，首因效应的影响是比较大的。咨询师对行为人作出初步诊断，一般就是在整个咨询或治疗的初始阶段。这个时候，咨询师与行为人的接触时间还很短暂，受到首因效应的影响比较大。所以，对行为人所形成的第一印象会影响咨询者对行为人的心理与行为特征的解释。咨询师与行为人接触时间短暂，要咨询师及时、准确、快速地作出判断有些困难。

项目二　具有人身危险性违法心理咨询

【操作步骤】

（1）行为矫正法的选择与应用。包括自我控制法、角色扮演和阳性强化法的应用。

① 人民教育出版社，课程教材研究所网站，http：//www. pep. com. cn

(2) 认知疗法的选择与运用。包括合理情绪疗法、思维错误矫正法、现实疗法等诸多疗法。

人身危险性是指实施犯罪的可能性或再犯可能性。这种意义上的人身危险性是保安处分的适用基础，对于尚未犯罪但有犯罪可能的人，或者犯罪虽然经刑罚处罚但有再犯可能的人都可以适用保安处分。因此，此种意义上的人身危险性的主体范围十分宽泛，它包括具有刑事责任能力、实施犯罪被判刑但仍有再犯之虞的人，如常习犯、惯犯、累犯等；无责任能力或限制责任能力，但实施危害社会行为的人，如未成年人；尚未实施犯罪，但染有恶习或传染可能犯罪之人，如吸食毒品者。

对具有人身危险性违法行为人的心理咨询与矫治，使用方法包括行为矫正法、认知疗法等。

单元一　行为矫正法

一、自我控制法

具有人身危险性行为人的主要特征是缺乏自我控制。因此，在心理矫治过程中对他们进行自我控制训练是很有必要的。自我控制法是指在矫治过程中，创造不同程度的有利于进行违法活动的情境，鼓励他们在这种情境中通过掌握控制自己不实施违法行为，并且对是否实施违法行为的情况给予负强化或正强化，以便增强他们的自我控制能力。在自我控制训练的过程中，还可以指导他们学习如何使自己远离容易诱发违法行为冲动的情境，在产生违法行为冲动时如何通过转移注意力、自我提示等方法转移注意力和控制冲动性的违法行为。

二、角色扮演

角色扮演也称为角色训练，它是通过让违法行为人扮演生活中的不同角色，体验角色的感情，明确角色期待的内容，从而产生领悟和变化的一种心理治疗方法。用角色扮演法对具有人身危险性的违法行为人进行心理矫治，其目的是通过角色扮演，让他们真切而深刻地体验违法行为带来的危害。通过创造心理剧，采用角色扮演方法，让他们饰演违法行为人、被害人、旁观者等不同的角色，了解和体验人们对违法行为的反应，认识违法行为的危害性，从而减少违法行为的发生。

三、阳性强化法

阳性强化法，又称正性强化法，应用操作性条件反射原理，强调行为的改变是依据行为后果而定的，其目的在于矫正不良行为，训练与建立某种良好行为。即运用正性强化原则，每当行为人出现所期望的心理与目标行为，或者在一种符合要求的良好行为之后，采取奖励办法立刻强化，以增强这种行为出现的频率，故又称奖励强化法。

1. 治疗步骤

(1) 治疗前，首先了解病史，再确认目标行为，画出基准线。被选出的目标行为应该是能客观控制，可观察与评价其程度，而且能够反复进行强化。

（2）选择有效增强物。如消费性增强物、活动性增强物、操作性增强物、拥有性增强物、社会性增强物等。针对行为人的具体情况，选择有效增强物，以期达到切实有效的强化与矫正目的。

（3）拟订矫正方案或塑造新的行为方案，以期取得行为人的积极配合。矫正方案不但包括被矫正或塑造的行为，还应包括采用何种治疗形式和方法、确定应用何种增强物等。根据情况变化，矫正方案还可随时调整。

（4）治疗过程中，每当目标行为出现，应立即给予增强物，不能耽搁时间并向行为人讲清楚被强化的具体行为，使之明确今后该怎么做。

（5）一旦目标行为多次按期望的频率发生，应当逐渐消除可见的增强物，而以社会性增强物及间歇性强化的方法继续维持，以防止出现强化物饱厌的情况。

（6）治疗程序结束之后，周期性地对该行为作出评价。

2. 注意事项

（1）所选择的强化行为应是具体、可观察、可测量的行为。

（2）所选择的强化物要与行为人的需要相吻合，在所需行为发生之后，应及时呈现。

（3）给予强化物时，物质奖励要与精神奖励（口头赞扬）结合起来进行。

（4）强化时，在数量上应把握好分寸，既使行为人感到愉快，又不使强化物很快失去吸引力。

（5）在撤销强化物时，可采用逐步撤销的方法，或用社会性强化物代替，以继续维持所需行为。

单元二　认知疗法

认知疗法包括合理情绪疗法、思维错误矫正法、现实疗法等诸多疗法。

一、合理情绪疗法

不合理信念能使人产生不合理情绪，如焦虑、抑郁、敌意等，并进而容易产生违纪违法行为；合理信念会增加积极情感，缓解抑郁和痛苦，减少违纪违法行为。合理情绪基本思路是通过改善妨害人们生活的情绪和思想来减少违纪违法行为的发生。合理情绪疗法的具体技术是首先请行为人简明扼要地介绍合理情绪疗法的理论，在说服矫治对象认同之后，行为人可以通过会谈，了解并指出矫治对象存在的不合理理念，并帮助矫治对象掌握摆脱妨害人们生活和思想的信念的技术。学习合理情绪疗法可以通过角色扮演、示范、读书法、讲故事、哲学讨论、视听辅助教助等方法来进行。

二、思维错误矫正法

思维错误矫正法是指通过矫正行为人的错误思维来建立合理情绪模式的一种方法，属认识重建范畴。该矫正法的基本依据是许多违法行为人的认知模式异常，认知模式可能与违法行为的原因有关，要矫治违法人，必须先矫正他们的认知模式。违法行为人的认知模式与常人存在差别，他们的认知模式可能与违法行为有关。因此，违法人员的心理矫治应该从改变违法行为人的认知模式入手。

三、现实疗法

现实疗法的基本信条有二：一是坚定地相信人是有尊严的；二是确信人具有改造自己的能力。在实施现实法时，矫治人员可以与违法行为人进行多方面的讨论，讨论的目的是为了让他们检验其观点与矫治人员是否有差别，增加对负责任行为的理解。矫治人员要寻找违法行为人的优点和负责任行为并予以鼓励，对于他们的错误行为，要毫不留情地予以批评。

项目三　具有人身危险性违法心理辅导

【操作步骤】

（1）具有人身危险性违法行为人的个体辅导。

（2）具有人身危险性违法行为人的团体辅导。

单元一　具有人身危险性违法心理个体辅导

一、对具有人身危险性违法行为人心理辅导的模式及分类

对具有人身危险性违法行为人的心理辅导模式是体现改造机关的心理辅导思想、目标定向，促进其心理辅导功能发挥的操作思路。心理辅导模式的分类会因为不同学派的理论、不同技术、不同的服务对象而有所不同。

根据在对具有人身危险性违法行为人心理辅导中采取的技术和理论可以划分为个人中心辅导模式、心理分析治疗模式、认知行为治疗模式、交互分析治疗模式等；按学科划分有医学（生理）模式、教育学模式、心理学模式；按违法行为人的对象和目标不同，还可以分为障碍性心理辅导模式、适应性心理辅导模式、发展性心理辅导模式。

（1）障碍性心理辅导模式是针对有心理障碍、患某种心理疾病，并已影响其正常生活和学习的行为人，其目的是通过系统的心理辅导来克服障碍、缓解症状、恢复心理平衡，因而障碍性心理辅导模式具有矫治功能。

（2）适应性心理辅导模式是包括正常行为人在内的心理服务，其目的是通过心理辅导，排解心理困扰，减轻心理压力，改善适应能力。因而适应性心理辅导模式具有预防功能。

（3）发展性心理辅导模式是针对所有发展中的行为人，根据行为人身心发展的一般规律和特点，帮助不同年龄阶段的行为人尽可能完成各自的心理发展课题，妥善解决心理矛盾，更好地认识自己、社会，开发潜能，促进个性的发展和人格完善。

二、辅导目的

辅导目的是达到违法行为人的心理健康。违法行为人心理健康的标准为：没有心理疾病；心理活动功能的一种平均状态；一种理想状态；适应良好。[①] 根据心理健康的一般要求提出对违法行为人心理健康的四点要求，即适当认识和评价自己，能保持正常的人际关系，反应恰当并基本适应环境，积极的情绪多于消极的情绪。

健康标准的提出为评估违法行为人的心理健康提供了较好的借鉴，但同改造质量的优劣相挂钩，这些标准还过于理想化，或者说是不够具体、全面，可操作性稍有欠缺等，更为关键的是，这些标准并不是围绕着违法行为人改造好坏这一目的来制定的。例如，没有心理疾病这一标准不仅定得过高，而且与违法行为人的犯罪原因或预防重新犯罪也无多大关系。举一个简单的例子，一名违法行为人患有恐高症与否与改造质量并无关联。再如，若使违法行为人在监禁状态下的积极情绪能够多于消极的要求也是相对过高的。著名人本主义心理学家马斯洛和米特尔曼提出的心理健康十标准：有足够的自我安全感；能充分地了解自己，并能对自己的能力作出适度的评价；生活理想切合实际；能保持人格的完整与和谐；善于从经验中学习；能保持良好的人际关系；能适度发泄情绪和控制情绪；在符合集体要求的前提下，能恰当地满足个人的基本要求。

违法行为人心理健康的评估标准究竟应是什么？参照上面学者对心理健康所制定的标准，围绕违法行为人心理健康与改造质量高相关的特质或因素，以及多年的监禁场所实践，本书尝试着列举出以下七条违法行为人心理健康的标准：

（1）有安全感。

（2）能适度了解自己，能对自己的犯罪根源作出正确的评价。

（3）有切合实际和自身特点的改造及生活目标。

（4）能保持正常的人际关系，没有严重的敌对和冲突。

（5）能适应拘禁场所环境和改造生活。

（6）情绪稳定，适度控制情绪，并能在拘禁场所许可的条件下，适度发泄情绪。

（7）没有与犯罪高相关的严重心理疾病，如反社会人格障碍、攻击等。

【案例 1】

他打消了自杀的念头

——对一起因急性应激反应而产生自杀倾向的违法行为人的心理干预辅导

一、基本情况

违法行为人麦某，男，现年 27 岁，高中文化，做生意，广东省湛江市人，父母已经离异，母亲再嫁，父亲去世，无家族精神病史。麦某因复吸毒品被劳动教养 3 年，现押于某所大队。最近因为父亲癌症突然去世，麦某得知消息后情绪和行为发生极大变化，一开始表现为茫然状态，接着是精神恍惚，情绪低落并伴有紧张，不愿与人说话，整天呆坐，活动明显减少。大队管教民警见麦某情绪和行为及其反常，于是建议安排麦某（以下称行为人）前来接受心理辅导。

---

① 狄小华．罪犯心理矫治导论．北京：群众出版社，2004．1

二、主诉和咨询师调查

（一）行为人主诉

行为人自述，最近父亲突然因病去世了，自己是在父亲去世10多天之后才知道消息的。知道之后，一时间很难接受这个事实，因为两三个月前父母和奶奶来看望自己的时候还是好好的，怎么突然就发生了这种事情。父亲最后一次来看望自己的时候，自己还不愿意和父亲说话，对父亲态度很冷淡。虽然知道他有病，但却想不到那次见面竟成了最后一次，现在自己非常内疚和后悔，也很痛恨当时自己的行为，觉得自己非常不孝顺。现在自己每天心情都很恶劣，什么事情都不想干，整天坐立不安，感觉好像很紧张，但是却不知道为什么紧张，晚上觉也睡不好。

（二）管教民警的陈述

根据行为人大队的民警反映，行为人原来性格开朗，投队以后与其他学员关系一直都很好，学习和学艺积极主动，但自从得知父亲去世以后，就好像变了一个人，情绪和行为发生了极大的变化。

（三）心理咨询师观察

在咨询过程中，咨询师对行为人进行观察，发现行为人情绪低落，沉默，经咨询师引导能较好地叙述事件，逻辑清晰完整，并表示希望得到帮助。此外，未发现其他异常。

（四）心理测验结果

咨询师在了解情况以后，当天就对行为人进行了症状自评量表的测验。结果表明：行为人的总分为172分；阳性项目数为68项，躯体症状为1.25分，强迫症状为1.5分，人际关系敏感症状为1.33分，抑郁症状为2.62分，焦虑症状为3.4分，敌对症状为1.83分，恐怖症状为0.57分，偏执症状为1.33分，精神病症状为2.2分，根据常模，总分超过160分，阳性项目数超过43项，各因子分超过2分，就应该进一步筛查阳性，行为人各症状中以焦虑症状的得分最高，焦虑症状明显，抑郁症状其次。

三、心理评估与诊断

（1）行为人在建议下前来做心理辅导，对于自己的心理问题有所认识，愿意接受心理咨询，希望能够得到帮助，有强烈的摆脱心理问题的愿望。由此可见，他的自知力相当完整，没有出现幻听、幻觉和妄想而不自知的情况，基本可以排除精神病性障碍。

（2）行为人心理和行为的异常是在近期发生的，虽然有一定的心理问题，但是问题的内容尚未泛化，只是局限在引发事件本身，行为人的社会交往功能受到一定的影响，但没有出现躯体症状，应该做一般心理问题判断。

（3）行为人初步诊断为急性应激反应。急性应激反应又称为“急性应激障碍”，是由于突然发生的强烈创伤性生活事件而引发的一种心理障碍。行为人心理问题的情绪和行为表现符合“急性应激障碍”的临床表现：初发症状为“茫然”或者“麻木”状态，有一定程度的意识障碍，对外界刺激的领会和自发活动明显减少，可在长时间内毫无动作或缄默不言，并伴有情绪障碍，如焦虑、抑郁等表现。

（4）与焦虑、抑郁等的鉴别诊断。虽然行为人有焦虑和抑郁的问题，而且其因子分也偏高，但是这是由于急性应激反应所引发的，因此应作急性应激反应判断。

四、心理辅导的目标与方案

（一）心理辅导目标

经过与行为人协商，在双方意见达成一致的情况下确定了心理辅导目标：

（1）近期的具体目标。减轻急性应激反应引发的情绪和行为异常的程度，症状自评量表中的各项指标恢复到正常水平范围内。

（2）远期目标。基本消除急性应激反应引发的情绪和行为的异常症状，社会适应良好，恢复心理健康。

（二）心理辅导方案

（1）运用支持疗法，调整行为人对问题的看法和感受，从而改善和改变其不良情绪和行为。支持疗法是一种以“支持”为主的特殊性心理治疗方法，其主要特点是运用心理咨询师与行为人之间的良好关系，积极运用咨询师的权威、知识与关心来支持行为人应付情感上的困难或心理上的问题，使其发挥自己的潜力，面对现实处理问题，以度过心理上的危机，避免精神崩溃。

（2）双方的责任与义务。经双方约定，在心理辅导的过程中，心理咨询师遵守职业道德规范要求，为行为人咨询的内容和个人资料等保密，尽力运用心理学的方法，为行为人解决问题，恢复心理健康；在咨询过程中和行为人保持平等的关系，按约定的时间、地点和次数等具体要求，热心为行为人咨询。同时，行为人应该做到遵守约定，按时前来咨询，向咨询师如实倾诉自己的问题，积极配合咨询师。咨询师同时要还告知行为人心理咨询的局限性以及保密原则。

（3）心理辅导咨询的时间和费用。由于行为人的心理问题比较简单，经商定初步拟定咨询2～3次，每次约1小时。

五、心理辅导咨询过程

心理辅导的咨询过程分为三个阶段：心理诊断阶段、心理帮助阶段和结束巩固阶段。

（一）心理诊断阶段

这一阶段包括出诊接待、摄入性谈话和心理测验等。为了进一步掌握行为人的情况，还分别向与行为人有关的管教民警了解有关情况，并查阅了行为人的档案资料。此阶段共面谈一次，时长一小时。诊断的过程、方法、内容和结果已在以上的有关部分作了分析，通过心理诊断，对行为人作出了急性应激反应心理问题的结论。对此结论，行为人表示同意。

（二）心理帮助阶段

这一阶段共面谈了一次，时间约为一小时。运用支持疗法，重点解决行为人因为急性应激反应产生的情绪和行为异常问题，改变其认知中的不良观点，从而从根本上改变行为人的不良情绪和行为。

（1）咨询师在行为人愿意接受心理辅导咨询的前提下，建立了良好的咨询关系，为开展心理辅导做好准备。

（2）行为人的心理问题是其父亲突然去世这个严重的生活事件引发的，针对这个情况，运用支持疗法对行为人进行辅导。

①提供适当的支持。行为人是在毫无心理准备的情况下得知父亲去世的消息，这一严重生活事件使行为人遭受了严重的心理挫折，在这个时候行为人最需要的是心理上的支持，包括鼓励安慰以及向其提供处理问题的方向和要诀来协助行为人度过困境，应付心理上的挫折。

②调整对“挫折”的看法。协助行为人端正对父亲去世这一事件的看法，借此来调节并改善其心理问题。行为人认为父亲去世之前来看望他，可是他没有好好把握时间和机会与父亲交流，因此认为自己很不孝顺。自己其实与父亲的关系挺好的，但是由于自己吸毒的事情让父亲非常伤心，所以后来关系变得越来越恶劣。他很清楚其实父亲是很疼爱他的，在最后一次来看望他的时候，他很想向父亲认错的，可是到最后还是没有说一句话。现在想起来觉得非常后悔，也很痛恨自己，觉得自己是不可原谅的。针对行为人的这种内疚和后悔的心理，咨询师与其一起分析探讨如果当时他知道父亲的病情，他是否还会用这样的态度来对待父亲吗；现在整天抱着这种想法来生活对事实的帮助；父亲最希望行为人做的事情等内容。通过分析讨论，让行为人重新看待自己的情况，调整对挫折的感受，改变自己对事件的态度，使自己用恰当的方式去处理问题，走出困境。

③善于利用各种“资源”。这里的“资源”是指家人和亲友的关心与支持，社会可供给的支持条件以及自己本身的潜力。咨询师鼓励行为人多与别人交流，相信自己的能力，勇敢接受现实。

④进行“适应”方法指导。咨询师与行为人一起分析，寻求解决其心理问题的恰当方法，咨询师向行为人指出其现在的情绪行为问题都是因为其对父亲突然去世这一生活事件的应激反应，只要自己调整好心态，自然就可以消除焦虑和紧张情绪，恢复心理健康。

（三）结束巩固阶段

经过咨询，行为人对自身的情况有了更深的认识，已经可以较好地控制自己的情绪和行为。在最后一次辅导咨询中，咨询师和行为人对咨询过程进行了回顾和总结，行为人表示心理辅导咨询基本达到了预期效果，经双方协定，结束心理辅导。

六、效果评估

在心理辅导咨询结束后的一段时间，咨询师分别向行为人和管教民警调查了行为人的情况，并采用心理测验对行为人进行重测。结果表明，辅导咨询效果较为理想，行为人的情况得到了改变。

（1）行为人自评。心理辅导结束以后，行为人自述，自己的紧张焦虑感觉已经没有了，对自己和对事情的看法都不一样了。

（2）管教民警评估。调查了行为人大队的民警，均表示未发现行为人在辅导咨询后有异常，同时恢复到以前较为开朗的状态，能按要求参加各项集体活动，表现较好。

（3）心理测验结果。咨询师将心理辅导前后的心理测验结果对比，结果表明行为人的心理健康状况得到恢复，各因子分都有所下降，效果较明显。

（4）心理咨询师的评估。经过咨询师对行为人的观察，发现行为人的精神面貌有很大的改变，性格开朗，表现较为得体。

单元二 具有人身危险性违法心理团体辅导

针对人身危险性违法行为人的性格特征和心理特点，特制订以下辅导方案：

表 8－1 团体心理辅导方案

团体目标	帮助团体成员 （1）了解自己：从团体互动中，协助成员增进自我了解，加强自我肯定，促使其发展良好的自我概念。 （2）了解他人：使成员在经验分享与互动中，得到温暖与支持，并学习了解别人、欣赏别人，进而增进与他人的关系，发展出良好、有效的社会行为。 （3）澄清价值观：了解个人价值观，建立生活的目标，充实、有效地生活。
团体对象	具有人身危险性的违法行为人
活动时间	2～2.5 小时
准备工作	场地：大教室、操场 材料：团体契约一人一份，笔、白纸若干，价值清单一人一份，高空吊索
活动流程	（1）说明活动目的，并要求参与者签订一份团体契约书，帮助成员了解本次活动的活动要求。 （2）活动一：20 个我。帮助活动成员认识并接纳自我和他人，让其他组员更多地了解自己，促进团体发展。 （3）活动二：优点轰炸。帮助活动成员发现自己在人际关系上的优缺点。 （4）活动三：勇渡天桥。帮助活动成员在焦虑状态的危急恐惧环境中，克服心理冲突。 （5）分享游戏感受。 （6）游戏：价值大拍卖。帮助活动成员重新认识自我。 （7）分享游戏感受。 （8）结束：笑迎未来、团体祝福。

具体步骤：

活动一：20 个我

背景分析与方案设计构想：违法行为人对自我的概念较模糊，对自己是一个怎样的人，自己的优缺点，自己的性格都不了解。此活动可以让团体成员认识自己，思考有关自己的问题。同时让其他组员知道更多和自己有关的情况，促进团体发展。

目的：建立人际信任氛围，引发个人参与团体的兴趣，同时形成团体。认识并接纳自我和他人，让其他组员了解自己更多。

操作：

（1）指导员可找出一个成员示范，连续让其回答“我是谁”。

（2）当他说出一些众所周知的特征时，指导者告诉大家，这种回答不反映个人特征，应尽量选择能反映个人风格的语句。

（3）然后指导者让大家开始边思考边回答“我是谁”这个问题。

（4）至少写出 20 个答案。当指导者看到最后一个放下笔时，请团体成员在小组内交流。

（5）任何人都抱着理解他人的心情，去认识团体内一个个独特的人。最后大家发言交流感受。

活动二：优点轰炸

背景分析与方案设计构想：组员间已经很熟悉，并且很了解，同时组员自己对自我有一定的了解和深入的探讨之后，还需要将更多的自信注入人际关系，只有自信才可以有勇气使自己走出去，通过优点轰炸去发现自己更多的优点。

目的：

（1）发现自己在人际关系上的优缺点。

（2）了解并认识自我。

（3）找到自己的人际优势。

（4）促进小组交流，增强自信。

操作：

（1）要求大家在最短的时间里，尽可能多地发现和找到组员的优点，所以称为“优点轰炸”。

（2）用3分钟的时间，在小纸片上写下自己的优点，优点个数不限。

（3）把小纸片折好，放在盒子里。

（4）请一位“天使之手”上台抓阄，抓到谁就请谁上台说说纸片上所写的优点。

（5）指导者说：“现在就让我们用他的优点来‘轰炸’他吧。”

（6）组员自由踊跃发言，尽可能多地夸他的优点。

活动三：勇渡天桥

背景分析与方案设计构想：人身危险性是指违法行为人再次实施违法行为的可能性，即再犯可能性。此时，违法行为人不仅要心中对违法行为充满恐惧，而且也面临心理冲突。该活动可以帮助违法行为人体验意志、意志行动的过程，调整自己，走出困境。

目的：体验在焦虑状态的危急恐惧环境中，克服心理冲突，果断作出决断行为的能力。

操作：

这是一个高空吊索项目，要求参训成员先沿左侧立柱爬到高空吊索桥边，随后在吊索桥上行走，顺利到达吊索桥另一侧，然后再原路返回才算完成任务。

（1）所有成员在操作之前，必须系好安全带、戴好头盔，并由专人负责检查，在一切准备就绪并得到指导者的允许后，方可攀爬器械。

（2）在每组成员攀爬之前，队友要认真地按照要求给予他们鼓励，即大家环绕成圆形，单手搭在一起，齐声大喊：“×××，加油！”以示鼓励。

（3）要求所有成员要首先体验自己的焦虑和恐惧反应，然后再进行穿过吊索桥的操作。

（4）操作者在通过吊索桥之前要大声向下面的保护成员进行确认“准备好了吗”，当保护成员听到被保护成员询问时，要齐声地回答“准备好了”，被保护成员再次确认“我要走了”，保护成员回答“我们支持你”，被保护成员才能开始操作。

感受分享：

（1）在吊索桥边准备行走时内心的感受是什么？

（2）你有没有想过放弃？

（3）穿过吊索桥时你有怎样的感受？

（4）是什么力量促使你完成训练？

活动四：价值观拍卖

目的：协助成员澄清个人的价值标准，了解并分享不同的价值观。

操作：指导者发给成员“价值观大拍卖表”，并给成员 10 000 元（自制），说明价值观大拍卖的方式，拍卖员喊三声由出价最高者买得并成交。请成员在拍卖表上自己想买的价值观旁边写下预估的金额，一定要将 10 000 用完（每个成员至少要选择三项以上，不可只选一至两项）。写完后进行拍卖。请每位成员分享自己拍卖中所购得的价值观，指导者分享在拍卖过程中对成员的新发现并作澄清。

价值观大拍卖表

（在________处填写预估金额）

（1）成为有名的人（如电影明星、棒球英雄、太空人等）。________

（2）一种能使大家不再说谎的疫苗。________

（3）成为世界上最富有的人。________

（4）当总统。________

（5）一次最完美的恋爱。________

（6）成为世界最有吸引力的人。________

（7）活到 100 岁后不曾生病。________

（8）去除世界上所有不公平的事。________

（9）发现一座金矿，把它送给慈善机构。________

（10）精通你本行的事情（无论你是做什么行业）。________

（11）除了享受以外，什么事都不必做，但一切需要和欲望都会自动地得到满足。________

（12）成为世界上最聪明的人。________

（13）能轻轻松松地做你想做的事情，一点儿也不需要匆忙。________

（14）有许多的车票、机票、戏剧门票，使你能观赏各地音乐、舞蹈和戏剧的演出。________

（15）使人不再有心理困扰的药物。________

（16）拥有一个万能电脑，要什么情报就有什么情报。________

（17）与你所信仰的宗教中的圣人（过去或现在的）长久相处。________

（18）拥有温暖的家庭。________

活动五：笑迎未来

目的：了解成员在团体活动后的进步，讨论成果并彼此反馈，结束团体活动。

操作：

（1）团体围圈而坐，由一位成员当主角，大家讨论他现在的状态与刚参加团体时有何不同，看看他参加团体后发生了什么改变？

（2）请这位成员自己说说感受。接着再换另一位成员。

（3）依此类推，对每位成员进行反馈。

（4）最后唱歌结束本次活动。

项目四　具有人身危险性违法心理教育

【操作步骤】

（1）具有人身危险性违法行为人的认知教育。通过改变违法行为人的社会认知和进行相应的社会技能训练，也可以有效地教育和矫治违法行为人的攻击性和攻击性行为。

（2）具有人身危险性违法行为人的情感教育。让违法行为人认识到情绪、情感与心理健康之间的关系，了解违法行为人中常见的消极情绪和情感表现，懂得并掌握疏导和消除不良情感体验的原理与方法，建立积极向上的情感特征。

（3）具有人身危险性违法行为人的意志教育。让违法行为人充分了解意志对心理行为的控制作用，懂得意志品质对心理健康产生的影响，了解违法行为人在意志品质缺陷方面的具体表现及克服方法，增强心理承受能力，培养优良的意志品质。

【案　例】

违法行为人张某，吸毒，劳教1年6个月，某日卫生检查时，由于被子未叠被批评，当执勤民警让其去将床铺整理好时，该行为人态度恶劣，顶撞道："没门，我不去整理，你能把我怎么样？"根据其态度，劳教民警要求该行为人面壁反省，该行为人不但不服从，反而当场辱骂民警，并欲冲上来动手打人，被及时制止。

所谓人身危险性就是指行为人有实施违法行为的可能性与必然性，或者说行为人有实施违法行为的"性向"。①

案例中的张某就是典型的具有人身危险性违法行为人，本书通过对具有人身危险性违法行为的心理特征进行分析，来进一步阐述对具有人身危险性违法行为人的心理教育。

单元一　具有人身危险性违法心理的认知教育

认知教育是让违法行为人掌握认知的概念及其与心理健康的关系，了解违法行为人中常见的各种不良认知模式的表现及其危害，理解并掌握克服认知障碍的方法，培养正确的认知模式和思维方法。②

一、具有人身危险性违法行为人的认知特征

（一）法律认知偏差

具有人身危险性违法行为人在法制观念、守法意识的认知等方面存在认知偏差。他们对于法律，对于自己的违法行为及量刑存在错误认识，往往认为法律不公平、不公正，自己的违法行为是社会、被害人所致。因此，具有人身危险性违法行为人就不

① 张明楷．外国刑法纲要．北京：清华大学出版社，1999．449

② 章恩友．中国监狱心理矫治规范化运作研究．北京：中国市场出版社，2004．316

认罪伏法，日常表现消极，守法意识淡薄，不服从违法矫治人员的管理和教育。

（二）法律处罚认同不足

具有人身危险性违法行为人在法律处罚认同上，存在着对比吃亏论、歪曲狡猾论、环境影响论。具有人身危险性违法行为人喜欢和其他违法行为人做对比，害怕自己吃亏，常常因为小事而动怒，喜欢逞强好胜，显示自己威风，不服从违法矫治工作人员的管理，影响认知教育的开展。

（三）对违法矫治环境存在错误的认知

具有人身危险性违法行为人对违法矫治环境存在错误的认知，认为监禁机构是黑暗的。为此，他们认为必须要通过暴力手段才能树立自己在监禁环境中的威信，他们也容易受司法环境的影响，导致情绪不稳或者暴躁动怒，于是就表现出恐惧、暴躁、紧张，不能够适应监禁机构的环境约束。

（四）对违法矫治工作人员存在错误认知

具有人身危险性违法行为人对违法矫治工作人员存在错误认知，如有的违法人员认为违法矫治工作人员是不公平、不公正的，认为违法矫治工作人员总是喜欢挑自己的毛病，必须要通过暴力手段才能展示自己不是那么容易被欺负的。

二、对具有人身危险性违法行为人的认知教育

通过改变违法行为人的社会认知和进行相应的社会技能训练，也可以有效地教育矫治违法行为人的攻击性和攻击性行为。

（一）转变社会认知

社会认知是个人对他人、群体、人际关系以及本人等社会客体的认知。攻击性的产生往往与社会认知偏差有关。如对别人的偏见、误解、片面认识等。因此通过转变违法行为人的社会认知，可以大大减少他们产生不恰当的社会认知和攻击性的可能性。

（二）进行技能训练

违法行为人的攻击性和攻击行为的产生，也与他们缺乏有关的技能训练有关。因此，对违法行为人进行有关社会技能训练，也可以减少他们的攻击性和攻击行为。格拉（Guerra，N. G. 1990）等人对一组有暴力倾向的青少年违法行为人进行了下列技能训练：

（1）寻找与伤害有关的非敌意线索。

（2）学会控制愤怒情绪。

（3）学习应对冲突的非攻击性解决方式。

结果表明，这些暴力性违法行为人不但在社会问题解决技能方面取得了巨大进步，而且从信念上减少了对攻击行为的认可，并且在与权威人物和其他室友的交往中减少了攻击行为。[①]

（三）亲身体验法

亲身体验法就是通过让违法行为人亲自参加有关活动以及实践而转变其不恰当认

① 吴宗宪．罪犯改造论——罪犯改造的犯因性差异理论初探．北京：中国人民公安大学出版社，2007．466～467

识的教育矫治方法。①

在违法行为人的教育矫治过程中，由于认识问题的角度不同，一些违法行为人很容易在看待某些问题时，产生不恰当的观点和看法。如果不让他们亲自参加有关活动，切身体验这些活动中的具体情况，单凭说服教育可能很难纠正不恰当的观点和看法。因此，如果抓住适当时机，在合适的场所安排违法行为人直接参加有关活动，就可以让事实教育违法行为人，使他们获得领悟和新的认识，从而在纠正其错误认识和观念方面达到事半功倍的效果。

三、对具有人身危险性违法行为人认知违规行为的防范

（一）加强对具有人身危险性违法行为人的日常观察

具有人身危险性违法行为人在现实中表现出不能适应监禁环境的约束和管理。违法行为人教育者要把定期观察与随时观察相结合，如果具有人身危险性违法行为人在较短时间内出现与以前不一样的异常状况，如失眠、哭喊、迟钝、紧张不安、焦虑、忧郁、悲观绝望等，应重点观察。

对于观察结果，违法矫治工作人员要做好对具有人身危险性违法行为人表现状况的记载工作，真实有效地掌握他们的日常表现状况。教育矫治工作人员通过日常的工作观察和了解，掌握具有人身危险性违法行为人表现的一手资料，为防范违法行为人的认知违规行为打下坚实的基础。

（二）加强对重点对象的管理

在具有人身危险性违法行为人的群体中，要加强对重点对象的重点跟踪观察，及时发现情况和问题，随时进行干预和处理，把各种危险行为消灭在萌芽状态。具有人身危险性违法行为人中的重点对象往往是监禁突发事件中的组织者或煽动者，加强对重点对象的管理和教育有助于违法矫治工作人员处理突发事件。

（三）建立防范具有人身危险性违法行为人认知违规行为的长效机制

违法矫治机构要建立防范具有人身危险性违法行为认知违规行为的长效机制，针对他们的认知违规行为要定期或不定期召开狱情会议，及时掌握其认知表现。落实相应的责任人来专门进行防范具有人身危险性违法行为认知违规行为的工作，保证违法矫治机关防范具有人身危险性违法行为认知违规行为的长效制度落实到位。

单元二　具有人身危险性违法心理的情感教育

情感教育是让违法行为人认识到情绪、情感与心理健康之间的关系，了解违法行为人中常见的消极情绪和情感表现，懂得并掌握疏导和消除不良情感体验的原理与方法，建立积极向上的情感特征。②

① 吴宗宪．罪犯改造论——罪犯改造的犯因性差异理论初探．北京：中国人民公安大学出版社，2007．412

② 章恩友．中国监狱心理矫治规范化运作研究．北京：中国市场出版社，2004．316

一、具有人身危险性违法行为人的情感特征

具有人身危险性违法行为人有明显的情绪障碍，突出表现为以下三个方面特征：

（一）消极的情感体验

具有人身危险性违法行为人具有消极的情感体验，他们认为社会、监禁机构、家庭都是针对自己，世界上没有值得信赖的人。因此，他们报复社会心理重，没有任何同情心，表现为情绪易变、性情暴躁、做事鲁莽、容易冲动、心胸狭窄、极易走极端。

（二）情绪极不稳定，情绪的自我控制能力差

具有人身危险性违法行为人的暴力行为实施常常为激烈情绪所支配，情绪时好时坏，常处在极不稳定的状态中，甚至会在遇到轻微的刺激时便产生强烈的情绪反应，出现暴怒发作等情况。很多情况下，暴怒会通过攻击行为表现出来。因此，违法矫治教育工作者要指导违法行为人学会控制消极情绪，学会控制愤怒方法，这些是情绪调节的重要内容。

（三）强烈的自我显示情绪

具有人身危险性违法行为人有强烈的自我显示情绪，虚荣心强、喜欢与他人攀比、争出风头。为了表现自己的个性，他们有时会故意顶撞违法矫治教育工作者，甚至实施违法行为，以此来获得其他违法行为人的称赞或者自我心理上的满足。

二、对具有人身危险性违法行为人的情感教育

（一）培养同情心

同情心是理解他人的思想、感情和愿望并给予道义上积极支持的一种情感。同情心尤其表现在对他人的不幸遭遇表示理解、产生共鸣以及关心、支持等行动方面。具有同情心的人，能够设身处地地理解他人的感情，考虑别人的需要等。因此，同情心是与攻击性相对的一种情感，同情心可以抑制攻击性及其行为表现。培养违法行为人同情心的重要途径，就是让他们更多地了解犯罪被害人的个人情况，可以瓦解违法行为人在进行违法行为过程中对于被害人的贬损活动，即把被害人看成是很坏，没感情，可以侵害的人，甚至是希望遭受侵害的人，或者把被害人“物化”，即不把被害人看成是和自己一样有血有肉有情感的人，而是看成一种动物或者物体等，从而心安理得地进行攻击性行为。所以培养违法行为人同情心的关键，是让他们更多地了解和理解犯罪被害人的情况。①

（二）移情训练法

移情训练法就是通过让违法行为人设身处地地体验他人的心理和情感，从而纠正不恰当的认识和情感体验。在使用这种方法时，可以让违法行为人站在其所敌视的对象立场上，从所敌视的对象的角度看待问题、体验情感，这样可以有效地纠正违法行为人的不当认识和感情，从而有助于消除他们的敌视态度。②

---

① 吴宗宪．罪犯改造论——罪犯改造的犯因性差异理论初探．北京：中国人民公安大学出版社，2007．468

② 吴宗宪．罪犯改造论——罪犯改造的犯因性差异理论初探．北京：中国人民公安大学出版社，2007．470

（三）控制情绪，转移矛盾[①]

当具有人身危险性违法行为人不服从管理时，违法矫治教育工作者要防止矛盾进一步激化，应及时调整教育策略，平稳他们的情绪，使矛盾及时化解。

1．环境转化法

就是当违法行为人处在激烈的情绪状态下，暂时离开引发激烈情绪的人、物、环境，到一个新的环境，让他们冷静下来。为此，教育工作者要把具有人身危险性的违法行为人带到相对隔离的场所进行个别教育，要让那些自我显示欲强烈的违法违法行为人失去“表演”的舞台而自动收敛自己的行为。

2．主体回避法

当违法矫治教育工作者和具有人身危险性的违法行为人发生矛盾时，当事人的违法矫治教育工作者应当暂时回避，换由其他工作者处理违法行为人的粗暴行为。

3．矛盾后移法

对具有人身危险性的违法行为人实施的暴力或者攻击行为，违法矫治教育工作者可以采取矛盾后移法，即对具有人身危险的人员先进行“冷处理”，把矛盾后移，等到合适的时机再做处理。

单元三　具有人身危险性违法心理的意志教育

意志力教育主要是让违法行为人充分了解意志对心理行为的控制作用，懂得意志品质对心理健康产生的影响，了解违法行为人在意志品质缺陷方面的具体表现及其克服方法，增强其心理承受能力，培养优良的意志品质。[②]

一、具有人身危险性违法行为人的意志特征

（一）意志力薄弱

具有人身危险性违法行为人的意志比较薄弱，往往没有耐心，感情冲动，缺乏正常人所具有的内部自制力，具有较强的冲动性、攻击性，这种自制力的失控会导致违法行为人人身危险性行为的出现。

（二）害怕困难和挫折

具有人身危险性违法行为人缺乏坚强的意志，经受不住监禁生活的挫折和考验，在某些消极因素的影响下，或者遇到困难和干扰时，表现容易出现反复。

（三）表现容易出现反复

具有人身危险性违法行为人的意志力比较薄弱，导致他们在现实的教育过程中，表现极容易出现反复，表现时好时坏，缺乏持之以恒的意志力。

---

① 马立骥．罪犯心理与矫正．北京：中国政法大学出版社，2009

② 章恩友．中国监狱心理矫治规范化运作研究．北京：中国市场出版社，2004．316

二、具有人身危险性违法行为人的意志教育

（一）加强对具有人身危险性违法行为人的意志训练

通过反复的磨炼与考验，克服具有人身危险性违法行为人的不良意志品质，培养他们经得起各种困难、挫折或者诱因干扰的坚强意志。

（二）为具有人身危险性违法行为人提供榜样示范

在教育过程中，要注意给违法行为人提供能够模仿的榜样，让其知道“榜样”是如何表现的，发挥榜样的示范带动作用。

（三）进行适当的行为训练

对具有人身危险性违法行为人进行意志训练，增强其意志力，让其能够忍受困难和挫折，在意志行为训练过程中使其明白行为训练的目的和意义，以激发其训练的效率。在训练过程中，要控制好训练的时间程序，遵循循序渐进的原则，有计划、有目的地进行训练，保证训练的效果。

（四）加强对具有人身危险性违法行为人的意志训练激励

通过行为训练，让具有人身危险性违法行为人看到自己的进步。为此，矫治教育工作者要加强对具有人身危险性违法行为人的意志训练激励，对于他们的进步要及时给予表扬或者奖励，发挥激励的作用，促使违法行为人不断提升意志品质。

三、教育具有人身危险性违法行为人意志的注意事项

（一）正确对待具有人身危险性违法行为人意志教育过程中的反复

具有人身危险性违法行为人在教育过程由于意志力薄弱、客观环境等原因，在遇到困难挫折时，表现容易出现反复，违法行为人教育者要正确对待意志教育过程中的反复，继续对他们实施行之有效的教育措施，给予他们充分的理解和客观的评价。

（二）违法行为人矫治教育工作者要有足够的耐心和爱心

违法行为人矫治教育工作者是实施违法行为人教育的主体，在教育过程中必须要具备专业的知识和业务能力。除此以外，违法行为人矫治教育工作者还要有足够的耐心和爱心，对具有人身危险性违法行为人要动之以情，晓之以理，注意言传身教，做好表率来教育和感化违法行为人，成为教育、挽救他们的灵魂工程师。

知识链接

皮格马利翁效应

皮格马利翁是古希腊神话中的塞浦路斯国王，善雕刻。一次他雕刻了一座美丽的少女像，在夜以继日的工作中，皮格马利翁把全部的精力、热情和爱恋都赋予了这座雕像。后来，爱神阿佛洛狄忒见他感情真挚，就赋予雕像以生命，使两人结为夫妻。于是“皮格马利翁效应”成为一个人只要对艺术对象有着执著的追求精神，便会发生艺术感应的代名词。

违法行为人矫治教育工作者就要有皮格马利翁的精神，注意言传身教，做好表率，教育和感化具有人身危险性的违法人员。

【实训项目】

针对本任务项目四中违法行为人张某的案例，假如你是处理该事件的违法教育工作者，你该如何处理？

一、违法行为人张某劳动改造期间违规心理的原因识别

我国曾有人通过心理测验专门研究了暴力型违法行为人的人格特征，研究结果表明，暴力型违法行为人具有情绪不稳定性、敢为性和敏感性强、环境适应性差等特点，约80%的暴力罪犯受紧张、心神不定、情绪不稳等因素影响。

国内还有研究者经过研究提出，影响违法行为人产生暴力行为的因素主要有以下三个方面：

（1）受到批评、指责，未获减罚、假释而心怀不满，进行报复；

（2）与其他违法行为人之间的矛盾和纠纷未获解决，引起矛盾激化实施报复；

（3）由于婚姻家庭破裂、恋爱受挫而实施报复行动。

另外，建立或维持自己在违法行为人中的地位、维护团伙的利益、人格障碍（特别是攻击性人格障碍、反社会人格、癔症、情绪性人格障碍）等也是导致违法行为人实施暴力行为的因素。①

在本项目的案例中，违法行为人张某就是由于受到警察的批评，不仅不服从管理和教育，反而当场辱骂警察，并欲冲上来动手打人。为此，我们也可以看出张某的情绪不稳定，敏感性较强，环境适应性差。

二、对张某违规心理的教育矫治过程

违法行为人矫正的整个过程和步骤如下：②

第一步：确定违法行为人存在的问题；

第二步：确定违法行为人的安全；

第三步：给违法行为人予以支持；

第四步：提出并验证可变通的应对方式；

第五步：制订计划；

第六步：得到承诺并实施。

为此，根据违法行为人矫治的一般过程和步骤，制订一份对张某违规心理的教育矫治过程方案。

① 阮浩．罪犯心理矫治．北京：金城出版社，2003．250

② 吴宗宪．罪犯改造论——罪犯改造的犯因性差异理论初探．北京：中国人民公安大学出版社，2007．412

任务九

家庭暴力违法心理矫治

我们的自我形象和家庭形象紧密相依。

——纳森·阿克曼[1]

爱由家开始。真正重要的不是我们做了多少，而是我们在所做的事情上倾注了多少爱。爱直至成伤。

——特雷莎[2]

我们要想结束暴力，要做的一件事是重新对男性气质定义。

——霍夫曼

你们作妻子的，当顺服自己的丈夫……你们作丈夫的，要爱你们的妻子……爱妻子便是爱自己了。

好气的人挑起争端；暴怒的人多多犯罪。

【重点技能】

- 矫治家庭暴力违法心理诊断技术
- 矫治家庭暴力违法心理咨询技术
- 矫治家庭暴力违法心理辅导技术
- 矫治家庭暴力违法心理教育方法

【案例 1】

人类第一桩家庭暴力

有一日，那人和他妻子夏娃同房。夏娃怀孕，生了该隐（就是“得”的意思），便说耶和华[3]使我得了一个男子。又生了该隐的兄弟亚伯。亚伯是牧羊的，该隐是种地的。有一日，该隐拿地里的出产作为供物献给耶和华。亚伯也将他羊群中头生的羊和

---

① 约翰·布雷萧. 家庭会伤人. 郑玉英，赵家玉译. 成都：四川大学出版社，2007. 25

② 特雷莎. 爱的纯全. 上智文化事业编译. 哈尔滨：北方文艺出版社，2009. 110，123

③ 耶和华源自希伯来语，是上帝的名字，意思是自有永有者。

羊的脂油献上。耶和华看中了亚伯和他的供物，但是看不中该隐和他的供物。该隐就大大地发怒，变了脸色。耶和华对该隐说，你为什么发怒呢？你为什么变了脸色呢？你若行得好，岂不蒙悦纳，你若行得不好，罪就伏在门前。它必恋慕你，你却要制伏它。该隐与他兄弟亚伯说话，二人正在田间。该隐起来打他兄弟亚伯，把他杀了。耶和华对该隐说，你兄弟亚伯在哪里？他说，我不知道，我岂是看守我兄弟的？耶和华说，你做了什么事呢？你兄弟的血，有声音从地里向我哀告。地开了口，从你手里接受你兄弟的血。现在你必从这地受诅咒。你种地，地不再给你效力。你必流离飘荡在地上。该隐对耶和华说，我的刑罚太重，重过我所能承受的极限。你如今赶逐我离开这地，以致不见你面。我必流离飘荡在地上，凡遇见我的必杀我。耶和华对他说，凡杀该隐的，必遭报七倍。耶和华就给该隐标一个记号，免得人遇见他就杀他。①

【案例 2】

家庭暴力

施暴者张君为男性，河北某高校经济系教授，49 岁。其妻黎丽婚前曾是张君所带研究生，38 岁，黎丽先在出版社当编辑，后下海办广告公司。二人没有子女。因黎丽经常出差，在家时经常接电话后外出，且黎丽社会知名度和经济收入大大高于张君，张君逐渐心理失衡。起初追问行踪，后限制晚归和出差，再后来猜疑其有不正当男女关系，盯梢，跟踪，甚至大打出手。每次黎丽被打伤后，张君都赌咒发誓“不再犯混”，并且百般抚慰，但过后依然如故，屡屡再犯。黎丽曾试图通过学校和亲友帮助其改变暴力行为，但大家几乎众口一词认为张君一向“温文尔雅，谦虚有礼”。张君觉察到黎丽“败坏自己名声的恶劣行径”之后，大发雷霆，“都是你把我逼成这个样子的！”这样使黎丽更加苦不堪言。②

【案例 3】

受虐妇女综合征③

受虐妇女综合征作为可采证据最早用于加拿大的司法实践是在 1987 年。22 岁的琳·拉娃莉长期受同居男友的谩骂和毒打，身心备受折磨。在一次晚会上，男友又无端对她拳打脚踢。拉娃莉逃到楼上卧室，躲到衣橱里，但男友追来，把她拖出来又打了一顿，并威胁说待客人离去后，要宰了她。在极度恐惧中，拉娃莉在男友离开卧室时，从背后开枪杀了他。她因而受到谋杀罪的指控。审理此案时，辩护律师出示了大量的证据，证明她的男友在同居期间经常打她。专家证人出庭作证，证明拉娃莉患有明显的受虐妇女综合征。一审法官采纳了专家证据，裁定正当防卫的辩护成立，拉娃莉被无罪释放。公诉人不服，提起抗诉。上诉法院的多数法官认为，一审法官采纳这种专家证据是不合适的，故裁定撤销原判，重新审理。

1990 年此案上诉到加拿大最高法院。最高法院的九位大法官们一致同意受理此案的上诉。经审理，该专家证据被裁定为可采证据。加拿大最高法院的多数大法官们认为，受虐妇女综合征作为专家证据有两个可以互补的作用。

---

① 《圣经》创世记 4：1 ~ 15。

② 北京红枫妇女心理咨询服务中心，侯志明。

③ 《妇女权益公益律师网络月报》，由 Foundation Open Society Institute 资助。

第一，根据刑法规定，受虐妇女以暴力进行自我保护的行为是合理的。由于长期受暴力侵害，受虐妇女很善于接收施暴者的言语举止所发出的信号，知道暴力迫在眉睫。因为她们在体力上与施暴者相差悬殊，使用致命武器是她们与施暴者对抗时能获胜的唯一方式；受虐妇女觉得只有杀死施暴者才能保证自己的安全，这是因为家庭暴力不同于普通人之间的暴力侵害，它不会因一次仅侵害就停止。事后施暴人往往会变本加厉地进行报复。

第二，澄清社会对受虐妇女的误解。不了解家庭暴力的人往往认为受虐妇女长期受丈夫殴打是自作自受，是自找的，她们完全可以离开施暴者。实际上无数案例表明，即使婚姻或同居关系结束了暴力仍然不会停止。正是施暴者对她们的长期打骂虐待，摧毁了她们的自尊心和自信心，使她们相信自己一无所用，这种后天无助感让她们无法摆脱施暴者的控制。

受虐妇女综合征成为正当防卫的可采证据后，在司法实践中得到了广泛运用。不少被迫杀夫的受虐妇女因此得以无罪释放、减轻或从轻处罚。

【案例 4】

咨询案例片段①

求助者：有时我会想，把我过去所经历的事情加在一起，我肯定会发疯的！我是从地狱中活过来的，我和他一起生活了 12 年……我恨透了其间的每一分钟，我会告诉你一些故事，没有人会相信的！如果有人相信的话，那他一定会觉得是书中的故事！（笑了一下）我已经得到报应——现在还受着报应。现在回头想想都会把我吓死。

咨询师：你有点奇怪自己竟然能挺过来。而现在你准备把这一切都抛之脑后了。

求助者：是，我能忍受这么长时间一定有点不正常。（停顿一会儿）我和这个男人生活了 12 年，而他从来没有把我当人看过，根本不在乎我。他甚至不了解我……尽管我很了解他。和我生活了这么长时间，甚至不知道我，也不关心我。我给他生的孩子都已经 12 岁了，居然不知道我是谁！（笑了下）我不知道怎么受得了。（停顿）是的，我忍了，为了我母亲，为了家庭！我简直像个畜生一样地忍着。在很长的时间里，我甚至宁愿死也不愿意离婚。

咨询师：尽管事情已经过去了，但你仍然对他怀有很强烈的情绪——你很想知道为什么你过去会那么做。从你的语气中，我感到你为自己有勇气去做你认为应该做的事而感到满意。

求助者：那是因为迫不得已。在没到最后关头之前你不会知道该怎么做的。好啦，有些东西是不能放弃的。但事情却越来越糟糕，他酗酒越来越严重。我知道我已经尽了最大的努力，但他却不能接受帮助，孩子也开始受到影响，我自己还得工作。（笑了下）但没有什么事情比我经历过的更可怕。这简直就是一场噩梦。（笑了下）你想想，我和他结婚的时候才 19 岁，还是个孩子，还什么事情都不懂。（笑了下）

咨询师：你的话语里表达出了愤怒和遗憾，但我有点被你不时发出的笑声搞糊涂了。

求助者：哈哈……我想这只是使我不至于哭出来。很久以前我就经常感到要哭，

---

① 王登峰，谢东. 心理治疗的理论与技术. 北京：时代文化出版社，1993

但我已经学会用笑来掩盖哭泣（流泪）。（停顿很长时间）我只希望我能抛开一切。离婚官司已经打完，我得到了孩子的抚养权。事情已经过去了，很不容易，天啊！我现在要想的就是看我自己该怎么做。我已经换了份工作，自己有房子，工作也很不错，而且也终于摆脱了这个畜生。我想我已经不再为自己感到难过了。

知识链接

家庭暴力

根据2001年12月24日最高人民法院通过的《关于适用〈中华人民共和国婚姻法〉若干问题的解释》中明确规定，家庭暴力即行为人以殴打、捆绑、残害、强行限制人身自由或者其他手段，给其家庭成员的身体、精神等方面造成一定伤害后果的行为。

根据暴力行为侵害客体类型，家庭暴力可分为身体暴力和精神暴力两种。

1. 身体暴力

身体暴力是指行为人以殴打、捆绑、残害或者其他手段，给其家庭成员的身体造成伤害的行为。包括杀害、拳打脚踢、使用凶器等对身体各个部位的伤害甚至威胁生命的行为。施暴者采用的暴力手段常有殴打、砍手、刻眼、割鼻、烟头烫、柴油烧、灌农药、泼硫酸、捆绑等。施暴者通常为成年男子，受虐者一般为妇女、儿童、老年人和残疾人，其中妇女遭受家庭暴力的情况最为严重、最为普遍。

2. 精神暴力

精神暴力指以威胁、恐吓、辱骂等方式造成家人的内心恐惧和心理压力，具体的表现形式可以概括为以下五种：

（1）施暴者任意强行限制或剥夺家庭成员的人身自由，使其形成一定的思想压力和恐惧感，比如关禁闭；

（2）施暴者常以侮辱、咒骂、讽刺或以轻蔑、歧视等手段在精神上折磨家庭其他成员；

（3）施暴者明知自己某种行为会伤害家庭成员而故意实施该行为，如婚外性行为、转移家庭共同财产等缺乏家庭责任感的行为，给对方造成精神打击；

（4）施暴者利用自己的金钱和地位，挑动别人，对受虐者故意找茬，以增加其心理压力和精神负担，等等。

（5）“冷暴力”，是一种情感心理的控制。采取消极应对的“三不政策”，即不说话、不理睬、不关心，即便说话，也经常是嘲笑，采用语言折磨。

根据暴力行为主体来分，可分家长打自己的孩子的家庭暴力、妻子遭丈夫虐待的家庭暴力和子女虐待父母的家庭暴力等多种。

知识链接

国内外家庭暴力的现状和流行学研究

家庭暴力（Family Violence），国际通用词为Domestic Violence，简称DV。关于家庭暴力概念的法律含义，存在一定程度的差异，主要有以下四种观点：①

英国学者马力安·海思特等指出，家庭暴力是指男性伴侣为了支配和控制女性，在他们关系持续期间或终止之后对女性所施行的暴力和虐待行为。

加拿大1994年制定的《家庭暴力受害者法案》将家庭暴力界定为施暴者使用暴力、胁迫、懈怠

① 张震. 家庭暴力的概念、成因与干预对策浅析. 月旦民商法杂志，2007（17）：9

或疏忽等方式对待其家人的行为，该行为对于被侵犯人在生理和心理上的完整性或其权利、自由及情感都有损害。

新西兰 1995 年 12 月立法通过的《家庭暴力法案》将家庭暴力侵害的客体细分为被害人的身体、性和心理伤害，对家庭暴力实施的主体范围确定为异性夫妻，以及作为“伴侣”和“任何按照婚姻的本质关系共同生活”（无论是同性还是异性，无论现在或过去能否合法地缔结婚姻关系）的人。

1993 年 12 月联合国大会正式通过的《消除对妇女的暴力行为宣言》将“对妇女的暴力”表述为对妇女造成或可能造成身体、心理及性方面伤害或痛苦的任何基于社会性别的暴力行为，包括威胁要进行这类暴力、强迫或任意剥夺自由，不论其发生在公共生活还是私人生活中。

1999 年 12 月 17 日，联合国大会核准了由多米尼加共和国提交的草案，正式通过决议，将每年的 11 月 25 日定为“国际消除家庭暴力日”。

项目一　家庭暴力违法心理诊断

【操作步骤】

(1) 建立良好关系。通过平等沟通，建立良好的第一印象，善于启发、解释和保密建立起良好的矫治关系，使其感受到安全、可信，受到尊重和理解。

(2) 家庭暴力因素分析。对引发家庭暴力的社会因素、家庭因素、个人因素进行分析。

(3) 家庭暴力中行为人的心理测量。攻击偏好的评估；未成年人暴力倾向评估。

(4) 明确家庭关系。个体症状与家庭成员心理问题关系分析；绘制家族图谱。

单元一　建立良好关系

为了帮助家庭暴力行为人解决问题，关键是要与之建立起良好的矫治关系，使其感受到安全、可信，受到尊重和理解。双方的合作是良好矫治效果得以产生的基础。因此，治疗者必须与家庭暴力行为人达成共识，必要时为明确双方的责任和义务，需要以书面的形式记载双方的共识。建立有效关系的步骤如下：

一、平等沟通

家庭暴力行为人，多为沟通障碍人，治疗者的平等观念会积极影响矫治对象情绪，从而使矫治过程一开始便很愉快，使矫治顺利进行。

二、良好的第一印象

要使矫治对象感觉到治疗者热情、温暖、尊重、关注、真诚。治疗者的服饰要整洁大方，情绪要严肃稳定而富有热情，言语要充满自信且判断准确。有了良好的第一印象，就会带来职业上的信任感。这是矫治工作的良好开端。

三、善于启发

要善于运用各种谈话技术鼓励矫治对象表述所遇到的问题，描述真实的情绪、情感及自己所感受到的困扰。

四、解释和保密

在必要的时候，治疗者还要向矫治对象进行解释和保密，在矫治过程中所谈论到的个人问题和看法，不经本人同意，不得披露给任何人。

单元二　家庭暴力的因素分析

一、家庭暴力的成因分析理论①

（一）以个人为取向的理论

1. 个人病理模式

个人病理模式认为，施暴者有精神疾病或性格缺陷，如缺少自尊、不成熟、精神分裂症等，这导致其背离非暴力的行为规范。也有人认为，异常病理性行为导致的暴力可归因于伴侣一方或双方的心理或精神疾病或性格缺陷。

2. 心理理论

心理理论侧重施暴者和受害者以往在心理上的倾向性。在心理理论观点中，施暴者被描述为充满嫉妒心、过度依赖和有强烈占有欲。而受害者则被形容为精神压抑、过度依赖和有强烈的不安全感。施暴者通常具有某种心理上的适当的自我控制和缺少自尊的模式。当妇女在社会上开始获得管理和专业职位、在家中因其独立的职业而在经济上变得愈为自立时，有此种心理障碍的男性就会感到很大的威胁。这些有着以往的自尊感及较差自控力的男性由于“失去权力”，便会诉诸身体报复以维护其统治。

3. 生物模式

生物学解释以生物化学或遗传学等科学为基础。医学生物学的解释认为施暴成瘾是传统的精神病症。还有一些有关施暴成瘾的解释则立足于肾上腺素或肾上腺皮质素的化学失衡。

（二）以家庭为取向的理论

1. 暴力循环理论

暴力循环理论认为，生长在暴力家庭中的人通过习得的行为，可将暴力直接传递给下一代，由此形成一个暴力不断再生的循环。暴力家庭中的儿童，若遭受或目睹了家庭暴力，就会倾向于成为易于诉诸暴力的成年人。另一方面，这些儿童也可能没有机会学习适当解决冲突的技能和非暴力肯定行为，从而导致在成年施暴者中常见的愤怒情绪控制缺陷。

另外，一些社会学者在采纳以家庭为取向的理论时，还指出暴力循环理论的另一个变量——社会文化。即一方面，暴力行为是个体儿童时期在发生暴力的家庭里习得的，另一方面，社会上还存在一种“亚文化模式”，在这种环境下，诉诸暴力是作为更

① 黄列．家庭暴力：从国际到国内的应对（上）．环球法律评论，2002（122）：8

广泛的生活方式而习得的，如从邻里之间、从犯罪亚文化或犯罪团伙中或从诸如警察和军队这样的特定职业中习得的。

2. 家庭结构论

以家庭为取向的理论将研究重点放在家庭结构特点的决定因素上，如特定的家庭结构是如何导致暴力程度的下降或升级等方面。以在儿童期耳濡目染暴力的家庭为例，其子女很有可能模仿暴力模式。再比如，按照性别对家庭责任和义务的分配方式所起的作用，面临挫折和难以解决问题的家庭，家庭生活中家庭成员的相互作用和内在的权力不平衡等都可能造成紧张关系并诱发暴力侵犯。

研究者也引用社会趋势对家庭结构的影响论述家庭暴力程度上升的原因。例如，在当今社会，日益加剧的家庭与社会的疏离使本可以抵制暴力倾向的一些制约性和支持性力量难以发挥作用。因此，那些最缺少亲密私人友谊的家庭具有较大的发生家庭暴力的危险。再者，家庭的隐私性使暴力相对容易得到掩盖和隐瞒，同时也向局外人发出明确信息，即事关家庭事务时“别插手”，没有公共检审机制有时会削弱家庭成员的责任，进而导致暴力的发生。

3. 交换/社会控制理论

交换/社会控制理论对家庭暴力有以下的解释：长期以来，家庭暴力一直是不受社会干预和制约的私人犯罪行为，家庭则成为表露暴力倾向的危险系数颇低的地方。在暴力几乎不用付出什么社会或法律代价时，就较易于发生虐待家庭成员的情况，而且施暴可以不受惩罚。

该理论认为，个人往往只在其极有可能逃避暴力导致的责任的情形下才实施侵犯行为。当可图之利（主要是受心理驱使）大于社会认可或社会制裁的可能的代价时，个体就可能发生暴力和虐待。在这一理论假定下，人们会理性地权衡行为的代价和利益。

（三）文化与社会结构论

1. 文化认可暴力论

在不同的社会文化传统中，大都有男权至上的观念，这使得人们普遍认可或容忍对妇女施暴。男人可以有种种打老婆的理由，诸如怀疑女人红杏出墙、管家理财本事糟糕、过于独立自主或过于被动依赖、控制欲太强或正好相反、太胆小懦弱、拒绝和丈夫睡觉、没有教育好子女等，使家庭暴力传统上要么被认为是天经地义的，要么将矛头指向妇女，认为她们“挑起事端，应受责备”。

除此之外，历史上法律也赋予男性以管束妻子、子女和仆人的权利。丈夫对妻子的身体惩罚属于认可范畴，只要不是“过度”行为。男人至今仍相信家庭是他们的“私人城堡”，作为这一私人领域的养家糊口者和家庭的主人，自己有权控制支配妻子和伴侣。这一传统助长了家庭暴力的发生，同时强化了女性的传统性别角色和在社会及家庭中的从属地位。

2. 社会—结构因素论

该理论认为，家庭中无论男女由于缺少金钱、职业、住房、教育等而造成的困境是家庭暴力产生的重要原因。不平等的机会分配加之贫困带来的重压（如入不敷出、疾病缠身、拥挤的生存环境）在低收入家庭形成高度的挫折失意感，这种心境有时会导致针对无辜者但却是家庭成员（配偶及孩子）的暴力侵犯。

（四）女权主义的解释

女权主义解释认为，家庭暴力源自男性对女性行使的权力和控制，源自妇女在社会中的不平等的经济和政治地位。所有女权主义者都论证称，应发展使女性能够挑战男性滥用权力和不平等的权力关系本身的各种战略。战略的一个重要部分在于挑战国家机构的种种观点及其不愿为遭受家庭暴力的女性提供支持的制度架构。

二、引发家庭暴力违法因素

引发家庭暴力违法的因素通常有社会因素、家庭因素、个人因素。

（一）社会因素

1. 社会文化因素

在一些国家和地区，通常认为妇女是丈夫的财产并且认可家庭暴力。例如，19世纪的英格兰法律规定丈夫可以拿直径不超过大拇指粗的棍子殴打妻子，这项规定常见的英文表达为“拇指统治”（rule of thumb）。在我国，男权文化和夫权思想也是家庭暴力产生的重要原因。“男尊女卑”、夫权统治贯穿中国历史数千年：“三从四德”将女性置于男性统治之下，推行“君为臣纲、父为子纲、夫为妻纲”的封建礼教。时至今日，一部分中国家庭还崇尚男性对女性实施暴力、父母惩戒子女。

2. 法律环境不完善

我国法律法规的缺陷也是对家庭暴力打击不力的一个因素。我国显然已形成了以宪法为基础，以刑法、民法通则、婚姻法、妇女权益保障法等基本法为主体，其他相关法律法规为配套的维护妇女合法权益的法律体系。这一法律框架，使确立和保护妇女公民的人身权利、反对制止家庭暴力有了较充分的法律依据，但司法实践也表明，由于家庭暴力的历史惯性和现象复杂性，仅凭现有的法律法规体系难以实现比较完满的法制。罪与非罪之间，轻度暴力与中度暴力、重度暴力之间的惩戒依据，仍然是法律“真空”地带。立法中，由于保护家庭成员的人身权利、制止家庭暴力的法律条文散见于各个法律之中。同时还存在有的规定过于抽象，可操作性较差的局限。目前保护妇女权益的法律尚不健全和完善，新修订的《婚姻法》对家庭暴力的内容、惩罚措施的规定过于笼统，可操作性差，而《刑法》和《治安管理处罚法》又都坚持“不告不理”的原则，使得现代社会强有力的法律控制变得相对无力。

（二）家庭因素

施暴者的暴力倾向与其早期不良的家庭环境、不正确的家庭教育方式（棍棒式的强制或温柔的强制）有关。[①] 社会认知理论认为，家庭中那些常常旨在吓唬和惩罚孩子的举措不仅没有奏效，反倒成了孩子观察学习的榜样。这就是为什么用打骂的方式教育孩子的家长，常常会发现自己对孩子的打骂次数越多，惩罚的力度越大，孩子在外面打架骂人的“本领”越高。[②] 周围观察到的暴力攻击性的榜样助长了短期和长期攻击性行为出现的可能性。暴力行为不断强化了行为模式，使愤怒和攻击的倾向在其人格结构里固着，高度功能化，被作为一种工具来应付使其感到厌烦的那些事件，并令其

① 肖凌燕．女性遭受家庭暴力的原因分析及心理治疗．西北农林科技大学学报（社会科学版），2008．(11)

② 陈少华．人格心理学．广州：暨南大学出版社，2007．128

有控制感和优越感。每当遭遇其所反感的人干扰或对某种伤害感到恐惧时，就用愤怒和攻击表达。这种已经固定化、功能化了的反应模式因而带给其心理上“有力”、“有效”的感觉。① 模式理论（the Modelling Theory）假定男性经常对女性施暴源自男性童年时期所目睹的家庭暴力场景。② 在童年期目睹家庭暴力的男性更可能在成年以后对其配偶施暴。③

（三）个体因素

1. 错误的认知

有习惯性暴力的违法行为人认知水平低下，辨别是非的能力较低，理解事物比较偏激，很难正确把握和认识事物的全部和实质，看待事物，往往片面。大多数暴力违法行为人在其错误、偏执的认知支配下，认同和肯定消极的社会现象，难以正确地认识自己的行为，认为社会对自己不公，具有极大的反抗心理，崇尚暴力，满脑子的英雄主义，经常把别人的行为评价为对自己的暴力、蔑视、侮辱等，经常处于愤怒状态，使用暴力来维护个人的尊严。

2. 被定型化的愤怒情绪

愤怒似乎来源于一个自主化和自动化的系统，即在有习惯性暴力的违法行为人身上，被定型化了的情绪愤怒经常自动地表现出来。“立志为善由得我，只是行出来由不得我……我所愿意的善，我反不作；我所不愿意的恶，我倒去作。”④ Love（1995）发现敌意、好斗、好战在有习惯性暴力行为的违法行为人人群中是预测其暴力是否产生的一个显著因素，这些人的情感特点是烦躁、敌意、恐惧并伴随言语混乱、随时准备发怒。⑤

3. 缺陷的行为模式

Renwick（1997）等人发现，有习惯性暴力行为的违法行为人同时伴有严重的紧张和社会缺陷——即他们具有敌意、警惕、怀疑和愤愤不平的人际模式，⑥ 行为具有外罚性。具有自杀倾向的违法行为人在遇到挫折时，习惯于攻击自己，即内罚的方式。与此恰恰相反，具有暴力倾向的违法行为人，则习惯于攻击别人，即外罚的方式。

巴斯（Buss，A. H.，1984）按照身体和语言、积极和消极、直接和间接等三个角度把攻击行为分为八种类型。

（1）身体的—积极的—直接的：直接冲撞、殴打；

（2）身体的—积极的—间接的：暗中伤害或利用别人伤害；

（3）身体的—消极的—直接的：用物理方式阻碍别人做事；

（4）身体的—消极的—间接的：拒绝应做的事；

（5）语言的—积极的—直接的：侮辱他人或非难他人；

---

① 转引自于海霞. 愤怒疗法——国外矫治罪犯暴力行为的新探索. 青少年犯罪问题，2000（6）：60

② Campbell，J. C. Wife-battering：cultural contexts versus western social science. Brown，J. K. & Campbell，J. C.（eds）. *Sanctions and Sanctuary*：*Cultural Perspectives on the Beating*. Bolder：Westview Press，1992：229－249

③ Sorenson，S. B. & Golding. J. M. Dpression Sequelae of Recent Criminal Victimization. *Journal of Traumatic Stress*，1990（3）：337－350

④ 引自《圣经·新约》罗马书7：18，19。

⑤ 转引自于海霞：愤怒疗法——国外矫治罪犯暴力行为的新探索. 青少年犯罪问题，2000（6）：58～59

⑥ 转引自于海霞：愤怒疗法——国外矫治罪犯暴力行为的新探索. 青少年犯罪问题，2000（6）：58

（6）语言的—积极的—间接的：散布关于别人的流言飞语；

（7）语言的—消极的—直接的：不回答别人的问话；

（8）语言的—消极的—间接的：别人受到不正当的非难时不为其辩护。

4．典型心理症状

临床资料表明许多男性施暴者的典型心理症状是较强的占有欲、心理不独立、有不安全感、冲动以及低自尊。违法行为人中相当一部分人，神经系统的兴奋性过强，缺乏对社会、集体、家庭和他人的责任感，法制观念淡薄，遇事易冲动，自我控制力差，且不计后果，突发性强，危险性大。在很多时候，因很小的事就可能引起情绪的急剧变化，短时间内出现激动状态，丧失理智。①

5．精神障碍因素

某些精神障碍是诱发暴力的重要因素。有些违法行为人的暴力侵害不存在明显的动机，纯粹是一种精神病态的反应。与暴力侵害相关的精神障碍主要包括人格障碍、情感障碍、精神分裂症等。

（1）具有暴力倾向违法行为人的人格缺陷主要表现在三个方面：一是崇尚暴力，缺乏道德和法制观念；二是情绪冲动性强、稳定性差，激惹性强，行为易受情绪左右；三是判断是非和自我控制能力弱，社会适应性差。据调查，人格障碍占家庭暴力的1/4，其中以反社会型人格障碍和冲动型人格障碍居多。人格障碍实质上是人格发展的内在不协调性，是在没有智力障碍的情况下出现的情绪反应、动机和行为活动的异常。

（2）情感障碍中的躁狂症病人通常无暴力行为，只是在病情严重发作时有暴力倾向，但较快消失。抑郁症行为人的暴力行为后果较为严重，多发生凶杀或自杀现象。

（3）精神分裂症行为人在幻觉、妄想的支配下，可出现严重的暴力行为和自残行为。

（4）更年期精神病以女性居多，暴力行为也常见于女性。嫉妒妄想是更年期精神病的主要症状。她们因无中生有地怀疑丈夫另有新欢而不断地辱骂和殴打自己的忠实伴侣。

（5）经前期综合征是引起家庭暴力频繁发生的主要原因。有经前期综合征的妇女几乎每月都会挑起家庭争端，所谓小吵天天有，大打月月有很多情况就是家中有经前综合征女性的家庭。

6．挫折事件

挫折（frustration）是指任何妨碍个体获得快乐或达到预期目标的外部条件，自己喜欢做或想要做的事情受到阻碍，就是挫折。早期的挫折暴力理论认为挫折和暴力互为因果。多拉德（Dollard）、米勒（Miller）、杜博（Doob）和西尔斯（Sears）等人提出的挫折侵犯理论（the Frustration-aggression Hypothesis）就说明了挫折与暴力之间的关系。若从原型（prototype）与脚本（script）的角度来分析一般人对于愤怒情绪的知识结构（或内在表征），可发现愤怒情绪感受往往是由许多典型的人际事件所引发的。阿维里尔（Averill）发现“不当或不公平的对待”是引发愤怒情绪的常见原因。皮特森

① 王斌．暴力型罪犯在改造中的特点及改造对策．辽宁警专学报．2005（2）：72

(Peterson) 指出了四类激发愤怒的原因："批评"、"严词拒绝"（rebuff)、"不断被烦扰"、"不合理的要求"。菲尔和鲍德温（Fehr & Baldwin）认为除了上述类型之外，应该再加上"信任的背叛"、"缺乏体恤或被忽略"等两个原因。费舍（Fischer）则分两种场合来探讨引发愤怒的人际事件：在公众场合中，最常引起愤怒感受的事件是"别人很差劲"与"感觉被忽略"；在私人场合中，最常引起愤怒的事件则是"别人的负面行为"与"不当的责备"。前者事件主要分三类：第一类是言语上的责备、攻击或批评；第二类是不合理、不公平或不当的对待；第三类是被忽略或被拒绝。①

据此，把引起家庭暴力的原因解释为经济窘迫，心理压力过大，甚至有传统的心理学理论指责家庭暴力受虐者，认为这些遭受家庭暴力的妇女有易激惹性行为，嘲弄自己的丈夫，过于争辩、懒惰或者潜意识里渴望做一个受虐者。这一看法使得人们忽视家庭暴力的危害性以及对这些受害妇女产生误解。社会冷漠、宽容的态度是滋生家庭暴力的适宜土壤。② 家庭暴力长期以来被视为家事、私事。"清官难断家务事"，夫妻之间是"床头打架床尾和"，只要不发生严重的刑事案件和人身伤害，居委会、工作单位、邻里甚至亲友往往是睁一只眼闭一只眼，不便更不愿介入到别人家庭内部的纠纷中。

人们在某一时期出现的心理问题或心理障碍也是家庭暴力产生的重要因素。例如以下五种情况：

（1）外遇。妻子红杏出墙或丈夫包养情妇造成家庭暴力。

（2）更年期的暴力。有的男性在更年期控制情绪能力减弱，动辄暴跳如雷，摔盆翻桌，殴打妻儿。也有因女性的更年期综合征而出现的家庭暴力。

（3）亲子之间的暴力。多为父母虐待子女，有的是因为父母对子女的期望值过高，有的是因为子女的品行障碍如习惯性偷窃、说谎等，也有的是因为子女生理缺陷如遗尿、肢体残疾等。非生身父母家庭虐待孩子的暴力多为后继的一方把孩子视作夫妻感情交流的障碍，因而对孩子进行体罚或殴打。

（4）酗酒引起的家庭暴力。酗酒引起的家暴将产生更为严重的后果，即酗酒者子女在成年后往往有人格缺陷或成为家庭暴力的继承人，他们因幼年遭父亲毒打而埋下仇恨的心理种子，在父母年迈时实施报复，虐待和殴打老人。

（5）心理危机引起的家庭暴力。人们在遇到强烈的精神刺激或创伤后，情绪极度不稳定，若此时再给予不良刺激，可出现伴有意识障碍的激情状态，发生残忍的暴力行为。

单元三　家庭暴力违法心理测量评估

西方学者主要采用 CTS（Conflict Tactics Scale）（Strans，1979）来快速评估虐妻行为，为了增强评估的准确性，同时还会采用其他评估量表：

---

① 吴宗佑，徐玮伶，郑伯埙．怒不可遏？或忍气吞声？心理学研究，2003（19）：137～173

② 唐克，杨汇泉．社会学视角下的家庭暴力原因和功能分析．甘肃农业，2006（8）

（1）危机评估量表。如美国心理学家费尔南多·麦德罗斯的《危险性与致命性核对清单表》、梅尔（Myer）和威廉姆斯（Williams）等人编制的三维危机评估理论模型和分类评估量表。

（2）受伤害程度评估量表。如米歇尔（Marshall，1992）的《对女性暴力行为严重性的评估》，谢珀德与坎贝尔（shepard & Campbel，1992）的《伤害性行为量表》。

（3）其他心理问题评估量表。主要使用一些标准化量表，如贝克的《抑郁量表》（1961）。

（4）性别角色评估量表。可以利用《对女性态度表》和《有关性别的反面观点问答》来评估丈夫和妻子对于性别角色和男性与女性关系的观点。

（5）男性愤怒评估量表。诺瓦克的《愤怒调查表》，巴斯·德基的《敌意调查表》在修正后可以用来直接评估婚姻关系中的愤怒和敌意。

香港学者陈高凌评估暴力程度主要使用评估虐待测试问卷（AAS）与关系冲突行为问卷；曾嘉仪和源而德在施虐者小组评估时采用“怒亦有道”问卷（由 CTS 和 Psychological Maltreatment of Women Inventory 两份问卷修改而成）、一般生活满足问卷及目标问题评估表。

我国学者刘梦等于 2001 年 2 月进行了三省九市的家庭暴力现状、公众态度及干预途径的问卷调查，所使用的《针对妇女的家庭暴力行为状况问卷调查》由夫妻冲突量表、家庭暴力认知表（美国新罕布什尔州家庭研究实验室创作，香港大学陈高凌翻译修订）及自行设计的夫妻关系评估、个人对制止家庭暴力途径的态度等内容构成。[①]

还有研究者对施暴者用一般资料问卷和症状自评量表进行测试，以了解施暴者的心理状况。一般资料问卷基本情况显示施暴者中占大多数的为低教育水平者，嗜烟者占大多数，烟龄长且每天抽烟量大；施暴者症状自评量表比较结果显示施暴者有较多的躯体化、人际关系敏感、抑郁、敌意、偏执。[②] 而用一般资料问卷和症状自评量表以及躯体虐待问卷（PAS）对受虐者心理状况进行测试的结果显示：女性受虐者阳性数目高达 46%，躯体化、人际关系敏感、抑郁、焦虑、敌对五个因子均分高于全国常模。[③]

一、家庭暴力违法行为人攻击偏好的评估

表 9－1 问题帮助家庭暴力违法行为人评价在表达攻击性行为上的本质特征。家庭暴力违法行为人可能对自己生气时的反应已经有很好的认识。但是在这一测验中，家庭暴力违法行为人还能了解到一些潜在的，违法行为人不是很清楚的一些事实。在每个题目中，家庭暴力违法行为人根据自己的实际情况作出回答。

---

① 郝雁丽．家庭暴力的心理学研究视角，西安文理学院学报（社会科学版），2007（8）：55

② 赵幸福，张亚林，李龙飞，周云飞，李鹤展．家庭暴力施暴者的心理健康状况．中国健康心理学杂志，2007（15）：11

③ 黄群明，张作泉，肖风新，丘大宏，王锋锐，赵幸福．夫妻暴力女性受虐者的心理健康状况研究．现代生物医学进展，2009

表9-1 家庭暴力违法行为人攻击性行为特征

序号	我在生气时的表现是：	经常（3分）	有时（2分）	从不（1分）
1	变得平静并有意识地控制自己			
2	保持平静			
3	言语上变得凶恶			
4	变得少言寡语			
5	试图远离使我愤怒的情景或者个人			
6	也想伤害一些人			
7	对使我生气的人进行攻击，通过其身体的痛苦，消解我的愤怒			
8	对我自己也变得气愤			
9	感到严重的犯罪感			
10	叫喊或者尖叫			
11	哭泣			
12	陷入狂想			
13	压抑自己的感受以后找机会发泄			
14	无法直接解决使我生气的根源			
15	会在较长时间内思考和分析生气的体验			
16	无法对使我生气的人保持威胁的姿态			
17	不考虑个人影响和尊严，一定要对使我生气的人进行惩罚			
18	失去对自己的控制			
19	将愤怒发泄到物体上			
20	允许自己以常用的行为表现愤怒			

这些问题说明了可能表达攻击形式的四个维度：

（1）言语—身体：此维度区分个体用言语或用身体攻击表达愤怒的偏好。但两种倾向不能截然分开，而且每个人都可能在不同的时间与场合，选择不同的形式。即使这样，行为人也会有一个习惯性偏好形式。题目3，4，10，16和17是对言语这一维度的测量。3，10和17题“经常”得3分，“有时”得2分，“从不”得1分。4和16题“从不”得3分，“有时”得2分，“经常”得1分。最后的总和分数越高，证明你越倾向于用言语表达攻击，而避免身体上的攻击。如果你在5个问题上都选择“有时”，你就是一个既使用言语，又使用身体攻击的人。

（2）直接—替代：此维度揭示的是行为人的攻击行为指向。你是指向导致你愤怒的原因，还是寻求其他替代物。替代最根本的原因是对使行为人生气的目标恐惧或关心。5，7，13，14和19题是有关前者的内容。5，13，14和19题“经常”得3分，“有时”得2分，“从不”得1分。题目7是相反的得分。你的总和分数越高，在替代倾向上的程度就越高。

（3）狂怒—平静：这是对你生气时自我控制能力的测量。有的人会将愤怒转换到情欲上，有的人生气时则会变得冷酷和算计。题目1，2，12，18和20是有关狂怒的内容。题目1和2“经常”得3分，“有时”得2分，“从不”得1分。题目12，18和20得分顺序相反。总和分数越高，选择平静的程度就越高。

（4）内在惩罚—外在惩罚：此维度反映了攻击方向。内在惩罚是将攻击指向自己。外在惩罚是攻击外部的人或事物。自我羞辱、自我怀疑、害羞和犯罪感都是内在惩罚形式。内在惩罚也与一些生理疾病有关，如气喘和胃溃疡。6，8，9，11和15题是有关内在惩罚的内容。8，9，11和15题“经常”得3分，“有时”得2分，“从不”得1分。6题得分顺序相反。总和分数越高，内在惩罚性就越高。①

二、未成年人暴力倾向评估

表9－2是世界儿童发展组织针对儿童生活环境教育作出的儿童暴力倾向观测分析，您可以根据您对自己孩子或学生的观察回答填写，以测定他们是否存在危险的暴力倾向。该表适合4～14岁的儿童。

表9－2　儿童暴力倾向量表

序号	我的表现是：	是（2分）	偶尔（1分）	不是（0分）
1	好斗、袭击、殴打			
2	激动易怒			
3	不服从、挑衅			
4	毁坏自己或他人的物品或财物			
5	鲁莽、冒失			
6	不合作、抗拒、不体谅			
7	捣乱、打扰			
8	拒绝指导			
9	寻求注意、好炫耀			
10	支配别人、恃强凌弱、有威胁性			
11	活动过多			
12	不可信、不诚实、说谎			
13	妒忌			
14	偷窃			
15	否认错误、责难别人			
16	板脸撅嘴、恼怒、怨恨而不言			

① ［英］格莱尼斯·布洛克威尔．应对攻击行为．王新超译．北京：北京大学出版社，2002

（续上表）

序号	我的表现是：	是（2分）	偶尔（1分）	不是（0分）
17	利己、自私			
18	焦虑、恐惧、紧张			
19	胆怯、腼腆、害羞			
20	退缩、独处、无朋友			
21	抑郁、悲观			
22	过度敏感、易受伤害			
23	经常感觉到为难			
24	易慌张			
25	冷淡			
26	常哭泣			
27	沉默、不坦率			
28	不专心			
29	白日梦			
30	笨拙、动作不协调			
31	凝视空间、失神			
32	缺乏主动性、易受引诱			
33	懒散、迟钝			
34	漫不经心			
35	常打瞌睡			
36	缺乏兴趣、感觉厌烦			
37	缺乏持久性、不能坚持做完事情			
38	不讲卫生、不整洁			
39	结交坏朋友			
40	与他人合伙偷窃			
41	忠实于不良朋友			
42	组织或参加团伙			
43	如果有机会，就夜不归宿			
44	逃学			
45	出走			

备注：①选择“是”2分，选择“偶尔”1分，选择“不是”0分；②如总评分在70分以上者，有很强的暴力倾向；③如总评分在50~70分之间者，有较强的暴力倾向；④如总评分在30~50分之间者，会偶尔产生暴力倾向；⑤如总评分在30分以下者，其暴力倾向在正常范围内。

单元四　明确家庭关系

一、个体的症状与家庭成员心理问题之间的相互关系

在对家庭暴力诊断与治疗之前，咨询师要了解所谓“个体”与“家庭”之间的各种病理关系，即个体的症状与家庭成员心理问题之间的关系。

（一）“家庭问题”源于家庭单一成员“个体心理障碍”的反应

家庭里如果有心情烦闷或脾气暴躁心理问题的成员个体，就会影响全家人的心境，使得一家人都无法安宁、情绪不稳定。可以说，全家人的心理问题，源于个体的心理障碍，而个体的心理障碍则影响整个家庭的心理健康。

出现这种情况，矫治的方向在于帮助问题个体获得适当的治疗，解除其问题；同时协助家庭成员应付和护理该家庭成员，努力减少家人的烦恼和心理负担。

（二）原生“家庭问题”导致个体心理问题的形成

虽然目前的家庭生活已稳定下来，但家庭成员仍继续受原生家庭问题的影响，导致心理或行为问题。如幼年时不和谐家庭关系会导致孩童的情绪极不稳定，其长大后情绪也会不稳定，如小时候父母曾相互背叛会影响个体的婚后信任。

（三）目前“家庭问题”导致个体心理问题

这种情况表明，虽然是个体因心理或行为问题而来就诊，但仔细观察发现个体的问题只是冰山一角而已，主要问题还是背后存在的家庭关系问题。如妻子抱怨身体不适，可能是最近在家里为了子女的管教问题而与丈夫吵架所导致。又如，妻子闷闷不乐，心情很忧郁，与其会谈时，发现她最近发觉丈夫有婚外情，面临婚姻的危机。这些情况显示，个体的情绪必须与婚姻关系或家庭关系相联系，治疗不能就事论事，否则就只是治标不治本了。

（四）“个体心理问题”与“家庭问题”是同时共存的

有时，个体的问题与家庭问题是共存的，而不是因果关系。例如，一个更年期的母亲，一个青春期的儿子。遇此情况，治疗时应双管齐下，兼顾双方，不可顾此失彼。总之，应以动态的眼光，仔细分析个体心理问题与家庭心理问题之间的关系，待正确认识并诊断之后，再进一步决定如何处理个体与家庭的心理问题。

在上述各种情况下，心理医生最应注意的是所谓个体心理所表现的症状，实际上是源于家庭的人际关系问题，即家庭的问题。因此，个体心理治疗只有依靠家庭治疗，才能解决个体的心理问题。

二、绘制家庭族谱

图 9－1 是一个四代家庭的家庭话谱图，图中♂代表第一、二代男性；♀代表第一、二代女性；[♂]代表已故第一、二代男性；○代表第三代女性；□代表第三代男性；■代表被认定行为人男性。

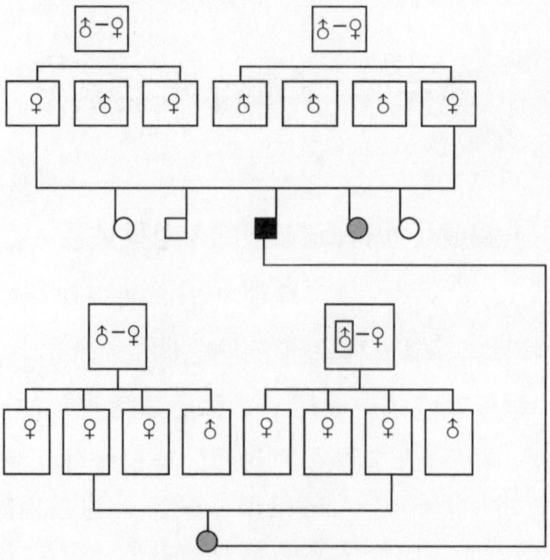

图 9-1　家族图谱

有时个体可以遗传母亲的眼睛、父亲的鼻子或祖母的发色，同样也会遗传坏脾气、爱说谎的习性、沮丧、自怜、嫉妒、抱怨、完美主义和骄傲等特质。这些具有精神成分的种种特质，都可以从父母那里传给下一代，又从下一代身上传给再下一代。有些家庭具有某些特别的倾向，诸如离婚、疾病缠身、感情不忠、酗酒、吸烟、自杀、沮丧、弃绝或很容易发生意外等，这些倾向全都被曲解为“命运”或“我命该如此”。通过绘制家族图谱可以全面把握问题个体的情况。

项目二　家庭暴力违法心理咨询

【操作步骤】

(1) 充分评估暴力问题。在充分评估的基础上，考虑到暴力问题的特殊性，决定采取夫妻共同参与的家庭治疗还是分别接受个体治疗。

(2) 个体治疗。暴力行为很严重，或者施暴者不愿意降低暴力危险，或者受虐者不愿以平等身份同施暴者一起参加治疗时，则建议进行分别治疗。个体治疗包括施暴者心理治疗和受虐者心理治疗。

(3) 家庭治疗。一般来说，夫妻共同治疗会优于个体治疗和分别接受团体治疗。夫妻双方都愿意通过消除暴力而改善关系，或者在暴力行为不太严重或不频繁的情况下，都可以选择共同治疗。共同治疗的优点是使治疗者能更准确全面地了解正在发生的暴力；改变夫妻交流的方式，帮助丈夫控制愤怒并与妻子沟通；帮助妻子识别危险信号及采取保护自己的措施等。若参加小组或团体治疗，施暴者小组治疗能够让施暴者有机会和其他人交流，减少其孤立和耻辱感。这要求男性为暴力行为负责并有义务终止暴力行为和增加妻子的安全感。对受虐者提供支持性小组治疗同样很普遍。治疗给予受虐者感情支持和建立自尊的机会；给受虐者提供社会和法律援助。

单元一　个体心理治疗

一、对施暴者的治疗

依据心理学的原理，运用行为疗法、精神分析法从行为训练、自我管理、情绪控制、认知调整等方面对家庭暴力施暴者进行心理咨询。

（一）行为疗法

学习解决问题的方法，避免以暴力解决问题。夫妻之间、家庭成员之间重视沟通，不以暴力相向。

1. 自我控制的应对技能

自我控制的应对技能即紧张免疫（stress inocuiation，SI）疗法①。在愤怒治疗的应用实践中，很多方法是以最典型的认知行为疗法（由 Novaco 创立）和紧张免疫疗法（由 Meichenbaum 创立）这两个方法为基础或是对这两种方法的发展，SI 疗法的核心是关注情绪的调节困难并帮助违法行为人逐渐获得自我控制的应对技能。这个认知行为的干预疗法包括以下关键步骤（Renwick，1997）：②

（1）对愤怒的频率、强度以及情境反应的自我调节；

（2）根据自我调节的数据构建一个激起个人愤怒的刺激等级，并运用于应对技能的实践和检验中；

（3）渐进和肌肉放松、注意集中放松、指导想象训练的唤醒降低技术；

（4）通过转移注意的焦点、改变评价模式和运用自我教育等方式进行的认知重建；

（5）通过角色扮演训练行为的应对技能和交往技能，提高自信心；

（6）在想象和角色扮演时遇到越来越使人愤怒、紧张的情境时，运用新的愤怒应对技能和交往技能。

2. 愤怒情绪控制训练

（1）认识愤怒生理上的危害。在愤怒情绪的调动下，人体进入一种战争状态。肾上腺分泌出皮质醇（氢化可的松）、肾上腺素和其他紧张型荷尔蒙。同时心跳速度加快，血压上升，呼吸短促而浅。肌肉紧张，大脑处于高度警觉状态。心脏输入四肢的血量增多，消化和免疫系统几乎完全关闭。这种生理上的战备状态可能对身体造成无法估量的损害。由于大脑内负责传输的化学物质神经传递素在数秒之内消失，压力荷尔蒙残留在血流内。如果其含量长期居高不下，就可能导致冠状动脉中动脉硬化物质的形成，增加血栓的可能，抑制免疫功能，并使中风和心脏病突发的可能性成倍增加。

（2）宣泄情绪训练。20 世纪初，弗洛伊德在治疗神经症的时候就发现，当病人诉说了积压在内心深处的一些欲望之后，病人的病情会得到好转，他把这种现象称为宣泄。暴力是在愤怒、紧张、焦虑等消极情绪推动下发生的个人直接使用暴力手段发泄情绪的结果。因此，引导、训练暴力违法行为人以言语、积极建设性的恰当方式宣泄

---

① 转引自于海霞：愤怒疗法——国外矫治罪犯暴力行为的新探索. 青少年犯罪问题，2000（6）：59 ~ 60

② 转引自于海霞：愤怒疗法——国外矫治罪犯暴力行为的新探索. 青少年犯罪问题，2000（6）：59

情绪是必需的。让那些遭受挫折的人进行体育运动和对模拟人进行拳击，采用写日记、大声吼、大声诉说内心的感受等方式，把自己的愤怒和受挫情绪发泄出来，减弱暴力动机。

(3) 处理愤怒情绪的重点包括：① 留意自己愤怒时所出现的生理征兆及行为反应；② 了解自己的情绪沸点，知道自己何时会失去自控与理性，做出破坏与冲动的行为；③ 寻求和运用一些有效的情绪降温方法，例如有效的放松技巧或暂时避开令人愤怒的环境等。

3. 行为训练

在培养暴力违法行为人良好心理品质的同时，帮助其形成良好的行为模式称之为行为训练。行为训练可以从降低挫折控制情绪与学习抑制自己的暴力行为两个方面进行。

(1) 由于暴力行为与挫折密切相关，所以可以通过降低挫折来减少暴力行为。在生活中常常注意自己的言行，不要成为他人挫折的制造者。同时，还要学习对自己的暴力行为加以抑制或控制，可以设身处地地从对方的立场出发，看看自己的行为到底会给他人造成什么样的危害。体验一下他人的痛苦，并通过自我意识反省自己，提高自我适应能力，有效地减少暴力行为。

(2) 不要说粗话。要为对方着想，互相接纳体谅正是消除怒气的最佳秘方。

(3) 快速评估愤怒情绪然后采取对策的方法：愤怒重要吗，愤怒合适吗，愤怒可以改变吗，愤怒值得吗?

4. 父母管理训练

该理论是假设品行障碍儿童的父母责任角色不当，不能注意和培养儿童的适当行为，或者采取过度粗暴的惩罚来处理儿童的不当行为，从而强化了儿童的不良行为。因此，治疗上直接训练父母在管理孩子时采用亲社会行为方式，也包括改变父母和儿童之间异常的相互交流方式。用外显的积极行为示范为儿童提供良好的社会学习依据。

治疗内容包括训练父母以适当的方法与儿童进行交流，采用阳性强化的措施奖赏儿童的亲社会行为，必要时采用一些轻微的惩罚措施减少儿童的不良行为。

(二) 森田疗法

森田疗法可分门诊治疗和住院治疗两种形式。门诊治疗仍须遵循森田疗法的基本原则。但由于门诊治疗没有住院治疗所具有的特定环境，不能采用卧床及作出布置方式进行治疗，因此具有与住院疗法不同的特点。

门诊治疗主要通过治疗者与行为人一对一的交谈方式进行，一般一周一次或一周两次。治疗者应注意对行为人的共情并建立良好的治疗关系，治疗者应在掌握行为人生活史的基础上，尽可能理解行为人的现实情况，不以症状作为讨论的主要内容，鼓励行为人面对现实生活，放弃神经质抵抗症状的立场，认识到事物不以自己的主观愿望为转移，认识到接受症状的本来面目，不试图去控制症状就会改观。最后鼓励行为人要承担自己生活中应承担的责任。在治疗中，治疗者应尽可能用提问的方式启发行为人对问题的理解，而不是过多地采用说服的方式。治疗的关键是帮助行为人理解顺应自然的原理。

门诊治疗的要点是：① 进行详细的体格检查，以排除严重躯体疾病的可能，消除行为人的顾虑；② 指导行为人要接受症状，而不要试图去排斥它；③ 嘱咐行为人不向亲友谈症状，也嘱咐亲友们不听、不答复他们的病诉。

我国学者曾采用门诊治疗方法，对16例神经病行为人进行治疗，取得了较好的疗效。其具体做法为初诊30～60分钟，复诊为15～30分钟，第一个月的治疗每周1次，以后为1～2周1次。治疗的主要方法为言语指导和日记批注。首先引导行为人领悟其症状与人格特征之间的关系，告之形成症状的有关因素，要求行为人将自己的理解和体验写在每天的日记上，要求行为人使用两个日记本，治疗者在复诊时针对行为人上次日记中暴露的问题作出批注，在此基础上对其进行言语指导，提出下一次的要求，与此同时，要求行为人阅读森田学说的有关材料。由于门诊治疗中，治疗者不能亲自观察行为人的日常生活和行为，因此，让行为人记日记，通过对日记的批注来对行为人进行指导是治疗的中心环节。治疗者在治疗指导过程中特别要注意：第一，治疗始终要针对行为人的人格问题，不能被其症状所纠缠，对症状应置之不理，让其自然淡化；第二，在行为人对治疗要点理解的条件下，着重要求其在生活实践中自觉地去体验。

经典的森田疗法是住院治疗，其程序大致分为四个时期：

（1）第一期为绝对卧床期。开始第一周绝对卧床，禁止会客、交谈、看书报和看电视等一切活动，只能独自静卧，因无事可做，行为人会感到十分苦恼，使其能体验“生的欲望”。这一时期的主要目的是从根本上解除行为人精神上的烦恼和痛苦。使之静卧不仅可以调整身心疲劳，还可以对精神状态的观察进行鉴别诊断。让行为人任其自然安静地修养，通过情感的变化规律使行为人的烦恼和痛苦自然消失。

① 烦闷解除卧床第二天，多数行为人烦恼消失，也不再为此症状担心，便自然出现一些联想，如疾病的问题、个人问题、家庭问题等。在此治疗前就要告诉行为人：如果出现联想或烦闷，不要企图去消除或忘掉它，要任其发展，必须静静地卧床忍受。这些联想或烦闷，有时可能会使行为人烦躁不安，但当苦恼达到极点时，则有可能在短暂时间内迅速消失，这是情感自然变化的结果。多数行为人在2～3个小时内出现上述结果。然而也有行为人的苦恼时有时无，甚至持续到第四、五天，其中有的行为人是因为没有绝对静卧而延长了这一治疗过程。第三天，行为人回忆前一天突然摆脱了苦恼，精神上受到鼓舞，这时向行为人说明，所提供的环境及条件的重要性，否则想摆脱苦恼是不可能的。

② 无聊期第四天，行为人因摆脱了痛苦，开始感到无聊，出现想参加积极性活动的愿望从而形成期望的痛苦。在行为人深刻体会没有活动的苦恼之后第二天起，让其起床活动进行第二个治疗期。第二个治疗期一般为4～7天。

③ 失眠症静卧期尤其对行为人的失眠和焦虑效果明显。对这样的行为人应该嘱咐他：如果想睡觉，不必选择时间，随时可任意地睡。如果睡不着，连续一周不睡也没什么，千万不要勉强自己。这样可很快消除其对失眠的担忧，经过3～7天，大体可解除失眠的苦恼。

（2）第二期为轻微工作期。该治疗期主要是相对隔离治疗，禁止谈话、交际和游戏等活动。卧床时间每天必须保持7～8小时，但白天要求到户外活动，接触新鲜的空气和充足的阳光，晚上写日记以进一步确定行为人的精神状态和对治疗的体验。有时也做一些简单劳动，目的是恢复行为人精神上的自发性活动。该治疗期为1～2周。

① 自发性活动使行为人安静地忍受各种病态体验，以促使其自发性的活动，主动

去做那些看来毫无价值的事，并且无论干什么都尽可能快地着手工作和坚持下去。

② 超越自我意识，注意消除行为人对治疗效果的顾虑。自第二天起，除静卧7~8小时外，还要连续不断地干些轻活，根据场合、季节或时间等的不同干各种不同的事情。经过这一期治疗行为人会渴望做更重的活，以此为标准，即进入第三期。

（3）第三期为普通工作期。住院生活逐渐充实，并积极做恢复正常社会生活的准备。但仍需要求病人不与别人谈论症状，只要求其专注于当前的生活和工作（可做些重体力劳动），组织一些文体活动，与他人交往，通过这样的实践与体会，让病人自然而然地不再与其焦虑症状作强迫性的斗争，以便让症状自然消失。该治疗期为1~2周。

① 排除价值观。此期须注意要排除行为人对工作或劳动的预先考虑的价值观，培养他们不论职位高低以及劳动的分工等级，凡是行为人可以做到的事就去做，以及相信自己也能做到的信心，激发行为人对工作的兴趣，体会对工作的愉快感。

② 体验“并非不可能”。通过劳动或工作以及体验成绩的快感，使行为人树立起“人生中没有做不到的事”这样的信心和勇气，这是在忍受一切痛苦，排除所有困难，在期待身心自发活动的过程中获得的主观体验。此期行为人会感到工作太多太忙，以这种忙碌为标志转入第四期。

（4）第四期为生活训练期。生活训练期即行为人开始打破人格上的执著，摆脱一切束缚，对外界变化进行顺应、适应方面的训练，为恢复其实际生活做准备。该治疗期为1~2周。

① 读书与外出。不论娱乐性还是思想性的读物，都可利用一切点滴时间，阅读不选择地点不计较数量地随便读，以改变行为人希望最有效地读书这种价值观和完美欲。外出只有必要时才允许，使之体验突然接触社会的新鲜感。

② 发扬朴素的情感。在治疗中注意指导行为人去体验和发扬朴素的情感，以克服理想主义的情感。病人从第二期起写治疗日记，主要包括每天的活动、对治疗的认识等。日记由主管医生批阅，指出其不良的思想方式及情绪，指导进一步的治疗活动等。

（三）精神分析治疗

1. *精神分析疗法的治疗步骤*

精神分析治疗包括四个阶段，即开发阶段、移情的发展阶段、修通阶段和对移情的分析阶段。

（1）开发阶段。这一阶段由两部分组成，首先是通过会谈了解行为人的问题并决定其是否适合进行精神分析治疗，向行为人解释治疗情境的结构以及治疗者和行为人的责任。如果在几次会谈之后治疗还在进行，就会进行第二部分，即行为人躺在安乐椅上，并记录下行为人所报告的或所做的任何事情。因此，治疗者可以积累大量有关该行为人有意识或无意识的材料。在随后的治疗中，行为人所有的梦、幻想、投射、自由联想以及早期记忆等都可以被治疗者用于帮助行为人领悟问题。

（2）移情的发展阶段。移情的发展和对移情的解释构成了治疗的一个重要阶段。治疗者这时已成为行为人生活中的一个重要角色，行为人对治疗者的情感反应表现了他们对过去生活中某个重要人物的认识、解释和反应。通过让行为人理解这种过去行为对目前行为的影响和决定作用，行为人就能学习作出恰当的决策。当然，在解释移情的同时，治疗者必须注意到反向移情出现的可能性，即治疗者未经解决的对某个重要人物的情感可能会移情向当前的行为人。只有在治疗者和行为人都对他们之间的关系中所出现的移情和反移情有清醒的认识，治疗过程才能进步。

（3）修通阶段。这一阶段与上一阶段有所交叉。因为对某种移情的修通，通常会伴随对某一重要事件的回忆，这反过来会引起进一步的领悟。对移情的修通是一个发展的过程，而且每一次修通都会产生进一步的澄清和理解。很多行为人在此期间会表现出抗拒，这种抗拒是行为人对治疗者的治疗目标所表现出的一种主动或被动的对抗。尽管行为人在意识上是希望得到帮助的，但他们却会采用防御机制以避免被压抑的痛苦经验被带到意识之中。在精神分析过程中，对行为人这种抗拒的修通是治疗者的重要作用之一。

（4）对移情的分析阶段。当治疗者和行为人都相信行为人的主要冲突已被修通之后，就应确定治疗终止的日期。这一阶段的主要目的是解决行为人对治疗者的依恋。这一阶段有几个方面是共同的，其中一方面是行为人会保持对治疗者的依赖而不愿意中断这种关系。对治疗的这一方面的分析代表了对行为人治疗的终结，但行为人治疗结束后可能出现的任何幻想或欲望都应在这一阶段得到修通。

2. 精神分析的方法和技术

（1）自由联想法（free association）。弗洛伊德认为浮现在脑海中的任何东西都不是无缘无故的，都是具有一定因果关系的，借此可挖掘出潜意识中的症结。自由联想就是让行为人自由诉说心中想到的任何东西，鼓励行为人尽量回忆童年时期所遭受的精神创伤。通过自由联想，行为人潜意识的大门不知不觉地打开了，潜意识的心理冲突被带入意识领域，治疗者可以从中找出行为人潜意识之中的矛盾冲突，并通过分析促进病人领悟心理障碍的“症结”，从而达到治疗的目的。行为人通常躺在长椅上，而治疗者则坐在其身后，这样才不至于使行为人在自由联想的时候受到限制。自由联想是精神分析的基本手段。

（2）梦的分析（dream analysis）。弗洛伊德在他的著作《梦的解析》中，认为“梦乃是做梦者潜意识冲突欲望的象征，做梦的人为了避免被别人察觉，所以用象征性的方式以避免焦虑的产生”，“分析者对梦的内容加以分析，以期发现这些象征的真谛”。所以发掘潜意识心理资料的另一技术就是要求行为人在会谈中也谈谈他所做的梦，并把梦中的不同内容自由地加以联想，以便治疗者能理解梦的外显内容（又称显梦，即梦的表面故事）和潜在内容（又称隐梦，即梦的象征意义）。

（3）阻抗的分析（resistance analysis）。阻抗是自由联想过程中行为人在谈到某些关键问题时所表现出来的自由联想困难。其表现多种多样，如正在叙述过程中突然沉默，或转移话题等。阻抗的表现是意识性的，但根源却是潜意识中本能地有阻止被压抑的心理冲突重新进入意识的倾向。当自由联想接近这种潜意识的心理症结时，潜意识的阻抗就自然发生作用，阻止其被真实地表述出来。当行为人出现阻抗时，往往正是行为人的心理症结所在。因此，治疗者的任务就是不断辨认并帮助行为人克服各种形式的阻抗，将压抑在潜意识中的情感发泄出来。克服阻抗往往需要很长时间。

（4）移情分析（transference analysis）。移情是行为人在沉入对往事的回忆中时，将童年期对他人的情感转移到治疗者的身上。移情有正移情（positive transference）和负移情（negative transference），正移情是行为人将积极的情感转移到治疗者身上，负移情是行为人将消极的情感转移到治疗者身上。借助移情，把行为人早年形成的病理情结加以重现，重新“经历”往日的情感，进而帮助行为人解决这些心理冲突。

（5）解释（interpretation）。在治疗过程中治疗者的中心工作就是向行为人解释他所说的话中的潜意识含义，帮助行为人克服阻抗，而使被压抑的心理资料得以源源不断地通过自由联想和梦的分析暴露出来。解释是逐步深入的，根据每次会谈的内容，以行为人所说过的话为依据，用行为人能理解的语言告诉其心理症结的所在。解释的程度随着长期的会谈和对行为人心理的全面了解而逐步加深和完善，同时行为人也通过长期的会谈在意识中逐渐培养起成熟的对人对事的心理反应和处理态度。

3. 注意事项

（1）行为人要受过适当的教育，能理解治疗者的解释和说明。

（2）向行为人讲明心理分析治疗的时间要长一些，至少需要三个月或更长时间。因此，请行为人做好准备。

（3）要求行为人在治疗过程中，对生活中重要的事暂不作决定，待治疗结束后再考虑。行为人必须遵守治疗原则。

（4）要求行为人必须随时把浮现在脑海里的任何观念、想法全部说出来。

（5）治疗环境要安静，不能有其他人员在场，以免干扰行为人。

（6）治疗前要经过严格的躯体和精神检查。有幻觉、妄想和严重行为紊乱的精神病人，不能进行心理分析治疗。因为这些人思维不清，不能理解治疗者的解释。

二、对受虐者的心理治疗

（一）对受虐者的认知心理行为治疗

长期生活在暴力家庭中的受虐者，无力自拔，产生了习得性无助效应。主要原因有两点：

（1）低自尊，低自信。在遭到家暴后，首先想到的是“这是我应得的”，“我只是不够让他满意”，“肯定是我做错了什么”。这是一个怪圈，家暴会使受虐者形成低自尊，低自信的倾向。而这又鼓励了施暴者继续施暴。因为自己都以为自己没有尊严，没有力量了，施暴者就更有施暴的理由了。

（2）受虐者的依赖性。很多受虐者以经济、子女、离婚丢人为理由不愿对暴力家庭做任何改变，而这些理由背后的根本原因是，受虐者以为必须依靠一个人才能生活，无法想象离开了这个人其应该怎样生活。

因此，对受虐者心理治疗需要用正确的认知行为替代家暴中受虐者错误的认知行为，具体方法如下：

（1）改变认知。“无论我是否做错了事，无论他是否爱我，他都无权打骂我。”培养应对暴力行为的危机处理能力。

（2）培养受虐者独立生活的能力，增加其作决定的能力。作为一个人，完全可以而且应该独立自主地生活。在婚姻关系中夫妻双方是合作的关系，不是依赖与被依赖的关系。

（3）寻求帮助。① 帮助受虐者寻求完整的社会支持系统。例如与其他人、同事、朋友、亲人还有受虐者所在的团体自助小组保持联系；② 遭到暴力后受虐者要对一个相信自己的人说出一切，要支持受虐者寻求帮助的想法，并且尊重受虐者的隐私；③ 提供情绪支持，协助受虐者处理因受虐而产生的愤怒、哀怨等负面情绪，使其尽快复原，让受虐者心理得到安抚。成立支持性团体，提供社会资源及支持。在受虐者愿意改变的前提下，帮助其寻求社会团体、法律的帮助或是心理咨询。

知识链接

夫妻情感集中疗法

夫妻情感集中疗法主要针对一些轻度到中度暴力的家庭，帮助家庭维护好彼此的情感联系，教会夫妻如何更好地沟通和交流，维持亲密的关系等。尽管这些疗法的理论倾向或技术不同，但是它们都遵循以下原则：

（1）治疗者应当常规性地、主动地、全面地询问家庭暴力受虐者过去曾遭受的暴力伤害以及解决方法。

（2）治疗者应当知道家庭暴力对受虐者所造成的影响以及创伤后压力障碍的表现。

（3）治疗者必须能够理解和解释家庭暴力对受虐者所造成的不良影响，并且他们还要提高受虐者的自我认知能力和应对家庭暴力的能力。

（4）治疗者应当向受虐者提供心理支持环境直到受虐者建立起自我支持功能为止。

（5）治疗者不应当只让受虐者进行精神宣泄而不对受虐者的防御机制和内心冲突进行探索和解释。

（6）治疗者应当探究受虐者对家庭暴力中所出现的创伤性人际关系的个人看法。

（7）在诊断、治疗中必须谨慎地尊重受虐者的自主权。①

（二）暴力转移型受虐者心理治疗

应当注意的是处于家庭暴力环境中的受虐者，尤其是经常受到侵害的受虐者，在受到伤害后，习得暴力有时也会转嫁暴力。在暴力家庭中，丈夫经常打妻子，母亲也会打孩子。对有暴力转移心态和行为的受虐者心理治疗的关键有以下三点：②

（1）理解共情。对暴力转移型的受虐者，首先需要站在其受虐的立场上理解、体验受虐者的心情；但共情的目的不是让受虐者感到同情，或停留在“有人帮我说话”的心理宽慰上，重要的是让受虐者能够清楚地陈述事件发生的真实情况，提供反映其家庭人际关系紧张冲突的确切资料，避免纠缠枝蔓和对分析解决问题的主要脉络把握不准，给治疗带来偏移影响。

（2）暴力转移型受虐者往往不会主动承认自己暴力转移的过错，呈现出被迫、无奈、不得已而为之的委屈心理。在明确受虐者伴有暴力转移行为的真实性时，治疗时机应该在受虐者感到自己受害得到理解，即共情达到良好效果时，引出其暴力转移的问题，目的不是谴责、追究过错，而是让其“痛，以及人之痛；伤，以及人之伤”，推己及人，进行从“受害人”到“加害人”的反省。

（3）处于家庭暴力环境中的受虐者，一般都有较重的自卑心理和退避行为；而出现暴力转移行为的受虐者，社会交际面更窄，邻里关系隔绝，几乎没有亲朋好友，处于封闭的状态。强烈的自卑感导致他们容易采用过度的防卫手段，将自己的不满和积怨投射到别人身上。此外，治疗干预策略应该考虑团体行动计划，引导受虐者走出暴力家庭“围城”参与社会活动。逐渐唤起受虐人的尊严，由害怕交往到愿意交往，并

① 转引自肖凌燕．女性遭受家庭暴力的原因分析及心理治疗．西北农林科技大学学报（社会科学版），2008（11）

② 周健．暴力转移受虐妇女心态与干预探讨．网址：http：//www. maple. org. cn

培育突破以往生活模式的初步理念，主动改善人际关系，包括夫妻关系、亲子关系在内的各种社会关系。

（三）以人为中心疗法

1. 治疗步骤

罗杰斯强调，行为人中心疗法可分为若干步骤，这些步骤并非截然分开的环节，而是有机结合在一起的。

（1）行为人前来求助。这对治疗来说是一个重要的前提，如果开始并不承认自己需要帮助，不是在很大的压力之下希望有某种改变，咨询或治疗是很难成功的。

（2）咨询师向行为人说明咨询或治疗的情况。咨询师要向对方说明，对于咨询师所提的问题，这里并无确定的答案，咨询或治疗只是提供一个场所或一种氛围，帮助行为人自己找到某种答案或自己解决问题。咨询师的基本作用就在于创造一种有利于行为人自我成长的氛围。

（3）鼓励行为人情感的自由表现。咨询师必须以友好、诚恳、接受行为人的态度，促使行为人对自己的情感体验作自由表达。行为人开始所表达的大多是消极的或含糊的情感，如敌意、焦虑、愧疚与疑虑等。咨询师要有掌握会谈技巧的经验，有效地促使行为人自由地表达自己的情感。

（4）咨询师要能够接受、认识、澄清行为人的消极情感。咨询师接受了行为人的这种信息，必须对此有所反应，但不应只是对表面内容的反应，还应深入行为人的内心深处，注意发现行为人影射或隐含的情感，如矛盾、敌意或不适应的情感。不论行为人所讲的内容如何，咨询师都应能以接受行为人的态度加以处理，努力创造出一种使对方认识到这些消极情感也是自身的一部分的氛围。有时，咨询师也须对这些情感加以澄清，但不是解释，目的是使行为人自己对此有更清楚的认识。

（5）行为人成长的萌动。当行为人充分表达出自己消极的情感之后，模糊的、试探性的、积极的情感，会不断萌生出来，成长由此开始。

（6）咨询师对行为人的积极情感要加以接受和认识。对行为人所表达出的积极情感，如同对其消极的情感一样，咨询师应予以接受，但并不加以表扬或赞许，也不加入道德评价，促使行为人达到自我领悟与自我了解的境地。

（7）行为人开始接受真实的自我。由于社会评价的作用，一般人作出任何反应总有几分保留，而在治疗中，行为人因处于良好的、能被人理解与接受的氛围之中，有一种完全不同的心境，能够有机会重新考察自己，对自己的情况达到一种领悟，进而达到接受真我的境地。行为人的这种对自我的理解和接受，为其进一步在新的水平上达到心理的调和奠定了基础。

（8）帮助行为人澄清可能的决定及应采取的行动。在领悟的过程中，咨询师要协助行为人澄清其可能作出的选择。另外，对于行为人此时常常会有的恐惧与缺乏勇气，以及不敢作出决定的表现应有足够的认识。咨询师也不能勉强行为人或给予某些劝告。

（9）疗效的产生。领悟导致了某种积极的、尝试性的行动，此时疗效就产生了。

（10）进一步扩大疗效。当行为人已能有所领悟，并开始进行一些积极的尝试时，治疗工作就转向帮助行为人发展其领悟，以求达到较深的层次，并注意扩展其领悟的范围。

(11) 行为人的全面成长。行为人不再惧怕选择，处于积极行动与成长的过程之中，并有较大的信心进行自我指导。此时，咨询师与行为人之间的关系达到顶点，常常主动提出问题与咨询师共同讨论。

(12) 治疗结束。行为人感到无须再寻求咨询师的协助，治疗关系就此终止。

2. 行为人中心疗法的主要技术

由于行为人中心治疗从根本上讲是一种以关系为导向的方法，因此在罗杰斯的治疗策略中并不包括为行为人做什么的技术。没有什么固定的步骤、技术、工具可以促进行为人朝向某一治疗目标的进步；取代它们的就是对关系体验的促进策略。行为人中心疗法的技术实际上就是促进心理成长条件形成的技术。行为人中心疗法主要有三种技术：

(1) 促进设身处地的理解的技术。从行为人的角度去感知他们的世界，并就这种感知与行为人交流。促进设身处地的理解的技术包括关注、设身处地的理解的言语和非言语的交流，以及使用沉默的技术。

• 关注

咨询师对行为人的注意既需要态度，也需要技巧，咨询师在不牺牲自己认同感和独特性的前提下，抛开自己的问题，全力以赴关注行为人的问题。

咨询师应注意自己的面部表情和躯体姿势，因为这些可以告诉行为人他是否关注行为人的话题和情感；身体距离和声音特点也是值得注意的很重要的因素。

• 用言语交流设身处地的理解

要理解行为人的情感和认知信息（无论是表面水平还是深层水平的信息），并且让其体会到咨询师对他们情感和认知的理解。

表面理解：重复和反映行为人所表达出的内容。

深层理解：理解并表述出潜在的、暗含的深层含义。

促进性言语交流必须把重点放在目前情感和认知内容上。因此，咨询师要直接解决行为人关心的问题，而不是分析和探讨其处境。如：

行为人：警察根本不信任我。在他们看来，我根本做不好任何事情！

咨询师：警察对你没有任何信心——很多警察都是这样。(谈的是行为人的处境)

咨询师：你感到警察伤害了你，并因此而感到生气，因为你希望警察能对你表现出信任。你也希望能向他们及你自己证明你能把事情做好。(直接关心行为人的问题)

后面一种反应比前一种反应要好，因为后一种反应直接关注的是行为人，并促进行为人进一步自我探索，而不是关注行为人的处境。同时，后面的反应也有助于把对话直接引向行为人自身。

• 非言语交流设身处地的理解

设身处地的理解包括准确地解释咨询师和行为人所表达出来的言语和非言语线索。

非言语信息可以通过几种方式传达出来，包括姿势，身体活动和位置，面部表情，微笑，咂嘴，皱眉，动作的频率，声音特点（音高与音调等），手、脚的活动，目光接触，等等。除了以上几种方式外，省略的、没有说出的话，以及观察到的机体活动水平等，也能传达非言语的信息。甚至家具的摆放也会影响到个人距离和社会距离以及相互理解。

• 沉默

在咨询中会出现某一时刻，咨询师与行为人都需要考虑所说过的话，而不需要任何语言。沉默是咨询师表示设身处地理解的一种有效策略。

（2）坦诚交流的技术。艾根（Egan，1975）的帮助技巧系统源于罗杰斯的理论。坦诚交流包括：① 并不固定角色。并不固定角色意味着咨询师在咨询中的表现如同他在现实生活中一样坦率，即不把自己隐藏在职业咨询师的角色之内，而是继续保持与目前的情感和体验的和谐，并交流自己的情感。② 自发性。自发的人会自由表达和交流，而不是总在掂量该说什么。自发的咨询师表现自由，不会出现冲动或压制的行为表现，且不为某种角色或技术所羁绊，他的言语表达和行为都是以自信心为基础的。③ 无防御反应。很了解自己的优势与不足，知道该如何感受它们。可以公开面对行为人的消极反应而不会感到受打击。④ 一致性。一致性是指所思、所感、所言与实际表现一致。⑤ 自我的交流。即在合适的时候能袒露自我，让行为人了解其真实情感。

（3）无条件积极关注的技术。艾根（Egan，1975）将无条件的积极关注称为尊重，并且指出尊重是一个高水平的咨询师的最高价值观。在艾根看来，咨询师可以用不同方式向行为人表示对他们的尊重：① 表现为在行为人的人性和发展潜力这一基础上对行为人的尊重；② 声明自己要与行为人一起努力；③ 把行为人作为独特个体予以支持，并帮他们发展这种独特性；④ 相信行为人有自我导向的潜力；⑤ 相信行为人是能够作出改变的。

以下四种行为会让上述五种态度起作用：① 对行为人的问题和情感表示关注；② 把行为人作为值得坦诚相待的人对待，并持有非评价性态度；③ 对行为人的大反应要伴有准确的共情（即设身处地的理解），并因此表示出对行为人参考结构的理解；④ 培养行为人的潜力，并以此向其表明行为人自身潜力及行为的能力。

这三种技术都是围绕着与行为人建立开放、信任的相互关系而进行的，目的是帮助行为人达到自我了解和促进自我成长。

3. 注意事项

（1）行为人中心疗法体现了人本主义哲学思想，是一种不断发展和变化的理论体系。尽管这一理论在今天已逐渐吸收了很多新的理论概念和技术，但其基本的理论基础并没有改变。

（2）行为人中心疗法认为咨询治疗导向的首要责任在于行为人，行为人面临着决定他们自己的机会。咨询治疗总的目标就是共享经历，获取自我信任，发展内部评价资源，促进行为人自我成长。咨询师不能把具体目标强加给行为人，应让行为人自己选择自我价值和目标。

（3）行为人中心疗法的一些治疗理论，已经整合到现代心理治疗中，该疗法关于心理咨询关系的理论，关于咨询师对行为人的共情、尊重、真诚的态度等已经成为各种现代心理治疗方法的基本原理和技术。

（4）行为人中心疗法的一个潜在的局限是一些正在接受培训的初学者倾向于接受没有挑战性的行为人。由于对这种方法基本观念的错误理解，他们限制了自己的反应和咨询风格，只把精力放在了反应和倾听上。尽管真正地倾听行为人和作出反应并交流对行为人的理解是很有价值的，但是咨询的内容应不限于此。可以将人本主义的基本态度作为咨询师形成必备的干预技能的基础。

（四）其他心理治疗方法

1．音乐疗法

音乐疗法是指让家庭暴力违法行为人处于特定的音乐环境之中，通过感受音乐的艺术意境，进行心理治疗的一种方法。现代研究证明，音乐能够通过人的听觉直接作用于大脑的边缘系统、网状结构及大脑皮层，从而对植物神经、内分泌腺和躯体运动等发挥调节作用；同时，亦对人的行为产生一定的影响。在治疗中，通过音乐可以调节行为人的精神状态，使其精神振奋，心情舒畅，从而减少其暴力行为。

在实施音乐疗法过程中，应注意排除各种外界干扰，使行为人的身心完全沉浸在乐曲的意境之中。治疗中需注意音量，一般控制在 40～60 分贝，根据病人的具体情况，可稍高或稍低。注意根据病情选择适宜的乐曲，避免使行为人产生反感。同一疗程内，乐曲应适当调整，以免使行为人感到单调乏味。

音乐是用来享受的，所以音乐治疗的重点是要按行为人的兴趣听音乐，绝不能勉强他们听不喜欢的曲调，以免招致相反的效果，继而给行为人造成压力。一般而言，能作治疗的音乐有很多，下面介绍一些常见病的音乐“处方”：

（1）疲劳——维瓦尔第的套曲《四季》中的《春》、德彪西的《大海》、海顿的组曲《水上音乐》、《假日的海滩》、《锦上添花》、《矫健的步伐》、《十五的月亮》、京剧《八月十五月光明》等。

（2）失眠——门德尔松的《仲夏夜之梦》、莫扎特的《催眠曲》、德彪西的《钢琴前奏曲》和《梦》，《二泉映月》、《平湖秋月》、《烛影摇红》、《银河会》、《军港之夜》、《春思》、《宝贝》。

（3）躁狂——《梅花三弄》、《平沙落雁》、《鞑靼人的舞蹈》、《幽兰》、《塞上曲》、《空中鸟语》、《仙女牧羊》。

（4）心绪不定——《春江花月夜》，贝多芬的《第八交响乐》和奏鸣曲，肖邦和施特劳斯的圆舞曲，巴赫的《幻想曲和赋曲》，《塞上曲》、《平沙落雁》、《仙女牧羊》、《小桃红》。

（5）精神忧郁——西贝柳斯的《芬兰颂》和《悲怆圆舞曲》，莫扎特的《第四十交响曲 B 小调》和《D 小调第十四交响曲》，盖希文《蓝色狂想曲》组曲，德彪西的管弦乐组曲《海》，《三六》、《步步高》、《黄莺吟》、《百鸟行》、现代京剧《蝶恋花》、《喜洋洋》、《江南好》、《春风得意》、《春天来了》、《啊，莫愁》。

（6）神经衰弱——《喜洋洋》、《瑶族舞曲》、海顿的《G 大调三重奏》。

（7）食欲不佳——《欢乐舞曲》、《花好月圆》、《嬉游曲》、穆索尔斯基的钢琴组曲《图画展览会》、巴赫的音乐作品。

（8）舒缓压力：艾尔加《威风凛凛》、勃拉姆斯的《匈牙利舞曲》。

（9）振奋精神：贝多芬的《命运交响曲》，博克里尼的大提琴《A 大调第六奏鸣曲》，《娱乐升平》、《步步高》、《狂欢》、《金蛇狂舞曲》。

（10）缓解悲伤：柴可夫斯基的第六号交响曲《悲怆》，贝多芬的第五交响乐《命运》。

2．绘画疗法

绘画疗法在西方国家已经得到广泛的应用，成为心理咨询和治疗的主要技术之一。因此也适用于治疗家庭暴力违法行为人。

与传统的心理治疗相比，绘画疗法是运用非语言的象征方式表达出潜意识中隐藏的内容，行为人不会感觉被攻击，阻抗较小，容易接受，有利于真实信息的收集；绘画疗法不受行为人语言、年龄、认知能力及绘画技巧的限制；治疗的实施不受地点和环境的限制，并且可以灵活采取单独或集体进行的方式；绘画疗法可以使行为人通过正当的方式释放毁灭性能量，使行为人的焦虑得到缓解，心灵得到升华；绘画治疗可以多次使用而不影响诊断的准确性。此外绘画本身有助于行为人认识自己无意识中的内容，从而产生良好的治疗效果。

（1）绘画疗法的实际操作。绘画疗法的操作实施灵活，主要是治疗师以行为人创作的绘画为中介，对行为人进行分析和治疗。该疗法的实施过程体现了精神分析治疗、结构化治疗、人本主义治疗等的思想。罗杰斯认为，只有让个体在一个无条件的正向尊重的环境中，行为人才能真正地表达自己。在绘画治疗的过程中，治疗师会给行为人提供创造受到尊重和积极关注的环境进行创作。根据实际情况可以按照精神分析治疗那样把创作成果作为进行心理分析的依据和工具；也可以根据结构化治疗，使行为人通过绘画发泄能量、降低驱力，从而摆脱心理困扰。

• 绘画形式

随着绘画治疗的发展，在实际治疗中，投射潜意识的绘画形式主要有三类：第一类是自由绘画。第二类是规定了内容的绘画。Buanc 的动态家族画可以反映家族成员的构成、关系及相互行为。第三类介于两者之间，给出一定的刺激，但并不规定以什么内容作画，主要是对未完成的绘画进行添补，治疗师最终的分析也不是根据行为人的绘画内容，而是根据行为人在给定的图画上作了什么性质的改动。

绘画投射出的信息是丰富的、开放的，这是其他治疗技术望尘莫及的地方，但绘画疗法对评估者要求较高。评估者对作者的熟悉、双方信任关系的建立，对理解绘画作品，充分利用其信息有重要作用。此外，对绘画作品的解释应该谨慎。一是要由专业人员来解释；二是行为人本人的解读很重要，因为作画带有一定的随意性，只凭书本上的标准解释是一种不专业、不严谨的做法，对行为人的帮助是有限的，有时甚至是无益的。

• 治疗形式

绘画疗法的优势除了展示信息的丰富之外，它还不受行为人年龄、绘画水平的限制，并且根据实际情况，不仅可以进行单个行为人治疗，而且可以进行集体治疗。集体绘画治疗研究中发现，成员在展示和解释绘画的同时也在表达自己的心理状况，当其他成员提出对自己绘画的印象时，多会虚心接受和反思自己，有的甚至反思自己性格的特点和不足。并且，由于言谈的中心是以画为线索展开的，成员一般不会认为话题是针对自己的，从而使集体的交流变得顺畅。同时集体绘画治疗也给行为人提供了一个接触他人的机会，在观察他人的绘画时会发现自己没有想到的，有利于把自我关注拉向外界。绘画治疗的实施过程实际上是行为人在治疗师的引导下进行思考、创作、回顾、比较、反思的过程，有助于行为人自己发现和解决自己的问题，真正做到“助人自助”。

（2）绘画疗法的注意事项。

绘画是一定社会文化背景下的产物，绘画疗法是在西方发展起来的，缺乏本土的研究数据。研究者要注意东西方文化的差别，在治疗分析过程中，要结合东方文化的背景。

绘画心理分析对治疗师要求很高，不仅要具备心理学的理论基础和实践经验，还需要对绘画艺术有一定的认识，并且必须经过专业的绘画心理分析训练。否则不宜开展绘画心理治疗。

治疗师进行绘画心理分析时会受到自己的知识背景、生活经验等的影响，使得诊断结果缺少一定的客观性。治疗师在进行治疗时，要谨慎细心，必要时要辅助其他心理治疗的方法进行。尤其团体培训时，治疗师只能从积极正向的角度去引导，绝对不能给予定量、定性判断。初学者只能与绘画者探讨并进行趋势分析。

绘画疗法力求系统化，综合化。在时间、内容上力求系统安排，还要力求配合其他手段形成综合治疗能力。

增加欣赏绘画的运用。已有的关于绘画治疗的研究大多是通过绘画达到诊断和治疗的效果。广义的绘画治疗还应该包括赏画。心理研究也表明，赏画是欣赏艺术，也是审美活动，赏画悦心，它必然要引起行为人的想象，而想象则能调节交感神经系统，直接促进一些有益健康的激素，如酶和乙酰胆碱等物质，起到调节血液流量，增强免疫机能的作用，进而促进病体痊愈。要重视赏画的作用，把赏画纳入绘画治疗的研究领域，以真正有效地使心理治疗平民化、自助化。

单元二　家庭治疗

一、家庭治疗概述

家庭治疗是家庭暴力心理治疗的一种形式，治疗对象除了本人外，还能通过在家庭成员内部促进谅解、增进情感交流和相互关心的做法，使每个家庭成员了解家庭中病态情感结构，以纠正其共有的心理病态，改善家庭功能，产生治疗性的影响，达到和睦相处，使所有家庭成员向正常方向发展的目的。

家庭治疗属于广义的集体心理治疗。其特点是把焦点放在家庭各成员之间的人际关系上，不大注意各个成员的内在心理结构，其出发点在于家庭会经历结婚、养育子女、子女离家等各种发展阶段。若某阶段在家庭结构、组织、交流、情感表露、角色扮演、联盟关系及家庭认同等方面出现不适应现象，影响到家庭的心理状态，家人难以自行改善或纠正时，宜寻求帮助及辅导，于是家庭治疗应运而生。

家庭治疗由梅尔首创。他认为一个人一生中每个阶段的心理发展与其家庭都有着密切的关系，并试行家庭治疗，以纠正这些心理病态。早期的家庭治疗（1940—1945）多受精神分析心理治疗的影响，只对家庭成员中的病人进行个别心理治疗。麦德（Madd）和巴伯（Buber）等人则受集体心理治疗的影响，重视对家庭成员的集体治疗。

有关家庭治疗的学派有个共同点，那就是把整个家庭作为治疗对象，并采取积极干预的策略，一方面力图打破原有的僵局；另一方面重建健康的交流和行为模式。

二、治疗模式

针对家庭出现的不同心理问题，可采用不同的家庭治疗模式。

（一）结构性家庭治疗模式

这一治疗模式将重点放在家庭的组织、关系、角色与权力的执行等结构上，使用各种各样的具体方法改变家庭功能结构，促进家庭功能的改善。

（二）行为性家庭治疗模式

行为性家庭治疗将着眼点放在可观察到的家庭成员的行为表现上，即建立具体的行为改善目标与进度，增加家庭成员之间的直接交流和相互支持，充分运用学习的原则，给予适当的嘉奖或惩罚，促进家庭行为的改善。

（三）策略性家庭治疗模式

这一模式的特点在于对家庭问题的本质有动态性的了解，并建立一套有步骤的治疗策略，着手更改认知上的基本问题以求有层次地改变家庭问题。

（四）分析性家庭治疗模式

这一模式是以心理分析来了解家庭各成员的深层心理与行为动机及亲子关系的发展，主要着眼于了解并改善家庭成员情感上的表达、满足与欲望的处理，促进家庭成员的心理成长。

三、治疗步骤

不管运用何种治疗模式，家庭治疗的进行从开始到结束，需按下列步骤进行：

（1）开始阶段。在治疗之初，治疗者宜将家庭治疗的性质作一简要的解释，说明互相要遵守的原则，以便治疗工作顺利进行。治疗者在治疗早期，要用心让行为人的家人接纳自己，并共同寻找问题的症结所在及改善的方向。

（2）进行阶段。此阶段中，治疗者需运用各种具体方法，协助家庭成员练习改善个人及彼此之间的关系。其中，最重要的是要时时去处理家庭对行为关系改变所产生的阻力，适当地调整家庭“系统”的平衡变化与发展，以避免一些成员变好时，而另一些成员却变得更坏。

（3）终结阶段。行为人家人要养成自行审察、改进家庭病理行为的能力与习惯，并维持已纠正的行为。治疗者宜逐渐把领导权归还给行为人家人，恢复家庭的自然秩序，以便在治疗结束后，家庭仍能维持良好的功能，并继续发展与成熟。

四、家庭治疗的组织与实施

（一）家庭治疗原则

在进行家庭治疗时必须坚持三个基本原则：

（1）针对整个家庭成员进行集体治疗，纠正共有的心理病态；

（2）“确诊的病人”所存在的问题只不过是症状而已，其家庭本身才是真正的行为人；

（3）家庭治疗医生的任务在于使每个家庭成员了解家庭病态情感结构，改善和整合家庭功能。

（二）参加的对象

凡与家庭功能紊乱有关的成员均参加，甚至可以包括一些相关的社会成员，如朋友、咨询师、监护人等。要注意参加人员的心理防御机制。

（三）谈话技巧

首先使气氛和谐，每个成员都能自由地、心平气和地发表意见。注意各成员之间的关系，如谁和谁坐得最近，各人选择座位的方式，每个人发言的频度，其他成员的反应和表情。而家庭治疗者担任指导、启发、协调角色。要让家庭成员之间在思想和情感上直接交流，鼓励互相尊重，避免争吵、抱怨，各人多作自我批评，宣扬家和万事兴的道理。

（四）问题分析

对家庭的结构和性质先有一个分析和类化。家庭的结构形式，可以引导出家庭存在的问题。例如，家庭可分为不和谐家庭、破碎家庭（有人死亡或离异）、杂合家庭（一方或双方带有儿女，再婚组合家庭）、不幸家庭（有慢性病人、残疾人或受政治迫害的家庭）。下一步则要找出家庭中存在的问题，目前的烦恼和困境产生的根源。

（五）问题协商

问题协商主要以集体心理咨询和集体心理治疗的形式进行。家庭治疗者和家庭成员一起共同分析、讨论，找出问题的症结，研究如何摆脱困境，解决家庭成员之间的问题。强调每个成员都应承担的义务和责任，应互通信息，相互了解和理解，并能相互尊重和容忍，不能只强调自己的家庭角色，而一味指责他人。家庭治疗还应包括家庭生活艺术、家庭管理、心理卫生知识介绍、照顾老人和病人的护理知识，以及如何争取社会支援等。

项目三　家庭暴力违法心理辅导

【操作步骤】

（1）家庭暴力个案心理辅导。以个人或一个家庭为对象的心理辅导。确定辅导的具体步骤、辅导的方案与阶段、辅导的基本技巧、受虐者的辅导以及施暴者的辅导。

（2）家庭暴力团体心理辅导。确立团体辅导目标、了解团体辅导程序、制订团体辅导方案。

单元一　个案心理辅导

家庭暴力个别心理辅导是在家庭暴力系统治疗过程中，以最终改善家庭关系，降低家庭成员的焦虑和提高家庭成员的自我水平及心理健康为目的，面向个体家庭成员，针对家庭成员在家庭生活等方面的问题面对面、一对一予以心理方面的帮助和指导。

个别辅导的前提是要弄清各个家庭成员不同的心理问题与个性特点。在传统的个案心理辅导工作方法中，工作者往往只将受虐者作为工作对象，通过引导受虐者宣泄情绪，给予相应的心理辅导以提高其自尊自信程度。然而，当受虐者再次回到原来的家庭中，施暴者仍采用原来的方式对待时，受虐者在个案心理辅导中习得的行为无法长久地在病态的家庭中存在。这种治疗模式将施暴者行为的改变寄托在受虐者应对方式的改变上，然而，对于已有惯性思维的施暴者来讲，他的思想和行为并没有改变，甚至受虐者的反抗会遭到施暴者更加猛烈的暴力攻击。所以，要从施暴者与受虐者双方的角度预防和制止家庭暴力，对施暴者和受虐者同时进行心理辅导。

个案心理辅导工作就是以个人或一个家庭为对象，通过面对面的沟通来解决个人或家庭问题，其目的是协助暴力家庭及成员充分认识自己拥有的资源和潜能，增强其解决困难的能力，从而达到对社会的良好适应，促进其改变和成长。在个案辅导工作中，心理辅导工作者多以整个家庭为工作对象。个案心理辅导工作以整个家庭为服务对象，特别是角色功能有障碍的家庭成员，并将工作重点放在家庭角色关系上，以家庭整体为援助对象，帮助家庭成员调试角色。了解暴力问题发生的原因，进而采取有针对性的治疗模式。

一、确定心理辅导具体步骤

（一）建立信任关系

心理辅导工作者首先要着手建立与家庭成员的信任关系。当被家庭成员接受、肯定和关怀时，信任就会产生。心理辅导工作者采用的工作方法和其他个案工作模式强调的方法并无太大差异，都是以真诚、平等的态度对待每一个家庭成员，而且工作者一定要采用表里如一的沟通方式去和家庭成员互动、沟通。

（二）诊断存在的问题

进一步了解个案家庭中存在的问题，心理辅导工作者一定要营造平等、和谐、相对自由的氛围，让施暴者和受虐者双方都有机会尽情表达自己的想法，直接面对自己的需要和感受。心理辅导工作者通过摄入性会谈深入了解家庭中存在的问题，特别要用能使施暴者与受虐者双方的需要及需求都能满足的方式。

（三）运用技巧帮助改变

在弄清家庭中存在的主要问题之后，心理辅导工作者的工作目标就是运用相应的技巧，帮助暴力家庭成员改变原来的互动方式，增加解决问题的能力，并且鼓励施暴者与受虐者双方尝试运用不同于以往的解决问题的方法和新的互动方式，建立起和谐的家庭关系。

（四）拓展能力、资源和潜力

进行心理辅导，拓展当事人的能力、资源和潜力。在矫治家庭暴力的过程中，无论是施暴者还是受虐者都需要接受心理辅导和治疗。对于施暴者来说，接受心理的辅导和矫正，可以消除其心理行为的暴力因素；对于受虐者来说，也要学会调试心理，减轻自责，提升自尊，形成正向的自我概念及有效的应对策略。

心理专业人员或社会工作者一定要让施暴者与受虐者双方明白家庭矛盾和冲突也是家庭成员关系调试的一种方式，适度的家庭冲突可以使对方了解自己的想法和需要，从而建立起一种亲密和谅解的关系，但是这并不等于家庭暴力就是合法的。家庭暴力也不是解决问题的最佳方法，越来越升级的暴力会对整个家庭造成许多不良后果。

二、实施心理辅导各阶段

（一）确定心理辅导方案

1. 确立辅导目标

在对问题进行分析和诊断的基础上，心理辅导工作者应该和辅导对象共同协商和制定心理健康辅导的目标。心理辅导工作者可以这样提问：通过辅导，你希望解决什么问题，达到什么样的效果等。

一个有效的咨询辅导目标，应具备以下七个要素：

（1）具体：目标是具体的，最重要的是可操作性。目标不具体，就难以操作和判断，目标越具体，就越容易收到效果。

（2）可行：目标没有可行性，超出了暴力家庭成员的水平，或超出了咨询师所能提供的条件等，目标就很难达到。此外，经济条件等因素也是影响可行性的因素。

（3）积极：目标是积极的，是符合家庭成员发展需要的。

（4）双方可接受。辅导者和辅导对象都能够接受。

（5）属于心理学性质：目标是心理学方面的，可以通过心理学的手段来达到，如变得自信，不再自卑，少发脾气等，而不是社会或其他方面的目标。

（6）可以评估。

（7）多层次统一：目标具有结构性，应经常进行检查、评价和调整。

知识链接

不同流派的辅导目标

人本主义——自我实现；

行为主义——帮助学习建设性行为改变，消除适应不良行为；

精神分析——将潜意识意识化；

完形学派——激励被辅导对象承担责任；

理性情绪学派——消除自我失败观，过有理性的生活。

---

2. 确定辅导方案

确定辅导方案就是双方共同拟订类似日程表一样的安排，明确双方在什么时间，做什么事，怎么去做，做完要达到怎样的效果，等等。

有效的辅导方案有以下特点：① 由辅导双方协商确定；② 有效可行；③ 设想多种可能的辅导方案，择优采用；④ 可调性；⑤ 经济性和简便性。

（二）实施辅导

实施辅导应注意以下问题：

（1）心理辅导工作者要介入到辅导对象的行动过程中，对其遇到的困难、不明白之处予以及时的指导，帮助辅导对象通过自己的努力，改变自己的认知和行为来实现心理成长。

（2）心理辅导工作者要保持对行动过程的监控并作出必要的调整。

（3）心理辅导工作者要随时注意评估辅导的进展情况，并营造一种积极的氛围，保持双方良好的关系，在必要的时候辅导双方可以调整和修正辅导的目标和方案。

（三）结束辅导

通过实施辅导，帮助辅导对象消除心理问题，改变不良心理状态之后，辅导过程并没有真正结束，心理辅导工作者还应就结束辅导本身做一些工作，如对辅导情况进行总结，帮助辅导对象回顾工作的要点，检查目标的实现情况，指出辅导对象的进步、成绩和需注意的问题等。

在结束辅导的过程中应注意以下问题：

（1）处理好辅导结束后的关系。成功的辅导在结束时会让辅导对象感到一些不情愿，甚至依恋，担心失去一位最知心的朋友，不愿独自面对今后的挑战。心理辅导工作者应及时说明，并表示今后仍然会关心被辅导者的情况，随时提供必要的支持。心理辅导工作者要帮助辅导对象愉快自然地结束辅导。

（2）针对辅导对象的情况，辅导双方要讨论在结束辅导后一段时间内如何自己解决问题，如何将辅导中学到的知识和技能应用到以后现实的家庭生活中去，从而扩大辅导效果，促进辅导对象的成长发展。

（3）在辅导结束之后，对辅导对象进行追踪反馈是不可忽视的一个步骤。当然，辅导中的一些简单问题的处理无须进行专门的追踪和反馈。只有那些重要、复杂的问题，才需要进行追踪观察，以利于辅导效果的巩固和发展。

总之，心理健康辅导是一个过程，它由不同的阶段构成，每阶段都有各自的任务和侧重点。各阶段之间相互关联，相互影响，形成完整的统一体。

三、选择心理辅导基本技巧

矫治家庭暴力的心理辅导是一个助人的历程，心理辅导工作者并非是解决问题的人，而是提供协助、促使暴力家庭成员解决问题的人。助人的过程是一门艺术，以受虐者为例，在进行家庭暴力的辅导时，基本的辅导技巧有以下五种：①

（一）同理心、接纳、倾听

心理辅导工作者面对受虐者时以关注、同理、接纳的态度，对受虐者的情绪及防卫积极倾听，对其倾注爱心及耐心，并给予受虐者无条件的精神支持，尊重其表达自身激动及错误观念的权利。

（二）谨守基本职业道德

家庭暴力受虐者会担心家丑被人知道，当她/他愿意跨出去寻求外援时，给受虐者安全感是相当重要的，因此在协助家庭暴力受虐者时，心理辅导工作者应恪守保密原则。另外，心理辅导工作者还须了解心理辅导的有限原则，把焦点放在提供支持以增加受虐者的内在力量及资源的提供上，使其能自我保护、照顾，并增加自我了解及解决问题的信心。

（三）足够的敏感度

心理辅导工作者必须要善于察觉受虐者在面临这样重大压力时所有的矛盾、疑惑

① 台北市家庭暴力暨性侵害防治中心（民89）家庭暴力暨性侵害研讨会研习手册。

的感受，并处理受虐者被虐待后的恐怖、罪恶感或羞耻感。

（四）用心客观观察

心理辅导工作者必须要有敏锐的观察力，要用客观而不带偏见的眼睛去观察，绝对避免轻视那些暴力之下的受虐者。要观察出整个暴力事件的情境脉络，而不是只看到事件的表面。

（五）厘清不同受虐者的背景

对于不同家庭暴力下的受虐者，其个人特质、环境及内外在资源的状况会有所差异，故心理辅导工作者应运用其专业理论技术作个别性的评估及落实，然后再拟订适宜的介入策略。

四、受虐者心理辅导

（一）受虐者心理

对受虐者而言，心理健康的损害要常见得多。主要表现在以下三方面：

（1）普遍会产生自卑、恐惧、焦虑、抑郁、仇恨或者情感淡漠、情绪不稳定等情绪症状；

（2）有的可能出现行为退缩、流浪、吸毒、酗酒等行为问题；

（3）导致或诱发精神疾病。

有时候，作为连锁反应，受虐者可能会因为不堪忍受虐待而被迫自杀，或者是过分反抗造成家破人亡。

（二）受虐者心理特征

受虐者通常表现出以下五种心理特征：

（1）缺乏自信，缺乏有效改善婚姻状况的手段；

（2）缺乏能够帮助其成功摆脱受虐情形的社会支持系统；

（3）严重依赖，缺乏独立面对问题的能力；

（4）缺乏有技巧地表达自己的合理要求的手段和方式；

（5）对施暴者存在幻想。

（三）受虐者心理辅导

1. 提高自我意识水平

受虐者在不和谐的家庭关系中，常常有焦虑、不安、紧张、不自信等情绪产生，受虐者的自我意识不完整，应该为其提供认识自我、了解自我的心理辅导，并借此重新肯定自己、重建信心和安全感，提供的心理辅导包括认知重建，自我肯定训练，如何疏解紧张、压力，等等。

2. 教导受虐者处理暴力的应变措施

让受虐者明白面对暴力默默忍受不是最佳决策，反而会增强施暴者的暴力行为。在心理辅导上可提供受虐者遇到暴力行为发生时处理应变的措施，学习解决问题的技巧，寻求解决暴力行为的可行方法，通过改变与学习，预防暴力的再发生。

3. 提供沟通能力的心理辅导

许多文献指出夫妻及家庭成员之间因沟通不良引起的争吵往往是暴力行为产生的

原因，因此，如何让家庭成员有效沟通成为一大课题，沟通方面的心理辅导包括倾听、口语及非口语的肢体语言、同理心测试、言语沟通技巧，等等。

4. 使受虐妇女认清暴力的起源、历程

暴力的产生并非没有原因，提供教育使妇女认清暴力发生的原因、历程，等等，可帮助妇女正确应对暴力，提高解决暴力问题的能力。

5. 受虐者的身心辅导

曾受过严重婚姻暴力的妇女，身心承受巨大的压力和创伤，若不妥善处理，常会形成身心方面的疾病，因此受虐者急需专业性的心理咨询及辅导，帮助妇女重建健康心理，使受虐妇女从阴霾中重新走出来。心理辅导有系统脱敏法、松弛训练、休闲治疗、音乐治疗，等等。

6. 社会支持系统的了解与使用

让受虐妇女明白社会上有哪些机构及组织可加以运用，其所在地、电话、服务项目等，在有危机时，可请求这些机构组织的协助和支持，使受虐妇女懂得自我防卫及保护。

7. 扩展人际关系的心理辅导

受虐妇女常常处于封闭性的状态，较为畏缩、害怕、没有自信、不安，在人际关系上因而受到阻碍和影响，因此，提供受虐妇女扩展人际关系的辅导是相当重要的部分。

五、施暴者的心理辅导

（一）施暴者的特征

作为家庭暴力中施暴的一方，其之所以成为施暴者，主要原因在于个体在认知、情感、意志和人格等方面存在偏差与缺陷，使心理健康状况处于较低水平。施暴者在心理和行为方式上呈现出以下六个特征：①

（1）施暴者权力意识和控制欲强烈，崇尚“强权就是公理”，“顺我者昌，逆我者亡”；

（2）施暴者缺乏情绪交流的水平和技巧，情绪不稳定、极端化、表现方式单一；

（3）缺乏自我控制力，冲突发生时外归因；

（4）从成长背景来看，早期有受虐史或目睹家庭暴力的经历，会对暴力进行有意或无意的学习和模仿。

（5）有成瘾现象：酗酒、赌博、吸毒等；

（6）从人格类型上看，猜疑型人格、偏执型人格和强迫型人格容易施暴。共同点是缺乏安全感、焦虑、自卑、抑郁、怯懦、孤僻、冷漠、悲观、依赖、敏感、多疑、暴躁、冲动、谨慎、以自我为中心、对他人敌视。可能同时或部分具有嫉妒、否认、冲动、抑郁、挑剔、攻击性等特征。

施暴者由于其施暴行为，常会有众叛亲离的孤独感；有的也会有长期的内疚懊悔甚至自责自罪的心理。严重的施暴者也可能受到舆论谴责、行政处分、治安处罚甚至法律制裁。

---

① 毕金仪：产生家庭暴力的心理根源及对策．中国社区咨询师，2006（1）：49

（二）施暴者心理辅导

（1）改变认知心理辅导。改变施暴者不平等的性别文化下产生的角色定位错误认知。正如霍夫曼所说："我们要想结束暴力，要做的一件事是，重新对男性气质进行定义。"

（2）行为训练心理辅导。训练施暴者以适当的方法与家庭成员进行交流，采用阳性强化的措施奖赏良性行为，必要时采用一些轻微的惩罚措施消除其不良行为。

（3）情绪训练心理辅导。有意识地控制施暴者的消极情绪以避免发生消极后果的心理调节方法。

学会多种调节愤怒的方法。在消极情绪中，不同程度的愤怒情绪占有重要的地位。在很多情况下，人们的消极情绪都有可能以愤怒的形式表现出来。因此，学会调节愤怒情绪是情绪控制的重要内容。

①身体放松法：在通常情况下，愤怒情绪经常伴随着身体紧张，因此通过放松身体，可以收到缓解愤怒情绪的效果。

②想象后果法：愤怒情绪往往会造成危害性的后果，因此，通过预先设想愤怒行为可能造成的严重后果，也可以提醒个人控制愤怒情绪的无节制发作。

③换位思考法：通过站在别人的立场上来考虑问题，以此来减轻愤怒。

④自我监控法：通过自己的努力，监督自己产生愤怒和处理愤怒的过程，从中学会控制愤怒技巧和增强自我控制能力的方法。

单元二　矫治家庭暴力团体辅导（小组辅导）

一、团体心理辅导活动目标

通过团体心理辅导的方法介入家庭暴力也是一个不错的尝试。专业心理机构或社会相关组织可以把这些有相同经历的妻子和她们的丈夫组织起来，分别组成两个不同的团体，并且提示她们（他们）由于活动需要，可能有几次活动会将两个团体合在一起举行，由团体工作者分别定期开展辅导活动。团体的目标是通过有相同或类似经历的人彼此交流，释放情绪和心理压力，提供情感上的相互支持，等等。通过团体活动与集体活动，共同争取权益，以达到解决问题的目的。

（一）一般目标

一般目标可概括为以下六个方面：

（1）通过自我探索的过程帮助成员认识自己、了解自己、接纳自己，使行为人能够对自我有更适当的看法；

（2）通过与其他家庭成员的沟通交流，学习社交技巧和发展人际关系的能力，学会信任他人；

（3）帮助成员培养责任感，关心他人且能敏锐地察觉到他人的感受和需要，更要善于理解他人；

（4）培养成员的归属感与被接纳感，从而使其更有安全感，更有信心面对生活中的挑战；

（5）增进成员独立自主、自己解决问题和抉择的能力，使其探索和发现一些可行而有效的途径来处理生活中一般发展性问题，解决冲突矛盾；

（6）帮助成员澄清个人的价值观，协助行为人作出评估，并作出修正和改进。

（二）终极目标

家庭暴力团体心理辅导的终极目标通常是自我实现、自我认识和促进自我成长，从而形成良好的夫妻沟通与交流模式。

二、团体心理辅导程序

针对由妇女组成的受虐者支持小组，工作者的工作程序可分为：

（一）宣泄情绪

心理辅导工作者运用专业的工作技能在团体中营造一种安全、信任、和谐的氛围，让受虐者尽情宣泄自己的情绪。

（二）治疗伤痛，重建自信

心理辅导工作者要帮助受虐者看到已有的伤痛及这些伤痛如何影响自己，通过专业的工作技巧让受虐者从伤痛中走出来，学习自爱，重建自信，确认自身的主体性。并且有针对性地设计一些活动方案，比如角色互换、情景模拟等，努力改变她们"嫁鸡随鸡，嫁狗随狗"、"嫁汉嫁汉，穿衣吃饭"等不正确的观念，进一步提高她们的自尊自信意识。在每一次活动结束之后，心理辅导工作者给她们布置相应的家庭作业，鼓励她们将所学的正确行为方式运用到现实的婚姻生活中。

（三）赋权受虐者

赋权是指个人或集体使自己的生活或社团获得权利和能力的过程。它强调的是受虐者增强自己的力量。这种力量不是统治别人的力量，而是受虐者提高自己的内在力量。这是一个"减少无权感"的过程。在婚姻生活中，任何一方的忍辱都不是解决问题的有效途径。而对于女性来讲，更要勇敢地拿起法律武器来维护自己的合法权益，并且努力为自己争取社会资源。

（四）建立受虐者支持网络

在组员已经建立关系的基础上，使其进一步彼此支持，自助互助。使受虐者相信有改变自己命运及环境的能力，通过集体行动，共同争取权益。在群体中，她们就不会再感到孤独和无助，在相互支持中找到归属感和自信。

面对施暴者，工作者的首要任务是弄清楚他们频繁施暴的原因：是夫权思想严重、心理变态、有酗酒赌博等恶习、事业发展受挫，还是以暴力来胁迫离婚。一般来讲，具有外攻击性行为的人，虽然他们在言语和行动上表现得很强大，但其实内心心态各异，心理辅导工作者尽量在团体中营造一种舒缓、安全而不是充满谴责的团体氛围，引导他们运用正确的合理的方式宣泄自己的不良情绪，如升华、转移等方式。心理辅导工作者一定要给这些团体成员讨论交流的机会，让他们与其他组员共同讨论一些兴趣爱好、事业等方面的问题，但一定要避免他们讨论自己如何殴打妻子等不利于其他团体成员改变的话题。心理辅导工作者一定要时刻给团体组员这样的暗示：殴打妻子是错误的，甚至是违法的。

三、团体心理辅导方案

（一）内容与格式要求

（1）辅导题目：简洁明了，20 个字以内。

（2）辅导对象：施暴者、受虐者。

（3）辅导目标：具体目标、终极目标。

（4）辅导形式：团体辅导——在心理辅导工作者带领下进行的团体心理辅导。

（5）辅导时间：30 分钟（依人数而定）。

（6）辅导方法：适合辅导目标的方法。

（7）辅导要求：环境要求、设备要求、工具要求等。

（8）辅导要点：重点难点、关键环节、注意事项等。

（9）辅导过程：介绍辅导的各个环节。具体方案标题、目的意义、重点难点、活动内容、形式与方法、活动用具、活动步骤和时间安排等。

（二）团体辅导方案要求

（1）辅导方案必须具有心理学科特点，要求运用心理学的原理和辅导方法进行暴力家庭心理辅导设计。有科学性、互动性和有效性。

（2）辅导方案设计新颖、内容形式合理、可操作性强，有一定的教育效果和辅导价值。

（3）方案形式：方案须有纸质文稿和课件（采用 PowerPoint 形式）两种形式。

（4）辅导方法要适合目标。

【实训项目】团体辅导方案案例

内容：家庭夫妻心理辅导

预备工作：心理量表 EPQ，SCL－90，生活事件量表［LES（Life Event Scale）］，攻击行为倾向量表，心理辅导工作者收集夫妻双方的资料并成立辅导小组，共同确定目标、要求、原则。在双向选择的基础上确定小组成员，成立辅导小组，确立小组目标，制订小组规范，互订契约等。

活动之一："我的秘密"交流（同质团体：相同经历的妻子和她们的丈夫两个团体分开）

（1）目标：① 增进组员间了解、交往；② 在交流中发现夫妻存在的心理问题；③ 共同探讨，多向沟通，通过交互分析提供心理暗示。

（2）要求：① 每位组员将自己的一个秘密写在纸条上，不记名打乱后，每位组员轮流充当组长对秘密进行分析，共同探讨；② 组员之间互相尊重、理解、接纳。

（3）认识：暴力家庭夫妻的心理十分敏感，在自我防御机制的影响下，不易暴露个人深层次问题，"我的小秘密"活动使夫妻吐露真言。在小组讨论中其他组员针对问题提出关怀、支持、帮助、建议，容易产生心理共鸣，感染力强，在该活动过程中辅导者可以迅速地发现组员不良适应的类型及程度。

活动之二："我在家庭中所感受到的最痛苦和最愉快的事件"的倾诉（同质团体）

（1）目标：① 进一步了解组员的家庭暴力情况，了解其对家庭暴力的真实感受；

② 通过倾诉、宣泄、共同讨论，组员焦虑抑郁的情绪进一步缓解，共享愉悦的情绪。

(2) 要求：写出自己在家庭中所感受到的最痛苦和最愉快的事件，共同分享倾诉的内容。

(3) 认识：通过小组活动的倾诉、宣泄、沟通和探讨，一方面，组员将长期压抑在心底的痛苦宣泄出来，产生同病相怜、忧苦共担、风雨同舟的效果，有助于提高组员面对挫折的承受力，减缓心理紧张与压力；另一方面，小组讨论中组员也有愉快情感的抒发，每位组员通过自身或他人对愉快情感体验的回忆，往往最愉快、最美好的场景又呈现在眼前，能暂时忘却痛苦，共享快乐。

活动之三："我是一个……人"，"假如我是一个……人"的角色互换（异质团体）

(1) 目标：① 进一步自我反省，自我分析，探索个人的态度、价值观与行为方式；② 通过行为替代来影响个体心理，尝试替代自己的行为和获得新的体验；③ 通过组员的互助，进一步强化夫妻的心理支持系统，增强小组士气，减少对组长的依赖。

(2) 要求：① 组员在纸上写"我是一个……人"探讨自己的态度、价值观、行为方式；② 随意交换后，另一位组员在下面接着写"假如我是一个……人"体验对方的所思所想，并提供一种新的行为方式；③ 将纸片交给原先所定的组员，该组员阅读后再在纸上写上自己的体会。

(3) 认识：通过角色互换，组员进一步自我敞开心扉，自然地表达自己的情感，每位组员直接得到来自他人的关心、帮助。

角色互换活动的后果使每一位组员既增进了对他人的理解，又得到了他人的充分理解。在这种相互理解的基础上，组员互相提供心理支持，探索正确的态度、价值观和行为方式，提供解决问题的办法，起到示范作用，对组员重塑自己的生活信念起到了很好的效果。

活动之四："暴力事件"讨论（同质团体）

(1) 目标：① 共同探讨"暴力事件"的性质、原因和后果。如何应对处理"暴力事件"，防止心理危机发生；② 引导夫妻正确看待"暴力事件"。从改变其认知到开始改变其情绪和行为，从而改善其生活质量。

(2) 要求：① 组员将自己认为的"暴力事件"列出；② 讨论"暴力事件"性质；③ 重新思考暴力事件；④ 归纳积极应对"暴力事件"的行为方式。

第一步：讨论暴力事件的性质：① 你是怎样看待"暴力事件"的？②"暴力事件"会有什么样的后果？③"暴力事件"是否真正很暴力？为什么？④ 你如何处理？你的处理方式会有什么样的后果？

第二步：重新思考"暴力事件"。①"暴力事件"对我真正的影响是什么？它为什么会产生这样的影响？② 我的处理方式对我有何价值，它能帮助我解决什么样的问题？暴力事件对周围人有何影响？③ 如果我换一种角度或换一种思考方式来看待这些事件，结果会怎样？

第三步：积极应对"暴力事件"。① 正确认识挫折的两重性；② 树立乐观积极的人生态度，不断完善个性；③ 不断增强意志锻炼。

(3) 认识："暴力事件"的讨论既是价值澄清和难题互助过程，又是认知治疗过程。可帮助组员重新建构认知系统，改变自己对世界、对未来的消极看法，帮助其以更加积极的态度投入生活。

活动之五：情绪与压力管理（异质团体）

（1）目标：①反思家庭暴力相对人的情绪特性；②引导夫妻辨识和管理自我情绪；③鼓励夫妻确立良好的沟通模式。

（2）认识：通过活动帮助夫妻确立良好的夫妻沟通模式。一方面，辨识和管理自我情绪；另一方面，兼顾他人情绪特性，确立良好的沟通模式。

活动之六：健康生活辅导（异质团体）

（1）目标：①制订计划，对现在的家庭生活行为进行具体化、数量化的分析，对夫妻提供实际具体的指导，以达到自我检查、自我激励的目的；②增强夫妻间的情感交流，提高自信心和对彼此的接纳度，强化行为动机，提高生活质量。

（2）要求：采用松原达生活分析法（Life Analytic Counseling，LAC），共同制订“积极生活文案”，阶段性检查方案实施进展状况。

通过小组辅导的系列活动，间隔半年第二次测试SCL－90量表，检测夫妻的心理健康状况是否有明显改善。

通过小组辅导活动，帮助夫妻认识自己，接纳自己，帮助夫妻解决生活压力及家庭暴力带来的问题，应付危机，摆脱困难，并增强面对困境与压力的能力与勇气，使夫妻消除不良适应行为，化解负面或相互冲突的思想与情感；指导夫妻作选择，作决策，制订行为计划，鼓励夫妻通过自我探索寻求良好的沟通方式，使夫妻生活更加健康、和睦。

项目四　家庭暴力违法心理教育

【操作步骤】

（1）家庭暴力认知教育。通过转变传统观念、提升自尊、警惕家庭教育毒规则、重组认知结构，对施暴者进行认知教育。通过认知重建、自我肯定训练、重建信心和安全感等自我提升课程，对受虐者进行认知教育。

（2）家庭暴力情感教育。通过降低施暴者的亲密焦虑、提高自我水平、学习情绪的表达方式与及时缓解负面情绪，对施暴者进行情感教育。通过学习沟通建立良好的家庭关系，了解与使用社会支持系统扩展人际关系，对受虐者进行情感教育。

（3）家庭暴力意志教育。通过提高控制与施暴者的情绪相关的情绪能力和社会能力，控制愤怒情绪。通过示范和仿效教育对受虐者进行意志教育。

单元一　家庭暴力认知教育

一、家庭暴力中施暴者的认知教育

（一）转变传统观念

在我国，男权文化和夫权思想是产生家庭暴力的历史原因。“男尊女卑”、夫权统治、男权统治和重男轻女的传统思想贯穿着中国历史数千年。直至今日，崇尚男性对

女性施暴、将女性置于男性统治之下，崇尚父母对子女惩戒的“三从四德”的封建礼教，依然深刻影响着当代中国家庭。一些社会研究表明，当今社会多数人认为，家庭暴力是家庭私事，“清官难断家务事”、“家丑不可外扬”；有一些社会成员认可妻子遭到丈夫体罚的现象，认为“打是亲，骂是爱”；有些社会成员甚至认为对妻子的体罚是必须的。

这种男尊女卑的夫权统治、男权统治、重男轻女的传统思想使得男性拥有统治者的责任意识，往往认为男人首先不是统治天下，而是统治女人，教训“不听话”的妻子，用暴力统治女人更是天经地义的。随着现代社会女性经济地位的提高，形成了与传统男权文化不相适应的“女强男弱”、“女高男低”，强烈冲击着“男权主义”思想，于是部分男权主义人士认为“不如你，就打你”，唯有用暴力才能显示出自己的“强”、对方的“弱”，以继续控制局面，维持和印证自己在家庭和夫妻关系中的男权和夫权地位。因此，改变传统的思想，强化人人平等的现代法制观念是十分必要的。要求施暴者为其虐待性行为负责，并且让其意识到有义务停止暴力行为。

（二）提升施暴者自尊

施暴者低自尊是夫妻暴力发生的高危因素。自尊是个体对自己的情感评价，它表达了一种肯定或否定的态度，表明个体在多大程度上是有能力的、重要的、成功的和有价值的。自尊作为一个起中介作用的人格变量，它对个体的认知、动机、情感和社会行为均有影响。肯尼（Keny）等研究发现低自尊与不良行为有关。戴维斯（Davis）研究发现许多人实施暴力行为，是为了补偿他们的不安全感和低自尊。罗曼斯（Romans）等报告家庭暴力男性躯体施暴者是低自尊人群。斯蒂芬（Steven）从他们的研究中得出结论，认为低自尊是所有不良行为的心理动力机制的基础。

（三）警惕家庭教育毒规则

在家庭和伦理教育中存在着“望子成龙”、“盼女成凤”、“恨铁不成金钢”、“棍棒底下出孝子”等毒规则，有些家长认为孩子是自己的私有财产，一旦不听话就责骂、体罚甚至拳脚相加。一方面孩子容易习得暴力，另一方面使孩子产生逆反心理，对抗家长甚至失去对家庭的依赖信任。棍棒底下不但没有出孝子，反而出了许多“问题少年”。

（四）重组认知结构

通过宣传教育、婚姻家庭学校、家庭对话会、普及法律知识、现场咨询、法庭进社区等面对面的形式，向公众大力宣传男女平等的理念。并借助媒体的力量，通过对一些大案要案的曝光，以案说法等形式，鞭挞家庭暴力行为。要把有无家庭暴力作为评选“文明家庭”的条件，倡导文明、健康、新型的家庭关系。充分认识到男人是家庭暴力的间接受害者，在家庭暴力中，男人往往是施暴者，但是家庭暴力不是战争，男人不是胜利者，而是失败者。男性也是男权统治思想的受害者，男性要通过拓展自己的视野，改变原有的狭隘的自我观念，坦然接纳自己的一切。

整个社会要认识到家庭暴力不仅仅是对家庭成员身心的伤害，亦是对人权的践踏；家庭暴力不仅仅是家庭问题，亦是社会问题；“家务事”不仅仅可以在家庭内部解决，亦可公之于社会甚至诉诸法律。

二、家庭暴力中受虐者的认知教育

（一）建立自尊自信、提升自我评价

一方面受虐妇女缺乏自我保护意识，受到“嫁鸡随鸡”、“家丑不可外扬”等传统观念的束缚，不反抗，也不愿对外人说。另一方面受虐后易产生一种广泛范围的失控感、低自尊以及自我谴责。因此，通过引导受虐妇女宣泄情绪，并且给予相应的提高其自尊自信程度的心理教育辅导成为必要工作环节。

知识链接

自我系统

自尊是情绪、情感素质中的一种核心素质。自尊是人对自我的感受，它是以自我概念为中心而形成的一个关于“自我”的系统，自尊是系统的总体表征，主要包括：

自我价值：一个人对自我价值的一种感受而且其相信别人对“我”也是这样认为的。

自信：对“我”自身、“我”在不同环境和不同人打交道时的自信。

自我概念（自我同一性）：一种强烈的同一性感受。“我”是一个人，“我”喜欢什么，不喜欢什么，相信什么，是关于自我的一套核心信念。对于在姿态、身体语言（恰当的眼神交流）以及“我”怎样与他人相互作用（直接的，即使是难以表述也要说出我想要说的意思）方面所表现出来的自我的内在力量和信念。

自我效能：对自己的力量、弱点和能力的实际的理解，能够表达自己的感受和意见，如果有必要就马上采取行动。

自我：能够确认和寻求“我”所需要的东西；能够促进自我的发展；能够寻求他人的帮助；有一种对自己的权利感受。

遭受暴力的受虐人自我概念较低，认为自己没有办法控制事情的发生和处理事情的应变能力。觉得无法保护自己，无法控制周围发生的事。于是渐渐放弃希望和期待。这种想法是无法逃开且无法防止的，于是形成一种无助的、毫无希望的、无力的心理感受。因此用“后天无助理论”来解释受虐人的心理瘫痪状态，告知受虐人自己的消极互动如何成为虐待链中引发暴力行为的环节，帮助受虐人意识到积极的行动和抗衡可以取代消极的互动。提高受虐妇女的自尊感，增强自主性。提供包括认知重建、自我肯定训练在内的旨在重新肯定自己、重建信心和安全感的自我提升训练，提供积极的认知—行为的调整，来增强自我对现实、本我和超我的协调能力，提高心理承受能力和心理应激水平。

知识链接

后天无助感

后天无助感（Learned Helplessness）理论是沃克博士提出用于解释受虐妇女不能主动终止暴力婚姻原因的理论。“后天无助感”这一词最初来源于心理学家马丁·沙利格文（Martin Seligman）在20世纪60年代的一次实验。沙利格文将几条狗放在一只铁笼子里，每天不定时地电击铁笼子的各个部位。开始，狗在笼子里不断左右跳跃，试图躲避电击，但它们很快便发现无处可躲，于是停止了积极的躲避行为，而改为采取尽量减少痛苦的方式。

经过一段时间，被试验的狗认识到，与其无望地躲避，不如静静地忍受。通过这个试验的结果，沃克博士认为，“无助”概念可用于受虐妇女，以明确成为受害者的过程，理解受虐妇女无法走出暴力关系的心理状态和原因。受虐妇女长期遭受暴力，削弱了反应的能动性，在心理上就会变得消极、被动，处于瘫痪状态，从无数次的挨打中“认识”到，无力阻止丈夫或男友的暴力，因此获得成功的感知能力也变了，不再相信努力会带来有益的效果。久而久之，在这种心理状态下变得被动和顺从，“无助”是难以离开这种暴力关系，也无法改变现状。

受虐妇女要认清暴力发展阶段，增强自主性。暴力的产生并非平白无故，为受虐者提供心理教育认清暴力发生的原因、历程等，帮助受虐者面对暴力，提高解决暴力的能力和策略亦是很有必要的。

根据沃克暴力循环理论，家庭暴力往往呈现出阶段循环的形式，起始于“紧张关系形成阶段”，进而上升为“痛苦的施暴阶段”，随之进入施暴者“爱的痛悔阶段”。反映了施暴者对受虐人的暴力往往呈现出阶段循环式特征。在心理教育中有必要向受虐人强调，暴力时间随着时间的发展，周期会越来越短，程度也会越来越重。帮助受虐人认识和识别暴力循环环节相对应的特定行为，学习阻断暴力循环的行为技能。

知识链接

暴力循环

沃克认为，许多在家庭暴力关系下的女性能够预见下一轮暴力事件发生的事件及其严重程度。家庭暴力往往呈现出阶段循环式，起始于“紧张关系形成阶段”，进而上升为“痛苦的施暴阶段”，随之进入施暴者“爱的痛悔阶段”。暴力的循环性特征说明女性能够感觉到“紧张关系形成阶段”即将结束，而“痛苦的施暴阶段”即将开始，这也意味着女性能够从常规的暴力方式的细微变化中感受到更为危险的暴力侵害的即将来临，即她们能感受到正面临致命的不法侵害的威胁。

在这三个阶段中，第一阶段持续的时间较长，伴有经常性的、轻微的暴力。施暴的丈夫会不断向妻子表现出敌意和愤怒。妻子为了避免挨打，则拼命迎合丈夫的意思，满足其各种不合理要求。

在第二阶段中，夫妻之间则发生严重暴力行为。研究发现，这一阶段暴力的严重程度和失控的性质与第一阶段相比，不可同日而语。这一阶段严重暴力的发生与受虐妻子的行为根本没有关系，只是与暴虐丈夫自己的心境及其所遇到的事情有关。有时，因为妻子是可以意识到第二阶段暴力的爆发的，因此，妻子甚至会有意识地提前“引爆”，以尽快进入第三阶段。

在第三阶段中，夫妻重归于好。施暴的丈夫会向妻子忏悔自己的所作所为，为妻子做各种事情讨好妻子，以求得原谅。受虐的妻子则更愿意相信他，相信一切都会结束。虽然妻子有时明知这一循环还会重演，但是这一阶段丈夫所表现出的爱和温柔，使妻子宁愿相信他，说服自己有留下来与他共同生活的理由。另外，有些受家庭暴力侵害的妻子都对婚姻抱有传统的观念：认为婚姻要从一而终。她们往往情愿留在这种时好时坏、充满暴力的婚姻关系中，不奢望丈夫改掉“坏毛病”。于是，家庭暴力也就周而复始地进行下去，使受虐妇女长期过着提心吊胆、担惊受怕的日子。

（二）潜在受虐者

一些遭受家庭暴力的受虐人的行为是激惹型的，嘲弄人，过于争辩，甚至潜意识里渴望做一个受虐者。某些受虐人之所以要对暴力行为的发生负有一定责任，是因为在整个暴力过程中，即受虐人遭受暴力行为侵害前后，其心理及其外在表现对暴力动机的形成及发展起了一定的“催化剂”作用，有些甚至是施暴者暴力心理形成的直接诱因。

在暴力发生前，由于受虐人具有某些特殊的观念、性格、气质及需要结构等，往往使自身容易成为“潜在受虐人”。简而言之，具有暴怒型心理的人更易于被害。具有这种心理的受虐人，往往具有粗暴的个性及极强的权力欲、支配欲，往往独断专横、自以为是。表现在行为上，则往往一意孤行、任意胡为；作为家长，往往无端或动辄责骂配偶或子女。同时，任何人都有一种试图维持他们自己行动自由的心理倾向，一旦这种自由经常受到威胁时，他们往往由依从心理转变为对抗心理，并通过拒绝照办或做与要求相悖的事实来维护个人的自由。这种反抗心理一旦超出了施暴者最大的忍耐限度，就有可能促使施暴者实施过激行为，将受虐人打伤或采取其他方法致使其死亡。

在暴力发生时，有些受虐人或极度恐慌或怯懦忍受，从而在客观上促成了暴力行为的完成和升级。受虐人由于恐慌或怯懦，往往使自己精神紧张，不知所措，丧失理智；有的受虐人由于恐惧，甚至产生灰心绝望、不思反抗的心理，严重时甚至乞求施暴人勿加害自己。这种心理也易于形成“受虐人盲点症”，从而缓解了施暴人的紧张心理，强化了暴力心理，并促成或推动了暴力行为的完成。

在暴力发生后，受虐人遭遇暴力后的心理，也影响着暴力动机的产生或暴力再发生的可能性。大多数受虐人遇害后，往往产生一种恐惧心理，而且长时间内难以消除。因而，有些受虐人不想再重新回忆痛苦的过程；有些受虐人则由于恐惧，终日抑郁寡欢，担心再次遭遇暴力；有些受虐人因害怕遭到施暴人的报复，而甘愿默默忍受遭遇暴力的痛苦；有些受虐人则是担心或为了保全自己的名誉，而不愿说出事实。这些受虐人的心理特征阻碍了对暴力分子及时、有效的遏制，也贬低了自己的价值，平衡了施暴人的施暴心理，为施暴人再次实施暴力创造了条件。同时，在某些暴力事件中，施暴人恰恰利用了受虐人的懦弱心理，才产生了某种暴力动机，因而再次实施暴力行为。

可见，无论在暴力行为发生前，还是在暴力行为实施的过程中，受虐人心理深深地、不同程度地影响着施暴人的心理；从一定意义上讲，受虐人心理激发或促进了施暴人暴力动机的形成，并助长了其实施暴力行为。

单元二　家庭暴力情感教育

一、家庭暴力中施暴者的情感教育

（一）降低施暴者的亲密焦虑，提高自我水平

从心理学理论来看婚姻暴力，探讨的因素有权力的动机（power motivation）和亲密焦虑（intimacy anxiety）。男性常常用权力来控制女性，女性则会要求比较多的注意、依赖和关心。权力的争取常造成男女之间的情绪距离，当权力达不到的时候就会引起男性的焦虑。Dutton（1988）认为当女性要求亲密关系时，男性往往会以为被女性侵略了；而当女性想保持距离时，男性觉得自己有被遗弃的感觉。个人在成长过程中学习对亲密关系的处理，会延续到未来和配偶的关系。亲密感的需求程度不同（如性需

求），双方之间需求程度差异过大，常常是引起男性焦虑和压力的来源，情绪间距离也是造成女性被虐待的原因之一。

男性从小被教导以武装自己表示强悍来处理事情，这样的教导是被激发的，而当心理失去平衡害怕自己无法掌握状况时，往往是以气愤的情绪表达出来。男性的情绪在不易掌控的情况下，往往以暴力的形式出现，显示出自己的“强”和对方的“弱”。

心理教育传授与焦虑有关的知识和技能，帮助施暴者明确病因、诱因，确定影响因素，学习控制焦虑症状的简便方法等，既有直接的治疗作用，又能帮助其建立治疗信心。焦虑的症状往往是模糊不清的，通过知识教育，确认焦虑，并认识到病因、病名、治疗方法，能产生重要的支持治疗作用。明确告知疾病的性质为功能性而非器质性的，与一般所说的精神病不同，有系统的治疗方法，以消除其顾虑。

（二）学习情绪的表达方式，及时缓解负面情绪

施暴者要通过适当的方式表达自己的喜怒哀乐。学习如何控制情绪，提高心理调节能力，建立良好的沟通模式。例如，可以通过合理情绪疗法和 ABC 理论，找出 A——诱发事件；B——个体对这一事件的看法；C——继这一事件后，个体的情绪反应和行为结果。通过改变想法和观念（B）来改变、控制其情绪和行为结果（C）。对不合理的信念加以驳斥和辩论，使之转变为合理的观念，最终达到新的情绪及行为的治疗效果。

二、家庭暴力中受虐者情感教育

（一）学习沟通建立良好的家庭关系

施暴者或受虐者的沟通方式与夫妻暴力的发生相关。夫妻及家庭成员之间沟通不良，往往是暴力行为产生的原因。家庭成员特别是夫妻要学会良好沟通的方法。通过倾听、口语及非口语的肢体语言、同理心探索、言语沟通等技巧建立良好的家庭关系。

知识链接

非口语的肢体语言

眼神接触、脸部表情、身体姿势、身体动作、手势、身体距离、声音（音量、音质及流畅程度）、反应时间、目光温和接触、面部表情放松、适中的姿势及手势、声调坚定平稳、说话流利、语气肯定、保持适当距离。

沟通方式作为应激过程的中介因素之一，是人们对付内外环境要求及与其有关的情绪困扰所采用的方法、手段或策略，影响着应激反应的性质和强度。不同的沟通方式可降低或增加应激反应水平，从而调节着应激与应激结果之间的关系。积极的沟通方式可产生较高的婚姻满意度体验，有利于夫妻之间的交流，从而减少家庭暴力的发生；而消极的沟通方式不利于婚姻矛盾的解决，可能增加夫妻暴力的发生。在夫妻暴力事件的发生过程中，不论施暴者还是受虐者遇事往往采取消极的沟通方式而很少采用积极的沟通方式。

知识链接

预防与关系促进教程（PREP）与夫妻交流（CC）

目前，普遍使用的是丹佛大学 Marklnan，H. 和 Stanley，S. 设计的预防与关系促进教程（PREP），它最初用于婚前预防干预，目前已广泛用于婚后有高危因素的年轻夫妇。PREP 要求 4～10 对或更多的夫妻一起学习，其主要手段是教导夫妻交流、冲突解决和负面情感反应的调节技巧，以及如何维持和促进爱、承担义务等，丹佛大学的一项长期研究肯定了 PREP 的效果。

另外，还有夫妻交流（CC）预防项目，主题包括反省和揭露、情感倾听、冲突解决和交流的信息模式等内容。1991 年，经过重新设计和更新，CC 可用于小组或个体治疗。①

（二）了解与使用社会支持系统扩展人际关系

社会支持水平与心理健康水平的关系可以表述为社会支持缺乏→妇女受虐→妇女心理健康水平降低→妇女更加疏离→留在暴力关系中→暴力不断升级→心理健康水平不断降低，从而形成一个恶性循环。② 受虐者常常处于封闭性状态，较为畏缩、害怕、没有自信、不安，人际关系上受到阻碍和影响，因此，向受虐者提供扩展人际关系教育是相当重要的。让受虐人明白社会上有哪些机构及组织可加以运用以及其所在地、电话、服务项目等，在危急时，可请求其协助和支持，懂得自我防卫及保护。鼓励受虐人参与同一特殊族群所组成的团体，借助团体的带领治疗，促进心理的重整和重建，他人经验的分享常常会促成受虐者的观点转换。

知识链接

人际关系解决五策略

1. 澄清问题

问题尽可能简明扼要；明确地说出对方所说的话；说出自己的真正感受；承认自己做错的地方；无论在公开场合还是私下都不要进行人身攻击；正向且理性地看待冲突。

2. 引发解决问题的策略

用“脑力激荡”的原则想出各种各样解决上述问题的策略；脑力激荡的要诀是“不作任何评价，只想可能的方法、策略”。

3. 评估问题解决策略

此策略的实际可行性如何？此策略对需要参与解决冲突的人是否公平？此策略对需要参与解决冲突的人是否都能达到目标？

4. 选择问题解决策略

依据前三步的评估，决定哪一个策略是实际可行、效果最好的。

5. 达成协议并付诸实施

① 黄国平，张亚林．夫妻暴力心理干预的研究进展．中国心理卫生杂志，2003（9）

② 郝雁丽．家庭暴力对妇女心理健康和社会支持水平的影响及小组辅导效能探讨．陕西教育学院学报，2007（3）

单元三　家庭暴力意志教育

一、家庭暴力中施暴者的意志教育

（一）施暴者自我控制的特点

（1）缺乏自我控制却严格控制家人；

（2）施暴者的自我控制主要是以被动的自我控制为主，缺乏积极主动的控制。

（二）施暴者自我控制的两极性

一方面，建立在错误、失实的自我评价和情绪化的自我体验基础上，施暴者朝着消极行为方向发展的自我控制能力较强。

另一方面，施暴者又因自我认知的歪曲性，缺乏高级的情感体验，使得施暴者在积极意义上的自我行为控制能力较差，往往忽视自我约束和控制，缺乏自制力。

（三）情绪控制障碍的实质

情绪控制障碍的实质是不能根据外部环境的变化及时调整自己的行为，即通常所说的社会环境适应不良。控制情绪与主体的情绪能力和社会能力相关。

情绪能力是一个人的情绪感受、调控能力；社会能力是指一个人的社会沟通、交往、处置问题和合作等方面的能力。这两种能力主要包括：

（1）自我认识：是一个人对自己的能力和建立在良好基础上的自信的现实性评价，是情绪能力的基础。

（2）自我调节：是一个人能正确调节自己的情绪，使之能促进而不是干扰正在进行的工作；有良知并且为了追求目标而推迟个人满足；通过自我调节，个体能从情绪困扰中很快恢复过来。

（3）动机：是一个人朝向目标的执著追求，以及在面对挫折时能做到坚韧不拔、持之以恒，直到实现目标。

（4）感情移人：是一个人能感受到别人正在感受的东西，能采纳他们的观点，并且与各种各样的人建立友好关系和保持一致的情感。

（5）社会技巧：是一个人能很好地处理各种关系方面的情绪问题，准确地理解社会情境和网络，运用这些技术说服和领导别人，进行谈判和解决争端，进行合作和从事群体活动。

（四）情绪控制意志的过程

情绪控制过程是意志过程。当主体放弃负面情绪控制，那些负面情绪就会控制主体，因此一定要坚决抵抗，绝不能让负面情绪损毁了主体。通过自我管理、情绪控制、行为训练等心理训练提高情绪控制能力，控制愤怒。此外，还有生理的情绪控制与管理，如静心的功夫、腹式呼吸法、全身肌肉放松法以及人际的情绪控制与管理，如同理心的了解（empathy understanding），即进入对方的心理世界，将对方的“想法”与“感受”适当地表达出来。

二、家庭暴力中受虐者的意志教育

受虐者“习得性无助感”意识到对渴求的目标无能为力，于是放弃目标，而且也放弃对目标的追求。因为这被证实是无用的。认知被扭曲，产生很强的防御机制。防御机制的主要类型是压抑和合理化。受虐者试图将内疚、焦虑等不良情绪从脑海中消除，将暴力行为合理化。但是压抑和合理化并不能改变暴力的存在，相反，施暴者会因为对方的忍让和退缩更加肆无忌惮。同时，压抑并不能消灭不良情绪，只能将这些不良情绪压抑在无意识中。压抑是避开焦虑的一种办法，但这只是暂时的，压抑是一种不稳定的机制，它会对人发挥连续不断的、无意识的作用。压抑往往会通过两种不同的情绪反映出来。第一种是抑郁，处在这种情绪状态中的受虐者，所体验的是地狱般的生活，度日如年、情绪低沉、愁眉苦脸、思维迟钝、动作缓慢、自轻自贱，怀着很深的罪恶感，缺乏生活的动力和能量。在这种持续的消极情绪状态下，一些人不想再忍受下去而采取自杀的行动，以求一了百了，结束这种既无法割舍又无法改变的局面。另一种情况是，过度严重的压力持续发生时，个人无法适应，显示出较低的整合功能，成为过度的压力补偿失效。① 压抑的情绪会变得非常强烈，以至于人们难以驾驭，于是就会爆发出比以前反应更为强烈的情绪，产生破坏行为，即以暴抗暴②。

艾利斯（Ellis，1997）认为有效的治疗通常包括示范和仿效两部分，而大量的研究也说明示范是帮助组员改变和成长的一条有效途径（Krumbotz & Thoresen，1964；Truax & Carkhuff，1967），示范可通过以下四个途径实现：

（1）受虐者支持小组活动中心理辅导教育工作者真诚、坦率、自信、开放、自尊的态度成为组员效仿的对象；

（2）受虐者会根据自己的需要和特点，选择其他组员作为效仿对象；

（3）小组提供了一个安全的练习场所，使受虐者在现实生活中尝试某种新技巧和行为之前，可以在一个支持性的环境中先行练习；

（4）小组为受虐者提供了接受反馈信息的机会，使其有机会听到别人有价值的建议。

通过学习增强了受虐者解决问题的自信心。此外，帮助受虐者从社会性别视角认识家庭暴力，共同探讨产生家庭暴力的社会、个人因素，了解家庭暴力循环理论，以及对身心健康及家庭的不良影响。通过一系列认知学习清除受虐者的自责感和宿命感，增强受虐者对生活的控制能力。

知识链接

家庭涉入模式的五个层次

家庭教育学者 Doherty（1995）的家庭涉入模式的五个层次（LFI）提供了有效能的家庭教育内涵及实施的有力指标。③

对家庭暴力进行家庭教育介入时，可根据问题的严重程度，将所要开展的家庭教育工作分三级：

---

① ［美］罗伯·卡森．变态心理学．台北：五南图书出版有限公司，2003. 177

② 受虐妇女的心理创伤与干预对策——北京红枫妇女心理咨询服务中心

③ 台北市家庭暴力暨性侵害防治中心（民 89）家庭暴力暨性侵害研讨会研习手册。

（1）初级预防：提供信息与建议。针对一般大众施行教育或提供相关信息，以对抗婚姻与家庭中的有害因子，防患于未然或减少问题的发生率。

（2）次级预防：提供情感与支持。通常针对常遭遇压力的家庭及短期婚姻危机的家庭，协助他们处理家庭中常见的压力，除了建立社会支持外，还应给予情感支持。

（3）三级预防：简要聚焦式的介入。主要为高危群体或目前已遭遇问题的家庭提供，协助其减少受害程度，增加复原的能力，同时避免问题再复发。

对家庭暴力进行家庭教育介入，根据可能发生的暴力问题的严重程度，可开展的工作包括：

1. 初级预防工作：提供信息与建议

对于一般家庭提供与家庭暴力相关议题的信息，协助消除社会和家庭中对于暴力的允许和合理化，以防患于未然及减少家庭暴力问题的发生率。

策略：

（1）改变社会对家庭暴力的认知。破除父权的体制权威，消除社会对婚姻暴力的默许，加强倡导，以改变一般大众对暴力的一些传统认识，增加对暴力影响的认识。

（2）培养妇女独立生活的能力以及增加其作决定的能力。许多妇女在不幸遇到家庭暴力时，不愿离开丈夫而甘愿受折磨，是因为太依赖丈夫而无法独立。因此教育妇女要有独立生活的能力，能自己作决定，当不幸降临时，才有能力面对难关。

（3）发展应对暴力的能力。对于暴力事件，每个人都应该具有危机处理的能力，能自我保护，同时具有回应暴力的技巧，个体才不至于在暴力事件来临时，只能默默承受。暴力事件有时候是可以避免的。

（4）学习不以暴力解决事情。家庭常是学习暴力的第一个场所，要减少家庭暴力，从小就应该学习不以暴力解决问题。夫妻间要重视沟通，不以暴力相向，否则暴力很容易形成恶性循环。

2. 次级预防工作：提供情感与支持

针对常遭遇婚姻暴力压力的家庭及短期婚姻危机的家庭，协助他们处理家庭中常见的压力，除了建立社会支持，降低由社会造成的暴力压力外，还应将暴力家庭融入亲戚和小区的网络中，给予暴力家庭情感支持。

策略：

（1）提供情绪支持，成立支持性团体。同情并支持那些遭受婚姻压力者或曾遭受虐待者，让有类似经验的人聚集在一起，彼此分享，在情绪上获得疏解。可以成立支持性团体，以开放性或封闭性的方式，鼓励妇女在团体中讨论所遭遇到的困难，获得其他成员的支持，以协助尚在暴力漩涡中挣扎的妇女。

（2）提供社会资源及支持。当妇女遭遇到家庭暴力压力时，若能得到社会资源的协助，就比较容易降低婚姻及家庭的危机与压力。在暴力问题严重，妇女决定离开丈夫时，社会资源应该提供经济、法律咨询或心理上的支持，协助受虐者找到庇护中心，以减轻妇女在离婚、教育子女、居住及经济问题方面的压力。

（3）协助处理情绪。当妇女遭遇到丈夫的暴力倾向时，内心会有许多压力、情绪和矛盾，这些情绪需要处理。应协助当事人处理因受虐而产生的愤怒、哀怨等负向情绪，使其尽快复原，让受害者心理得到安抚，使其有力量继续生活下去。

3. 三级预防工作：简要聚焦式的介入

该级的预防工作为家庭暴力高危群体或目前已遭遇到家庭暴力问题的家庭所提供，旨在协助其减少受害程度，打破家庭暴力的循环，增加复原的能力，同时避免问题复发。到达此层级，艾根（Egan，G. 1975）提出的助人模式，分三大阶段、九个步骤，可作为我们处理问题时的参考架构：

第一阶段：厘清需要改变的主要议题

（1）协助行为人诉说故事。

（2）协助行为人找出其盲点及发掘新观点。

(3) 帮助行为人聚焦于问题的症结。

第二阶段：选择行为人喜好的愿景

(1) 协助行为人发展美好的生活愿景。

(2) 协助行为人将愿景转换成目标。

(3) 帮助行为人对其决定的目标作承诺。

第三阶段：行动策略——协助行为人发现达成愿望的方法

(1) 协助行为人想出可以达成目标的可行方法。

(2) 协助行为人找出最合适的行动策略。

(3) 帮助行为人制订计划。

策略：

(1) 帮助行为人厘清需要改变的主要议题。引导求助者诉说其遭遇，从中搜集有效的资料（包括婚史、暴力史、求助状况……）。不仅应了解过去发生的事件，还应特别注意目前生活情境或自危机事件发生之后的生活历程。协助行为人找出本身的盲点并发现自己所拥有的新资源，使其对于生活及暴力事件有新的认知，不再受不当的迷思困扰。总之，此策略要找出问题的症结之所在或找出想最先解决的问题，让自己明确知道有哪些地方是需要作改变的。

(2) 协助行为人选择自己所喜好的生活愿景。家庭暴力的发生，常让受虐者感到沮丧恐惧，甚至对人生不再抱任何希望，因此，在找到问题的症结之后，心理辅导工作者应该引导受虐者设想未来的美好愿景，激励其对未来生活抱乐观的态度，美好愿景也是支持受虐者改变现状的主要动力。当受虐者找到未来美好的生活愿景后，再协助其将愿景转换成具体的目标，同时对其确定的目标作承诺。

(3) 协助行为人发展行动计划以远离暴力。此策略为助人历程的核心。协助行为人尽可能多地思考，找出可以解决家庭暴力的所有可行方法，在这些方法之中找出最合适、最符合自己的需求与资源的行动策略来，最后制订具体的行动计划，当知道自己要实践的内容及程序后，实行起来就比较容易，而行为人的意愿也很重要，她/他本身愿意去做，远离家庭暴力的目标才有实现的可能。

【实训项目】

《施暴者团体辅导方案》[1]

一、团体名称

改变自己、和谐家庭

二、团体性质

结构式治疗性团体

三、团体规模

4或6名施暴者

四、参加对象

小组成员为家庭暴力施暴者。家庭暴力施暴者以男性居多，因此小组成员均为男性，尽量平衡他们的教育背景、年龄。

五、团体活动时间、活动地点

活动共5次，每周1次，每次1~2小时。活动地点为团体咨询室。

六、领导者及训练背景

心理咨询师1名，助手1名，均为男性。

---

① 黄之泯．广州医学院应用心理专业2005级学生。参考樊富珉．团体心理咨询．北京：高等教育出版社，2005；刘勇．团体咨询治疗与团体训练．广州：广东高等教育出版社，2003

七、团体目标

长期目标：

(1) 承认愿意对自己的施虐行为负责；

(2) 消除家庭关系中所有的躯体攻击、情感虐待和胁迫；

(3) 在家庭关系中形成以非暴力手段表达不满和愤怒的行为模式；

(4) 增强与家庭成员的沟通能力。

短期具体目标：

(1) 练习使用暂停法，缓解愤怒；

(2) 了解暴力行为对自己、配偶和孩子的消极影响；

(3) 让团体成员为改善与配偶之间的关系而设置具体的切实可行的行为目标，然后向团体汇报目标的达成情况；

(4) 让成员就停止暴力与控制行为、不再将施虐的责任归咎于对方作出明确的承诺；

(5) 逐渐地修复配偶对成员的信任。

八、理论基础

暂停法：当个体出现某种不良行为时，立即停止或取消其能够获得的正强化的机会。这一方法尤其适合矫正儿童的攻击性行为、破坏性行为和自我伤害性行为。使用时应注意暂停的时间一般不要太长，否则一旦形成心理逆反就适得其反了。

认知行为治疗（Cognitive Behavior Therapy）是一组治疗方法的总称，这组方法强调认知活动在心理或行为问题的发生和转归中起着非常重要的作用，并且在治疗过程中既采用各种认知矫正技术，又采用行为治疗技术，故称之为认知行为治疗。治疗具有积极的、指导性的、整体性和持续时间短的特点。

九、方法

小组讨论、分享体验、角色扮演

十、活动设计

(一) 运用暂停法缓解情绪

指导语：参与该团体的每位成员都曾经对家庭成员施行暴力，这一次的活动我们将教给各位成员如何使用暂停法缓解自身的情绪。

(1) 要求每位成员详细描述促使他们加入该治疗团体的家庭暴力事件。

(2) 引导团体聆听并讨论发言者的故事及说出各自的情绪体验。

(3) 利用角色扮演、模拟和行为预演的方法缓解情绪，讲解暂停法的六个步骤，分别为：① 自我检测逐渐升级的愤怒情绪体验和痛苦体验；② 向配偶示意言语交战必须告一段落；③ 向配偶征询意见请求撤离；④ 双方分开以便回避激战；⑤ 冷静并恢复对愤怒的控制；⑥ 返回到可控制的言语交战中。

(4) 引导成员讨论暂停法的使用，探索团体成员对应用暂停法的阻抗。

(5) 促使成员承诺本周必要时运用暂停法。

结束语：这次活动圆满结束，希望各位成员在接下来的一周内，在必要时运用暂停法。

(二) 回顾暴力事件、设定目标

指导语：经过上一周的活动，各成员是否使用了暂停法？我们来讨论一下你们在生活中运用暂停法的事件与过程。

(1) 回顾成员列举的那些迫切需要运用暂停法的预警信号，并将所有信号按以下三种类型加以分类：感觉、思维、行为。

(2) 引导成员详细回顾促使他们参加治疗的暴力事件。要求他们回忆在暴力事件的间歇期他们的情感体验和心理感受，并且讨论自己在此期间的表现。

(3) 引导团体讨论他们的暴力行为对自己、配偶和孩子所造成的消极影响。

(4) 要求成员两人一组讨论并制定具体的、切实可行的行动目标，以期减少家庭暴力。必要时向成员提供帮助。

(5) 鼓励成员两人一组讨论实现预定目标可能产生的结果。

结束语：经过这一周的讨论，大家已经设定好了目标，在接下来的一周时间内，请大家完成自己设定的目标，谢谢。

(三) 责任归咎

指导语：请每位成员分别说出自己目标进行的情况，我们再来进行讨论。

(1) 检查成员实现预定目标的进展，对成功的予以强化，对失败的予以调整。

(2) 鼓励成员列举对暴力行为负责以及逃避和推卸责任的情形。

(3) 引导成员就停止暴力、控制行为，不再将虐待的责任归咎于对方作出承诺。

结束语：请成员们按照自己的承诺，做出相应的行为，谢谢。

(四) 共情式倾听

指导语：这次的活动，我们的重点在于教会大家共情式倾听的技巧。

(1) 向成员讲解共情式倾听的技巧。

(2) 引导团体探索共情式倾听在冲突不断升级的过程中所起的作用。

(3) 引导成员两人一组，通过角色扮演，练习针对挑衅性言语的共情式倾听。

(4) 引导团体讨论如何使配偶恢复对自己的长期性信任，并鼓励成员以尊重、友善、富于同情心的方式对待配偶。

结束语：下周活动前，我们的目标是要努力恢复配偶对自己的信任，尊重、爱护自己的配偶。

(五) 巩固治疗

指导语：经过前四周的活动，大家对于暂停法、共情式倾听的技巧有了一定的了解，现在我们来回顾一下在这四周中，各位成员是如何运用这两种技巧的。

(1) 回顾整个活动所学习的技巧。

(2) 要求成员承诺在必要时运用所学习的技巧以控制自己的情绪与行为。

结束语：我们的活动已经接近尾声，希望大家在今后的生活当中，继续运用在这个活动中学会的技巧，促进自己的成长，增强家庭的和谐，谢谢。

请分析此团体心理辅导方案是否符合格式的要求。

【案　例】

弑父董吉君心理剖析

2004年9月，19岁的董吉君以605分的高考成绩考入广东工业大学计算机学院，次年参加全国大学生英语竞赛，获三等奖，在校表现亦可圈可点。可是，他觉得自己的学校不是重点学校，想退学重考，争取考上北京的名牌大学。父亲认为，儿子应继续留在广东工业大学读书，毕业后出国留学，那样更能“光耀门庭”。

2005年9月21日晚，父子俩再次为退学重考一事发生争吵。父亲打了儿子一耳光，儿子没有还手。次日一早，父子俩一起出去喝早茶。席间，父亲再次提到自己的“宏大设想”，董吉君对父亲的埋怨已上升为仇恨。当晚7时许，在父亲毫无防备的情况下，董吉君从书包中拿出一把长30厘米的水果刀向父亲连砍带刺三十多刀。从客厅到阳台，到楼道，从四楼到二楼，儿子一路追杀。追杀持续了近半个小时，最终，父亲倒在了血泊中……

案发后，警方曾对董吉君进行过精神鉴定，认定他没有精神问题。2006年8月23日，广东省高级人民法院终审裁定，判处董吉君死刑，缓期两年执行。

心理诊断分析：

定目标是心理防御机制

家人反映，董吉君从小学习刻苦，成绩也一直名列前茅。外婆描述他时说“他很听话，很喜欢读书，根本不用人操心”。从董吉君的日记中也可以发现，目标是他特有的心理防御机制，他之所以刻苦学习，是因为他想要出人头地，要让人刮目相看。他的日记从2001年升入高一开始，一直到2005年大一结束，绝大多数日记的内容都是在树立目标，他要求自己在学习、游泳、电脑、篮球、小提琴、奥赛等方方面面都有所建树，譬如2001年9月7日的日记就是：“高中学习危机四伏，小心！要努力！奋斗！让别人刮目相看！”其实他并不是对学习或任何一件事有兴趣，提起他兴趣的是学习获得成绩后的别人的瞩目，他渴望得到别人的认可。但实际上他对学习毫无兴趣，可他又要让自己不断学习，甚至比一般人学得更多，这就变成了强迫式学习。在人格塑造上，这也让董吉君带上了强迫型人格的元素。而且这在他自己内心也引发了冲突，使得他自己痛苦不堪。

过分追求完美、多疑

另一方面，他想获得辉煌成绩的动机使得他不允许自己失败，要让自己变得完美。一旦受到挫败，他就会觉得别人在议论他、嘲笑他。如此在意别人对自己的评价，也使得董吉君有了多疑的性格。而无论是当他觉得周围的人嘲笑他、看不起他时，还是他原定目标达到时，他都会给自己定下新的、更高、更多的目标，当新目标越来越多、越来越高，成了不能承受的重量，他就最终被这目标所摧毁了。

内心冲突明显，想要解脱

在他追杀父亲的前一天，父子俩发生了激烈争吵，父亲还打了他一耳光。但据他所说，并不是因为这个耳光想要杀死父亲，而是早就有这种想法，因为他觉得父亲很烦。其实在他的内心，似乎也存在着“孩子”与“父亲”的角色，每当“孩子”想玩想放松的时候，“父亲”都会及时出来制止，并给他定下严苛的目标和计划，从小被寄予厚望的他，每次总是会屈从于“父亲”，但是实际上他自己是非常痛苦的。直到上大学，他终于不堪重负，想退学以逃离这一切，而父亲又以复读为条件交换，他虽然答应了却迟迟未去上学，这也是父子俩不断争吵的原因之一。最终，他不胜其烦，选择了要消灭“烦”的来源，在潜意识中，他或许认为杀掉现实的父亲，也意味着杀死“内在的父亲”。“内在的父亲”没有了，压力也随着那个庞大的目标体系一起消失了，而轻松感也随之而来……

家庭变故

另外，家庭的变故也是酿成惨剧的内在原因之一。在董吉君 8 岁时他母亲过世，自此之后父亲很“用心”地栽培他，对他寄予厚望，希望儿子能有出息，这样才对得起死去的妻子，这就是目标最初产生的来源。而董吉君呢，从小就受到这样的教育，也使得他自身不断努力，不断追求目标。这似乎形成了他最初最基本的行为认知模式。但后来父亲再婚，对董吉君打击很大，他感觉自己是局外人。高考失败后，他说父亲对他不好了，后来父亲想送他出国留学，他也认为是父亲想抛弃他……这一系列事件都表明他对父亲是积怨成恨，最终酿成了惨剧。

请根据提供的案例信息整理董吉君实施暴力的原因。

任务十

网络成瘾心理矫治

一切人类努力的伟大目标在于获得幸福。……幸福与其说是用任何其他方法，不如说是用情感的这种敏感性来达到的。如果一个人具有了那种能力，他在趣味的愉快中所得到的幸福，要比在欲望的满足中所得到的幸福更大。他从一首诗、一段推理中获得的欢乐要比昂贵的奢侈生活所能提供的欢乐更大。

——休谟

【重点技能】

- 网络成瘾少年心理诊断技能
- 网络成瘾少年心理咨询技能
- 网络成瘾少年心理辅导技能
- 网络成瘾少年心理教育方法

【案例 1】

白某，因盗窃被劳动教养一年，在浙江省某劳教所服教。白某出生在一个幸福美满的家庭，从小学习成绩比较优秀，在班里、学校里都名列前茅。12 岁的时候，父母离开家乡到外地打工，白某在家和奶奶住在一起，没有什么人来管白某。白某去找了平时关系比较好的同学（父母也在外地打工），该同学迷恋上网，一有空就去网吧，白某也就跟在他后面看他上网、打游戏，觉得很好玩，白某也慢慢地学会了，慢慢地入了迷。

之后白某沉迷于游戏，下课一有时间，就和网友们讨论战术，对每次的战果更是津津乐道，慢慢地，就荒废了学业，甚至经常不完成老师布置的作业并开始逃课。那时家里没有电脑，白某就常扎驻网吧。成绩一落千丈。习惯了网吧气氛的白某在抑制网瘾时感到很不适，网瘾就像一只痒虫，挠得白某心头难受万分，比因成绩不好所要承受的那种责难、煎熬要难受百倍。况且，虚拟世界的快乐能够使人感到充实，因此越熬瘾头越大。白某被虚无的快乐深深地麻醉着，每天都以不真实的快乐去填充不如意的现实生活。麻木的快乐、真实的痛苦、白某不知是生活在地狱还是天堂。整个人都变得空虚，白某已经没有了现实生活中争强好胜的勇气，一心只想着把游戏打好。白某开始得过且过，混一天是一天，饿了随便吃点东西，把零花钱全花在了上网上。结果白某没考上高中，没脸回去见家人，更不敢见父亲那张沧桑的脸，于是白某离家出走来到浙江金华，找了份工作，月工资800元，刚开始白某也很卖力地干活，公司老板对白某的表现很满意，叫白某好好努力，做好了给白某加工资，白某也努力地工作着。但下班后，闲逛在街头，网络的诱惑又让白某无法自拔，每天晚上上网到很晚，有时到凌晨一两点钟，工资基本都花在了网吧，白天也就没精力干活，也没心思上班，不久公司把白某开除了，白某成了无业游民，白某把身上仅有的几百元钱全花在了网吧，到最后没钱了，网吧老板把白某赶了出来，白某身无分文，连饭都吃不上了，“无奈”之下，白某想到了不用成本的生意——偷窃，做了梁上君子。一开始偷网吧里的电脑内存配件，偷上网人的自行车、手机等财物，后来发展到入室行窃。天网恢恢，疏而不漏，白某很快被当地的公安机关发现，不久便被抓获，由于白某偷的财物不少，最后他被劳动教养一年。

【案例2】

连南网瘾少年涉嫌杀妹弑母①

据南都讯，2011年3月7日，清远市连南瑶族自治县寨岗镇，一名15岁初二少年涉嫌杀死自己的母亲和妹妹。据清远市公安局相关工作人员称，案件在3月9日已经侦破。目前，案情可以基本定性，犯罪嫌疑人孟某已羁押在清远市。

会考全镇头名，电脑游戏全镇头名，短跑速度全校头名，涉嫌杀妹弑母的15岁少年被同龄人称为“孟头”。在学校，他是“明星”人物，讲义气，爱帮助人。但他又沉迷于电脑游戏和网络不能自拔，回到家里总被父母责打。“孟头”为此恨他的父母。

“我想像周星驰演的整蛊专家一样整蛊我父母，决一死战。”2010年的夏天，“孟头”在网吧上网，被寻来的父亲孟南（化名）当场扇了一巴掌，他摸着火辣的脸跑到了最好的朋友小成家，那一晚，他没有回家。

1996年11月12日，母亲黄静（化名）生下了“孟头”；2011年3月6日，“孟头”抽烟的事被妹妹告发；2011年3月7日，“孟头”的母亲和8岁的妹妹在家被杀死。

3月8日上午，“孟头”报警。向警察这样描述：“我去网吧上通宵了，回来看到妈妈和妹妹死了。”

一时，警车塞满了寨岗新市场，在这个逼仄市场的尽头，是“孟头”的家。几年前，孟南租下了这栋4层的楼房，底层是夫妻俩经营的鞋店，手工做鞋，还提供免费修补。

3月8日，回湖南老家扫墓的孟南得知惨讯后，马上晕了过去。3月9日，警方认定是熟人作案，“孟头”被抓进派出所。

据清远市公安局相关工作人员称，3月8日上午，寨岗公安分局接到了报案，在第一时间保护好现场，并控制了可疑人员。清远市公安局刑侦人员迅速赶到现场，并在9日破案。目前，案情可以基本定性，犯罪嫌疑人孟某已羁押在清远市。该工作人员还透露，因为案件涉及未成年人犯罪，更多信息不便透露，案情在进一步调查中。

为了上网努力读书

据好友透露，“孟头”每次被强制不能上网时总说要报复父母。在寨岗，最受少年们欢迎的是被当地人称为“黑地方”的小网吧。不少音像店和配匙店的隔间里，就可

---

① 连南网瘾少年涉嫌杀妹弑母．南都讯，http：//nf. nfdaily. cn2011 –03/12.

以看到这样的小网吧，多的有四台电脑，少的只有两台。

少年玩QQ飞车全镇无敌

“黑地方”并没有牌照，上网只需要2元/小时。孟头上网的钱来自帮父母的店卖废品，拿到的钱都很少，只能够去屋后不远老乡家开的小网吧上网。

“从五年级到现在，他的QQ飞车是全镇无敌的。”在小网吧的一位孟头“战友”小东说，佩服之余他也经常请“孟头”玩游戏。

被爸爸发现就是一巴掌

“已经有两年多了，他爸爸找不到他的时候就来这里，来了就是一巴掌，拎着回去。”网吧老板称，自己也被老乡孟南警告过，但是每次看到“孟头”哀求的眼神，就忍不住又让他玩。网吧老板认为，“孟头”很讲信用，没有钱就不来，从不赊欠。

“因为我只有读书好，我才能上网。”“孟头”曾这样对最好的朋友小成说。每次被强制不能上网时，“孟头”习惯去小成家过夜。

“他总是咬牙切齿说要报复父母。”小成说。

考试100分妈妈依然不满

与孟南的暴躁不同，黄静对于儿子的网瘾选择了等。每次“孟头”不回来，全家人都不吃饭。

但是，黄静对于儿子的学习成绩很苛刻。“孟头”在上学期的期末考试中数学考了99分，黄静并未表扬儿子，而是打电话给班主任，“数学有没有100分的?”当得到肯定的回答后，黄静宣布“孟头”整个寒假都不能上网吧。

以为自己考了好成绩可以上网吧的“孟头”感到很绝望。“我恨死我妈了。”当晚，“孟头”跟小成的QQ聊天记录上这样显示。

拿了奖学金买烟上网吧

在2009年，“孟头”第一次尝到了自己挣钱的滋味，他以小学会考全镇第一名的成绩进入寨岗中学，拿到了2 000元的奖学金。

他给了父母1 980元，自己留下了20元。他拿着20元去找小成，两人买了包红玫王香烟、两瓶饮料，剩下的钱用来上网。那晚，13岁的他们在那间小网吧抽了人生中第一根烟。烟呛住了“孟头”，他不停地咳嗽。小成非常难忘当时孟头说的话：“这就是成就，人就是这样获得这样的成就。”

除了上网，吸烟更是“孟头”父母不允许的。2011年3月6日晚上，“孟头”在楼上偷着吸烟时被妹妹发现并告发。黄静怒不可遏地打电话给正在湖南的孟南。孟南在电话中大声训斥儿子，并说回来要打他。

“孟头”很害怕父亲打他，在3月7日中午放学的时候，把昨晚的事情告诉小成，而这是“孟头”去拘留所前两人间的最后一次谈话。

项目一　网络成瘾心理诊断

【操作步骤】

(1) 网络成瘾确认。

（2）网络成瘾分类。

（3）网络成瘾测评。

知识链接

21 世纪是信息世纪，是互联网世纪。我们已进入互联网时代，互联网在人际沟通、学术研究、信息交换和娱乐等方面给我们带来了很多便利（Davis，et al.，2002）①。这一切均要归功于两个重要的事件：一是 1946 年第一台计算机在美国诞生，二是 1969 计算机网络 ARPANET 在美国国防部高级研究计划署被组建，而后者标志着人类互联网时代的开始。② 网络已成为我们生活中一个非常重要的组成部分。我们通过网络进行通信、购物、聊天、游戏、打电话、看电视、看病、看新闻、搜索信息、写作、建立社区、求学等。

互联网技术突破了时空限制和社会限制（如身份、职业、地位等），为人们的生活、学习和工作带来了方便，与此同时，也导致一些用户无节制地使用网络，影响其正常的生活、学习和工作，损害其身心健康。这种现象最先引起美国心理学家的关注，并将其命名为“网络成瘾”（Internet addiction，IA）③ 或“网络成瘾症”（Internet addiction disorder，IAD）④ 或“病态网络使用”（Pathological Internet use，PIU）⑤。

网络成瘾是一种新的成瘾形式，它已引起社会学家、心理学家和精神病学家的注意（Chou & Hsiao，2000）⑥。美国心理学会（APA）于 1997 年正式承认“网络成瘾”研究的学术价值。⑦ 不像其他的行为和心理成瘾问题，网络成瘾是一个新形成的且被广泛关注的问题。尽管网络成瘾在学术界和社会大众仍是一个颇有争议的概念，但有一点是清楚的，即认识和理解这种现象是非常重要的，因为网络成瘾可能会潜在地影响使用网络的每一个人。

据国外研究者估计，在所有网络用户中，成瘾者约占 5% ~ 10%，并且随着互联网的发展速度和使用范围的持续增长，这一数字还将继续上升。⑧⑨ 网络成瘾，如同其他形式的成瘾（如药物、赌博成瘾）一样，将导致一系列个人和社会问题。就个人而言，轻则导致时间管理混乱、耽误睡眠和饮食，直接或间接地影响健康；重则导致现实人际关系疏远、社会隔绝、学业荒废、工作瘫痪、婚姻矛盾、家庭破裂以及出现人格改变和精神障碍，等等。

① Davis，R. A.，Flett，G. & BesserL. A. Validation of a New Scale for Measuring Problematic Internet Use：Implications for Pre-employment Screening. *Cyber Psychology & Behavior*，2002，5（4）：331 – 345.

② http：//baike. baidu. com/view/6825. htm

③ Young，K. S. Internet Addiction：the Emergence of a New Clinical Disorder. *Cyber Psychology and Behavior*，1998，1（3）：237 – 244

④ Goldberg，I. Internet Addiction Disorder. http：//www. cog. brown. edu/brochure/people/duchon/humor/internet. addiction. html，1995.

⑤ Davis，R. A. A Cognitive-Behavioral Model of Pathological Internet Use（PIU）. *Computers in Human Behavior*，2001，17（2）：187 – 195.

⑥ Chou，C. & Hsiao，M. Internet Addiction，Usage，Gratifications，and Pleasure Experience—The Taiwan College Students' Case. *Computers & Education*，2000，35（1）：65 – 80.

⑦ Schuman，E. It's Official：Net Abusers are Pathological. http：//techweb. com/wire/news/ aug/0813addict. html，1997.

⑧ Soule，L. C.，Shell，L. W. & Kleen，B. A. Exploring Internet Addiction：Demographic Characteristics and Stereotypes of Heavy Internet Users. *Computer Information Systems*，2003，44（1）：64 – 73.

⑨ Morahan-Martin，J. & Schumacher，P. Incidence and Correlates of pathological Internet use among College Students. *Computers in Human Behavior*，2000，16：13 – 29.

"成瘾"已成为一个严重的社会问题（Brenner，1997）[1]。互联网自1994年4月20日落户我国以来，[2] 网络用户便以爆炸式的速度增长。2009年7月，中国互联网络信息中心通过对30 000名中国网民的调查，第24次发表了《中国互联网络发展状况统计报告》（2009年7月），报告指出，截至2009年6月30日，中国网民规模达到3.38亿人，位居世界第一，普及率已达25.5%（世界的平均水平为23.8%）。调查显示，我国平均每6个网民里有1个有上网成瘾的倾向。[3]

据中国青少年网络协会《2007年中国青少年网瘾数据报告》，我国青少年网络成瘾比例已达9.72%，接近10%。按照这个数据推算，目前我国青少年网瘾人数至少有1 600万，这个数字不可谓不惊人。[4]

对青少年而言，网络成瘾不仅影响了他们的学业，恶化了他们与父母的关系，更为重要的是使他们中的一部分人走上犯罪的道路。

所以，互联网"成瘾"已成为一个严重的社会问题，同时也是一个严峻的公共精神卫生问题。

单元一　网络成瘾相关研究

网络成瘾一开始就是一个备受争议的概念。第一次被Goldberg以玩笑形式提出，后由Young[5] 开始对其进行正式研究，可是直到现在人们对这一概念还在不停地争论。

网络成瘾这一术语现在已成为概括不同的与网络有关的心理和行为障碍的比较流行的且最具概括性的术语（Soule，et al.，2003；Thatcher & Goolam，2005a）[6][7]。

其他还经常被用于网络成瘾的术语还包括"病理性网络使用"（Davis，2001）[8]、"问题网络使用"（Davis，Flett & Besser，2002）[9]、强迫性网络使用（compulsive Internet use，Greenfield，1999）[10] 和过度网络使用（excessive Internet use，Hansen，2002）[11] 等。

选择不同的概念往往意味着选择不同的起因，如选择网络成瘾或病理性网络使用，

① Brenner，V. Psychology of Computer Use. XLVII. Parameters of Internet Use，Abuse，and Addiction：the First 90 Days of the Internet Usage Survey. *Psychological Reports*，1997，80：879－882.

② http：//www.cnnic.cn/html/Dir/2003/10/22/1001.htm

③ 中国互联网信息中心（CNNIC）. 中国互联网发展状况统计报告. 2009. http：//www.cnnic.cn/uploadfiles/doc/2009/7/16/125040.doc

④ http：//www.zqwx.youth.cn/web/zuizhong.jspid＝67

⑤ Young，K. S. Internet Addiction：the Emergence of a New Clinical Disorder. *Cyber Psychology and Behavior*，1998，1（3）：237－244.

⑥ Davis，R. A. A Cognitive-behavioral Model of Pathological Internet Use（PIU）. *Computers in Human Behavior*，2001，17（2）：187－195.

⑦ Thatcher，A. & Goolam，S. Development and Psychometric Properties of the Problematic Internet Use Questionnaire. *South African Journal of Psychology*，2005a，35（4）：793－809.

⑧ Soule，L. C.，Shell，L. W. & Kleen B. A. Exploring Internet Addiction：Demographic Characteristics and Stereotypes of Heavy Internet Users. *The Journal of Computer Information Systems*，2003，44（1）：64－73.

⑨ Davis，R. A.，Flett，G. & Besser，A. Validation of a New Scale for Measuring Problematic Internet Use：Implications for Pre-employment Screening. *Cyber Psychology & Behavior*，2002，5（4）：331－345.

⑩ Greenfield，D. N. Psychological Characteristics of Compulsive Internet Use：A Preliminary Analysis. *Cyber Psychology & Behavior*，1999，2，403－412.

⑪ Hansen，S. Excessive Internet Usage or "Internet addiction"? The Implications of Diagnostic Categories for Student Users. *Journal of Computer Assisted Learning*，2002，18，232－236

意即把这个现象当成一种像列在《精神障碍诊断和统计手册》（DSM-IV）（American Psychiatric Association，1994）[①] 里的精神障碍。过度或问题网络使用也是较常用的概念。这个概念的使用者将这种现象视为一个问题行为，但还不是一种像强迫或冲动一样的症状。

第一个对网络成瘾进行正式研究的是美国匹兹堡大学的Kimberly Young。他在1996年的美国心理学年会上发表了“网络成瘾：一种新的临床疾病”一文，公布了自己对网络成瘾问题的实证研究（Young，1996a）。

在检视过DSM-IV（American Psychiatric Association，1994）上所有的成瘾诊断，Young（1996b）认为病理性赌博（pathological gambling）的状态最像网络成瘾，因此将“网络成瘾”定义为一种没有涉及中毒（intoxication）的“冲动—控制障碍”（impulse-control disorder），即“病理性网络使用”（pathological Internet use，PIU）。他认为，网络成瘾是一个笼统的名词，涉及广泛行为与冲动自制等问题，其在性质上与病理性赌博极为相似，是一种冲动—控制障碍。

1997年Goldberg提出的“IAD”（即Internet addiction disorder，网络成瘾症）是一个让人很不愉快的术语。它听起来就像是与服用海洛因等成瘾物质导致使用者的各个细胞都发生改变的情况一样，但是我们在网络使用中却看不到这样的影响。因此，Goldberg建议将“网络成瘾”一词改为“病理性计算机使用”（pathological computer use），并将其定义为因为过度使用网络而造成沮丧（distress），或是对身体、心理、人际、婚姻、经济或社会功能带来的损害。[②]

Goldberg还认为，若要与其他非正式的成瘾行为作一个比较，IAD可能很像工作狂热症（workaholism）；若是要跟正式的成瘾症状比较，IAD则像“病理性赌博”（pathological gambling）一样。在这点上，Goldberg和Young的观点是一致的，即IAD是一种“冲动—控制障碍”。

此后，Armstrong[③] 对网络成瘾的概念作了较为全面的描述，认为网络成瘾是一个很宽泛的概念，成瘾者存在大量行为和冲动控制上的问题，例如：① 网络性成瘾（cyber-sexual addiction），指沉迷于成人话题的聊天室和网络色情文学；② 网络关系成瘾（cyber-relational addiction），指沉溺于通过网上聊天或色情网站结识朋友；③ 网络强迫行为（net compulsions），指以一种难以抵抗的冲动，着迷于在线赌博，网上贸易或者拍卖、购物；④ 信息收集成瘾（information overload），指强迫性地浏览网页以查找和收集信息；⑤ 电脑成瘾（computer addiction），指强迫性地沉溺于电脑游戏或编写程序。

① American Psychiatric Association. Diagnostic and Statisticalmanual of Mental Disorders（4th ed.）（DSM-IV）. Washington，DC：American Psychiatry Association.

② Suler，J. Computer and Cyberspace Addiction. *International Journal of Applied Psychoanalytic Studies*，2004，1，359－362.

③ Armstrong，L. How to Beat Addiction to Cyberspace. http：//www. netaddiction. com/，2001

但网络成瘾的概念也受到了不少学者的质疑。[①②] 有些反对者[③]认为成瘾（addiction）这一术语是指有机体对某种药物心理上和生理上的依赖，是用于摄入某种化学物质或麻醉药的行为，比如吸毒。网络用户对网络的着迷不同于对化学物质的依赖。基于此，Davis 主张以病态网络使用（pathological internet use，简称 PIU）来取代网络成瘾的提法。

不论使用"网络成瘾"（IAD）的术语，还是"病理性网络使用"（PIU）术语，也不论如何定义这两种内涵，其共同的弱点是都没有将互联网的媒介作用和媒介内容区分开，也没有把用在网络上的时间是处理一般工作事务还是病理性使用区分开。针对这一缺陷，Davis（2001）把"病理性网络使用"分成两类：即特殊性 PIU 和一般性 PIU。特殊性 PIU 是指行为人依赖网络内容的某种特殊功能，包括过量使用（滥用）在线色情物质或性服务、在线拍卖服务、在线商品交易、在线赌博等。其所依赖的内容原本就在现实生活中存在，互联网不过是一个中介媒体。一般性 PIU 是普通的多维度过度上网，包括在网上毫无明确目的地浪费时间，如在线聊天和 E-mail 依赖等。也就是说，Davis 区分了病理性网络使用（PIU）的不同内容，把它分成了特殊性的（有特定内容的）和一般性的（无特定目标的）使用两个概念。

广义上讲，成瘾被定义为"强制性的、不能控制的在物质上、行为上的一种依赖，当停止这种依赖时会引起严重的情绪、精神或躯体上的反应。"（Mosby's Medical Nursing & Allied Health Dictionary，1998）[④]

一些学者认为，成瘾这一术语只能用于与药物摄入有关的成瘾（e. g. Rachlin，1990；Walker，1989）[⑤⑥] 情形，而有些学者认为，成瘾也包括一些与物质摄入无关的行为成瘾，如冲动性赌博（compulsive gambling）（Griffiths，1990）[⑦]、打计算机游戏（video game playing）（Keepers，1990）[⑧]、过度饮食（overeating）（Lesieur & Blume，1993）[⑨]、锻炼（exercise）（Morgan，1979）[⑩]、爱的关系（love relationships）（Peele & Brodsky，1979）[⑪]、看电视（television viewing）（Winn，1983）[⑫] 等。

但过于迷恋这些行为能否归类于病，这仍然是一个值得讨论的问题。虽然近年来，

---

① Davis，R. A. A Cognitive-behavioral Model of Pathological Internet Use（PIU）. *Computers in Human Behavior*，2001，17（2）：187 - 195.

② Grohol，J. Internet Addiction Guide. http：//psychcentral. com/netaddiction/，1999.

③ Griffiths，M. Internet Addiction：Does it Really Exist? In J. Gackenbach（ed.）*Psychology and the Internet：Intrapersonal，Interpersonal，and Transpersonal Implications*. San Diego：Academic Press，1998. 61 - 75.

④ Mosby's Medical Nursing & Allied Health Dictionary，5th ed.

⑤ Rachlin，H. Why Do People Gamble and Keep Gambling Despite Heavy Losses? *Psychological Science*，1990，1，294 - 297.

⑥ Walker，M. B. Some Problems with the Concept of "Gambling Addiction"：Should Theories of Addiction be Generalized to Include Excessive Gambling? *Journal of Gambling Behavior*，1989，5，179 - 200.

⑦ Griffiths，M. The Cognitive Psychology of Gambling. *Journal of Gambling Studies*，1990，6，31 - 42.

⑧ Keepers，G. A. Pathological Preoccupation with Video Games. *Journal of the American Academy of Child and Adolescent Psychiatry*，1990，29（1），49 - 50.

⑨ Lesieur，H. R. & Blume，S. B. Pathological Gambling，Eating Disorders，and the Psychoactive Substance Use Disorders. *Comorbidity of Addictive and Psychiatric Disorders*，1993，9（1），89 - 102.

⑩ Morgan，W. Negative Addiction in Runners. *Physician and Sportsmedicine*，1979，7，56 - 69.

⑪ Peele，S. & Brodsky，A. *Love and addiction*. Scarborough，Ontario：New American Library of Canada，1979.

⑫ Winn，M. The Plug-in Drug. New York：Viking，1979.

网络成瘾的概念越来越被更多的人接受，但它能否被合法化，能否被 DSM-V 或 ICD-10 所接受而成为一个新的精神障碍病种仍有待时间的考验。

单元二　网络成瘾分类与诊断

一、网络成瘾分类

（一）从临床表现分五类

从临床表现来看，IAD（即网络成瘾）至少包括下列五种类型：[①]

1. 色情网络成瘾

色情网络成瘾（Cyber-sexual Addiction）包括网上的色情音乐、图片和影像等，此类成瘾者经常沉迷于观看、下载和交换色情作品。

2. 网络交际成瘾

网络交际成瘾（Cyber-relationship Addiction）包括用 MUD、聊天室等在网上进行游戏、人际交流，网恋等，这些成瘾者将全部精力投注于在线关系或是虚拟偷情之中。在线朋友很快变得比现实生活中的家庭成员和朋友更为重要。在很多情况下，还会导致婚姻危机与家庭的不稳定。

3. 网络强迫行为

网络强迫行为（Net Compulsions）包括强迫性地参加网上赌博、网上拍卖或网上交易。

4. 信息收集成瘾

信息收集成瘾（Information Overload）包括强迫性地从网上收集无用的、无关的或者不迫切需要的信息，此类成瘾者花费大量时间致力于在网上查找和收集信息，伴有强迫性冲动倾向和工作效率下降两个典型特征。上班族更容易患上此类网瘾。

5. 游戏成瘾

游戏成瘾（Computer/Game Addiction）包括不可抑制地长时间玩各种电脑游戏，此类成瘾者通常见于青少年，他们将大量时间、精力和金钱花费在网上游戏之中，往往导致学习成绩下降，而且容易引起暴力倾向，引发一些社会问题。

（二）按成瘾性质分成两类

Davis[②] 提出了另外一种分类的方法。他按成瘾性质将网络成瘾分成两类，即特殊病理性网络使用（special pathological Internet use，SPIU）和一般病理性网络使用（general pathological Internet use，GPIU）。特殊病理性网络使用指行为人依赖网络的某种特殊功能，包括过量使用（滥用）在线色情物质或性服务、在线拍卖服务、在线商品交易、在线赌博等，其依赖的内容原本在现实生活中存在，互联网是其成瘾行为的

---

① Young，K. S. Internet Addiction：the Emergence of a New Clinical Disorder. *Cyber Psychology and Behavior*，1998，1（3）：237－244.

② Davis，R. A. A Cognitive-behavioral Model of Pathological Internet Use（PIU）. *Computers in Human Behavior*，2001，17（2）：187－195.

一个中介媒体；一般病理性网络使用是普通的多维度上网过度，包括在网上无明显目的地浪费时间，如在线聊天和E-mail依赖等。

二、网络成瘾心理诊断标准

对网络成瘾的测量已有很多研究成果出现（Chou & Hsiao，2000）①，大部分的测量研究都是围绕美国《精神障碍诊断和统计手册》（DSM）来进行，DSM-IV（1994）是美国心理协会的一个诊断手册，它常被用于对精神障碍的诊断。DSM-IV里对依赖行为的注释是针对一种物质或是一项活动，它常与无节制、变化的耐受力、戒断症状、失去控制有关。(Thatcher & Goolam，2005a)②

但网络成瘾尚没有被APA作为正式诊断收录到DSM-IV里，但该手册里有一个病理性赌博的诊断，作为行为冲动—控制障碍的一个病种被收录其中（Johansson & Götestam，2004)③。

（一）Goldberg的IAD量表

Goldberg（1996)④ 是网络成瘾概念（Internet Addictive Disorder，IAD）的提出者，同时他也为IAD制定了一个适合DSM-IV测量的IAD量表，其中包括希望增加上网时间，经常做与网络有关的梦，有持续性的生理、社会或心理上的问题等。

参照DSM-IV对于“病理性赌博”的定义，Goldberg（1996）认为网络成瘾者可能出现的症状包括以下七项：

（1）为求得满足，上网时间显著增加。

（2）停止或减少网络使用将导致在数天或一个月内发生下列状况：心因性运动不安、焦虑、对网络上所发生的事情反复思念、产生与网络有关的幻想，以及自发性或非自发性地出现手指打字动作。

（3）网络的使用逐渐超出原来预期的频率与时间。

（4）曾努力想要控制或停止网络使用，却徒劳无功。

（5）会花更多时间在与网络有关的事务上（例如上网订购书籍、测试新的浏览器、研究网络上的厂商资料及整理下载的档案等）。

（6）重要的社交、工作及娱乐等活动，均深受网络使用的影响而放弃或减少。

（7）即使发现由于过度使用网络而导致心理、生理、社交及工作上不断出现问题（例如睡眠时间减少、婚姻困境、迟到及玩忽职守等），也不会停止使用网络。

（二）美国心理学年会IAD诊断标准

在1996年和1997年美国心理学年会上，形成了一个比较一致的IAD诊断标准⑤。

---

① Chou, C. & Hsiao, M. Internet Addiction, Usage, Gratifications, and Pleasure Experience—The Taiwan College Students' Case. *Computers & Education*, 2000, 35 (1), 65-80.

② Thatcher, A. & Goolam, S. Development and Psychometric Properties of the Problematic Internet Use Questionnaire. *South African Journal of Psychology*, 2005a, 35 (4), 793-809.

③ Johansson, A. & Götestam, K. Internet Addiction: Characteristics of a Questionnaire and Prevalence in Norwegian Youth (12~18 years). *Scandinavian Journal of Psychology*, 2004, 45 (3), 223-229.

④ Goldberg, I. Internet Addiction Disorder. http://www.urz. uni-heidelberg.de/Netzdienste/anleitung/wwwtips/8/addict.html. Accessed March 2, 2007

⑤ 江楠楠，郭培芳．国外对因特网成瘾的研究．心理科学，2003（1）：17

即病人如果在1年内表现出下列七种症状中的三种以上即可确诊为IAD。

（1）耐受性。指符合下面任意一条：① 需要明显增加上网时间才能获得满足；② 上网时间不变，满足感明显下降。

（2）停止上网后，表现出以下任何一种症状：① 显著的脱瘾综合征：A1 停止或减少严重的长时间的上网行为。B1 在 A1 之后的几天到1月内出现下述两项或更多的症状：a1 精神运动性烦躁；b1 焦虑；c1 强迫性思考网上发生的事情；d1 幻想或梦想有关互联网的事情；e1 随意或不随意地做手指敲击键盘的动作。C1 由于标准 B 的症状导致了忧郁或社交、工作以及其他重要领域功能的损害。② 急于使用网络或相似的网上服务来减轻或避免脱瘾症状。

（3）上网的次数比计划的多，时间比计划的长。

（4）一直希望能努力减少或控制网络的使用，但却没有成功。

（5）把大量的时间用在与使用网络有关的事情上，如购买网络书籍、尝试新的浏览器、整理下载的资料。

（6）因为使用互联网而放弃或减少重要的社交、工作或娱乐活动。

（7）尽管知道上网可能已经导致了持续或复发性的身体、社交、工作或心理问题，但仍无视这些情况而继续使用互联网。

（三）Young 网络成瘾诊断问卷

国内外学者在研究中大多使用 Young（1998）[①] 的网络成瘾诊断问卷（the Internet Addiction Diagnostic Questionnaire）来对网络成瘾进行测定和研究。其量表内容如下：

① 全神贯注于互联网或在线活动，下线后仍继续想着上网的情形。

② 觉得需要花更多的时间在线才能获得满足。

③ 多次努力想控制或停止使用网络但总是失败。

④ 企图减少或停止使用网络时，会觉得沮丧，情绪低落易发脾气。

⑤ 花费在网上的时间比预期的要长久。

⑥ 为了上网，宁愿冒重要的人际关系、工作或教育机会损失的危险。

⑦ 曾向家人或朋友或他人说谎，以隐瞒自己涉入网络的程度。

⑧ 上网是为了逃避问题或释放一些感觉，诸如无助、罪恶或焦虑、沮丧。（负面结果）

Young 的诊断采用的是“八分之五”的模式。即被试对以上八个问题的回答，如果有超过五个肯定的项目，就认为已经网络成瘾。

Young 的这八项标准，可以概括为三个方面：（1）过度使用网络（问题②、⑤）；（2）冲动控制障碍（问题①、③）；（3）戒断的负面影响（问题④、⑥、⑦、⑧）。

对这一标准我们要强调的是，判定网络成瘾一定要看他们的上网活动是用于工作和学习还是用于休闲娱乐或逃避等非工作学习的目的，还要看问题的持续时间有多长。Young 同时也强调，网络成瘾者一般上网活动大多出于非工作和学习的目的，而且成瘾时间已经超过六个月，只有这样，才可以考虑为网络成瘾。

① Young，K. S. The Center for On-line Addiction —Frequently Asked Questions about Internet Addiction. 2006. http：//www. netaddiction. com/faqsindex. htm.

但 Bread[①] 认为 Young 给出的八项标准，只有前五项是必须的，另外三项标准中至少具有一项才可能被诊断为网络成瘾。也就是说，Bread 采取了“5 + 1”的模式（Beard，2005）。

（四）Griffiths 诊断标准

Griffiths（1998）[②] 将网络成瘾视为与计算机成瘾、电玩成瘾、电视成瘾类似的科技性成瘾，认为网络成瘾也是科技性成瘾的一种。Griffiths 参考 DSM-IV 的诊断标准，将网络成瘾的诊断标准分为七个指标，认为如果符合其中三个以上，便可判定为网络依赖（Internet-dependent）者。诊断标准如下：

（1）网络使用随着时间而不断增加（即一般所谓耐受性）。

（2）网络使用时间比原先计划所使用的时间还要长。

（3）会花费大量的时间来进行网络活动。

（4）社交性、工作性、娱乐性活动时间的显著减少，以满足网络使用时间。

（5）即使网络的使用已经造成工作、学校、经济或家庭问题，但仍然没有减少网络的使用。

（6）会尝试减少上网的时间，但最后仍然失败，或是完全没有减少上网时间的想法。

（7）停止使用网络时会产生如闷闷不乐、忧郁等不愉悦的心理感觉与生理反应（即一般所谓戒断性）。

（五）Shapira 等的诊断标准

Shapira 等（2003）[③] 制定了一个比较简便的关于网络使用的诊断标准，同时加入了一个排除标准，这点是他与过去的诊断标准不一样之处。

（1）与网络使用有关的先占性，至少具有下列表现之一：①有不可抗拒的上网体验；②网络使用的时间比原计划的要长。

（2）由于对网络的过度使用带来了很大的苦恼或引起了社会、职业或其他领域的功能损害。

（3）过度的网络使用不是基于轻度躁狂或躁狂症或其他的 DSM 中的轴 I 障碍。

（六）Beard 诊断网络成瘾

Beard[④] 认为，用自我报告的方式诊断网络成瘾的真实性和准确性以及把病理性赌博的标准应用到网络成瘾是否合适还有待研究；另外，很多的成瘾者不仅存在网络成瘾，往往还伴随其他的成瘾行为和行为障碍。针对这种情况，Beard 在成瘾的生理—心理—社会模型（biopsychosocial model of addiction）的基础上，提出应该综合考虑被试的

---

① Beard，K. W. Internet Addiction：a Review of Current Assessment Techniques and Potential Assessment Questions. *Cyber Psychology & Behavior*，2005，8（1）：7 - 14.

② Griffiths，M. Internet Addiction：Does It Really Exist? In J. Gacken bach（ed.）. *Psychology and the Internet：Intrapersonal，Interpersonal and Transpersonal Implications*. Maryland：Academic Press Inc. 1998. 61 - 75.

③ Shapira，N. A.，Lessig，M. C. & Goldsmith，T. D. Problematic Internet Use：Proposed Classification and Diagnostic Criteria. *Depression and Anxiety*，2003，17（4）：207 - 216.

④ Beard，K. W. Internet Addiction：A Review of Current Assessment Techniques and Potential Assessment Questions. *Cyber Psychology & Behavior*，2005，8（1）：7 - 14.

生物化学、遗传、心理、家庭、环境和文化等方面的因素诊断网络成瘾。他认为临床访谈（clinical interview）是诊断网络成瘾的重要方式，并且给出了具体的操作：

（1）评估网络成瘾者的动机水平以确定成瘾的不同阶段；

（2）获得成瘾者的生理、心理和社会信息，以此评估对生活的影响和诊断网络成瘾。Beard 认为把临床访谈与标准的量表相结合是诊断网络成瘾的最好方式，它可以弥补单一诊断方法的不足，对网络成瘾的诊断更加全面。

（七）Shapira 等的诊断三标准

Shapira 等则从精神病学的角度，结合精神病诊断量表对网络成瘾进行评估，以研究网络成瘾和精神障碍之间的共病性（comorbidity）。结果发现，所有的被试都符合 DSM-IV 中未分类的冲动控制障碍（ICD NOS）的标准。研究认为网络成瘾行为是一种冲动控制障碍（ICD），从临床上验证了 Young 当初的推断。依据所进行的研究，Shapira 等建议对于网络成瘾的诊断应该从冲动控制障碍的角度制定诊断标准，并提出了诊断网络成瘾的三个标准：

（1）沉迷于网络使用，至少具备下列一项：① 具有不可抵抗的强烈欲望；② 超过原计划的时间。

（2）对网络的沉迷引起临床上显著的痛苦，对社会、职业或其他重要功能造成影响。

（3）过度的网络使用不是出现在轻度躁狂或躁狂期，同时不能够由其他轴 I 障碍来解释。并且在其研究中结合临床案例对这个标准进行了解释和验证。结合临床对网络成瘾进行诊断，考虑到了网络成瘾和其他精神障碍可能的共病性，不仅能够更加客观地诊断网络成瘾，也为寻找网络成瘾的成因和治疗提供了很好的基础。

（八）我国第一个网瘾诊断标准

北京军区总医院陶然等研究人员制定了我国第一个网瘾诊断标准[①]，虽然引起了社会的非议，但仍然是一个较好的诊断参考。其具体内容如下：

长期、反复使用网络，使用网络的目的不是为了学习和工作或不利于自己的学习和工作，符合如下症状：

（1）对网络的使用有强烈的渴求或冲动感。

（2）减少或停止上网时会出现周身不适、烦躁、注意力不集中、睡眠障碍等戒断反应。

（3）下述五条内至少符合一条：

① 为达到满足感而不断增加使用网络的时间和投入的程度；

② 使用网络的开始、结束及持续时间难以控制，经多次努力后均未成功；

③ 固执地使用网络而不顾其明显的危害性后果，即使知道网络使用的危害仍难以停止；

④ 因使用网络而减少或放弃了其他的兴趣、娱乐或社交活动；

⑤ 将使用网络作为一种逃避问题或缓解不良情绪的途径。

严重程度标准：日常生活和社会功能受损（如社交、学习或工作能力方面）。

---

① 陶然，王吉囡．网络成瘾的命名、定义及临床诊断标准．武警医学，2008（9）

反复使用网络，对身心健康带来不良影响，使用网络的目的不是为了学习和工作或不利于自己的学习和工作。符合下列两项：

（1）过度使用的行为经常受到他人的批评，并导致严重的后果；

（2）尽管个体对网络过度使用的危害有所认识，但仍继续使用。

因为网络成瘾目前还没有一个被接受的统一定义，它合法的诊断地位仍然没有得到确立，所以与之有关的测量工具也就难免出现混乱的局面。更好的、更有效度和信度的量表的产生将有赖于对其定义的统一和其诊断标准的确立。

单元三　网络成瘾的心理测量

一、网络成瘾各种心理测量

（一）Kimberly Young 博士第一份网络成瘾诊断问卷

最早对网络成瘾进行系统实证研究的是美国匹兹堡大学的 Kimberly Young 博士，她认为，网络成瘾和毒品、酒精以及赌博成瘾的形式相似，并且把网络成瘾界定为不涉及麻醉药物的冲动控制障碍①。她认为网络成瘾的实质是冲动控制障碍，而不是成瘾。参照 DSM-IV 中病理性赌博的诊断标准，她将原来 10 个诊断标准中的标准 6 和 8 剔除，选取比较适合网络成瘾的八个标准，进行修改后编制成第一份网络成瘾诊断问卷。只要被试对其中五个及以上题目给予肯定回答就可以被诊断为网络成瘾。

（二）Young 网络成瘾测验

后来 Young 根据这个标准编制了一个 20 道题目的网络成瘾测验（Internet Addiction Test）②，用于评定网络成瘾及其成瘾状况。Young 的标准虽然没有有效的信效度指标，但是得到了一些研究的支持③。Young 的标准对于网络成瘾的诊断具有开创性意义，此后有一系列的研究都采用这个标准来界定网络成瘾的被试。

后来 Beard 等学者对 Young 的八个标准进行了修改，认为前五个标准是网络成瘾必须满足的标准，缺一不可，而后面三个标准中，至少有一个符合就可以诊断为网络成瘾。④ 这个修改不仅完善了 Young 的标准，也使得这个标准对网络成瘾的诊断更加准确和有效。

（三）Brenner 网络相关成瘾行为调查表

除此以外，其他的研究者也提出了一些对网络成瘾的诊断问卷和量表。比如

---

① Young K. S. Internet Addiction：The Emergence of New Clinical Disorder. *Cyber Psychology & Behavior*，1998，1（3）：237－244.

② Young K. S. *Caught in the Net*：*How to Recognize the Signs of Internet Addiction and a Winning Strategy for Recovery*. New York：Wiley，1998.

③ Shapira，N. A.，Goldsmith，T. D.，Keck P. E.，et al. Psychiatric Features of Individuals with Problematic Internet Use. *Journal of Affective Disorders*，2000，57：267－272.

④ Beard，K. W. & Wolf，E. M. Modification in the Proposed Diagnostic Criteria for Internet Addiction. *Cyeber Psychology & Behavior*，2001，4（3）：377－383.

Brenner 编制了由 32 道是否判断题构成的网络相关成瘾行为调查表（Internet-Related Addictive Behavior Inventory，IRABI）①。这些问题包括："我已经被不止一次地被告知上网时间太多"、"因为上网我一夜的睡眠时间少于 4 小时"、"我尝试减少上网时间，但我没有成功"，等等。

（四）Morahan-Martin 和 Schumacher 病理性网络使用量表

Morahan-Martin 和 Schumacher（2000）② 设计了一个测量病理性网络使用的量表，该量表有 13 道是否题，内容主要是以 DSM-IV 为参照，被调查者只要回答"是"多于四个以上的题目，就被归到病理性网络使用的行列。

（五）Caplan 一般性问题网络使用量表

Caplan 编制了一般性问题网络使用量表（Generalized Problematic Internet Use Scale，GPIUS）③，它由心境改变、在线知觉到的社会益处等七个因素构成，量表的信效度良好。

（六）Davis 认知量表

戴维斯（Davis）根据自己的认知行为模型编制了戴维斯在线认知量表（Davis Online Cognition Scale，DOCS）④。

（七）Thatcher 和 Goolam 网络成瘾量表

Thatcher 和 Goolam（2005a）⑤ 也设计了一个测量网络成瘾的量表，该量表以 DSM-IV 里的病理性赌博诊断标准为参照。然而也有一些研究者试图只用一个问题来界定网络成瘾（Soule，et al.，2003；Petrie & Gumn，1998）⑥，如上网时间。而上网时间是最常用来预测网络成瘾的指标（Thatcher & Goolam，2005a），虽然一个指标比较简便高效，但常常会受到限制，或是误判，因为判断是否网络成瘾有很多指标。

尽管出现了很多的问卷和量表，但是不同的研究者基于不同的理论基础来建构这些问卷和量表，对网络成瘾应该包括的因素和维度还没有取得统一的认识。

（八）我国的网络成瘾量表

我国一些学者根据国外已有的工具修订和编制了适合中国群体的测查量表。其中台湾学者周倩对 Brenner 的量表进行了修订，成为汉语版的 IRABI（Chinese-IRABI

① Brenner，V. Psychology of Computer Use：Parameters of Internet Use，Abuse and Addiction：The First 90 Days of the Internet Usage Survey. *Psychological Reports*，1997，80：879－882.

② Morahan-Martin，J. & Schumacher，P. Incidence and Correlates of Pathological Internet Use among College Students. *Computers in Human Behavior*，2000，16：13－29

③ Caplan，S. E. Problematic Internet Use and Psychosocial Well-being：Development of a Theory-based Cognitive Behavioral Measurement Instrument. *Computers in Human Behavior*，2002，18：553－575

④ Davis，R. A.，Flett，G. L. & Besser，A. Validation of a New Scale for Measuring Problematic Internet Use：Implications for Pre-employment Screening. *Cyber Psychology & Behavior*，2002，5（4）：331－345

⑤ Thatcher，A. & Goolam，S. Development and Psychometric Properties of the Problematic Internet Use Questionnaire. *South African Journal of Psychology*，2005a，35（4）：793－809

⑥ Soule，L. C.，Shell，L. W. & Kleen，B. A. Exploring Internet Addiction：Demographic Characteristics and Stereotypes of Heavy Internet Users. *The Journal of Computer Information Systems*，2003，44（1）：64－73.

version Ⅱ)[1]。台湾学者陈淑惠自编了"中文网络成瘾量表"(CIAS),该量表包含网络成瘾耐受性、强迫性上网行为、网络退瘾症状、网络成瘾相关问题共四个维度。[2] 崔丽娟等根据DSM-Ⅳ中赌博成瘾的标准,并参照Young和Goldberg的标准,编制了12个项目的测查量表。[3] 白羽、樊富珉等以大学生为样本,对陈淑惠的量表进行修订,建构了19个题目的四级自评量表。[4] 江楠楠等则根据美国精神病协会的物质成瘾标准编制了九个因素共30道题目的大学生上网成瘾诊断问卷。[5]

二、Young的网络成瘾诊断量表

从目前网络成瘾的心理测量问卷和量表来看,国内外大多数研究还是依据Young的诊断标准改编而来。虽然这些问卷和量表作为区分网络成瘾和非成瘾的重要工具,对于网络成瘾的评定和诊断起到了一定的作用,但是由于缺少必要的信效度指标,而且问卷和量表的编制者大多依据主观经验,导致这些诊断量表在具体应用上受到一定限制。

指导语:下面是有关您上网情况的一些问题。请仔细阅读每一个题目,然后根据自己的实际情况认真填写,每个题目没有对错之分,不要在每道题上过多思考。本测验为匿名填写,您做完问卷之后,由您亲自交给我们,我们为您绝对保密。

本测验题为是非题,每个题目后只有两个答案:是或否,请在符合您的选项上画圈。

注意:① 每个题目后只能选择一个等级,在相应的数字上画圈;② 每个题目都要回答。

表10-1 Young的网络成瘾诊断量表

题 目		
1. 你全神贯注于互联网或上网在线活动,在下线后仍继续想着上网的情形或期待下次上网? (Do you feel preoccupied with the Internet and think about previous online activity or anticipation of next online session?)	是	否
2. 你觉得需要花更多的时间在网上才能获得满足? (Do you feel the need to use the Internet with increasing amounts of time in order to achieve satisfaction?)	是	否
3. 你多次努力想控制或停止上网但总是失败? (Have you repeatedly made unsuccessful efforts to control, cut back, or stop Internet use?)	是	否

① Chou, C. & Hsiao Ming-Chun. Internet Addiction, Usage, Gratification, and Pleasure Experience: The Taiwan College Students' Case. *Computers & Education*, 2000, 35 (1): 65-80.

② Cheng, S. H., Wong, L. J., Su, Y., et al. Development of a Chinese Internet Addiction Scale and It's Psychometric Study. *Chinese Journal of Psychology* (Taiwan), 2003, 45: 279-294.

③ 崔丽娟,赵鑫. 用安戈夫(Angoff)方法对网络成瘾的标准设定. 心理科学,2004,27(3):721~723

④ 白羽,樊富珉. 大学生网络依赖测量工具的修订与应用. 心理发展与教育,2005(4):99~104

⑤ 江楠楠,顾海根. 大学生上网行为、态度和人格特征的研究. 心理科学,2005,28(1):49~51

（续上表）

题　目		
4. 你企图减少或停止使用网络时，会觉得沮丧、心情低落易发脾气？ （Do you feel restless，moody，depressed，or irritable when attempting to cut down or stop Internet use?）	是	否
5. 你花费在网上的时间比预期的要长？ （Do you stay online longer than originally intended?）	是	否
6. 为了上网，你宁愿冒着失去重要的人际关系、工作或教育机会的风险，即使这些东西失去，也在所不惜。 （Have you jeopardised or risked the loss of a significant relationship，job，educational or career opportunity because of the Internet?）	是	否
7. 你曾向家人或老师或朋友或其他的人说谎，以隐瞒自己沉湎网络的程度。 （Have you lied to family members，therapist，or others to conceal the extent of involvement with the Internet?）	是	否
8. 上网是为了逃避问题或释放一些感觉，诸如无助、罪恶或焦虑、沮丧？ （Do you use the Internet as a way of escaping from problems or of relieving a dysphoric mood such as feelings of helplessness，guilt，anxiety，depression?）	是	否

总分：________________

《Young的网络成瘾诊断量表》（1）量表记分方法：每个题目选“是”或“否”来回答，选“是”者计1分，选“否”不计分；（2）量表结果分析：得分多于5分则判定为“网络成瘾”。（3）量表适用范围：有能力使用网络的所有人群。

指导语：下面是有关您上网情况的一些问题。请仔细阅读每一个题目，然后根据自己的实际情况认真填写，每个题目没有对错之分，不要在每道题上过多思考。本测验为匿名填写，您做完问卷之后，由您亲自交给我们，我们为您绝对保密。

每个题目后都有五个等级供您选择，分别按照程度高低用1、2、3、4、5来表示：1. 无；2. 偶尔；3. 有时；4. 经常；5. 总是。

注意：① 每个题目后只能选择一个等级，在相应的数字上画圈；② 每个题目都要回答。

表10-2　Young的网络成瘾评定量表

题　目	无	偶尔	有时	经常	总是
1. 你觉得上网的时间比你预期的要长吗?	1	2	3	4	5
2. 你会因为上网忽略自己要做的事情吗?	1	2	3	4	5
3. 你更愿意上网而不是和亲密的朋友在一起吗?	1	2	3	4	5
4. 你经常在网上结交新朋友吗?	1	2	3	4	5
5. 生活中朋友、家人会抱怨你上网时间太长吗?	1	2	3	4	5
6. 你因为上网影响学习了吗?	1	2	3	4	5
7. 你是否会不顾身边一些需要解决的问题而上网查阅电子邮件或看留言?	1	2	3	4	5
8. 是否因为上网影响到你的日常生活了?	1	2	3	4	5

（续上表）

题　目	无	偶尔	有时	经常	总是
9. 你是否担心网上的隐私被人知道？	1	2	3	4	5
10. 你会因为心情不好去上网吗？	1	2	3	4	5
11. 你在一次上网后会渴望下一次上网吗？	1	2	3	4	5
12. 如果无法上网你会觉得生活空虚无聊吗？	1	2	3	4	5
13. 你会因为别人打搅你上网而发脾气吗？	1	2	3	4	5
14. 你会上网上到深夜而不去睡觉吗？	1	2	3	4	5
15. 你在离开网络后会想着网上的事情吗？	1	2	3	4	5
16. 你在上网时会对自己说："就再玩一会吗？"	1	2	3	4	5
17. 你会想方设法减少上网时间最终却失败吗？	1	2	3	4	5
18. 你会对人隐瞒你上网时间的长短吗？	1	2	3	4	5
19. 你宁愿上网而不愿意和朋友们出去玩吗？	1	2	3	4	5
20. 你会因为不能上网变得烦躁不安，喜怒无常，而一旦能上网就不会这样吗？	1	2	3	4	5

总分：____________

《Young 的网络成瘾评定量表》①量表记分方法：每个题目分五个等级评分，"几乎没有"计 1 分，"偶尔"计 2 分，"有时"计 3 分，"经常"计 4 分，"总是"计 5 分；②量表结果分析：40 ~ 60 分为轻度网络成瘾，60 ~ 80 分为中度网络成瘾，80 ~ 100 分为重度网络成瘾；③量表适用范围：有能力使用网络的所有人群。

项目二　网络成瘾心理治疗

【操作步骤】

（1）网络成瘾精神分析心理治疗。

（2）网络成瘾的行为治疗。

（3）网络成瘾的认知治疗。

（4）其他心理治疗干预。

对网络成瘾的干预取决于如何看待网络成瘾。如果将网络成瘾看成是孩子的人格缺陷或是脑内神经递质失调，我们就会使用药物；如果将其视为道德问题我们就会采用强制或说服教育；若将其视为成长中的问题或是家庭功能不良问题我们就会选择心理治疗；如果将其视为社会功能不良，我们就会选择素质培养或再社会化方法进行治疗。

目前通过心理治疗在对网络成瘾进行干预中仍是一种主要的治疗方式，其中家庭治疗是非常重要的一环。

单元一　精神分析治疗

精神分析理论是奥地利精神病学家西格蒙德·弗洛伊德（Sigmund Freud，1856—1939）创立的，他提出了潜意识理论、人格理论和防御机制理论。精神分析理论认为，人的行为都是从继承来的本能和生物驱动中产生的，而且试图解决个人需求和社会要求之间的冲突。和人本主义相反，精神分析理论认为人的行为都是追求本我实现的过程，反映在网络成瘾的行为上，便表现为会不顾一切地满足个人的本能欲望，完全不顾道德的约束。

根据精神分析理论可知，网络成瘾行为是本能的呼唤，是“及时行乐”的表现；网络成瘾行为是不成熟的精神防御机制的积累；网络成瘾行为是童年期不幸经历形成的能量淤积。

精神分析理论还认为一个人的人格由本我、自我、超我三个部分组成。其中本我即原我，是指原始的自己，指个人最原始、最本能的冲动，如食欲、性欲、求生欲、攻击欲、享受欲、自我保护欲等。由此，本我是一切心理能量之源，它按快乐原则行事，它不理会社会道德，不在乎外在的行为规范，它的唯一的要求就是获得快乐，避免痛苦。所以，本我的目标是求得个体的生存，它是无意识的，不被个体所觉察的。超我，是个体通过社会化过程而形成的道德内化，主要表现为监督、管束本我的冲动行为。超我的特点是追求完美，它所遵循的是“道德原则”，它要求个体按照社会可接受的方式去行事。由此，“超我”是道德化的自我，是人格的最高层次，也是良知与负疚感形成的基础。[①] 自我，是个人自己可意识到的思考、感觉、判断或记忆的部分，它是个人在与环境接触中由“本我”衍生而来的。它依照“现实原则”行事，并调节“本我”的冲动，按社会所允许的方式行事。由此，自我一方面帮助“本我”得到冲动满足，另一方面又要顺从超我的要求，在两者之间进行协调工作。

总之，本我、自我、超我构成了人格的基础，它们之间经常会产生矛盾或冲突，这时候，个体就会产生种种的焦虑和烦恼。为化解这些焦虑和烦恼，自我会采取各种各样的方法来调整个人的认知，以获得内心的平静。这就是自我的心理防御机制，它主要包括压抑、否认、投射、退化、隔离、抵消转化、合理化、补偿、升华、幽默、反向形成等各种形式。这些心理防卫活动多是无意识的，它们对人体的心灵健康可以起到积极作用，也可以起到消极作用。

弗洛伊德把逃避心理机制作为防御的主要手段，正如新精神分析派代表埃里希·弗洛姆所说：逃避的心理机制由个人的不安全感所产生，摆脱这一软弱无力和孤独的状态有两条途径：一是向积极的自由方向发展，通过工作和爱实现自己、自然、他人三者之间的融合；二是向后倒退，即逃避自由，放弃自己，但这样注定是要失败的。

网络使用者为了协调由于本我和超我引起的矛盾和冲突，便会用各种各样的精神防御机制来解决生活中的问题及化解上网引起的焦虑与负疚感，由此强化了不良的防御机制，导致网络成瘾。

① ［奥］西格蒙德·弗洛伊德．精神分析引论．高觉敷译．北京：商务印书馆，1984．

网络成瘾主要通过否定、退化、幻想、转移、补偿、认同、投射和合理化等防御机制来补偿现实生活中得不到满足的欲望①。

表 10-3 青少年网络成瘾者常用的防御机制表②

防御机制	表现特点	后　果
否定作用	否认自己迷恋网络，而认为只是为了调节	否认网络成瘾
退化作用	享受作为孩子的感觉，认为可以完全没有责任心	不愿承担责任
幻想作用	幻想自己成为网络游戏高手	不能面对现实
转移作用	享受在网络上释放来自学校及家族的压力	不能正确面对困难
补偿作用	用自己网络上的成就来弥补在现实生活中其他方面的不足或失败	不能正确面对生活中的失败和挫折
认同作用	以网络高手为榜样，希望自己也能同样出色	没有正确的生活和人生目标
投射作用	幻想别人也和自己一样纵情上网	认为网络成瘾是合理的
合理化作用	虽然在生活中是个失败者，但认为自己在网络中的成就可以胜过别人	不能反省成瘾动机

精神分析的重点是检测青少年在童年成长过程中有无创伤经历。因为网络成瘾实质上是一种自我伤害的行为，而自我伤害又是一种低自尊和低自我价值的表现，回顾童年经历是帮助青少年理解这种低价值感是如何在自己的成长经历中滋生的。

但是，在用精神分析法治疗青少年的过程中，要尽量采用绘画、沙盘游戏和家族排列等方式，使青少年通过外在有形的东西来增加对自己潜意识的理解和修通。

单元二　网络成瘾的行为治疗

网络成瘾的青少年自我管理能力较弱，他们通常存在自制力薄弱的问题，加强自我控制和管理是行为干预的重点。对他们的治疗通常会从制定上网规则开始。

一、Griffiths 治疗技术

根据英格兰心理学家 Griffiths③ 关于成瘾特点的描述和临床实践的观察，本研究总结的成瘾行为的特征有耐受性增加、戒断反应、强迫性使用网络、回避和逃避性、情绪化的行为反应和反复性。针对以上特征对应地采取以下治疗技术：

（一）行为契约

孩子和家长一起设定合理可行的周期性的上网时间计划表，共同遵守，达到预定

① 陈侠，黄希庭，白纲．关于网络成瘾的心理学研究．心理科学进展，2003（11）．

② 韩大伟．精神分析理论视域下的网络成瘾症分析．山西大同大学学报（社会科学版），2008（22）：6．

③ Griffiths，M. Internet Addiction：Does It Really Exist？In：Gackenbach J，eds. *Psychology and the Internet：Intrapersonal，Interpersonal and Transpersonal Implications*. New York：Academic Press，1998：61－75．

计划后兑现允诺的奖励，否则施以惩罚。

（二）行为强化法

根据来访者戒网的进展及执行新目标、出现适应性行为的进步表现给予奖励。

（三）行为消退法

以体育活动或其他娱乐活动代替上网，减弱以前以上网的方式来应对现实生活中失败、挫折等导致的负性情绪，减少网友、网吧等的强化刺激。

（四）反向实践

打破原来的常规，建立不同于以往的时间计划表，以重新适应新的网络使用模式。

（五）放松训练

通过渐进性的肌肉放松练习、想象放松法、深呼吸放松法来减轻停止上网后的焦虑、不安等情绪症状。

（六）生活情景训练

离开虚拟世界，建立新的生活目标，把治疗中学到的态度和行为方式应用到现实目标中并在现实中获得成绩和快乐。

在对青少年的行为进行干预时，应注意循序渐进，对他们提出的每一个目标都应在他们所能完成的能力范围内，要通过不断的鼓励，使他们逐步达到目标，让其获得成功的体验，从而增强其自我效能感。同时要让他们得到社会的支持，他们的父母、老师、同学要理解他们，帮助他们，为他们戒断网瘾创造一个舒适、安全的人际环境，让他们感受到现实生活中的人际温暖，满足他们人际交往和情感沟通的心理需求。

二、行为矫正步骤

对网络成瘾青少年的行为矫正可按下列操作步骤进行：

（一）接案并收集信息

这一阶段的主要任务是广泛深入地收集与网络成瘾青少年问题有关的资料，并与网络成瘾青少年建立初步的良好的信任关系。收集的资料信息具体包括：了解网络成瘾青少年存在的行为问题、网络成瘾产生的原因、网络成瘾的严重程度、网络成瘾问题持续的时间、本人有无求助动机、求助动机强烈与否，等等。

（二）成瘾行为诊断

这一阶段的主要任务是根据收集到的资料，结合心理学的有关知识，对网络成瘾青少年的问题进行分析和诊断，辨明网络成瘾青少年问题的类型、性质和严重程度等，以便确立行为矫治的目标，选择恰当的方法。此阶段尤其要辨明网络成瘾青少年的网络成瘾症是技术成瘾，还是心因性成瘾，以便为选择合适的行为矫治方法提供依据。

（三）诊断信息的反馈

这一阶段的主要任务是将行为诊断的结论以及对网络成瘾青少年心理问题的了解和判断反馈给网络成瘾青少年，使他们能够对是否接受进一步的行为矫治作出决定。

（四）确立成瘾行为矫治目标

直接目标：消除问题行为症状，克服戒断反应。

中间目标：网络成瘾青少年能够正确认识自我、接纳自我、欣赏自我，面对现实、面对人生，重新建立一个完整的人格。

理想目标：能够充分发挥自己的潜力，努力实现“理想自我”。

（五）实施行为矫治

这一阶段的主要任务是应用心理学方法和行为矫治技术来帮助网络成瘾青少年克服网络成瘾症，消除不良行为，学习新的行为反应方式与方法。

（六）结束行为矫治

当事人的问题行为一旦发生改变，网络成瘾症状消失，达到了预期的目标，就可以考虑结束个案。如果有必要，还应该进行追踪辅导。

三、Young 具体做法

Young，K. S. [①] 对网瘾青少年的行为干预方面提出了有益而具体的建议，这些具体做法包括：

（1）逆向操作法（practicing the opposite）。例如，本来早上起床第一件事是收发电子邮件，然后再盥洗和吃早餐，我们可建议病人先盥洗和吃早餐，再收发电子邮件，以降低对网络的依赖。

（2）外来停止器（external stoppers）。例如，利用闹钟或计算机定时提醒程序，提醒自己该离开网络及远离计算机。

（3）设定时间限制（setting time limits）。例如，设定一周使用网络几小时后即不再使用，或设定每日固定的上网时段，以避免上网时间无限延长。

（4）列出事情的优先级（setting task priorities）。因为有上网时间限制，所以先列出必须通过网络处理事务的优先级。

（5）使用提示卡（reminder cards）。把网络成瘾所造成的问题，列出几项写在卡片上，把戒除网络成瘾的好处也写在卡片上，然后贴在计算机旁，以便随时提醒。

（6）个人活动行程表（personal inventory）。沉迷于网络中，常会忘记或取消一些日常活动，像打篮球，逛街，因此可以建议网瘾少年写下个人活动行程表，并标明重要性，以提醒自己不要因为上网而忽略重要的活动行程。网络成瘾症的治疗目标，主要是协助个案了解自己网络使用的情形、探索造成过度使用网络的原因、讨论如何解决目前的问题、协助个人恢复自己的能力（问题解决、情绪控制及自我认同能力等）、寻找新的生活方式和适应方法、建立合理的生活模式。但如果网络成瘾症伴随精神上的疾病或多重成瘾症，则需进一步寻求专业咨询师或心理师的治疗。

四、动机提升疗法

Orzack[②] 结合以前对成瘾行为的治疗，提出了动机提升疗法（Motivational Enhancement Therapy）。该疗法要求成瘾者和治疗者共同制订治疗计划，并设定可达到的目标。

---

① Young，K. S. A Therapist's Guide to Assess and Treat Internet Addiction. Bradford Centre for Internet Addiction Recovery.

② Orzack，M. H. & Orzack，D. S. Treatment of Computer Addicts with Complex comorbid Psychiatric Disorders. *Cyber Psychology & Behavior*，1999，2（5）：465 – 473.

单元三　网络成瘾认知治疗

在心理治疗的方法中，认知行为疗法（Cognitive Behavior Therapy，CBT）是目前用于治疗网络成瘾比较广泛的一种心理治疗方法。CBT 的目的是阻断病人的问题行为，并重建其行为常规。网络成瘾的认知行为治疗和其他物质成瘾治疗类似，主要包括评估、诊断、制订治疗计划、干预和有效性评估等一系列的内容。具体的治疗策略包括认知重构、行为练习和暴露治疗等。Hall 等学者的研究中使用认知行为疗法对网络成瘾的个案进行治疗，并且给出了详细的步骤。[①] 他认为认知行为治疗简单易行，而且为心理咨询和治疗者所熟悉，是对网络成瘾者理想而有效的治疗方法。在国内，研究者采用认知行为治疗法对网络成瘾者进行治疗，也取得了很好的效果。[②③]

干预青少年网络成瘾的难点在于成瘾者缺乏治疗动机，存在特殊的非适应性认知及耐受性增强、戒断症状、不自主的强迫性行为等症状特点。认知行为治疗所干预的目标涉及成瘾者缺乏求治动机的原因、非适应性认知、情绪和行为特征等多个角度，所采用的治疗技术与目标相对应。

Young 的研究表明，网络成瘾行为是成瘾者存在大量不正确的即非适应性认知的结果，同时网络成瘾的发生与情绪水平有关。了解并改变成瘾者的非适应性认知、识别和处理成瘾者的负面情绪是纠正成瘾行为的核心。[④] 成瘾青少年的非适应性认知，主要体现在对网络、自我、负面情绪、压力和挫折四个方面。以此为目标，通过检查证据、角色扮演等技术检验其真实性，然后采用自我暗示、提醒卡等认知重构技术建立新的适应性认知，使用情绪识别及意向重构等情绪处理技术处理成瘾者的负性情绪。

一、网络成瘾非适应性认知

网络成瘾青少年的非适应性认知主要包括以下四方面[⑤]：

（1）对网络的功能、内容及网络对人的影响的认知：夸大了网络的功能，对其非现实性认识不恰当，对上网内容不作选择。

（2）对压力、挫折、困难的认知：总认为压力、困难是消极的；不懂得寻求身边的力量对付困难；习惯于以逃避的方式解决问题。

（3）对孤独、失落、消沉等负性情绪的认知：认为情绪是不可控制的；不认为情绪可以管理、转化、深化；不了解情绪对行为的驱动作用。

（4）对自我成长的认知：认为成长是自然发生的，轻视挫折、压力的积极意义；

---

① Hall，A. S. & Parsons，J. Internet Addiction：College Student Case Study Using Best Practices in Cognitive Behavior Therapy. *Journal of Mental Health Counseling*，2001，23（4）：312－327.

② 张朝，于宗富. 认知疗法治疗“网络成瘾障碍”1 例报告. 上海精神医学，2003，15（6）：347～348.

③ 高磊，李振涛. 内观——认知疗法治疗青少年网络成瘾障碍治疗与分析. 天津医科大学学报，2005，11（3）：372～374.

④ Young，K. S. Internet Addiction：Symptoms，Evaluation，and Treatment. In Vande-Creek，L.（ed）. *Innovations in Clinical Practice：A Source Book*. Sarasota：Professional Resource Press，1999，17：19－31.

⑤ 李赓，戴秀英. 青少年网络成瘾认知行为治疗的对照研究. 中国心理卫生杂志，2009，23（7）.

对自我成长没有责任感，缺乏自我管理意识。

二、认知治疗技术

网络成瘾认知治疗技术包括：[①]

（1）识别负性认知。通过回忆在特定场合或情景所产生的消极思维，或者当消极思维出现时把消极思维及消极思维发生的情景记录下来。

（2）检查证据。收集支持或反对成瘾者所坚持的想法的证据，以检验其不适应性认知的真实性。

（3）情绪识别。通过展示情绪表和情绪卡片或回忆产生某些体验的特定事件，以认识负性情绪。

（4）自我暗示。每次在抵制上网诱惑的前后，进行自我鼓励，如“我一定能战胜诱惑”“我又成功了”，不断强化，形成良性刺激。

（5）提示卡。制作卡片，写出自己的愿望、不上网带来的好处和能激励自己的言语，随身携带，常常拿出来默想和提醒自己。

（6）角色扮演。通过扮演不同角色来揭示不适应性认知，发展理性反应，修改核心信念。

（7）意向重构。通过想象建立健康的情绪反应模式、适应性的认知方式及适应性行为，即激活自我中强大、有活力的成分，来对抗非适应性的、软弱的成分。

单元四　网络成瘾的其他心理干预

除了认知行为疗法外，很多研究采用团体辅导、家庭治疗、心理剧、完形治疗、家族系统排列等其他心理治疗方法来治疗网络成瘾。Young[②] 根据先前的研究，提出了一些可操作且实用的干预和治疗方案。她认为首先要从网络使用、情感、认知和生活事件四个方面了解网络成瘾的诱发因素（trigger），然后根据这些诱发因素制定和开展具体的干预或治疗。对于网络成瘾的具体治疗方法，她提出了反向实践、外部阻止、家庭治疗等八项治疗技术。通过个人的时间管理、自我激励和支持系统帮助网络成瘾者建立有效的处理策略从而改变成瘾行为，达到治疗的目的。

目前，要实现对网络成瘾的有效干预仍然比较困难，因为其毕竟是新生事物，在这方面还没有足够的时间让我们有更多的治疗经验。但人们对赌博成瘾的干预可以给我们提供一些有益的启示和借鉴。如对病理性赌博行为进行认知干预，能积极转变赌博者对赌博行为的认知及态度。[③] 因为缺乏理性认知极有可能导致严重的赌博行为，而

---

① Robert，L. Leahy. 认知治疗技术：从业者指南. 张黎黎译. 北京：中国轻工业出版社，2005，46 ~ 47.

② Young，K. S. Internet addiction：Symptoms，evaluation，and treatment. In Vande-Creek L. （eds.），*Innovations in Clinical Practice：A Source Book. Sarasota：Professional Resource Press*，1999，17：19 – 31.

③ Sylvain，C.，Ladouceur，R.，Boisvert，J. M. Cognitive and Behavioral Treatment of Pathological Gambling：A Cont Rolled Study. *Journal of Consulting and Clinical Psychology*，1997，65：727 – 732.

观看教育纪录片能起到加深赌博行为认知的效果。① 另外，Orford② 探讨了在酒精成瘾和滥用药物的治疗中家人和朋友的干预作用。还有一些学者对抑制性方法进行了分类。Bnrvold 提出了一个抑制性因素的分类框架：基于理性认知的信息手段（information approach）、不断改进的情感教育方法（affective education approach）、基于社会规范的替代性方法（alternatives approach）和基于社会强化作用的社会压力方法（social pressures approach）。③

对网络成瘾来说，家庭治疗是必需的，对青少年的网络成瘾者更是如此。家庭成员对成瘾者不要一味责备，应该倾听他们成瘾的感觉，帮助他们寻找新的乐趣和爱好，改进与他们沟通的方法。最为重要的一点是要帮助他们重新在现实生活中建立起真实的人际关系，尤其是与父母建立起良好的亲密关系。

家庭治疗是心理治疗的一个种类，是把整个家庭作为治疗对象。家庭治疗的出发点是将家庭看成一个系统，这个系统中的成员所表现出来的行为，既影响其他成员，同时也受其他成员的影响。具体地说，网络成瘾的形成与网络成瘾行为人所受的家庭教育模式、成员之间的相处态度分不开。换句话说，网络成瘾症可能是家庭功能失调的表现。因此，家庭治疗所要处理的问题就是修正、调整家庭成员之间的和谐关系，通过家庭成员的共同努力，改变网络成瘾症产生的家庭动力机制，使症状消失。

项目三　网络成瘾心理辅导

【操作步骤】

（1）青少年心理特点分析；团体辅导认知。

（2）网络成瘾青少年自我控制能力训练实例。

单元一　网络成瘾青少年团体心理辅导

一、网络成瘾青少年的心理特点

网络对青少年的吸引力主要在于：① 满足了好奇、争强好胜的心理需求；② 满足了追求刺激，体验获胜的喜悦之情与失败的痛苦；③ 从某种程度上缓解了学习与就业压力。上网成瘾的青少年都存在不同程度的学习压力大、交友困难、自控能力较差等心理问题，当遇到生活变故或出现心理危机时，不知道如何应对和摆脱精神痛苦，不知道如何调节情绪与控制冲动，与家长缺少交流，得不到家长的支持与帮助，从而把

---

① Ferland, F., Ladouceur, R., Vitaro, F. Prevention of Problem Gambling: Modifying Misconceptions and Increasing Knowledge. *Journal of Gambling Studies*, 2002, 18 (1): 19-29.

② Orford, J. Empowering Family and Friends: A New Ppproach to the Secondary Prevention of Addiction. *Drug and Alcohol Review*, 1994, 13 (4): 417-429.

③ Bnrvold, W. H. A Meta-analysis of Adolescent Smoking Prevention Programs. *American Journal of Public Health*, 1993, 83 (6): 872-880.

上网作为逃避现实的避风港。

因此，网络成瘾产生了种种危害，长期沉迷于网络之中会导致自我人格力量的发育不良或蜕变，具体表现为以下八种：

(1) 交往方式错位。"人机式交往"长期下去将导致人际交往萎缩，产生畸形的人际交往行为。

(2) 人格异化。长期沉迷于网络的虚幻环境，易于形成缄默、孤僻、冷漠、紧张、不合群、缺乏责任感和欺诈等人格异化症状。

(3) 自我迷失。自我系统中的"现实自我"和"虚拟自我"的相互冲突，导致多重人格的产生。

(4) 道德失范。如粗言秽语、人身攻击、虚拟性爱、浏览网络色情影视、恶意攻击网络运行（即黑客行为）等。

(5) 社会功能退化。人与人之间缺乏真实的互动，导致社会经验缺乏，适应能力减退。此外，还可能伴发其他心理障碍或精神疾病：① 品性障碍。说谎、出走、网恋、游戏成瘾行为可以说是较突出的障碍行为。② 学习问题。主要表现为厌学、逃课、注意力不集中。③ 情绪障碍。抑郁、孤僻、易激惹、脾气暴躁、与父母敌对。④ 心理应激反应。网络成瘾是应对挫折与压力的手段，缓解应激带来的情绪紧张和自我挫败感。⑤ 精神分裂症前驱期。

(6) 青春期性知识的认知混乱。

(7) 躯体疾病。如视力下降、脊柱弯曲、营养不良等。

(8) 诱发社会犯罪。

二、网络成瘾青少年团体心理辅导认知

(一) 团体心理辅导为成瘾青少年创立了一个无压力的环境

尽管网络在今天已经进入到我们的日常生活和学习中，但这些青少年仍然是被社会拒绝、让父母与老师都难以接受的群体，在与同学相处时也常常会面临许多压力，从而使其防御机制增强，更加重了他们在网络中寻求慰藉的心理渴求，其网络成瘾也日趋严重。而当网络成瘾青少年进入心理辅导团体后，由起初的不信任到后来的彼此熟悉，他们会发觉这里有一群和他们拥有相同困惑的人，他们的问题并不特殊，没有人会用异样的眼光去看待他们，而且团体中的每个人都相互监督、相互帮助、相互支持，使他们戒除网瘾的信心大增，这种观念的改变本身就具有很好的干预作用。

(二) 团体心理辅导为成瘾青少年提供了情感支持

在团体中，网络成瘾青少年会得到多方面的帮助和感情支持，这种帮助和支持显然要比权威者的教化更有效。在团体中，团体成员不仅可以得到他人的帮助，同时也可以尝试去帮助他人，这种助人的体验会使网络成瘾青少年对自己有一个新的评价，认识到自己的价值，从而增加自信心，从虚拟网络中走出来，开始在现实生活中找寻另外一批可以交往的朋友，进而使其人际交往得到改善。

(三) 团体心理辅导可与个人辅导的效果相互促进

由于团体自身的特点会使辅导有成效，也因为它具有个人辅导的特性，较有规划，辅导老师的专业辅导也提供了不可缺少的帮助。在小组活动中如果有人不愿意积极参

与活动与他人分享自己的感受和想法，应以鼓励、共情的方式去指导他们参与小组活动，可以收到十分明显的效果。

单元二　团体心理辅导实际操作

根据网瘾青少年的心理特点，团体心理辅导的目标主要有自我控制能力的训练与人际交往训练等。其中，自我控制能力训练包括自信心训练、价值观导向训练、情绪训练、意志行为训练等，本章主要以自我控制能力训练作为探讨的对象，在此，我们介绍一个自我控制能力训练的团体训练方案。

一、活动内容

本训练方案包括七个活动项目：

第一、二活动项目注重团体的导入和成员间的相互接纳，以促进团体及团体凝聚力的形成，并帮助成员学习、体验较适当的行为方式，如有效的自我介绍的方法及不同意见的处理等。

第三、四活动项目则注重团体成员个人情绪的处理，让成员能够在安全的氛围下自由表达、袒露内心的情结，加深自我探索的程度，并学习如何处理自身的负性情绪和表达自身的感受。

第五、六活动项目注重现实生活中的冲突情景的重现及信任感的构建，促使成员在情景的再现中重新体验强烈的内心冲突，并学习如何处理这些冲突，在团体情境中增强个人自信与对团体的信任感。

第七活动项目是结束训练，运用好品质的回馈活动，一方面处理团体成员分离的焦虑，另一方面则是让成员展望未来的生活，获得生活的希望。

二、训练的目标

训练的目标是：

(1) 帮助成员自我了解、自我接纳与自我提升。

(2) 帮助成员获得自由表达、自我袒露、自我控制的能力。

(3) 帮助成员重新面对生活情景中出现的冲突并予以支持性与现实性的处理。

(4) 帮助成员建立自信与培养信任他人的能力。

三、实施方式

(1) 人数：①10～12 人，1 个小组进行。②50～60 人，5 个小组同时进行。

(2) 训练方案包括六次团体辅导和一次大的游戏，在大团体训练室进行。

(3) 每次团体辅导时间 50～60 分钟，大游戏的时间为 60～90 分钟。

地点：大团体训练室或教室。

四、具体活动步骤

（一）团体导入阶段

1. 头脑风暴

（1）目标：① 形成团体，让成员之间彼此认识。② 通过相互介绍，让成员适应团体中的气氛，学习彼此相处的方法。

（2）策略：关注，回馈。

（3）准备材料：无。

（4）活动程序：① 名字大串烧：由团体领导者说明、示范简单的自我介绍方式，包括姓名、年龄、出生地、兴趣爱好等，第一轮先从学员甲开始介绍，甲必须先介绍领导者的姓名，再介绍自己，轮到乙时，乙则必须先介绍领导者与甲的姓名，再介绍自己。第二轮时，除了介绍名字还要加上年龄；第三轮时，加上出生地；第四轮加上兴趣爱好……以此类推，直到全部成员都自我介绍完毕。② 讨论在自我介绍中的个人感受、体验。③ 团体领导者说明团体目标，澄清对成员的期望，订立并宣布团体规则。④ 请每位成员对第一次团体的经验进行心得分享。

2. 团队建设

（1）目标：① 增进团体凝聚力，培养合作态度。② 帮助成员面对与处理不同意见。

（2）策略：示范作用，行为练习。

（3）准备材料：大画纸、黑色水彩笔。

（4）活动程序：① 团体领导者向成员介绍本次活动的性质并说明规则。② 把成员分成 3 ~4 组。③ 要求每个小组必须选出一个小组长，小组长承诺为本小组的一切承担责任。④ 每个小组必须想出一个组名、口号、组歌等，要体现小组特色。⑤ 各组开始讨论。⑥ 各组进行小组显示，最后由成员进行评分，选出最团结小组、最有人气小组、最差小组，等等。⑦ 分享此次团体的心得与感受。

（二）自我探索，处理负面情绪

1. 两人对话

（1）目标：① 增进团体成员之间的情感联结。② 换位思考，了解自我与他人的思维与情感表达的方式。

（2）策略：角色扮演。

（3）准备材料：音响设备、小台灯、小凳子。

（4）活动程序：① 让不同组的成员两两配对，面对面地坐在凳子上，有一位学员的腿是打开的，另一位学员的膝盖碰到对方的凳子边缘。② 两分钟的相互凝视，练习感受对方的眼神，感受对方的情感流动。③ 领导者让每个配对组选出 A 与 B。④ 在规定的时间内，B 对 A 作自我介绍：你叫什么名字？从哪里来？最近三年，你做的最自豪的一个决定是什么？到现在为止，你认为你最欠缺的是什么？现在你最想实现的目标是什么？你要如何才能实现你的目标？你要突破的是什么？在 B 讲述的过程中，A 不要说话，也不要发问，要静静地聆听。接下来，A 对 B 做同样的事。⑤ A 复述 B 说过的话，B 复述 A 说过的话。⑥ 分享此次团体活动中各自的感受与体验。

2. 前尘往事

（1）目标：① 增进成员间彼此更深入的了解。② 透过情绪事件的分享，成员彼此提供并示范排解负性情绪的方式，供他人参考运用。

（2）策略：示范作用，同辈分享。

（3）准备材料：音乐 CD、CD 播放器。

（4）活动程序：① 成员找到在上次团体中配对的同伴，两人闭着双眼面对面坐下来。② 成员自行选出 A 与 B。③ 领导者提供一个情境性的问题：请回忆在你的人生中最使你受到伤害的一件事，这件事发生在什么时间、什么地点、与这件事有关的是哪些人，是谁伤害了你？由成员进行回忆。回忆过后，成员睁开双眼，以 B 对 A、A 对 B 的次序进行分享。④ 在倾听的过程中，配对的成员双方练习体会对方的感受，并且把这些感受记下来。⑤ 鼓励成员把分享的事件与感受说出来，由其他成员给予支持与鼓励。⑥ 讨论这些感受的处理方法，找到解决之道。⑦ 分享此次团体的经验与感受。

（三）建立自信，掌握自我

1. 我是大明星

（1）目标：通过心理剧，让成员练习处理生活中的冲突、矛盾。

（2）策略：行为练习、角色扮演。

（3）时间：40 ~ 50 分钟。

（4）准备材料：表演道具、剧本、顺序签等。剧本内容如下：小明的学习成绩本来很好，但由于迷上了上网，以致上课不专心，开小差，成绩急剧下滑。父母很生气，每次见到小明不是打就是骂。这一天，小明又因为上网而晚回家，走进家门，他很自然地被父母臭骂了一顿……

（5）实施程序：① 以每个小组为单位，派代表抽取表演顺序签及剧本，分组排练。② 第一小组演出。③ 讨论与分享。一是剧中主角的心情如何？二是配角的心情如何？三是如果你是剧中人物，你会如何处理此事？四是换另一组成员进行表演，并讨论前面的问题，以此类推。④ 比较每次讨论与分享之间的异同，总结经验。⑤ 分享此次活动的心得体会。

2. 安全岛

（1）目标：① 增加成员的自信心。② 增进成员对团体的信任感。

（2）策略：行为练习。

（3）准备材料：桌子。

（4）活动程序：① 领导者介绍游戏的操作。② 领导者进行操作示范。一是让每个小组选出偶数成员排成两列，一般 8 ~ 10 个最佳，彼此用手做好固定。二是在剩余的小组中选出一人站在桌子上，背对着固定的成员。③ 领导者向站在桌子上的成员解释，接下来站在桌子上的成员要抱紧双手，背对着往后倒下，同时确认该成员的状态，问“你准备好了吗”，得到该成员的肯定回答后，领导者询问固定的成员“你们准备好了吗”，得到他们的肯定回答后，领导者让前面的成员做好准备，然后数“一、二、三，倒”，成员完成指定动作。④ 第一个成员体验后，替换固定的成员，由第二个成员重复相同的动作，然后第三个，第四个……以此类推，直到所有的成员完成为止。⑤ 分享此次团体活动的感受。

（四）自我总结，展望未来

（1）目标：给团体一个总结性的回馈，结束团体，对未来的生活进行适当的展望。

（2）策略：回馈，关注。

（3）准备材料：笔、小卡片、CD 播放器、音乐 CD。

（4）活动程序：① 播放轻柔的音乐，营造舒适温暖的氛围。② 发给成员约 10 张卡片。③ 请成员在卡片上写出所有自己所拥有的、想要得到的好品质或东西，每张卡片写一项。④ 请每个成员按照自己的想法，把自己的礼物送给所属小组的其他成员。⑤ 请成员分享：一是送礼物的人心情如何？为什么要送这个，而不送那个？二是接受礼物的人心情如何？送礼物的人的用意在哪里？三是带着这么多成员送的礼物，在团体结束后，你会有什么打算？如果遇到不愿接受成员赠予礼物的情况，则可探讨：一是为什么不愿意接受？二是在你没有接受的时候，你的心情如何，并想象一下对方的心情如何。然后，可以让鼓励小组中的成员给予该成员支持，如说一句祝福的话，给一个拥抱，等等。⑥ 分享完毕后，大家合唱《飞得更高》与《真心英雄》，处理分离焦虑，获得自我成长。

（5）结束团体。

项目四　网络成瘾心理教育

【操作步骤】

（1）网络心理健康内容确定。

（2）网络成瘾实例分析。

单元一　网络成瘾青少年心理健康教育

随着社会经济的高速发展，当今社会青少年上网现象越来越严重，网络成瘾青少年的心理健康也被社会各界所关注。1989 年世界卫生组织（WHO）对健康下了新的定义，即“健康不仅是没有疾病，而且包括躯体健康、心理健康、社会适应良好和道德健康”。因此，健康不仅仅是指躯体健康，还包括心理、社会适应、道德品质的相互依存、相互促进和有机结合。一般而言，心理健康概念是指个体的心理活动处于正常状态下，即认知正常、情感协调、意志健全、个性完整和适应良好，能够充分发挥自身的最大潜能，以适应生活、学习、工作和社会环境的发展与变化的需要。

网络成瘾青少年的心理健康问题主要表现在人际交往，亲子关系适应和发展问题上。以下对前两种问题进行具体阐述。

网络成瘾青少年心理健康教育主要内容有以下四个方面。

一、青少年自我意识

青少年处在心理的断乳期，他们一方面要求独立，另一方面由于心理未完全成熟，还依赖父母的支持与鼓励。从心理社会发展角度来说，他们处在自我认识角色混乱时期，这一时期的青少年不能完全认识自我，理想自我和现实自我之间存在偏差，所以经常在网络中去寻找“期望中的自我形象”。应通过团体和个体的心理辅导，让他们增加对自我的认知，从而对自身有全面的了解，包括自己的优点和缺点，使他们正视自身的不足并加以改正，肯定自身优点并予以发扬。

二、正确认识并利用网络

网络是把双刃剑，我们一方面要宣扬健康上网，教会青少年如何正确使用网络，利用网络中的有效资源来提高自己，同时要让青少年认识到过度上网给自己的身体和心理造成的伤害，让青少年清楚地认识到网瘾只是他们在虚拟世界寻找现实中无法满足的东西，但虚拟世界代替不了现实生活，只会让他们越来越远离正常的社会生活。适当地玩网络游戏会给他们带来快乐和放松，但任何事情都有一定的度，过犹不及，沉迷网络最终只会给自己带来伤害。

三、父母子女关系（家庭治疗）

家庭治疗诞生于1950年，成熟于1970年，家庭治疗是以整个家庭成员为单位，一起参与心理治疗的方法。家庭治疗建立在旨在改变家庭组织框架的基础上，当家庭组织转换时，每个家庭成员的生活也会作出调整。

在网络成瘾的青少年中，有一部分是受家庭环境的影响，如父母的教养方式和夫妻关系不和影响了青少年的行为，因此，治疗必须从整个家庭成员入手，寻找问题产生背后家庭成员应该担负的责任，让家庭中的感情纽带重新建立并不断牢固。整个家庭是个动态的平衡系统，当一方作出改变，另一方自然会有所改进。所以通过纠正父母不正确的教育方式，让孩子感受到来自父母的关爱，这样孩子才有能力去爱自己和爱别人，不至于用沉迷网络来进行自我伤害。

四、自我成长

网络成瘾的青少年表现为低自尊、低自信、自我价值感低，部分青年少会有自我放弃的想法，认为过一天算一天，没必要考虑将来。实质上这是青少年无法接纳自己。对于表现好的方面要多表扬，从而对好的行为进行强化，提高孩子的自尊心和自信心。通过让孩子做课件给大家讲课，提高自我价值感，从而在现实生活中获得成就感。适度的表扬和赞赏会成为孩子成长的动力。再加上对网络的正确认识，他们会用“自我实现”的力量去不断提高自己，从而在现实社会中找到自己的价值和成就感。

单元二　心理健康教育的个案分析

一、人际交往问题

现代社会中部分青少年由于从小受家庭环境、教育背景或自身性格因素的影响，在社会交往中遇到困难。这类孩子大部分内向、敏感，很在乎别人对自己的看法，缺乏自信心，再加上父母缺乏正确的引导，所以在交往中很容易产生困惑。青少年的自我意识较强烈，为了避免给别人带来不好的印象，他们往往会采取逃避态度，但内心又渴望与同龄人交流，希望获得友谊，所以网络给他们提供了可靠的平台。在网络中他们可以变成理想中的自己，用各种各样的身份而不用担心被别人看穿。网络成为他们逃避现实的工具，所以，咨询师要引导有网瘾的孩子走出虚拟世界，从根本上接纳自己，树立与他人交往的信心，让其最终回归现实生活。

【案　例】

小王，男，22 岁，汉族，有一个姐姐已经工作，父母务农。小王从小性格内向，很少主动与别人说话，喜欢一个人待在家中，父母也很少管教他。去年退学后，母亲要求其在家中干活。但小王脾气很大，经常与母亲顶嘴，拿家中的钱去上网，经常夜不归宿。母亲干预后无效，认为孩子不听话，随后送入我中心。

1. 咨询师了解的情况

小王从小乖巧、听话，孝顺父母，学习成绩一般。在校很少与同学交流，朋友很少，大部分时间一个人独处。高三后因没考上大学而辍学在家。经常去网吧通宵上网，和姐姐关系一般，缺乏自信，不敢与别人交流，很怕和别人说话，因为他认为这样很尴尬。他认为只有通过网络才能获得现实中的友谊，而且不用考虑别人不会理你。姐姐的希望是他能够做一个真正的男人。

观察的印象：身高 175 厘米，穿着简朴，面色发黄，憔悴，额头中的皱纹很深，目光中充满焦虑，黑色头发中夹杂着少许白发，黑色的衣服上一层白色的头皮屑。不愿和母亲多说一句话。

心理测验：网络成瘾自评量表　中度网瘾

SAS 60

2. 咨询过程及片段

第一次咨询时，通过摄入性会谈，咨询师了解了来访者的性格，以及家庭生活状况和社会交往状态，通过观察和分析，确定来访者存在的问题和求助动机。目前困扰来访者的是人际交往。由于来访者从小性格内向，缺乏与人沟通和交往的经验，交友的需求在现实生活中无法得到满足，于是借助网络去交友，以满足其需求。

第二、三次咨询时，咨询师询问来访者是否能接受目前的生活状态，帮助其了解虚拟生活和现实生活的区别。分析困扰来访者人际交往的原因，以及面对困难时应采取的处理方式，（上网）给自己带来的影响。让他认识到困扰自己现实生活中交友的原因是无法接纳自己，对自己缺乏信心，从而担心别人会不接纳自己。

3. 咨询对话

咨询师：你怎么看待自己上网这件事情？

来访者：上网时我很快乐，因为我可以在网络中交到很多朋友，而且不用担心自己会说错话或面临无话可说的尴尬局面。

咨询师：哦，看来网络满足了你交友的需求，在网络中交友你很放心。

来访者：是的。

咨询师：那在现实生活中，你和网友有接触过吗？

来访者：从来没有。

咨询师：现实生活中有相互沟通和交流的朋友吗？

来访者：几乎没有。

咨询师：你觉得在现实生活中交友的障碍是什么？

来访者：我害怕不被别人接纳。

咨询师：能和我谈谈你对自己的看法吗？

来访者：我很普通的，别人都比我优秀，我感觉自己很糟糕。

咨询师：我能感受到你对自己的评价很低，甚至在心里不能接纳自己，认为自己不如别人。

来访者：是的。

咨询师：一个无法接纳自己的人，怎么可能相信别人会接纳你？

来访者：（沉默）……

第四次咨询（布置作业）

引导来访者认识到自己在现实生活中无法与别人交流的主要原因是缺乏自信。在以后的治疗中，让他写出自己的优点与缺点，通过分析让他全面地认识自己。分析自己身上无法让自己接纳的因素，纠正之前对自己错误的认知和判断。并通过自信心训练，布置家庭作业，让来访者在一周内固定与一个人（a）交往，并记录感受。写下交往中害怕发生的和让自己焦虑的事情。一周后主动询问 a 的感受，并与当初自己的猜想对比，找出不同的地方，经过多次训练，减少交往中让来访者疑虑和焦虑的事情，从而让其能够提高自己，增强与人交往的信心。

二、亲子关系问题

网络成瘾的青少年实质上都是通过网络寻求一种需求的满足。对于亲子关系出现问题的孩子，表面上是为了逃避与父亲或母亲的矛盾而沉迷于网络，但实质上是在获得一种关注，来自父母的强烈关注。一旦父母增加了对孩子的关注，也会成为一种上网行为的强化。所以咨询师在寻找问题产生的原因时，要考虑父母对孩子的教育与孩子内心的需求是否一致。

家庭教育方式分为四种：民主式，专制式，溺爱式，放任式。本个案中，父亲在孩子幼年时采用第四种教育方式，对孩子不管不问，由于父母没有给予孩子必要的行为准则，对孩子冲动的行为缺乏约束，致使孩子缺乏社会责任心，缺乏自我控制能力。同时，由于缺乏父母的关心和教育，孩子认为自己在家庭中是不重要的，因而失去归属感。因此，个案中孩子上网是为了吸引父母的关注。

【案　例】

小李，14 岁，有一个 5 岁的妹妹，父母分别经营一家公司，平时工作很忙。小李从小和父母居住，六年级后被父亲送去江西读书，一年后回广州，父母诉说孩子回来后变化很大，经常逃学去网吧上网，父亲因此而打过他，但无任何效果。夜里仍一人偷偷跑出去上网。母亲劝说也无效果，不知道该怎样教育孩子。父母因为生意和教育孩子的事情而经常吵架，自从小李回广州后关系更加恶化。

1. 咨询师了解的情况

孩子现在与父母、祖父母同住，家庭条件较好。母亲对孩子的教育很民主，父亲以前实行放任式的教育（因为父亲从小被爸妈打大，特别痛恨打孩子）。孩子自从上网后经常被父亲打骂，甚至用皮带抽打。孩子对父亲很不满，认为他从小都没管教过自己，现在更无权过问自己的事情。

对孩子的印象：情绪低落，头发稍长而凌乱，有黑眼圈，紧握双手，头部低垂，不敢正视咨询师的眼睛。谈到父母，尤其是父亲时候，语调提高，带有强烈的埋怨情绪。

心理测验：亲子关系自评量表　关系一般

SDS 55

SAS 56

2. 咨询过程和片段

第一次咨询时，与孩子建立咨访关系，进行摄入性会谈，了解孩子的家庭状况、成长的经历、面临的主要问题。通过咨询，了解到孩子主要是由于亲子关系问题而导致上网，尤其是和父亲的关系；孩子对父亲的印象一直是陌生的、畏惧的。小李认为小时候父亲对自己不管不问，现在因为自己上网就打骂自己是不对的，父亲没有这个权力打骂孩子，因为父亲自身没有尽到应尽的责任。上网不是自己的错，错就错在没有一个好父亲。

第二次咨询时，要建立咨询目标，孩子是由于亲子关系导致上网的，所以短期目标是恢复孩子和父母的关系，长期目标是戒除网瘾，回归正常的社会生活，帮助孩子认识到上网的真正目的及上网的危害，从而让孩子对自己的行为有深刻的认识。

3. 咨询对话

咨询师：通过上网你想得到什么？

来访者：想获得快乐。

咨询师：网络给你带来了哪些快乐，能具体谈谈吗？

来访者：我也说不清楚，上网会让我忘记烦恼吧！

咨询师：哦，那你有哪些烦恼呢？

来访者：家庭吧，我觉得家里很压抑，我不想回家。家里的气氛很让人受不了。

咨询师：哦，看来回到家里会让你感觉很难受，所以你不想回家。

来访者：是的。

咨询师：能告诉我具体是什么让你感觉很难受吗？

来访者：父母吧，他们总是吵架。尤其是爸爸，我接受不了他。

咨询师：父亲的哪方面让你接受不了，能具体谈谈吗？

来访者：他对我妈妈不好，经常因为我成绩不好打骂我，做事情都看心情，没有一个标准，我一点也不了解他，看到他就不舒服，就想逃。

咨询师：你是在用上网来逃避和父亲之间的关系？

来访者：可能吧。

咨询师：之前和父亲关系怎么样？

来访者：一般吧，除了学习以外，其他事情他都很少过问。

咨询师：上网以后呢？

来访者：他开始渐渐管我了。

咨询师：你希望他管你吗？

来访者：怎么说呢，他关心我是可以接受的，只是方式不对。

咨询师：看来你的内心是渴望父亲的关心的，而且上网会增加父亲对你的关心。

来访者：也许吧……

咨询师：你是在用上网的方式去吸引父亲的关注，即使这种关注方式你不是太喜欢。

来访者：（沉默）……

来访者上网表面上是为了逃避现实生活中的烦恼，但实际上上网给他带来了现实的好处，如父母的关心，尤其是来自父亲的关心。虽然父亲是用训斥和暴力打骂的方式去管教孩子，但满足了孩子被关注的需求。因为父亲从小成长在暴力家庭，他能体会到父母的暴力行为给孩子带来的伤害，所以潜意识里他不想再重复父母的行为（但结果还是沿袭了父母的教育方式），希望孩子能够自由自在地成长。但青春期的男性会受到父亲的影响，希望得到父亲的关注和支持。

第三次咨询　家庭治疗

帮助全家人了解孩子上网背后的真正原因，分析父亲的教养方式对孩子造成的影响。尤其是父亲，要让其知道现在的教育方式是来自其对父母行为的模仿。多角度去分析，让家庭成员分别承担相应的责任。

单元三　网络成瘾青少年情感教育

情感是个体对客观事物是否满足自己的需要而产生的态度体验。情感主要包括三方面的内容，即道德感、理智感和美感。所谓情感教育，朱小蔓认为，就是关注人的情感层面如何在教育的影响下不断产生新质、走向新的高度，也是关注作为人的生命机制之一的情绪机制，如何与生理机制、思维机制一起协调发挥作用，以达到最佳的功能状态。

情感教育在网络成瘾青少年的治疗中起着十分重要的作用。目前我国 90 后的青少年多属于独生子女，这些孩子缺乏与兄弟姐妹之间的交流；加上目前城市的独立房屋结构，在某种程度上不利于他们与同龄人结识同伴；父母在这个年纪承担着较重的社会责任，父母与孩子们之间的情感沟通也少。因此，现实中缺乏情感交流的学生，便会在网络上寻找可依附的群体，在网络上寻找成就感、归属感及各种责任感。因此，网络成为青少年宣泄、逃避、寻求刺激、安慰的最佳平台。

爱因斯坦说，情感和愿望是人类一切努力和创造背后的动力，不管呈现在我们面前的这种努力和创造从外表上看是多么高超。因此，加强网络成瘾青少年的情感教育，是治疗青少年网络成瘾及发挥青少年潜能的关键。

一、培养青少年的道德感

道德感是个体根据社会道德行为准则评价别人或自己的言行时所产生的情感体验。道德感缺失的现象在网络成瘾青少年中较为普遍，例如，肆意花父母的钱为游戏买最好的装备，稍有不如意就大发牢骚，认为所有的人帮助自己都是应该的……这些不胜枚举的心理偏差，说明了网络成瘾青少年道德感薄弱。

人所处的关系，无论多复杂都是从基本的一对一的关系开始延伸的。它始发于关系的胚胎——亲子关系，如果亲子关系不好，就会影响以后与其他人的关系。所以，道德教育应该回归到最早的亲子关系中，回到儿童时期学校教育的师生关系、生生关系中。它将许多东西聚合成一种强有力的、牢不可破的关系存在，很多东西都是在此基础上延伸的。现在很多人心理扭曲、思维方式扭曲、人格扭曲，不相信、不遵守人与人之间基本的诚信关系，导致思想道德的发展没有根基。所以，道德教育需要回归到人的最初、最近的关系中去考察、立根、扶根，根本的东西一旦建立起来就牢不可破。青少年如果对父母、老师和他人给自己的帮助由衷地认可，并真诚地回报，那么他所存在的问题亦可自然地得到解决，因此，学会感恩在道德感的培养中起着非常重要的作用。

（一）让孩子看到父母的苦

网络成瘾的青少年，很大部分同时伴有道德方面的问题，父母及周围人用尽各种办法均不能使他们脱离网络，所以这些青少年被判断为一个“无情无义”的人。在这些孩子的家庭中，要么孩子在家的“地位”很高，父母只是服务者，要么孩子地位极低，父母从来没有顾及过孩子的需要。长此以往，在孩子的心中，只有自己，没有别人。

孩子看不到父母，也不会感受到父母的难处，自然也不会感恩父母。亲子关系中的这种状况，会延伸到其他的关系中。

【案　例】

小智，男，15 岁，12 岁时（初一）辍学，辍学之后更加迷恋网络游戏，除吃饭外所有时间均待在网吧。父亲今年 65 岁，母亲 59 岁，夫妻俩靠去批发市场批发小菜谋生，家境十分贫困，靠政府接济度日。

初一辍学后，小智的父母通过威逼利诱，希望孩子能够上学或者打工，但这孩子就像着了魔似的，除对网络感兴趣外，对其他一切事物都没有想法。

为了得到上网的钱，小智把家中可以换钱的东西都卖掉，包括铁锅、电饭锅等，65 岁的老父亲身体本来就不好，在这两年与孩子的斗争中身心俱疲，得了严重的胃溃疡。

第一次会谈

小智：我不明白，你们为什么不找我的爸爸去咨询咨询。

咨询师：你认为该来的是你爸爸？

小智：是的，他是个非常残忍的人。

咨询师：爸爸的哪些行为让你不太满意呢？

小智将他的裤子卷起来，腿上布满了一个又一个铜钱大的伤痕。

“这是我爸爸用香烟烫的，还有我头上的伤是我爸爸用棍子打的。”

……

小智：我曾经自杀过两次，第一次撞墙，当时送到医院去抢救；第二次喝农药，我醒来也是在急诊室。我今天能活在你的面前，非常不容易。反正我现在也不想死了，也不想活，你们爱怎么样就怎么样吧。

这是一个内心充满愤怒的孩子，当他描述父亲的暴行时，眼里充满了对父亲的仇恨。在后来与孩子的父亲聊天的过程中，我了解到，这个父亲眼中的“败家子”，曾经是个品学兼优的好孩子。父亲在教育孩子的过程中，从来都只顾发泄自己的情绪，而没有考虑过孩子的感受，此刻孩子正在以伤害自己的方式，抗议父亲对他的残忍。

在了解到这些情况后，我开始着手做父亲的工作。父亲也认识到了，他觉得自己用了这么多的教育方式，孩子却越陷越深，那应该是自己的错。此后，他开始经常到营区陪孩子住，并写了几封信告诉孩子自己的期望。

第六次会谈

咨询师：你的爸爸身体是不是很不好啊？

小智：好像是吧，不太清楚。

咨询师：你爸爸今年65岁了，加上身体不好，不知道你还能跟他斗几年？

小智：（沉默）……

咨询师：如果他有70岁话，那你还能斗上5年。如果80，那就是15年，如果有15年的话，正好跟你的年龄一样了。

小智：我……不知道。

咨询师：不过我觉得，即使你跟爸爸斗到了他人生最后的阶段，他仍然会担心。他做了这么多的事情，就是为了你能够独立生活在这个世界上，虽然这些方式并不是你能接受的。你一直跟他斗，并没有学到些什么，他能不担心吗？

小智：我不想斗到他死……

咨询师：你想想看，这么多年，父亲除了打骂你，还为你做过什么？

小智：他给我吃好的，喝好的，给我买新书包。他第一次打我，是因为我不上学。

咨询师：他要你上学是为了什么？

小智：为了我能多学点东西吧。

咨询师：是啊，他是为了你能多学点东西，能过得比他好。你爸爸生活得很苦啊，你看他，到65岁的年龄了，还没有自己的房子，唯一的儿子又让他操碎了心。

（小智的眼眶开始有点湿润）

咨询师：父亲打他的儿子，骂他的儿子，是因为他希望儿子快点成才，他自己过得不好，希望儿子能过得比他好。

小智：我会努力戒除网瘾的，你转告他。

咨询师：你爸爸如果能听到你亲口说出来，他的病可能会好一点，这是你自己的事情，我帮不了你。

……

之后，开始跟小智探讨父亲的“苦”，小智在了解到父亲打他的原因之后，发生了很大的变化，被排里的同学选为“排长”。之前住在营区一直跟父亲索要东西，后来在了解到父亲生病后，主动打电话给父亲，劝父亲在家好好休养，不要担心自己。

小智的问题，是他一直只看到自己，看到自己的“愤怒”，而忽视了父亲的苦。当小智学着去理解自己的父亲，爱自己的父亲的时候，也就学会了爱这个世界。爱能让我们的道路更宽广。

（二）父母是已长大的孩子，孩子是未长大的父母

“养儿方知父母恩”，这是在中国流传已久的俗语。只有为人父母者，才对父母的辛苦有更深刻的认识。父母其实也是孩子，而孩子是没有长大的父母，因此，如果可以让叛逆的孩子站在父母的角度去体会父母的难处，孩子应该会有更多感触。

【案　例】

小金与父母的关系进入冷战状态，他不愿意跟父母说话，觉得父母啰唆。在进入训练营后的第三个月，当选为“排长”，排长需要负责营区其他孩子的日常生活的管

理，他尽职尽责地付出，但在当排长后的第一次班会上，他被全排学员批评，学员们对他意见非常大，认为他的管理存在很大问题。

小金：我付出了这么多，他们都看不到。

咨询师：恩，你的付出没有得到他们的认可，你很愤怒。

小金：反正我已经尽力了，他们爱怎么说怎么说，我不改。

咨询师：你觉得你做的都是对的，被人否定的感觉很不好。

小金：我的方式不一定是对的，但是我确定我是为他们好。

咨询师：恩，这句话我觉得我在你父母那里也听到过。

小金：什么意思?

咨询师：你的父母也像今天的你一样，说他是为他儿子好，虽然方式不一定是对的。

小金：(沉默)……

咨询师：今天的你就像你的父母一样，排里的孩子们不接受你的方式，这让你很愤怒，如果排里的学员的这种态度让你难受，那你为什么还要用同样的态度去对待你的父母?

小金：我得好好思考一下这个问题。

……

之后小金与父母的关系发生了较大变化。“养儿方知父母恩”，当孩子不能明白父母的苦衷时，最好让他亲自体会当父母的感觉，体会被孩子反抗的感觉。

二、培养孩子的理智感

理智感是在智力活动过程中，人的认识和追求真理的需要得到满足而产生的情感体验。理智感是人们从事学习活动和探索活动的动力。当一个人认识到知识的价值和意义，感受到获得知识的乐趣，以及追求真理过程中的幸福感时，他就会不计名利得失，以一种忘我的奉献精神投入到学习和工作中去。

对知识的探索动力不能回到现实，而是集中在虚拟的网络世界，这是网络成瘾青少年面临的关键问题。因此，如何让网络成瘾青少年在现实中得到满足，是我们面临的重要课题。下面简单介绍一下理智感的三种培养方法：

(1) 建立各种兴趣小组，激发学员学习的需要与渴求，如象棋、篮球、手工、美术、街舞等小组，让学员将对网络的兴趣转移到其他事物上去。

(2) 让学员自己讲课，将爱好用讲课的形式介绍给同学，经常让学员互相介绍自己的爱好，介绍新成就、新发现，激发讲课者本人探索新知识、新技术的愿望。同时，亦可让其他学员参与进来，组成新的兴趣小组。

(3) 校内校外开展比赛交流活动。竞赛是按照学员的自尊需要和获得成就的需要而激发学员奋发努力和力求上进的一种手段。通过兴趣小组组织各种比赛，增加学员们克服困难的毅力。

三、培养孩子的美感

美感是人的审美需要得到满足而产生的情感体验，这种体验是个人根据所掌握的美的标准评价客观事物时产生的。

（一）美感对青少年的重要性

1. 美感是生命律动的结果

美感是人类特有的心理反应，爱美也是人类的天性，是感官接受外在客体的刺激而产生审美的心理活动。经由审美的心理活动，使个人生活产生趣味，而不至于枯燥与乏味，并产生脱离生活的沉闷与苦恼。美感可以说是个体生命律动的结果，例如，作息正常且精神百倍、闲时进行绘画创作或欣赏音乐、好友相聚言欢、齐声欢唱、畅游名胜、烹调美食、亮丽装扮、助人为乐等，皆是引起美感的生命律动或节奏。网络成瘾的青少年缺乏对这种美的感觉。

2. 美感是生存优势的凭借

美感的生成与效应和生存亦有密切关系，愈具有美的特质的个体，愈能令人产生美感，从而提升其生存竞争力。一般而言，外形端庄且行为善良者，会给人以亲和与舒适感，而行为举止龌龊者，则会令人厌恶。美感素质的有无，直接影响人际的趋避，进而产生后续效应。青少年要能够区别，外表的美丽并不代表内心的善良，内心的丑恶也不一定会表现在外表上。

3. 美感是生活品质的指针

人类生活是相当复杂而多变的。个体除了满足饥渴等基本生活需求以外，还需进一步满足美感的需求。在需求满足的过程之中，为了解决生活中的问题、困难或不足，除了运用已知的方法来处理外，有时也会开创新的方法来解决，因而也获得美感；或者以艺术、宗教、文学等升华的方式，也可获得美感。美感的获得也代表生活品质的提升。生活中因食、衣、住、行、育、乐等的需要，除了生理满足之外，伴随着美感，正代表优异的生活品质，也是人类和其他生物最重要的区别之一。

（二）培育具审美态度、能力与品味的现代人

美感教育的目标之一，是培养青少年的审美态度、审美能力与审美品味，也就是使青少年对于审美客体有所知觉、想象、领悟与判断，并且建立自己的审美喜好。就审美客体的范围而言，则举凡可引起美感者皆可纳入。另外，审美涉及判断，而这与审美标准和美的因素有关。这些标准大致上以“和谐”、“适度”、“完整”、“真诚”与“自然”等为主。现代人的重要课题，是培养以美感为依归的生活态度，并具备审美判断能力，且时常保持审美的兴趣与品味，使得人生充满乐趣。

美感教育强调以人为本，是一种以生活为内涵的教育形态，且美感教育的实施适宜以学习者为教育的主体。实施美感教育可采用艺术化的方式，引导青少年从不同层面与领域探索美感，并且强调青少年的差异性，允许青少年有不同的发展目标、进程与成果，以养成审美态度、能力与品味，使得学习者充分获得启发并促进学习者人格健全和发展。此外，美感教育的实施还须重视人性化的方式。

休谟说，幸福与其说是用任何其他方法，不如说是用情感的这种敏感性来达到的。如果一个人具有了那种能力，他在趣味的愉快中所得到的幸福，要比在欲望的满足中所得到的幸福更大。他从一首诗、一段推理中获得的欢乐要比昂贵的奢侈生活所能提供的欢乐更大。情感教育在网络成瘾的青少年的治疗中，在愉悦人生的过程中，起着举足轻重的作用。

【实训项目】

认知疗法的案例

一、个案的基本情况

（一）求助者一般资料：小全（化名），男，20岁，广东阳江人，父母经商。

（二）案例陈述

1. 求助原因

求助者父母诉苦："自初一起小全就迷恋网络，白天睡觉，晚上上网，从今年起问题加重，不吃不喝连续上网。"由父母强制送入营。

2. 父母陈述情况

小全自幼随母亲生活，父亲外出广州经商。小时候小全聪明懂事，比较内向，深得亲戚朋友和老师喜爱。小学时成绩非常优秀，在班上一直排行前三名。初一时小全迷恋网络游戏，经常通宵上网，父亲当时考虑到孩子的教育问题，较常回家，并找机会与孩子谈心，但情况并未得到明显好转。有一次周日小全通宵玩游戏，父亲发现后非常恼火，将手提电脑当着他的面砸破。小全当场吓得脸色苍白，关上房门不说话。此后小全不愿意回家，即使回家也不与父母沟通。砸电脑事件发生后一周，父母接到学校老师投诉说小全已经几天未到学校，后来在网吧找到他。父母对小全伤心失望，又担心小全去网吧变坏，于是再在家里买了台电脑任由他上网。小全除了上学，基本上所有时间都待在电脑前，不与任何人交往。父母在小全初二时感情破裂离异，离异后小全跟随母亲生活，性格变得更加孤僻，稍有不顺心就把自己锁在房间里不出来，勉强读完初中后，父亲帮他找到一家中专学校上学，开始状况还好，之后大部分时间都待在父亲家不出来，因无法坚持上课，于今年辍学，全天时间都在家上网。父亲变着法子给他做好吃的，希望他能走出房门，结果不但没有成功，他反而开始不吃饭。近来经常不吃不喝连续上网，最长达到48小时，父母担心其在房间会出事，将他强制送入营。

3. 咨询师观察及了解到的情况

（1）心理治疗师观察的结果：求助者给我的第一感觉是很久没有出过门了，面色苍白，头发凌乱不堪，整个人蜷缩成一团。精神委靡，不敢与人目光对视，问话少答。在看到心理医生后一直流泪，但不哭出声音。

（2）当事人舍友反映情况：求助者在入营后的晚上一直未眠，彻夜长叹。后面主动找到舍友与他谈到凌晨两点，对自己的行为深感后悔。

（三）心理测验

SDS 57.5

（四）诊断评估

1. 根据病与非病的三原则，该求助者的知、情、意协调一致，个性稳定，有自知力，并没有表现出幻觉、妄想等精神病的症状，因此可以排除精神病的可能。

2. 初步诊断为"病理性网瘾"，诊断依据如下：

（1）极度依赖网络：孩子强烈地想要上网，达到无法控制的程度。

（2）"耐受"表现：需要不断增加自己的上网时间才能感到愉悦满足，从开始偶尔上到通宵，到连续48小时上网。

（3）"戒断"表现：一旦脱离网络就觉得人生了无生趣。

(4) 社会功能受到影响：为了上网无法坚持上课，直到辍学；人际关系受到影响，没有朋友；为了有更多时间上网而改变自己的生活方式，通宵达旦地上网，不吃饭、不洗漱。

二、主要疗法与适用原理

主要疗法：认知疗法。

原理：① 认知疗法是以认知期间行为人曾经发展的系统形式和问题为基础的；② 认知疗法要求正确的治疗性联盟；③ 认知治疗的重点在于合作和积极参与；④ 认知疗法是确定目标，关注问题；⑤ 认知疗法首要的重点是现在；⑥ 认知疗法是有教育意义的，目的在于教会行为人成为自己的治疗师，而且强调防止复发；⑦ 认知治疗期具有结构性；⑧ 认知治疗教会行为人识别、评价自己不良的想法和信念，并对此作出反应。

三、临床心理治疗过程

1. 具体目标：了解求助者网络成瘾背后的原因，改善求助者的亲子关系，增强求学动机，提高学习兴趣。

2. 最终目标：建立求助者对网络正常的认知观念，增强其社会适应能力，能像其他孩子一样正常地学习和生活，顺利完成学业。

咨询过程

(1) 第一次会谈。

咨询师与求助者接触后，先运用积极关注、共情、温暖等咨询方法与求助者建立咨询关系，通过双方的交流，从各方面搜集信息，对求助者有全面的了解，如求助者的年龄、家庭状况、父母的情况及求助者求助的动机等，这些对我们建立有效的咨询目标、选用恰当的咨询方法有重要意义。

咨询师：我能为你做些什么吗?

求助者：恩，可以。随便聊聊吧。

咨询师：今天感觉你的心情不是很好啊!

求助者：是的。我的心情很糟糕。

咨询师：什么事情影响了你的心情?

求助者：爸妈反对我上网。

咨询师：哦，你从什么时候开始上网的?

求助者：初一。

咨询师：那你今年多大了?

求助者：20 岁。

咨询师：上网都玩些什么?

求助者：打游戏啊，我经常玩三国、传奇、地下城与勇士。

咨询师：这些游戏一定给你带来很多快乐吧?

求助者：是的，上网时我非常开心。

咨询师：你上网的时间是多久?

求助者：不一定的，可能一天 10 个小时左右，有时多达 18 个小时。

咨询师：哦，能和我谈谈父母反对你上网的原因吗?

求助者：他们说我成绩下降了，经常逃学，家里就我一个儿子，不努力学习将来怎么办?

咨询师：看来你上网让父母产生了担忧。

求助者：嗯，是的，他们总是不放心我。

咨询师：你的爷爷奶奶呢?

求助者：他们住老家，不反对也不支持。我从小和他们一起住，3 岁回到父母身边。

(2) 第二次会谈。

求助者一直蜷缩在咨询室的椅子上，给人感觉很缺乏生命力。他在椅子上伤心哭泣，对父母将自己送入营表示不解和愤怒。

求助者：如果没有网络，可能我早死了。网络救了我的命，他们还要我戒除，那他们是不是想要我的命啊！我活在这个世界上唯一的快乐就是网络，你们所有人都不理解我！

咨询师：我看到你在思考！能告诉我你思考的结果吗?

求助者：我刚刚的想法……好像有点不对，网络对于我来说，好像什么都不是！

咨询师：嗯，你开始面对事实。

求助者：(沉默）……

咨询师：生活中，哪些事件让你承受最大压力?

求助者：父母的关系。他们一直就只关心自己，从来没有人关注过我。

咨询师：嗯，我能理解你在生活中的痛苦。

求助者：(哭）是的，非常痛苦，他们都看不到我，没有人能看到我。

咨询师：不受关注的滋味似乎很不好受，我很能理解。

求助者：(继续哭）嗯，小的时候，我经常躲着哭。后来，我学会玩游戏。我的父母如果再次吵架，我就玩游戏，他们吵他们的，我玩我的。玩游戏时我眼不见心不烦。

咨询师：这种方式让你不再那么痛苦。

求助者：是的。我的游戏级别越玩越高，后面我管他们吵不吵，反正我有时间就上网。只有游戏能带给我快乐。

咨询师：我看到，网络似乎是一种让你远离痛苦的方式。

求助者：是啊，我在网络当中很开心。

咨询师：我们开始时谈到，网络到底在你的生活中充当什么角色?听你谈了这么多，我好像有点明白了。

求助者：(不好意思地笑）我也有点明白了……网络……似乎是我逃避现实的工具。

咨询师：我也有这种感觉。

求助者：我会好好地思考这个问题的。

之后，我们商定把“网络到底让我逃避什么”作为家庭作业。

在第二次咨询中，咨询师通过对求助者仔细观察，了解了他目前的情绪、情感。来访者感到很焦虑和痛苦，感觉世界上没有人能够理解他、支持他。网络是他的唯一的精神支柱，没了它似乎失去了生活的希望。咨询师通过一步一步的引导，让来访者对之前的行为进行反省，认识到网络在生活中究竟充当了什么角色。来访者以前的核心思维是网络是生活的一切，通过咨询师的引导，来访者改变了之前的绝对观念，并对其行为作出反思，并建立一种新的观念，认为网络不过是逃避现实的工具罢了。在咨询过程中，咨询师不断提出问题，和以前的核心观念相抗衡，经过多角度分析，让来访者对之前的观念提出质疑，从而引起反思。并按照认知治疗法的常用咨询方法布置家庭作业，提高和巩固来访者的新认知。

(3) 第三次会谈。

咨询师：先谈谈你对网络的看法吧。

求助者：我认为网络能给我带来快乐，上网让我很开心。

咨询师：哦，那你在现实生活中感觉到快乐吗?

求助者：很少，尤其是在家里我感到很压抑，我一点也不想待在家中。

咨询师：看来你在家里并不开心啊，所以你会选择上网，在网络中发现快乐。

求助者：是啊，我想只有在网络中，才能找到自己想要的东西，如自由、家庭的温暖，等等。

咨询师：你觉得网络中的快乐和现实生活中得到的快乐有什么区别呢?

求助者：可能网络世界中一切都是虚拟的东西，得到的快乐也是短暂的吧。

咨询师：是的，你觉得网上想要的自由和家庭温暖能够代替现实生活吗?

求助者：不能。

咨询师：是的，其实我们想在虚拟的世界里寻找现实生活中无法得到东西，这些并不能代替我们的现实生活。

求助者：是啊，所以每当我上网回到家中心情会顿时低落，像进了地狱一般。

咨询师：看来回到家对你来说是一件痛苦的事情哦。

求助者：是的，我很不想回家。

咨询师：能和我谈谈具体的原因吗?

求助者：我和父母关系很不好，他们以前经常吵架，现在变为冷战了，很少交流。家里都冷冰冰的，没有一点温暖的感觉，所以我很少回家。

咨询师：哦，看来你父母的关系对你造成了影响。

求助者：是的，我爸爸不愿意理我妈妈，还经常骂她，我实在受不了，以前我鼓起勇气告诉爸爸，希望他能对妈妈好一些，但他说这是大人的事情，和小孩子没关系。我很无奈，变得越来越不想回家。

咨询师：看来爸爸的回答使你受到了伤害，你很想去帮助父母，希望他们的关系能够和好，但没想到遭到了爸爸指责。

求助者：我觉得自己做什么都是没用的，所以我宁愿选择上网。

咨询师：能告诉我父母通常会为什么而吵架吗?

求助者：很多啊，工作方面和对我的教育方面。

咨询师：也就是说一部分原因是因为对你的教育?

求助者：是的。

咨询师：他们争论的焦点是什么?

求助者：妈妈埋怨爸爸不抽时间管我，我的学习成绩下降了就只知道打骂，从来不花时间和我沟通。

咨询师：好的，看来妈妈很关心你的学习成绩啊，你上网后成绩下降了吗?

求助者：下降好多哦，很多次都逃学去网吧。

咨询师：好的，那你觉得上网会引起你父母的争吵吗？

求助者：（沉默）……

咨询师：本来你很想调节父母之间的矛盾，但你自己却做着引起父母发生矛盾的事情，这样的结果是什么呢？

求助者：可能会让父母的关系变得更差了。

咨询师：是的，有些事情是我们自己意识不到的，我们错误地认为从网络中获得快乐可以取代现实的苦闷，实际上是加重了现实的矛盾。

再次和求助者共情，去体会他当时的感受（无奈、痛苦），进一步建立咨访关系。本次咨询中，咨询师运用具体化、情感反应和内容反应等咨询技巧，运用积极关注、共情等方法让求助者感受到自己被关注和理解，从而愿意积极主动述说自己的问题。继续上次咨询，寻找来访者上网的直接动机（即在网络中可以摆脱因父母关系不佳和父母的忽略所带来的痛苦，可以在网络中获得暂时的快乐）。求助者的核心思维是在网络中寻找暂时的快乐，以代替现实生活中的不快乐。咨询师帮求助者了解网络并不是解决问题的手段，而是暂时逃避问题，缓解现实生活中痛苦的替代物，长期上网不仅解决不了问题，而且会加深父母之间的矛盾，父母的冲突同时会加重自己内心的不愉快。所以这样只会形成恶性循环。

通过咨询，来访者改变了对上网的不良认知，了解上网并不能解决根本问题，反而会形成恶性循环，全面了解了上网行为。咨询师纠正了求助者不合理的信念，从而使求助者的行为发生改变。

根据案例描述内容与治疗过程说明咨询师在治疗过程中运用了哪些网络成瘾认知治疗技术，并评估技术效果。

任务十一
违法心理危机干预

爱与意志是相互依存的，没有爱的意志将会成为一种操控；而没有意志的爱，则会成为一种无意义的伤感。①

——罗洛·梅

问题不是问题，如何应对才是问题；欣赏并接受过去，它是我们管理现在的能力；改变是成长的起点，希望是改变最重要的成分；我们不能改变已经发生的事件，只能改变这些事件对我们的影响；每个人都有能力找到内心的宝藏，她让我们有能力获得成功，并且成长……

——萨提亚成长语录

爱一个人并不仅仅是一种强烈的感情——这是一个决定，一个判断，一个承诺。即意志，它与爱相结合。②

——弗洛姆

【重点技能】

- 危机基本干预技术
- 危机评估干预技术
- 制订危机干预方案
- 各种违法心理现场干预

【案例1】

2008年10月28日晚，中国政法大学一名教师在课堂上被学生杀死，该恶性事件震惊了全校师生。案发后，中国政法大学积极开展紧急心理危机干预行动，并对案发现场的19名目击者进行了重点干预。

恶性事件令师生“深感痛心”

10月28日18时43分，中国政法大学昌平校区端升教学楼201教室内发生一起恶性事件。据目击者称，法学院一名教师正准备上课时，政治与公共管理学院一名2005

① 罗洛·梅. 爱与意志·序言. 冯川译. 北京：国际文化出版公司，1987.

② 弗洛姆. 爱的艺术·序言. 陈维纲译. 成都：四川大学出版社，1986.

级学生付某突然闯进教室，用利器袭击教师，造成其重伤。该教师经抢救无效不幸身亡。

而这一幕，竟然发生在19名本科学生的眼前，他们亲眼目睹了这一残忍的血案。据目击者称，付某行凶后便拿出手机报了警。警方随后赶到并将付某带走，教师则被送往昌平中医院，但由于伤势过重，于当晚7时死亡。

10月29日上午，中国政法大学召开新闻发布会，声称“这是一起发生在校园内罕见的偶发事件，我们深感震惊”，表示将积极配合公安机关的调查取证工作，并向教育部、北京市教工委进行情况汇报。

10月29日下午，在中国政法大学昌平校区的校园里，接受记者采访的学生都表示“深感痛心”。

行凶者入校时心理测试正常

据了解，付某为天津人，1986年出生，是中国政法大学政治与公共管理学院国际政治专业大四本科生。

10月29日，该校心理健康与咨询中心主任刘希庆向记者表示，根据他们与付某的辅导员和同学的接触，付某在事发前“表现正常”，辅导员反映“这个学生平时表现不错，虽然不是最优秀的，但还是不错的”。

中国政法大学对每年入校新生都会做一个心理测试，事发后，校方也调阅了付某的心理测试记录。“刚入校时，他的一切数据都是非常正常的。”刘希庆说。

但他表示，目前付某已被警方控制，他们无法与之接触进行深入访谈和调查，因此无法确定付某目前是否有心理问题。

19名目击者接受心理危机干预

校方表示，血案发生时，现场目击的19名学生受了严重惊吓。事发后，该校心理辅导中心召开紧急会议，安排辅导员于28日晚到学生宿舍对学生进行安抚和心理干预。校方表示，将根据“10·28”事件心理应急处置方案对全校学生进行心理疏导。

10月29日，对嫌疑人宿舍、班级的同学进行团体辅导，提供心理支持，针对出现的心理问题做辅导。

10月29日至30日，培训全体班级心理委员，主题为“创伤后的心理危机干预”，使心理委员掌握创伤后心理辅导的方法，以便对本班同学进行心理疏导和心理安慰。

10月29日至30日，培训全体辅导员，为他们提供应急指导，使辅导员更好地开展学生工作。

11月4日，出版一期以创伤后心理危机干预为主题的《心理健康报》，由心理委员发到每个宿舍，并带领大家共同学习。

同时，在心理健康咨询中心网页上提供心理危机干预的相关知识，并密切关注学生在法大BBS、沧海论坛上的言论动向，并积极引导。

中国政法大学教师马皑则以个人名义在学校的BBS发布题为“这个夜晚让我们相互支撑”的帖子，鼓励学生团结起来共渡难关。帖子中写道：“无论怎样，请你保持一份冷静，不要让太多的焦虑折磨自己，不要失去对法律、对自己、对学校的信心。”

北京高教学会心理咨询研究会理事长林永和认为，处理这类事件，应该让知情的人出面说明真相，让不知情的人了解真相，让受伤害的人得到适当的疏导。疏导的对象应该包括这个教师的亲友、所带班的学生以及其他关系密切的人，因为他们受到的伤害最大。①

【案例 2】

卢刚事件

卢刚简历：卢刚生于北京市，18 岁考入北京大学物理系，1984 年通过 CUSPEA 考试，1985 年本科毕业后进入爱荷华大学物理与天文学系攻读研究生。1991 年通过答辩获得博士学位。他的博士论文题目是“Study of the ‘critical ionization velocity’ effect by particle-in-cell simulation（ionization）”，导师是教授克里斯托弗·戈尔咨（Christoph K. Goertz）。

事件经过：1991 年 11 月 1 日下午三点半左右，卢刚进入了正在进行专题研讨会的爱荷华大学凡·艾伦物理系大楼（Van Allen Hall）三楼的 309 室，在旁听约五分钟后，他突然拔出左轮手枪开枪射击，他首先击中他的博士研究生导师，47 岁的戈尔咨教授，并在戈尔咨教授倒下之后，又在教授脑后补了一枪；然后，他又朝他的博士研究生导师助理史密斯（Robert Alan Smith）副教授身上开了两枪。此时，在场的众多人士刚刚有所醒悟，纷纷逃离现场，这时卢刚又瞄准了当时在场的另一位中国留学生，27 岁的山林华博士，接连向山林华的脑部和胸膛连开数枪。随后，卢刚离开了第一现场到达二楼 208 室系主任办公室，一枪射杀了 44 岁的系主任尼克森（Dwight R. Nicholson）。在确认尼克森死亡之后，卢刚又返回第一现场，发现几个学生正在抢救奄奄一息的史密斯副教授，于是又朝史密斯的脑部补发了致命的一枪。

然后卢刚持枪离开物理系大楼到达生物系大楼，由一楼走到四楼，似乎在寻找一名女性目标（有目击者见他进入女厕所寻人），其间遇到师生多人，但卢刚并未开枪滥杀。

在未找到射击目标之后，卢刚又进入了行政大楼，冲入一楼 111 室的校长办公室，向副校长安·柯莱瑞（T. Anne Cleary）的前胸和太阳穴连开两枪，又朝办公室内的学生秘书茜尔森（Miya Sioson）开了一枪。随后，卢刚到达二楼的 203 室，饮弹自尽。

整个枪击过程不足 20 分钟，卢刚在自杀前总共向六个人开枪，除女学生茜尔森被击中脊椎，颈部以下全身瘫痪外，其余五人全部丧命。

警方在随后的调查中发现，杀人者使用的武器为 38 毫米口径连发左轮手枪，另一把 22 毫米口径手枪虽随身携带但未使用。此外警方也截获并扣押了卢刚在事发前几天寄回国内的包裹、家信、汇款等，并查到了卢刚的遗书。爱荷华大学官方宣称遗书共五页，其中四页英文一页中文，但在事发一个多月后警方仅向媒体公开了四页英文遗书。

关于杀人者的枪杀动机，警方未有正式的结论，但据部分媒体报道，枪击的直接原因可能是由于博士论文最高奖学金没有授予卢刚，而是由山林华获得。还有说法认为，枪击的原因可能在于经过长达 6 年辛勤工作得到博士学位的卢刚，却无法得到一份应得的可以维持生计的体面工作，走投无路的他决定自杀，并对社会的不公进行极端报复。

……

在枪击事件发生后的第三天，受害人之一的安·柯莱瑞女士的家人，通过媒体发

① 中国青年报，2008 - 10 - 30.

表了一封给卢刚家人的公开信，信中追忆了安·柯莱瑞的成就，并以宽容的态度希望能分担彼此的哀伤。

1991年11月4日，爱荷华大学的28 000名师生全体停课一天，为安·柯莱瑞举行了葬礼。安·柯莱瑞的好友德沃·保罗神父在对她的一生的回顾追思时说："假若今天是我们愤怒和仇恨笼罩的日子，安·柯莱瑞将是第一个责备我们的人。"

这一天，安·柯莱瑞的三位兄弟举行了记者招待会，他们以她的名义捐出一笔资金，宣布成立安·柯莱瑞博士国际学生心理学奖学金基金会，用以安慰和促进外国学生的心智健康，减少人类悲剧的发生。

她的兄弟们还在无比悲痛之时，以极大的爱心宣读了一封致卢刚家人的信。

致卢刚的家人：

我们经历了突发的剧痛，我们在姐姐一生中最光辉的时候失去了她。我们深以姐姐为荣，她有很大的影响力，受到每一个接触她的人的尊敬和热爱——她的家庭、邻居，她遍及各国学术界的同事、学生和亲属。

我们一家从很远的地方来到这里，不但和姐姐众多的朋友一同承担悲痛，也一起分享着姐姐在世时留下的美好回忆。

当我们在悲痛和回忆中相聚一起的时候，也想到了你们一家人，并为你们祈祷。因为这个周末你们肯定是十分悲痛和震惊的。

安最相信爱和宽恕。我们在你们悲痛时写这封信，为的是要分担你们的悲伤，也盼你们和我们一起祈祷彼此相爱。在这痛苦的时候，安是希望我们大家的心都充满同情、宽容和爱的。我们知道，在此时，比我们更悲痛的，只有你们一家。请你们理解，我们愿和你们共同承受这悲伤。这样，我们就能从中一起得到安慰和支持。安也是这样希望的。

诚挚的安·柯莱瑞博士的兄弟们

弗兰克/迈克/保罗·柯莱瑞

项目一　危机干预者预备

【操作步骤】

（1）预备危机干预者的品质、信心、资源配置能力、反应能力、适应能力、康复能力、心理防御机制、有限性认识和干预技术把握程度、自我评估与调适。

（2）掌握危机干预技术：沟通技术、支持技术、放松技术、解决问题技术。

（3）掌握危机干预评估技术：危机干预的分类评估量表（THF）。

单元一　危机干预者品质预备

危机原本是医学用语，指人濒临死亡，生死难料的状态，后来是指人类个体或群体无法利用现有资源和惯常应对机制处理无法预期、难以控制、不愿面对的事件和遭遇。心理危机是指个体面对突发事件或者重大生活事件时，既不能回避，又无法用通常解决问题的方法来应对事件时出现的心理失衡状态。心理危机常简称为危机，心理危机的特征如下：

（1）有突发事件或者重大生活事件发生。突发事件是指出乎人们意料之外发生的事件，如地震、水灾、空难、疾病暴发、恐怖袭击、战争等事件；重大生活事件是指日常生活中面临那些非持续性的、有清晰起止点的、可观测到明显的生活改变的比较大的变动，诸如升学、考试失利、失恋、校园暴力、关系攻击、离婚、亲人病故，等等。

（2）不能回避又无力应对。主体意识到发生的事件超出了自己的应对能力，不能对现在的境遇作出应对反应，无法采用现有的生活条件和经验克服，感到难以把握，难以解决。

（3）伴有身心失衡反应。当个体面对心理危机时会出现一系列身心失衡反应，一般心理危机反应会维持6～8周。心理危机失衡状态主要表现在认知、情绪情感以及行为和生理上。在认知方面常出现注意力不集中、缺乏自信、无法作决定、记忆力减退、效能降低、不能把思想从危机事件上转移，甚至出现思维紊乱等。情绪情感方面常出现害怕、焦虑、恐惧、怀疑、沮丧、忧郁、悲伤、易怒、绝望、无助、麻木、否认、孤独、紧张、不安、愤怒、烦躁、自责、过分敏感或警觉等。行为方面出现反复洗手、反复消毒、社交退缩、逃避与疏离、不敢出门、害怕见人、暴饮暴食、容易自责或怪罪他人、不易信任他人等行为。生理方面则会出现肠胃不适、腹泻、食欲下降、头痛、疲乏、失眠、噩梦、容易受惊吓、感觉呼吸困难或窒息、哽塞感、肌肉紧张等。

可见，危机往往是突发的，超出人们的预期。如果得不到很快控制和及时缓解，危机会导致人们在认知、情感和行为上出现功能失调并导致社会的混乱。因此，危机控制、危机干预便成为处理危机、有效帮助和支持处于危机中的个人或群体的一种必然的应对策略。

从心理学的角度来看，危机干预是一种通过调动处于危机之中的个体或群体自身潜能来重新建立或恢复危机爆发前的心理平衡状态的心理咨询和治疗的技术，是一个短期的帮助过程，是对处在困境或遭遇挫折的个人或群体给予关怀和支持，使之能最终战胜危机，恢复心理平衡的一个过程。因此，危机干预者品质的预备成为临床心理服务的一个重要内容。

一、危机干预者品质培养

（一）勇敢的信心

信心就是所望之事的实底。[①]（信心就是所盼望之事的实现）信心不是将没有的东西变为有，信心是将有的东西实现为有。信心不是做梦，空口无凭；信心是把已有的东西显明出来。面对危机，危机干预者必须具有战胜危机的信心。多数的危机干预者，常常会遭遇疑惑、挫折、愤怒、惧怕、威胁、无能、空虚、厌烦以及其他与担负危机干预任务不相称的情绪。坚韧、知足、乐观、现实、客观、冷静、勇敢地相信人类战胜危机的能力非常重要。

---

① 《圣经·新约》希伯来书11：1。

（二）合理配置心理资源能力

一个具有丰富的生活经历，成功地解决了生活中各种各样问题的成熟、乐观、坚韧、坚强的危机干预者，能合理配置自己的心理资源，且能够迅速帮助危机中的行为人配置心理资源，理解并有效地处理危机。一定的生活经历是理想危机干预者品质所养成和所必备的，在生活经历中学习并成长，并将这些经验应用于实际工作中，这样的干预者就能不断地将生活经历的所有方面整合并运用到治疗性危机干预中。

（三）快速应激心理反应能力

危机干预与一般治疗性干预不同的关键点是时间。面对那些在危机中完全失去控制的违法行为人，要求危机干预者：

（1）能够保持冷静、镇定，将危机情形维持在自己的控制之下。

（2）能够有信心为行为人及时营造一种有利于恢复平衡的稳定的、理性的氛围。

（3）能够在相当有限的反应时间内，对问题进行缜密的思考，给予更多的行动和指导。

（4）能够对危机中不断出现、变化的问题作出迅速的系统反应和处理。“事实上，不能进行快速和准确思考的人将会发现危机干预是一项非常令人头疼的工作。”①

（四）良好的适应能力

根据对心理适应内部机制的分析，良好的心理适应能力体现在：

（1）有较强的分析问题和作出正确判断的能力，面对变化的新环境，能够尽快了解新的要求，明确新的努力方向。

（2）对自己有一个全面、客观的自我评价，了解自我不适应的表现和存在的差距，同时也看到自我的潜力，在此基础上形成积极的自我观念，做到自尊、自爱，对自己始终充满自信。

（3）坚韧、顽强、果断的精神和较强的自制力、竞争意识和好胜心，以及对其他人和事物宽容的态度与豁达的胸怀。

（4）较强的自我监控意识和自我调节的能力。

实践证明，危机干预者应当在心理适应能力的发展上取得明显的进步。

（五）良好的康复能力

心理的康复能力是心理健康的重要标准之一。面对违法行为人的危机状态，干预者处于紧张的应激状态，同样也会经受创伤。创伤后的心理康复能力存在着水平差异。康复力良好的干预者能很快康复，并不留后遗症，对以后的心理及行为不产生明显的影响。不良干预者有康复能力，但需要较长时间。重度康复不良干预者，不能完全康复，在心理上、行为上和躯体上造成严重的症状。

（六）建设性心理防御机制

面对违法行为人强度大、性质严重的创伤危机，需要干预者具备良好的建设性心理防御机制。在干预过程中，由于干预者本身不良的心理防御机制，常出现干预者同

① ［美］Gilliland，B. E. & James，R. K. 危机干预策略（上）. 肖水源等译. 北京：中国轻工业出版社，2000. 13.

感创伤的情形。建设性的心理防御机制是为美好的方面作补偿，能够把现实、人际关系和个人感情合理有效地整合在一起。在应激越来越多时，有可能改变较不成熟的防御机制。建设性的心理防御机制体现在以下六个方面：

（1）利他（altruism）。替代性、建设性地为他人服务，并且本能地使自己感到满足。包括建立良性的反向形成、慈善行为以及对他人提供报答性服务。利他与投射及发泄的区别在于，确实而不是设想地为别人提供好处。利他与反向形成的区别是，它让应用者至少部分地得到满足。

（2）幽默（humor）。明显地表达了观念和感情，但并不使自己感到不舒服，对别人也不会产生不愉快的影响。幽默直言不讳，幽默使人能够忍受而又集中注意到那些令人难以忍受的事情，幽默不排斥别人。

（3）压制（suppression）。虽然在意识中有解决矛盾冲突的冲动，而在意识或潜意识中却作出予以推迟的决定。这种机制包括在寻找困难时的一线希望、把已经认识到的不舒服感尽量缩小、在困难面前挺起胸膛、想方设法予以推迟而并不回避。用建设性的压制心理防御机制的人会说："我明天会考虑这件事情的。"第二天也确实记得考虑此事。

（4）预期（anticipation）。为未来的内心不舒服感受作切合实际的预期或计划。这种机制包括对将要出现的事物作有目的、仔细的计划，在情感上作出切合实际的预料，与此同时能够在意识中自觉运用心理治疗时学到的"自知力"。

（5）认同（identification）。认同是指个体向比自己地位或成就高的人的认同，以消除个体在现实生活中因无法获得成功或满足时而产生的挫折所带来的焦虑。认同可借由心理上分享他人的成功，为个人带来不易得到的满足或增强个人的自信。如"狐假虎威"、"东施效颦"都是认同的例子。"认同"始于儿童至青少年期。儿童"认同"用来学习社会团体态度与习惯，青少年"认同"用来找寻自我、肯定自我。可见，"认同"是有建设性的心理防御机制，也是协助人格发展的重要方法。

（6）升华（sublimation）。升华是一种有建设性的心理作用，也是维护心理健康的必需品。[①] 它是指将被压抑的不符合社会规范的原始冲动或欲望另辟蹊径用符合社会认同的建设性方式表达出来，并得到本能性满足，如用跳舞、绘画、文学等形式来替代性本能冲动的发泄。弗洛伊德最早使用升华这个概念，他认为将一些本能的行动，如饥饿、性欲或攻击的内驱力转移到一些自己或社会所能接纳的范围时，就是"升华"，包括通过有趣的游戏、运动和业余爱好来表达攻击性，以及在求爱时用减弱了的方式浪漫地表达自己的本能。在升华时，感情被承认、修改，并被定向于比较重要的人物或目标，所以会产生本能性的适应满足。

（七）充分认识自己的局限性

干预者能够认识到心理疾病本身有其自身的发展规律，能够接受成功率低、病程迁延等客观事实，在从业过程中不过于理想化；"精神分析客体关系理论治疗的本质，就是精神分析师作为一个容器，接受并加工危机中行为人无法忍受或接纳、并投射给分析师的心理内容，然后危机中行为人再将被分析师容器转化和加工过的内容内化的

① Freud，A. 自我与心理防卫机制. 芝加哥：芝加哥大学出版社，1979

过程。在精神分析中，这种过程不断重复，使危机中行为人的内心世界发生改变。”①在这个不断重复的过程中干预者（心理治疗师或精神分析师）作为一个容器有时会不足以接受并加工行为人投射来的心理内容。充分认识自身的局限性，对行为人投射来的难以消化的心理体验加以确认——“是，你确实正经受着一些情绪，只是我们暂时还不足以消化。”干预者具有治疗意义的无知或者无能的表现，给行为人一个很好的关于接纳的示范。

知识链接

创伤性事件

所谓创伤性事件（trauma event），又叫危机事件（critical incident），是指那些危及生命、出乎意料的、让当事人无能为力的一些重大的负面事件，这是一种境遇性的危机。在ICD-10和DSM-IV诊断标准中，对创伤性事件的认定略有不同。

ICD-10，标准A，F43.1：“当事人突然遭遇或持久地陷入异乎寻常的威胁性或灾难性的事件或情境中，这类事件或情境几乎可使每个人都出现深深的痛苦。”

DSM-IV，标准A，309.81，308.3：“当事人亲身经历或目睹或面对某一事件或一些事件，包括死亡或死亡威胁或严重的损伤，或可能危及自身的或他人的生理完整性，且病人有强烈的害怕、无助感或恐怖反应。”DSM-IV则弱化了创伤性事件的客观性，强调了个体的感受。

我国的诊断标准CCMD-3基本参照ICD－10。

（八）娴熟的专业技术

危机干预者在干预过程中应当具备的技术和能力如下：

（1）倾听并准确地作出合适反应的能力；

（2）认知、情感和意志方面保持一致；

（3）能娴熟运用支持和稳定的技术；

（4）能保持冷静的放松技术；

（5）具备分析、综合和诊断评估的基本能力；

（6）基本诊断技术；

（7）探索多种途径解决问题的能力；

此外，还有心理学家提出危机干预者应当具备以下道德规范：②

（1）坚守“求助者利益优先”的原则。在大多数情况下，干预者保护求助者的利益，在理智和情感上采取此原则。

（2）坚守保密原则。除非为求助者利益缘故或者事先得到求助者的书面许可，否则干预者不能泄露求助者的任何资料。

（3）满足求助者知情选择权。

（4）持守诚实品质。艾根（Egan，1990）认为，心理咨询师要摆正自己的位置，保持诚实的态度。“言行一致”是职业咨询师的重要品质。危机干预者要做到诚实，保持情感体验和情感表达的一致，努力做到所感与所言、所行与所为的一致；能够真诚

---

① 徐钧．当代精神分析治疗概念的新进展．http：//www. wenku. baidu. com. cn.

② 心理咨询师在危机干预中的作用．中英国际心理网，http：//www. psysoft. net.

地袒露内心的想法，允许他人了解自己，言语与非言语表达不刻板拘束，不被理论或技能的原则和条条框框所束缚。

知识链接

美国国立 PTSD 研究中心执业要求

美国国立 PTSD 研究中心（1998）指出，灾难心理卫生工作者应具备五种个性特征：富有冒险精神、善于社交、冷静、整体把握能力以及对治疗的敏感。

灾难心理卫生工作者应具备的四种技能：共情、诚恳、积极关注与倾听。

灾难心理卫生工作者的遴选标准：① 持有心理卫生临床工作的执照；② 有可能提供 10 ~ 14 天全天的服务；③ 能提供以下能力或素质证明：能适应时间长、条件差又可能快速变化的艰苦工作环境；能与不同年龄、种族及社会、经济和教育背景的人建立良好的关系；有紧急心理卫生工作或培训经验；具有组织才能和政治敏感性；能针对灾难幸存者、工作人员及社区进行小组心理知识教育；曾作为灾难心理卫生志愿者接受美国红十字会的有关培训。

二、危机干预者自我能力评估

危机干预者在进行危机干预前应确保自己在情绪、认知以及自我控制能力等方面都处于良好的功能状态，并且有充分的时间来投入工作。因为在介入危机的过程中，有许多情境难以预估与控制，且在危机干预者不熟悉的治疗环境之下。如果危机干预者处于负面状态下，会渲染双方的无助或愤怒情绪。因此，进行自我评估是十分必要的。危机干预者要客观地面对危机和处理危机，保证干预工作的顺利进行和干预者身心健康，应当回答如下问题：

（1）作为一名心理危机干预者的你准备好了吗？

（2）你目前的心理健康状况如何？

（3）你能否承受目睹危机带来的巨大心理冲击？

（4）你内心的伤痛或伤疤是否会被激活或揭开？

（5）在危机面前你是否会出现情绪不稳定或冲动而无法履行心理干预的工作和任务？

在此基础上要对以下内容进行评估：自己的价值观、自身的不足、当前的身体状态和情绪状态、自我慰藉的能力、身心健康因素、社会支持系统，等等。

（一）自我慰藉能力评估

危机干预者进行自我能力评估时，首先要进行自我慰藉能力评估，具体如下：

（1）与有强烈痛苦并伴有尖叫、歇斯底里哭泣、愤怒等极端反应的行为人一起工作。

（2）与非传统环境下的行为人一起工作。

（3）在混乱的、不可预知的环境下工作。

（4）接受非心理健康方面的工作。

（5）在没有监管性的环境下工作。

（6）为来自不同文化、民族、阶级、信仰的行为人提供帮助。

（7）在危险、状况不明的环境下工作。

（8）与并不接受心理健康支持的个体工作。

（9）与不同工作方式的专业群体合作等。

（二）自我身心健康因素评估

1. 评估当前身心健康状况

危机干预者评估当前的身心健康状况，以及在危机状态下可能影响干预工作的一些情况：诸如近期的手术或药物治疗；保持长时间精力充沛并忍受身体疲倦的能力；近期的情绪或心理问题；过去6～12月内人生的重大变化或丧失；早期丧失或其他负性生活事件等。

2. 评估常见的应激反应

当对行为人进行干预时，干预者可能也会体验到如下的一些常见的应激反应：

认知反应：① 对世界、他人、自己的认知发生改变；② 思维混乱；③ 决策困难；④ 记忆力减退、重复回忆；⑤ 注意缺乏、注意力不集中。

情绪反应：① 易激惹、愤怒和挫折；② 抑郁或焦虑症状；③ 以休克、恐惧、恐怖及无助等作为表现形式的替代性创伤；④ 害怕自己崩溃或无法控制自己；⑤ 失望。

过度反应：① 对于与危机相关的声音、图像、气味等感觉过敏，反应过度；② 感到没有安全感，易焦虑；③ 失眠，做噩梦，容易从噩梦中惊醒。

身体反应：① 易疲劳；② 体能下降；③ 由于身心极度疲劳，睡眠困难，休息与睡眠的不足，易产生生理上的不适感，如晕眩、头昏眼花、呼吸困难、胃痛、紧张、无法放松等；④ 易受惊吓；⑤ 肌肉疼痛（包括头、颈、背痛）；⑥ 麻木等。

社会功能：社交活动减少。

3. 评估过劳现象

在危机干预过程中，干预者应提早准确诊断可能出现心理崩溃感的过劳现象，过劳是一种由于情感上的需求长期得不到满足而导致的身体、心理等方面都处于耗竭状态的体验。过劳常常表现为以下一系列的症状：

（1）躯体上的耗竭。身体出现疲劳反应：体能下降；由于身心极度疲劳，休息与睡眠的不足，易产生生理上的不适感，如头痛、晕眩、呼吸困难、胃痛、紧张、无法放松等。

（2）心理上无助无望。心理出现创伤反应和人际冲突，如：① 与他人沟通交流不畅；② 抑郁或焦虑症状，情感迟钝；③ 失去对公平、善恶的信念，失去信任感；④ 对自己经历的一切感到麻木与困惑；⑤ 心力交瘁、精疲力竭；⑥ 感到不够安全；⑦ 睡眠困难，做噩梦；⑧ 混乱、注意缺乏、决策困难；⑨ 易激动、缺乏自制力、愤怒、缺乏耐心，与他人关系紧张，社交活动减少；⑩ 愤世嫉俗，如对周围人、政府官员、媒体感到愤怒；⑪ 易受惊吓。

（3）职业困扰。职业出现耗竭感：① 怀疑自己的职业选择；② 绝望；③ 感到软弱、内疚和羞耻；④ 觉得自己本可以做得更好、做得更多而产生罪恶感，怀疑自己是否已经尽力；⑤ 对于自己也需要接受帮助觉得尴尬、难堪；⑥ 过于为受害者悲伤；⑦ 挫败感。

Gilliland 等也将典型的过劳危机中行为人的病程分为四个阶段：

第一阶段：热情。危机工作者怀着过高的希望和不太现实的期望投入到新工作中，似乎有无穷的潜力。

第二阶段：停滞。当他们觉得自己个性、经济、职业的需要没得到满足时，停滞便出现了。

第三阶段：失望。他们已身陷困境，开始怀疑效率、价值观以及为克服困难付出努力的意义。因为过劳在群体中具有高度传染性，此时，直接面对是重要的。

第四阶段：淡漠。淡漠本身就是过劳，是一个真正意义上的危机阶段，此阶段个体处于一种失衡和不稳定的状态中。使这一阶段更为复杂化的是否认和不能对正在发生的情况作出客观的判断，要改变这种情况，就必须接受心理治疗。

4. 评估极端应激反应

极端的应激反应包括：① 同情的压力：无能为力、困惑、孤独；② 同情疲劳：疲软、疏远、放弃；③ 直接或间接地、投入地或不由自主地再次体验创伤；④ 试图在专业领域或个人生活中超越控制；⑤ 撤回和隔离；⑥ 依靠物质预防情绪，变得过分投入工作，或睡眠的急剧改变（避免睡觉或不想起床）；⑦ 人际关系的严重困难，包括家庭暴力；⑧ 伴随绝望的抑郁（有把个体置于高自杀风险的潜在可能）；⑨ 冒不必要的风险。

（三）社会支持因素评估

在危机情境下，评估社会支持系统特别是社会组织可以为危机干预者提供心理救助工作的应对能力：

1. 家庭因素

（1）核心家庭是否做好了与你分离几天甚至几周的准备？

（2）核心家庭是否接受了你将在一个不可预知的危险环境下工作的事实？

（3）是否有家人或朋友承担你的家庭责任与义务？

（4）是否有一些未解决的家庭或人际关系问题会影响你的救助工作？

2. 工作因素

（1）你的老板支持你的救助工作吗？

（2）工作环境允许你离开吗？

（3）你的工作职位是否允许你长时间离开？

（4）你的同事是否赞成你的缺席，并在你回来时表示欢迎？在你完成救助工作之后，是否会有一个良好的支持性环境欢迎你归来？

危机干预者通过自我评估，更深入地了解自己，更好地帮助别人，提升自己和个人成长，从而提高了干预工作效率。

知识链接

危机干预者心理资格问卷

1. 您能从容地看恐怖片和灾难片吗？
2. 您杀过鸡/鱼吗？
3. 您看过画面血腥的图片吗，感觉如何？
4. 您有没有仔细看过关于灾情的图片资料，尤其是那些悲惨血腥的图片？
5. 您自己是否有一些心理创伤（尤其是在亲人丧失等方面）至今没有完全解决？
6. 在您以往的助人经历中，如果不能有效帮到别人，您会很自责吗？

7. 面对因失去亲人而泣不成声的人，您能保持平静和稳定吗？
8. 您的家人对您的援助行为的看法和感受如何？
9. 您的身体状况如何？可以应付三天不吃饭、一天不喝水吗？
10. 如果有意外（比如余震或和组织失散），您能否自保？
11. 您有没有地震防护和医疗急救的基本常识？
12. 您看过十部以上灾难救助电影、纪录片或专业书籍吗？
13. 您有哪些与灾难援助的相关经历？
14. 您知道什么是替代性创伤吗？
15. 您知道情绪急救的方法吗？
16. 您有心理咨询主流技术的专业培训经历吗？
17. 您有200小时以上的心理咨询经验吗？
18. 您有做团体咨询领导者的经验吗？
19. 您能根据现场情况，制订灾后心理援助团体干预方案吗？
20. 您准备去帮助哪些人，怎么帮？
21. 您认为在心理援助现场最坏的可能性是什么？遇到的最大困难会是什么？
22. 如果您的想法和同行者不同，您会怎么做？
23. 当您的救助者或您自己遇到困难时，您有哪些应急资源可以利用？

三、危机干预者自我保护

从事危机干预的工作者一般也同时是创伤性事件的参与者。危机干预的工作者在从业中不可过于理想化，要认识到疾病本身有其自身的发展规律，要能接受成功率低、病程迁延这一可能事实；为了避免同感创伤和过劳现象，危机干预者要尽可能地做好自我保护。

保护自己的感觉通道免受或少受创伤的侵扰。可以不看的不要去看，可以不听的不要去听，等等；避免不必要的伤害；建立必要的设置，有界限、有节制地工作，保证必要的休息。

同时，危机干预的工作人员应看到自己也是创伤性事件的参与者，自己也可能有行为人所具有的那些症状，需要进行自我身心调适。在工作中要注意维护社会支持系统，从而寻求情感支持。

知识链接

同感创伤

治疗者受到危机中行为人创伤内容的影响，出现创伤反应，称为同感创伤（vicarious traumatization），它可能源于：① 创伤引发了干预者自身的问题（治疗者自己的移情）；② 创伤强度如此之大、性质如此严重，以至于突破了干预者的防御机制；③ 干预者没有足够的防御机制和足够的时间来恢复自我功能；④ 干预者扮演了救世主的角色。

同感创伤与耗竭有一定程度的重合，耗竭通常指对危机工作环境的一种反应，所说的工作环境如此令人吃力，让人处于紧张应激状态，没有奖励。同感创伤可能会导致干预者的耗竭，反过来，心理治疗过程中的干预者耗竭也导致了同感创伤易感性。

危机干预者由于对危机中行为人及其创伤的同情和共情，常常会出现严重的身心困扰，甚至心理崩溃。危机干预者必须注意及时进行自我调适，并在必要时寻求专业人士的帮助。

（一）自我身心调适

1. 避免个人创伤问题

每个危机干预者或多或少地有自己的个人创伤问题，因此干预过程中及干预过后应尽可能地去进行以下工作：

干预过程中：

（1）自我监督和评估干预工作的成果。

（2）尝试不做“负责人”或“专家”。

干预过后：

（1）认知方面：为价值观的改变（可能不被生活中的人所关注）做好准备；增加有精神或生命意义的体验；预期将要经历想法或梦的重现；反省自我。

（2）情绪方面：清除内心的担忧；清除烦恼；清除烦躁感觉。

（3）行为方面：注意放松、压力管理、增加休闲活动；练习接纳他人；寻找你喜欢或让你愉悦的活动；如果适应困难，寻求亲人的帮助；要做一个个人的恢复，预期一个休息调整期。

（4）身体方面：注意锻炼；注意健康和营养；照顾好自己，安排好休息；养成良好的睡眠习惯。

2. 避免不合理的自我照顾信念

危机干预者的自我照顾包括四项内容：① 管理个人资源；② 照顾家庭计划；③ 识别对饮食、睡眠、疲劳等自我生理需要的感知，获得足够的营养，加强身体锻炼；④ 应用有规律的放松、压力管理；寻求心灵慰藉及个人信仰；花时间与朋友及其他危机干预者一起释放压力；寻找困难解决策略，练习简单的放松技术，分享低落的情绪。

危机干预者应当避免消极的自我暗示，避免强化失败或无力的情绪，避免咖啡因、酒精、烟草和依赖性药物的使用，避免消极评价救助工作，避免常见的自我照顾误区，等等。

（二）维护社会支持系统

危机干预者要维护社会支持系统。具体地说，应该与家人和朋友、同事保持定期联系；与同事团队一起工作，同事之间相互支持，适时地将自己的情绪、感觉和干预经验与同事讨论和分享；与同伴相互之间进行咨询和督导；灵活、耐心、宽容，接受不能改变每件事情的事实；寻求和提供社会支持。

特别注意重启已经中断的人际关系：计划一个个人恢复调整假期。

相关社会组织给予危机干预者一定照顾，包括鼓励危机干预者休假；沟通信息；鼓励危机干预者需要时寻求咨询，提供信息帮助；提供压力管理辅导；开展危机干预者之间的互动与沟通活动等。

知识链接

社会支持系统

所谓个人的“社会支持（social support）系统”，也称为“社会关系网”，是20世纪70年代提出的心理学专业词汇，即个人在自己的社会关系网络中所能获得的、来自他人的物质和精神上的帮助和支持。

社会支持从性质上可以分为两类：一类为客观的、可见的或实际的支持，包括物质上的直接援助和社会网络、团体关系的存在和参与，后者是指稳定的婚姻（如家庭、婚姻、朋友、同事等）或不稳定的社会联系，如非正式团体、暂时性的社会交际等的大小和可获得程度，这类支持独立与个体的感受，是客观存在的现实。另一类是主观的、体验到的情感上的支持，指的是个体在社会中受尊重、被认同、被支持、被理解的情感体验和满意程度，与个体的主观感受密切相关。有学者将其分别命名为社会支持的可利用度和自我感觉的社会关系的适合程度，在进行心理学的科学评定时用以评定其社会支持大小。研究认为，良好的社会支持有利于身心健康，并为今后的发展奠定良好基础，而不良社会关系的存在则损害身心健康。

（三）应对心理困扰

为积极应对心理困扰，除巩固和完善自身的社会支持系统外，危机干预者应确保获得休息、饮食、自我表达。具体地说，应该找到适合自己放松和娱乐的方法，并充分安排好；不管是否有胃口，应该保证定时定量的饮食；避免不必要的身心伤害；注意充分安排好休息；找到表达自己的方法：考虑如何更好地讲出遇到的情况、所做的工作及工作中遇到的困难；允许自己有一些负性情绪，并将负性情绪合理地表达和宣泄出来；与同伴相互勉励、支持，相互肯定，避免相互指责。

单元二　违法心理危机干预技术

心理危机干预的方式与技术主要有沟通技术、支持技术、放松技术、解决问题技术。

一、沟通技术

危机干预首先运用沟通技术与危机行为人建立良好关系，如果不能与危机行为人建立良好的沟通和合作关系，干预技术较难执行和贯彻，也不会达到干预的最佳效果。因此，建立和保持干预者与危机中违法行为双方的良好沟通和相互信任，有利于行为人恢复自信和减少对生活的绝望感，保持心理稳定和有条不紊的生活，以改善人际关系。

影响人际沟通的因素有许多，一般来说，危机干预者应该注意以下五个方面：① 消除影响双方诚恳沟通的内部干扰，提高表达能力；② 避免双重和矛盾的信息交流，如干预者口头上对危机中违法行为人表示关切，但在态度和举止上却并不给予专心的注意或体贴；③ 意识到干预工作的有限，避免给予行为人过多的保证；④ 避免使用专业性或技术性等难懂的语言，多使用通俗易懂的语言进行交谈；⑤ 具备必要的自信心，利用可能的机会改善行为人的内省和自我感知。

二、支持技术

支持技术又称稳定情绪技术，是为了尽可能地解决行为人当前面临的情绪危机，稳定行为人的情绪，给予危机中行为人一定的心理支持，而不是支持其错误的认知。支持方法可以是使用诱导让行为人表达内心积郁的发泄，并在此基础上给予共情、解释、保证等。干预者应充分认识支持技术的重要性，具体包括以下八个方面：

（1）倾听与理解。以理解的心态接触危机中的违法行为人，主动倾听并热情关注，对其作出适度反应，给予心理上的支持，不要将干预者的想法强加给危机中的行为人。

（2）增强安全感。减少危机中违法行为人对当前和今后的不确定感，稳定其情绪。

（3）适度的情绪宣泄。运用语言及行为上的支持，鼓励危机中违法行为人把自己的内心情感表达出来，释放心中的抑郁、焦虑、仇恨等负性情绪，恢复心理平静。宣泄法的实施既可通过面对面的谈话教育、心理咨询与治疗方法实施，也可通过警察控制的心理宣泄室实施。

（4）释疑解惑。解释危机的发展过程，使违法行为人理解目前的处境，理解他人的情感，建立自信；对有自杀倾向的违法行为人，干预的重点在于使其放弃自杀念头，而不是对自杀的原因作反复的分析和解释。

（5）实际协助。给危机中的违法行为人提供实际的帮助，协助危机中违法行为人调整和接受因重大事件改变了的生活环境及状态，尽可能地协助危机中的违法行为人解决其所面临的困难。

（6）重建社会支持系统。帮助危机中的违法行为人与主要的支持者或其他的支持来源（包括家庭成员、朋友、社区或者拘禁场所的帮助资源等）建立联系，获得帮助。

（7）提供心理健康教育。提供重大事件后常见心理问题的识别与应对知识，帮助危机中的违法行为人积极应对，恢复正常生活。

（8）帮助联系其他服务部门。帮助危机中行为人联系可能得到的服务。

三、放松技术

放松技术是通过一定程序使危机中违法行为人在精神上和躯体上得到放松的一种行为治疗技术。其核心理论是认为放松所导致的心理改变状态的维持对应激所引起的心理改变是一种对抗力量。

（一）深呼吸放松法

用鼻子呼吸，腹部吸气。双肩自然下垂，慢慢闭上双眼，然后慢慢地、深深地吸气，吸到足够多时，憋气两秒钟，再把吸进去的气缓缓地呼出。自己要配合呼吸的节奏给予一些暗示和指导语："吸——呼——吸——呼——"呼气的时候尽量暗示自己现在很放松、很舒服，注意感觉自己的呼气、吸气，体会"深深地吸进来，慢慢地呼出去"的感觉。重复做这样的呼吸20遍，每天两次。这种方法虽然很简单，却能起到一定的作用。在遇到紧张的场合，或是不知道自己该怎么办、不知所措之时，不妨先做一次深呼吸放松。

（二）调节呼吸法

掌握呼吸调节的技巧，通过将注意力全部都转移集中到呼吸上来，对于行为人在体验强烈情感时重新获得控制十分有帮助。运用这一技巧时，要求行为人将注意力全部放到呼吸上，将其他的一切都抛到一边。

在创伤暴露时，治疗师可以直接让行为人进行有意识的呼吸。

"好的，深吸一口气！再来一次！"

"有意识地将感到的气引到疼痛的地方！您感觉到空气溶解了内在的顽石。当旧的东西流走时，您也许一开始会感到有疼痛，但疼痛也属于生命。”“每一次屏住呼吸时都会去掉一些疼痛——那些旧时的伤痛。只是一小点。随着时间的流逝，最后都没有了。”

“再来一次，屏住气！对！很好！”

很多行为人会感到这样做后原来不适的感觉会有所减轻。

（三）想象放松法

在心理危机干预中，想象技术是最常用的技术之一，而且通常结合其他的一些方法，比如暗示、联想等。想象最让自己感到舒适、惬意、放松的情境，做好姿势准备和活动准备，然后由指导者给予言语指导，进而由行为人自行想象。指导者需要事先了解来访者在什么情境下感到最舒适、惬意、轻松。

例如，常见的情境是在大海边，这样可以给出如下指导语：

我静静地俯在海滩（湖边的草滩）上，周围没有其他人，清风轻轻地吹着，我渐渐聆听风吹过草地和我的耳旁，我感受到阳光温暖的照射触到了海滩上的沙子（湖边柔软的草儿），我全身感到无比的舒适，微风带来一丝丝海腥味（清新的味道），海涛在有节奏地唱着自己的歌（湖面上的水静悄悄地涌过来，时不时有鱼儿戏水溅出的水花声），我静静地，静静地聆听着这永恒的波涛声（这令人神往的梦里水乡）……

我坐上了小船，在平静的水面上慢慢荡漾，小船轻轻地摇呀，它有节奏地向我梦想最美丽的地方摇去，我的呼吸渐渐慢而深，和着小船的节奏，在这个美丽的世界里，我尽情地享受着。

天上的白云倒映在镜子一样的水面上，不知哪里是水面，哪里是天空。几只飞来的海鸥（白色的）贴近水面掠过，翅膀几乎触到水面，一会儿它们又飞向蓝天，尽情地展示它们的飞行技巧，非常轻巧，潇洒自如，正如我一度有过的进入最佳状态时的表现，一切变得那么投入，比赛在我的控制之中，我发挥得很好……

指导者在给出上述指导语时，语气要柔和，语调适中，节奏要逐渐变慢，配合对方的呼吸。指导者也要具有想象力，使语言指导具有形象性。

（四）释放疼痛法

释放疼痛法即通过屏住呼吸、发抖、呻吟以及其他的形式来“表达”痛苦，使疼痛向外界转移，这包含着放弃与释放。在治疗过程中，通常鼓励行为人感到疼痛从身体各处开始泛滥，允许叫喊、呻吟、哭泣、抱怨和发抖，在极端的情形下还会出现抽搐、以手击物、用身体撞墙等动作。

（五）肌肉放松法

肌肉放松法是一种透过肌肉拉紧及放松，使身体感受及时得到放松的状态，从而舒缓紧张的情绪。目前较常见的肌肉放松是雅格布逊间接放松训练法。

美国芝加哥心理学家雅格布逊（L. Jacobson）创造了间接放松训练法。放松训练的具体操作方法是：

1. 准备

放松训练应选择一处环境安静、光线柔和、气温适宜的处所，周围不应有干扰刺激。可以低声播放轻松、缓慢、柔和的音乐，音乐节拍以每分钟约60拍为宜。在训练前可少量进食，但应排空大、小便，宽松衣带、鞋带并解开颈部的衣扣，坐在舒适的椅子上，头向后靠，双手放在椅子扶手上或自然下垂置于腿上，两腿随意叉开，之间约相距半尺，整个身体保持舒适、自然的姿势。

2. 实施

雅格布逊渐进放松训练法是从某一部分肌肉训练开始，完成之后，再训练另一部分肌肉放松，如此反复直到全身放松。经典的雅格布逊放松训练，通常要进行50次以上的训练才能完成。后人在临床实践中予以改进，训练时间大大缩短，并将训练步骤写成指导语，录成磁带。指导语的速度与实际训练中的速度应完全一致，磁带配有恬静优雅的背景音乐。指导语声音温柔而又坚定，使危机中的违法行为人自然乐意去聆听并按指令行事。下面是指导语：

现在我们开始肌肉放松训练，因为全身肌肉放松能消除您的紧张和焦虑。首先，我们要知道什么是紧张、什么是放松。现在注意听我的口令。请握紧右手，要用力握。（停2秒）请注意手掌、前臂与上臂有什么感觉。（停3秒）请注意，不同部位的感觉是有区别的。手掌有触觉和压觉，胳膊是肌肉紧张的感觉，请特别注意这种肌肉紧张的感觉。（停1秒）好，请松开拳头，彻底松开，这就是放松。再来一次，看看紧张和放松有什么区别。（停10秒）

现在练习头部的肌肉，请把眉毛往上抬，再把眉头皱起来。对！保持这个样子，记住，这就叫做愁眉苦脸，这是烦恼的表情。好，放松，眉头放松，眼睛轻闭，好了，烦恼没有了，呼吸也均匀了。

注意呼吸时的感觉。（停2秒）吸满一口气，（停2秒）再慢慢呼出来，要慢、要均匀，注意放松的感觉，好像把沉重的包袱放下来了一样。（停2秒）

好，现在咬紧你的牙，体验一下紧张的感觉。（停2秒）放松，再放松，完全放松后下巴是会下垂的。（停3秒）请将舌头用劲抵住上颌，体验舌头紧张的感觉。（停2秒）好，将舌头放松，放松，放松后的舌头便有膨大了的感觉，细细体味一下。（停3秒）

现在训练颈部肌肉，不要靠在椅背上，笔直坐着，对啦，请注意背部和颈部的紧张感觉。（停2秒）现在放松背部肌肉，随意靠在椅背上。对！再放松颈部肌肉，让头部随重量下垂，前倾或后仰都可以。对，就这个样子，这就叫放松。（停3秒）

现在练习抬肩，左边的，还有右边的，对，体验肌肉紧张的感觉。（停2秒）现在放松，完全放松，让双臂自然下垂。（停3秒）现在收腹，使劲收，好像有人向你的肚子击来一拳。（停2秒）现在放松，好像内脏在往下坠。（停3秒）

请把脚跟靠向椅子，对，努力下压，好，同时抬高脚趾。你会觉得小腿和大腿绷得很紧。（停2秒）好，现在放松，完全放松。好，现在休息一会儿。（停1分钟）现在继续练习，你刚才做得很好，跟着我的口令再练习一次。

现在握紧双拳，对了，再紧皱眉头，对，咬牙，抵舌，耸肩，挺胸，昂头，直背，收腹，坚持住！再双腿下压，脚趾上翘。好！这就是紧张，全身紧张。（停5秒）现在逐步放松，松拳，舒展眉头，放松牙关、舌头，双肩下垂，对啦，靠背，垂首，松腹，再放松双腿。很好，深深吸一口气，（停2秒）慢慢呼出。随着空气的呼出，你已彻底地放松。（停2秒）再来一次深吸慢呼……现在，你正在享受肌肉完全放松的状态，这是你以前不曾体验过的……

危机中的违法行为人可以听着录音自己在家练习，每天一至两次。掌握要领后可渐渐脱离录音带，独立练习，每次 10 ~15 分钟。

（六）本逊简易放松法

在规律训练的前提下，本逊（Benson，1977）提出几乎在所有的放松技术中都存在的四个基本成分：

（1）精神专一：要求自己集中注意于身体感觉、思想或想象。默默地或出声地重复一个音、词、句子或想象，以促进逻辑的继发性、过程性思维转变为较少现实依据的原发性、过程性思维。

（2）被动态度：当思维或想象发生分神时，教导自己不理睬无关的刺激而重新集中注意力，达到精神专一。

（3）减少肌肉能力：处于一种安适的姿势，减少肌肉紧张。

（4）安静的环境：闭目以减少分心，宁静的环境可减少外来感觉的传入。

本逊还提出，在他们实验室里应用以下方法以引起放松反应，方法简单而易学：① 安静舒适的姿势；② 闭目养神；③ 尽量放松全身肌肉，从脚开始逐渐进行到面部，完全放松；④ 用鼻呼吸，能意识到自己的呼吸。当呼气时默诵“一……”，吸气时默诵“二……”；⑤ 持续几分钟，可以睁开眼睛核对时间，但不能用报警器。结束时首先闭眼后睁开眼睛，安静地坐几分钟；⑥ 不要担心是否能成功地达到深度的松弛，维持被动姿势。让松弛按自己的步调出现。当分神的思想出现时不要理睬它，并继续背诵“一……”。随后松弛反应将不费力地来到。

每天进行这种训练 1 ~2 次，不要在饭后两小时内进行，因消化过程可能干扰预期引起的变化。①

注意：分离反应明显者不适合学习放松技术。②

四、解决问题技术

解决问题技术又称干预技术。解决问题包括以下三个过程：

（1）了解重大事件后的心理反应。了解重大事件给人带来的应激反应表现和重大事件对自己的影响程度，也可以通过问卷的形式进行评估，引导行为人说出在重大事件中的感受或体验，帮助行为人明白这些感受都是正常的。

（2）寻求社会支持系统。让行为人确认自己的社会支持系统，明确自己从哪些方面能够得到相应的帮助，包括家人、朋友及社区内的相关资源等。尽可能具体画出能为自己提供支持和帮助的系统图，可以写出他们的名字，并注明每个人能给自己提供哪些具体的帮助，如情感支持、建议或信息、物质方面等。强调让行为人确认自己可以从外界得到帮助，如有人关心，可以增强行为人的归属感和安全感。

（3）应对方式。帮助行为人思考选择积极的应对方式；强化个人的应对能力；思考采用消极的应对方式会带来的不良后果；鼓励行为人有目的地选择有效的应对策略；提高行为人的控制感和适应能力。

---

① 陈佩璋. 心理治疗手册. 中华心理教育网，http://www.xinli110.com.

② 分离反应表现为：对过去的记忆、对身份的觉察、即刻的感觉乃至身体运动控制之间的正常的整合出现部分或完全丧失。

Goldfried（1975）提出，帮助面临逆境的行为人学会解决问题是解除危机的一个较有效的办法，尤其是帮助他们按照以下步骤进行思考和行动，通常能取得较好效果：① 明确存在的困难和问题；② 提出各种可能的解决问题的方法；③ 罗列并澄清各种可能方法的利弊及可行性；④ 选择最可取的方法，并立即作出决定；⑤ 考虑并计划具体的完成步骤或方案；⑥ 付诸实践并验证结果；⑦ 小结和评价问题解决的结果。

此外，危机治疗技术包括认知治疗、行为治疗、表达支持治疗、行为人中心疗法、家庭治疗等，对重大事件激发的诸如轻度意识模糊、木僵状态、大喊大叫等精神障碍，以及过于焦虑、抑郁等，则需进行药物治疗。

单元三　危机干预评估技术

危机干预评估是危机干预者不可或缺的、贯穿于危机全过程的一项技术。通过评估可以安全、迅速地确定危机事件的严重程度；确定危机中行为人的情绪状态以及对目前危机的应对状况；确定危机中行为人的危险性程度；确定需要紧急处理的问题，确保危机中行为人的生理和心理安全需要。同时确定干预者使用干预技术效果。比较简洁的评估可以使用危机干预的分类评估量表（THF）确定危机中行为人的情绪、认知和行为程度。

一、对危机干预对象的评估

违法心理危机的干预对象主要是存在心理危机倾向与处于心理危机状态的行为人。一般表现为情绪剧烈波动或认知、躯体、行为等方面有较大改变，暂时不能应对或无法应对正常的生活模式。对存在下列情形之一的违法行为人，应作为心理危机干预的高危个体予以特别关注：① 情绪低落、抑郁，不与家人或朋友交往者；② 过去有过自杀企图或行为者，经常有自杀意念者；③ 存在诸如躯体疾病、家庭变故、人际冲突等明显的动机冲突或突遭重大事件者；④ 家庭亲友中有自杀史或自杀倾向者；⑤ 人格有明显缺陷者；⑥ 长期有睡眠障碍者；⑦ 有强烈的罪恶感、缺陷感或不安全感者；⑧ 感到社会支持系统长期缺乏或丧失，感到自己无能、失望者；⑨ 有明显的精神障碍者；⑩ 存在明显的攻击性行为或暴力倾向，或其他可能对自身、他人、社会造成危害者。

二、行为人目前的情绪状态的评估

要了解行为人情绪危机是一次性的还是复发性的状态，以及其情绪承受或应对能力。对于一次性的急性或境遇性危机，通过直接的干预，行为人能较快恢复到危机前的平衡状态，通常能够应用正常的应对机制和利用有效资源独立地处理问题。对于那些复发性慢性危机的行为人，则往往需要较长时间的干预，重新确立应对策略，并建立新的应对策略，以摆脱目前的危机。评估情绪状态还要了解被害者情绪承受和应对能力，对于心理承受能力处于较低水平、具有严重无助感和绝望感的行为人，需要给予特别的注意，并采取相应干预策略和特殊干预。行为人应对资源及自杀危险性的评估也是危机干预中的重要评估内容。

三、对违法行为人的功能水平与精神状态的评估

干预者可以从认知、情感和行为三个方面对行为人的功能水平进行评估。认知评估包括对危机认识的真实性和一致性、范围、解释的合理性，是否夸大，以及持续存在的时间、改变的可能及动机；情感评估包括情绪表现的形式和强度、情绪状态与环境是否协调一致、情绪表现的普遍性与特殊性、情绪与危机解决的关系，如否认、逃避；意志行为评估则包括社会接触面和频度、能动性水平、自我控制力、危险行为、确定对自我和他人伤害的危险性。

评估行为人的精神状态主要考虑：

（1）平衡状态与失衡状态：精神或情绪的稳定平衡状态，有机体的平衡状态或者平衡的情绪缺乏或破坏，有机体的平衡状态遭到破坏。

（2）能动状态与无能动状态：能动生理健康的状态，即一个人对不同心境、感受、情绪、需要、条件和影响，能自动作出反应；对物理和社会世界的适应能力良好的能动状态。或者一种生理状态，即一个人对不同心境、感受、情绪、需要、条件和影响，不能立即适应物理和社会世界的无能动状态。

四、危机中行为人危险性的评估

无论何时，违法行为人如果具备了下述危险情形的4～5项，危机干预者就有理由认为该违法行为人正处在自杀的高危时期：① 行为人有自杀家族史；② 行为人曾有自杀未遂史；③ 行为人已经形成一个特别的自杀计划；④ 行为人的家庭因损失、个人虐待、暴力或遭受性虐待失去稳定；⑤ 行为人陷入特别的创伤损失而难以自拔；⑥ 行为人是精神病危机中行为人；⑦ 行为人有药物和酒精滥用史；⑧ 行为人最近有躯体和心理创伤；⑨ 行为人有失败的医疗史；⑩ 行为人独居并与他人失去联系；⑪ 行为人有抑郁症，或处于抑郁症的恢复期，或最近因抑郁症住院；⑫ 行为人有特别的行为或情绪特征改变，如冷漠、退缩、隔离、易激惹、恐慌、焦虑或社交、睡眠、饮食、学习、工作习惯的改变；⑬ 行为人有严重的绝望或无助感；⑭ 行为人陷于以往经历过的躯体、心理或性虐待的情绪中且不能自拔；⑮ 行为人显示出一种或多种深刻的情感特征，如愤怒、攻击性、孤独、内疚、敌意、悲伤或失望。

危险性评估包括对拘禁中违法行为人脱逃、自伤和伤人可能性的评估。可以从以下三方面对违法行为人进行危险性评估的比较分析，判断是否为重大危险违法行为：

（1）从违法行为人的历史（包括成长史和违法史）方面：成长过程、社会经历、社会关系、教育经历；家庭成员、家庭成员关系、父母有无离异、家庭成员及主要亲属是否关心违法行为人；有违法史或前科的，违法过程、违法原因、违法性质是否恶劣、违法手段是否凶残等。

（2）从现实改造表现（包括强制措施感受度、改造信心、影响改造的心理因素）方面：违法行为人对强制措施痛苦的评价等级，对强制措施效用的评价等级[①]，是否服

---

① 违法行为人对强制措施痛苦的评价等级分弱、中、强三个等级，对强制措施效用的评价等级分低、中、高三个等级。若行为人感受到强制措施痛苦，同时承认强制措施的正确性并理解强制措施的意义，则悔改，积极改造。

法、有无申诉等；不安心改造、改造消极、长期完不成劳动任务的；好逸恶劳、多次不参加劳动的；与其他违法行为人关系紧张的；是否有影响改造的如下因素：家庭突然发生变故的，如突然发生直系亲属死亡、妻子离异、小孩生活无着落等；与家人、亲属关系紧张的。

（3）从心理、性格、品质等方面：有明显心理变态倾向的；有精神病或精神、心理障碍的；心胸狭窄、报复心强烈、易走极端的；精神压力大的；性格孤僻、内向、自卑感强烈的；反社会人格；心理测试分值高，个性特征特别突出的；心理测试说谎指数高，故意掩饰真实心理的；情绪易变、烦躁不安的；采用人格因素测试量表分析内外向、情绪稳定性、同众性、冲动性、攻击性、报复性、信任感、同情心、自信心、焦虑感、聪慧性、心理变态、犯罪思维模式等内容，确定违法行为人是否具有“危险人格”①。

具备以上情况两条以上的可列为重点管理的违法行为人，同时具备三方面情况的可列为危险分子，每个方面都有两个以上情况相符的可列为重大危险违法行为人。

五、对行为人的应对方式、支持系统和其他资源的评估

在整个帮助过程中，危机干预者应积极收集各种相关的资料，并对这些资料的意义进行评价。

在评估可采用的替代解决方法时，必须首先充分考虑什么样的行动和选择有助于行为人，行为人的观点、能动性是什么，会采取的行动是什么，行为人的社会支持系统如何。

行为人对创伤性事件含义的评价，创伤对行为人生活造成的影响，在恢复过程中行为人可能面临的问题。

了解行为人以前是否有过类似的经历，当时是如何控制的。

危机干预者个人的建议则作为附加部分考虑。

六、应用危机干预技术的评估

危机干预中评估危机干预者应用干预、支持等技术的适当性。如是否考虑危机中行为人的个性差异；是否考虑干预者和行为人的安全；是否明确了问题；是否给危机中的行为人提供了帮助；是否考虑可替代的应对策略；是否制定了行动步骤；是否发挥了应对优势；是否关注了迫切的需求；是否建立和使用了工作关系网；是否得到了承诺与保证，等等。

知识链接

危机干预的分类评估量表（THF）

一、危机事件

简要确定和描述危机的情况：____

① 所谓危险人格是指个体在环境作用下，在能力、情绪、需要、动机、兴趣、态度、价值观、气质、性格和体质等方面的整合过程，形成了具有违法或者犯罪动力定型、思想定轨、行为定式等破坏性“危机倾向”的个性特征组织。在同样的致罪因素下，具有危险人格的行为人违法犯罪可能性要大于人格健康者。

____

____。

二、情感方面

简要确定和描述目前的情感表现（如有几种情感症状存在，请用#1、#2、#3 标出主次）。

愤怒、敌对：____

____

____。

焦虑、恐惧：____

____

____。

沮丧、忧愁：____

____

____。

根据行为人对危机的反应，在下表恰当的数字上画圈。

表 11－1　情感严重程度量表

1	2　3	4　5	6　7	8　9	10
无损害	损害很轻	轻度损害	中等损害	显著损害	严重损害
情绪状态稳定，对日常活动情感表达透彻。	情感对环境反应适切，对环境变化只有短暂的负性情感流露、不强烈，情绪完全能由行为人自控。	情感对环境反应适切，但对环境变化有较长时间的负性情感流露，能意识到需要自我控制。	情感对环境反应有脱节，常表现出负性情感，对环境变化有较强烈的情感波动，情感状态虽然比较稳定，但需要努力控制情绪。	负性情感体验明显超出环境的影响，情感与环境明显不协调，心境波动明显，意识到负面情感，但不能控制。	完全丧失自控力或极度悲伤。

三、认知方面

如果有侵犯、威胁或丧失，则予以确定，并简要描述（如有多个认知反应存在，请用#1、#2、#3 标出主次）。

1. 生理、环境方面（饮食、水、安全、居处等）

侵犯：__________威胁：__________丧失：__________

____

2. 心理方面（自我认识、情绪表现、认同等）

侵犯：__________威胁：__________丧失：__________

____

3. 社会关系方面（家庭、朋友、同事等）

侵犯：__________威胁：__________丧失：__________

____

4. 道德/精神方面（个人态度、价值观、信仰等）

侵犯：__________威胁：__________丧失：__________

____

根据行为人对危机的反应，在下表恰当的数字上画圈。

表 11－2　认知严重程度量表

1	2	3	4	5	6	7	8	9	10
无损害	损害很轻		轻度损害		中等损害		显著损害		严重损害
注意力集中，解决问题和作决定的能力正常，行为人对危机事件的认识和感知与实际情况相符合。	行为人的思维集中在危机事件上，但思想能受意志控制，问题解决和作决定的能力轻微受损，对危机事件的认识和感知基本与现实相符合。		注意力偶尔不集中，感到较难控制对危机事件的思考，解决问题和作决定的能力降低，对危机事件的认知和感知与现实情况所预计的在某些方面有偏差。		注意力时常不能集中，较多地考虑危机事件而难以自拔，解决问题和作决定的能力因为强迫思维、自我怀疑和犹豫而受到影响，对危机事件的认识和感知与现实情况可能有明显的不同。		沉湎于对危机事件的思虑中，因为强迫思维、自我怀疑和犹豫而明显影响了行为人解决问题和作决定的能力，对危机事件的认知和感知可能与现实情况有实质性的差异。		除了危机事件外，不能集中注意力，因为受强迫思维、自我怀疑和犹豫的影响，丧失了解决问题和作决定的能力，因为对危机事件的认识和感知与现实情况有明显差异，从而影响日常生活。

四、行为方面

确定和简要描述目前的行为表现（如有多个认知反应存在，请用#1、#2、#3 标出主次）。

接触：____

____。

回避：____

____。

无能动性：____

____。

根据行为人对危机的反应，在下表恰当的数字上画圈。

表 11－3　行为严重程度量表

1	2	3	4	5	6	7	8	9	10
无损害	损害很轻		轻度损害		中等损害		显著损害		严重损害
对危机事件的应付行为恰当，能保持必要的日常功能。	偶尔有不恰当的应付行为，能保持正常必要的日常功能，但需要努力。		偶尔出现不恰当的应付行为，有时出现日常功能的减退，表现为效率的降低。		有不恰当的应付行为，且没有效率，需要花很大精力才能维持日常功能。		应付行为明显超出危机事件的反应，日常功能表现明显受到影响。		行为异常，难以预料，并且对自己或对他人都有伤害的危险。

五、量表严重程度小结（评分）：

情感：____________________

认知：____________________

行为：____________________

合计：____________________

项目二　危机干预预备阶段

【操作步骤】

（1）明确危机干预的基本步骤：吉利兰等人提出了危机干预的六步法。

（2）制订危机干预方案：危机干预目的；危机干预原则；危机干预方法；危机干预目标；危机干预工作内容；危机干预的时限和工作时间表。

（3）确定危机干预方式：电话危机干预，面谈危机干预。

单元一　危机干预的基本步骤

美国心理学家吉利兰（Gilliland）等人提出了危机干预的六步法[①]（即先倾听后行动的原则）：

一、确定问题

从行为人的角度出发探索和定义问题，使用积极的倾听技术：共情、理解、真诚、接纳和尊重。用开放式的问题，既注意行为人的言语信号，也注意其非言语信号，确定和理解行为人本人所认识的问题。

二、保证安全

在危机干预过程中，危机干预者要将保证行为人安全作为首要目标，要将行为人对自我和他人的生理和心理危险性降到最低限度。评估对行为人躯体和心理安全威胁的致死性、危险程度、失去能动性的情况或严重性。评估行为人的内部事件，如果有必要的话，围绕行为人的情境保证行为人知道代替冲动或自我毁灭行动的解决方法。

三、提供具体支持

强调与行为人的沟通和交流，让行为人认识到危机干预者是可靠的支持者，通过语言、声调和躯体语言向行为人表达，危机干预者是以积极的关注、不偏不倚、完全的接纳态度来处理危机事件的，使行为人认识到危机干预者是完全可以信任的，相信危机干预者是能够给予其关心帮助的人。

四、检查替代解决方法

危机干预者要让行为人认识到，有许多变通的应对方式可供选择，其中有些选择比别的选择更合适。帮助行为人探索其他可以利用的替代方法。促使行为人积极地搜索可以获得的环境支持，可利用的应对方式，发掘积极的思维方式。变通的应对方式

---

① ［美］Gilliland，B. E. & James，R. K. 危机干预策略（上册）. 肖水源等译. 北京：中国轻工业出版社，2000. 35～40

包括环境支持，应对机制和积极的、建设性的思维方式三个方面。

五、制订计划

危机干预者要与行为人共同制定行动步骤来矫正其情绪的失衡状态，帮助行为人作出现实的短期计划，包括发现另外的资源和提供应对方式。确定行为人理解的、自有的行动步骤。

六、获得承诺

让行为人复述所制订的计划，并从行为人那里得到会明确按照计划行事的保证。帮助行为人自己承诺，采取确定的、积极的行动步骤执行计划，这些行动步骤是行为人自己从实现的角度看来是可以完成的或不可以接受的。

危机干预六步中的前三步主要是倾听，以共情、尊重、接纳、不偏不倚、积极关注的态度进行倾听，观察、理解和作出反应。危机干预的后三步是行动，根据行为人的需要和可以利用的环境支持，采取非指导性的合作和指导性的干预方式。采取哪一种干预方式取决于行为人，行为人具有能动性，干预是非指导性的，行为人具有部分能动性，干预是合作的。除非行为人失去了能动性，否则干预只能是指导性的。

单元二　制订危机干预方案

在危机干预的过程中会涉及危机干预方案的制订。例如，在预备阶段要制订初步的干预方案/实施计划。在危机干预过程中要对危机工作方案进行调整。制订危机干预方案要考虑危机干预的目的、原则、方法、目标等因素。

一、危机干预的目的

危机干预的目的在于把行为人的内部适当的应对方式与社会支持、环境资源充分调动和结合起来，从而使行为人有更多的解决问题的方式可以选择。心理危机干预的主要目的有三个：① 缓解症状，阻止迁延，避免过激行为，如自伤、自杀或攻击行为等；② 促进交流，鼓励行为人充分表达自己的思想和情感，鼓励其自信心和正确的自我评价，提供适当建议，促使问题解决；③ 恢复心理平衡与动力。

二、危机干预的原则

危机干预应遵循以下六条原则：① 迅速确定要干预的问题，综合应用干预技术，针对目前问题提供帮助，并立即采取相应措施帮助危机中的行为人宣泄痛苦情绪；② 必须考虑被干预者的社会支持系统；③ 助人自助，避免危机中行为人产生依赖心理；④ 保护被干预者的隐私，不随便透露个人信息；⑤ 明确心理危机干预是有限的，并不是万能的，在不能控制的情况下及时转介；⑥ 把心理危机作为心理问题处理，而不要作为疾病进行处理。

三、危机干预的方法

危机干预的方法根据主体不同分为自我干预与外部干预两种。

（一）自我干预

所谓自我干预是以自我紧急心理变化为干预对象，实施及时、有效的自我危机干预。实践中主要通过心理健康教育、团体辅导、知识讲座及个体咨询等方式帮助心理危机中的行为人进行自我调节，实现自我成长，化解心理危机。

（1）了解心理危机产生发展的规律及表现特征，能够识别自身心理和行为的变化；

（2）适时宣泄。即遇到心理危机事件（如配偶离婚、丧失亲人、人际关系紧张，等等）后，要充分体会这种痛苦，发泄情感（如哭泣和呼号）；

（3）寻求帮助。在遇到心理危机时要及时有效地寻求帮助以获得心理支持，尽快走出心灵的沼泽；

（4）掌握有效的心理防卫机制，正确应对。作为危机中的行为人要使用正确的应对方法，防止情感、精神上的崩溃；

（5）成长。危机是一种生活变迁或转折。面临心理危机，个体的心灵就受到一次考验，如果处理得当的话，个体就会上一个新台阶，得到一次成长。

（二）外部干预

外部干预即通过警察、家属、社区心理工作人员及社会志愿者等采用宣泄、支持、澄清、决策等方法引导行为人走出心理困境、顺利渡过危机。

（1）宣泄。宣泄法即运用支持技术如暗示、宣泄等手段释放危机中行为人心中的抑郁、焦虑、仇恨等不良情绪，稳定心情。宣泄法既可通过面对面的谈话教育、心理咨询与治疗方法实施，也可通过警察控制的心理宣泄室实施；

（2）支持。即在宣泄的基础上，引导危机中行为人重新认识目前的心态和这种心态的成因，并对这种心态所导致的后果进行全面的评估，在权衡利弊的基础上，省悟到新的认知和行为方式，调动其认知潜力；

（3）澄清。帮助危机中行为人掌握一些处理逆境和挫折的方法，以提高其应对能力；

（4）决策。选择解决问题的合理方法。

此外，根据不同的形式，外部干预还可以采取沟通、支持、放松、干预等方法；根据不同的心理理论还可以分为心理动力学法、认知行为法、个体干预和团体治疗法等。

四、危机干预的目标

危机干预的首要目标是降低危机中行为人的核心症状，从而减少不良行为。其次是解决与核心症状并存的心理症状。

（一）直接目标

美国学者柯金在1976年指出危机干预的直接目标是：① 减轻当前的危险，诸如焦虑、迷惘、绝望；② 恢复自杀者与亲人间的联系；③ 帮助自杀者明白该做的事；④ 帮助自杀者挖掘自杀的根源；⑤ 发展新的认知、行为与应对技巧。

（二）多层次目标

危机干预的目标不是单一的，而是多层次性的；有直接的，也有间接的；有近期的，也有远期的。一般来说，危机干预有以下三个层次的目标：

最低目标：缓解行为人的心理压力，使其打消目前的念头。

中级目标：帮助行为人恢复以往的社会适应能力，使其重新面对自己的困境，采取积极而有建设性的对策。

最高目标：帮助行为人把危机转化为一次成长的体验并提高行为人解决问题的能力。

最低目标的核心是“劝阻”，中级目标的核心是“恢复”，最高目标的核心是“发展”。

当然，通过一次干预，很难实现上述全部目标。只有在行为人积极配合的前提下，有计划地进行干预和连续咨询，才能实现最高目标。

五、危机干预的工作内容

（1）心理急救，运用稳定情绪技术。

① 接触和沟通。目标：倾听与理解；

② 安全确认。目标：增加当前和今后的安全感，帮助行为人放松情绪，增加其自我安全感的确定；

③ 稳定情绪。目标：平静情绪中行为人心理、恢复情绪的反应。可使用愤怒情绪处理技术、哀伤情绪干预技术；

④ 释疑解惑。目标：识别出立即需要给予关切和解释的问题，立即给予可能的解释和确认；

⑤ 实际帮助。目标：给行为人提供实际的帮助，比如询问目前实际生活中还有什么困难，协助行为人调整和接受因危机改变了的生活环境及状态，以处理现实的需要和关切；

⑥ 联系支持。目标：帮助行为人与主要的支持者或其他的支持来源，包括家庭成员、朋友、周围人士支持资源等，建立短暂的或长期的联系；

⑦ 提供信息。目标：提供关于应激反应的信息、关于正确应付应激反应、减少苦恼和促进恢复的信息；

⑧ 联系其他服务部门。目标：帮助行为人联系目前需要的或者即将需要的那些可得到的服务。

（2）运用放松技术，进行行为调整。

（3）运用晤谈技术（CISD），进行认知调整。① 建立良好的沟通关系；② 提供宣泄机会，鼓励行为人表达出自己内心的情绪情感；③ 提供心理危机及危机干预知识，解释心理危机的发展过程，使行为人理解目前的处境，理解他人的感情，建立自信，提高对生理和心理的应激能力；④ 根据个体对事件的不同反应，采取不同的心理干预方法，为改善焦虑、抑郁和恐惧情绪，减少过激行为的发生，积极处理急性应激反应，开展心理辅导、支持心理治疗、认知矫正、放松技术、晤谈技术等，必要时适当使用镇静药物；⑤ 调动和发挥社会支持系统（如家庭、社区等）的作用，鼓励多与家人、亲友、周围人士联系，减少孤独和隔离。

（4）了解危机中行为人的心理状况。根据所掌握的信息，发现可能出现的紧急心理事件，及时提供解决方法。

（5）实施干预。通过实施干预，促进行为人心理健康发展。

六、危机干预的时限

一般受过训练的专业人员在现场进行急性应激干预，整个过程大概需要一小时（特殊情况例外）。紧急心理危机干预的时限为即时和危机发生后的四周以内。

七、制订工作时间表

根据目标，安排工作，制定工作时间表。

知识链接

危机干预方案中的技术要素

一个完整的危机干预方案应包括的技术要素主要有：①

（1）拟干预的心理问题的选择。尽管行为人处在明确的危机当中，但究竟是近期的还是以前的创伤使其问题复杂化？哪些是可以干预的心理问题，哪些不是或心理医生根本无法解决的问题？一次有效的危机只能是有所为和有所不为。

（2）问题的界定和确定诊断。需要给予被选定为治疗或干预的每个焦点问题一个具体的定义，以说明它是如何在行为人身上体现出来的，其症状描述和诊断类型应与诊断标准相一致。

（3）制定长期目标，即为解决问题而设置的总体的和全面的远期目标。应尽量把目标写成可测评的陈述。

（4）制定短期目标。这是围绕实现长期目标而制定的阶段性小目标，是可测评的、具体的、可行的陈述。具体目标应该尽量多一些，而且要明确日期限制。

（5）制定干预措施。围绕每一个短期目标，都应该有一项以上的干预措施，干预措施包括认知纠正、行为训练、药物使用、家庭治疗、阅读自助书等。

（6）评估干预效果。可以从行为人、家属、心理医生、心理测评、社会功能等多维度进行评估。

单元三　危机干预方式

心理危机干预方式呈现个体化趋势，因个体的差异、危机的类型、内容和表现的不同，而采用不同的针对性干预方式，没有统一、固定的模式。常见危机干预方式主要有三种：电话危机干预、面谈危机干预、现场危机干预。

一、电话危机干预

（一）电话危机干预的优缺点

使用电话进行危机干预在心理教育与预防上起着重要作用。电话干预有即时性、

① ［美］Tammi，D. Kolski 等．危机干预与创伤治疗方案．梁军译．北京：中国轻工业出版社，2004. 3～5

随时性、一次性、短暂性等特点。

1. 电话干预的优点

电话干预有下列优点：方便、匿名、自主支配、及时、节省有效、提供支持系统、避免形成依赖，能够找其他人会诊，能安排一系列的服务，跨地域的广泛服务等。

2. 电话干预的缺点

电话干预的缺点是危机干预者只能依赖于行为人在电话中所讲的内容、语气、语调、语速、情绪状态来作出判断。而且也只能依赖言语的能力稳定危机中行为人的情绪。

（二）电话危机干预的策略

由于电话干预的局限，因此，非常有必要了解电话干预中的有效策略。①

1. 建立心理上的接触和沟通

2. 确定问题所在

用开放式的提问来明确诱发事件，如“什么”、“怎样”、“何时”、“哪里”、“谁”等问题。一般一开始就要求给予对方支持和帮助。比较实用的一个技巧是备有一份表达各种情绪感受的词汇表和一份咨询师常提问题的表格（如危机干预分类评估量表），以免漏掉某些重要问题。通常一边作记录一边对危机中行为人的情绪、认知及行为严重程度进行评估。②

3. 安全保证

要特别注意危机中行为人死亡的危险性。在电话交谈中，要直接询问：“你已经作好自杀的计划吗？”“你认为这是唯一的选择吗？”“你曾经想过了结自己的一生吗？”通过这一类封闭式的问题以了解危机中行为人的安全程度。

4. 制订计划

每一种危机均有可以替代的应对机制和计划，要简洁明了地给危机中的行为人提出可供选择的应对方式，干预者要耐心地、慢慢地、一步步地向危机中行为人解释，使其能够切实可行地付诸实施。

5. 得到承诺和保证

电话中的承诺和保证应当是具体的、简单的和可能即刻去做的。危机干预者要记录危机中行为人的电话，并过一会再回电话以示关心和了解情况。如有必要与有关机构联系，应当及时将情况告知该机构。

（三）特殊危机情境电话心理干预

1. 对经常来电骚扰的处理③

对经常遇到的骚扰电话，可以了解其主要来电时间；多提开放式问题；限时；挂

① ［美］Gilliland, B. E. & James, R. K. 危机干预策略（上册）. 肖水源等译. 北京：中国轻工业出版社，2000. 106～108

② 如行为评估10级评分法中的1级是指当事人对危机事件应对行为恰当，能保持必要的日常功能。而10级则是行为异常，难以预料，并且对自己或他人有伤害的危险。

③ ［美］Gilliland, B. E. & James, R. K. 危机干预策略（上册）. 肖水源等译. 北京：中国轻工业出版社，2000. 108～116.

断；转接；隐匿性示范；制定处理原则。

有研究者归纳了经常打电话和骚扰电话的人格障碍类型[①]：偏执型、分裂型、分裂样型、反社会型、自恋型、歇斯底里型、依赖型、自卑型、强迫型、回避型、被动—攻击型、叩击电话者、性骚扰电话。

2. 有障碍的来电处理[②]

对于失去正常能力的严重障碍者或一些怀疑有精神疾病者的来电，咨询师需要：

（1）稳定其情绪，不提开放式问题以免引起异常情绪体验。

（2）不解释幻觉或妄想等精神症状。

（3）确定对方所服的药物，建议其与医生保持联系。

（4）保持期望的现实性，主要是通过电话让对方减轻焦虑的情绪。

（5）保持一定的职业距离。转介给专业人士。

（6）避免安抚。安抚和同情对这些有障碍的来电者来说几乎没有帮助作用。

（7）评估危险性。

二、面谈的危机干预

有目的的面谈又称“心理晤谈”，是通过系统的交谈来减轻压力的方法，自愿参加，个别或者集体进行。面谈常见的危机类型[③]有慢性危机、社会环境危机、发展性危机、各种类型兼而有之。

（一）心理晤谈的目标

心理晤谈目标包括：公开讨论内心感受、支持和安慰、资源动员、帮助行为人在心理上（认知上和感情上）消化创伤体验。

集体晤谈时限：危机发生后 24～48 小时之间是理想的帮助时间，6 周后效果甚微。正规集体晤谈通常由合格的精神卫生专业人员指导，事件发生后 24～48 小时之间实施，指导者必须对帮助小组有广泛了解，指导者必须对应激反应综合征有广泛了解，在事件发生后 24 小时内不进行集体晤谈。事件中涉及的所有人员都必须参加集体晤谈。

（二）心理晤谈过程

正规心理晤谈过程分为六期，非常情形操作时把第二期、第三期、第四期合并进行。

第一期是介绍期：指导者进行自我介绍，介绍集体晤谈的规则，解释保密问题。

用语：对于这件事我们都有感受，每个人都要发言，在这里所讲的内容，我们都会保密。

第二期是事实期：请参加者描述事件发生过程中他们自己及事件本身的一些实际

---

① ［美］Gilliland，B. E. & James，R. K. 危机干预策略（上册）. 肖水源等译. 北京：中国轻工业出版社，2000. 110～113.

② ［美］Gilliland，B. E. & James，R. K. 危机干预策略（上册）. 肖水源等译. 北京：中国轻工业出版社，2000. 116～122.

③ ［美］Gilliland，B. E. & James，R. K. 危机干预策略（上册）. 肖水源等译. 北京：中国轻工业出版社，2000. 122－125.

情况；询问参加者在这些严重事件过程中的所在、所闻、所见、所嗅和所为；参加者必须讲述当时的情况、自己的情况以及自己的反应，然后参加者会感到整个事件由此而真相大白（一般讲述者会将事情的经过从头到尾详细地讲述，有意和希望把事情表达清楚。无论是否一再重复这一事件，都得让参加者讲述，因为讲述的过程实际是个倾诉的过程）。

用语：在这个事件发生的当时，我们看见了什么，听见了什么，做了些什么？

第三期是感受期：询问有关感受的问题：事件发生时您有何感受？您目前有何感受？以前您有过类似的感受吗？

用语：当时有什么感受？现在有什么感受？（有的人会觉得这不是真正的经历，有人会自责、有人会伤心、有人会很气愤，这些都是正常表现）

第四期是症状期：请参加者描述自己的应激反应综合征症状，如失眠、食欲不振、脑子不停地闪出事件的影子、注意力不集中、记忆力下降、决策和解决问题的能力减弱、易发脾气、易受惊吓等；询问创伤性事件过程中参加者有何不寻常的体验，目前有何不寻常体验？事件发生后，生活有何改变？请参加者讨论其体验对家庭、工作和生活造成什么影响和改变？

用语：关于这件事，每个人都会发现自己和以前有些不一样的地方。比如失眠、害怕、身体某些方面的不适。（个人发言时，指导者常要详细询问或重复对方的一些症状）。有时，二、三四期难以分开，在处理上也常合为一期，处理上可以少一个轮回。在个人讲述自己的症状时，有必要进行记录，通常要重复感受和体验，并说明这完全是一种正常的反应。

第五期是辅导期：介绍正常的反应；提供准确的信息，讲解事件、应激反应模式；应激反应的常态化；强调适应能力；讨论积极的适应与应对方式；提供有关进一步服务的信息；提醒可能的并存问题（如饮酒等）；给出减轻应激的策略；自我识别症状。

用语：急性应激反应有什么样的症状？并强调这些表现最多持续三个星期，但以后可能要面对更多的困难，导致进一步的情绪低落。一般半年到一年恢复也是正常的。

第六期是恢复期：拾遗收尾；总结晤谈过程；回答问题；提供保证；讨论行动计划；重申共同反应；强调小组成员之间要相互支持；可利用的资源；主持晤谈人总结。

用语：将来有什么样的打算？具体做些什么？晤谈人会根据每个人的打算来支持安慰个体。一定要具体讲述下一步的具体操作步骤。

完成整个过程需要两小时左右。严重事件后数周或数月内进行随访。

晤谈应注意的事项：

（1）对那些处于抑郁状态的人或以消极方式看待晤谈的人，可能会给其他参加者添加负面影响。

（2）鉴于晤谈与特定的文化性建议相一致，有时文化仪式可以替代晤谈。

（3）对于急性悲伤的人，如家中亲人去世者，并不适宜参加集体晤谈。因为时机不好，如果参与晤谈，受到高度创伤者可能给同一会谈中的其他人带来更具有灾难性的创伤。

（4）WHO 不支持只在受害者中单次实施。

（5）与受害者晤谈结束后，干预团队要组织干预人员进行团队晤谈，缓解干预人员的压力。

（6）不要强迫叙述危机细节。

（7）24 小时内不宜作此类晤谈，原因是行为人多处于一种麻木状态。

（8）正规的心理晤谈多在 10 人以内，一般 7~8 人最好。

三、评估晤谈

一般来说，把作出正确评估和有效的治疗计划而采取的综合了解诊断、行为人社会史以及心理测验中获得信息晤谈的称为评估晤谈。评估晤谈大致可分以下三个步骤进行：

（一）最初晤谈（Initial Interview）

最初晤谈即在最初接触被评估者时所进行的晤谈。其作用如下：

（1）建立人际关系要做好心理评估或心理治疗，必须建立评估者（治疗家）和行为人之间的一种合作和信任的关系。这种关系不是一次可以建立的。特别是在心理治疗时，要经过较长时间才能建立。一个好的开端对建立这种关系非常重要；

（2）获得行为人及其问题的信息；

（3）向行为人介绍治疗机构及有关就诊的知识，让行为人了解以后所要进行的一些步骤和需要办理的一些手续；

（4）支持行为人寻求改进的信心。行为人虽来求医，但对解决自己的问题缺乏信心，或缺乏解决问题的勇气，所以一开始就需要给予支持，增强他们的信心和决心。

最初晤谈不一定另作时间安排，可在测验之前进行。通过这种晤谈可以了解行为人感兴趣的事物、情感，所遇到的问题以及个性特点等。晤谈的内容包括他们的生活情境、各种关系、成功和失败、个性发展的情况以及他人对他的态度等。

（二）诊断晤谈（Diagnostic Interview）

诊断晤谈对诊断非常重要。重点是症状，要精确地进行描述（包括内容、出现时间和既往史等）。要做好这种晤谈，需按以下的精神状况检查提纲进行：

（1）智力和思维过程：用外部言语所表达的思维的准确性、速度和复杂性；远近记忆的好坏，解决问题时的准确性和速度，是否有妄想等；

（2）感知觉障碍：如幻觉、妄想以及其他感觉障碍；

（3）注意力和定向力：时间、空间和人物的定向；集中注意的能力；

（4）情绪表现：优势情感、情绪表现的恰当性和强度、控制情绪的能力等；

（5）自知力：自我了解的程度；

（6）行为和仪表：面部表情、运动表现、可见的生理反应、衣着等。

对于上述内容可直接观察，也可提出问题一直让行为人回答，或按某一诊断评定量表来进行诊断晤谈。

（三）收集个案史的晤谈

个案史的收集与诊断晤谈的不同之处是其重点不在症状，而是要对行为人的生活以及他和社会的关系作出全面的和尽可能详尽的估计，通常按编年史顺序收集。主要内容有本人体验、父母、同胞、教育、喜爱的活动、工作史、婚姻史等。要着重记述那些有意义的回忆和客观报告的事件。个案史对了解行为人当前的人格结构和功能、现在生活中的压力和反应都有重要的意义。

由于这种晤谈的内容非常广泛，所以在记录时，要对其内容加以选择。在提及当前的问题时，可能唤起行为人对未来的担忧和对以往痛苦的回忆。这些情绪反应都要格外注意。在书写报告时尽量客观而不要渲染和发挥。要有思想准备，心中要有主题。不管遇到什么情况，晤谈都要围绕主题进行。

知识链接

危机干预的基本理论

危机干预理论最先由林德曼（Lindemann，1944）提出。他对1942年发生于波士顿郊外火灾幸存者的悲伤反应进行了研究，提出对危机状态要尽快给予心理援助。他的理论观点引起人们的重视。随后，人们对危机和危机干预的研究得到了进一步的发展，20世纪70年代以后危机干预已成为WHO研究课题之一。

（一）强调宣泄，反对压抑的林德曼理论

林德曼理论强调一个人在强烈的悲痛面前不应过度沉湎于内心的痛苦之中，而要让自己感受痛苦体验，宣泄情感，正视现实，否则容易产生不良结局。这一理论适用于突然丧失亲人的场合。

（二）泰赫斯特（Tyhurst）理论

应激反应说，强调早期干预，非医学性干预。适用于重大事件，如强奸、亲人亡故或得知自己身患绝症。

泰赫斯特提出，一个健康的人对严重应激（移民、退休、空难事故）的反应程度取决于人格、急性应激和社会环境三者之间的相互作用，应激反应是一种“过渡状态”。他将危机者的危机过程分为三个阶段：

（1）作用阶段。此时，最初应激事件对当事人的直接影响是明显的，通常表现为当事者极度恐惧、激动或悲伤。如果应激事件极为严重，当事人可产生茫然或目瞪口呆的反应。

（2）退却阶段。此时，应激事件虽已过去，但当事人仍表现出自身固有的反应，通常表现为与年龄、文化程度不符的依赖或天真幼稚的应激反应和心理防御方式（即“退行”心理防御方式）。

（3）创伤后阶段。此时，当事人觉察到了自身的反应，并开始关注今后的需要和计划。这一阶段过度依赖于当事人与周围的相互作用，以及有关的社会支持或资源。

退却阶段和创伤后阶段被认为是危机处理的建设性时机，主要让当事人学习新的知识，学会如何应对和处理危机。泰赫斯特提倡干预和帮助以及强调非医学性干预。这一理论适用于重大事件，如强奸、亲人突然死亡或得悉自己身患绝症等。

（三）卡普兰（Caplan）危机干预理论

该理论主要涉及的问题是：危机发生的原理是什么？如何进行危机处理？根据卡普兰理论，个人危机的发生与否，首先取决于个体是否拥有足够的生活必需品（物质），即衣食住行的条件；心理必需品，如安全性、美、爱等；文化必需品，如家庭、群体交往等。当这些必需品过多或严重不足，或者极可能出现过多或过少的变化时，都有可能使个体陷入紧张、恐惧，从而重新考虑应对生活的策略。面临危机的人，有的会采取积极有效的行为方式应对危机，以保持心理平衡；有的则因采取消极、无效果的行为，结果处于一种心理危机状态，轻则心身状况不佳或适应社会生活困难，重则严重心理失常、精神崩溃，甚至导致自杀行为。因此，对于心理危机状态必须进行危机干预，及时有效的干预能够增强个体应对心理危机的能力。

卡普兰认为，一般情况下，个体与环境之间处于一种动态平衡的状态，当面临生活中重大应激而无法应对时，往往会产生紧张、焦虑、抑郁和悲观失望等情绪问题，导致心理失衡。个体与环境之间的平衡状态能否维持，与个体对应激事件的认识水平、环境或社会支持以及应对技巧三个方面关系密切。他提出危机的发展过程可分为四个阶段：

第一阶段焦虑上升。创伤性应激事件使当事人情绪焦虑水平上升并影响到日常生活，此时，可采取常用的应对机制来减少或消除焦虑所致的应激和不适，以恢复原有的心理平衡。

第二阶段应激反应持续。应对机制不能解决目前存在的问题，创伤性应激反应持续存在，生理上的不适和焦虑表现加重并恶化，社会适应功能明显受损或减退。

第三阶段症状加重。当事人的焦虑、抑郁等不适反应进一步加重，促使他尽可能地应用应对或解决问题的方式，力图减轻心理危机和情绪困扰，其中也包括社会支持和危机干预等。

第四阶段应对失当。当事人处于危机状态，由于缺乏内在的力量和社会支持，个人的问题未得到解决而紧张和焦虑，上升到一种无法忍受的程度，出现了明显的人格解体、行为退缩、自杀或精神障碍。

卡普兰曾指出，必须帮助他们学会总结经验教训，避免发生危机或心理障碍，避免或者更好地应对和处理以后可能出现的类似问题。他的这一观点已得到社区心理卫生工作者的重视和认同，并付诸实践，但实质性的预防效果仍有待检验。

（四）斯文松和卡勃的危机发展理论

斯文松和卡勃（Swanaon & Carbon，1989）综合各家理论学说和流派，提出了一个比较全面的危机发展理论，认为危机的变化有三个阶段：

（1）危机前的平衡状态。个体应用日常的应对技巧和解决问题的策略来维持自我与环境间的稳定状态。

（2）危机的产生。当面临挫折或不能解决的问题时，个体出现了情绪脆弱和危机活动状态，这一阶段一般不超过4~6周。在危机活动期中，个体往往由于不能忍受极度的紧张和焦虑而发生情绪上的崩溃或寻求解脱。

（3）危机后平衡状态的变化。当事人经过危机处理后，有的人心理状态可能恢复到危机前的水平，有的可能无法恢复到危机前的水平，甚至高于危机前的水平。

（五）G. W. 布罗克普的危机人格理论

心理危机的发生，除了客观性危机情境作用外，还涉及面临危机个体人格特征方面的问题。为什么在相同的危机情境作用下，有的人无所适从，时时感到威胁的存在；有的人则镇定自若，善于应对，不需要进行危机干预？布罗克普对该现象进行了系统的研究，并提出“危机人格论”。该观点认为，容易陷入危机状态的个体，在人格特征上具有一定的特异性：① 注意力明显缺乏，在日常生活中不善于审时度势，处理问题时只看表面，从不考虑问题的实质，所以容易出现应对和处理问题不当。② 在社会倾向性上，显示过分内向，沉默寡言，这种过分内省的人格特征，使他们一旦遇到危机情境，往往瞻前顾后，总是联想到事情的不良后果，所以常常需要他人的支持和帮助。③ 在情绪、情感上具有明确的不稳定性，自信心不足，面临困难时总是依赖他人的援助，独立处理问题能力极差。④ 在解决问题时缺乏尝试。

项目三　各种违法心理的现场干预

【操作步骤】

（1）戒毒行为人心理危机干预。

（2）赌博违法行为人行为人心理危机干预。

（3）卖淫嫖娼违法行为人心理危机干预。

（4）具有人身危险性违法行为人心理危机干预。

（5）家庭暴力违法行为人心理危机干预。

(6) 网络成瘾青少年心理危机干预。

单元一　戒毒行为人心理危机干预

一、戒毒行为人的危机干预情境

戒毒行为人危机干预的主要方式有电话危机干预和戒毒临床危机干预两种。干预的情况主要有生活突发事件应对、情绪爆发期、毒品危险情境、吸毒导致的精神异常。具体干预如下：

1. 生活突发事件应对

对于一个戒毒行为人在戒毒过程中，无论是住院脱毒期间，还是回归社会后的工作和生活中，都会和普通人一样遭遇不同挫折，对于吸毒成瘾人群，情绪变化特别冲动和脆弱，稍有应对不当，就会出现用吸毒麻醉自己来逃避生活的应激及应。这时戒毒行为人家属及周围人士如能求得心理咨询师的帮助，往往能起到很大的作用。

2. 情绪爆发期

根据吸毒违法行为人的心理特征，戒毒行为人的心理特征就像初生的婴儿一样，根本无法正常发展。情绪波动时一个主要的特征表现是冲动。精神病学里明确把戒毒行为人诊断为“冲动控制障碍”。所以在戒毒与康复的过程中，都会遇到情绪障碍和困难。这个时期需要临时性的危机干预，一种外力的理解性和陪伴性帮助。

3. 毒品危险情境

毒品危险情境是指戒毒康复者在回归社会的过程中，遇到毒友的引诱后，处于一种即将吸毒的状态，或者已经吸过毒品的时候，戒毒行为人和家属在这时求助。心理咨询师应马上提供一些方法进行干预。

4. 吸毒导致的精神异常

随着社会的发展，人类的精神压力越来越大，毒品也开始由传统的海洛因时代走向“新型毒品”（K粉、冰毒、摇头丸等）时代。这些新型毒品主要危害人类的精神系统，所以很多吸毒违法行为人出现被害妄想等精神异常症状，家人又碍于面子，不愿到当地精神病院求助，只有求助戒毒所的专业人士，寻求解决办法和帮助。

戒毒行为人的危机干预，一般分为两种：住院和电话干预。戒毒住院行为人在住院期间如出现危机一般是与家属吵闹要出院（多数人员），或者自杀（少数人员）。心理干预一般是陪伴，度过心理应急期，同时寻求家属的亲情帮助和鼓励，便可度过，一般需要1~3天。在陪伴的过程中，一是预防其冲动，避免意外发生。二是在陪伴的过程中，使其心理充分瓦解，这样容易了解个体的想法，容易找到解决办法。

真正的危机一般不会让咨询师知道，在实际过程中遇到最多的就是电话干预。在电话中，一般是个体自身求助。这时戒毒行为人一般处于矛盾中，同时戒毒行为人在家或者其他地方，使得求助不方便，电话较快捷、方便、及时。一般只需30分钟，特殊情况会用90分钟。信任需要在10分钟内建立，效果需要在15分钟内产生，否则电话干预无效，干预难以进行下去，容易中断。临床心理医生10年的经验表明，一般运用电话干预的疗法效果较快和疗效较为明显。

二、意义疗法在戒毒电话危机干预中运用的理论与实务①

（一）运用求助意义的意志

人本主义认为，人有寻求生命存在意义的欲望，它是生命中原始的动力，这个意义是唯一的、独特的，当它在人的生活实践中被发现获得时，人求助的意志就会得到满足。

根据以上理论，在电话咨询运用中，临床心理医生积极肯定每一个打心理咨询电话的人，无论戒毒行为人咨询的是什么，心理医生均应以热情、鼓励的态度让他们意识到打电话来寻求心理援助的行为本身是有意义的，这意味着戒毒行为人希望认识自己、改变自己，从而能够促进成长。

此时由于来电者大多是消极、沮丧甚至绝望的群体，原本想寻求现实的帮助，如教他们一个奇效的方法，却没有意识到寻求援助本身即充满着超越自己的意义，这是他们本能里寻求意志得到满足，于是这种满足缓冲和减退了负性情绪，增进了戒毒动机。另一方面则使来电者在以后的生活中学会一种新的条件反射和技巧，即任何消极的行为或事件背后都隐藏着积极的意义，只要我们愿意追寻或敢于追寻。

（二）爱的意义的运用

著名心理学和精神病学家弗兰克认为，爱是进入另一个人最深人格核心之内的唯一方法，它可以使所爱者真的去实现那些潜能，使他们理解到自己能够成为什么，应该成为什么，从而将他们原来的潜能发挥出来。

在电话咨询中，有埋怨医疗效果不好的，有个人情感或生活受挫的，还有一些是家庭关系混乱的，表面上看来电者都有不同的理由和故事，但临床心理医生认为他们并不明白爱的意义，如大部分戒毒行为人就是寻求如何让家人马上信任的具体办法，来电者的目的只有一个：怎样获得家人的信任，不管采用什么方法。

作为咨询者，通常认为不应该和来电者过多纠缠于谁是谁非，也不应鼓励他们立刻采取种种补救办法去拯救失去的东西，而是让来电者认识到爱的意义，如临床心理医生耐心倾听来电者诉说是为了让他们将无法说出的苦衷说出来，缓解内心的痛苦，用一个朋友的爱去让他们认识到爱，从而明白事件里爱与恨的关系，使自己担负起所有责任，从当前的状态中升华，认识到用爱去处理生活中的所有事件，而不是束缚、捆绑甚至压抑，使世界成为他们统治的对象。

（三）苦难意义的运用

有一句名言是这样说的：一个人面对无法改变的命运时，他就等于得到一个最后的机会，去实现最高的价值与最深的意义，即苦难的意义。这时最重要的是：对苦难采取什么样的态度？用怎样的态度来承担痛苦？通过临床心理医生总结和观察发现：人主要关心的并不是获得快乐或逃避痛苦，而是要了解生命的意义。这就是为什么人在某些情况下，宁愿受苦，只要他确定自己的苦难具有意义即可，痛苦在发现其意义时，就不再是痛苦了，反而成为成长前进中的动力。

---

① 李凌．浅谈意义疗法在电话咨询中的运用．中华临床荟萃杂志．2003，14（11）：1293.

对于来电者来说，他们有的正经历着内心的挣扎和冲突，有的无法摆脱毒瘾或戒毒的痛苦，此时咨询者一般不太可能帮助他们改变目前的处境，而这时让来电者意识到苦难的意义，这无疑会给他们带来战胜和忍耐苦难的勇气和信心。

（四）存在的本质和意义

通过临床总结，发现必须让戒毒行为人体会到自己的责任，让他们明白，他们的自由选择是什么，并明白应该对什么人和什么事负责任，必须让他们自己负责任实现他们潜在的生命意义。并从三种不同的途径去发现这个意义，即创造、工作，体会价值和受苦，由此去升华实现“自我超越”。

在电话咨询中，常常有来电者将问题摆在咨询者面前，同时他们都是非常消极的，让咨询者为自己选择，如有的来电者讲述自己内心的矛盾冲突，戒毒后想学一些技能，又怕学不会，甚至怕苦怕累，担心这个，担心那个，不知如何是好？

事实上这种来电者所面临的心理冲突具有双重性，人在现实生活中常常会遇到两个或两个以上的选择，此时只有让来电者明白，“自己是一个负责任的人，无论选择什么，自己都应对自己的选择负责任，而不是只承担自己认为轻松的责任，逃避自己认为苦的、累的、痛苦的责任。只有学会负责任，生命才能长进并变得更加丰厚，自己也因此可以从创造、工作、受苦等意义中重新估量自己的选择”。

如果此时咨询者只是帮来电者选择，而没有让他认识到选择的意义，即通过来电者的选择可以帮助来电者重新认识自己，即来电者之所以不能选择，就是因为害怕自己负不起选择后的责任。那么在以后的生活中，来电者面对选择依旧无所适从。

从以上一些体会中可以看出，意义疗法在电话咨询中有着特殊的意义和作用。它不纠缠于来电者过去的经历和产生目前这种状态的原因，而是在“棒喝”中迅速将来电者带到追寻生命的意义中去。这种升华一方面可以使其原来的心理冲突得到宣泄，另一方面也使个体通过不断的努力体验自身对社会、对他人、对自我负责所带来的成功的满足，这无疑将使短短的电话咨询发挥出最优的效率，为来电者人格的成长带来最好的帮助，但大部分吸毒违法行为人文化程度偏低，性格较偏激，为此意义疗法的运用受制于来电者的知识、理解和领悟能力，因此，这还有待进一步的开拓与发展。

单元二　赌博违法行为人心理危机干预

一、确定赌博违法行为人心理危机干预的目标

（1）接受与面对自己赌博的历史，通过合理认知，学习并接受目前的现实状况，不再对赌博存有任何期望。

（2）以日常活动为基础，不断提高生活能力，稳定躯体、认知、行为和情绪反应等功能水平。

（3）自信心、情绪行为控制，社会认同感得到恢复。

（4）能够独立地进行日常活动，坚定的意志、自身价值感得到恢复，重新树立人生标杆，学会理性思考。

二、赌博违法行为人心理危机的选择与界定

若行为人出现以下行为，便可能显示他现正开始或已经出现病态赌博行为：

（1）时常会赌博或控制不住地想着赌博的事。

（2）经常单独出现在赌博场合，而且次数渐趋频繁。在赌博场所逗留的时间比原定时间长。

（3）用于赌博的时间比其他参与喜好活动的时间愈来愈多，时常会发生因赌博而延误上班或上学的时间。

（4）为赌博耗尽金钱。为了赢回赌本，穷追不舍，不会如实说出赌博的次数和赌博所花费的金额。

（5）因家人或朋友的劝说或因金钱问题感到厌烦，并发生争执，极力想摆脱他们的管束。

（6）易怒、易激惹，经常发怒。因赌博而出现情绪低落、烦躁不安，或失眠等问题。

三、赌博违法行为人心理危机的干预步骤

1. 建立咨询关系，收集资料

以温暖和真诚的态度，通过共情与行为人建立良好的咨询关系，说明收集个人身体、心理、社会状况资料的必要性，并承诺对行为人提供的信息保密，使其愿意接受危机干预工作人员的帮助。

让行为人提供一份详尽的关于其生理、心理和社会状况的资料，为评估和心理辅导及制订治疗计划做好准备。让当事人介绍他的赌博行为，现在和过去的赌博经历。让当事人讲述在赌博时的所见所闻，如果不为难的话，建议提供尽可能多的细节。

2. 共同探讨，制订治疗方案

在制订治疗方案前，必须先进行系统的临床评估。同时，可以在取得行为人知情同意的情况下，运用心理学问卷或量表等评估行为人目前的情绪行为状况。也可在内科医生那里进行全面的身体检查，排除可能的躯体疾病，这些疾病或问题将可能导致功能损害或妨碍进一步的心理治疗。

确定治疗方案。通常可以选择心理治疗、药物治疗及心理治疗加药物治疗三种方式。

3. 具体方法

（1）让行为人描述最初赌博时的动机，鼓励行为人尽量把自己的感觉表达出来，不要觉得难为情，并讨论在赌博过程中的感受，讲述赌博输和赢后的不同的心理感受。除了赢钱以外，还有什么其他感受？一些行为人可能会对自己的行为感到自责。在这个过程中，共情的倾听与交谈是非常重要的。注意语速要慢一些，耐心一些，对问题要敏感一些，不要用缩略语或专业术语。在倾听时，积极回应当事人为保持安全感所做的努力。

（2）协助行为人确定在参与赌博行为后，对本人日常生活或社会功能以及对家庭所造成的影响。列出参与赌博后影响自己生活的清单，并与心理咨询师一起商量处理所列影响的途径和方法。

（3）针对自责感，引导其唤起现实感，树立目标，增强重新生活的信心。挑战与赌博有关的歪曲认知，并学会代之以更理性的观念和思维。让行为人描述曾经不想去赌博的经历和自我感受。减轻其参与赌博的欲望。描述曾经为断绝赌博念头所做的努力，列出曾经阻止自己赌博行为的成功案例，并写出书面清单张贴在醒目的地方。

（4）与行为人一起讨论，鼓励其口头表达对赌博行为的自信心及其对未来希望的增强，商定一个书面方案以应对自己出现赌博行为的情况。鼓励其恢复正常的生活，正向报告自己睡眠、饮食、工作的改善情况。练习放松技术，正向报告自己烦躁、愤怒的减少及控制情绪的方法与经验，提高自我控制感。

（5）尽快鼓励行为人建立社会支持系统。评估行为人是否有赌博导致的婚姻或家庭冲突，对于与家庭问题有密切联系的行为人应进行家庭治疗。可以通过绘制家庭和人际关系生态图来探寻行为人的社会支持系统的资源情况，鼓励行为人主动利用这些资源。积极参与全面的社交、职业、娱乐和家庭活动。

（6）纠正行为人歪曲认知，促使其进行认知重构。探寻在负性情绪反应和赌博之间起中介作用的歪曲认知是否存在。针对行为人的认知偏差，进行必要的认知干预，纠正其非理性思维；运用认知重构技术，以现实的积极思维代替歪曲的认知。

四、相关心理干预技术

1．暴露疗法

暴露疗法，也称“满灌疗法”，不需要进行任何放松训练，而马上呈现最强烈的恐怖、焦虑刺激（冲击）或一下子呈现大量的恐怖、焦虑刺激（满灌、泛滥），以迅速校正行为人对恐怖、焦虑刺激的错误认识，并消除由这种刺激引发的习惯性恐怖、焦虑反应，故也称为“冲击疗法”或“泛滥疗法”。恐惧行为是一种条件反应。某一事物或情境在一个人身上所引起的恐惧体验会激发他产生逃避行为，而不管此事物或情境是否真的对他构成了威胁。这种逃避行为会导致恐惧体验增强，从而起到负性强化作用，反过来增强其逃避行为。因此专家们认为，与其逃避，不如让行为人人面对恐惧的刺激，这就是满灌疗法。

如果让行为人处于频繁或过量的赌博场景刺激之下，机体就不再有过敏反应。

2．系统脱敏法

系统脱敏法是由交互抑制发展起来的一种心理治疗法。当个体面前出现焦虑和恐怖刺激的同时，施加与焦虑和恐惧相对立的刺激，从而使行为人逐渐消除焦虑与恐怖，不再对有害的刺激发生敏感而产生病理性反应。其实质是通过一系列步骤，按照刺激强度由弱到强、由小到大逐渐训练心理的承受力和忍耐力，增强适应力，从而达到最后对真实体验不产生“过敏”反应，保持身心的正常或接近正常状态。

赌博违法行为人可通过想象暴露于赌博场所中，进行系统脱敏训练。

3．集体心理治疗

对于有同样赌博行为的人可进行机体心理治疗。在心理咨询师的催化下，鼓励行为人与团体中的组员一起分享自己的经历和感受，在互相支持、信任、理解的团体动力下，讨论应对的经验，鼓励面对现实而不是沉浸在痛苦之中。

4．正、负性强化法

这里指的是通过强化赌博正面的劝说（靠赌博是永远也发不了财）和反方面的副

作用（不少嗜赌者家破人亡）对行为人的心理进行干预。长时间的心理暗示会使行为人坐在赌桌前就会出现类似于心脏病的症状，如头晕等，从而达到戒除赌瘾的目的。

5. 自我控制法

（1）避免出席任何赌博场合。培养其他可取代赌博的嗜好，打消赌博的念头。

（2）订一个限额。无论你正在赢钱或输钱，只要赌款达到所定限额，便立即停止赌博。

（3）控制现金的流转。限制现金的供应，如制订每日从银行户口提款的限额、开立一个需要两个人签署的联名户口、安排电子付款或通知银行限制信用卡贷款。

（4）控制精神压力。定时做运动（如慢跑等）及学习松弛的技巧（如冥想或做瑜伽等）或进行消闲活动（如听音乐、与朋友逛街等），借此驱走闷气，舒缓紧张的情绪。

（5）养成记录的习惯。写日记可帮助行为人了解自己的赌博行为，找出赌博的倾向和模式。例如，你可能发现，每当你感到苦闷或失落、手上持有现金，或当你需要用钱时，便会去赌博。这些记录可找出抑制赌博的有效方法。行为人可通过各种方法，恰当地满足不同的需要。

6. 转移疗法

找一个行为人感兴趣的工作或爱好来充实他们的生活，帮助其找到新的价值认同感，最好同时配合心理咨询师的行为疗法。当然，改变行为人的生活环境也是一个很好的方法，鼓励其参与有益身心的活动，远离赌博的外部环境，最终真正达到戒除赌瘾的目的。

单元三　卖淫嫖娼违法行为人心理危机干预

一、确定卖淫嫖娼违法行为人心理危机干预的目标

（1）接受与面对自己过去的经历，通过合理认知，学习并面对现实生活，不再存在任何不良欲望，树立良好、正确的人生观、世界观和价值观。

（2）以日常活动为基础，不断提高生活能力，稳定躯体、认知、行为和情绪反应等功能水平，树立“自尊、自爱、自立、自强”的科学与理性精神。

（3）自信心、情绪行为控制，社会认同感得到恢复，形成良好的社会责任感。

（4）消除虚荣心和贪图享乐的思想，恢复坚定的意志和自身价值感，重新树立人生标杆，学会理性思考。

二、卖淫嫖娼违法行为人心理危机的干预步骤

（一）建立咨询关系，收集资料

以温暖和真诚的心态，通过共情与行为人建立良好的咨询关系，说明收集个人身体、心理、社会状况资料的必要性，并承诺对行为人提供的信息保密。让行为人愿意接受危机干预工作人员的帮助。

让行为人提供一份详尽的关于其生理、心理和社会状况的资料，为评估和心理辅

导及制订治疗计划做好准备。同时，讲述在卖淫嫖娼时的所见所闻，如果不为难的话，建议提供尽可能多的细节。

（二）共同探讨制订治疗方案

在制订治疗方案前，必须先进行系统的临床评估。可以在取得行为人知情同意的情况下，运用心理学问卷或量表等评估行为人目前的情绪行为状况。也可在内科医生那里进行全面的身体检查，排除可能的躯体疾病，这些疾病或问题将可能导致功能损害或妨碍进一步的心理治疗。

确定治疗方案。通常可以选择心理治疗、药物治疗及心理治疗加药物治疗三种方式。

（三）具体方法

（1）让行为人描述最初去卖淫嫖娼时的动机、最重要的目的是什么？鼓励行为人尽量把自己的感觉表达出来，不要觉得难为情。与行为人讨论在卖淫嫖娼过程中的感受。一些行为人可能会对自己的行为感到自责和忏悔。在这个过程中，共情的倾听与交谈是非常重要的。注意语速要慢一些，耐心一些，对问题要敏感一些，不要用缩略语或专业术语。在倾听时，积极回应行为人为保持安全感所做的努力。

（2）协助行为人思考卖淫嫖娼的不良后果。嫖娼除了获得性欲满足以外，还有什么其他感受？后来是否会有一点忏悔的感觉？确定卖淫嫖娼行为对本人日常生活或社会功能所造成的影响、对家庭产生的影响。请行为人列出参与卖淫嫖娼后影响自己生活的清单，并与心理咨询师一起商量处理所列影响的途径和方法。

（3）针对自责感，引导行为人唤起现实感，树立目标，增强重新生活的信心。挑战与卖淫嫖娼有关的歪曲认知，并学会代之以更理性的观念和思维。利用价值观拍卖的方法帮助行为人确定自己的需求与价值观。绝大多数卖淫行为人的最重要目的就是赚钱，满足她们的虚荣心。而嫖娼行为人是因为生活富足而追求纵欲享乐，一掷千金。

（4）让行为人描述曾经有不想去嫖娼的自我感受。让行为人描述曾经成功拒绝卖淫的自我感受。与行为人一起讨论，商定一个书面方案以应对自己卖淫嫖娼行为的情况。

（5）确定自己未来的工作，重新制订自己的人生计划。从行为人的人生观、价值观的引导教育出发，重新培植自身的文化人格和塑造自身的社会灵魂。只有树立了正确的人生观，人生价值取向才能正确，社会责任才能到位。鼓励行为人口头表达对卖淫嫖娼行为的自信心和对未来希望的增强，鼓励其恢复正常的生活。正向报告自己睡眠、饮食、工作的改善情况。

（6）鼓励行为人尽快建立社会支持系统。可以通过绘制家庭和人际关系生态图来探寻行为人的社会支持系统的资源情况，鼓励行为人主动利用这些资源来帮助自己。评估是否有卖淫嫖娼导致的婚姻或家庭冲突，对于与家庭问题有密切联系的行为人应进行家庭治疗。鼓励其积极参与全面的社交、职业、娱乐和家庭活动。很多从事卖淫嫖娼行为的原始心态是基于孤独、寂寞。通过参与各种活动确认自己在不同社会角色中的社会责任。

（7）从社会思想文化角度入手，对女性进行思想启蒙，树立“自尊、自爱、自立、自强”的科学、理性精神，从精神上解放女性，使女性深刻认识和理解自身作为人所拥有的合法权利，只有在思想上觉醒，才能冲破思想束缚，在内心生成抵御来自外部控制和诱惑的理性精神和创新精神，从而达到思想的解放。

三、相关心理干预技术

（一）放松训练

放松疗法的原理是，一个人的心情反应包含“情绪”与“躯体”两部分。假如能改变“躯体”的反应，“情绪”也会随之改变。至于躯体的反应，除了受自主神经系统控制的“内脏内分泌”系统的反应，不易随意操纵和控制外，受随意神经系统控制的“随意肌肉”反应，则可由人们的意念来操纵。也就是说，经由人的意识可以把“随意肌肉”控制下来，再间接地把“情绪”松弛下来，建立轻松的心情状态。基于这一原理，“放松疗法”就是通过意识控制使肌肉放松，同时间接地松弛紧张情绪，从而达到心理放松的状态，有利于身心健康。

咨询师应传授行为人深呼吸放松法和渐进性肌肉放松技术，以应对烦躁、焦虑和紧张等不良情绪。行为人在具体治疗过程中可正向地报告自己情绪情感反应，提高自我控制感。

（二）集体心理治疗

对于有同样卖淫嫖娼行为的违法行为人可进行集体心理治疗。在心理咨询师的指导下，鼓励团体成员之间一起分享自己的经历和感受，在互相支持、信任、理解的团体动力下，讨论应对经验，鼓励面对现实而不是沉浸在痛苦之中。

（三）正、负性强化法

正性强化法或称阳性强化法，应用操作性条件反射原理，强调行为的改变是依据行为后果而定的，其目的在于矫正不良行为，训练与建立某种良好行为。即运用正性强化原则，每当行为人出现所期望的心理与目标行为，或者在一种符合要求的良好行为之后，应采取奖励办法，立刻予以强化，以增强此种行为出现的频率，故又称“奖励强化法”。对某种良好行为给予奖励，可以促进该行为的发生，如若使某行为与摆脱厌恶刺激相结合，同样能使该行为增多，这便是负性强化法的理论基础。因此负性强化是通过厌恶刺激来抑制不良行为，从而建立良好行为的。行为人一旦出现某项良好行为，便立即减少或撤除其原来经受的痛苦、厌恶刺激、惩罚或情景，（等于给他“负性奖励”），并使其日后在同样情况下，获得相同的“释放”，从而增强其良好行为的出现率。负性强化与正性强化关系密切，都是用以增加良好行为发生率的强化过程。

针对卖淫嫖娼违法行为人，可强化卖淫嫖娼正面的劝说（卖淫嫖娼是违法行为）和反面作用（不少嫖娼者家庭破裂）对行为人的心理进行干预。咨询师可以和行为人探寻在负性情绪反应和卖淫嫖娼之间起中介作用的歪曲认知是否存在。针对行为人的认知偏差，进行必要的认知干预，纠正其非理性思维；运用认知重构技术，以更现实的积极思维代替歪曲的认知。

（四）转移疗法

找一个行为人感兴趣的工作或爱好来充实他们的生活，帮助行为人找到新的价值认同感，最好同时配合心理医生的行为疗法。同时也可以改变行为人的生活环境，生活环境非常重要，很多卖淫嫖娼行为人最初都是受功利社会大环境的影响。所以应鼓励行为人多参与有益身心的活动，远离不良的外部环境，最终真正达到戒除不良行为的目的。

当然，心理危机干预人员应该认识到自己作为一个援救人员的能力和权限是有限的，不需要去扮演上帝，也无须为无能为力承担责任而自责。

单元四　具有人身危险性违法行为人心理危机干预

一、人身危险性危机

人身危险性就是再犯可能性，指的是违法行为人的存在对社会构成的威胁，即其再犯罪的可能性。它包括具有刑事责任能力、实施犯罪被判刑但具有再犯之可能的人，如常习犯、惯犯、累犯等；无责任能力或限制责任能力，但实施危害社会行为的人，如未成年人、心神丧失之人、心神耗弱人、尚未实施犯罪，但染有传染病或恶习而可能犯罪之人，如吸食毒品者。

二、人身危险性违法行为人常见心理反应

1. 具有人身危险性违法行为人有躯体疾病时的心理反应

（1）急性疾病时的心理反应。一是焦虑，病人感到紧张、忧虑、不安。严重者感到大祸临头，伴发植物神经症状，如眩晕、心悸、多汗、震颤、恶心和大小便频繁等，并伴有交感神经系统亢进的体征，如血压升高、心率加快、面色潮红或发白、多汗、皮肤发冷、面部及其他部位肌肉紧张等。二是恐惧，病人对自身疾病，轻者感到担心和疑虑，重者惊恐不安。三是抑郁，因心理压力可导致情绪低落、悲观绝望，对外界事物不感兴趣，言语减少，不愿与人交往，不思饮食，严重者出现自杀观念或行为。

（2）慢性疾病时的心理反应。一是抑郁，多数心情抑郁沮丧，尤其是性格内向的病人容易产生这类心理反应。会生悲观厌世的想法，甚至出现自杀观念或行为。二是性格改变，如总是责怪别人、责怪医生未精心治疗，埋怨家庭未尽心照料等，故意挑剔或常因小事勃然大怒。他们对躯体方面的微小变化颇为敏感，常提出过高的治疗或照顾要求，因此导致医患关系及家庭内人际关系紧张或恶化。

2. 具有人身危险性违法行为人恋爱关系破裂时的心理反应

失恋可引起严重的痛苦和愤懑情绪，有的可能采取自杀行动，或者把由爱生恨，采取攻击性行为，攻击恋爱对象或所谓的第三者。

3. 具有人身危险性违法行为人婚姻关系出现障碍

夫妻的感情破裂，结局多是离婚，如果双方都能接受，不会引发危机，否则可能引发危机。

4. 具有人身危险性违法行为人亲人死亡

与死者关系越密切的人，产生的悲伤反应（居丧反应）也就越严重。亲人如果是猝死或是意外死亡，如突然死于交通事故或自然灾害，引起的悲伤反应最为严重，可表现为以下两种反应。

（1）急性反应：在听到噩耗后陷于极度痛苦之中。严重者情感麻木或昏厥，也可

出现呼吸困难或窒息感，或痛不欲生、呼天抢地的哭叫，或者处于极度的激动状态。

（2）悲伤反应：在居丧期间出现焦虑、抑郁情绪，或自己认为对死者生前不够关心而感到自责或有罪，脑子里常浮现死者的形象或出现幻觉，难以进行日常活动，甚至不能料理日常生活，常伴有疲乏、失眠、食欲降低和其他胃肠道症状。

5. 具有人身危险性违法行为破产或遭遇重大经济损失时的心理反应

可使具有人身危险性违法行为感到极度悲伤和痛苦，甚至万念俱灰，从而萌生自杀的想法，并进一步采取自杀行动。干预原则是与行为人进行充分交流，分析其自杀并不能挽救已经发生的经济损失，只有通过再次努力才能重建生活。

三、人身危险性违法心理危机干预方法

干预的方法可有电话危机干预、面谈危机干预及社区性危机干预等多种方式，干预技巧既有共性之处，也各有侧重。

（1）电话危机干预比较方便、及时且经济、保密性强。但难度较大，因为互不见面，声音是获得信息、施行干预的唯一途径。

（2）面谈危机干预的基本方法为倾听、评价及干预，干预措施包括调整认知、改善应对技巧、松弛训练、充实生活内容、扩大交往，建立支持系统。

（3）以社区为基础的危机干预，具体内容包括成立各种自助组织，及时识别在这些违法行为人当中的高危人群，（如抑郁悲观者、绝症将死者、老人、残疾人等）。普及相关预防知识，在社区中宣传心理卫生知识，提高扶弱救危活动的公众意识，预防危机所产生的不良后果。

［案　例］

在一次新学员心理测试报告录入过程中，偶然发现一名行为人在心理测试答题纸的反面写道："我有妄想症，需要帮助。"并在这句话的后面写了大大的国际求救信号SOS。可以看出这名新学员的求助心情很迫切，写在反面似乎内心又有些矛盾或者是不确定。咨询师带上该学员的心理测试报告到了谈话室坐下等候。

"报告。"

"请进。"隔着谈话室的栏杆，只见一位个头不高，戴着眼镜，神情沮丧的年轻来访者走了进来。

"请坐吧。"来访者站在那里半天没有挪步，眼泪却哗哗地流了下来。新学员谈话时常常会遇到对方流泪的情况，但一般都是在谈话进行过程中，这位来访者刚进门什么都没说就止不住地流泪，可见其心理脆弱到了极点。等其稍稍平静了一点，咨询师再次说道："请坐下来慢慢说吧"。

"没想到你真的会过来。"来访者坐下后缓缓地抬起头说。

"这是我的工作啊。你有什么需要帮助的吗？我看到你写的SOS求助，能不能具体谈一谈呢？"

"我满脑子都是想逃跑的念头。脑子里只要有一点空就会想到逃跑，想象着各种各样逃跑的方法，哪怕是在操场上训练时也是这样，我会幻想天上飞来一架飞机，在我头顶上空盘旋，飞机上放下一个云梯，我顺着云梯上了飞机逃走了。我知道不应该有这样的想法，但就是控制不住，甚至经常神情恍惚，我非常担心报数时脱口而出'逃跑'二字。我想知道我是不是有心理毛病。"

“这种想法是从什么时候开始的？”

“拿到裁决书的时候就有了，后来越来越强烈，以至于现在无时无刻不在想这件事。”

这位来访者此刻正遭受因为被捕入狱而产生的心理危机。

（1）危机的产生。危机指个体面临突然或重大生活目标阻碍（如亲人死亡、婚姻破裂、天灾人祸等）时，既不能回避，又无法用通常解决问题的方法来解决时常出现的心理失衡状态。或者说危机是指个体运用通常应对应激的方式或机制仍不能处理与外界或内部应激时所出现的一种反应。

在成为行为人及服刑期间，可能会遇到许多令其预想不到的重大生活事件，如得知亲人患重病或者亡故、离婚、被拘禁、受到他人的严重伤害，等等，这些情况会引起行为人强烈的心理和情绪失调，造成心理危机，这时个体会感到严重受挫或是生活周期及应对刺激的方法受到严重破坏，而产生害怕、震惊、悲伤、无助、绝望等感觉，甚至会使行为人产生严重的暴力行为或者自残、自杀和脱逃。

（2）“死”是为了更好地活。笔者曾经收到一位行为人的求询信，其中第一句话就是“我想自杀”，他多次因为违规被扣分，减刑无望令他感到绝望，从而引发危机。所有危机的产生都和丧失有关，当这种丧失触及他的人生信条，就可能引起他的心理混乱，从而引发危机。在他内心矛盾挣扎的时候，并不是想坚定地放弃生命，如果此刻有人能理解他并帮助他恢复心理平衡，就能度过危机。反之，如果被否定被拒绝，可能就会导致他彻底失望，从而坚定地放弃生命。

（3）危机状态不同于心理障碍。一般来说，处在危机状态中的人在发生危机前后，其心理功能是正常的、健康的。此外，危机的持续时间可能很短，在危机结束之后，个人的混乱状态往往会逐步消失，不过有些人的危机状态可能会持续数月甚至数年时间。这样的人处在一种“危机转移状态”中。危机转移状态也可能导致焦虑和其他类型的心理障碍的发生。

对行为人的危机干预是指对发生危机的行为人进行指导帮助的活动，这是一种特殊的心理咨询服务。

（1）危机干预目标。由于危机干预是一种紧急、直接的咨询帮助形式，所以，危机干预最基本的目标是具体的危机，是解决个人的心理苦恼，使个人恢复到危机发生前的状态，而不是处理一般的态度、行为和价值观转变。咨询师带着这样的合理期望进入干预过程是非常重要的。因为个体处在危机状态，心身失衡严重甚至人格解体，基本不具备深入探讨和反思与澄清自己的心理问题的能力，过高的期望并不利于其恢复，还会造成咨询师的急躁、焦虑，妨碍关系的建立。

（2）危机干预重点。危机干预的重点是稳定行为人的情绪，特别是在行为人已经打算采取自杀等行为而咨询师主动干预的过程中。自杀者通常都处于极不稳定的状态，内心非常矛盾，有激烈的冲突和挣扎，在这样不稳定的状态下，有可能采取自杀等行为，当稳定下来之后，虽然痛苦还在，但不至于以自杀等方式来解决。

在干预过程中，建立和保持与行为人的心理联系是贯穿始终的任务，让行为人觉得有人愿意也能够帮助他，并建立起对他的信任，干预就成功了一半。咨询师一定注意不要驳斥，不要拒绝、否定行为人的想法，并给予支持性的倾听与共情。行为人在述说的同时，随着情绪的宣泄，就可能渐渐稳定下来。有时候也可以借助“保险箱”、

“内在安全岛”、“遥控器”等情绪稳定技术帮助其稳定情绪。

案例中的行为人此刻正处在严重的心理失衡状态，在难以承受的心理冲突中理智尚存，因此才会提出申请，希望能够得到帮助。眼前重要的首先是给予心理支持，帮助其稳定情绪，并在此基础上寻找适合他的解决问题的方法，以保证其本人和拘禁场所的安全之需。此时可以运用伯尔·吉利兰的“危机干预六步法”开展工作。

(3) 危机干预六步法。伯尔·吉利兰等人提出的“危机干预六步法”包括两个阶段六个步骤。

①稳定阶段包含以下三个步骤：

a. 确定问题。就是从来访者的角度，确定和理解他本人所认识的问题。

b. 保证行为人的安全。危机干预工作者要把来访者的安全作为首要目标，也就是说要将来访者对本人和他人的生理和心理危险性降到最低限度。

c. 给予支持。要强调与来访者的沟通和交流，使来访者知道危机干预工作者会关心他们，能够给他们提供帮助。

“听起来你现在遇到了比较大的麻烦，你的理智告诉自己不能逃跑，但你的情感却不受控制地总会想到这件事，这个想法让你很害怕，你担心自己万一控制不了真的会去做这样的事情，其实你并不想这样做，所以你寻求心理咨询的帮助，希望能帮助自己稳定下来。”

“是的，我明明知道这样做是不可能有好结果的，退一步说，就算我想方设法跑出去了，又能怎么样呢，可能我还没到家，警察已经到我家了。但是没用，我就是控制不了自己的想法。”

“很多人刚刚失去自由时都很不习惯，有些人幻想着要是能出去就好了，就有自由了，似乎你比他们的这个想法要更加强烈，其实你知道的，我们的安全防范措施是很周全的。”

“我仔细观察过，在××处有N个摄像头，在×处有N个摄像头，从集训队到大门口有××米，从操场到大门口有××米。我现在住在二楼，按照规定新学员是不准一个人下楼的，但是我为了能有机会一个人下楼，故意去帮忙打扫卫生倒垃圾，我试过几次，有时候小岗也习惯了，不会在意我，有一次还试着一个人走到了大门外，我担心哪一天真控制不住的话就会迈出这一步。”

“看起来这个问题无时无刻不在困扰着你，并且严重影响到你的思维和你的行为，所以你会有这么强烈的担心，其实你同时也是用了很大的努力在控制自己。”

上面的这段对话在确定问题的同时也是在对危险性进行评估。其实危险性评估是贯穿于危机干预的每一个步骤的。

来访者此刻内心有强烈的冲突，一方面是渴望自由，哪怕是不惜任何代价地获得自由，另一方面又在极力控制自己，不要做徒劳并且只会给自己带来更大灾难的错事，正是这种心理混乱的冲突导致了他内心的紧张焦虑和恐惧。如果不能及时处理的话不排除会发生不理智的逃脱行为。

接下来的咨询中我们了解了来访者过去的一些经历。来访者排行老二，有个姐姐，自己从小被父母宠爱，以前曾经不止一次被拘留，都是父母找人帮他解决事情，哪怕是被关在看守所里也没有吃过什么苦头。来访者生性灵活，在外面工作时也比较顺利，收入较高，后来因迷恋赌博无力自拔，导致违法再次拘禁，原先也以为这次会像以前那样轻松出去，没想到这次谁也帮不了他，被判刑入狱，父母变卖了所有家产包括房子帮他还债，两位老人只有一人有退休工资，想到父母亲因为自己的原因落到无家可归的地步，还要继续每月帮他还债，来访者内心非常自责，想逃出去的原因之一也是想知道父母现在怎么样了，万一父母有什么意外，是他无法接受和面对的。

来访者的心理测试结果，表明他的情绪不稳定，依赖性强，自卑，焦虑不安，对前途缺乏信心等。

咨询师向来访者指出其想逃脱的原因：一来从小一直受到家人的宠爱和保护，以前每次犯罪都有家人帮着轻松过关，这次却被送进强制所，内心不能接受；二来即将分到劳动区，目前对以后的改造环境不了解甚至是充满恐怖，强烈的无助，缺乏安全感，潜意识里还是希望能够被保护，希望能回到亲人的身边，所以产生了强烈的逃脱念头。来访者表示认可这样的解释，并且在这个过程中，把压抑在心头很久的事情说了出来，现在轻松了些，感觉平静了许多。

②工作阶段包含以下三个步骤：

a. 提出并验证可变通的应对方式。危机干预工作者应当提出许多适当的解决危机的方法和途径，供来访者选择。这些方法和途径可以包括以下三个方面：

环境支持：这是提供帮助的最佳资源，来访者知道有哪些人现在或者过去能够关心和帮助自己；

应对机制：向来访者提供他们可以用来战胜目前危机的行为方式或者环境资源；

积极的建设性的思维方式。向来访者提供这样的思维方式，可以使他们用来改变自己对问题的看法并减轻应激和焦虑水平。

b. 制订计划。危机干预工作者与来访者共同制订行动计划，帮助来访者矫正情绪失衡状态。

c. 得到承诺。危机干预工作者要求来访者作出承诺，保证执行所制定的计划，以有效的实际行动解决危机。

“我们讨论了你目前的情况和大致的原因，现在我们来看看怎么解决这个问题，你很希望自己能从这个危险的矛盾中摆脱出来，那么有什么人、什么办法可以帮到你呢?”

来访者沉默了半天后抬起头说：“只有民警能帮我，让他们看紧我，或者是安排其他人看紧我，不要让我有逃跑的机会。”

“这是个非常好的办法，你能够想到这个方法说明你的理智还是占了很大部分的，并且你是愿意积极面对此事的，那为什么不直接去找民警而找我们?”

“我担心他们知道了我有这样的想法会对我改造不利。”

“民警和我们工作的方法不同，但根本目标都是一样的，都希望你们能更好地适应环境，更加顺利地改造，那么你是希望自己去告诉他们还是想让我去和他们说这事?”

“还是你帮我说吧，我还是不敢去说。”

“那好，我先告诉这里的民警，让他们帮助你来控制自己，等下星期你分到其他地方后我再告诉那里的民警，这样就可以减轻你的心理压力，不用随时担心自己控制不住会逃跑了。我相信，凭你的聪明、能力和迫切地想重获自由的动力，慢慢地等你适应了这里的环境以后你就会积极投入改造，通过正常的途径早日回到亲人的身边了。”

“父母亲写信说明天上午来看我，我不知道他们现在怎么样，如果他们能安顿下来那我心里会好些，否则的话我真担心我会失去理智的。”

“那我明天下午过来，具体情况我们再讨论，但你要答应我，在我没来之前一定不要去做危险的事情。”

“好的，你放心，这点我一定做到。”

第二天下午的咨询中了解到他的父母上午来过了，目前是租了房子住，也找了份临时的工作，眼下每月的还债应该没有问题，父母亲让他安心改造不用担心家里。咨询中，来访者表示了自己的许多猜测和担心：父母亲现在生活得很艰辛甚至吃不上肉；如果以后的探视两人中有一人没来一定是因为他的原因病倒的，他将不能接受，等等。咨询师运用认知技术讨论他的非理性信念，来访者认识到自己的错误，最后表示现在自己的情绪平静多了，应该不会做出什么不理智的事情，并且约定十几天后再次咨询，以防止自己不能很好地适应新环境。

十几天后进行了第三次咨询，来访者表示对自己现在的状态很满意，被分配在一个辛苦但能多拿分的岗位，自己每天从出工到收工一直在不停集中注意力干活，根本没时间去想逃跑的事情，或者说这个念头现在已经不再出现了。咨询中对目前可能出现的问题作了简单讨论，来访者表示对未来有了明确的打算，多学技术多拿分，好好改造争取减刑，靠自己的努力早日走出拘禁场所大门。为了将来能更好地适应社会，还打算在劳动改造的同时参加自学考试。对于他的巨大改变和目前的心态，咨询师给予积极的肯定，整个干预咨询过程结束。

在以上危机干预过程中，评估了行为人心理危机的程度，了解了引起行为人心理危机的因素，解决了行为人的心理危机，帮助行为人恰当应对所发生的意外事件，摆脱困境，恢复到危机发生前的状态。实现了危机干预的基本目标。危机干预的最高目标是增强其个人的功能，使其超过危机发生之前的水平。

三、一些体会

（1）危机是由行为人确定的，而不是由咨询师确定的。行为人在任何时候、由于任何原因都可能发生危机，是否发生危机应当以行为人的认识为标准。在行为人认为发生了危机时，如果咨询师不认为那是危机，那么行为人就会感到咨询师不理解他，就会产生更严重的隔离感；另一方面，咨询师应当避免形成一种危机心态，把行为人的很多问题都看成是危机，如果形成这样的心态，就会不恰当地把危机扩大化。

（2）从在危机干预过程对行为人的接纳是稳定情绪的基础。从这例危机干预的谈话过程中得知，来访者曾经和咨询师有过两次接触，一次是在新入所行为人的心理健康教育大课上，还有一次是在部分新入所行为人与即将出所行为人的座谈会上，通过这两次的接触，来访者对咨询师有了认可和信任，这份信任成了关系建立的基础，所以来访者一见到咨询师就直接把内心的痛苦和恐惧说了出来。

危机干预过程中，咨询师必须无条件地以积极的方式接纳行为人，接纳和肯定那些无人愿意接纳的人，表扬那些无人会给予表扬的人。只有建立起心理上的联系，才能建立起良好关系，在此基础上，咨询师才能协助行为人稳定情绪，才能进行干预工作。

（3）危机干预后的跟进咨询是对干预结果的巩固。社会上的危机干预通常是一次性的，干预结束后根据需要可能是将来访者交给其亲属，或是其他可以利用的社会支持系统。但是在拘禁场所里，行为人可以利用的资源有限，这时，咨询师的跟进咨询就成为心理支持必不可少的环节。在危机干预之后行为人的心理功能尚未完全恢复的时候，针对其不良认知、消极情绪和错误行为进行工作是对危机干预结果的巩固。根据监管安全需要采取一定的措施是必要的，但仅仅如此而放弃心理疏导则不利于行为人的心理成长，往往也会导致问题的再次发生。

（4）危机中包含着危险，也蕴藏着机会。遭遇危机有三种结果：最坏的是崩溃，也就是自杀、逃脱、暴力等非理性行为的发生；其次是将有害的结果或症结排除在意识之外，遗留认知问题，遇事再次浮起（慢性危机：转移状态）；第三种是如果能够有效应对危机，行为人将从中获得经验，提升自我能力，此次的危机事件就成了他一个成长的机会。

案例中，在危机干预后咨询师向有关监管部门作了反映，并一直关注这名行为人的心理和改造情况，在跟踪回访中该学员表示目前情绪稳定踏实，反映出他的改造表现积极，半年后该学员参加了有关心理学某专业的自学考试并顺利通过两门，综合以上情况来看，该学员有效地度过了这个危机并获得了一定的成长。

单元五　家庭暴力违法行为人心理干预

一、家庭暴力现场干预步骤

（一）制止进行中的暴力行为

面对正在进行中的家庭暴力，为防止受虐者进一步受到伤害，首先要做的是制止暴力行为。制止进行中的暴力行为可以通过言语劝说、强行制止等方式，必要时拨打110报警寻求民警的帮助。

（二）家庭暴力现场心理干预

1．施暴者情绪控制

施暴者在实施暴力行为的时候，其情绪通常处于失控状态。干预者需要利用各种方法，使施暴者的情绪状态恢复到正常水平。施暴者的焦虑水平、愤怒程度一般都很高，可以运用暗示、保证、疏泄、环境改变、镇静药物等方法，如有必要，可以考虑短期的住院治疗。

2．明确暴力行为的客观原因

通过与暴力事件行为人（包括施暴者与受虐者）沟通或向知情者了解引起暴力事件的客观原因。

3．明确并关注施暴者施暴的内在原因

除了外在刺激之外，施暴者的内在心理需求才是暴力行为的主导原因。对于施暴者，不应只是一味地表示愤慨与责骂，要从施暴者的立场出发，确定和理解与其暴力行为相关的问题。干预工作者可以使用积极的倾听技术，包括同感、理解、真诚、接纳以及尊重等，既注意施暴者的语言信息，也注意其非语言信息，在明确其实施暴力行为的心理需要的同时，对其进行无条件的积极关注，使施暴者能更好地正视问题，促进其心理成长的需要。

4. 提出可选择的应对办法

暴力行为是施暴者解决家庭问题的一种错误行为选择。干预工作者要帮助施暴者探索可以利用的替代暴力行为的解决方法，提出各种可供选择的方案，从而促使施暴者积极地搜索可资利用的应对方式，启发其思维。

5. 制订行动计划

通过启发、引导、促进和鼓励，使施暴者放弃使用暴力解决家庭问题的思维或行为模式，并与其一起制订解决家庭问题的合理行为计划。

6. 得到施暴者的承诺

帮助施暴者向自己承诺采取确定的、积极的行动步骤解决家庭问题，这些行动步骤必须是行为人自己制订的，从现实的角度可以完成的方案。如果制订计划完成得较好的话，则得到承诺是比较容易的。在结束干预前，干预人员应该从施暴者那里得到诚实、直接和适当的承诺。

（三）家庭施暴者事后心理干预

家庭暴力的施暴者，一般都存在个性缺陷、精神障碍或心理变态等问题，因此对家庭暴力施暴者采取心理干预是十分必要的。

施暴者的暴力行为的程度不同，人格偏离、精神障碍的程度也不同，对于那些暴力程度比较轻，愿意维持家庭的施暴者，可以通过心理咨询与治疗来停止暴力行为；而对于那些患有精神疾病的施暴者，则需要借助法律力量，对他们进行强制的、专业性的精神治疗。

家庭施暴者心理咨询与治疗一般包括情绪管理训练、改变传统的性别意识、对暴力行为进行内归因、塑造健全人格四方面的内容。

二、家庭暴力的干预模式①

家庭暴力的施暴者一般都为男性。针对男性施暴者，研究者提出了两种主要的干预模式：“心理教育”模式与“叙事治疗”模式。其中，“心理教育”模式有代表性的是杜拉斯模式（Duluth Model）；“叙事治疗”模式有代表性的是达尔文治模式（Dulwich Model）。

（一）杜拉斯模式

杜拉斯模式是基于女性主义的哲理模式。这一模式可说是女性主义及被虐妇女运动的产物（Whalen，1996）。杜拉斯模式严格要求男性施暴者检验男性的社会化过程中是充满权力、剥削，同时社会也赋予他们权力。他们要学习抗拒性别不平等的错误观念及男性即当权者的谬论，还要学习另一套正面的思维方法与行动去处理他们的情绪压力和缓和冲突的良方。

杜拉斯模式倡导使用教育的方法对施暴者进行干预，而不重视施暴者的情感反应。“权力与控制”是这个模式对家庭暴力的核心解释，并基于这一基本信念编制出一套教育课程。干预人员主要是扮演“教师”的角色，对施暴者进行心理教育。由于这种模

① 张叶玲，黎敦义．探讨两个为男性施暴者工作的介入模式．中国社会工作研究（第四辑）．北京：社会科学文献出版社，2006．8．

式相信男性施暴者推卸责任，不鼓励与他们探讨有关无助、困惑这些可能的情感反应，因此会忽视男性施暴者推卸责任是由于情感推动的因素。

杜拉斯模式还直接挑战男性施暴者“认识上的扭曲”。在使用这种方法时，提倡干预人员要同行为人的讲述内容保持“距离”，在给有家庭暴力行为的男性做工作的时候，由于这些男性多把施暴的原因怪罪到自己妻子身上，所以行为人通常被视为不忠实的。但这种假设会局限于将施暴者的权力与控制作为唯一的施暴解释，从而会妨碍施暴者去寻找导致其施暴的其他原因。

（二）达尔文治模式

达尔文治模式是由麦克·怀特与大卫·艾普斯顿创立的“叙事治疗”的理论（White & Epston，1990）。叙事治疗是在后现代主义哲学理念的基础上建立的。叙事治疗的重点放在增强施暴人的自我认同感，或是“身份”（identity），进而强化个人应对问题的能力（personal agency）。在以下五个方面中，达尔文治模式和杜拉斯模式有较大的差别：

（1）与心理教育相似，叙事治疗亦认为男性对权力与控制有欲望，但该疗法同时强调男性渴望拥有一个充满爱及关怀的伴侣关系。相对于心理教育模式，叙事治疗假设男性情愿与配偶有一个基于爱的、非暴力的亲密关系。暴力的使用主要源于大部分男性认为“权力与控制”是理所当然赋予他们的，而这种意识是以男性为中心的社会赋予男性的“特权”。但正由于这种特权，妨碍了男性施暴者对其施暴行为负责任，同时也影响其对配偶的尊重，以致无法建立一个平等的关系。叙事治疗不认为男性施暴者不忠诚。由于社会赋予男性在性别关系上的“特权”，他们会相信在配偶关系上他们是可以随意行使这些“特权”的，因此认为打老婆也是他们的“特权”。叙事治疗就是要针对男性对这些“特权”的信念进行解构（deconstruct），让施暴者意识到社会给他们带来的谬误。

（2）达尔文治模式认为需要听取受虐者和施暴者讲述他们的经历。叙事治疗认为每一个群体的经历都有其独特性，因此不会认为某些人的经历比另一些人更优越。叙事治疗虽然不明确采用女性主义的立场，但是它亦认同与性别有关的问题是社会压迫的一个重要方面。同时它还认为性别压迫是众多社会问题中的一个，性别压迫给人们带来的痛苦与来自种族、阶级、年龄的压迫是一样的。叙事治疗并不否认妇女对“权力与控制”的经验，或者一些男性视虐待行为为从伴侣身上获得“权力与控制”的手段。一些男性对他们的行为是一种认识，而对他们的伴侣则是另外一种认识，双方对同一事件的认识是同等重要的。（施暴者）男性向社会工作者讲述他的经历和想法，这并不是否认这些女性的经历。在尝试去理解受虐者和施暴者的经历时，两者之间不是“或者”的关系（二取其一），而是“都是”的关系（两者并存）。这种两者并存的立场可以开启探索“权力与控制”以外因素的可能性。

（3）叙事治疗认为男性施暴者并非不忠实。由于受传统社会观念的熏陶，他们确信使用暴力乃是男性的特权。在对男性施暴者进行辅导时，社会工作者重视男性施暴者有关抗拒不公平对待的经历。比如，与他们追溯回忆一生经历中他们是否遇到不公平待遇而能站起来抗拒它。在西方文献中发现，大部分施暴者本身亦曾受到暴力的不公平对待（如曾受父母的严重体罚等）。从这些不公正的经历中，社会工作者与施暴者一起重新建构一个如何抗拒暴力身份（violent identity），并探索如何与其配偶重新建立一个非暴力的亲密关系。

(4) 心理教育模式鼓励干预人员当"老师"，叙事治疗则是采用与施暴者合作的方式来阻止家庭暴力行为。一条基本原则是，"干预"要区别于"问题"本身。如问题是一个人（施虐男性）强迫另一个人（受害妇女）同意他的看法，那么对家庭暴力的"干预"就不能同样还是一个人（社会工作者）强迫另一个人（施虐男性）同意他的看法了。因此，社会工作者必须同施暴者合作，而不是强迫施暴者顺从社会工作者的观点。

(5) 心理教育模式鼓励用一种对质式的方法，"坚持"男性（施暴者）必须改变他们对待伴侣的方式，达尔文治模式则提倡社会工作者要"邀请"男性（施暴者）给予伴侣更多的尊重。前者的假设是男人不想改变，所以他们需要被推动才会改变。叙事治疗的假设是男人自己是想改变自己对待家庭成员的粗暴方式的，只是在他们改变的道路上有一些障碍和困难。施暴者也有他们明白的一面。他们能感受到家庭暴力对家庭的破坏。当这些情感能得以表达的时候，他们也会愿意接受家庭暴力带给他们羞耻的感觉，干预工作人员可进一步与他们探讨社会对女性的不尊重，这股力量让他们误以为使用暴力是他们理所当然的特权。由于叙事治疗从男性认知层面深入解构社会对他们的影响，这种模式鼓励男人（施暴者）自己站起来去推翻那些障碍和困难，而不是依赖于干预工作人员去扫清障碍。在这种理念下，叙事治疗实际上是通过提高男性施暴者的自我责任感来达到治疗的目的。

单元五　网络成瘾青少年心理危机干预

一、危机和危机干预的理论分析

网络成瘾青少年在虚拟和现实世界的心理和行为方面有一定的差距。网络成瘾青少年刚刚脱离网络环境后，很容易产生强烈的情绪和生理反应，尤其在情绪上会有强烈的变化，如出现情绪暴躁、易激惹、烦躁不安、焦虑、易怒和厌烦等症状，甚至出现一些过激行为，如打人、毁物、自伤、自残、自杀等，严重者可能引发急性应激反应或精神障碍，以致无法与其正常接触和进行有效的治疗。

网络成瘾青少年一旦出现上述情况后，就要意识到其出现了明显的心理危机，需要进行及时的心理干预。一般采用现场心理干预的方法，让网络成瘾少年正视自身心理问题，接纳自己在网络和现实世界的不同，认识到自身的心理状态的改变，从而为下一步的治疗奠定一个良好的基础。以下我们用危机干预的方法处理网瘾青少年的心理问题。

干预又称"应激处理"（stress management），其工作内容就是对症状进行解释，并给出一些应对建议，告诉行为人应该怎么去处理、做什么等。干预与创伤治疗的区别在于，它是一种急救工作，是预防性的，必须在事件发生的短期内完成，干预工作的形式可以是小组也可以是个别。

有关危机干预的早期对象主要是指遭遇创伤性事件的个体。伴随着经济的发展，人类疾病谱发生了深刻的变化，人们在不断出现的新问题、新疾病面前也表现出无能与无奈。同时，由于物质世界的高度发达，可能使遭遇创伤性事件的面不断扩大，从而使得危机干预的对象扩展到了群体，乃至社会和国家。

有关危机和危机干预的理论有多种，它们从不同的视角、不同的水平提出了自己的观点，现在简单地分述如下：

（1）精神分析理论：通过对个体无意识和过去情绪经历的理解，可以帮助行为人理解其行为的动力和原因。

（2）适应理论：适应性不良行为、消极的思想和损害性的防御机制对个体的危机起维持的作用。因此，当该理论假设适应不良行为改变为适应性行为时，危机就会消退。

（3）人际关系理论：如果人们相信自己、相信别人，并且具有自我实现和战胜危机的信心，那么个人的危机就不会持续很长时间。该理论认为一个人的控制权的丧失与危机会持续相等的时间。其目的在于将自我评价的权利交回自己的手中。

（4）系统理论：系统理论的基本观点认为“对一个生态系统，所有的要素都相互关联，且在任何相互关联水平上的变化都会导致整个系统的改变”。应用于危机和危机干预时，其关注的焦点不是强调处于危机中的个体的内部反应，而是关注人与人、人与事件之间的相互关系和相互影响。常涉及一个情绪系统、一个沟通系统及一个需要满足系统，且所有属于系统的成员都对别人产生影响，也被别人影响。该理论最大的突破在于不仅仅从行为人的线性因果关系角度来考察危机，而且从社会和环境的范畴考虑，因此认为危机是复杂的、难以理解的，它不遵守一般的因果关系规律。危机的症状就像一张网，个体环境的所有方面都交织在一起。

（5）支持性心理治疗：其主要观点是供给支持，善用行为人的潜在资源与能力。

（6）认知行为疗法：通过调整行为人的错误认知，使其对事物有新的正确的认识，从而达到行为上的改变。

（7）求助者中心疗法：咨询过程中是以行为人为主导，咨询师在咨询过程中更多是创造一个帮助行为人了解自身的氛围和环境，减轻行为人面对自我概念和自我经验的焦虑。

与所有其他的心理治疗一样，有关危机和危机干预的理论也呈现出相互融合的整合状态。因此，在危机干预中，我们不仅关注作为行为人个体的反应，也关注到行为人所处的系统的影响。

二、网络成瘾青少年危机干预步骤

（一）问题或危机的评估

危机干预工作人员在干预的初期，必须全面了解和评价行为人有关遭遇的诱因或事件，以及寻求心理帮助的动机，同时建立起良好的医患关系，取得对方的信任。需要明确目前存在的主要问题是什么，有何诱因，什么问题必须首先解决，然后再处理的问题是什么，是否需要家属和同事参与，有无严重的躯体疾病或损伤，工作重点有以下两点：

1. 认识有关的应激源

帮助被干预者认识有关的应激源，正视和面对现实，让他们认识到人生中会遇到各种各样意想不到的困难，生活就是和自己作斗争，就是和各种预料不到的境遇作斗争。鼓励他们调整自己，去适应和处理各种事物，适应各种环境。

2. 帮助尽快脱离应激源

帮助被干预者尽快脱离应激源，改变与创伤有关的生活环境。这对防治应激相关障碍很重要。

（二）制订干预计划

危机的解除必须有完整的计划，这样才能避免走弯路或减少不必要的意外发生。要针对当时的具体问题，并按照适合行为人的功能水平和心理需要的要求来制订干预计划，同时还要考虑到有关文化背景、社会生活习惯以及家庭环境等因素。危机干预的计划是限时、具体、实用和灵活可变的，并且有利于追踪随访。

（三）提供解决问题的基本方法与技术

因为危机干预的主要目标之一是让行为人学会对付困难和挫折的一般性方法，这不但有助于行为人度过当前的危机，而且也有利于以后的适应。

1. 危机干预的基本方法

（1）主动、冷静和耐心倾听并热情关注：让行为人倾诉自己的内心感受，给予行为人心理上的支持；可以应用询问技术，询问行为人是否想自杀。

（2）提供疏泄机会，鼓励行为人将自己的内心情感表达出来；认可其表露出的情感，建立同感，不要说服他们改变自己的感受。要相信行为人说的话，当其说想自杀时，要认真对待。当行为人要干预工作人员对他说的想自杀事情保密时，工作人员要答应。

（3）解释和指导：创伤性应激事件使行为人情绪焦虑水平上升，并影响到日常生活。干预工作者要解释危机的发展过程，使行为人理解目前的境遇、理解他人的情感，树立自信；让行为人相信咨询师的帮助能够缓解自己所面临的困境。

（4）提高信心：给予行为人恢复健康的希望，给予行为人肯定和支持，鼓励他们保持乐观的态度和心境。

（5）鼓励自助：培养行为人兴趣，鼓励他们积极参与社交活动。

（6）注意社会支持系统的作用，鼓励行为人多与家人、亲友、同事接触和联系，减少孤独和隔离。

2. 网络成瘾青少年的具体危机干预技术

（1）给予支持性或疏导性心理辅导。在建立良好的关系后，可以给予被干预者以支持性或疏导性心理辅导。使他们的情感得到宣泄或释放，而不是压抑这种情绪，这样能使情绪稳定下来，对缓解症状有很大帮助。此时不宜采用让被干预者回忆创伤性事件的认知疗法或暴露疗法，因为这些方法可能会使他们在不适宜的情况下再次体验创伤性经历，从而有加重病情的可能性。

（2）采用暴露疗法。如果被干预者表现出恐惧，可采用暴露疗法，暴露疗法常作为系统脱敏疗法的一部分。该方法对以前精神状况良好、无明显的创伤性经历、无严重的抑郁或物质滥用病史、有严重的闯入性回忆的人有明显疗效。

（3）被干预者意志锻炼。鼓励被干预者锻炼自己的意志，发挥他们的主观能动性，培养其独立应对或处理各种复杂情况的能力。

（4）改变价值观念。利用心理方法，改变被干预者的价值观念，减缓应激反应。

（5）家庭、社会环境巩固治疗。进行家庭治疗、社会环境治疗，使被干预者获得社会的支持和帮助，有助于被干预者尽快康复。积极、良好的家庭和社会支持是创伤后应激障碍发生的保护因素。一般认为创伤事件发生后受到良好社会支持的受害者都有较佳的愈合，得不到充分的社会支持则相反。因此对受害者来说，从家庭亲友的关心与支持、心理工作者的早期介入、社会各界的热心援助到政府全面启动灾后重建措施，都能成为有力的社会支持，同时要考虑受害者的实际需要，在条件允许的情况下与受害者进行有效沟通，以增强社会支持的力度，降低受害者创伤后应激障碍发生的危险。

此外，还可以让他们之间建立“互助组”，增加对彼此的关注，建立团队间的安全感和信任感，改变无助感和被动状态，增强自信心。对于被干预者而言，认知行为治疗和眼动脱敏与再现（EMDR）暴露治疗已经被证明是行之有效的，但必须要专业的心理医生进行操作。

（四）危机解决和随访

一般经过4～6周的危机干预，绝大多数的危机行为人会度过危机，情绪危机得到缓解，这时应该及时中断干预性治疗，以减少依赖性。在结束阶段，应该注意强化学习新习得的应对技巧，鼓励行为人在今后面临或遭遇类似应激或挫折时，学会举一反三地应用解决问题的方式和原理来处理问题和危机，调整心理平衡，提高自我的心理适应和承受能力。心理危机干预是一个国家和地区精神文明与社会发展的重要标志之一，应引起全社会的重视与投入。世界著名精神卫生专家呼吁，除了现有的专业危机干预之外，还应广泛建立社区服务网络，让所有有心理危机的人都能得到及时的疏导和有效的干预。

对于网络成瘾的青少年，在危机干预中运用上述几个步骤，确定网络成瘾青少年面临的问题是什么，何时发生，持续时间长短及对他们自身造成影响强度的大小，然后确定干预目标和方向。在网络成瘾青少年有强烈情绪表现的时候，以稳定情绪为首要目标，不仅包括行为人，还包括家庭成员的情绪状态，他们对行为人的情绪有直接影响。在帮助行为人稳定情绪后制订详细的干预计划，运用心理学的方法如共情、积极关注、温暖、情感反应、情感表达、解释等技术帮助网络成瘾青少年调整其认知状态，恢复危机前期的心理状态。后期在跟踪和随访的基础上了解网络成瘾青少年的心理状态和恢复状况，使其独立适应社会生活，从而完成一个完整的危机干预过程。

【实训项目】

制订危机干预方案

根据本任务案例1提供的相关信息，制订一份针对行为人宿舍、班级的同学进行危机干预的方案。

其中包括一个完整的危机干预方案应包括的技术要素：拟干预的心理问题的选择、问题的界定和确定诊断、制定长期目标、制定短期目标、制定干预措施、评估干预效果等。

参考文献

[1] 钱铭怡．心理咨询与心理治疗．北京：北京大学出版社，1994.
[2] 王玲，刘学兰．心理咨询．广州：暨南大学出版社，1998.
[3] [美] 茵素·金·柏格，特蕾西·史丹纳．儿童与青少年焦点解决短期心理咨询．黄汉耀译．成都：四川大学出版社，2005.
[4] [美] 亚伯·艾里斯．理情行为疗法．刘小青译．成都：四川大学出版社，2005.
[5] 章恩友等．矫治心理学．北京：教育科学出版社，2008.
[6] 郑晓边．心灵回归——违法犯罪心理访谈录．北京：人民卫生出版社，2009.
[7] 张富强．中外依法禁赌的实践与探索．北京：群众出版社，2002.
[8] 深圳市第二劳动教养管理所．求征（第二辑）.
[9] 周立，陆林森．远离赌博这玩意．上海：上海教育出版社，2007.
[10] [美] 卡罗尔·西尔弗曼·桑德斯．青少年赌博．卢小香译．北京：商务印书馆，2004.
[11] 宋维真．明尼苏达多相个性测查表使用指导书．北京：中科院心理所，1989.
[12] 郭念锋等．心理咨询师（三级）．北京：民族出版社，2005.
[13] 阮浩等．罪犯心理矫治．北京：金城出版社，2003.
[14] 张明．走向歧途的心灵．北京：科学出版社，2005.
[15] 韩春美．精神疾病误诊学．北京：军事医学科学出版社，2003.
[16] 林崇德，杨治良，黄希庭．心理学大辞典．上海：上海教育出版社，2003.
[17] 林家兴，王丽文．心理治疗实务．广州：世界图书出版公司，2003.
[18] 张明楷．外国刑法纲要．北京：清华大学出版社，1999.
[19] 章恩友．中国监狱心理矫治规范化运作研究．北京：中国市场出版社，2004.
[20] 章恩友．罪犯心理矫治．北京：中国民主法制出版社，2007.
[21] 吴宗宪．罪犯改造论——罪犯改造的犯因性差异理论初探．北京：中国人民公安大学出版社，2007.
[22] 马立骥．罪犯心理与矫正．北京：中国政法大学出版社，2009.
[23] 蔡燕强．戒毒矫治康复手册．广州：暨南大学出版社，2006.
[24] [美] 约翰·布雷萧．家庭会伤人．郑玉英，赵家玉译．成都：四川大学出版社，2007.
[25] 特雷莎．爱的纯全．上智文化事业编译．哈尔滨：北方文艺出版社，2009.
[26] 刘勇．团体咨询治疗与团体训练．广州：广东高等教育出版社，2003.
[27] 徐西森．团体动力与团体辅导．北京：世界图书出版公司，2003.
[28] [奥] 弗洛伊德．精神分析引论．高觉敷译．北京：商务印书馆，1984.

[29] [加] 阿尔蓝·坎培. 家庭暴力. 彭淑华等译. 台北：洪叶文化事业有限公司，1999.
[30] 樊富珉. 团体心理咨询. 北京：高等教育出版社，2005.
[31] 刘勇. 团体心理辅导与训练. 广州：中山大学出版社，2007.
[32] 莫雷. 青少年心理健康教育. 上海：华东师范大学出版社，2003.
[33] [美] 麦克·P. 尼科尔斯. 家庭治疗基础. 林丹华等译. 北京：中国轻工业出版社，2005.
[34] [美] 汤普森·普劳特，道格拉斯·布朗. 儿童青少年心理咨询与治疗. 林丹华译. 北京：中国轻工业出版社，2002.
[35] 朱小蔓. 情感教育论纲. 北京：人民出版社，2002.
[36] [美] Tammi D. Kolski 等. 危机干预与创伤治疗方案（心理咨询与治疗系列）. 梁军译. 北京：中国轻工业出版社，2004.
[37] [美] Gilliland，B. E. & James，R. K. 危机干预策略. 肖水源等译. 北京：中国轻工业出版社，2000.

后 记

经过三年多的集中酝酿，《违法心理矫治》这个“孩子”诞生了。这是一个较为漫长的痛苦诞生过程，时间之久，参与人之多，更改内容之大……以致我和我的团队几经搁浅，甚至放弃。在此感谢广东司法警官职业学院教材委员会审稿过程中提供的宝贵意见，感谢教务部门的不离不弃，也感谢参与编写的每一位老师，特别鸣谢原警察系主任李岚老师、图书馆馆长王冰路老师、人事处马英辉老师和广州市白云戒毒中心心理科主任李凌老师，广州新一代心灵成长中心沈家宏教授、刘旭辉、杨育峰、刘静、宁可、公维华、赖立梅医生。在本书写作过程中参考了许多心理理论与临床实践同仁的相关研究成果，在此一并表示衷心感谢。

本书任务一至四违法心理矫治基本技能由钟伟芳审稿；任务五至十违法心理矫治实用技能由范辉清、李伟兰审稿；任务十一违法心理矫治特殊技能由范辉清审稿。参编人员承担任务如下：

范辉清负责编写任务一项目一，任务五项目一，任务七项目一，任务九，任务十一项目一、项目二；李伟兰负责编写任务一项目二，任务二，任务三，任务四项目二单元一、二、五，任务五至八项目二；钟伟芳负责编写任务一项目四，任务四项目一，任务七项目三，任务十一项目三单元五；沈家宏负责编写任务十；李岚负责编写任务五项目四；李凌负责编写任务五项目三，任务十一项目三单元一；王冰路负责编写任务七项目四；郭敏负责编写任务六项目一，项目四；顾伟负责编写任务一项目三；任务八项目三单元二；任务十一项目三单元二、三；马洁负责编写任务八项目一，任务八项目三单元一，任务十一项目三单元四；朱训明负责编写任务四项目二单元三、四；李小英负责编写任务六项目三；马英辉负责编写任务八项目四；杨育峰、刘静、刘旭辉、宁可、公维华、赖立梅负责编写任务十一项目三单元六。

心理矫治教研室

2011 年 7 月 29 日于羊城

图书在版编目（CIP）数据

违法心理矫治/范辉清，李伟兰主编；钟伟芳，沈家宏副主编. —广州：暨南大学出版社，2011.11
（高等法律职业教育系列教材）
ISBN 978-7-81135-998-5

Ⅰ. ①违… Ⅱ. ①范… ②李… ③钟… ④沈… Ⅲ. ①犯罪心理学 Ⅳ. ①D917.2

中国版本图书馆 CIP 数据核字(2011)第 201126 号

出版发行：暨南大学出版社

地　址：中国广州暨南大学
电　话：总编室（8620）85221601
　　　　营销部（8620）85225284　85228291　85228292（邮购）
传　真：（8620）85221583（办公室）　85223774（营销部）
邮　编：510630
网　址：http：//www.jnupress.com　http：//press.jnu.edu.cn

排　版：广州市天河星辰文化发展部照排中心
印　刷：湛江日报社印刷厂

开　本：787mm×1092mm　1/16
印　张：26.5
字　数：626 千
版　次：2011 年 11 月第 1 版
印　次：2011 年 11 月第 1 次
印　数：1—2000 册

定　价：49.80 元

（暨大版图书如有印装质量问题，请与出版社总编室联系调换）